鎌倉時代水界史料目録

網野善彦 監修
中世海事史料研究会 編

東京堂出版

『水界史料目録』刊行にあたって

網野　善彦

　海民を「専門的に研究している狭義の歴史家」が、文字通り「五指にも」満たなかった1970年代までの状況は、間違いなく大きな変化をとげた。本書の完成・出版という事実そのものが明確に物語っているように、21世紀初頭の現在、海民の諸活動に広い視野から関心を持つ研究者は、いまや"少数派"とはいい難い数と力量を持つにいたったといっても過言ではなかろう。

　それは決して偶然や一時的な現象などではない。人類が自らを滅しうる力をわがものにしたという20世紀後半以降の社会の大転換に伴い、これまでのように自然を征服・開発の対象とのみ見るのではなく、その全体を環境として、誤りなく付き合う叡智を持つ必要がでてきたのであり、その中で歴史学もまた、単に生産力を発展させる農業・工業だけでなく、山野河海に関わる生活・生業、さらには商業・金融などの交通・交易・流通までを総合的に把握する視点を持たざるをえなくなったのである。従来、ともすれば無視されがちだった海・湖・河川など、"水の世界"に対する関心の広範な高まりの背景には、このような根強く、否応のない力が働いていることは明らかと考えなくてはならない。

　しかも、そうした関心を抱いた研究者たちが、若いころ、研究の出発点に当って、まず取組んだのが、最も基礎的で労苦の多い文書目録の作成であったという、本書のような事例の存在自体、注目すべきことであり、この新たな研究動向の強固な根の一端が、ここによく現われている。そしてその研究者たちの18年間に及ぶ地味な努力の結実が、いまこのような形で刊行されようとしていることも、"画期的"といって、言

い過ぎにはなるまい。

　また、当初は「海事史料研究会」の仕事として出発し、現在まで続けられてきたこの目録集成が、書名に「水界史料」という語を採用した点にも目を向けておく必要がある。とらわれぬ目で文書を読み進め、目録を集成する過程で、編者たち自身が海・湖・河川などの実態の多様さを認識し、そのさまざまなあり方を理解するにいたったことを、この経過がよく示している。それは目録に付された詳細かつ的確な地名・語彙・綱文等の注記を見ても明らかであり、本書は編者たちの長年にわたる地道な研究成果なのである。

　それ故、本書を繙く研究者は、おのずと編者たちのこうした研究に依拠しつつ、それぞれの関心に即した「水界」に関わる多様な問題を、たやすく系統的かつ全面的に追究しうるようになったのであるが、それだけでなく、この目録集成の全体を通観することによって、これまで気づかれていなかった新たな問題を発見することも、十分に可能となってきた。このように、本書の刊行によって、この分野の研究が急速に大きな発展を遂げることは、期して俟つべきものがあるといってよい。

　また、文書史料の刊行の現状に規定されて、現在、一応すべての文書目録の集成が可能なのは本書のように鎌倉時代までにとどまらざるをえないが、将来、出版の状況のさらなる進展に伴って、もとより大きな困難が予想されるとはいえ、南北朝期から戦国期までの中世全体について、こうした目録作成の事業が推進されることが期待される。もしもこの編者たちの努力をうけつぐ人々によってそれが実現されれば、研究のさらなる飛躍的な進展は間違いない。

　さらに他方、"水界"と同様に、これまで見逃されがちで、広い研究の空白が残されている山・林・野や樹木などの世界についても、本書と同じような文書目録が集成されるならば、それを基盤としてこの分野の研究にも大きな成果が確実に生み出されるであろう。

　田畠だけでなく、山野河海にまで視野を広げて、日本列島の社会を本

当に偏りなく全面的にとらえるためには、こうした努力の積み重ねが不可欠といわなくてはならないが、本書の刊行はその推進に向って大きな口火を切り、まず最初の重要な礎を築いたものとして、高く評価される必要があろう。

　長年にわたって地道な作業をつづけ、このような形にまで仕上げ、見事に完成させた編者たちに、心からの敬意を表し、本書の刊行を学問の発展のために慶賀するとともに、こうした書物の出版を引き受けられた東京堂出版にも、厚く御礼を申し上げたい。

　願わくば本書が研究者はもとより、海・湖・河川などの"水界"に関心を持つ多くの読者に迎えられんことを、そして本書の中にこめられた巨大な力が全面的に発揮されることを衷心から期待したいと思う。

　　2003年5月20日

本書刊行の目的と内容構成

　『鎌倉時代水界史料目録』は、水運・漁業・対外関係などの発展・活発化にともなって水界関係の史料が急速に増えはじめる鎌倉時代を対象に、それらの研究に資する史料を、刊行された古文書集の中から抽出し、目録化したものである。具体的には、海・河・湖および海外に関係する文書史料を渉猟し、各種の史料集に分散して埋没している古文書を一覧できるよう、語彙・地名・綱文の三項目に拠って広範に関係史料を検索・抽出している。分野的には、漁業史・塩業史等の産業史はもちろん、水上交通に関わる海運・河川交通史や、海を隔てて交流する対外関係史に関わる事項が対象となっている。本書の表題に冠された「水界」という用語は未だ一般に耳馴れたものではないが、本書の意図するところをもっとも適切に表す語彙であることから書名に採用した。すなわち「水界」は、海のみでなく内水面も含み、また水の面(おもて)のみでなく、水底に達する水中の厚みをも含みこんだ「水に占められたところ」総体を意味する語彙として、ここでは用いている。

　日本列島は周囲すべてを海に囲まれ、また広く山に覆われた地形をなし、平地の割合は少ない。しかし、歴史学において長らく研究対象とされてきたのは、もっぱら平地に展開する「農村」部であり、一部を除き海や山に関心が向けられることは稀であった。1980年代以降、こうした研究状況がようやく転換の機運を迎え、近年は海や山、あるいは都市をとりあげた研究も次第に多くなってきた。ことに海は、食料や商品・貢納品として重要な魚介類・塩等の海産物を産出する場であり、同時に物資・人間輸送の交通路として、あるいは海外との通交を支える窓口として、歴史を左右する大きな意味を担ってきた。また、河川や湖などの内水面も、漁場として、交通路として活発に利用されてきている。

しかしながら、ある時代のまとまりの中で、それらの研究の基礎となる史料を一覧するための試みはこれまでほとんど存在せず、諸種の史料集に埋没している史料を、個人の努力によって断片的に掘り起こす作業が行われてきたのが実情である。こうした状況を多少なりとも改善し、水界に関わる研究の重要性を広く訴えるとともに、研究の進展に資するため、関係史料の網羅的な目録化を試みたのが、この『鎌倉時代水界史料目録』である。

　史料の抽出にあたっては、鎌倉時代を網羅する史料集である『鎌倉遺文』を中心に、主な古文書集、県史レベルの史料集、水界史料の充実した市町村レベルの自治体史、資料館の紀要類等を対象とした（古記録については、『鎌倉遺文』が記録中から採用した古文書を除き、採録対象としていない）。ただ、次々と新たな史料集が刊行され、研究が進展する中、必ずしも充分なものになっておらず、検索洩れを見逃している面もありうる。また、複数の者が分担して作業にあたり、しかも十数年の長きにわたって継続作業を行ってきた結果、基準の不統一や内容の精粗があることは否めない。それらについては、今後とも誤脱を正すべく、補訂の作業を継続していくつもりである。発刊にあたり、編者としては遺漏や誤りを正すべくできるだけの努力は傾けたが、利用者には、必要に応じて各刊本ならびに写真本・影写本等に当たっていただけるようお願いしたい。

凡　　例

1　**データの構成**　データは、「年月日」「文書名」「地域名」「出典」「刊本」からなる基礎データをとったうえで、「語彙」「地名」「綱文」の内容データを掲載してある。基礎データは、年月日と文書名を冒頭に、また地域名の判明するものは＊印の後にこれを記載した。「出典」「刊本」については、それぞれ 出 刊 の見出しのあとに記載してある。内容データについては、それぞれ 語 地 綱 の見出しを付した。なお、本書では、史料の内容から必要な部分を摘録し、まとめたものを綱文と称している。

2　**年月日**　史料の配列は編年順とした。年未詳のもので、『鎌倉遺文』の推定があるものはそれを参考にし、該当位置に置いている。年の推定のないものは、年判明文書の後に一括して掲げた。その際、月以下の判明するもの、日のみ判明するもの、年月日すべて未詳のもの、の順に配置した。また、年月日それぞれの記載が文書中になく、推定である場合には、その部分を「）」で閉じてこれを示し、付年号の場合には「」で表した。なお、年月日未詳の史料の配列は、『鎌倉遺文』の掲載順を原則とし、そのあとに他刊本からの追補史料を置いた。

3　**文書名**　『鎌倉遺文』によるのを原則としたが、明らかに不適当と考えられる場合は、別の名称を付し、備考にその旨を注記した。

4　**地域名**　ここでいう地域名とは、水界関係史料として抽出した文言・地名・綱文に関わる場所、すなわち水界事項に直接関係した地域を国名単位で掲げたものである。したがって、例えば文書内容全体が山城国に関する場合でも、その中に含まれる若狭国の地名を水界事項として抽出した場合には、地域名は「若狭国」となる。また、海外地名については、便宜的に、朝鮮半島の地名や国名・王朝名については

「朝鮮」、現在の中国にあたる地域の地名・国名・王朝名などについては「中国」、天竺・印度などについては「天竺」、蝦夷に関しては「蝦夷」と、それぞれ地域名を表記するものとした。

5　出　典　原則として『鎌倉遺文』の記載に拠ったが、他の刊本との比較で、より適当なテキストがあった場合には、そちらを優先した。

6　刊　本　『鎌倉遺文』に掲載されている文書については、『鎌』の略記の後にその巻号を表示した。また、本目録を手がかりとして史料本文にあたる便と、『鎌倉遺文』との異同を確認する便を考え、『鎌倉遺文』以外の刊本についても、比較的入手・閲覧しやすい代表的史料集を中心として、その書名と頁数を記載した。ただし、その史料の掲載されている全ての刊本を網羅しているわけではない。

7　語　彙　語彙に関しては、漁業・塩業・水運・対外関係・流通関係等々に関して広く採録した。その際、数詞・数量の付属しているものは、それも併せて掲載するようにしている。これは、海産物などの数え方や運搬・販売の単位が、生産のあり方、流通史等を研究する上で貴重な材料になると考えたからである。また、「異国」「異賊」など海外を意識した事項を表す語彙についても採録している。

8　地　名　地名については、浦・浜・島・岬等の含まれる地名を網羅的に収集した。その際、「〇〇浦」「〇〇島」のように末尾に河海関係語の付く場合はもちろん、「〇浦庄」「〇島保」のように、所領単位を表す庄・郷・保などの前に河海関係語のある場合も、原則的にこれを採録した。また、現在は内陸に位置する地名でも、かつて湖畔や河畔にあった可能性を視野に入れて、緩やかな基準で広範に採録した。また、河川の名、海外の地名・国名・王朝名等についてもできるだけ採用している。

9　綱　文　綱文は、採録した史料のすべてに付したのではなく、語彙や地名のみでは採りきれない、あるいは活かせない水界情報をデータとして採用するために、語彙・地名と並ぶ採用項目の一つとして設け

たものである。たとえば、地名として港湾の名があがり、語彙として海産物の名があがっているだけでは、それらは別々の情報であるが、その港で紛争があり、その海産物が積荷として点定されたという場合には、その事件全体が港湾の機能や物流をめぐる情報となりうる。こうした豊かな情報を落とさないために、綱文という形での採録も行った。

10 「廻船大法」については、全国に非常に多種類のものが伝わっている。作成年代は鎌倉時代に仮託したものが一般的であるが、実際には後世になってまとめられたものと考えられている。しかし、海事慣習自体は中世前期に遡る古いものも含まれている可能性があるため、採録の対象とすることにした。ただしあまりに多数の史料があり、かつ系統も多岐に亘ることから、当面最も閲覧しやすい『鎌倉遺文』に採録されているもののみを取り上げ、掲載した。これはあくまで便宜的な理由によるもので、書誌学的な系統を吟味してのことではない。

11 語彙・地名の中で、かな書き・カナ書きのものについては、確認できる範囲で漢字または一般的表記を（　）内に補った。

12 語彙や地名の割書については、〈　〉で表現している。

鎌倉時代水界史料目録

文治元～2年

文治元年)9月24日　後白河法皇院宣
　　　　　　　　　　　　　　＊遠江国

　田吾妻鏡文治1.10.14条　刊『鎌』1-5,『国史大系　吾妻鏡(普及版)1』172頁
　地小杉御厨

文治元年10月16日　土師武包田地譲状

　田阿刀文書　刊『鎌』1-8
　地賀茂河

文治元年11月5日　慶幸置文　＊伊勢国

　田伊勢光明寺文書　刊『鎌』1-13
　地上中島,下中島

文治元年)11月11日　後白河法皇院宣
　　　　　　　　　　　　　　＊摂津国

　田吾妻鏡文治1.11.11条　刊『鎌』1-16,『国史大系　吾妻鏡(普及版)1』181頁
　語西海,山林河沢
　地大物浜,西海
　綱源義経・行家、西海に赴く途次、11月6日大物浜にて逆風に逢い、漂没の風聞あり

文治元年11月25日　後鳥羽天皇宣旨
　　　　　　　　　　　　　　＊摂津国

　田吾妻鏡文治1.11.25条　刊『鎌』1-23,『国史大系　吾妻鏡(普及版)1』183頁
　語海西(西海ヵ),解纜
　綱源行家・義経、海西に赴く途次、摂津国にて解纜の際、逆風に逢い、漂没の風聞あり

文治元年12月6日　源頼朝言上状

　田玉葉文治1.12.27条　刊『鎌』1-26,国書刊行会本『玉葉3』124頁
　語乗船解纜,入海浮浪
　綱源義経・行家、乗船解纜の際、漂没す

文治2年2月14日　沙門某譲状　＊伊勢国

　田山城醍醐寺文書　刊『鎌』1-50,『大日本古文書　醍醐寺文書2』267頁
　地南黒田御厨

文治2年2月14日　沙門某処分状
　　　　　　　　　　　　　　＊伊勢国

　田山城醍醐寺文書　刊『鎌』1-51,『大日本古文書　醍醐寺文書2』264頁
　地南黒田御厨

文治2年2月　関東知行国乃貢未済荘々注文
　　　　　　　＊下総国,信濃国,越後国

　田吾妻鏡文治2.3.12　刊『鎌』1-60,『国史大系　吾妻鏡(普及版)1』207頁
　地三崎庄,大戸神崎,船橋御厨,相馬御厨,麻続御厨,仁科御厨,石河庄,布施御厨,富都御厨,小河庄,芋河庄,馬島,保科御厨,塩河牧,白河庄,宇河庄,吉河庄

文治2年)4月1日　北条時政書状
　　　　　　　　　　　　　　＊尾張国

　田吾妻鏡文治2.4.1条　刊『鎌』1-80,『国史大系　吾妻鏡(普及版)1』216頁
　地萱津宿

文治2年4月8日　醍醐寺文書目録
　　　　　　　　　　　　　　＊近江国

　田醍醐寺雑事記14　刊『鎌』1-83,『醍醐雑事記』585頁
　語勢多橋役
　地勢多橋

文治2年4月8日　醍醐寺文書目録
　　　　　　　　　　　　　　＊山城国

　田醍醐雑事記15　刊『鎌』1-84,『醍醐雑事記』627頁

文治2年

地鴨河

文治2年4月13日　後白河院庁下文案
　　　　　　　　　　　　　　＊豊後国

出豊前益永家記録　刊『鎌』1-85
語浦部拾伍箇庄
地浦部拾伍箇庄,姫島

文治2年4月　源頼朝書状写

出相州文書大伴主膳所蔵　刊『鎌』1-93
語はまうみ(浜海)
備『鎌』注記に「本文書は、検討を要する」とあり

文治2年6月9日　後白河法皇条々事書

出吾妻鏡文治2.6.9条　刊『鎌』1-113,『国史大系　吾妻鏡(普及版)1』225頁
地高連島

文治2年6月13日　某下文　＊能登国

出金沢長家文書　刊『鎌』1-117
地加島,長浜
備『鎌』注記に「文書疑うべし」とあり

文治2年6月29日　源頼朝下文　＊伊勢国

出吾妻鏡文治2.6.29条　刊『鎌』1-120,『国史大系　吾妻鏡(普及版)1』234頁
地林崎御厨

文治2年)7月2日　源頼朝書状　＊伊勢国

出吾妻鏡文治2.7.1条　刊『鎌』1-123,『国史大系　吾妻鏡(普及版)1』234頁
地林崎御厨

文治2年)8月5日　源頼朝書状　＊長門国

出吾妻鏡文治2.8.5条　刊『鎌』1-152,『国史大系　吾妻鏡(普及版)1』239頁

地向津奥庄

文治2年8月15日　中原師尚勘文案
　　　　　　　　　　　　　　＊筑前国

出宮寺縁事抄笥崎　刊『鎌』1-157
語当宮浜殿,御浜床子
地博多

文治2年8月26日　沙門某処分状
　　　　　　　　　　　　　　＊伊勢国

出山城醍醐寺文書　刊『鎌』1-162,『大日本古文書　醍醐寺文書2』268頁
地南黒田御厨

文治2年9月2日　沙門某置文　＊伊勢国

出山城醍醐寺文書　刊『鎌』1-165,『大日本古文書　醍醐寺文書2』269頁
地南黒田御厨

文治2年9月5日　源頼朝下文　＊近江国

出吾妻鏡文治2.9.5条　刊『鎌』1-166,『国史大系　吾妻鏡(普及版)1』242頁
地安曇河御厨
備「北船木共有文書」(『滋賀県漁業史　上』454頁)にも同文書あり

文治2年9月5日　源頼朝下文　＊播磨国

出鳥居大路文書　刊『鎌』1-168,『鎌倉遺文研究』3・17頁
語御厨
地室御厨
備『鎌倉遺文研究』3・17頁において黒川高明氏は疑問のある文書とする

文治2年9月5日　源頼朝下文　＊周防国

出山城賀茂別雷神社文書　刊『鎌』1-169,『賀茂別雷神社文書1』10頁

文治2〜3年

地竈戸関, 矢島, 柱島

文治2年9月11日　藤井則国解　＊紀伊国

田吾妻鏡文治2.9.25条　刊『鎌』1-173,『国史大系　吾妻鏡(普及版)1』243頁
地広由良御庄

文治2年9月29日　黒田荘以下文書取出日記　＊山城国

田東大寺文書(3-11-4)　刊『鎌』1-180,『伊賀国黒田荘史料2』174頁
地木津

文治2年9月　大宰府帖　＊豊前国

田豊前中島文書　刊『鎌』補1-35,『大分県史料26』4頁
地江島, 辛島

文治2年10月1日　源頼朝書状　＊播磨国

田黒川本賀茂注進雑記　刊『鎌』1-182
地網干渡

文治2年10月5日　二品法親王庁請文　＊中国

田東宝記6　刊『鎌』補1-36
語高祖大師入唐帰朝之昔
地唐

文治3年2月15日　物部氏女渡船譲状案

田仁和寺記録25　刊『鎌』補1-47
語船, 壱艘者〈字坂東丸〉, 私領船
地久見和太
綱坂東丸は久見和太住人源末利の私領船なり◆末利逝去の後, 家屋資材・船を後家女美野氏へ譲渡す

文治3年3月30日　公卿勅使駅家雑事勤否注進状　＊伊勢国

田吾妻鏡文治3.4.29条　刊『鎌』1-224,『国史大系　吾妻鏡(普及版)1』260頁
地加垣湊

文治3年5月1日　後白河法皇起請文

田高野山文書宝簡集34　刊『鎌』1-230,『大日本古文書　高野山文書1』464頁
語業障之海, 波

文治3年)5月14日　源頼朝御教書案　＊薩摩国, 中国

田島津家文書　刊『鎌』1-236,『大日本古文書　島津家文書1』256頁,『静岡県史　資料編5』165頁,『大宰府・太宰府天満宮史料7』195頁,『鹿児島県史料　旧記雑録前編1』60頁
語唐船着岸物
地唐
綱大宰府, 先例に背き, 今年始め島津荘に着岸せし唐船所載の物を取る

文治3年8月2日　源頼朝感状写　＊豊前国, 長門国

田児玉韞採集文書沢木五郎右衛門所持　刊『鎌』1-251
地門司, 赤間
備『鎌』注記に「本文書は偽文書なるべし」とあり

文治3年9月13日　関東御教書

田吾妻鏡文治3.9.13条　刊『鎌』1-264,『国史大系　吾妻鏡(普及版)1』273頁
語河辺船人
綱御家人を名のる河辺の船人に所役を宛催

文治3～5年
すこと、然るべからず

文治3年10月17日　後白河院庁下文案
　　　　　　　　　　　　　　　　＊近江国

出東洋文庫所蔵民経記寛喜3年4月巻裏文書　刊『鎌』1-276,『大日本古記録　民経記3』132頁
語勢多橋役
地勢多橋

文治3年10月25日　伴三子田地譲状
　　　　　　　　　　　　　　　　＊薩摩国

出薩摩延時家文書　刊『鎌』1-279,『鹿児島県史料　旧記雑録拾遺家わけ6』499頁
地羽島浦、海町、田島

文治3年11月　新興寺住僧解案　＊因幡国

出因幡新興寺文書　刊『鎌』1-285,『鳥取県史2』(松雲公採集遺篇類纂　古文書28)
地八東河

文治4年1月11日　二郎丸田直米請取状
　　　　　　　　　　　　　　　　＊大和国

出百巻本東大寺文書(成-905)　刊『鎌』1-295,『大日本古文書　東大寺文書9』206頁
地中津河

文治4年5月12日　紀伊田仲荘鵜飼役送文　　　　　　　　　　　　　　　　＊紀伊国

出壬生家文書　刊『鎌』補1-64,『図書寮叢刊　壬生家文書2』240頁
語鵜飼役,鮎鮨弐桶〈各一升納〉,久干一櫃〈員二百隻〉

文治4年7月13日　東大寺注進状案
　　　　　　　　　　　　　　　　＊山城国

出東大寺要録2　刊『鎌』1-335
地木津

文治4年7月24日　後白河法皇院宣
　　　　　　　　　　　　　　　　＊若狭国

出山城神護寺文書　刊『鎌』1-338,『福井県史　資料編2』210頁,『史林』25-3・126頁
地西津庄

文治4年8月17日　後鳥羽天皇宣旨

出吾妻鏡文治4.8.30条　刊『鎌』1-339,『国史大系　吾妻鏡(普及版)1』306頁,『編年差別史資料集成3』51頁
語流毒
綱流毒焼狩は、殺生の罪尤も重く、猪鹿の獲を尽すのみならず、飛沈の類をも逮す

文治4年9月29日　伊予弓削島荘丸帳
　　　　　　　　　　　　　　　　＊伊予国

出東寺百合文書と　刊『鎌』1-345,『日本塩業大系　史料編古代・中世1』14頁,『愛媛県史　資料編古代・中世』172頁
地弓削御庄

文治4年12月　摂政〈藤原兼実〉家政所下文　　　　　　　　　　　　　　＊伊勢国

出和泉久米田寺文書　刊『鎌』1-357,『岸和田市史6』311頁
地松山御厨
備『岸和田市史』の出典は『鎌』とする

文治5年2月8日　源頼朝下文写
　　　　　　　　　　　　　　　　＊薩摩国

出外山幹夫蔵福田文書　刊『鎌』補1-94
地貴賀島
綱源頼朝、貴賀島を攻むる時、平兼貞かの島に渡て忠勤を致す
備『鎌』注記に「本文書検討を要す」とあり

文治5年

文治5年3月　摂津垂水西牧榎坂郷田畠取状　　　　　　　　　　＊摂津国

田 摂津今西文書　刊『鎌』1-376,『豊中市史史料編2』3頁
語 河
地 薦江,淀川

文治5年3月　摂津垂水西牧榎坂郷田畠取状　　　　　　　　　　＊摂津国

田 摂津今西文書　刊『鎌』1-377,『豊中市史史料編2』16頁
地 長島

文治5年4月2日　対馬国留守所下文写　　　　　　　　　　＊対馬国

田 対馬厳原八幡宮文書　刊『鎌』1-379,『九州文化研究紀要』1・69頁
地 対馬
綱 対馬国掾に阿比留なる名の者あり

文治5年4月19日　源頼朝御教書写

田 播磨芥田文書　刊『鎌』補1-85,『豊田武著作集2』506頁,『兵庫県史　史料編中世2』458頁
語 関渡
備 『中世鋳物師史料』196頁に同文書(偽文書)あり

文治5年4月　伊予弓削島荘桑目録　　　　　　　　　　＊伊予国

田 東寺百合文書と　刊『鎌』1-387,『日本塩業大系　史料編古代・中世1』15頁,『愛媛県史　資料編古代・中世』173頁
語 塩,代塩三百七十三笘
地 弓削御庄

文治5)年5月22日　源頼朝書状　　＊駿河国

田 吾妻鏡文治5.5.22条　刊『鎌』1-391,『国史大系　吾妻鏡(普及版)1』328頁
地 大津御厨

文治5年5月　伊予弓削島荘作畠麦検注取帳目録　　　　　　　　　　＊伊予国

田 東寺百合文書ヨ　刊『鎌』補1-86,『日本塩業大系　史料編古代・中世　補遺』1頁,『愛媛県史　資料編古代・中世』181頁
語 三島宮,島戸主明神,浜途明神
地 弓削御庄

文治5年5月　伊予弓削島荘作畠麦取帳目録　　　　　　　　　　＊伊予国

田 東寺百合文書ヨ,白河本東寺文書3　刊『鎌』1-393,『日本塩業大系　史料編古代・中世1』16頁,『愛媛県史　資料編古代・中世』181頁,『鎌倉遺文研究』1・52頁
語 島戸主明神,浜途明神
地 弓削御庄
備 『鎌』,『日本塩業大系』は白河本東寺文書より採る

文治5年5月　伊予弓削島荘作畠検注帳案　　　　　　　　　　＊伊予国

田 東寺百合文書よ　刊『鎌』1-394,『日本塩業大系　史料編古代・中世1』17頁,『愛媛県史　資料編古代・中世』173頁
地 弓削御庄,ヲハマ,ツリハマ(釣浜)

文治5年9月10日　親義奉書　　＊陸奥国

田 陸奥中尊寺文書　刊『鎌』1-405,『奥州平泉文書』15頁,『(新訂)大日本仏教全書87』42頁
地 岩井川

文治5年～建久2年

文治5年) 9月18日　源頼朝書状　＊陸奥国

出吾妻鏡文治5.9.18条　刊『鎌』1-406,『国史大系　吾妻鏡(普及版)1』355頁
地厨河

文治5年11月　橘成弘解案　＊肥前国

出肥前河上神社文書　刊『鎌』1-414,『佐賀県史料集成1』12頁,『大日本史料4-16』補187頁
語川原在家, 河原, 川原村在家
綱川原村在家等は、往古より鎮守一宮川上宮神人等を勤仕せしむるにより、国役を免除さるべし

文治5年　能登国大屋荘立券文案　＊能登国

出東京大学史料編纂所所蔵青蓮院文書　刊『加能史料　鎌倉1』43頁
語海堺
地隠岐島

文治6年4月19日　内宮役夫工料未済注文
＊河内国, 美濃国, 伊勢国, 志摩国, 備後国, 周防国, 越中国

出吾妻鏡建久1.4.19条　刊『鎌』1-439,『国史大系　吾妻鏡(普及版)2』379頁
地新関, 富島, 小泉御厨, 阿射賀御厨, 洞田御厨, 志礼石御厨, 答志島, 菅島, 佐古島, 湯橋, 吾河, 歌島, 津和地, 弘田御厨

建久元年) 5月25日　後白河上皇院宣
＊山城国

出大和興福寺蔵因明入正理論疏裏文書　刊『鎌』補1-99
語御船, 木津川船

地木津川
綱後白河上皇、長谷寺より還御するに船を用いんがため、木津川船を点定し、数を申定むべく、興福寺別当法印に伝う

建久元年11月　金剛峯寺大塔供養申状案

出高野山文書宝簡集5　刊『鎌』1-495,『大日本古文書　高野山文書1』48頁,『編年差別史資料集成3』52頁
語殺生禁断, 魚鳥
綱高野山荘々の習、殺生禁断を先とす◆兼高・光家等、殺生禁断の法例に背き、猪鹿を狩り、魚鳥を害す

建久元年　杵築大社造営遷宮旧記注進
＊出雲国

出出雲北島家文書　刊『鎌』10-7017
語魚鮑, 海上, 浦
地稲佐浦
綱杵築社造営の上棟料足に魚鮑少々が録さる◆杵築社造営に際し、神告ありて大木百本海上より社辺に寄る◆その大木をもって梁棟柱桁に用い、更に虹梁の材木を採らず
備平安期以来の先例を書上げたもの

建久2年2月21日　前右大将〈源頼朝〉家政所下文　＊信濃国

出下諏訪神社文書　刊『鎌』1-511,『鎌倉遺文研究』3・19頁
地塩尻
備『鎌倉遺文研究』3・19頁において黒川高明氏は疑問のある文書とする

建久2年3月5日　某田畠寄進状
＊若狭国

出若狭安倍武雄氏文書　刊『鎌』1-519,『福

建久2年

井県史　資料編9』3頁
語海人
地志積浦
綱志積浦の海人等、寄進田畠の年貢により、二季の祭礼・五節供に勤仕すべしと申す

建久2年3月11日　深山八幡宮神田坪付案　＊豊後国

出豊後上津八幡宮文書　刊『鎌』1-522、『大日本史料4-16』補308頁、『大分県史料13』64頁、『編年大友史料　正和以前』208頁、『増補訂正編年大友史料1』260頁、『九州荘園史料叢書1』3頁
地前河

建久2年3月22日　後鳥羽天皇宣旨

出三代制符　刊『鎌』1-523、『続々群書類従7』149頁、『日本思想大系22』12頁、水戸部正男『公家新制の研究』107頁
語海陸盗賊
綱厳禁に拘らず水浮陸行する海陸盗賊を搦進むべき旨を京畿諸国所部官司に命ず

建久2年3月23日　源頼朝御教書写　＊近江国

出薩藩旧記前編2雑抄　刊『鎌』補1-109、『鹿児島県史料　旧記雑録前編1』79頁
地瀬多
備『鎌』注記に「本文書検討を要す」とあり

建久2年3月28日　後鳥羽天皇宣旨

出三代制符　刊『鎌』1-526、『続々群書類従7』152頁、『編年差別史資料集成3』54頁
語鯉一隻、塩二升、海陸之珍、漁猟鷹鶻之制、例漁猟、流毒、漁
綱漁猟鷹鶻の制は、先格・後符の禁ずる所なり◆賀茂社有例の供祭においては、漁猟の制限なし◆流毒の漁は、永く禁断す

建久2年5月19日　西大寺所領荘園注文
＊摂津国、近江国、讃岐国

出大和西大寺文書　刊『鎌』1-534、『福井県史　資料編2』462頁（抄）
語塩山二百五十町〈在所十二処〉、塩釜一面〈広四尺厚二寸〉
地三島庄、古津庄

建久2年6月22日　興福寺公文所下文
＊大和国

出大和興福寺中行事夏　刊『鎌』1-540
地能登河、岩井河

建久2年8月1日　播磨相生浦入舟定文
＊播磨国

出播磨海老名文書　刊『鎌』1-544、『兵庫県史　史料編中世3』114頁
語入舟、はたいたふね（旗板舟）、ともまわりふね（供廻舟）、おとからふね
地相生浦
綱相生浦の入舟につき、はたいたふね・ともまわりふね・おとからふね等の津料を定む◆はたいた船は、たけ50かう代500文、ともまわり船は、たけ30かう代300文、おとから船は、たけ10おけ代100文
備後世の作による文書と考えられる。『兵庫県史』は綱文中の「たけ」を「おけ（桶）」、「かう」を「から」と読む

建久2年10月18日　僧覚舜請文　＊摂津国

出東大寺文書（7-57）　刊『鎌』補1-116、『兵庫県史　史料編中世5』5頁、『尼崎市史4』349頁

建久2～3年

語八十島□
地猪名御庄, 八十島
備『鎌』は日付8日、同じく差出「賢舜」とする

建久2年10月　長講堂所領注文
＊尾張国, 丹後国, 播磨国, 伊予国, 肥前国, 筑前国, 肥後国, 伯耆国, 備後国, 伊予国, 周防国, 甲斐国, 摂津国

出島田文書　刊『鎌』1-556,『日本塩業大系史料編古代・中世1』29頁,『愛媛県史　資料編古代・中世』184頁
地野間内海庄, 新保御厨, 宮津庄, 平津庄, 忽那島, 三島庄, 松浦庄, 志賀島, 豊田御厨, 久永御厨, 因島, 弓削庄, 周防二島, 青島, 生島

建久2年12月11日　源頼朝御教書案
出東寺百合文書て　刊『鎌』補1-118
語河関
備採用語彙は端裏書の記載

建久2年閏12月27日　二所太神宮神主解
＊伊勢国
出神宮雑書　刊『鎌』1-574
語島抜御厨貢御人
地島抜御厨

建久2年)閏12月28日　源頼朝御教書
＊対馬国, 相模国, 伊豆国, 中国
出群書類従渋柿　刊『鎌』補1-121
語唐土
地対馬島, 早河, まな鶴(真鶴)の海, きせ川(黄瀬川), 唐土
綱佐々木小次郎兵衛尉定重、山門の訴訟により対馬に流さる

建久3年1月26日　官宣旨　＊伊勢国
出伊勢釈尊寺領須崎岩淵沙汰文　刊『鎌』2-578
語大林河青苔, 苔河, 御贄漁進宮河之流, 青苔御贄, 供祭上分
地大林河, 宮河
綱大林河の青苔出来のとき、所司住人等斎取し、朝夕御饌に供進す◆かの苔river は、二宮朝夕御饌料たる御贄漁進宮河の流なり◆青苔の供用は、良中の犯用により経年闕怠す

建久3年2月28日　源頼朝下文写
＊豊前国
出豊前佐田文書　刊『鎌』2-581
地貴賀島
備黒川高明は疑問の多い文書とする(『鎌倉遺文研究』3・23頁)

建久3年4月7日　平某下文　＊常陸国
出常陸吉田神社文書　刊『鎌』2-588,『茨城県史料　中世編2』254頁
語浜田
備『茨城県史料』では文書名「石川家幹譲状写」

建久3年4月　膳末宗等連署証状案
＊紀伊国
出仁和寺記録25　刊『鎌』2-592
語貢菜人, 舟〈号東国〉
地久見和太
綱加賀介、故末利が妻に処分せし船を押領す

建久3年6月2日　前右大将〈源頼朝〉家政所下文　＊肥前国
出肥前山代文書　刊『鎌』2-593,『松浦党関

係史料集1』34頁,『大日本史料4-4』108頁,『佐賀県史料集成15』33頁
地宇野御厨,山代浦
備黒川高明は疑問のある文書とする(『鎌倉遺文研究』3・18頁)

建久3年6月2日　源頼朝家政所下文写　＊肥前国

出肥前武雄市教育委員会蔵感状写　刊『鎌』補1-127,『松浦党関係史料集1』34頁
地宇野御厨,紐差浦

建久3年6月3日　前右大将〈源頼朝〉家政所下文　＊周防国

出正閏史料外編1　刊『鎌』2-594
語島
地大島三箇庄
綱平知盛謀反の時,周防大島に城を構え居住す

建久3年8月25日　官宣旨案　＊播磨国

出播磨浄土寺文書　刊『鎌』2-611,『兵庫県史　史料編中世2』356頁
地賀古川

建久3年8月　伊勢大神宮神領注文
＊伊勢国,尾張国,参河国,遠江国,駿河国,伊豆国,相模国,武蔵国,安房国,下総国,常陸国,伯耆国,但馬国,加賀国,越前国,越中国,丹後国,長門国,能登国

出神宮雑書　刊『鎌』2-614,『神宮古典籍影印叢刊6』110頁,『愛知県史　資料編8』54頁(抄)
語供祭,三度御祭魚貝御贄,鮎,長鮑,鮭三十隻,御贄鮭百,生鮭五十隻,海業,御贄,魚貝
地壱志神戸,河曲神戸,鈴鹿神戸,桑名神戸,蘒原御厨,彼出御厨,阿射賀御厨,里(黒)野御厨,八太御厨,部田御厨,片淵御厨,玉垣御厨,苽生御厨,大古曽御厨,越知御厨,永用御厨,深馬路御厨,野日御厨,若松南御厨,河南御厨,箕田御厨,楊御厨,江島御厨,上野御厨,林御厨,吉清御厨,豊田御厨,末広御厨,黒田御厨,安濃田御厨,得田御厨,昼生御厨,為元御厨,南黒田御厨,原御厨,成高御厨,永藤御厨,須可磓御厨,富津御厨,若松御厨,庄野御厨,岸下御厨,福永御厨,佐々木御厨,柏木御厨,宇陇神戸,喰代御厨,中河御厨,小泉御厨,池田御厨,止岐多良御厨,下有地御厨,一楊御厨,搗栗御厨,高屋御厨,瀬辺御厨,酒見御厨,新溝御厨,立石御厨,奥村御厨,御母板倉御厨,伊福部御厨,本神戸(参河国),新神戸(参河国),大津保,橋良御厨,饗庭御厨,伊良胡御厨,神谷御厨,高足御厨,蘒美御厨,本神戸(遠江国),新神戸(遠江国),尾奈御厨,都田御厨,蒲御厨,鎌田御厨,刑部御厨,豊永御厨,山口御厨,小高御厨,美園御厨,大津御厨,方上御厨,大沼鮎沢御厨,高部御厨,蘒津御厨,蒲屋御厨,大庭御厨,榛谷御厨,鎌倉御厨,七松御厨,大河土御厨,薗田御厨,須永御厨,青柳御厨,玉村御厨,高山御厨,邑楽御厨,片梁御厨,寒河御厨,東条御厨,相馬御厨,夏見御厨,小栗御厨,麻績御厨,長田御厨,藤長御厨,仁科御厨,三野久永御(厨),大垣御厨,田公御厨,太多御厨,富永御厨,足羽御厨,弘田御厨,射水御厨,漢部御厨,岡田御厨,三隅御厨,櫛代御厨
綱志麻国所在の御厨・御園等は,指たる田畠なく,只海業をもって魚貝御贄を進らす

建久3年11月　権律師実遍文書紛失状案
　　　　　　　　　　　　　　　　＊近江国

出近江菅浦文書　刊『鎌』2-642,『菅浦文書上』284頁
地菅浦,竹生島,早崎
綱竹生島は、弁財天女垂跡の霊地、行基建立の精舎なり◆早崎は権現祭礼の遊行所、菅浦は不断常燈所進の地なり

建久3年12月1日　紀伊国留守所符案
　　　　　　　　　　　　　　　　＊紀伊国

出紀伊続風土記附録1栗栖氏所蔵文書　刊『鎌』2-644,『紀伊続風土記3』附録13頁,『和歌山県史　中世史料2』85頁
語梶取
備『和歌山県史』では栗栖総二氏所蔵文書より採録

建久3年12月20日　前右大将〈源頼朝〉家政所送文　　　　　　　　　　＊相模国

出吾妻鏡建久3.12.20条　刊『鎌』2-647,『国史大系　吾妻鏡(普及版)2』479頁
語例進長鮑千百五十帖
地吉田御庄

建久3年12月　紀実俊解案　　＊紀伊国

出紀伊続風土記附録1栗栖氏文書　刊『鎌』2-650,『紀伊続風土記3』附録14頁,『和歌山県史　中世史料2』86頁
語刀禰,梶取
地直川保
備『和歌山県史』では栗栖総二氏所蔵文書より採録

建久4年1月　神主賀陽某譲状　＊備中国

出備中吉備津神社文書　刊『鎌』2-653,『岡山県古文書集2』129頁,『岡山県史19』448頁
地吉浜

建久4年2月　紀伊荒川荘没官田畠支配帳　　　　　　　　　　　　　＊紀伊国

出高野山文書続宝簡集69　刊『鎌』2-659,『大日本古文書　高野山文書3』652頁
地野干島,中島

建久4年4月6日　大和平田荘惣追捕使注文案　　　　　　　　　　　＊大和国

出大和談山神社文書　刊『鎌』2-667,『談山神社文書』57頁
地淵河

建久4年6月　東大寺三綱等陳状　＊中国

出東大寺文書2　刊『鎌』2-674,『編年差別史資料集成3』67頁
語宋人和卿
地大宋
綱宋人和卿、かつて伊賀国山田郡内の3箇所に所領を与えらる◆和卿、大宋の旧境を辞し、日本の浪人となる

建久4年7月4日　後鳥羽天皇宣旨
　　　　　　　　　　　　　　　　＊中国

出法曹至要抄中　刊『鎌』2-676,『群書類従6』110頁,『日本経済大典1』122頁,『日本古代法典』322頁
語宋朝銭貨
地宋
綱朝廷、宋銭を停止す

建久4年9月　紀伊阿弖川荘地子目録案
　　　　　　　　　　　　　　　　＊紀伊国

出高野山文書又続宝簡集80　刊『鎌』2-692,『大日本古文書　高野山文書6』553頁

建久4〜6年

地 牟天川, 利川, 野伊川, 桑小川

建久4年10月3日　肥前国留守所牒案
　　　　　　　　　　　　　　　＊朝鮮

出 肥前河上山古文書　刊『鎌』2-693,『大日本史料4-4』445頁,『佐賀県史料集成1』12頁
語 三韓征伐
地 三韓

建久5年2月8日　紀実俊解案　＊紀伊国

出 紀伊続風土記附録1栗栖氏文書　刊『鎌』2-708,『紀伊続風土記3』附録14頁,『和歌山県史　中世史料2』87頁
語 梶取
地 直川島, 松島
綱 松島は無人の荒野にして、空しく牛馬の飼庭となる
備 『和歌山県史』では栗栖総二氏所蔵文書より採録

建久5年2月15日　源頼朝下文案
　　　　　　　　　　　　　　　＊常陸国

出 常陸税所文書　刊『鎌』2-712,『茨城県史料　中世編1』373頁
語 御裳濯河堤役, 御厨
地 御裳濯河
備 『鎌』注記に「この文書は、研究の余地がある」とあり

建久5年2月　志摩木本厨下司職補任状
　　　　　　　　　　＊志摩国, 紀伊国, 志摩国

出 荘司氏文書　刊『鎌』2-718
地 木本御厨

建久5年7月7日　備後大田荘相折帳
　　　　　　　　　　　　　　　＊備後国

出 高野山文書宝簡集35　刊『鎌』2-729,『大日本古文書　高野山文書1』468頁,『編年差別史料集成3』70頁
語 梶取

建久5年10月23日　僧尊与田地売券
　　　　　　　　　　　　　　　＊紀伊国

出 高野山文書又続宝簡集70　刊『鎌』2-757,『大日本古文書　高野山文書6』297頁
地 上津島

建久5年12月　金剛峯寺僧徒等解案
　　　　　　　　　　　　　　　＊備後国

出 高野山御影堂文書　刊『鎌』2-763
語 尾道船津
地 尾道, 尾道船津

建久6年3月5日　大江友景田地売券
　　　　　　　　　　　　　　　＊大和国

出 東京大学所蔵文書　刊『鎌』2-774
地 佐保河

建久6年3月　肥後甲佐社領立券文案
　　　　　　　　　　　　　　　＊肥後国

出 肥後阿蘇家文書　刊『鎌』2-777,『大日本古文書　阿蘇文書1』26頁
語 海頭, 海加志立
地 南小河, 島越, 北小河

建久6年5月5日　対馬国大奉幣神宝物京進算用目録
　　　　　　　　　　＊対馬国, 筑前国

出 対州編年略巻1　刊『鎌』補1-162
語 博多交易
地 対馬島, 博多
備 博多交易物等の物品名を記載する

建久6年5月7日　官宣旨案　＊備前国

出 堂本四郎氏所蔵文書　刊『鎌』2-789
語 塩浜

建久６～７年

[綱]平頼盛卿国務知行の時、免除の庁宣を賜り、潮堤を築き、荒野開発を致す

建久６年６月３日　源太子請文　＊美濃国

[出]九条家文書　[刊]『鎌』補1-164,『図書寮叢刊　九条家文書５』124頁

[地]下有智御厨

建久６年６月10日　栄西申状　＊筑前国,中国

[出]筑前聖福寺文書　[刊]『鎌』2-796,『福岡県史　資料８』73頁

[語]宋人

[地]博多,博多百堂地,宋

[綱]博多百堂の地は、宋人堂舎を建立せし旧跡なり

[備]『鎌』注記に「本文書検討を要す」とあり

建久６年８月　太神宮神主解　＊上野国

[出]神宮雑書　[刊]『鎌』2-809,『神宮古典籍影印叢刊６』156頁

[地]高山御厨

建久６年９月８日　太神宮神主注進状　＊丹波国

[出]神宮雑書　[刊]『鎌』2-810,『神宮古典籍影印叢刊６』157頁

[地]漢部御厨

建久６年９月28日　玉祖神社造替神殿宝物等目録　＊周防国

[出]周防玉祖神社文書　[刊]『鎌』2-813,『山口県史　史料編中世２』455頁

[語]白唐綾,紅梅唐綾

[備]文書名は『山口県史』による

建久６年９月　周防宮野荘立券文　＊周防国,中国

[出]上司家文書　[刊]『鎌』2-815,『俊乗房重源史料集成』291頁

[語]宋人,河

[地]宮野河,宋

[綱]宋人陳和卿、周防国宮野荘を東大寺領となすべきを求む

建久６年12月４日　太政官符　＊若狭国

[出]吉川半七氏旧蔵文書　[刊]『鎌』2-820,『福井県史　資料編２』846頁

[語]海人,浦人,浦刀禰,浦

[地]犬熊野浦,志積御崎,滑崎,小崎,阿那尾崎

[綱]犬熊野浦は嶮岨山野の地、猪鹿の栖にして、居住の海人なし

建久７年１月23日　太神宮庁宣　＊伊勢国

[出]神宮雑書　[刊]『鎌』2-827

[地]林御厨

建久７年３月　高野山住僧等解　＊紀伊国

[出]高野山文書宝簡集43　[刊]『鎌』2-838,『大日本古文書　高野山文書１』550頁

[語]津頭,大田庄梶取丸,梶取,津頭御庄家

[地]紀伊湊,吉野河

[綱]高野山運上米、吉野河口紀伊湊に入る◆高野山住僧、雑賀荘住人源太丸の紀伊湊にて大田荘梶取丸と争い、丹生神人を刃傷せるを訴う◆紀伊湊は雑賀荘内にして、吉野河の末なり。高野山運上米はこの河後にて輻湊す◆津頭たるにより、善悪の事聚集す

建久７年４月15日　太神宮神主帖　＊伊勢国

[出]神宮雑書　[刊]『鎌』2-842,『神宮古典籍影

印叢刊6』105頁
語刀禰,往反渡海
地安濃津御厨
綱伊勢神宮領神人は、指たる寄作の田畠なく、諸国往反交易の計らいをもって供祭の勤めを致し、世途の支えとなす◆安濃津刀禰中臣国行、近年、渡海往反に煩いある旨を訴う

建久7年6月3日　太政官符案　＊摂津国

田内閣文庫所蔵摂津国古文書　刊『鎌』2-847
語津津破損船瓦,河尻辺在家,浜岸,泊住人,泊,小島,落帆棄機,公私之船,舟船,舳艫,河尻一洲,広潟浩浩,海底,船瓦,津津浦浦
地河尻,淀津,太輪田泊,大和田泊,魚住泊
綱魚住泊は行基の建立にして、弘仁年間破壊す。天長9年清原真人の奏状により作治するも、承和末より廃さる。貞観9年賢和修固を致すも終えず◆魚住・大輪田泊ならびに一州小島修築のため、諸国荘公、石別一升米を充召し、竹木等を伐用せしめ、津津破損の船瓦を点じ進めしむ。また河尻辺の在家人夫を雇役せしむ◆魚住泊においては、近世山陽・南海・西海三道公私の船、拾中八九漂没す◆大輪田泊は、二十年来舳艫迷い易し◆河尻一州は、広潟浩浩として四面風を受け、河尻に入らんと欲する船、空しく海底に没す

建久7年6月　和泉国司庁宣案　＊和泉国

田徴古雑抄大鳥郷文書　刊『鎌』2-853
語浦
地大鳥郷浦

建久7年7月4日　和泉国留守所下文案　＊和泉国

田徴古雑抄大鳥郷文書　刊『鎌』2-855
語浦,刀禰,白浜
地白浜,大鳥浦

建久7年7月12日　前右大将〈源頼朝〉家政所下文　＊肥前国

田肥前青方文書　刊『鎌』2-856,『青方文書1』2頁,『青方文書2』152頁
地宇野御厨,小値賀島
備同文の案文ならびに同文で仮名書きの案文が『青方文書1』に1通ずつある

建久7年7月16日　太神宮司庁宣　＊美濃国,遠江国,能登国

田神宮雑書　刊『鎌』2-857,『神宮古典籍影印叢刊6』78頁
地中河御厨,小泉御厨,美園御厨,小高御厨,櫛比御厨

建久7年8月21日　太神宮司庁宣　＊伊勢国

田神宮雑書　刊『鎌』2-862,『神宮古典籍影印叢刊6』75頁
地大井田御厨

建久8年2月　大和笠置寺大法師等解案　＊大和国

田春華秋月抄草18　刊『鎌』2-902
語山水之漁撈
綱笠置寺山内寺領は、五十余歳久しく山水の漁撈を止む

建久8年4月23日　僧賢光譲状案　＊豊前国

田豊前到津文書　刊『鎌』2-910,『大分県史

建久8～9年

1』67頁,『増補編年大友史料1』302頁
地明島

建久8年6月9日　地頭長谷部信連禁制案　＊能登国

出能登西光寺文書　刊『鎌』2-917
語禁断殺生
地堂谷河
備『鎌』注記に「本文書は、検討を要する」とあり

建久8年6月15日　重源譲状
　　　　　　　　　　　　　＊大和国,中国

出稲垣二徳氏所蔵文書　刊『鎌』2-920,『俊乗房重源史料集成』344頁,『兵庫県史　史料編中世5』90頁,『岡山県史　編年史料』458頁,『大日本史料4-9』76頁
語宋人和卿
地木津,宋
綱後白河院勅命により、陳和卿を東大寺惣大工となす

建久8年6月　北条時政下文　＊遠江国

出遠江蒲神明宮文書　刊『鎌』2-921,『静岡県史　資料編5』274頁,『静岡県史料5』823頁
地蒲御厨

建久8年6月　薩摩国図田帳写　＊薩摩国

出島津家文書　刊『鎌』2-923,『大日本古文書　島津家文書1』126頁
地温田浦,都浦,土師浦,甑島

建久8年6月　大隅国図田帳写　＊大隅国

出大隅桑幡家文書　刊『鎌』2-924,『改訂史籍集覧27』53頁,『福岡県史8』82頁,『大宰府・太宰府天満宮史料7』230頁,『日本歴史』142・42頁
地多祢島,溝部在河

建久8年8月17日　東大寺僧綱大法師等連署申状案

出東寺百合文書観智院3ノ1　刊『鎌倉遺文研究』1・86頁
語橋

建久8年10月4日　源親長敬白文

出但馬進美寺文書　刊『鎌』2-937
語八島之浪上
地南海,八島

建久8年11月26日　石山寺領検田帳
　　　　　　　　　　　　　＊近江国

出近江石山寺文書　刊『鎌』2-946,『石山寺の研究』校倉聖教古文書篇516頁
地寺津,宇良川,那良島

建久8年11月　鴨御祖社司申状　＊山城国

出勧修寺家本永昌記裏文書　刊『鎌』2-947,『編年差別史資料集成3』79頁
語宇治鱸取,網代,網代村君,氷魚供祭
綱宇治の網代村君ら、鱸取らの大石をもって網代面を塞ぎ、氷魚供祭の勤を妨ぐるを訴う

建久9年1月30日　二所大神宮神主等注進状　＊伊勢国

出建久九年内宮仮殿遷宮記　刊『鎌』補1-216,『神宮遷宮記1』43頁
地船江庄

建久9年1月　平兼資解　＊安芸国

出芸藩通志田所文書　刊『鎌』補1-217,『広島県史　古代中世資料編4』256頁

建久9年～正治元年

語浜
地府中北浜,温科川

建久9年3月15日　大神宮神主・祢宜注進状
　　　　　　　　　　　　　　＊伊勢国

出建久九年内宮仮殿遷宮記　刊『鎌』補1-235,『神宮遷宮記1』57頁
語堅魚鰒各二斤,雑腊一斗,雑海藻二斤,塩二斗

建久9年3月吉日　栗崎完国・牛島公四方指

出肥後牛島文書　刊『鎌』2-975,『熊本県史料4』303頁
語舟
地船津,白浜,ちかふ津之島,有間河内六町
備『鎌』注記に「本文書偽文書なるべし」とあり

建久9年4月8日　大神宮神主注進状
　　　　　　　　　　　　　　＊伊勢国

出建久九年内宮仮殿遷宮記　刊『鎌』補1-241,『神宮遷宮記1』65頁
語雑腊二斗五升,堅魚鰒各三斤,雑海藻二斗五升,塩一升

建久9年5月7日　入道願西売券
　　　　　　　　　　　　　　＊山城国

出東寺百合文書メ　刊『鎌』2-980
地塩小路

建久9年7月10日　僧景恵施入状案
　　　　　　　　　　　　　　＊大和国

出東大寺文書(1-17-202（1）)　刊『鎌』2-988
地中津河

建久9年7月16日　内宮仮殿遷宮取物行事差定状

出建久九年内宮仮殿遷宮記　刊『鎌』補1-298,『神宮遷宮記1』110頁
語御塩湯内人

建久9年10月1日　東大寺文書取出目録
　　　　　　　　　　　　　　＊摂津国

出東大寺文書(1-20-7)　刊『鎌』2-1002,『兵庫県史　史料編中世5』813頁,『尼崎市史4』350頁
語猪名庄八十島役
地猪名庄
備『兵庫県史』は文書名「文書出納日記」

建久9年11月7日　貞慶願文

出弥勒如来感応抄第1　刊『鎌』補1-304
語慈山乳海,四海万邦,舟石,異朝,夷城

建久10年3月23日　源頼家御教書
　　　　　　　　＊遠江国,尾張国,参河国

出吾妻鏡正治1.3.23条　刊『鎌』2-1044,『国史大系　吾妻鏡(普及版)2』555頁
地補御厨,一楊御厨,飽海本神戸,新神戸,大津神戸,伊良胡御厨

建久10年3月24日　下総相馬厨上分送文
　　　　　　　　　　　　　　＊下総国

出伊勢櫟木文書　刊『鎌』2-1045,『取手市史古代中世史料編』123頁
地相馬御厨

正治元年5月20日　大外記清原良業勘文
　　　　　　　　　　　　　　＊伊勢国

出小朝熊社神鏡沙汰文　刊『鎌』補1-322,『神道大系　神宮編2』445頁,『大日本古文書　阿蘇文書1』33頁

正治元～2年
地御竈島

正治元年6月22日　僧実源田地相博状
　　　　　　　　　　　　　　＊紀伊国

田高野山文書続宝簡集66　刊『鎌』2-1061,
『大日本古文書　高野山文書3』488頁
地菴田島

正治元年7月30日　中原某戸主売券
　　　　　　　　　　　　　　＊山城国

田広橋家記録　刊『鎌』2-1067
地堀河

正治元年)8月)　長瀬荘百姓等重申状案
　　　　　　　　　　　　＊大和国,伊賀国

田東大寺文書(1-1-257(1))　刊『鎌』2-1073,『大日本古文書　東大寺文書11』256頁,『伊賀国黒田荘史料2』206頁
語木津,国衙木津,国衙之津
地田野木津
綱黒田荘民等、黒田荘南境は、往古国衙の木津たりし田野木津なる旨を陳ずるも、長瀬荘民等、田野木津は伝法院領の最中なる旨を論ず

正治元年)8月)　長瀬荘百姓等重申状案

田東大寺文書(1-1-257(2))　刊『鎌』2-1074,『大日本古文書　東大寺文書11』259頁,『伊賀国黒田荘史料2』207頁
語沼沢
地田野津

正治元年12月　安芸伊都岐島社政所解
　　　　　　　　　　　　　　＊安芸国

田安芸厳島野坂文書　刊『鎌』補1-353,『広島県史　古代中世資料編2』183頁
地石浦村,新屋津

正治2年1月10日　文覚上人意見状
　　　　　　　　　　　　　　＊中国

田吾妻鏡正治2.12.28条　刊『鎌』2-1099,『国史大系　吾妻鏡(普及版)2』579頁
語海賊,震旦
地震旦

正治2年閏2月7日　官宣旨案　＊豊前国

田豊前到津文書　刊『鎌』2-1115,『大分県史料1』78頁,『増補訂正編年大友史料1』328頁
語船津,塩浜
綱宇佐宮諸節番長職安実等、宮使上洛の時に禄代の従女を奪取らんと、数の随兵を発し、船津に襲来す

正治2年閏2月　藤原幸明譲状案
　　　　　　　　　　　　　　＊肥前国

田肥前大川文書　刊『鎌』2-1123,『大日本史料4-6』858頁,『九州史料叢書　大川文書』68頁
語浦,海
地与見河

正治2年6月　平某寄進状　＊遠江国

田遠江中山家文書　刊『鎌』2-1146,『静岡県史　資料編5』283頁,『静岡県史料4』339頁
語南海
備『鎌』注記に「本文書稍疑うべし」とあり

正治2年6月　遠江笠原荘惣地頭平某寄進状　　　　　　　　　　　　　　＊遠江国

田遠江中山文書　刊『鎌』補1-364,『静岡県史　資料編5』283頁,『静岡県史料4』339頁
語南海
備『鎌』2-1146号文書と重複文書

正治2年～建仁元年

正治2年10月17日　平氏女戸主売券
　　　　　　　　　　　　　　＊山城国
　田広橋家記録　刊『鎌』2-1157
　地堀河

正治2年10月27日　官宣旨案　＊伊勢国
　田東洋文庫本民経記寛喜3年6月巻裏文書
　刊『鎌』2-1158,『大日本古記録　民経記3』
　221頁,『編年差別史料集成3』82頁
　地若栗御厨

正治2年11月　重源袖判定文　＊周防国
　田周防阿弥陀寺文書　刊『鎌』2-1162,『山口県史　史料編中世2』340頁
　語河

正治2年12月20日　薩摩国留守所下文案
　　　　　　　　　　　　　　＊薩摩国
　田書陵部蔵宇佐宮日時正遷宮一会例　刊
　『鎌』補1-371
　語塩五斗

正治2年12月20日　薩摩国留守所下文案
　　　　　　　　　　　　　　＊薩摩国
　田書陵部蔵宇佐宮日時正遷宮一会例　刊
　『鎌』補1-372
　語塩一升,酒塩肆升

正治2年12月20日　薩摩国留守所下文案
　　　　　　　　　　　　　　＊薩摩国
　田書陵部蔵宇佐宮日時正遷宮一会例　刊
　『鎌』補1-373
　語塩五升,酒塩捌升

正治2年12月20日　薩摩国留守所下文案
　　　　　　　　　　　　　　＊薩摩国
　田書陵部蔵宇佐宮日時正遷宮一会例　刊
『鎌』補1-374
　語塩五合,酒塩弐升

正治2年12月20日　薩摩国留守所下文案
　　　　　　　　　　　　　　＊薩摩国
　田書陵部蔵宇佐宮日時正遷宮一会例　刊
『鎌』補1-375
　語塩伍升,酒塩陸升伍合

正治2年12月20日　薩摩国留守所下文案
　　　　　　　　　　　　　　＊薩摩国
　田書陵部蔵宇佐宮日時正遷宮一会例　刊
『鎌』補1-376
　語塩弐升伍合,酒塩弐升伍合

正治2年12月20日　薩摩国留守所下文案
　　　　　　　　　　　　　　＊薩摩国
　田書陵部蔵宇佐宮日時正遷宮一会例　刊
『鎌』補1-377
　語塩五升,酒塩陸斗

正治2年12月20日　薩摩国留守所下文案
　　　　　　　　　　　　　　＊薩摩国
　田書陵部蔵宇佐宮日時正遷宮一会例　刊
『鎌』補1-378
　語塩弐升伍合,酒塩壱升伍合

建仁元年4月10日　預所下文案　＊紀伊国
　田紀伊国続風土記附9葛原文書　刊『鎌』3-1193,『紀伊続風土記3』附録202頁
　語吉成北島
　地吉成北島

建仁元年4月　伊賀国在庁官人等申状案
　　　　　　　　　　　　　　＊伊賀国
　田東大寺文書(1-1-214)　刊『鎌』3-1196,『大日本古文書　東大寺文書11』116頁,『俊乗房重源史料集成』457頁

建仁元〜2年

綱 宋人和卿、東大寺造営の間、伊賀国山田郡内阿波・広瀬・有丸保三か村を給せらる

建仁元年4月　東大寺僧綱等解草案
　　　　　　　　　　　　　　＊天竺,中国

出 春華秋月抄2　刊『鎌』3-1203
語 筏, 海路, 天竺, 晨旦
地 天竺, 晨旦
綱 東大寺造営料材木を筏にて引出すも、筏未だ海路に浮ばず、一両年を過ぐ

建仁元年5月21日　太政官牒　＊山城国

出 東寺百合文書せ　刊『鎌倉遺文研究』1・90頁
語 防鴨河使
地 鴨河

建仁元年5月25日　僧琳海譲状　＊美濃国

出 山城醍醐寺文書　刊『鎌』3-1217,『大日本古文書　醍醐寺文書1』161頁
地 藪河

建仁元年7月　記録所勘状案

出 東大寺文書(1-1-214)　刊『鎌』3-1236,『大日本古文書　東大寺文書11』123頁
綱 伊賀国山田郡内阿波・広瀬・有丸保三か所、東大寺惣大工宋人和卿に給せらる

建仁元年8月8日　大江氏女藺田売券案
　　　　　　　　　　　　　　　＊山城国

出 徴古雑抄9上雑々文書　刊『鎌』3-1237
地 塩小路

建仁元年9月　良毫田地馬替券　＊紀伊国

出 高野山文書又続宝簡集48　刊『鎌』3-1245,『大日本古文書　高野山文書5』402頁
地 奄田島

建仁元年10月28日　大神宮司庁宣
　　　　　　　　　　　　　　　＊志摩国

出 神宮雑書　刊『鎌』3-1247
語 伊雑神戸刀禰
地 伊雑神戸

建仁元年11月6日　大神宮司解　＊伊勢国

出 伊勢御塩殿文書　刊『鎌』3-1276
語 御塩殿
地 二見御厨

建仁元年11月　左衛門少尉某譲状
　　　　　　　　　　　　　　　＊山城国

出 東寺百合文書ツ　刊『鎌』3-1279
地 塩小路

建仁2年2月14日　源能信・同種保申記詞　＊摂津国

出 九条家文書　刊『鎌』3-1290,『図書寮叢刊　九条家文書2』68頁
語 浜, 津料
地 兵庫庄
綱 浜は往古より輪田荘の最中なるも、福原荘の押領の後、津料を取らる

建仁2年3月1日　大法師景恵田地売券案　＊大和国

出 東大寺文書(1-17-202(2))　刊『鎌』3-1293
地 中津河

建仁2年3月　僧某田地売券案　＊摂津国

出 東大寺文書(3-5-300)　刊『鎌』3-1298
地 下川, 西川

建仁2年6月　近江日吉社大津神人等解
　　　　　　　　　　　　　　＊越後国

　出江藤文書　刊『鎌』3-1309
　語大津左右方神人,当浜(豊田荘浜),浜
　地大津
　綱北陸道神人の起りは、山王大明神の当浜
　に垂跡せるによるなり

建仁2年8月　僧頼詮田地譲状案
　　　　　　　　　　　　　　＊摂津国

　出東大寺文書(3-8-1)　刊『鎌』3-1314
　地下川,西川

建仁2年9月10日　大神宮神主請文状
　　　　　　　　　　　　　　＊伊勢国

　出神宮雑書　刊『鎌』3-1315,『神宮古典籍影
　印叢刊6』65頁
　語空閑塩屋
　地塩屋江葦原地

建仁2年閏10月8日　源氏女譲状
　　　　　　　　　　　　　　＊山城国

　出東寺百合文書ツ　刊『鎌』3-1322
　地しほのこうち(塩小路)

建仁2年11月3日　肥後津守保田地坪付
　写　　　　　　　　　　　　＊肥後国

　出肥後阿蘇文書　刊『鎌』3-1327,『大日本古
　文書　阿蘇文書1』33頁
　地しほつる(塩津留),ゑ川,石川,ゑ河,まん
　ところしま(政所島),いきしま,かみいきし
　ま,しろしま

建仁2年12月6日　僧叡俊田地処分状
　　　　　　　　　　　　　　＊大和国

　出市島謙吉氏所蔵文書　刊『鎌』3-1334
　地中津河

建仁3年4月7日　伊予弓削島荘沙汰人
　等解　　　　　　　　　　　＊伊予国

　出東寺百合文書と　刊『鎌』3-1352,『日本塩
　業大系　史料編古代・中世1』82頁,『愛媛県
　史　資料編古代・中世』210頁
　地弓削島御庄

建仁3年4月　伊予国司庁宣　＊伊予国

　出白河本東寺百合文書　刊『鎌』3-1357,『日
　本塩業大系　史料編古代・中世1』83頁,『愛
　媛県史　資料編古代・中世』210頁
　地弓削御庄

建仁3年5月17日　将軍〈源頼家〉家政所
　下文案　　　　　　　　　　＊播磨国

　出内閣文庫所蔵雑古文書　刊『鎌』3-1358
　語泊
　地魚住泊

建仁3年7月　備前麦進未進納所惣算用
　帳　　　　　　　　　　　　＊備前国

　出東大史料編纂所所蔵南無阿弥陀仏作善集
　裏文書　刊『鎌』3-1370,『俊乗房重源史料集
　成』457頁,『岡山県史　編年史料』467頁
　語津,津納,梶取,船賃
　地小豆島

建仁3年)10月5日　後鳥羽上皇院宣
　　　　　　　　　　　　　　＊淡路国

　出高野山文書宝簡集4　刊『鎌』3-1387,『大
　日本古文書　高野山文書1』46頁
　語船
　地賀集庄

建仁3年10月20日　紀伊国司庁宣
　　　　　　　　　　　　　　＊備後国

　出高野山文書宝簡集46　刊『鎌』3-1393,『大

建仁3年～元久元年

日本古文書　高野山文書1』573頁
語御幸渡船料,国衙船所書生,梶取,河船,塩
綱国衙船所の書生・梶取等,御幸渡船料と号
して河船を切り損じ,仏供を入水す◆御幸
渡船料として,高野山金剛峯寺領荘々に仏
供・塩等雑物運上の妨げなきよう命ず

建仁3年10月25日　清原のねね家地売券
　　　　　　　　　　　　　　　　　＊山城国

出東寺百合文書ツ　刊『鎌』3-1394
地しをのこうち(塩小路)

建仁3年11月4日　官宣旨　　＊志摩国

出伊勢徴古文府2　刊『鎌』3-1400
語供祭船,船,神戸船,塩木,水手,海賊,海
上,荷前御鮑,大海,勝載物,勝載薪
地国崎神戸,相佐須庄,麻生浦,奈久佐浜,鳥
石一島,毛島,黒島
綱相佐須浦住人等,国崎神戸より供祭船一
艘を借り,交易のため塩木を積み,漕ぎ出す
も,暴風に遭い,麻生浦に漂着す◆漂着船の
水手,暫く住所に帰向するの間,麻生浦住人
壱志守房ら,件の船・勝載薪を盗み取る◆同
じく壱志守房,麻生浦に付属く神戸住人真
光の船を盗み取る。守房の所犯,海賊の如
し◆麻生浦は,国崎神戸より伊勢大神宮へ
の要路なり◆守房,海上・山中の要路を制止
するにより,神戸神人の往反たやすからず,
鮑等の供祭を備進しがたし◆守房,近年神
威を憚らず,神戸の四至内毛島・黒島に乱入
し,山木を切る◆左弁官,守房らに対し,濫
妨停止及び供祭船・勝載物の糾返を命ず

建仁3年11月30日　後鳥羽上皇願文
　　　　　　　　　　　　　　　　　＊中国

出東大寺続要録7　刊『鎌』3-1408
語隋高祖,唐大宗
地隋,唐

建仁3年11月　大和春日社政所下文案
　　　　　　　　　　　　　　　　　＊阿波国

出大和春日神社文書　刊『鎌』3-1410,『春日
大社文書3』60頁
地津田島

建仁3年11月　大和春日社政所下文案
　　　　　　　　　　　　　　　　　＊阿波国

出大和千鳥家文書　刊『鎌』3-1411
地津田島

建仁4年1月18日　島津荘政所下文
　　　　　　　　　　　　　　　　　＊大隅国

出薩藩旧記3 神田橋氏文書　刊『鎌』3-
1419,『鹿児島県史料　旧記雑録前編1』102
頁
地内浦

建仁4年2月17日　官宣旨　　＊阿波国

出大和春日神社文書　刊『鎌』3-1433,『春日
大社文書1』257頁
地吉野河,津田島,津田北海

元久元年3月5日　官宣旨　　＊山城国

出山城松尾神社文書　刊『鎌』3-1439,『松尾
大社史料集　文書篇1』34頁
地梅津
備梅津は河川交通の要衝

元久元年4月22日　僧栄西願文　＊中国

出天台霞標3-4　刊『鎌』3-1447,『大日本仏

教全書(百巻本)』41』350頁
語求法渡海, 遣唐使
地葦南浜
綱求法渡海絶えて三百余年, 遣唐使停止して二百余年なり

元久元年4月23日　九条兼実置文
＊伊豆国, 下総国, 摂津国, 伊勢国, 遠江国, 常陸国, 周防国

田九条家文書　刊『鎌』3-1448,『静岡県史資料編5』298頁
地井田庄, 三津御厨, 三崎庄, 輪田庄, 富田御厨, 小奈御厨, 小栗御厨, 屋代庄

元久元年8月22日　関東下知状案
＊肥前国

田肥前青方文書　刊『鎌』3-1473,『青方文書1』4頁
地宇野御厨, 小値賀島
備同文で後欠の案文が『青方文書1』にある

元久元年8月23日　九条兼実処分状
＊遠江国

田九条家文書　刊『鎌』補1-466
地小奈御厨

元久元年9月　阿波富田荘立券文案
＊阿波国

田大和春日神社文書　刊『鎌』3-1481,『春日大社文書3』61頁
語海中堺, 海中, 沢江河池
地津田西江, 北海, 吉野河, 鈴江, 副北浜崎, 大角豆島, 松江, 津田島, 寺島, 仏師島, 知岐礼島
綱海中堺のため, 鈴江土用の間, 牓示を打たず◆海中のため, 牓示を打たず

元久元年)10月18日　源空〈法念房〉書状
＊中国

田和語燈録　刊『鎌』3-1459
語唐土
地唐土

元久元年10月　大神宮使解　＊伊勢国

田神宮雑書　刊『鎌』3-1486,『神宮古典籍影印叢刊6』63頁
語塩屋, 潟浜
地塩屋江葦原地, 大湊平潟浜

元久元年)11月13日　藤原兼実消息＊中国

田法然上人行状画図32　刊『鎌』3-1507,『続日本絵巻大成2法然上人絵伝　中』224頁
語震旦
地震旦
備『絵伝』は出典を巻31とする

元久元年12月26日　地頭紀実春譲状案
＊武蔵国

田薩摩大井文書　刊『鎌』3-1511
語海, 鳥羽川流
地鳥羽川

元久2年1月9日　関東下文案　＊肥前国

田肥前伊万里家文書　刊『鎌』3-1517,『松浦党関係史料集1』39頁,『大日本史料4-8』427頁,『平戸松浦家資料』131頁,『佐賀県史料集成27』48頁
地宇野御厨, 伊万里浦, 津吉島
備『佐賀県史料集成』は大河内家文書とする

元久2年1月17日　某政所下文　＊伊勢国

田三国地志94伊勢国旧案安西郡　刊『鎌』3-1518,『大日本地誌体系21三国地志』184頁

元久2年
- 語 安濃津所司定使等, 当津(安濃津)御厨三番別当職
- 地 当津(安濃津)御厨, 安濃津

元久2年5月6日　関東下知状案
　　　　　　　　　　　　＊伊予国
- 出 伊予長隆寺文書　刊『鎌』3-1539,『愛媛県史　資料編古代・中世』513頁
- 地 忽那島

元久2年5月6日　関東下知状　＊伊予国
- 出 伊予忽那家文書　刊『愛媛県史　資料編古代・中世』210頁
- 地 忽那島

元久2年5月19日　関東御教書案
　　　　　　　　　　　　＊阿波国
- 出 大和大東家文書　刊『鎌』3-1542
- 地 津田島

元久2年)5月19日　北条時政書状案
　　　　　　　　　　　　＊阿波国
- 出 大和大東家文書　刊『鎌』3-1543
- 地 津田島

元久2年)5月19日　公舜書状　＊阿波国
- 出 大和大東家文書　刊『鎌』3-1544
- 地 津田島

元久2年10月3日　良海拝堂料布支配注文案
　　　　　　　　　　　　＊河内国
- 出 山城醍醐寺文書　刊『鎌』3-1582,『大日本古文書　醍醐寺文書1』176頁
- 地 若江

元久2年10月3日　良海拝堂料布支配注文案
　　　　　　　　　　　　＊河内国
- 出 山城醍醐寺文書　刊『鎌』3-1583,『大日本古文書　醍醐寺文書1』178頁
- 地 若江

元久2年10月15日　僧祐深田畠譲状
　　　　　　　　　　　　＊遠江国
- 出 山城森川家文書　刊『鎌』3-1585
- 語 遠江堀池

元久2年10月　興福寺奏状案　＊天竺, 中国
- 出 大内青巒氏所蔵文書　刊『鎌』3-1586
- 語 印度, 震旦
- 地 印度, 震旦

元久2年11月12日　将軍〈源実朝〉下文案
　　　　　　　　　　　　＊伊予国
- 出 伊予長隆寺文書　刊『鎌』3-1588,『愛媛県史　資料編古代・中世』513頁
- 地 忽那島

元久2年11月20日　僧顕珍田地売券
　　　　　　　　　　　　＊大和国
- 出 早稲田大学荻野研究室所蔵文書　刊『鎌』3-1589,『早稲田大学所蔵荻野研究室収集文書　上』237頁
- 地 中津河

元久2年12月　重源勧進状
- 出 東大寺文書　刊『鎌』3-1592
- 語 海上, 船
- 綱 昔、蘇長の妻海上にて風に遇いし折、法花を誦す故に、同船の者中一人着岸して命助かる

元久2年12月　成弁〈高弁〉勧進状　＊中国
- 出 高山寺明恵上人行状別記　刊『鎌』3-1595,『漢文　明恵上人行状記』77頁
- 語 入唐

🜨地唐
🜨綱成弁、建仁2年冬、入唐を企てんと欲す

泰和6年2月　高麗国金州防禦使牒
　　　　　　　　　　　　　　＊朝鮮, 対馬国

🜨出平戸記延応2.4.17条　🜨刊『鎌』3-1606,『増補史料大成32』52頁
🜨語乗船, 円鮑, 黒鮑, 高麗国
🜨地高麗国, 金州, 南浦, 対馬島
🜨綱対馬使介明頼等40人の乗船せる3艘、金州南浦に来泊す
🜨備泰和6年は元久3年にあたる

元久3年3月24日　和泉国司庁宣案
　　　　　　　　　　　　　　＊和泉国

🜨出和泉大鳥神社文書　🜨刊『鎌』3-1610
🜨語大鳥社供祭浦

元久3年4月15日　後鳥羽院庁下文
　　　　　　　　　　　　　　＊中国

🜨出山城随心院文書　🜨刊『鎌』3-1613,『俊乗房重源史料集成』499頁,『兵庫県史　史料編中世5』101頁
🜨語宋人, 宋人和卿, 唐船
🜨地宋, 唐
🜨綱東大寺三綱の訴えにより、宋人和卿の濫妨を停止す◆和卿、日本の鋳師を妬みて鋳型の中に土・瓦を入れ、数丈の大柱を切破りて私の唐船を造る

建永元年8月　預所下文

🜨出出雲青木基氏文書　🜨刊『鎌』3-1633
🜨語平浜別宮神人
🜨地平浜

建永元年8月　行西〈長浦遠貞〉譲状
　　　　　　　　　　　　　　＊肥後国

🜨出豊後詫摩文書　🜨刊『鎌』3-1634,『大分県史料12』45頁,『大日本史料4-9』455頁,『増補訂正編年大友史料2』9頁,『九州荘園史料叢書3』16頁,『熊本県史料5』444頁
🜨地津久々浦, 永浦, 長浦村

建永元年9月　和泉大鳥社神人等解案
　　　　　　　　　　　　　　＊和泉国

🜨出和泉大鳥神社文書　🜨刊『鎌』3-1641
🜨語浦, 白浜, 廻船商人, 大鳥社神人
🜨地高石正里浦白浜
🜨綱高石正里浦は、本より大鳥社大明神の祓戸にして他主なき白浜なり◆廻船の商人来着するといえども、全く人の煩いをなすことなし

建永元年　慈円起請文　　　＊近江国

🜨出門葉記2　🜨刊『鎌』3-1659
🜨語船, 浦, 西海
🜨地藤島, 大津
🜨綱平方荘・坂田新荘米の積船を大津に付け、使の者請取らしむべし

建永2年2月14日　大和則員後家田地売券
　　　　　　　　　　　　　　＊紀伊国

🜨出高野山文書又続宝簡集71　🜨刊『鎌』3-1669,『大日本古文書　高野山文書6』321頁
🜨地星川

建永2年4月13日　肝付兼保譲状
　　　　　　　　　　　　　　＊薩摩国

🜨出新編伴姓肝付氏系図6　🜨刊『鎌』補1-508
🜨語海
🜨地神河

建永2年～承元2年

建永2年5月6日　関東御教書　＊伊予国
　田 伊予忽那家文書　刊『鎌』3-1683,『愛媛県史　資料編古代・中世』213頁
　地 忽那島

建永2年6月4日　将軍〈源実朝〉家政所下文案　＊肥前国
　田 肥前青方文書　刊『鎌』3-1687,『青方文書1』5頁
　地 宇野御厨,小値賀島

建永2年6月21日　栄西書状　＊中国
　田 東大寺所蔵因明論議抄裏文書　刊『鎌』3-1688
　語 唐
　語 唐墨八十五廷,唐筆七十五支

建永2年7月8日　河内通法寺領注文案　＊摂津国
　田 正木直彦氏所蔵文書　刊『鎌』3-1691
　地 浜田郷

建永2年7月　沙弥真空願文
　田 願文集摂津徴78　刊『鎌』3-1692
　語 釣漁之営

建永2年10月7日　和泉国留守所下文案　＊和泉国
　田 微古雑抄大鳥郷文書　刊『鎌』3-1701
　地 大鳥浦

建永2年10月　関白〈藤原家実〉家政所下文　＊下総国
　田 下総香取旧大禰宜家文書　刊『鎌』3-1703,『千葉県史料　中世編　香取文書』65頁
　地 神宮寺・柴崎両浦

建永2年」10月　比丘尼けうによ釈迦堂領年貢油請文　＊中国
　田 東大寺文書(1-17-121)　刊『鎌』3-1704
　語 唐本一切経
　地 唐

承元元年12月　関東下知状
　田 壬生家文書　刊『鎌』3-1709
　語 狩鮎川人夫

承元2年閏4月10日　源壱譲状案　＊肥前国
　田 肥前石志文書　刊『鎌』3-1738,『松浦党関係史料集1』40頁,『佐賀県史料集成27』5頁,『大日本史料4-10』485頁,『平戸松浦家資料』144頁,『大野荘の研究』157頁
　語 海
　地 石志,二郎峠浦,二郎別当浦
　備 文書名『佐賀県史料集成』は「源登・源壱連署譲状案」とする

承元2年閏4月27日　将軍〈源実朝〉家政所下文　＊伊予国
　田 伊予忽那家文書　刊『鎌』3-1740,『愛媛県史　資料編古代・中世』213頁
　地 忽那島

承元2年)5月9日　興福寺別当宣
　田 内閣文庫蔵大乗院文書符案部類抄　刊『鎌』補1-528
　語 京上料之屋形船一艘

承元2年7月　尋覚譲状案　＊肥前国
　田 肥前青方文書　刊『鎌』3-1754,『青方文書1』6頁
　地 宇野御厨庄,小値賀島,浦部

承元2～4年

承元2年)8月17日　賀茂祐綱請文
　出 九条家本賭弓部類記裏文書　刊『鎌』3-1755
　語 船,長州供祭人
　地 長洲
　綱 長州供祭人、船を点定す◆件の船は質物にして、買取れる尼草御前の証文匳に存す◆買得の船につきては、供祭人ら証文に任せて領知すべし

承元2年11月　承信譲状　＊能登国
　出 山城曼殊院文書　刊『鎌』3-1766
　地 三津浜

承元3年2月　青方尋覚譲状案　＊肥前国
　出 青方家譜　刊『鎌』3-1778,『青方文書1』7頁
　地 小値賀島,浦部
　備 『鎌』と『青方文書』の採用文書とは文字の異同が多い

承元3年3月　任大臣大饗用途注文
　出 洞院家記20　刊『鎌』3-1786
　語 鯉五十隻,鮒五十隻,生鯛・干鯛各百隻,鮨鮎・押鮎各千隻,魚貝鳥類,浜由布(？)

承元3年8月2日　某去文　＊山城国
　出 東寺百合文書ツ　刊『鎌』3-1798
　地 しのこうち(塩小路)

承元3年8月6日　平某宛行状　＊山城国
　出 東寺百合文書ツ　刊『鎌』3-1799
　地 塩小路

承元3年8月　県時包等解案　＊伊勢国
　出 伊勢光明寺文書　刊『鎌』3-1807

　語 御塩焼内人
　地 浜浦,二見郷

承元3年10月22日　清原末則家譲状　＊山城国
　出 東寺百合文書ツ　刊『鎌』3-1812
　地 塩小路(せのこうち)

承元3年10月22日　清原末則家地売券　＊山城国
　出 東寺百合文書ツ　刊『鎌』3-1813
　地 塩小路

承元3年11月22日　太政官牒　＊山城国
　出 東寺百合文書せ　刊『鎌倉遺文研究』2・74頁
　語 防鴨河使
　地 鴨河

承元3年12月6日　関東御教書　＊豊前国
　出 豊前到津文書　刊『鎌』3-1820,『大分県史料1』80頁,『増補訂正編年大友史料2』17頁
　地 尻高浦,辛島

承元3年□月　某家政所下文　＊武蔵国
　出 金沢文庫所蔵倶舎論音義抄裏文書　刊『鎌』3-1825,金沢文庫編『金沢文庫古文書7』6頁
　地 綱島

承元3年」　仏名雑事注文　＊中国
　出 山城仁和寺文書　刊『鎌』3-1824
　語 紅唐綾,紫唐綾,白唐綾,款冬唐綾,唐綾

承元4年3月29日　沙弥行蓮〈小代行平〉譲状　＊武蔵国
　出 肥後小代文書　刊『鎌』3-1832,『大日本史料4-10』977頁,『熊本県史料1』140頁

承元4年～建暦2年

地なかぬま, えそぬま(沼), あとかは

承元4年4月11日　筏師人夫員数注文

田伊勢光明寺文書　刊『鎌』3-1833
語小河曳夫, 大河曳夫, 筏師
備筏師の運送物・人数・食米・労働日数等が判明する

承元4年11月29日　若狭目代某下文
＊若狭国

田若狭安倍武雄氏文書　刊『鎌』3-1846,『福井県史　資料編9』3頁
語浦
地志積浦

承元4年12月6日　藤原孝重売券案
＊山城国

田東寺百合文書チ　刊『鎌』3-1847
地塩少路

承元4年12月30日　僧宗得田地売券
＊大和国

田早稲田大学荻野研究室所蔵文書　刊『鎌』3-1857,『早稲田大学荻野研究室収集文書　上』236頁
地中津河

承元5年4月3日　壬生氏子治田売券写
＊伊勢国

田伊勢光明寺文書　刊『鎌』3-1866
地浜浦, 二見郷

建暦元年7月18日　北条時政袖判下文
＊伊豆国

田伊豆下之神社文書　刊『鎌』4-1883
語松崎下宮鰹船二艘, 石火宮供菜
地仁科庄, 松崎

建暦元年7月　八条院領所領注文案

田東寺百合文書レ　刊『鎌』4-1886
語川賃, 紀伊川賃
地紀伊川

建暦元年10月1日　大法師宗顕譲状
＊摂津国

田摂津勝尾寺文書　刊『鎌』4-1892,『箕面市史　史料編1』33頁,『勝尾寺文書』535頁
地清川

建暦元年10月22日　肥前長島荘預所代下文
＊肥前国

田肥前来島文書　刊『鎌』4-1895,『松浦党関係史料集1』46頁
地長島御庄

建暦2年1月22日　沙弥某荒野等売券案
＊伊勢国

田伊勢光明寺文書　刊『鎌』4-1910
語浜立券文, 浜
地宇治河, 塩会

建暦2年1月22日　沙弥某荒野并浜売券案
＊伊勢国

田神宮文庫文書　刊『鎌』補1-591
語浜
地鹿海北岡, 宇治河, 塩合, 鹿海庄

建暦2年2月　後鳥羽院庁下文　＊紀伊国

田熊野速玉神社文書　刊『鎌』4-1919
語船津
地甘田亀石富島, 田井船津出井

建暦2年3月22日　順徳天皇宣旨

田玉蕊建暦2.3.22条　刊『鎌』4-1921,『玉

建暦2～3年

蕊』142頁, 水戸部正男『公家新制の研究』160頁,『編年差別史資料集成3』106頁
語 漁猟之制, 六斎日殺生
綱 六斎日の殺生を禁ず。但し伊勢・賀茂已下の例供祭は制限せず

建暦2年7月　斎院〈礼子内親王〉庁下文

出 芸藩通志18　刊『鎌』4-1936,『芸藩通志1』245頁
地 伊都岐島

建暦2年8月19日　佐伯考友同大子連署譲状写　＊安芸国

出 長門毛利家文書　刊『鎌』4-1938,『大日本古文書　毛利家文書4』393頁
地 深河

建暦2年8月22日　関東下文案　＊肥後国

出 肥後志岐文書　刊『鎌』4-1940,『熊本県史料4』83頁,『天草郡史料2』831頁
語 六ヶ浦
地 六ヶ浦(佐伊津沢張池, 鬼池, 蒲牟田, 大浦, 須志浦, 志木浦)

建暦2年9月13日　将軍家政所下文写

出 能登中井家文書　刊『鎌』4-1942,『能登中居鋳物師史料』28頁,『中世鋳物師史料』8頁,『編年差別史資料集成3』110頁
語 関渡, 諸国市津関渡山河率分山手海煩, 諸国市津関渡海泊
綱 蔵人所灯爐御作手鋳物師等の往反の煩いを免ず

建暦2年9月13日　将軍家政所下文写

出 真継家文書　刊『鎌』4-1943,『中世鋳物師史料』7頁,『編年差別史資料集成3』110頁
語 関渡地頭, 市津関料山手渡海煩
綱 東大寺鋳物師等の市津関料等の煩いを免ず
備「丹下文書」にもあり。中村直勝『日本古文書学　下』は偽文書とする

建暦2年9月　越前気比宮政所作田所当米等注進状　＊越前国

出 越前気比宮社伝旧記　刊『鎌』4-1945,『編年差別史資料集成3』110頁
語 刀禰給田, 梶取, 塩海船賃, 簀和布運賃, 大津車力, 水海船賃, 人料鮭〈随漁得〉, 苔五合, 若和布五合, 和布七十帖, 丸塩百三十果, 甘鮨桶五口, 大鮨桶, 浮海, 浮海神人, 平割鮭十五尺, 丸鮑三百貝, 和布四十連, 貢神鮭七十五尺, 人料鮭, 漁得, 昆布五把, 浦
地 大津, 三箇浦(大間浦, 沓浦, 手浦), 大谷浦, 干飯浦, 玉河浦, 蒲生浦, 奈古浦, 気比庄

建暦2年12月24日　源智造像願文

出 近江玉桂寺阿弥陀立像胎内文書　刊『鎌』補1-599
語 教道之恩徳海

建暦2年　下総江上橋勧進状案　＊下総国

出 金沢文庫蔵定教撰集　刊『鎌』補1-601
語 橋, 長河, 深池, 江潭
地 夏浦江, 神崎御庄

建暦3年2月　厳明房田地売券　＊紀伊国

出 高野山文書又続宝簡集52　刊『鎌』4-1978,『大日本古文書　高野山文書5』551頁
地 上津島

建暦3年2月　慈鎮所領譲状案　＊若狭国, 越前国

出 華頂要略55上古文書集5　刊『鎌』4-

建暦３年

1974,『天台宗全書16』1158頁・1183頁

[語]浦

[地]名切島,織田庄同浦三所,藤島庄,小島庄

建暦３年３月　筑後鷹尾社障子張替注文写

[出]筑後鷹尾家文書　[刊]『鎌』補1-605,『筑後鷹尾文書』113頁

[語]梶取

[備]現状では､該当部分を欠く(『筑後鷹尾文書』による)

建暦３年４月19日　官使記重次等解案

[出]書陵部所蔵八幡宮関係文書29　[刊]『鎌』4-1999

[語]二島

建暦３年４月　天台座主慈円配分状

＊越前国,若狭国

[出]華頂要略55上　[刊]『鎌』4-2001,『天台宗全書16』1186頁

[地]藤島庄,織田庄

建暦３年５月９日　源実朝袖判下文

＊相模国

[出]二階堂文書　[刊]『鎌』4-2007

[地]懐島

建暦３年８月12日　禅定殿下〈近衛基通〉政所下文案

＊尾張国

[出]書陵部蔵参軍要略抄下裏文書　[刊]『鎌』4-2019,『愛知県史　資料編８』103頁

[語]船

[綱]境相論をめぐり､長岡十郷の荘官百姓等､堀尾荘の船５艘を盗み取る

建暦３年８月21日　三位某御教書

＊出雲国

[出]出雲北島家文書　[刊]『鎌』4-2020

[語]浦々

建暦３年９月13日　将軍家〈源実朝〉下文案

[出]能登中井家文書　[刊]『鎌』4-2029,『能登中居鋳物師史料』28頁,『編年差別史資料集成３』119頁

[語]蔵人灯爐御作手鋳物師,諸国往反市津関渡山河率分山手海煩,諸国渡地頭等所,諸国市津関渡海泊煩

[綱]幕府､蔵人灯爐御作手鋳物師等の往反の煩を免ず

[備]『能登中居鋳物師史料』の掲載史料は建暦２年の写だが､建暦３年付の写のあることが注記にある

建暦３年10月29日　若狭多烏浦源録職補任状

＊若狭国

[出]若狭秦文書　[刊]『鎌』4-2041,『小浜市史 諸家文書編３』３頁

[語]源録職

[地]多烏浦,西津庄

建暦３年11月８日　源届私領売券

＊山城国

[出]東寺百合文書メ　[刊]『鎌』4-2053

[地]塩小路

建暦３年)11月)16日　覚真書状　＊山城国

[出]大和興福寺所蔵有法自相裏文書　[刊]『鎌』4-2054

[語]淀路

[地]木津,淀路

備『鎌』注記「(建暦3年11月ヵ)」とあり

(建暦3年)11月16日　覚真書状　＊山城国

田大和興福寺所蔵有法自相裏文書　刊『鎌』4-2055
地木津
備『鎌』注記「(建暦3年11月ヵ)」とあり

建暦3年11月　蔵人所牒案

田真継家文書　刊『鎌』4-2063,『中世鋳物師史料』9頁,『編年差別史資料集成3』120頁
語灯爐御作手鋳物師,諸市津関渡山河率分津料,市津関渡海泊山河津料煩
綱灯爐御作手鋳物師等の諸国往来、交易売買に対し,諸市津関渡山河率分津料の煩を免ず
備『鎌』は出典を「能登中井家文書」とする。網野善彦『日本中世の非農業民と天皇』46頁,豊田武『歴史地理』67-2所収「中世の鋳物師業」83頁参照。

建暦3年11月　蔵人所牒写　＊河内国

田真継家文書　刊『鎌』4-2064,『中世鋳物師史料』9頁
語諸市津関渡山河率分津料,諸市津関渡海泊山河津料煩
備網野善彦『日本中世の非農業民と天皇』46頁,『豊田武著作集2』495頁参照。偽文書

建暦3年11月　蔵人所牒　＊越中国

田東寺古文零聚7　刊『鎌』4-2065,『編年差別史資料集成3』121頁
語内裏蔵人所灯爐供御人,市手津料之煩,金屋鋳物師
綱内裏蔵人所灯爐供御人越中国野金屋鋳物師等の往来に対し,市手津料の煩を免ず

建暦3年～建保2年

備網野善彦「鋳物師文書をめぐって」『鎌倉遺文研究』1によれば,本文書は2点の文書を錯簡によって合成してしまったもので、実在しない。網野善彦『日本中世の非農業民と天皇』46頁,『豊田武著作集2』495頁参照。

建暦3年11月　蔵人所牒案

田東寺百合文書る　刊『編年差別史資料集成3』119頁,網野善彦『日本中世史料学の課題』153頁,『豊田武著作集2』507頁(抄)
語諸市津関渡山河率分津料,諸市津関渡海泊山河津料煩
綱灯炉御作手鋳物師等の売買交易につき,諸国市津関渡海泊山河津料の煩を停止すべき旨,蔵人所牒により命ぜらる◆鋳物師等,五畿七道諸国に往反し、鍋釜以下を売買す◆諸国諸荘園の守護・地頭・預所等,鋳物師に市津関渡海泊山河津料等の煩をなす

建暦3年11月　蔵人所牒写

田芝田孫左衛門家文書　刊『福井県史　資料編9』260頁
語諸市津関渡山河率分津料,諸市津関渡海泊山河津料
備網野善彦『日本中世の非農業民と天皇』46頁参照。豊田武『歴史地理』67-2所収「中世の鋳物師業」83頁参照。

建保2年1月15日　東大寺文書出納日記　＊摂津国

田東大寺文書(3-11)　刊『鎌』4-2076,『兵庫県史　史料編中世5』814頁,『尼崎市史4』353頁
地長州(洲)浜,大物浜

建保2～3年

備承久2年6月16日　東大寺出納文書目録（鎌倉遺文4-2615）と連券、同一文書（『兵庫県史　中世5』）。文書の取出、返納の期日は各々異なる

建保2年)3月6日　木工助宗□書状
＊摂津国

田醍醐寺蔵「諸尊道場観集」裏文書　刊『鎌』補2-623
地福島

建保2年)4月7日　某御教書　＊常陸国

田常陸吉田文書　刊『鎌』4-2097,『茨城県史料　中世編2』262頁
語鹿島祭
備『茨城県史料』は文書名「吉田社領家小槻某御教書写」

建保2年5月　蔵人所牒

田能登中井家文書　刊『鎌』4-2106,『能登中居鋳物師史料』31頁,『編年差別史資料集成3』121頁
語諸国七道市津関渡泊地頭守護人神人先達等,諸国七道市津関渡津料例物
綱灯爐御作手鋳物師の諸国往反、私物売買に対し、諸国七道市津関渡泊の地頭守護・所の神人・先達等の非法を免ず

建保2年5月　東大寺領諸荘田数所当等注進状　＊山城国,摂津国,越後国,越前国

田東大寺続要録(寺領)　刊『鎌』4-2107,『兵庫県史　史料編中世5』6頁,『尼崎市史4』351頁,『続々群集類従11』312頁
語浜、津、筏師、船賃、敦賀津石別斗
地泉木津,猪名庄,長洲等浜,佐々木河,敦賀津

綱摂津国長洲等浜の在家687家あり◆越後国豊田荘〈加地荘〉より敦賀津までの船賃は、石別1升なり

建保2年)8月15日　後鳥羽上皇院宣
＊摂津国

田醍醐寺蔵「諸尊道場観集」裏文書　刊『鎌』補2-667
地潮江庄

建保2年10月19日　住吉神主長盛注申状

田石清水八幡宮記録8　刊『鎌』4-2130,『大日本古文書　石清水文書之五』166頁
語大海神御前〈御本地不分明〉,江比洲御前〈御本地毘沙門〉

建保3年2月18日　祐信譲状　＊尾張国

田尾張水野家文書　刊『鎌』4-2144,『愛知県史　史料編8』106頁
地中河原
備『愛知県史』には「水野家文書は一時期瀬戸市感応寺に保管されていたので、その時期に調査した東京大学史料編纂所では感応寺文書としている」とある。『鎌』も同様。

建保3年3月17日　官宣旨　＊近江国

田山城山本修二氏所蔵文書　刊『鎌』4-2149,『滋賀県漁業史　上』489頁
語蔵人所生魚供御奉行職,供御領海分,浦,備進毎日生魚供御,供御人等領海,浦浦之領主并土民
地粟津勢多御厨
綱近江国粟津勢多御厨の三尾崎以南佐久奈谷以北ならびに東西浦を供御人等の領海とす。領主・土民,毎日生魚供御を備進すべし
備『鎌』注記「本文書、検討を要す」とあり

建保3年5月24日　後鳥羽上皇逆修願文
　　　　　　　　　　　　　　　　＊中国

　出願文集4　刊『鎌』4-2161
　語唐高祖
　地唐

建保3年6月14日　後鳥羽上皇逆修結願文
　　　　　　　　　　　　　　　　＊中国

　出願文集4　刊『鎌』4-2166
　語震旦
　地震旦

建保3年9月3日　官宣旨　　　＊尾張国

　出九条家文書　刊『鎌』補2-698,『図書寮叢刊　九条家文書5』130頁,『愛知県史　資料編8』108頁
　地成海庄

建保3年9月26日　僧慶俊田地相博状
　　　　　　　　　　　　　　　　＊大和国

　出内閣文庫所蔵大和国古文書　刊『鎌』4-2178
　地中津河

建保3年10月4日　関東御教書案
　　　　　　　　　　　　　　　　＊壱岐国

　出薩藩旧記3忠久公御譜　刊『鎌』4-2182,『鹿児島県史料　旧記雑録前編1』109頁
　地壱岐島

建保3年10月18日　美濃鵜飼荘沙汰人百姓等申状
　　　　　　　　　　　　　　　　＊美濃国

　出長門熊谷家文書　刊『鎌』4-2186,『大日本古文書　熊谷家文書』3頁
　語いを(魚),いをの御年貢
　地鵜飼御庄

建保4年2月　春日社小神名並御在所注進案
　　　　　　　　　　　　　　　　＊大和国

　出大和春日神社文書　刊『鎌』4-2217,『春日大社文書3』11頁
　語海本(カイノモト),江毘酢(エヒス),兵船(ヒヤウス),船戸(フナト)

建保4年4月28日　安部国永家地注進状
　　　　　　　　　　　　　　　　＊山城国

　出東寺百合文書ツ　刊『鎌』4-2228
　語唐橋
　地唐橋

建保4年閏6月23日　平某宛行状
　　　　　　　　　　　　　　　　＊若狭国

　出若狭大音家文書　刊『鎌』4-2249,『福井県史　資料編8』775頁
　語山之年供塩二斗,浦
　地□□浦(三河浦)

建保4年)8月8日　後鳥羽上皇院宣
　　　　　　　　　　　　　　　　＊近江国

　出天台座主記中　刊『鎌』4-2255,『続群書類従4下』629頁
　語河手

建保4年8月17日　将軍〈源実朝〉家政所下文
　　　　　　　　　　　　　＊若狭国,近江国

　出壬生家文書　刊『鎌』4-2258
　語狩鮎河人夫
　地木津

建保4年」9月19日　後鳥羽上皇院宣

　出山城鳥居大路文書　刊『鎌』4-2267
　語河率分

建保4〜5年

建保4年）　田中宗清願文　＊筑前国,中国

　田石清水文書　刊『鎌』4-2280,『大日本古文書　石清水文書1』75頁
　語宋人
　地筥崎,宋
　綱筥崎宮に所蔵の一切経は、宋人の献ずるものなり
　備年号は「建保」以下が欠損している

建保5年1月27日　宗清願文案　＊中国

　田石清水文書　刊『鎌』4-2287,『大日本古文書　石清水文書2』480頁,『石清水八幡宮史4』225頁,『編年差別史資料集成3』124頁
　語渡唐本一切経,山野之蹄江湖之鱗,山川之猪鹿魚類
　地唐

建保5年3月晦日　公文所下文　＊筑後国

　田筑後鷹尾別符高良別宮旧記　刊『鎌』4-2301,『筑後鷹尾文書』45頁
　地中島

建保5年5月17日　東大寺文書出納日記　＊大和国

　田東大寺文書4-86　刊『鎌』補2-718
　地櫟庄高橋河

建保5年6月18日　平某譲状案

　田早稲田大学所蔵文書　刊『鎌』4-2319,『早稲田大学荻野研究室収集文書　上』23頁
　地ちゝりのしま

建保5年）6月21日　右大臣藤原道家書状　＊摂津国

　田東大寺要録2　刊『鎌』4-2320,『兵庫県史史料編中世5』17頁,『尼崎市史4』351頁,『続々群集類従11』20頁
　地長渚

建保5年6月21日　将軍家政所下文　＊安芸国

　田芸藩通志所収田所文書　刊『鎌』補2-719,『広島県史　古代中世資料編4』255頁
　語河上率分

建保5年）6月25日　右大臣藤原道家書状　＊摂津国

　田東大寺要録2　刊『鎌』4-2321,『兵庫県史史料編中世5』17頁,『尼崎市史4』351頁,『続々群集類従11』20頁
　語海浜已為町段限
　地長洲御厨
　綱長洲御厨は鴨社の進止たるも、その地は東大寺領なり◆海浜は町段限りあり、官物は東大寺に納むべし

建保5年9月8日　前左大臣藤原公継書状

　田東大寺要録2　刊『鎌』4-2334,『兵庫県史史料編中世5』18頁,『尼崎市史4』351頁,『続々群集類従11』20頁
　語海浜

建保5年9月14日　肥前高来郡内宇佐宮領立券文　＊肥前国

　田肥前大川文書　刊『鎌』4-2335,『大日本史料4-14』594頁,『九州荘園史料叢書　大川文書』70頁
　語海
　地伊福,大河,今村,楠江

建保5～7年

建保5年12月10日　紀末国荒野去状
　　　　　　　　　　　　　＊紀伊国

　出 高野山文書続宝簡集65　刊『鎌』4-2344,
　『大日本古文書　高野山文書3』471頁
　地 小中島

建保6年3月　七条院庁牒　　　＊中国

　出 醍醐寺新要録5　刊『鎌』4-2360,『醍醐寺
　新要録　上』287頁
　語 大唐,蒼海万里之波浪,唐本一切経
　地 唐
　綱 昔日、大和尚重源、唐より七千余巻の一切
　経をもたらす

建保6年3月　高野山所司愁状案
　　　　　　　　　　　　　＊紀伊国

　出 高野山文書又続宝簡集108　刊『鎌』4-
　2361,『大日本古文書　高野山文書8』93頁
　地 宇知丹生川,阿弖川,日本河,吉野河,中津
　川
　備 日本河は吉野河のこと

建保6年8月22日　石清水八幡宮権別当
　宗清申状　　　　　　　　　＊筑前国

　出 筑波大学所蔵　石清水八幡宮文書　刊
　『石清水八幡宮文書　外』6頁
　語 異国降伏,筥崎宮

建保3年8月　僧俊芿勧進疏

　出 山城泉涌寺文書　刊『鎌』4-2394
　地 西河
　備『鎌』は年号を「建保六ヵ」とする

建保6年8月　源披譲状案　　　＊肥前国

　出 肥前伊万里家文書　刊『鎌』4-2395,『松浦
　党関係史料集1』47頁,『佐賀県史料集成27』

27頁,『平戸松浦家資料』132頁
　語 海夫〈五島党々〉,蒲田網片手,浦
　地 伊万里浦,福島,楠泊,屋武,田平,栗崎
　綱 治承年中、本弁済司公文真高知行の間、伊
　万里浦に寄作人なく、荒廃地となる

建保6年10月23日　藤原盛経起請文

　出 宮事縁事抄告文部類　刊『編年差別史資
　料集成3』130頁
　語 漁人,魚虫,放生
　綱 藤原盛経立願して、毎放生会に漁人に逢
　わば、その魚虫を買い取り、放生せしむるこ
　とを誓う

建保7年1月14日　後鳥羽上皇院宣案
　　　　　　　　　　　　　＊紀伊国

　出 高野山文書宝簡集48　刊『鎌』4-2417,『大
　日本古文書　高野山文書2』6頁
　地 阿弖川,中津川

建保7年1月14日　後鳥羽上皇院宣案
　　　　　　　　　　　　　＊紀伊国

　出 紀伊金剛峯寺文書　刊『鎌』4-2418
　地 阿弖川,中津川

建保7年1月15日　後鳥羽上皇院宣
　　　　　　　　　　　　　＊紀伊国

　出 高野山文書宝簡集48　刊『鎌』4-2420,『大
　日本古文書　高野山文書2』7頁
　地 阿弖河,中津川

建保7年1月18日　東寺長者御教書
　　　　　　　　　　　　　＊紀伊国

　出 高野山文書宝簡集48　刊『鎌』4-2421,『大
　日本古文書　高野山文書2』7頁
　地 中津川

建保7年)2月6日　七条大僧正〈長玄〉御教書
　　　　　　　　　　　　＊紀伊国

　田高野山文書宝簡集49　刊『鎌』4-2432,『大日本古文書　高野山文書2』18頁
　地中津川

建保7年)2月8日　後鳥羽上皇院宣
　　　　　　　　　　　　＊紀伊国

　田高野山文書宝簡集49　刊『鎌』4-2434,『大日本古文書　高野山文書2』18頁
　地中津河

建保7年)2月8日　後鳥羽上皇院宣
　　　　　　　　　　　　＊紀伊国

　田高野山文書宝簡集49　刊『鎌』4-2435,『大日本古文書　高野山文書2』19頁
　地中津河

建保7年)2月17日　二条定高書状
　　　　　　　　　　　　＊紀伊国

　田高野山文書宝簡集49　刊『鎌』4-2442,『大日本古文書　高野山文書2』24頁
　地中津川

建保7年)2月18日　二条定高書状
　　　　　　　　　　　　＊紀伊国

　田高野山文書宝簡集49　刊『鎌』4-2443,『大日本古文書　高野山文書2』25頁
　地中津川

建保7年)2月22日　後鳥羽上皇院宣
　　　　　　　　　　　　＊紀伊国

　田高野山文書宝簡集49　刊『鎌』4-2444,『大日本古文書　高野山文書2』25頁
　地中津川

建保7年)閏2月6日　大僧正長玄書状案
　　　　　　　　　　　　＊紀伊国

　田高野山文書宝簡集49　刊『鎌』4-2455,『大日本古文書　高野山文書2』27頁
　地中津川

建保7年)3月2日　後鳥羽上皇院宣
　　　　　　　　　　　　＊紀伊国

　田高野山文書宝簡集50　刊『鎌』4-2469,『大日本古文書　高野山文書2』35頁
　地阿帝河,宇知丹生河

承久元年4月　後鳥羽院庁下文案
　　　　　　　　　　　　＊摂津国

　田東大寺具書　刊『鎌』4-2509,『兵庫県史　史料編中世5』19頁,『尼崎市史4』357頁,『続群集類従27下』63頁
　地長洲庄

建保7年6月3日　沙弥定西譲状案
　　　　　　　　　　　　＊肥前国

　田肥前青方文書　刊『鎌』4-2498,『青方文書1』9頁
　地小値賀島

承久元年6月　筑前筥崎宮寺調所結解
　　　　　　　　　　　　＊筑前国,中国

　田石清水八幡宮蔵類聚国史巻1紙背文書　刊『鎌』4-2533,『石清水八幡宮史5』399頁
　語宋人
　地筥崎,宋

承久元年8月15日　信濃諏訪十郷注文
　　　　　　　　　　　　＊信濃国

　田信濃守矢文書　刊『鎌』4-2541,『信濃史料3』559頁
　地福島

承久元年9月23日　凡海是包等連署田畠寄進状案　　　　　　　　＊丹後国

- 出 丹後桂林寺文書　刊『鎌』4-2546
- 語 谷河
- 地 安加河

承久元年」10月20日　沙弥円爾度縁　　　　　　　　＊駿河国

- 出 山城東福寺文書　刊『鎌』4-2550,『大日本古文書　東福寺文書1』1頁
- 語 鴻臚,治部尚書
- 備 円爾入宋に際しての度縁

承久元年」10月」20日　比丘円爾度縁　　　　　　　　＊駿河国

- 出 山城東福寺文書　刊『鎌』4-2551,『大日本古文書　東福寺文書1』2頁
- 語 鴻臚,治部尚書
- 備 円爾入宋に際しての度縁

承久元年10月28日　某返抄

- 出 伊勢光明寺文書　刊『鎌』4-2554
- 語 酒肴

承久元年10月　山城泉涌寺勧進疏　　　　　　　　＊山城国,中国

- 出 山城泉涌寺文書　刊『鎌』4-2556
- 語 大洋,唐,宋,三千百億中印辺海
- 地 唐,宋
- 綱 入宋学法比丘俊芿,建久末年に入宋す

承久元年11月2日　藤原道澄譲状案　　　　　　　　＊肥前国

- 出 肥前青方文書　刊『鎌』4-2557,『青方文書1』10頁
- 地 おちかのしま(小値賀島)
- 備 『鎌』と『青方文書1』の採用文書とは若干文字の異同がある

承久2年2月10日　山城泉涌寺殿堂房寮目録　　　　　　　　＊山城国,中国

- 出 山城泉涌寺文書　刊『鎌』4-2575
- 語 大宋伝来律宗台教,唐本一切経
- 地 大宋,唐

承久2年2月12日　張氏寄進状　＊筑前国

- 出 筑前宗像神社阿弥陀経石碑文　刊『鎌』4-2576,『宗像市史　史料編1』258頁,『福岡県史資料8』147頁
- 語 ちやうのうち(張氏),わうのうち(王氏)

承久2年3月25日　法眼某田地流文　　　　　　　　＊大和国

- 出 東京古典会60周年記念入札目録　刊『鎌』4-2590
- 地 中津河

承久2年3月25日　神呪丸田地売券　　　　　　　　＊山城国

- 出 東寺百合文書モ　刊『鎌』4-2591
- 地 唐橋堀川

承久2年6月16日　東大寺出納文書目録　　　　　　　　＊摂津国,大和国

- 出 東大寺文書(3-11)　刊『鎌』4-2615,『兵庫県史　史料編中世5』814頁,『尼崎市史4』353頁
- 地 長洲,長洲庄,木津
- 備 建保2年1月15日付東大寺文書出納目録(『鎌』4-2076)と連券,同一文書(『兵庫県史中世5』)

承久2年8月1日　順徳天皇宣旨　　　　　　　　＊近江国

- 出 玉葉承久2.8.1条　刊『鎌』4-2637,『玉葉』

承久 2 ～ 3 年

304頁

地蒲生御厨

承久 2 年 8 月16日　興福寺別当雅縁譲状案　＊越前国

出三箇御願料所等指事　刊『鎌』4-2640

地河口庄

承久 2 年10月14日　関東下知状　＊伊勢国

出楓軒文書纂53進藤文書　刊『鎌』4-2657

地乙部御厨

承久 2 年)10月15日　仲雅請文　＊摂津国

出民経記寛喜 3 年10月巻裏文書　刊『鎌』4-2660,『大日本古記録　民経記 4 』181頁

地生島庄

承久 2 年10月　壱岐島公田押領注進状　＊壱国

出民経記寛喜 3 年 8 月巻裏文書　刊『鎌』4-2664,『大日本古記録　民経記 4 』42頁

語当島(壱岐島)

地壱岐島

承久 2 年10月　壱岐島公田押領注進状　＊壱国

出民経記寛喜 3 年 8 月巻裏文書　刊『鎌』4-2665,『大日本古記録　民経記 4 』41頁

語当島(壱岐島)

地壱岐島

承久 2 年10月　壱岐島押領公田注進状　＊壱国

出民経記寛喜 3 年 8 月巻裏文書　刊『鎌』4-2667,『大日本古記録　民経記 4 』40頁

語当島(壱岐島)

地壱岐島

承久 2 年11月13日　草部末友譲状　＊丹波国

出摂津鹿田文書　刊『鎌』4-2670

語川関御問,小塩保御問,問

地川関御問,小塩保御問

備『鎌』は小塩保に「(山城乙訓郡ヵ)」と注記するが、同保は丹波国ヵ

承久 2 年11月29日　西園寺公経相博状案　＊尾張国

出山城大徳寺文書　刊『鎌』4-2672,『大日本古文書　大徳寺文書12』134頁,『愛知県史資料編 8 』118頁

地黒田河

備『鎌』は日付を19日とするが、誤り

承久 2 年11月21日　西念譲状　＊若狭国

出若狭園林寺文書　刊『鎌』4-2674

地中川原

承久 2 年)□月 4 日　左大史小槻国宗書状　＊伊勢国

出民経記寛喜 3 年 8 月巻裏文書　刊『鎌』4-2702,『大日本古記録　民経記 4 』35頁

地林前御厨

承久 3 年 5 月12日　占部安光処分状　＊下総国

出伊勢櫟木文書　刊『鎌』5-2744,『東京学芸大学附属高等学校研究紀要』4・5

地葛西御厨

承久 3 年 5 月26日　関東下知状案　＊肥前国

出肥前青方文書　刊『鎌』5-2749,『青方文書 1 』10頁

地小値賀島

承久3年

承久3年7月24日　関東下知状

- 出 播磨後藤文書　刊『鎌』5-2782,『兵庫県史史料編中世2』714
- 語 宇治河合戦
- 地 宇治河

承久3年7月27日　官宣旨　＊摂津国

- 出 東大寺所蔵探玄記洞幽鈔　巻80裏文書
- 刊『鎌』5-2787,『続々群書類従11』24,『尼崎市史4』358頁
- 地 猪名庄

承久3年7月　平信正文書紛失状案　＊山城国

- 出 東寺百合文書へ　刊『鎌』5-2789
- 語 津
- 地 宇治三室津
- 綱 平信正、去6月、私領地券契類を、兵乱を逃れんがために、宇治三室津辺に運び置く

承久3年8月21日　六波羅下知状写　＊豊前国

- 出 豊前益永家文書　刊『鎌』5-2806,『大分県史料29』31頁,『大日本史料5-1』194頁,『福岡県史資料8』158頁,『増補訂正編年大友史料2』62頁
- 地 江島
- 備 元禄16年の写か

承久3年8月21日　薩摩国庁下文案　＊薩摩国

- 出 薩藩旧記3 権執印文書　刊『鎌』5-2807,『鹿児島県史料　旧記雑録前編1』126頁,『鹿児島県史料3』54頁
- 語 浜梯除庁屋, 浜梯除僧坊, 竜頭船, 鶏首船

承久3年8月　宇佐嗣輔申状　＊豊前国

- 出 豊前益永家文書　刊『鎌』5-2824,『大分県史料29』30頁,『大日本史料5-1』205頁,『福岡県史資料8』159頁,『日向古文書集成』509頁,『増補訂正編年大友史料2』60頁
- 地 江島別符

承久3年9月6日　能登国田数注文　＊能登国

- 出 加賀森田家文書　刊『鎌』5-2828
- 地 羽咋正院, 湊保, 富来院, 大屋庄内穴水保, 酒見村, 東湯浦村, 三室村, 高田保, 南湯浦保, 能登島庄, 笠師保, 志津良庄, 大屋庄内東保, 同(大屋)庄内西保, 鳳至院, 櫛比庄, 諸橋保, 鵜川村, 矢並村, 珠々正院, 宇出村, 高屋浦, 真脇村, 下町野庄

承久3年9月12日　六波羅御教書案　＊紀伊国

- 出 紀伊興山寺文書　刊『鎌』5-2830,『高野山文書4』12頁
- 地 大津村

承久3年9月24日　六波羅下知状

- 出 芸藩通志140鋳工甚太郎所蔵　刊『鎌』5-2841,『中世鋳物師史料』10頁
- 語 往反諸国市津関料山手渡海煩
- 綱 東大寺鋳物師草部助延の諸国市津関料山手渡海の煩をなからしむ
- 備「真継文書にも、同文書あり」とあり。中村直勝『日本古文書学　下』は偽文書とする

承久3年9月28日　筑後高良社定額衆注文　＊筑後国

- 出 筑後御船家文書　刊『鎌』5-2842
- 語 鯵空閑

承久3年～貞応元年
　地江島村, 鯵空閑

承久3年10月8日　清原宣景申状
　出京都大学図書館所蔵清家文書　刊『鎌』5-2845
　語山野河□

承久3年10月14日　興福寺別当雅縁譲状案
　　　　　　　　　　　　　　　　＊越前国
　出三箇御願料所等指事　刊『鎌』5-2849
　地河口庄, 細呂宜庄

承久3年10月24日　僧俊慶畠地売券
　　　　　　　　　　　　　　　　＊紀伊国
　出高野山文書続宝簡集68　刊『鎌』5-2852,『大日本古文書　高野山文書3』628頁
　地菴田島

承久3年」10月29日　安達景盛書状
　　　　　　　　　　　　　　　　＊紀伊国
　出高野山文書宝簡集5　刊『鎌』5-2858,『大日本古文書　高野山文書1』53頁
　地中津川

承久3年10月　豊前国在庁官人下知状
　　　　　　　　　　　　　　　　＊豊前国
　出書陵部所蔵八幡宮関係文書第25　刊『鎌』5-2862
　語塩二升, 酒塩二升

承久3年10月　豊後国在庁官人下知状
　　　　　　　　　　　　　　　　＊豊後国
　出書陵部所蔵八幡宮関係文書第33　刊『鎌』5-2863
　語塩二升, 酒塩二升

承久3年閏10月12日　関東下知状案
　　　　　　　　　　　　　　　　＊伊予国
　出伊予長隆寺文書　刊『鎌』5-2874,『愛媛県史　資料編古代・中世』513頁
　地忽那島
　備『鎌』は出典を忽那家文書とするが、『愛媛県史』には「長隆寺文書」として載り、忽那文書中には見あたらない。『鎌』5-2847と同文だが、2847が10月とするのは閏10月の誤り

承久3年12月　薩摩国守護所下文
　　　　　　　　　　　　　　　　＊薩摩国
　出大隅池端文書　刊『鎌』5-2905,『鹿児島県史料　旧記雑録拾遺家わけ1』447頁
　地多祢島
　備『鹿児島県史料』は文書名「大隅国守護所下文」とする

承久3年12月　吉野高野堺論文書目録
　　　　　　　　　　　　　　　　＊紀伊国
　出高野山文書続宝簡集10　刊『鎌』5-2907,『大日本古文書　高野山文書2』325頁
　地中津川郷, 大津庄

承久4年2月10日　後高倉上皇院宣
　　　　　　　　　　　　　　　　＊若狭国
　出山城神護寺文書　刊『鎌』5-2926,『福井県史　資料編2』211頁,『史林』25-3・140頁
　地西津庄

貞応元年2月10日　秦介元屋地売券
　　　　　　　　　　　　　　　　＊山城国
　出九条家文書　刊『鎌』5-2950,『九条家文書3』38頁
　地唐橋

承久4年～貞応元年

|承久4年2月21日　藤原某所領譲状
　　　　　　　　　　　　＊越後国, 紀伊国
出 下野茂木文書　刊『鎌』5-2927,『栃木県史 史料編中世2』67頁
地 田島, 賀太庄

貞応元年3月6日　宇佐公仲下文写
出 豊前到津文書　刊『鎌』5-2951,『大分県史料1』89頁
地 大尾岸, 南河, 御調河

承久4年3月10日　六波羅下知状案
　　　　　　　　　　　　　　＊和泉国
出 高野山文書又続宝簡集81　刊『鎌』5-2930,『大日本古文書　高野山文書6』563頁
語 内膳御厨寄人, 網庭浦日根鮎川
地 網庭浦, 日根鮎川

承久4年3月29日　六波羅過所写
出 肥後阿蘇品家文書　刊『鎌』5-2934,『中世鋳物師史料』205頁,『編年差別史資料集成3』137頁
語 諸国市津関料山手渡海煩, 蔵人所灯爐御作手
備『中世鋳物師史料』は案文とする

承久4年3月　大江泰兼愁状　＊阿波国
出 大和大東家旧蔵文書　刊『鎌』5-2937
語 船, 津, 国津
地 南助任保, 津田島, 田宮島, 富田東庄
綱 春日社神人, 阿波国富田荘内の津において榊を立て, 船を定点す◆阿波国衙使, 榊を抜き取りて船を国津に付く◆春日社神人, 彼の船を興福寺領和泉国谷川荘に漕ぎ付く◆阿波国目代の使者, 件の船を阿波に漕ぎ返す

承久4年4月5日　太政官牒　＊摂津国
出 山城随心院文書　刊『鎌』5-2940
地 三島庄, 管島

承久4年4月21日　長門国留守所下文案
　　　　　　　　　　　　＊長門国
出 長門一宮住吉神社文書　刊『鎌』5-2947
語 船壱艘, 勘過料, 関所直人, 関
地 島戸
綱 一宮御供所用途料船1艘の島戸関勘過料を免ず
備 承久4.4.13に貞応と改元

貞応元年5月26日　六波羅過所写
出 中井鋳物師伝書　刊『鎌』5-2962,『編年差別史資料集成3』138頁
語 往反諸国市津関渡津料例物山河率分山手煩, 蔵人所右方灯爐御作手

貞応元年5月　蔵人所牒案
出 東寺百合文書み・真継家文書　刊『鎌』5-2964,『中世鋳物師史料』10頁,『編年差別史資料集成3』137頁
語 諸国七道市津関渡泊, 諸国七道市津関渡料例物
綱 蔵人所灯爐御作手鋳物師の諸国七道市津関渡泊津料例物を停止せしむ
備 網野善彦『日本中世の非農業民と天皇』47頁参照

貞応元年5月　蔵人所牒案
出 東寺古文零聚7　刊『鎌』5-2965,『編年差別史資料集成3』137頁
語 諸市津関渡山河率分津料, 諸市津関渡海泊山河津料

貞応元～2年

綱灯爐御作手鋳物師の市津関渡山河率分津料等、新儀の煩をなからしむ

備網野善彦『日本中世の非農業民と天皇』47頁参照

貞応元年6月　慈円置文　＊若狭国, 美濃国

出華頂要略55上古証文集　刊『鎌』5-2970,『天台宗全書16』1162頁

地織田庄, 小島庄

貞応元年6月　青蓮院門跡領年貢定文
　　　　　　　　　　　　　　＊若狭国

出華頂要略55下御門跡領之事　刊『鎌』5-2971,『天台宗全書16』1191頁

地織田庄

貞応元年7月7日　関東下知状案
　　　　　　　　　　　　　　＊豊前国

出豊前益永家文書　刊『鎌』5-2974,『大分県史料29』33頁,『大日本史料5-1』206頁,『福岡県史資料9』33頁,『大宰府・太宰府天満宮史料7』370頁,『増補訂正編年大友史料2』61頁

地江島別符

貞応元年8月　大中臣景盛書状　＊摂津国

出摂津長田神社文書　刊『鎌』補2-793

地兵庫下御庄

承久4年9月19日　源実朝寄進状
　　　　　　　　　　　　　　＊備前国

出吉備古簡集15林村十二所権現宮文書　刊『鎌』補2-777

地児島

備『鎌』注記に「本文書疑わし」とあり

貞応元年11月11日　備後因島中荘政所下文　＊備後国

出備後村上文書　刊『鎌』5-3015,『広島県史古代中世資料編4』551頁

地因島

貞応元年11月　関東下知状案　＊紀伊国

出高野山御影堂文書　刊『鎌』補2-816

地麻生津村

貞応元年12月23日　大宰府守護所下文案
　　　　　　　　　　　　　＊筑前国, 肥前国

出肥前石志文書　刊『鎌』5-3032,『松浦党関係史料集1』49頁,『大日本史料5-1』662頁,『福岡県史資料9』35頁,『平戸松浦家資料』147頁,『大宰府・太宰府天満宮史料7』374頁

地今津, 土毛浦, 松浦庄

貞応元年12月　神護寺下文　＊若狭国

出山城神護寺文書　刊『鎌』5-3037,『福井県史　資料編2』211頁,『史林』25-3・119頁

地西津庄

貞応2年1月13日　美濃守護所書下写
　　　　　　　　　　　　　　＊山城国

出山城乙田家文書　刊『鎌』補2-825

語大山崎神人

地大山崎

貞応2年2月21日　後高倉上皇院宣案
　　　　　　　　　　　　　　＊越前国

出三箇御願領所等指事　刊『鎌』5-3056

地河口庄

貞応2年2月21日　後高倉上皇院宣写
　　　　　　　　　　　　　＊筑前国, 中国

出越前永平寺文書　刊『鎌』5-3057,『福井県

史　資料編4』42頁
語 入唐,西海道之路次津々関々等
地 博多之津,唐
綱 建仁寺明全等,入唐せんとして博多津に赴くにより,西海道の路次津々関々を勘過せしむ

貞応2年2月21日　六波羅過所写

出 越前永平寺文書　刊『鎌』5-3058,『福井県史　資料編4』42頁
語 渡海,西海道路次関々泊々
綱 建仁寺明全等,渡海のため下向するにより、西海道の路次関々泊々の煩をなからしむ

貞応2年2月26日　後高倉上皇院宣案
＊越前国

出 三箇御願料所等雑事　刊『鎌』5-3060
地 河口庄

貞応2年2月30日　鴨部氏女家地売券
＊山城国

出 東寺百合文書イ　刊『鎌』5-3063
地 しをのこうち(塩小路)

貞応2年)3月12日　平盛綱請文写
＊安芸国

出 小早川家文書　刊『鎌』5-3065,『大日本古文書　小早川家文書1』546頁
地 都宇,竹原,生口島

貞応2年3月16日　北条政子消息案
＊越前国

出 三箇御願料所等雑事　刊『鎌』5-3067
地 河口庄

貞応2年3月16日　廻船大法
＊摂津国,土佐国,薩摩国,伊勢国,筑前国,和泉国,越前国,加賀国,能登国,越中国,越後国,出羽国,陸奥国,中国

出 越前内田敬三氏旧蔵　刊『鎌』5-3068,『海事史料叢書1』3頁
語 寄船,流船,船,水主,湊,掛船,船頭,帆前,碇公事,走船,本船,枝船,海賊,北国之船,西国之船,船床,借船,梶柱,大風大波,出船,積日記,唐物,三津,七湊
地 房野津,姉津,博多,安濃津,宇津,境津,三国,本吉,輪島,岩瀬,今町,直江,秋田,津軽十三の湊
綱 寄船・流船は、仏神の造営に用うべきも、水主残らばその者次第たるべし◆湊の掛船にて荷物浸水せば、干して船頭に渡すべし。そのため帆前碇公事を仕らば、国主たりとも違乱すべからず◆数多の船湊にありて大風吹かば、所より風上の掛船に加勢すべし。風上の船流掛り、風下の船共に損ずれば、風下の船より存分あるべし◆走船の時風下の船に乗掛り突割ることあり、損じたる船より乗移らば、風上の船越度たり◆本船枝船の時、枝船の荷物を捨て、本船恙くば、本船に配当あるまじ。但し乗衆互いに約束の上をもって沙汰あるべし◆船(艀ヵ)水主請取る後に流申さば、船頭手前にて弁出すべし。流申すを援者あらば、請銭百文にて穿鑿なかるべし◆海賊等にとられし船、買取りて廻船すべからず。荷物積出し廻船仕るを船主見合いに取返し、船頭は迷惑たるべし。かわらに付たる沙汰は親子たりとも不覚たるべし◆船床不済にて無分別に出船の場合以外は、借船を損ずるも借手弁ずべからず

貞応2年

◆借船仕る後、湊内等にて損ずる時は、借手より作事すべきこと◆借船を虫損せしむるときは、借手緩(爰)たるべし◆楫柱損じたる時は借手弁ずべし◆綱剪れしたる時は弁に及ばず。但し取迦落したる時は弁うべし。碇落したらば弁うべし◆諸道具、請取注文に引合せ渡すべし◆荷物濡れたる時は、船頭弁うべし。但し沖の難風大波にて濡れたるは弁うべからず。湊内にて濡れたるは船頭弁うべし◆出船中鼠切りたる物は船頭弁うべし◆過分に荷物捨てたる時は、水主の私財を宛つべし◆船損じたる時はその船にて配当をすべし◆荷を積合の時、行先にて配当あらば、捨てたる荷物の売直も配当すべし◆積たる荷、売らずして乗戻る時は、在所の買直にて配当より宛つべし◆荷を捨て、行く所へも行かず中辺にて配当の時は、その所の売直たるべし◆船頭積日記に加判をもって渡さざる荷は、配当に入るべからず◆借船にて戻荷に取る運賃は船頭進退たるべし◆借船の船頭、行先にて公事ありて船を留むる時は、船頭弁うべし◆船を損じ命を助くるも、その内に金銀を手挟みたる者ある時、惣中より違乱すべからず◆軽物荷主の自ら軽物を捨荷せし時は配当に懸くべし。重荷主・船頭の彼の軽荷を捨てたる時は配当に掛くべし◆荷を積む船、湊の掛船より出火せば、沖にて損じたると同様なり◆船を燻焼して焼割りたる時は、仮(借)船頭弁うべし◆積荷を水主取逃せし時は、船頭これを弁うべし◆船の借手、都合により運航せざるも約束の借賃を払う時は、運航の間程そのままに居うべし。但し少々礼物にて内談済みたる時は、何方へも運航すべし◆貸手都合により故障の時は、貸手より同様の船を借手に渡すべし

備 長沼賢海『日本海事史研究』参照

貞応2年3月16日　廻船大法
＊摂津国, 土佐国, 薩摩国, 中国

田 薩藩旧記4 忠久公御譜　刊『鎌』5-3069,『鹿児島県史料　旧記雑録前編1』134頁,『静岡県史料1』130頁

語 寄船, 流船, 船, 湊, 船頭, 帆別, 碇役, 舟, 縄碇, 沖走, 本船, ゑた船(枝船), 賊船, 北国之船, 西国之船, 船主, かわら, 橋舟, 浦, 綱碇, 借船, 船床, 船付, 帆柱, 船衆, 水手, 船中, 唐物, 船賃, 船法, 船沙汰

地 兵庫, 浦戸, 坊津

綱 寄船・流舟は在所の社寺の修理に用ゆるも、猶乗者あらば舟主進退たるべし◆湊に繋ぐ船破損せば、在所より濡れたる物を干し、船頭に渡すべし。帆別・碇役仕る上は、国主違乱すべからず◆繋留船大風に遭う時は、まず風上の船に加勢すべし。風上の船縄切れ、風下の船に流懸りて損じなば、風下の船より風上の船に存分あるべし◆沖走りの時、風下船に乗懸りて突沈むることあらば、損たる舟より1人なりとも乗移りたらば、風上の舟けかたるべし◆本船枝船の時、本舟の荷物捨て枝舟の荷物差なくんば、枝舟に配当なるまじ。但し乗衆互いに約束の上をもって沙汰あるべし◆賊船等にとられし船、買取りて廻船すべからず。荷物を積み廻船仕るらば、船主見合いに取返し、船頭は迷惑たるべし。かわらに付たる沙汰は親子にても不覚たるべし◆流しし舟橋、何れの浦方にありとも、その在所に理り、請取る

貞応2年

大風にて損じたると同様に処置すべし◆荷を積みて水手取逃仕る時は、船頭弁うべし。但し水手を捕えて荷主に渡したらば、荷逐電たりとも弁に及ばず◆船の借手、都合により運航せざるも約束の借賃を払う時は、運航の間程そのままに居うべし。但し少々礼物にて内談済む時は、何方へも運航すべし◆借(貸)手都合により故障の時は、同様の船を借手に渡すべし

備 長沼賢海『日本海事史研究』参照

貞応2年3月16日　諸廻船法令条々
＊中国

出 伊勢大湊町役場所蔵　刊『鎌』5-3070,『海事史料叢書1』38頁

語 寄船、流船、船主、湊、繋船、問丸、濡物、船頭、帆別、碇役、風上成船、綱碇、沖、本船、枝船、水手、賊船、北国の船、西国船、廻船、借船、梶柱、積日記、唐物、類船

綱 寄船・流舟は在所の社寺の修理に用ゆるも、猶乗者あらば船主進退たるべし◆湊に繋ぐ船破損せば、問丸濡れたる物を干し、船頭に渡すべし。帆別・碇役仕る上は、国主違乱すべからず◆繋留船大風に遭う時は、まず風上の船に加勢すべし。風上の船綱切れ、風下の船に流懸りて損じなば、風下の船より風上の船に存分あるべし◆沖走る船、風下船に乗懸りて衝沈むことあらば、損たる船より1人なりとも乗移りたらば、風上の船見迦たるべし◆本船枝船の時、本舟の荷物捨て枝舟の荷物差なくんば、本船に割荷あるまじ。但し乗衆互いに約束の上をもって沙汰あるべし◆船(舮ヵ)水主請取る後に流申さば、船頭弁うべし。流るるを拾

べし◆借船を損じたりとも、借主弁えざるべし。但し船床を済さざるに借船を損じたらば、借手弁うべし◆借舟を虫損せしむる時は、借手緩(媛)たるべし。但し船付あらば借手気遣いに及ばず。借手油断たらば弁えすべし◆帆柱損たる時は借手弁うべし◆綱切るるは弁に及ばず。但し取はずしたる時、碇落したる時は弁うべし◆諸道具、請取注文に引合せ糺すべし◆湊にて乗衆出船を奨むるとも船頭出すべからず◆荷物濡れたる時は、船頭弁うべし。但し沖の大風にて濡れたるは弁うべからず。湊内にて濡れたるは船頭弁うべし◆出船中鼠切りたる物あらば配当たるべし◆過分に荷物捨てたる時は、水主の私物も配当すべし◆荷物捨たる時はその舟にも配当を懸くべし◆積合の時に荷を捨て、行先にて配当あらば、捨てたる荷物の売直も配当すべし◆積たる荷、行所に行かずして乗戻る時は、在所の買直にて引きて配当すべし◆荷を積み、行く所へも行かず中途にて配当せば、その所の売直たるべし◆船頭に積日記渡さざれば、配当に入るべからず◆積日記を渡す時は乗衆加判あるべし◆借船にて戻荷に取る運賃は3分の1船頭進退たるべし◆借船の船頭、行先にて公事ありて船を留むる時は、船頭弁うべし◆船を損じ命を助かるも、その内に金銀を手挟みたる者ある時、惣中よりいろいろあるべからず◆唐物荷主の自ら捨荷せし時は籾米にて配当に懸くべからず。籾米荷主・船頭・水手等、唐物を捨たる時は真に唐物たるやを知らずとの沙汰あり◆船を燻焼して焼割りたる時は、借主弁うべし◆荷を積む船、沖あるいは湊にて出火せば、沖

貞応2年

う者あらば、礼銭百文にて穿鑿なかるべし
◆盗まれし船、買取りて廻船すべからず。
花(貨ヵ)物を積み廻船するを、船主見合い
に取返し、船頭は迷惑たるべし。かわらに
記名の名に関わりては親子にても不覚たる
べし◆借船し、押して出船してその船損じ
たらば借手弁うべし◆借船請取る後、湊内
等にて損ずる時は、借手より作事すべし。
但し過分に損じなば配当たるべし◆借船を
虫損せしむるときは、借手緩(媛)たるべし。
但し船付ありて常々理るに、借手油断たら
ば弁あるべし◆楫柱損じたる時は借手弁う
べし。但し借請時疵あるを船主に理りたる
時は弁に及ばず◆綱切らしたる時は弁に及
ばず。但し取はずし落したる時は弁うべし
◆諸道具、船請取時の注文に引合せ渡すべ
し。湊にて乗衆等出船を奨むるとも船頭出
すべからず。乗衆思案中に船頭出船し、船
気遣あらば船頭見迦に過ぐべからず◆荷物
濡れたる時は、船頭弁うべし。但し沖の大
風にて濡れたるは弁うべからず。湊内にて
濡れたるは船頭弁うべし◆船中に鼠切りた
る物あらば配当たるべし◆過分に荷物捨て
たる時は、水主私物にも配当を懸くべし◆
荷物捨たる時はその船にも配当を懸くべし
◆積合の時に荷を捨つれば、行先にての売
直に配当たるべし◆荷を捨て、行所に行か
ずして乗戻る時は、在所の買直にて配当す
べし。行く所へも行かず中途にて配当せ
ば、その所の売直たるべし◆船頭に積日記
渡さざれば、配当に入るべからず◆積日記
を渡す時は乗衆加判あるべし◆借船にて戻
荷に取る運賃は3分の1船頭進退たるべ
し。但し借請時に戻荷積むべき由断りたら

ば3分の1に及ばず◆借船の船頭、行先に
て公事ありて船を留むる時は、船頭弁うべ
し◆船を損じ命を助かるも、その内に金銀
を手挟みたる者ある時、惣中より論ずべか
らず◆唐物荷主の自ら捨荷せし時は籾米に
配当にかからず◆荷を積み、沖あるいは湊
にて出火せば、沖の大風にて損じたると同
様に処置すべし◆船を燻焼して焼割りたる
時は、借主弁うべし◆荷を積みて水夫取逃
仕る時は、(船頭)弁うべし。但し水夫を捕
えて荷主に渡したらば、弁に及ばず◆船の
借手、都合により運航せざるも約束の借賃
を払う時は、運航の間程そのままに居うべ
し。但し少々礼物にて内談済む時は、何方
へも運航すべし◆貸手都合により故障の時
は、貸手より同様の船を借手に渡すべし◆
上碇とは、くはのよりの木よりその船の中
程をいう◆入海入江の湊等は水尾坊木立つ
べからず。坊木は左柾に立て、右梶に立つ
べからず。川は湊々の領にして、それによ
り駄別・帆別・碇役等あるべし◆貴人の船
より船を召さるる時は、右梶あかま口台に手
をかけ、御使の口上承るべし◆御使者に船
にて乗る時は、ともに着くべからず◆類船
のみさを、あかま口より艫に至りて台とた
つ木の懸申すこと法なり◆類船に尋事あら
ば、御舟え御舟にと3度詞をかけて後、委細
を尋ぬべし

備 長沼賢海『日本海事史研究』参照

貞応2年3月16日　船法儀
　　＊摂津国,薩摩国,土佐国,中国

囲 海事史料叢書所収　刊『鎌』5-3071,『海事
史料叢書1』43頁

貞応2年

語 船, 浮門, 宿, 門屋, 寄船, 流れ船, 船主, 湊, 繋き船, 船頭, 帆前, 碇役, 懸船, 綱碇, 登り船, 下り船, 沖, 颶船, 押船, 船元, 枝船, 元船, 北国の船, 西国船, 廻船, 借船, 津々浦々, 舟子, わら綱, かづら綱, 逆船, 梶櫓, 船床, 唐物, 積日記

地 兵庫, 坊野津, 浦戸, 大坂

綱 家より乗船し門出の時は、家内眷属・最寄侍輩迄酒を盛り、道途仕りて乗るべし。思う所へ着きたらば、宿問屋共辞退すべし。上下めでたく船乗納むる時は、所の地頭役人へも相応の土産を遣すこと、廻船めでたき法なり◆寄船・流船はその所の社寺修理に用ゆるも、乗者あらば船主進退たるべし◆湊に繋ぐ船破損せば、その村より濡れたる物を干し、船頭に渡すべし。帆前に碇役仕らば、国主違乱すべからず◆数多の繋留船大風に遭う時は、まず風上の船に加勢すべし◆荷積む船、荷積まざる船ときしろへの時は、荷積まざる船、寄船口あらけべし◆河にて登り船と下り船行合い、船頭きしろいの時は、下り船より船口あらけべし。登り船に突当らば、下り船より作事すべし◆沖はせる船、風下船に乗懸け突破る時は、損たる船より1人なりとも乗移らば、風上の船けがたるべし◆はせ船より口あらけべし。押船にはせ掛け、突破らば、造作して一礼すべし◆押船よりはせ船を損じなば、異議あるまじ◆湊にして乗衆出船を進まざる所、船頭の穢あるべし◆船元（ママ）枝船の時、元船の荷物捨て枝船の荷物羔なくんば、枝船に配当懸くべし。但し互いに約束の上をもって沙汰あるべし◆賊等にとられし船、買取りて廻船すべからず。荷物を積み廻船せば、船主見合いに取返し、船頭は迷惑たるべし◆借船を津々浦々に掛置き、船頭岡にあがり、浪風にて船頭船に付添ても損ずることあらば、浮たる荷は舟子等に配当すべし◆借船戻す時、藁綱・葛綱は元の様なるを渡すべきも、傷まざればそれに及ばず◆船借請の節は、苫大小によらず、添い借受たる時の様なる苫を渡すべし◆船頭のためにならず喧嘩口論する水主は、何国にてもその所の旅銀出し下ろすべし◆借船破損し、船頭のみ生残る時は、船床渡すべし。水主のみ生残る時は船床あるまじ◆海中にて元船無道具に失わば、船中才覚をもって用意致すべし。湊へ入る時は、村役人に訴え、差図を受くべし◆元船作事に懸らざる時は、所々の宿主より世話あるべし◆元船逆船に漕入らば、是非は所の世話あるべし◆積荷捨たる時は、運賃買荷たりとも、その所の役人へ訴え、書付とるべし◆借船にて戻りに運賃を取らば、3分の1は船（主脱ヵ）進退なり。但し、借受の時戻荷を積むべき由理あらば、3分の1に及ばず◆借船の船頭、行先にて公事ありて船を取られたらば、船頭弁うべし◆借船を損じたりとも、借主弁えざるべし。但し押して出船してその船損じたらば借手弁うべし◆借船を虫損せしむるときは、借手気遣いに及ばず。但し船付に入所し借手油断たらば、弁うべし◆梶櫓損じたる時は借手弁うべし。但し借受時疵あるを船頭に断りたらば弁に及ばず◆綱切らしたる時は弁に及ばず。但し取はなし落たる時は弁うべし。碇落したらば弁うべし◆諸道具、船受取時の注文に引合せ渡すべし◆借船百里の所にて船戻し定むる

貞応2年

に、何と出会に付き思案ある時は、2、30里乗出し相違あらばその分の船床を済し、渡すべし◆船を借るも借手より相違あらば、約束の如く船渡すべし。但し船主内証にて私物をもって済さば、船内方へも指違すべし◆船を燵るに焼破れたれば、借し主弁うべし◆船を損じ命を助かるも、その内に金銀を手挟みたる者ある時、惣中より議すべからず◆唐物荷主の自ら捨荷せし時は粃米を配当に懸くべからず◆積荷船頭と約束ののち荷主より相違あらば、その荷積む所あけて運賃請取るべし◆積日記を渡す時は乗衆加判あるべし◆荷物濡れたる時は、船頭弁うべし。但し沖の大風にて濡れたるは弁うべからず。湊内にて濡れたるは船頭弁うべし◆荷を積み、沖にても弁に及ばず出火せば、沖の大風にて損じたると同様に処置すべし◆荷を積みて水主取逃仕る時は、船頭弁うべし。但し水主を押えて荷主に渡したらば、荷物捨つるとも船頭弁におよばず◆船中に鼠切りたる物あらば配当たるべし◆過分に荷物捨てたる時は、その船共配当を懸くべし◆荷を捨て、行所に行かずして乗戻る時は、在所の買直にて配当すべし◆積合の時に荷を捨つれば、行先にて配当すべし◆荷を積み、行く所へも行かず半途にて配当せば、その所の売直次第たるべし◆船頭に日記をもって渡さざる荷は、配当に入るべからず◆沖をはせる時、浪入等にて道具を損じ、荷物過分に捨つれば、船を配当に入るべし

備長沼賢海『日本海事史研究』参照

貞応2年3月16日　廻船之大法
＊摂津国, 土佐国, 薩摩国, 中国

出摂津関戸敬太郎氏所蔵　刊『鎌』5-3073,『海事史料叢書1』49頁

語宿, 問, 寄船, 流れ船, 船主, 湊, 繋船, 船頭, 帆別, 碇役, 風上なる船, 風下の船, 舟の影, 船子, 水主, 河船, 上り船, 下り船, 借舟, 藁綱, かつら綱, 沖, 水夫, 積日記, 運賃, 本船, 枝船, 楫柱, 浦津, 走る船, 押船, 船床, 賊船, 北国の船, 西国の船, 廻船, 唐物, 船賃

地兵庫, 浦戸, 坊の津

綱家より乗船し門出の時は、年寄衆・家中眷属迄酒を盛り、道途仕りて乗るべし。思う所へ着きたらば、宿問まで時宜をし、思いのままに商を仕るべし。上下めでたく乗納むる時は、所の地頭役人へも相応の土産を遣すこと、廻船のめでたき法なり◆寄船・流船はその所の社寺修理に用ゆるも、乗員あらば船主進退たるべし◆湊に繋ぐ船破損せば、その所より濡れたる物を干し、船頭に渡すべし。帆別・碇役仕らば、守護も違乱すべからず◆余多の繋留船大風に遭う時は、その村まず風上の船に加勢すべし。風上の船綱切れ、風下の船に流懸りて損じなば、風下の船より風上の船に存分あるべし◆船、瀬に乗上げ、湊内にて大浪等にて破損するも、荷残りて配当の時は、船も配当に入るべし。沖にて大風に遭い、舟子の手柄にて荷を捨て助かる時は、舟子の私物は配当に入るべからず◆水主を雇うも水主より変改する時は、我に劣らぬ水主を船頭に渡すべし◆船頭のためにならぬ水主は、その所迄の賃を出して下ろすべし◆河にて上り船下り船行

合い、船きしろいの時は、下り船より船口空遣すべし。上り船に突当らば、下り船より造作すべし◆借船沈みて船頭のみ生残らば船床遣すべし◆借船にて船頭は死に、水主生残らば、船床あるまじ◆借船して戻す時は、藁綱・葛綱は請取たる時の様なるを戻すべし◆沖走りの時、風下船に乗掛り突沈むることあらば、損たる舟より1人なりとも乗移りたらば、風下（上ヵ）の船怪我たるべし◆荷物濡れたる時は、船頭弁うべし。但し沖の大風にて濡れたるは弁うべからず。湊内にて濡れたるは船頭弁うべし◆船中鼠切りたる物あらば配当たるべし◆過分に荷物捨てたる時は、水手の私物にも配当を懸くべし◆荷を捨て、行所に行かずして乗戻る時は、在所の売買の直を引きて配当すべし◆積合の時に荷を捨つれば、行先にての売直に配当たるべし◆船頭に積日記渡さざれば、配当に入るべからず◆積日記を渡す時は乗衆加判あるべし。但し船中点懸にて残りあらば配当に入るべし。すたりたる時は入るべからず◆借船にて戻荷にも運賃得たらば3分の1舟主進退たるべし。但し借請時に戻荷積むべき由理りたらば3分の1に及ばず◆船を借り借す船頭、行先にて公事ありて船を留むる時は、借船頭弁うべし◆本船枝舟の時、舟の荷物捨て本船の荷物差なくんば、本舟に配当あるまじ。但し乗衆互いに約束の上をもって沙汰あるべし◆借船を損じたりとも、借手弁えざるべし。但し船主船床を済さず、無分別に押て出船の時は、借手弁うべし◆借船を虫損せしむる時は、借手油断たるべし。但し船付あらば借手誤りたるべからず。但し船付の者理

貞応2年

るに借手油断たらば弁うべし◆梶柱損じたる時は借手弁うべし。但し借請時に疵ある由を船主に断りたらば弁に及ばず◆船頭借船に心を添えず岡に揚る間、浪風にて破損せば、船頭船をたてべし。但し船に添い手柄尽すも叶わざる時は、助かる荷は船床打合せ配当すべし◆船頭と約束せし荷主より相違あらば、その荷の損所程舟間を空け、運賃取るべし。所の者より噯あらばそれに任せ済すべし◆上り船と下り船行合い、上り船より下り船損ずる共、違乱あるまじ◆走る船と押船と舟きしろいの時、走る舟に馳掛けて破損せしめば、造作を仕、一礼述べて渡すべし。走舟にて押す舟を損ずる共異議あるまじ◆借船百里の所にて船徳定むるも思案ある時は、2、30里上り出し相違あらばその間の船床を書き、請取渡すべし◆綱切らしたる時は弁に及ばず。但し取はずし落したる時は弁うべし◆梶碇諸道具落したらば弁うべし◆諸道具、船請取時注文に引合せ渡すべし◆盗まれし船、買取りて廻船すべからず。荷を積み廻船するを、船主見合いに取返し、船頭も迷惑たるべし。川原に付たる沙汰は親子にても重科たるべし◆湊にて乗衆出船を進（勧）むるとも船頭出すべからず。乗衆等思案中に船頭出船し、船気遣あらば船頭怪我たるべし◆船を損じ命を助かるも、その内に金銀を手挟みたる者ある時、惣中よりいろうべからず◆唐物荷主の自ら捨荷せし時は籾米に配当に懸くべからず。籾米荷主・船頭・水主、かの唐物を捨てたれば配当たるべし。◆荷を積み、沖あるいは湊にて出火せば、沖の大風にて損じたると同様に処置すべし◆積荷を水主取逃

貞応2年

仕る時は、船頭弁うべし。但し水主を捕えて荷主に渡したらば、荷散りぢりなりとも弁に及ばず◆船の借手、都合により運航せざるも約束の借賃を払う時は、運航の間程そのままに居うべし。但し少々礼物にて内談済む時は、何方へも運航すべし◆借(貸)手都合により異変の時は、同様の船を借手に渡すべし◆船を燻焼して焼割りたる時は、借主弁うべし◆沖走りにて野水を吐き、あか入り、道具を損ずる時は、船も配当に入るべし◆船を借る時苫付かば、借たる時の様なる苫請取るべし

備長沼賢海『日本海事史研究』参照、『海事史料叢書』は文書名を「廻船之定法」とする

貞応2年3月　廻船之定法
　　　　＊摂津国、土佐国、薩摩国、中国

田半沢家文書　刊『鎌』5-3072、『海事史料叢書1』49頁

語船、浮門、寄船、流船、湊、繋船、船頭、帆別、碇役、港、舟子、水主、川船、上り舟、下り舟、舟口、借船、加子、わら綱、かつら綱、沖、本船、枝船、楫柱、津浦、走船、押船、馳船、賊船、北国の船、西国の船、廻船、港、唐物、船賃、水夫、積日記

地兵庫、浦戸、坊ノ津

綱家より乗船し門出の時は、年寄衆・家中眷属迄酒を盛り、道途仕りて乗るべし。思う所へ着きたらば、思いのままに商を行うべし。上下めでたく乗納むる時は、所の地頭役人へも相応の土産を遣すこと、廻船のめでたき法なり◆寄船・流船はその所の社寺修理に用ゆるも、積荷あらば船主進退たるべし◆湊に繋ぐ船破損せば、所より濡れたる物を干し、船頭に渡すべし。帆別として碇役仕らば、守護も違乱すべからず◆余多の繋留船大風に遭う時は、その村まず風上の船に加勢すべし。風上の船綱切れなば、風下の船より風上の船に存分あるべし◆船、瀬に乗上げ、湊内にて大浪等にて破損するも、荷残りて配当の時は、船も配当に入るべし。沖にて大風に遭い、舟子の手柄にて荷を捨て助かる時は、舟子の私は配当に入るべからず◆水主を雇い変替する時は、我に劣らぬ水主を船頭に渡すべし◆船頭のためにならぬ水主は、その所迄の賃を出して下ろすべし◆河にて上り船下り船行合い、船きしろいの時は、下り船より船口あらけべし。上り船に突当らば、下り船より作事すべし◆借船沈みて船頭のみ生残らば船床遺すべし◆借船にて船頭は死に、加子生残らば、船徳あるまじ◆借船して戻す時は、藁綱・葛綱は請取たる時様なるを戻すべし◆沖走りの時、風下船に乗掛り突沈むることあらば、損たる舟より1人なりとも乗移りたらば、風上の船けがたるべし◆荷物濡れたる時は、船頭弁うべし。但し沖の大風にて濡れたるは弁うべからず。港内にて濡れたるは船頭弁うべし◆出船中鼠切りたる物あらば配当たるべし◆荷を捨て、乗戻りて配当ある時は、所の売買の値にて配当すべし◆積合の時に荷を捨つれば、行先にて配当すべし◆船頭に積日記渡さざれば、配当に入るべからず◆積日記を渡す時は乗衆加判あるべし。但し舟中合点にて残りあらば配当に入るべし◆借船にて戻荷にも運賃得たらば3分の1船主請取るべし。但し借請時に戻荷積むべき由断りたらば3分の1に

貞応2年

及ばず◆諸道具、舟請取時の注文に引合せ渡すべし◆借船の船頭、行先にて公事ありて船を留むる時は、船頭弁うべし◆本船頭枝船の時、本船の荷物捨て枝船の荷物差なくんば、枝船に配当あるまじ。但し乗衆互いに約束の上をもって沙汰あるべし◆借船を損じたりとも、借主弁ぜざるべし。但し船徳を済さず船主合点なく押て乗る時は、借手弁うべし◆借舟を虫損せしむる時は、借手償うべし。但し船付あらば借手気遣いたるべからず。借手油断たらば弁償すべし◆楫柱損じたる時は借手弁うまじ。但し借受時の約束たるべし◆船頭借船に心を添えず岡に上る間、浪風にて破損せば、船頭船をそたてべし。但し船に添い手柄尽すも叶わざる時は、助かる荷は舟徳打合せ配当すべし◆船頭と約束せし荷主より相違あらば、その荷の船間を空け、運賃とるべし。所の者より噯あらばそれに任せ渡すべし◆上り船と下り船行合い、上り船より下り船損ずる共、違乱あるまじ◆走船押船と舟きしろいの時は、馳船より船口あらけべし。押船に馳懸りて損ずれば、造作を仕、一礼述べて渡すべし。押船より走船を損じても異議あるまじ◆借船百里の所にて船徳定むるも思案ある時は、2、30里上り出し相違あらばその分の舟徳を書き、請取渡すべし◆綱切らしたる時は弁に及ばず。但し取はずし落したる時は弁うべし◆碇落したらば弁うべし◆盗まれし船、買取りて廻船すべからず。荷を積み廻船するを、船主見合いに取返し、船頭も迷惑たるべし。かわらに付たる沙汰は親子にても不覚たるべし◆港にて乗衆出船を勧むるとも船頭出すべからず。乗衆思案中に船頭出船し、船気遣あらば船頭けかたるべし◆船を損じ命を助かるも、その内に金銀を手挟みたる者ある時、惣中より締るべからず◆唐物荷主の自ら捨荷せし時は籾米に配当にかからず◆荷を積み、沖あるいは港にて出火せば、沖の大風にて損じたると同様に処置すべし◆荷を積みて水夫取逃仕る時は、船頭弁うべし。但し水夫を捕えて荷主に渡したらば、荷散りぢりなりとも弁に及ばず◆船の借手、都合により運航せざるも約束の借賃を払う時は、運航の間程そのままに居うべし。但し少々礼物にて内談済む時は、何方へも運航すべし◆貸手都合により故障の時は、貸手より同様の船を借手に渡すべし◆船を燻焼して焼割りたる時は、借主弁うべし◆沖走りにてあか入り、また道具を損ずる時は、船も配当に入るべし◆船を借る時苫付かば、借たる時の様なる苫受取りて渡すべし

備長沼賢海『日本海事史研究』参照

貞応2年3月　蔵人所牒案
　　　　　　　　　　　　　＊摂津国, 河内国

出東洋文庫所蔵弁官補任裏文書　刊『鎌』5-3078
語津, 津料
地長洲, 賀島, 豊島市, 久濃島, 門島, 鵲島, 大物, 長洲, 鳴尾, 西宮, 小松, 河惣, 河尻, 高瀬
綱蔵人所桧物供御人、当津において桧物交易を遂ぐ◆摂津・河内沿海等の諸桧物市への散在桧物等乱入するを停む
備前欠, 宛所を欠く, 網野善彦『日本中世の非農業民と天皇』47頁参照

貞応2年

貞応2年3月　石見国田数注文　＊石見国
田 石見益田家文書　刊『鎌』5-3080
地 はね(波禰)の志やう, しつま(静間)の御れう, たくの(宅野), いそたけ(五十猛), つの(都濃)ゝ郷, 三久浦, たかつ(高津)

貞応2年4月30日　淡路国大田文 ＊淡路国
田 下野皆川文書　刊『鎌』5-3088,『栃木県史史料編中世1』143頁
語 浦
地 都志郷, 山田保, 室津保, 石屋保, 三立崎, 物部庄, 由良庄, 炬口庄, 安平庄, 塩田庄, 志筑庄, 生穂庄, 来馬庄, 薑浦庄, 笶穂庄, 塩浜村, 湊村, 沼島, 阿万庄, 福良庄, 津井伊賀利庄, 慶野庄, 鳥飼庄

貞応2年4月　関東下知状案　＊薩摩国
田 薩藩旧記4末吉羽島氏文書　刊『鎌』5-3089,『鹿児島県史料　旧記雑録前編1』137頁
語 浦
地 羽島浦, 牟木浦

貞応2年4月　但馬守護昌明寄進状案 ＊但馬国
田 但馬進美寺文書　刊『鎌』5-3091
地 大中島垣

貞応2年5月　宇佐公仲寄進状案 ＊豊後国
田 豊前到津文書　刊『鎌』5-3110,『大分県史料1』75頁,『増補訂正編年大友史料2』70頁
地 蕗浦

貞応2年6月4日　平国時田地売券 ＊近江国
田 早稲田大学所蔵文書　刊『鎌』5-3112
語 海際
地 大津東浦

貞応2年6月20日　関東下知状 ＊伊勢国, 武蔵国
田 田代文書　刊『鎌』5-3120,『東京都古代中世古文書金石文集成1』282頁
地 曽原御厨, 南品川郷

貞応2年6月晦日　妙阿家地売券 ＊山城国
田 東寺百合文書ツ　刊『鎌』5-3124
地 塩小路

貞応2年6月　安芸都宇竹原荘地頭得分注文写　＊安芸国
田 小早川家文書　刊『鎌』5-3126,『大日本古文書　小早川家文書1』543頁
語 塩浜地子

貞応2年7月6日　関東御教書
田 新編追加　刊『鎌』5-3128,『中世法制史料集1』65頁,『編年差別史資料集成3』139頁
語 山野河海
綱 荘郷内山野河海は、先例有限年貢物等を除き、領家・国司と新補地頭、折中の法をもって各々半分の沙汰を致すべし

貞応2年8月29日　関東御教書　＊丹波国
田 山城東文書　刊『鎌』5-3149
語 山河半分

貞応2年10月　田中宗清願文案
田 益田孝氏旧蔵文書　刊『鎌』5-3168,『編年

差別史資料集成3』141頁
語江湖のいろくつ,山川の猪鹿魚類を盗むもの
備「いろくつ」は鱗

貞応2年11月2日　大友能直譲状
　　　　　　　　　　　　　＊豊後国

出肥後志賀文書　刊『鎌』5-3170,『熊本県史料2』388頁,『大日本史料5-2』86頁,『増補訂正編年大友史料2』74頁
地勝津留〈号高国符〉

貞応2年11月2日　源重平所領譲状案
　　　　　　　　　　　　　＊肥前国

出肥前大河内家文書　刊『鎌』補2-836,『佐賀県史料集成27』50頁
地宇野御厨,伊万里浦

貞応2年11月　御厨子所目代下文
　　　　　　　　　　　　　＊近江国

出近江菅浦文書　刊『鎌』5-3178,『菅浦文書下』31頁,『滋賀県漁業史　上』296頁
語菅浦供御人
地菅浦
備中村直勝『日本古文書学　下』は偽文書とする

貞応2年11月　高野山平等心院所領注文

出高野山西南院文書　刊『鎌』5-3184
地塩谷,大津畠

貞応3年2月　大和大福寺鐘願文
　　　　　　　　　　　　　＊和泉国

出和泉願泉寺鐘銘　刊『鎌』補2-844
語水間寺,海塚之寺
地木島庄
備語彙・地名に採録した語句は康正2年、天

貞応2〜3年

正13年の追刻部分のもの

貞応3年4月6日　某下文　＊備後国

出備後村上文書歴代証書上　刊『鎌』5-3222,『広島県史　古代中世資料編4』551頁
地因島中庄

貞応3年4月14日　関東下知状写
　　　　　　　　　　　　　＊肥前国

出肥前武雄市教育委員会蔵感状写　刊『鎌』補2-847,『松浦党関係史料集1』53頁
地宇野御厨内保々木・紐差・池浦・大島

貞応3年5月21日　官宣旨案　＊阿波国

出大和春日神社文書　刊『鎌』5-3237,『春日大社文書1』254頁
地富田,津田島

貞応3年6月16日　大宰府守護所牒写
　　　　　　　　　　　　　＊肥前国

出肥前武雄市教育委員会蔵感状写　刊『鎌』補2-848,『松浦党関係史料集1』54頁
語海夫等本司職
地宇野御厨

貞応3年7月8日　童子御前家地売券案
　　　　　　　　　　　　　＊山城国

出白河本東寺文書114　刊『鎌』5-3256
地塩小路

貞応3年)7月11日　行慈書状　＊紀伊国

出山城神護寺文書　刊『鎌』5-3257,『史林』25-1・111頁
綱紀伊国拇田荘より白米・能米等を神護寺へ運上する旨申す

貞応3年)7月12日　行慈書状　＊紀伊国

出山城神護寺文書　刊『鎌』5-3259,『史林』

貞応3年～元仁元年

25-1・111頁

綱 紀伊国挊田荘年貢米2石を神護寺へ運上す

貞応3年)8月5日　行慈書状　＊紀伊国

出 山城神護寺文書　刊『鎌』5-3273,『史林』25-1・114頁

語 便船

綱 神護寺領紀伊国挊田荘年貢米10石を便船にさして運上す

貞応3年10月1日　能登熊木荘立券文案
　　　　　　　　　　　　　　　　＊能登国

出 能登久麻加夫都阿良加志比古神社文書
刊『鎌』5-3292,『加能史料　鎌倉1』298頁

語 塩釜,浦

地 多気志,長前,深浦,志賀浦,長浦

綱 多気志・長前・深浦に各1口ずつ塩釜あり

貞応3年)10月2日　行慈書状

出 山城神護寺文書　刊『鎌』5-3293,『史林』25-1・117頁

語 海中

綱 文覚上人、度々流罪せられし時、海中暴風の難に遭うも、三宝諸天の加護を念じて事なきを得

貞応3年)10月6日　性円書状

出 山城神護寺文書　刊『鎌』5-3294,『史林』25-2・110頁

語 船,津,海人,小船

綱 去年の兵乱以後、海人ら船を修理せざるにより、和泉国までの船を借る能わず、僧性円小船多数によりて材木運上の可否を神護寺に問う

貞応3年)10月20日　行慈書状　＊紀伊国

出 山城神護寺文書　刊『鎌』5-3301,『史林』25-2・111頁

語 船,大船,船一艘

綱 神護寺宝塔造営材木は、在田河のはたに曳き出し、今明筏下しせんとす◆材木は六月より採取し、僧行慈の船に積みて運上す◆材木は大船二艘に積めざるにより、今一艘を要す◆行慈、船一艘の用途を求む

貞応3年)11月9日　行慈書状

出 山城神護寺文書　刊『鎌』5-3304,『史林』25-2・112頁

語 小船

綱 神護寺宝塔造営材木は、小船に積みて今明運上すべし

元仁元年)11月30日　行慈書状

出 山城神護寺文書　刊『鎌』5-3326,『史林』25-2・115頁

語 庄々運上米

元仁元年)12月10日　宗全書状

出 山城神護寺文書　刊『鎌』5-3330,『史林』25-2・122頁

綱 神護寺返花木・外陣等材木、皆寺に運送し了んぬ

元仁元年12月13日　任大臣大饗支度注文事

出 洞院家記17　刊『鎌』5-3332

語 魚貝,著貝,肴物,干物,蒸蚫,生物,鯉,鯛,鱸,酢塩,楚割,押鮎,冷汁膾,汁雉羹〈居加生蚫〉

貞応3年) 慈円願文案

出 山城青蓮院文書　刊『鎌』補2-842
語 西海, 遠島
綱 源義仲等のため西海に逐わるる天皇、祖母二位尼公により聖剣とともに海底に入り、宝剣は沈むも神璽は浮きて顕現す

元仁2年2月11日　関東下知状写
　　　　　　　　　　　　　＊越後国

出 後藤文書　刊『鎌』5-3343
語 津料
地 蒲原庄
綱 越後国国衙直人、蒲原荘市津料を抑留す
備 『鎌』に「本文書疑うべし」と注記あり

元仁2年4月13日　豊前大家郷司漆安広譲状
　　　　　　　　　　　　　＊豊前国

出 宇佐宮古文書　刊『鎌』5-3365
地 大家郷内西浜

元仁2年4月28日　藤井重行畠処分状
　　　　　　　　　　　　　＊伊賀国

出 百巻本東大寺文書(成-356)　刊『鎌』5-3368,『大日本古文書　東大寺文書7』174頁
地 蟹川

嘉禄元年5月2日　公善塩浜去文案
　　　　　　　　　　　　　＊伊勢国

出 伊勢鹿海妙高寺古文書　刊『鎌』5-3375
語 塩浜
地 塩合

嘉禄元年11月4日　僧良信田地売券
　　　　　　　　　　　　　＊摂津国

出 山城大徳寺文書　刊『鎌』5-3426,『大日本古文書　大徳寺文書3』241頁
地 船江村

嘉禄元年11月5日　官宣旨案　＊摂津国

出 東大寺文書(10-20・21(1))　刊『兵庫県史　史料編中世5』19頁
地 長州庄

嘉禄2年1月　豊後国留守所下文
　　　　　　　　　　　　　＊豊後国

出 豊後柞原八幡宮文書　刊『鎌』5-3460,『大分県史料9』72頁,『大日本史料5-3』490頁,『増補訂正編年大友史料2』89頁
語 塩浜, 由原宮御供塩□(浜ヵ)参段
地 東浜

嘉禄2年2月18日　関東御教書案

出 宇佐記　刊『鎌』5-3463
語 関津并国々津々
綱 造宇佐宮用途対捍の荘々は、関津并国々津々において運上年貢より用途米を分取すべし

嘉禄2年3月7日　預所返抄案

出 伊勢光明寺文書　刊『鎌』5-3473,『光明寺文書2』215頁
語 酒肴料

嘉禄2年3月13日　清原三子田地売券案
　　　　　　　　　　　　　＊大和国

出 東大寺文書(1-17-35(2))　刊『鎌』5-3475
地 仲津河

嘉禄2年4月　出雲国司目代寄進状
　　　　　　　　　　　　　＊出雲国

出 出雲青木基氏文書　刊『鎌』5-3487,『新修島根県史　史料編1』374頁
語 平浜別宮

嘉禄2～3年
地平浜

嘉禄2年6月23日　服阿弥陀仏湯田施入状案　＊大和国

田東大寺文書(1-17-35(1))　刊『鎌』5-3497
地仲津河

嘉禄2年6月　周防屋代荘領家定文案　＊周防国

田櫛辺文書　刊『鎌』5-3502
地椋野浦,日見浦,志佐浦

嘉禄2年8月11日　石清水放生会儀式次第注進状

田石清水宮寺縁事抄　刊『鎌』5-3514,『大日本古文書　石清水文書之五』300頁,『石清水八幡宮史2』329頁
語放生魚貝六十三万隻
綱石清水放生会の放生魚貝は、去年8月16日より今年8月15日まで買い取りて、これを放つ

嘉禄2年9月14日　大宰府守護所下文写

田筑前筥崎八幡宮文書　刊『鎌』5-3523,『九州史学7』39頁,『大宰府・太宰府天満宮史料7』389頁
語津々関々

嘉禄2年9月28日　行慈充行状　＊若狭国

田山城神護寺文書　刊『鎌』5-3532,『福井県史　資料編2』211頁,『史林』25-3・119頁
地西津庄,西津

嘉禄2年10月13日　山城紀伊郡散在田畠注文　＊山城国

田東寺百合文書ま　刊『鎌』5-3534

語塩入道
地塩小路

嘉禄2年11月3日　太政官牒案　＊山城国

田東寺百合文書せ　刊『鎌倉遺文研究』3・56頁
語防鴨河使
地鴨河

嘉禄2年11月25日　紀伊某荘年貢注文案

田高山寺所蔵不動法裏文書　刊『鎌』5-3549
語船,船賃,皮船

嘉禄3年2月18日　関東御教書案

田宇佐記　刊『鎌』6-3577,『増補訂正編年大友史料2』95頁
語関津并国々津々

嘉禄3年)2月　高麗国全羅州道按察使牒　＊朝鮮,対馬国

田吾妻鏡嘉禄3.5.14条　刊『鎌』6-3578,『国史大系　吾妻鏡(普及版)3』56頁
語対馬島人,海辺州県島嶼居民,高麗国
地高麗国,金海府
綱対馬島人、古来より高麗に古来邦物を貢進す◆対馬島人、高麗の館舎に住む◆対馬島人、高麗の正屋を奪掠し、その侵擾やまず◆高麗全羅州道按察使、大宰府に侵擾の事由を問う

嘉禄3年2月　周防多仁荘百姓解　＊周防国

田九条家冊子本中右記元永元年7・11月巻裏文書　刊『鎌』6-3580
語魚直米,酒肴,乗船饗,船
綱吉書饗に魚直米8斗などを責め取らる◆乗船饗として饗膳魚直米などを数多責め取

らる◆先例なき「弓事」を責め催され、魚直米5斗等を責め取らる

嘉禄3年3月12日　俊芿遺告　＊中国

- 田 山城泉涌寺文書　刊 『鎌』6-3590
- 語 唐土寺式, 入宋伝法比丘俊芿
- 地 唐土, 宋

嘉禄3年4月9日　将軍〈藤原頼経〉袖判下文　＊越後国

- 田 出羽色部文書　刊 『鎌』6-3604,『新潟県史資料編4』1頁
- 地 粟島

嘉禄3年4月25日　紀是門譲状案　＊豊後国

- 田 肥後志賀文書　刊 『鎌』6-3606,『熊本県史料2』391頁,『大日本史料5-4』490頁,『増補訂正編年大友史料2』95頁
- 地 小俣河, 安岐郷内大朝来野浦

嘉禄3年6月6日　関東下知状案　＊常陸国

- 田 常陸塙不二丸氏文書　刊 『鎌』6-3617,『茨城県史料　中世編1』294頁
- 語 塩浜, 塩浜役, 供祭
- 綱 塩浜役をもって毎日の鹿島神宮供祭に供え奉る

嘉禄3年8月16日　関東下知状案　＊下総国

- 田 伊勢櫟木文書　刊 『鎌』6-3649,『取手市史古代中世史料編』127頁
- 地 相馬御厨

嘉禄3年8月18日　藤原某所領寄進状案　＊紀伊国

- 田 紀伊歓喜寺文書　刊 『鎌』6-3651,『和歌山県史　中世史料2』51頁
- 地 湯橋

嘉禄3年9月26日　関白〈藤原家実〉家御教書　＊対馬国

- 田 高祖遺文録5　刊 『鎌』6-3665,『大日本史料5-4』2例頁
- 地 対馬島
- 綱 隆寛律師, 専修張本たるにより陸奥へ配流せらるといえども, 山門衆徒らの申す旨により, 対馬島へ追い遣わさるべし

嘉禄3年) 9月)　後堀河天皇綸旨　＊対馬国

- 田 高祖遺文録5　刊 『鎌』6-3666
- 地 対馬島

嘉禄3年10月10日　将軍家〈藤原頼経〉安堵下文　＊薩摩国

- 田 島津家文書　刊 『鎌』6-3670,『大日本古文書　島津家文書1』296頁,『信濃史料4』17頁,『九州荘園史料叢書5』15頁
- 語 十二島地頭職
- 地 十二島

嘉禄3年10月12日　北条時房下文　＊遠江国

- 田 遠江蒲神明宮文書　刊 『鎌』6-3672,『静岡県史　資料編5』381頁,『静岡県史料5』824頁
- 地 蒲御厨

嘉禄3年10月15日　関東御教書　＊対馬国

- 田 高祖遺文録5　刊 『鎌』6-3674
- 地 対馬島

嘉禄3年～安貞2年

嘉禄3年)10月20日　関白〈藤原家実〉御教書　＊讃岐国

出 高祖遺文録5　刊『鎌』6-3677
地 大手島

嘉禄3年11月18日　関東御教書案写
　　　　　　　　　　　　　　＊筑前国

出 福岡市立博物館蔵青柳資料　刊『鎌』補2-930
語 運上之年貢,国々津々

嘉禄3年11月　蔵人所下文　＊近江国

出 山城山本条三所蔵文書　刊『鎌』補2-931
地 粟津,吉浦
備 『鎌』は出典を表記のように記すが、誤りか。『鎌』注記に「本文書検討を要す」とあり。中村直勝『日本古文書学　下』は「疑うべし」とする。同「戦国時代における皇室と国民」『史学雑誌』27-7および同「禁裡供御人に就いて」『社会史研究』9-4・5・6は偽文書とする

安貞元年12月25日　藤原俊弘田地売券
　　　　　　　　　　　　　　＊摂津国

出 摂津勝尾寺文書　刊『鎌』6-3708,『箕面市史　史料編1』46頁
地 豊島北条西桑津新庄

安貞元年12月29日　藤原守宗田地売券
　　　　　　　　　　　　　　＊摂津国

出 摂津勝尾寺文書　刊『鎌』6-3710,『箕面市史　史料編1』46頁
地 豊島北条西桑津新庄

安貞元年12月29日　藤原光末田地売券
　　　　　　　　　　　　　　＊摂津国

出 摂津勝尾寺文書　刊『鎌』6-3711,『箕面市史　史料編1』47頁
地 豊島北条西桑津新庄

安貞2年1月28日　卜部某売券　＊伊勢国

出 京都大学所蔵地蔵院文書　刊『鎌』6-3713
地 小泉御厨

安貞2年2月6日　関東下知状案
　　　　　　　　　　　　　　＊石見国

出 萩藩閥閲録121ノ1周布吉兵衛　刊『鎌』6-3716,『萩藩閥閲録3』542頁
地 加津万浦

安貞2年3月13日　関東下知状案
　　　　　　　　　　　　＊肥前国,朝鮮,中国

出 肥前青方文書　刊『鎌』6-3732,『青方文書1』11頁,『大宰府・太宰府天満宮史料7』401頁,『大宰府史料　中世編8』補3頁・13頁・14頁
語 高麗船,平戸蘇船頭,宋人,島,船
地 宇野御厨,小値賀島,高麗,平戸,宋
綱 清原是包、高麗船を移し取るにより、領家より勘当を蒙る◆源直、平戸の蘇船頭(宋人)の後家を娶るの間、かの宋人の子息十郎連、直の子息たるを主張し、所領を求む◆島住人・荘官ら、是包の高麗船を移し取る科により没官せらるる由を申す

安貞2年5月16日　平某譲状

出 筑前宗像神社文書　刊『鎌』6-3744,『宗像大社文書1』162頁,『宗像市史　史料編1』290頁
地 かうしてんの小浦

安貞2年5月　豊後六郷山諸勤行并諸堂役祭等目録写

出 豊後長安寺文書　刊『鎌』補2-940

安貞2年～寛喜元年

語異国降伏

安貞2年）6月18日　惟宗孝□書状　＊下総国

出民経記寛喜3年5月巻裏文書　刊『鎌』6-3757,『大日本古記録　民経記3』175頁
地三崎御庄

安貞2年7月3日　預所某下文　＊肥前国

出肥前山代文書　刊『鎌』6-3764,『松浦党関係史料集1』59頁,『大日本史料5-4』625頁,『佐賀県史料集成15』26頁
語値賀五島公文所
地値賀五島

安貞2年8月5日　七条院〈藤原殖子〉処分目録案　＊伊勢国,美濃国

出東寺百合文書ほ　刊『鎌』6-3771
地錦島御厨,吉津御厨,鵜飼庄

安貞2年8月5日　七条院〈藤原殖子〉処分目録案　＊伊勢国,美濃国

出東寺百合文書ト　刊『鎌』6-3772
地錦島御厨,吉津御厨,鵜飼庄
備吉津御厨は伊勢国の中に記載されているが、「志摩国歟」との注記あり

安貞2年8月23日　関東御教書　＊下総国

出伊勢櫟木文書　刊『鎌』6-3777,『取手市史古代中世史料編』129頁
語魚
地相馬御厨
綱御厨使雑事として、魚を納め、もし魚無き時は、和市の法により代布を弁ずべし

安貞2年9月11日　源某裁許状　＊対馬国

出対馬鳥居家文書　刊『鎌』6-3779

語塩田肆段

安貞2年　常陸吉田郷等検注帳写　＊常陸国

出常陸吉田薬王院文書　刊『鎌』6-3793,『茨城県史料　中世編2』321頁
地西石河

安貞3年2月13日　北条泰時袖判書下

出諸家文書纂8　興津文書　刊『鎌』6-3808
語島内船太郎屋敷
地興津郷内小河内并島

安貞3年2月21日　松浦荘領家下文案　＊肥前国

出肥前石志文書　刊『鎌』6-3812,『佐賀県史料集成27』12頁,『大日本史料5-4』982頁,『平戸松浦家史料』148頁
地松浦御庄

安貞3年3月6日　将軍〈藤原頼経〉袖判下文　＊伊勢国

出楓軒文書纂53進藤文書　刊『鎌』6-3817
地乙部御厨

寛喜元年5月19日　官宣旨　＊中国

出讃岐善通寺文書　刊『鎌』6-3834,『香川県史8』30頁
語大師入唐帰朝
地唐

寛喜元年5月23日　僧信宗所領注進状

出筑前太宰府天満宮文書　刊『鎌』6-3835,『大宰府・太宰府天満宮史料7』410頁
地螺鈿浦

寛喜元年8月11日　大見実景譲状
　　　　　　　　　　　　　　＊越後国

出越後大見水原文書　刊『鎌』6-3862,『新潟県史　資料編4』247頁
地舟江,小舟江村

寛喜元年9月11日　木本島下司職補任状案
　　　　　　　　　　　　　　＊紀伊国

出紀伊野田文書　刊『鎌』6-3868
地木本島

寛喜元年10月30日　関東下知状写
　　　　　　　　　　　　　　＊肥前国

出肥前武雄市教育委員会蔵感状写　刊『鎌』補2-987,『松浦党関係史料集1』61頁
語宇野御厨司,海夫本司
地宇野御厨,当御厨内保々木・紐差・池浦・大島

寛喜元年11月26日　将軍〈藤原頼経〉袖判安堵下文
　　　　　　　　　　　　　　＊伊勢国

出相模円覚寺文書　刊『鎌』6-3903,『神奈川県史　資料編1』564頁
地原御厨

寛喜元年）12月25日　関白家御教書案
　　　　　　　　　　　　　　＊山城国

出山城疋田家文書　刊『鎌』補2-994
語山崎神人
地山崎

寛喜元年）12月28日　六波羅御教書案
　　　　　　　　　　　　　　＊山城国

出山城疋田家文書　刊『鎌』補2-995
語大山崎神人
地大山崎

寛喜元年）12月29日　北条時氏請文案
　　　　　　　　　　　　　　＊山城国

出山城疋田家文書　刊『鎌』補2-996
語大山崎神人
地大山崎

寛喜元年）12月29日　六波羅請文案
　　　　　　　　　　　　　　＊山城国

出山城疋田家文書　刊『鎌』補2-997
語大山崎神人
地大山崎

寛喜元年12月　前太政大臣〈藤原家実〉家政所下文案　　＊豊前国

出豊前益永家文書　刊『鎌』6-3919,『大日本史料5-5』417頁,『福岡県史資料9』58頁,『増補訂正編年大友史料2』112頁
地江島,辛島

寛喜元年）　源氏女申状　　＊遠江国

出民経記寛喜3年3月巻裏文書　刊『鎌』6-3899,『大日本古記録　民経記2』307頁,『静岡県史　資料編5』395頁
地蒲御厨

寛喜元年　河内光徳寺鐘願文　＊河内国

出河内光徳寺鐘銘　刊『鎌』補2-998
語海入船曜夕日
備『鎌』注記に「本鐘は江戸時代の鋳造にかかる」とあり

寛喜2年1月　宗清置文　　＊讃岐国

出石清水文書　刊『鎌』6-3922,『大日本古文書　石清水文書2』478頁
地神湊,長浜

寛喜2年閏1月10日　太政官牒　＊山城国

出山城高山寺文書　刊『鎌』6-3924,『編年差別史資料集成3』168頁
語漁猟,漁
地中河
綱高山寺四至牓示内の樵採漁猟を禁遏す◆林翁野人隣子村男,恣に高山寺の辺に漁樵す

寛喜2年閏1月10日　太政官牒　＊山城国

出山城神護寺文書　刊『鎌』6-3925,『史林』26-3・123頁
語漁猟,樵採漁猟之輩
地中河
綱神護寺四至牓示内の樵採漁猟を禁遏す◆近年、樵採漁猟の輩、多勢を率い、神護寺領に濫行を致す

寛喜2年閏1月14日　藤原〈山内首藤〉重俊譲状　＊相模国

出山内首藤家文書　刊『鎌』6-3927,『大日本古文書　山内首藤家文書』2頁
地丸子河,足小河

寛喜2年2月20日　小山朝政譲状案
＊下野国,尾張国

出下野小山文書　刊『鎌』6-3960,『栃木県史　史料編中世1』217頁
地寒河御厨,海東三箇庄

寛喜2年2月　右馬寮下文　＊摂津国

出摂津勝尾寺文書　刊『鎌』6-3964,『箕面市史　史料編1』59頁
語豊島牧司
地豊島

寛喜2年4月28日　正願院仏事用途所当注進状

出大和興福寺文書　刊『鎌』6-3983
地八島

寛喜2年4月30日　某下文
＊志摩国,紀伊国,伊勢国

出紀伊続風土記附録15牟婁郡古本村庄司蔵
刊『鎌』6-3984,『紀伊続風土記3』附録344頁
地木本御厨

寛喜2年6月13日　興福寺別会所下文
＊阿波国

出阿波国庄国文書　刊『鎌』6-3994
語津田島神人
地津田島,淀津
綱泰兼法師、去年正月の頃、興福寺御供所造営材木用途を淀津において奪い取る

寛喜2年7月13日　厳島神主佐伯某下文
＊安芸国

出安芸厳島神社文書　刊『鎌』6-4000
地伊都岐島

寛喜2年)8月2日　後堀河天皇綸旨案

出筑前宗像神社文書　刊『鎌』6-4008,『宗像大社文書1』5頁,『宗像市史　史料編1』291頁
語孤島,行舟風波之難,船
地鐘御崎
綱勧進聖人往阿弥陀仏の申状により、鐘御崎に孤島を築き、行舟風波の難を助くべきを奏聞す◆鐘御崎に漂着の破損船をもって宗像社の修造に宛つるを、以後停止す
備『宗像大社文書1』は、(寛喜元ヵ)とする

寛喜2～3年

寛喜2年8月　東寺三綱解案　＊中国

出 山城阿刀文書　刊『鎌』6-4017
語 大唐国
地 大唐国
綱 東寺三綱、弘法大師の大唐国より請来せし御舎利・道具・秘蔵経論等を守護せしめんがため、兵士を副置かるべきを請う

寛喜3年3月25日　妙阿弥陀仏譲状
　　　　　　　　　　　　　　　　＊山城国

出 東寺百合文書〆　刊『鎌』6-4018
地 唐橋堀川

寛喜3年9月4日　大神宮神主注進状
　　　　　　　　　　　　　　　　＊伊勢国

出 小朝熊社神鏡沙汰文　刊『鎌』6-4019,『神道大系　神宮編2』452頁
語 禁河, 江河
地 江河

寛喜3年1月21日　若狭多鳥浦刀禰職補任状　＊若狭国

出 若狭秦文書　刊『鎌』6-4093,『小浜市史　諸家文書編3』3頁
語 海人, 刀禰職, 浦御菜
地 多鳥浦, 汲部浦

寛喜3年2月19日　平忠友譲状　＊薩摩国

出 薩摩延時家文書　刊『鎌』6-4103,『鹿児島県史料　旧記雑録拾遺家わけ6』499頁
語 大山口橋
地 羽島浦, 牟木浦, 矢蔵河, 大山口橋

寛喜3年3月27日　将軍家〈頼経〉政所下文案　＊出羽国

出 肥前小鹿島文書　刊『鎌』6-4119,『佐賀県史料集成17』250頁,『大日本史料5-6』400頁,『九州史料叢書　小鹿島文書』1頁
地 小鹿島

寛喜3年4月5日　官宣旨　＊筑前国

出 筑前宗像神社文書　刊『鎌』6-4121,『宗像大社文書1』20頁,『宗像市史　史料編1』294頁,『大日本史料5-6』407頁,『福岡県史資料2』75頁,『大宰府・太宰府天満宮史料7』416頁
語 浜, 漂涛之寄物, 漂涛之難, 孤島, 往還之船, 風波之煩
地 葦屋津新宮浜
綱 宗像社大小七十余社の修理用途は、往昔以来葦屋津新宮浜に漂着の寄物をもってこれに宛つ◆往阿弥陀仏、漂涛の難を哀れみ、孤島を築き、往還の船を助けんとす◆寄物の替として、宗像社の修理用途に曲村の田地40町を宛つ

寛喜3年4月16日　大宰府守護所牒写
　　　　　　　　　　　　　　　　＊肥前国

出 肥前武雄市教育委員会蔵感状写　刊『鎌』補2-1031,『松浦党関係史料集1』62頁
語 宇野御厨衙, 海夫本司
地 宇野御厨, 当御厨内保々木・紐差・池浦・大島

寛喜3年4月　藤原景基寄進状　＊紀伊国

出 紀伊施無畏寺文書　刊『鎌』6-4137,『和歌山県史　中世史料2』719頁
語 海, 山海四至, 禁断殺生
地 布都尾崎, 舟崎

寛喜3年

寛喜3年4月17日　藤原景基寄進状
　　　　　　　　　　　　　　　　＊紀伊国
　出京都大谷大学所蔵文書　刊『鎌』補2-1034
　語海
　地海〈限北布都尾崎,限南丹崎〉

寛喜3年4月21日　関東御教書
　出新編追加　刊『鎌』6-4127,『中世法制史料集1』72頁,『編年差別史資料集成3』181頁
　語山野河海
　綱諸国新補地頭の得分につき、山野河海の所出は、本年貢を除き、半分の沙汰とすべし

寛喜3年4月22日　石清水八幡宮寺供米支配状
　　　　　　　　　　　　　　　　＊阿波国
　出榊葉集　刊『鎌』6-4130
　地萱島庄

寛喜3年5月3日　関東下知状
　　　　　　　　　　　　　　　　＊尾張国
　出久我家文書　刊『鎌』6-4138,『久我家文書1』23頁
　地海東三ヶ庄

寛喜3年5月13日　関東御教書
　出新編追加　刊『鎌』6-4142,『中世法制史料集1』75頁
　語山河
　綱新補地頭に山河半分の得分を給すべし

寛喜3年6月6日　関東御教書
　出新編追加　刊『鎌』6-4160,『中世法制史料集1』77頁
　語海路往反船,漂倒,寄船
　綱海路往反の船、漂倒・難風により吹き寄せらるるを、地頭等「寄船」と号し、押領す

寛喜3年7月4日　伊賀黒田荘官等請文
　　　　　　　　　　　　　　　　＊伊賀国
　出東大寺文書(1-1-297)　刊『鎌』6-4171,『大日本古文書　東大寺文書12』2頁
　語漁,河司
　地西河
　綱黒田荘西河における漁御貢は荘民等の煩なり◆河司の補されてより、荘民らの煩出来す

寛喜3年7月26日　有玄寄進状　＊大和国
　出東京古典会60周年記念入札目録　刊『鎌』6-4176
　地東大寺河上中津河

寛喜3年8月21日　将軍〈藤原頼経〉御判下文案
　　　　　　　　　　　　　　　　＊近江国
　出山城八坂神社文書　刊『鎌』6-4181,『八坂神社文書　下』594頁
　地箕浦庄

寛喜3年8月21日　大神宮神主注進状
　出民経記寛喜3.10.8条　刊『鎌』6-4189,『大日本古記録　民経記4』124頁
　語御塩湯

寛喜3年8月28日　成賢譲状案　＊周防国
　出山城醍醐寺文書　刊『鎌』6-4192,『大日本古文書　醍醐寺文書1』203頁
　地島末庄

寛喜3年8月28日　成賢譲状案　＊越中国
　出山城醍醐寺文書　刊『鎌』6-4193,『大日本古文書　醍醐寺文書2』49頁
　地太海

寛喜3年8月30日　六波羅下知状写
＊筑後国

出筑後鷹尾家文書　刊『鎌』6-4196,『筑後鷹尾文書』62頁
語津断(料),倉敷
地瀬高下庄

寛喜3年)9月23日　卜部兼直注進状
＊近江国

出民経記寛喜3.9.23条　刊『鎌』補2-1044,『大日本古記録　民経記4』80頁
地勢多宿,勢多・一志両駅,一志駅家

寛喜3年)9月24日　清原頼尚注進状
＊近江国

出民経記寛喜3.9.23条　刊『鎌』補2-1047,『大日本古記録　民経記4』82頁
地勢多宿

寛喜3年)9月24日　源通光書状　＊近江国

出民経記寛喜3.9.24条　刊『鎌』補2-1048,『大日本古記録　民経記4』83頁
地勢多宿

寛喜3年9月　成賢置文案　＊周防国

出山城高山寺文書　刊『鎌』6-4225
地島末庄

寛喜3年10月2日　筑前観世音寺年貢請文

出内閣文庫所蔵観世音寺文書　刊『鎌』6-4227
語二島,島

寛喜3年10月　蔵人所禄物送文　＊中国

出民経記寛喜3.10.21条　刊『鎌』6-4231,『大日本古記録　民経記4』142頁

語唐衣御塩湯

寛喜3年11月3日　後堀河天皇宣旨

出近衛家文書　刊『鎌』6-4240,水戸部正男『公家新制の研究』180頁
語酒肴,漁猟,海陸盗賊,海陸之行
綱六斎日,京畿諸国寺辺の殺生漁猟を禁ず
◆海陸の盗賊を諸国司・幕府御家人に禁遏せしむ

寛喜3年11月14日　地頭源某下文
＊志摩国,紀伊国,伊勢国

出紀伊野田文書　刊『鎌』6-4245
地木本御厨

寛喜4年1月2日　石清水極楽寺返抄案
＊摂津国

出宮寺縁事抄仏神事次第　刊『鎌』6-4256
地加賀島庄

寛喜4年3月11日　船某居園直請取状
＊中国

出肥前高城寺文書　刊『鎌』6-4290,『佐賀県史料集成2』203頁
語りきなかのふね(船),唐綾,唐絹

寛喜4年3月15日　安芸厳島社御戸開節会式目
＊安芸国

出厳島神社文書　刊『鎌』6-4297
語酒肴

寛喜4年)3月16日　後堀河天皇綸旨
＊中国

出民経記貞永1.3.16条　刊『鎌』6-4298,『大日本古記録　民経記5』18頁
語唐本霊像
地唐

紹定5年3月　宋九娘開板願文　＊中国

出大和興福寺蔵大宝積経巻54奥刊記　刊
『鎌』補2-1060
語宋氏〈九娘〉
地大宋国平江府

貞永元年6月8日　定豪家地相博券案
　　　　　　　　　　　　　＊山城国

出東寺文書　刊『鎌』6-4330
地塩少路

貞永元年6月30日　官宣旨案　＊近江国

出山城賀茂別雷神社文書　刊『鎌』6-4337,
『賀茂別雷神社文書1』265頁,『編年差別史
資料集成3』187頁
語漁進,河海之魚鱗,御贄,河流,海浦,釣,江
海,供菜人,河漁,漁築,引網,魚猟,河尻,河
上,魚入之便水
地安曇河御厨,船木北浜
綱賀茂社領近江国安曇河御厨は河海の魚鱗
を漁り、朝夕の御贄に備え進らす◆寛治の
官符以降、賀茂社神人五十二人、人別に国領
公田三町を引き募りて、官物を弁済し、毎日
二度の御贄を漁り進す◆安曇河の流れ、上
は滴水を限り、下は河尻に至るまで他人の
希望あるべからざる旨、嘉応の宣旨に載す
◆元暦の宣旨に、安曇河御厨は河流に漁り、
冬は海浦に釣するゆえ、河上荘等の妨を停
止すべき旨を載せらる◆安曇河の余流及び
琵琶湖の南北遠近は、皆悉く他人の希望を
止め、船木北浜供祭人等に漁進を全うせし
む。末流いずれの荘公に流れ入るとも、供
祭人等魚入の便水を尋ね、漁築を致す◆山
門日吉の荘園多くとも、河漁はその所の成

敗にあらず、ただ流水につき御厨の成敗た
るべし◆漁築は専ら河尻を以て本となす。
供祭人等、河尻なる比叡荘中において網を
引き漁を致すの最中、比叡荘の吉直、かの河
尻を押領す
備「北船木共有文書」(『滋賀県漁業史　上』
454頁)にもあり

貞永元年7月26日　関東下知状案
　　　　　　　　　　　　　＊筑前国

出筑前宗像神社文書　刊『鎌』6-4348,『宗像
市史　史料編1』295頁,『大日本史料5-8』53
頁,『福岡県史資料9』66頁,『宗像大社文書
2』167頁
語破損之船
綱破損の船をもって宗像社修理料に宛て置
かるるは往古の例なり◆寄船の替として寄
進せらるる田地不足の由、神官等訴う

貞永元年7月27日　六波羅下知状案
　　　　　　　　　　　　　＊伊予国

出伊予長隆寺文書　刊『鎌』6-4349,『愛媛県
史　資料編古代・中世』513頁
地忽那島

貞永元年7月　関東御成敗式目

出鶴岡本御成敗式目　刊『中世法制史料集
1』3頁,『鎌』6-4340,『中世政治社会思想
上』8頁
語海賊

貞永元年9月10日　覚能書状案　＊伊勢国

出神宮文庫永仁5年仮殿記裏文書　刊『鎌』
補2-1066
語塩浜

貞永元年～天福元年

貞永元年11月13日　将軍〈藤原頼経〉家政所下文　＊下総国

　出岩松新田文書　刊『鎌』6-4403,『群馬県史　資料編5』193頁,『取手市史　古代中世史料編』132頁
　地相馬御厨

貞永2年)2月14日　尊性法親王書状　＊越前国

　出山城真経寺所蔵法華経裏文書　刊『鎌』7-4443
　語敦賀津勝載
　地敦賀津

貞永2年)2月15日　尊性法親王書状　＊越前国

　出山城真経寺所蔵法華経裏文書　刊『鎌』7-4444
　語敦賀津勝載
　地敦賀津

貞永2年2月16日　天草種有譲状案　＊肥後国

　出肥後志岐文書　刊『鎌』7-4445,『熊本県史料4』83頁
　語しま(島)
　地かうちのうら(浦),ほんとのしま(本砥島),たかハま(浜),ひらうら(浦),うふしま(島)

天福元年3月5日　尼妙阿弥譲状案　＊山城国

　出東寺百合文書チ,白河本東寺文書174　刊『鎌』7-4479
　語ほりかハのしりかハ(堀川の尻川)
　地ほりかハ(堀川)

貞永2年4月8日　僧道智畠地寄進状　＊摂津国

　出摂津勝尾寺文書　刊『鎌』7-4471,『箕面市史　史料編1』78頁,『勝尾寺文書』185頁
　地在幣島

貞永2年4月9日　明法勘文　＊近江国

　出近江大安神社文書　刊『鎌』7-4475
　語浜際,漁捕,防鴨河使
　綱草苅菅菰漁捕を互いに制止すべからず

天福元年5月2日　安倍季尚天文奏

　出民経記天福1.5.2条　刊『鎌』7-4490,『大日本古記録　民経記7』35頁
　語海戦

天福元年5月　摂政〈九条教実〉家政所下文案　＊常陸国

　出常陸鹿島神宮文書　刊『鎌』7-4507,『茨城県史料　中世編1』133頁
　語渡田,引網,立網

天福元年5月　摂政〈九条教実〉家政所下文

　出常陸鹿島神宮文書　刊『鎌』7-4509,『茨城県史料　中世編1』171頁
　語防鴨河使

天福元年5月　八幡石清水宮寺申文　＊山城国,備後国

　出宮寺縁事抄　刊『鎌』7-4512
　語異国降伏,津
　地淀津,葦江庄,鞆浦

天福元年7月10日　弥二郎板堂敷地券文案　＊山城国

　出東寺百合文書メ　刊『鎌』7-4540

天福元年

地 しおのこうち, 塩小路

天福元年9月8日　沙門高信施入状
　　　　　　　　　　　　　　＊紀伊国

出 紀伊施無畏寺文書　刊『鎌』7-4555,『和歌山県史　中世史料2』721頁
語 浦
綱 寛喜3年、藤原(湯浅)景基施無畏寺伽藍を興し、浦殺生を禁ず

天福元年9月12日　為清田畠下人去文
　　　　　　　　　　　　　　＊紀伊国

出 紀伊小山文書　刊『鎌』7-4559
地 イマ木ノ江

天福元年10月2日　僧智弘等三人契状
　　　　　　　　　　　　　　＊薩摩国

出 薩摩比志島文書　刊『鎌』7-4567,『大日本史5-9』446頁,『鹿児島県史料　旧記雑録前編1』163頁
地 比志島

天福元年10月10日　僧某等連署証状写
　　　　　　　　　　　　　　＊遠江国

出 伊勢光明寺文書　刊『鎌』7-4569,『静岡県史　資料編5』402頁
地 鎌田御厨

天福元年10月29日　延暦寺政所下文
　　　　　　　　　　＊若狭国, 加賀国, 播磨国

出 山城座田文書　刊『鎌』補2-1137,『福井県史　資料編2』201頁
地 宮河庄, 矢代浦, 金津庄, 安志庄

天福元年10月吉日　蔵人所牒
　　　　　　　　　　　　＊山城国, 近江国

出 枚方市田中宇之松所蔵文書　刊『鎌』補2-1138

語 諸市津関渡山河海泊津関料市手山手率分, 淀河所々関々, 大津関所
地 淀河, 大津
綱 蔵人所、諸市津関渡等ならびに淀河所々関々・大津関所等の煩を停めしむ
備「真継文書」にもあり(『中世鋳物師史料』200頁)。後世の偽文書と判断される

天福元年11月　蔵人所牒写
　　　　　　　　　　　　　　＊河内国

出 真継家文書　刊『鎌』7-4580,『中世鋳物師史料』199頁, 豊田武「中世の鋳物業(下)」『歴史地理』67-2, 83頁,『編年差別史資料集成3』200頁
語 諸役諸関渡市手山手率分
綱 諸役諸関渡市手山手率分別物(例物ヵ)以下を免除す
備 中村直勝『日本古文書学　下』は後世の偽文書とする

天福元年12月7日　前関白九条道家家政所下文案
　　　　　　　　　　　　　　＊讃岐国

出 大和興福寺旧蔵康永3年本勝軍比量事裏書　刊『鎌』7-4582, 永島福太郎「讃岐神崎庄の伝領」『日本歴史』296, 92頁, 同「興福寺旧蔵抄物の紙背文書」『人文論究』21-3
語 南海之民稼

天福元年12月10日　関東下知状案
　　　　　　　　　　　　　　＊伊予国

出 伊予長隆寺文書　刊『鎌』7-4586,『愛媛県史　資料編古代・中世』514頁
語 忽那島地頭職
地 忽那島

天福2年

天福2年1月20日　度会広光処分状
　　　　　　　　　　　　　　＊伊勢国

　出 伊勢光明寺残篇裏文書　刊『鎌』7-4603,
　『光明寺文書1』1頁
　語 御塩焼,御塩
　地 十五鳴津里

天福2年」2月1日　摂政家御教書案

　出 宮内庁書陵部所蔵文書　刊『鎌』補2-
　1142,小野晃嗣「内蔵寮経済と供御人(上)」
　『史学雑誌』49-8,984頁
　語 御厨子所鯉鳥供御人
　備 中村直勝『日本古文書学　下』は偽文書と
　する

天福2年)2月6日　摂政家御教書案

　出 宮内庁書陵部所蔵文書　刊『鎌』補2-
　1143,小野晃嗣「内蔵寮経済と供御人(上)」
　『史学雑誌』49-8,984頁
　語 御厨子所魚鳥供御人

天福2年2月　坂東寺所役注文案
　　　　　　　　　　　　　　＊筑後国

　出 筑後岡本家文書　刊『鎌』7-4623
　語 懸魚,魚

天福2年)4月9日　経時請文案

　出 宮内庁書陵部所蔵文書　刊『鎌』補2-
　1146,小野晃嗣「内蔵寮経済と供御人(上)」
　『史学雑誌』49-8・984頁
　語 魚鳥供御人

天福2年)5月25日　尊性法親王書状

　出 山城真経寺所蔵法華経裏文書　刊『鎌』7-
　4664
　語 升米,御船差,船,御私船

　綱 東大寺勧進所所属の船は、升米皆免の定
　めなり◆内々に御船差等の交名を注せば、
　免除せらるべし◆諸方の船到り来せば、有縁
　無縁を問わず少分の物を取る◆私船と称す
　る者あらば、その旨の起請文を召し給わる
　べし

天福2年6月18日　延暦寺政所下文
　　　　　　　　　　　　　　＊若狭国

　出 山城鳥居大路家文書　刊『鎌』7-4673
　地 矢代浦

天福2年6月25日　官宣旨　＊和泉国

　出 九条家文書　刊『鎌』7-4674,『図書寮叢刊
　　九条家文書1』159頁
　語 西限海

天福2年6月　沙弥阿舜畠地買券
　　　　　　　　　　　　　　＊摂津国

　出 摂津勝尾寺文書　刊『鎌』7-4678,『箕面市
　史　史料編1』81頁
　語 大川
　地 今樋外島

天□□年8月19日　蓮実坊院主御教書
　　　　　　　　　　　　　　＊近江国

　出 近江長命寺文書　刊『鎌』7-4701
　語 堀江,魚,江
　綱 長命寺の訴うる堀江は、魚を取るにあら
　ずして、沢田を耕作のための由、土民陳弁す

天福2年10月21日　烟田秀幹私領譲状
　　　　　　　　　　　　　　＊常陸国

　出 常陸烟田文書　刊『鎌』7-4693,『鉾田町
　史』72頁
　語 内海
　地 向類河,塔麻河

天福2年9月22日　関東御教書写
　　　　　　　　　　　　　　　＊筑後国

出筑後鷹尾家文書　刊『鎌』7-4688,『筑後鷹
尾文書』63頁,『史淵』81・40頁
語船
地瀬高庄
綱豊前七郎秀直、瀬高荘上下荘出入の船を
妨ぐ

天福2年10月8日　六波羅御教書案
　　　　　　　　　　　　　　　＊若狭国

出山城座田文書　刊『鎌』補2-1152,『福井県
史　資料編2』202頁
語浦
地宮河庄,大谷矢代浦,宮河保

文暦元年12月2日　和泉日根荘田畠在家
等注文案　　　　　　　　　　＊和泉国

出九条家文書　刊『鎌』7-4712,『図書寮叢刊
1』119頁
語大河,河
地小野河

文暦元年12月2日　和泉日根荘田畠等目
録抄　　　　　　　　　　　　＊和泉国

出九条家文書　刊『鎌』7-4713,『図書寮叢刊
九条家文書1』126頁
語浦

文暦元年」12月11日　内蔵頭光俊御教書
　　　　　　　　　　　　　　　＊山城国

出宮内庁書陵部所蔵文書　刊『鎌』補2-
1159,小野晃嗣「内蔵寮経済と供御人(上)」
『史学雑誌』49-8,984頁
語六角町魚鳥供御

文暦元年)　和泉国日根荘田畠目録案
　　　　　　　　　　　　　　　＊和泉国

出九条家文書　刊『鎌』7-4714,『図書寮叢刊
九条家文書1』180頁
語浦

文暦2年5月11日　紀伊下長谷郷末弘名
田数注文案　　　　　　　　　＊紀伊国

出紀伊中家文書　刊『鎌』7-4758,『和歌山県
史　中世史料2』694頁
地中島,河部,湯河口

文暦2年5月23日　関東御教書　＊摂津国

出新編追加　刊『鎌』7-4761,『中世法制史料
集1』93頁
語入海
地渡部
綱摂津渡部に於いて、入海と称し、また負累
と号して諸方の運上物を点定する由、風聞
あり◆渡部に限らず、運上物の点定を停止
すべし

文暦2年6月5日　関東下知状案
　　　　　　　　　　　　　　　＊安芸国

出安芸厳島野坂文書　刊『鎌』7-4763
語山川得分

文暦2年6月10日　関東御教書案
　　　　　　　　　　　　　　　＊安芸国

出安芸厳島神社御判物帖文書　刊『鎌』7-
4764,『広島県史　古代中世資料編3』22頁
地伊都岐島

文暦2年6月13日　六波羅御教書案
　　　　　　　　　　　　　　　＊若狭国

出山城座田文書　刊『鎌』補2-1167,『福井県
史　資料編2』202頁

[語]日次御供魚貝，矢代浦狩仕供祭人

[地]宮川新保，宮河庄，矢代浦

[備]『鎌』は日付を６月12とするが、誤り

文暦２年６月14日　若狭宮河保山預注進状　＊若狭国

[出]若狭秦文書　[刊]『鎌』7-4769，『小浜市史　諸家文書編３』３頁

[語]山手塩，浦刀禰，山預浦，浦

[地]黒崎，大浦，汲部浦，阿納津，久津（久浦），志積浦，矢代浦，多烏浦

文暦２年６月16日　安倍延貞所職譲状　＊若狭国

[出]若狭安倍武雄氏文書　[刊]『鎌』7-4770，『福井県史　資料編９』３頁

[語]船一艘，当浦之沙汰人刀禰職，浦

[地]志積浦

文暦２年７月７日　将軍〈藤原頼経〉家政所下文

[出]吾妻鏡文暦2.7.7条　[刊]『鎌』7-4792，『国史大系　吾妻鏡（普及版）３』161頁

[地]宇治河

文暦２年）７月８日　尊性法親王書状　＊近江国

[出]山城真経寺所蔵法華経寺文書　[刊]『鎌』7-4797

[地]大津

文暦２年７月18日　六波羅御教書案　＊若狭国

[出]山城座田文書　[刊]『鎌』補2-1168，『福井県史　資料編２』202頁

[語]日次御供魚貝，自関東給七ヶ所浦其一

[地]宮河新保，宮河庄，矢代浦

[綱]矢代浦は関東より給わる７箇所の浦の一なり

文暦２年７月23日　関東御教書

[出]新編追加　[刊]『鎌』7-4800，『中世法制史料集１』97頁

[地]夷島

[綱]夜討強盗の張本以外は、夷島に流すべし

文暦２年８月28日　関東下知状　＊薩摩国

[出]薩摩指宿家文書　[刊]『鎌』7-4815，『鹿児島県史料　旧記雑録前編１』169頁，『大日本史料5-10』216頁

[語]梶取

[地]山河

文暦２年９月24日　尼いわひろ譲状案　＊肥前国

[出]肥前有浦文書　[刊]『鎌』7-4822，『改訂松浦党有浦文書』27頁，『大日本史料5-10』517頁

[語]河原

[地]またらしま（斑島），むくしま（向島），しさ（志佐），つき（津木）

文暦２年10月11日　関東評定事書

[出]新編追加　[刊]『鎌』7-4798，『中世法制史料集１』96頁

[語]魚鳥

[綱]魚鳥を食う念仏者の家を破却し、その身を鎌倉中より追却すべし

[備]「目録に、文暦二十十一とある」とあり

嘉禎元年10月26日　神護寺領大嘗会役免除状　＊若狭国

[出]山城神護寺文書　[刊]『鎌』7-4845，『福井県史　資料編２』212頁，『史林』25-4・140頁

[地]西津庄

嘉禎元～2年

備『鎌』は文書名を「左少弁下文」とする

嘉禎元年11月12日　安芸三入荘地頭得分田畠等配分注文　＊安芸国

田長門熊谷家文書　刊『鎌』7-4849,『大日本古文書　熊谷家文書』14頁
語梶取,河
地小中島

嘉禎元年11月28日　久米助吉田地売券　＊摂津国

田摂津勝尾寺文書　刊『鎌』7-4858,『箕面市史　史料編1』87頁,『勝尾寺文書』186頁
地大庭御野内烏島（カラスガサキ）

嘉禎元年12月15日　延暦寺政所下文写　＊若狭国

田若狭大音家文書　刊『鎌』7-4864,『福井県史　資料編8』776頁,『編年差別史資料集成3』205頁
語海人,浦
地三川浦
綱日吉拒捍使代官大和房、若狭倉見荘内三川浦（御賀尾浦）の海人らに日吉本社神人たるべきを強い、土民の住宅に任符を捨て置く

嘉禎元年)12月30日　関東御教書　＊和泉国

田中臣祐定記嘉禎2年正月条　刊『鎌』7-4881,『春日大社文書1』185頁
地木津
綱春日社の御賢木、木津に著御す

嘉禎元年12月　興福寺僧綱等解案　＊伊豆国

田石清水文書　刊『鎌』7-4869,『大日本古文書　石清水文書2』458頁,『石清水八幡宮史4』814頁
地伊豆大島,鵺黄島
綱興福寺僧綱大法師等、春日神人殺害刃傷の関係者を伊豆大島・鵺黄島に遠流せられんことを請う

嘉禎2年)1月4日　庁頭資職書状　＊和泉国

田中臣祐定記嘉禎2.1.4条　刊『鎌』7-4891,『増補続史料大成47』172頁
地木津,佐保河辺

嘉禎2年)1月4日　春日神人等書状

田中臣祐定記嘉禎2.1.4条　刊『鎌』7-4893,『増補続史料大成47』173頁
地うち河

嘉禎2年)1月5日　神主親泰廻文　＊和泉国

田中臣祐定記嘉禎2.1.5条　刊『鎌』7-4894,『増補続史料大成47』174頁
語関
地木津

嘉禎2年1月5日　肥後阿蘇郡四境注文　＊肥後国

田肥後阿蘇家文書　刊『大日本古文書　阿蘇文書1』2頁
地上津小木東大道,仁多津東

嘉禎2年1月16日　六波羅御教書　＊山城国

田中臣祐定記嘉禎2.1.15条　刊『鎌』7-4901,『増補続史料大成47』185頁
地木津
綱六波羅、興福寺の木津に関を据え置き、使者を通さざる子細を問う

嘉禎2年

嘉禎2年)1月18日　興福寺牒　＊和泉国

田中臣祐定記嘉禎2.1.15条　刊『鎌』7-4904,『増補続史料大成47』186頁
語居関
地和泉木津

嘉禎2年)1月22日　権僧正円実御教書
＊越前国

田中臣祐定記嘉禎2.2.2条　刊『鎌』7-4909,『増補続史料大成47』192頁
地河口庄

嘉禎2年)1月27日　藤氏長者宣＊越前国

田中臣祐定記嘉禎2.1.15条　刊『鎌』7-4912,『増補続史料大成47』189頁
地河口庄

嘉禎2年)2月2日　興福寺衆徒請文
＊越前国

田中臣祐定記嘉禎2.2.2条　刊『鎌』7-4915,『増補続史料大成47』192頁
地河口庄

嘉禎2年2月28日　藤原道家告文案
＊山城国

田石清水文書　刊『鎌』7-4934,『大日本古文書　石清水文書1』83頁
地木津河

嘉禎2年2月30日　大中臣国清家地売券
＊大和国

田東寺百合文書ヌ　刊『鎌』7-4935
語河岸

嘉禎2年3月4日　覚能田畠売券案
＊伊勢国

田久迩家所蔵文書　刊『鎌』7-4937

地井瀬,塩浜

嘉禎2年3月23日　厳島社田楽装束等目録　＊中国

田安芸厳島神社文書　刊『鎌』7-4951,『広島県史　古代中世資料編3』100頁
語唐紙,唐紅
地三島

嘉禎2年3月　山城賀茂社解案

田京都大学博物館所蔵東大寺法華堂文書　刊『鎌』補2-1198,『兵庫県史　史料編中世5』21頁,『尼崎市史4』359頁
語御厨司,供祭船
綱東大寺衆徒数百人、御厨に乱入し、供祭の船を押取り、御厨司・番頭・社家使居所を破却せし由を、賀茂社訴う

嘉禎2年3月　太神仲子譲状　＊豊前国

田豊前田口文書　刊『大日本史料5-11』72頁,『編年差別史料集成3』208頁,『増補訂正編年大友史料2』137頁
地田口浦

嘉禎2年4月13日　春日社遷宮行事官等供給支配注文

田中臣祐定記嘉禎2.4.13条　刊『鎌』7-4967,『増補続史料大成47』206頁
語魚

嘉禎2年4月27日　東大寺文書出納日記
＊摂津国

田東大寺文書　刊『鎌』7-4984,『兵庫県史　史料編中世5』818頁
地杣浜

嘉禎2年8月7日　明恵上人遺跡卒堵婆
尊主銘注進　　　　　　　＊紀伊国

田紀伊施無畏寺文書　刊『鎌』7-5024,『和歌山県史　中世史料2』722頁
地湯浅ノ庄西海,保田ノ庄河南,石垣ノ庄河北,田殿ノ庄河北

嘉禎2年9月15日　某袖判書下　＊薩摩国

田薩摩比志島文書　刊『鎌』7-5039,『大日本史料5-11』65頁,『鹿児島県史料　旧記雑録前編1』170頁
地比志島

嘉禎2年10月4日　春日社司連署申状
　　　　　　　　　　　　　　　＊和泉国

田中臣祐定記嘉禎2.10.4条　刊『鎌』7-5057,『増補続史料大成47』250頁,『編年差別史資料集成3』209頁
語道々関,日次供菜魚貝等,下津路,上津路
綱道守護の武士不通によりて和泉国日次供菜魚貝等悉く闕如す

嘉禎2年)10月8日　春日社司連署請文

田中臣祐定記嘉禎2.10.8条　刊『鎌』7-5060,『増補続史料大成47』252頁
語供菜

嘉禎2年11月　僧覚尋田地寄進状
　　　　　　　　　　　　　　　＊大隅国

田大隅台明寺文書　刊『鎌』7-5096,『鹿児島県史料　旧記雑録前編1』171頁
地菅生浦

嘉禎2年11月　蔵人所牒写

田真継家文書　刊『鎌』補2-1210,『中世鋳物師史料』12頁

語市津関渡津料例物,廻船
綱蔵人所,左方灯爐御作手に山河市津関渡津料等の煩を除かしむ
備網野善彦は『日本中世の非農業民と天皇』47頁で「書写に多少の誤りあるか」とする

嘉禎3年1月10日　実賢拝堂饗膳支配并式目案

田山城醍醐寺文書　刊『鎌』7-5104,『大日本古文書　醍醐寺文書1』215頁
語味噌塩
地若江,渋河

嘉禎3年2月8日　宮内卿平譲状案
　　　　　　　　　　　＊淡路国,伊予国

田勧修寺家文書　刊『鎌』補2-1215,『加能史料　鎌倉1』378頁
地あはちのくに(淡路国)かしう(賀集)・ふくら(福良)・にしや(西山),いよのくつな(伊予の忽那)

嘉禎3年2月20日　沙弥蓮仏〈相良長頼〉寄進状案

田肥後願成寺文書　刊『鎌』7-5112,『熊本県史料3』503頁,『大日本史料5-11』565頁,『九州荘園史料叢書3』77頁
語大海江河

嘉禎3年3月20日　安芸造伊都岐島社内宮御玉殿荘厳調度用途等注進状案
　　　　　　　　　　　＊安芸国,朝鮮

田安芸野坂家文書具注暦裏文書　刊『鎌』補2-1216
語大文高麗七帖,小文高麗十一帖,大文高麗二端,小文高麗三端

嘉禎3年

嘉禎3年3月20日　安芸伊都岐島社舞楽装束并楽器等注進状案　＊安芸国
出 安芸野坂家文書具注暦裏文書　刊 『鎌』補2-1218
語 土塩,塩

嘉禎3年4月17日　六波羅下知状案
出 真継家文書　刊 『鎌』7-5129,『中世鋳物師史料』17頁,『編年差別史資料集成3』210頁
語 諸国往反灯爐御作手市津関料
綱 諸国往反灯爐御作手等の市津関料を停止すべし
備 『中世鋳物師史料』17頁は月日を8月17日とする

嘉禎3年5月　長門国司庁宣　＊長門国
出 長門赤間宮文書　刊 『鎌』7-5138,『赤間神宮文書』10頁
地 赤間関

嘉禎3年5月　宗清処分状
＊筑前国,讃岐国,
出 石清水文書　刊 『鎌』7-5140,『大日本古文書　石清水文書1』374頁,『石清水八幡宮史5』191頁
地 朽飯山浦,鯖淵浦,戸津,島河

嘉禎3年6月30日　秦相久譲状　＊丹波国
出 山城東文書　刊 『鎌』7-5148
地 小河神戸

嘉禎3年6月30日　秦相久田地譲状
＊山城国
出 山城松尾神社文書　刊 『鎌』7-5149,『松尾大社史料集1』79頁
地 桂川,古川

嘉禎3年8月17日　六波羅施行状
出 芸藩通志140鋳工甚太郎所蔵文書　刊 『鎌』7-5167
語 諸国往反灯爐御作手市津関料,灯爐作手等市津関料
綱 諸国往反の灯爐御作手の市津関料を免除す

嘉禎3年8月17日　六波羅施行状写
出 肥後阿蘇品家文書　刊 『鎌』7-5168,『中世鋳物師史料』17頁,『編年差別史資料集成3』210頁
語 諸国往反灯爐御作手市津関料,灯爐作手等市津関料
綱 諸国往反の灯爐御作手の市津関料を免除す
備 『編年差別史資料集成』は月日を卯月17日とする

嘉禎3年9月15日　六波羅下知状
＊若狭国
出 山城賀茂別雷神社文書　刊 『鎌』7-5177,『賀茂別雷神社文書1』12頁,『福井県史　資料編2』5頁
地 矢代浦

嘉禎3年9月　摂政藤原道家願文　＊中国
出 願文集4　刊 『鎌』7-5181
語 渡宋本,宋朝,震旦
地 宋朝,震旦,宋

嘉禎3年10月26日　僧真定畠地売券
＊大和国
出 田中教忠氏文書　刊 『鎌』7-5186
語 川
地 神屋東浦

嘉禎3年11月　周防石国荘沙汰人等重申状
　　　　　　　　　　　　　　　＊周防国

出安芸厳島野坂文書　刊『鎌』7-5195,『広島県史　古代中世資料編3』318頁
語船,船出浮口
地関浜
綱御年貢材木を船にて運送す◆御年貢材木を船出浮口に取らるる由,安芸御領関所御使等構え申す◆石国荘内関浜に出し置く摩敷板480枚のうち,135枚を石国荘沙汰人等運び取ると訴えらる◆浮口は10枚に1枚の割合で取るべし

嘉禎4年3月18日　太政官牒　　＊山城国

出東寺百合文書せ　刊『鎌倉遺文研究』3・63
語防鴨河使
地鴨河

嘉禎4年3月27日　太政官符

出菊大路家文書　刊『鎌』7-5223
語防鴨河使

嘉禎4年4月17日　厳島社廻廊員数注進状案　　　　　　　　　　　　＊安芸国

出安芸厳島野坂文書　刊『鎌』7-5231
語梶取
地石浦上竹仁,古川,中州
綱梶取助宗,厳島廻廊の一間分を請負う

嘉禎4年5月24日　関東御教書案
　　　　　　　　　　　　　　　＊山城国

出東寺百合文書イ　刊『鎌』7-5245
語唐橋
地唐橋

嘉禎4年7月22日　官宣旨　　＊美濃国

出美濃春日神社文書　刊『鎌』7-5271
地小泉御厨

嘉禎4年7月27日　関東下知状案
　　　　　　　　　　　　　　　＊長門国

出長門赤間宮文書　刊『鎌』7-5282,『赤間神宮文書』20頁
地赤間関

嘉禎4年8月2日　藤原某下知状
　　　　　　　　　　　　　　　＊長門国

出長門赤間宮文書　刊『鎌』7-5291,『赤間神宮文書』22頁,『編年差別史資料集成3』211頁
地赤間関
綱赤間関阿弥陀寺敷地内を殺生禁断とす

嘉禎4年9月21日　法眼隆俊書状案

出神宮文庫蔵永仁五年仮殿記裏文書　刊『鎌』補2-1242
地塩浜,内瀬

嘉禎4年9月25日　紀伊日前国懸宮四方指　　　　　　　　　　　　＊紀伊国

出紀伊日前国懸神宮文書　刊『鎌』7-5306
語海,沖州
地海之沖州,塩津庄海,雑賀庄海,大崎海,海擔子洲,東小島,西島,若島

嘉禎4年10月2日　安芸安摩荘供米送文
　　　　　　　　　　　　　　　＊安芸国

出安芸野坂文書　刊『鎌』7-5311,『広島県史　古代中世資料編2』1232頁
語水手
地衣多島,厳島

嘉禎4年～暦仁元年

綱安摩荘衣多島厳島日河(御)供米を水手3人にて運上す

嘉禎4年10月9日　関東下知状写
　　　　　　　　　　　　　　＊肥前国

出肥前武雄市教育委員会蔵感状写　刊『鎌』補2-1244,『松浦党関係史料集1』67頁
語宇野御厨
地宇野御厨内保々木・紐差・池浦

嘉禎4年10月13日　尾塞某置文　＊尾張国

出菊大路家文書　刊『鎌』7-5313
地まへしま(前島),えからしま

嘉禎4年10月19日　六波羅下知状
　　　　　　　　　　　　　　＊丹波国

出山城東文書　刊『鎌』7-5315
語日次供祭魚,鵜飼,贄魚,鮭,鮎,地頭漁河魚,山河半分之率法
綱鵜飼等,日別役として松尾社に贄魚を備進す◆山河半分の率法を主張する地頭,地頭の河漁なき旨の番頭証言により新儀を停止せらる

嘉禎4年11月29日　覚敏畠地売券
　　　　　　　　　　　　　　＊紀伊国

出高野山文書続宝簡集66　刊『鎌』7-5327,『大日本古文書　高野山文書3』529頁
地高野政所河南方菴田島

暦仁元年12月3日　四条天皇宣旨案
　　　　　　　　　　　　　　＊近江国

出摂津勝尾寺文書　刊『鎌』8-5346,『箕面市史　史料編1』94頁
地箕浦山方庄,今津浜

嘉禎4年12月4日　将軍〈藤原頼経〉家政所下文案
　　　　　　　　　　　　　　＊肥前国

出肥前小鹿島文書　刊『鎌』7-5331,『佐賀県史料集成17』256頁,『大日本史料5-12』86頁
地小鹿島内滝河磯分大島,長島庄

暦仁元年12月14日　藤原良平施入状
　　　　　　　　　　　　　　＊伊勢国

出門葉記74　刊『鎌』8-5353
地牛庭御厨,留田御厨

暦仁元年12月25日　源持・源等和与状案
　　　　　　　　　　　　　　＊肥前国

出肥前青方文書　刊『鎌』8-5359,『青方文書1』15頁,『大日本史料5-12』194頁
地みくりやのみしやう(御厨御庄)おちかのしま(小値賀島)のうちうらへ(浦部)

嘉禎4年12月　尾張笠寺僧阿願解
　　　　　　　　　　　　　　＊尾張国

出尾張笠覆寺文書　刊『鎌』7-5336,『編年差別史資料集成3』211頁
語浦,浦人
地呼続之浦
綱光を放つ呼続之浦の寄木を見し浦人,病悩すとの伝承あり

嘉禎4年12月　尾張笠寺僧阿願申状
　　　　　　　　　　　　　　＊尾張国

出続群書類従804　刊『鎌』補2-1249
語桂旦国
地桂旦国預山,呼続の浦,よびつぎの浦
備桂旦国の地域名は不詳

暦仁元年12月　肥前松浦荘預所下文案
　　　　　　　　　　　　　　＊肥前国

出肥前石志文書　刊『鎌』8-5368,『松浦党関

嘉禎4年～延応元年

係史料集1』71頁,『佐賀県史料集成27』14頁,『大日本史料5-12』194頁,『平戸松浦家資料』149頁
地松浦庄

嘉禎4年　神祇官請文案　＊伊勢国

出壬生家伊勢斎宮文書　刊『鎌』7-5267,『図書寮叢刊　壬生家文書9』148頁
語塩二斗,鮑鰹各八斤,雑腊八斤,鮭五斤,海藻八斤
綱伊勢初斎院野宮点地鎮祭料に、塩・鮑・鰹等海産物を用う

嘉禎5年1月　安芸厳島社造営廻廊注進状案　＊安芸国

出安芸厳島野坂文書　刊『鎌』7-5338,『広島県史　古代中世資料編3』319頁
語国府梶取
地古川,中洲,西浜
綱安芸国の国府梶取助宗、厳島社の廻廊造営に一間の板を出す
備嘉貞4.11.23に暦仁に改元

延応元年3月13日　散位信房奉書写　＊若狭国

出若狭中村鶴吉氏文書　刊『鎌』8-5397,『福井県史　資料編8』543頁
語浦,浜
地富士清水浜,法海,馬背竹浪浦
備『鎌』注記に「本書検討を要す」とあり。『福井県史』では「中村幸雄家文書」

延応元年3月19日　上乗院僧正良恵吉書日記　＊摂津国

出東大寺薬師院文書1-181　刊『兵庫県史史料編中世5』22頁

地猪名庄,長洲庄

延応元年4月2日　隠岐祇候人上洛守護役支配状写　＊隠岐国,摂津国

出筑後後藤文書　刊『鎌』8-5407
地隠岐,経島,豊島
備『鎌』に「本書検討を要す」と注記あり

延応元年6月18日　肥前御厨荘預所下文　＊肥前国

出肥前山代文書　刊『鎌』8-5441,『松浦党関係史料集1』75頁,『大日本史料5-12』454頁,『佐賀県史料集成15』6頁
地御厨御庄

延応元年6月　公蓮〈橘公業〉譲状案　＊出羽国

出肥前小鹿島文書　刊『鎌』8-5446,『佐賀県史料集成17』253頁,『大日本史料5-12』559頁,『佐賀県史料集成15』6頁
語みなと
地みなと(湊),をかのしま

延応元年8月18日　関東御教書　＊出雲国

出酒井宇吉氏所蔵文書　刊『鎌』8-5467
語海山

延応元年9月1日　六波羅挙状　＊肥前国

出肥前山代文書　刊『鎌』8-5470,『松浦党関係史料集1』76頁,『大日本史料5-12』501頁,『大宰府・太宰府天満宮史料7』442頁
地宇野御厨内五島

延応元年10月13日　安芸安摩荘米送文　＊安芸国

出安芸野坂文書　刊『鎌』8-5486,『広島県史　古代中世資料編2』1232頁

延応元～2年
語水主
地衣多島, 厳島

延応元年10月28日　安芸安摩荘米送文
　　　　　　　　　　　　＊安芸国

田安芸野坂文書　刊『鎌』8-5491,『広島県史古代中世資料編2』1233頁
語梶取, 浦
地矢野浦

延応元年10月　六波羅御教書

田近江佐久奈度神社文書　刊『鎌』8-5493,『滋賀県漁業史　上』59頁
語供祭料網代
綱佐久奈度社供祭料網代にて, 近隣土民等の漁撈を向後停止す

延応元年11月5日　関東下知状　＊出羽国

田肥前小鹿島文書　刊『鎌』8-5496,『佐賀県史料集成17』254頁,『大日本史料5-12』560頁
語湊地頭職
地湊

延応元年11月16日　安芸安摩荘米送文
　　　　　　　　　　　　＊安芸国

田安芸野坂文書　刊『鎌』8-5499,『広島県史古代中世資料編2』1233頁
語水手
地安摩御庄衣多島厳島

延応元年12月17日　安芸安摩荘米送文
　　　　　　　　　　　　＊安芸国

田安芸野坂文書　刊『鎌』8-5507,『広島県史古代中世資料編2』1251頁
地厳島, 安摩御庄波多見島

延応元年12月25日　四条天皇宣旨
　　　　　　　　　　　＊遠江国, 近江国

田門葉記79　刊『鎌』8-5512,『静岡県史　資料編5』426頁,『天台宗全書16』319頁
地今津庄, 刑部御厨, 奥島庄, 楊津庄

延応元年12月　伊予弓削島年貢注文
　　　　　　　　　　　　＊伊予国

田東寺百合文書と　刊『鎌』8-5506,『日本塩業大系　史料編古代・中世1』87頁,『愛媛県史　資料編古代・中世』228頁,『鎌倉遺文研究』3・66頁
語しを(塩), 白干のたい百こん(鯛百喉), あましのたい百こん(甘塩の鯛百喉), かきをけ(蠣桶)八, あらめ(荒布), あみ(網)二帖, 小古のしを(塩)七百三十篭
地弓削島

延応元年12月　宣陽門院〈覲子内親王〉庁下文　　　　　　　＊伊予国

田東寺文書楽　刊『鎌』8-5514,『日本塩業大系　史料編古代・中世1』89頁,『愛媛県史資料編古代・中世』225頁
地弓削島庄

延応2年2月5日　安芸厳島社日供米送文　　　　　　　　　　＊安芸国

田安芸野坂文書　刊『鎌』8-5522,『広島県史古代中世資料編2』1234頁
語しお(塩)一石
地いつくしま(厳島)

延応2年5月　摂津垂水西穂積荘領家田畠坪付帳　　　　　　＊摂津国

田摂津今西家文書　刊『鎌』8-5581
語河

仁治元年6月　野々村薬王丸塩山証文写
＊若狭国

出 若狭大音家文書　刊『鎌』8-5605,『福井県史　資料編8』776頁
語 塩山,小島,大海〈サヲタチ〉
地 小島

延応2年8月22日　比丘尼菩薩房・生阿弥陀仏連署田地去文
＊薩摩国

出 薩摩比志島文書　刊『鎌』8-5602,『大日本史料5-13』336頁,『鹿児島県史料　旧記雑録前編1』174頁
語 河
地 八世井浦

仁治元年10月3日　造酒司解

出 平戸記仁治1.閏10.17条　刊『鎌』8-5636,『増補史料大成32』79頁
語 魚鳥交易
綱 内蔵寮・内膳司、魚鳥交易の上分を市辺にて召し取り、日次の供御に備進す
備『増補史料大成32』では、「後カ」十月とある

仁治元年10月10日　関東下知状　＊近江国

出 出羽中条家文書（山形大学所蔵）　刊『鎌』8-5626,『新潟県史　資料編4』354頁
語 大津問
地 大津

仁治元年10月14日　沙弥行阿〈二階堂基行〉所領譲状
＊相模国

出 二階堂文書　刊『鎌』8-5627
地 懐島

仁治元年閏10月11日　関東下知状写
＊安芸国

出 小早川家文書　刊『鎌』8-5646,『大日本古文書　小早川家文書1』548頁,『編年差別史料集成3』218頁
語 河,川鰭,御贄魚,白干魚,魚,白干
綱 川漁の慣行・得分につき、領家鴨御祖社と地頭小早川氏、訴陳に番う◆地頭方、7月1日以前は領家・地頭方ともに川漁をせず、7月1日、7日に御贄魚と号して領家方より漁りすと主張す◆領家方、地頭・公文・惣追捕使の領家使に交りて一年中漁をすと主張す◆地頭方、地頭の取る魚のうちより百姓沙汰として白干魚を領家に進むる旨主張す

仁治元年閏10月13日　橘公蓮譲状案
＊肥前国

出 肥前小鹿島文書　刊『佐賀県史料集成27』250頁
地 長島庄
備『鎌』8-5648は本史料を「将軍〈頼経〉家政所下文案」とするが、これは『佐賀県史料集成27』257頁の同文書（年月日未詳・後欠）と「橘公蓮譲状案」の年月日・差出・宛所を接合したもので、実在しない

仁治元年11月1日　僧成弁畠地売券
＊紀伊国

出 高野山文書又続宝簡集36　刊『鎌』8-5666,『大日本古文書　高野山文書5』8頁
地 菴田島摩木尾前

仁治元年12月3日　六波羅施行状写
＊安芸国

出 小早川家文書　刊『鎌』8-5682,『大日本古

仁治元～2年

文書　小早川家文書1』555頁

語河

仁治元年12月6日　茨田安弘畠地売券
　　　　　　　　　　　　　　　＊摂津国

田摂津勝尾寺文書　刊『鎌』8-5685,『箕面市史　史料編1』102頁

地長福寺北浦見［　　］

仁治元年12月24日　四条天皇宣命
　　　　　　　　　　　　　　　＊伊勢国

田仁治三年内宮仮殿遷宮記　刊『鎌』8-5714,『神宮遷宮記1』204頁

地五十鈴乃河上

仁治元年12月28日　大神宮々司祢宜等申詞記　　　　　　　　　　＊伊勢国,紀伊国

田仁治三年内宮仮殿遷宮記　刊『鎌』8-5718,『神宮遷宮記1』200頁

語島々,浦

地五十鈴河,二見浦

綱治承年中、熊野山凶賊等、島々に群寄せ、盗犯を企つ。また二見浦に押しかけ、人屋等を焼払う

仁治2年1月20日　新熊野法印吉書日記
　　　　　　　　　　　　　　　＊摂津国

田大和薬師院文書1-12　刊『鎌』8-5731,『兵庫県史　史料編中世5』25頁

語酒肴

地猪名庄,長洲庄

仁治2年1月　度会神主頼広等注進状
　　　　　　　　　　　　　　　＊志摩国

田仁治三年内宮仮殿遷宮記　刊『鎌』8-5751

語御塩焼

地伊雑神戸

仁治2年1月　長門国司庁宣　＊長門国

田長門赤間宮文書　刊『鎌』8-5752,『赤間神宮文書』24頁

地赤間関

仁治2年4月　安芸厳島社神官等申状

田安芸厳島野坂文書　刊『鎌』8-5822

地有浦

仁治2年)5月11日　大神宮司庁々宣
　　　　　　　　　　　　　　　＊伊勢国

田仁治三年内宮仮殿遷宮記　刊『鎌』8-5856,『神宮遷宮記1』266頁

地安濃津御厨

仁治2年6月8日　僧賢章明星石寄進状
　　　　　　　　　　　　　　　＊土佐国

田東寺百合文書ト,白河本東寺文書3　刊『鎌』8-5916

地最御崎,室津崎

備『鎌倉遺文研究』1・30頁の表により発給月を訂正

仁治2年6月10日　法橋某奉書　＊近江国

田古案記録草案3　刊『鎌』8-5884

地大津

仁治2年6月10日　若狭多烏浦刀禰職安堵状　　　　　　　　　　　　＊若狭国

田若狭秦文書　刊『鎌』8-5885,『小浜市史諸家文書編3』5頁

語刀禰職

地たからすのうら(多烏浦)

仁治2年7月　金剛峯寺衆徒陳状案
　　　　　　　　　　　　　　　＊紀伊国

田高野山文書又続宝簡集20　刊『鎌』8-

5910,『大日本古文書　高野山文書4』250頁
語河
地水無河

仁治2年7月　金剛峯寺衆徒陳状案
＊紀伊国

田高野山文書又続宝簡集20　刊『鎌』8-5911,『大日本古文書　高野山文書4』254頁
語河
地水無河

仁治2年9月10日　陸奥彦部郷田数目録
＊陸奥国

田彦部家譜　刊『鎌』8-5926
語湊江分

仁治2年9月　奥島荘預所法眼某下文
＊近江国

田近江大島奥津島神社文書　刊『鎌』8-5930,『大嶋神社・奥津嶋神社文書』1頁,『滋賀県漁業史　上』245頁,『編年差別史資料集成3』230頁
語漁網,江利(魞),新江利
地奥島御庄,北白部鼻
綱奥島庄下司、琵琶湖に新江利(魞)を立つるにより、漁網を断たるる百姓らこれを訴う◆新江利の結構を停止すべき旨の裁許下さる

仁治2年11月25日　関東下知状案
＊相模国

田肥後相良家文書　刊『鎌』8-5966,『大日本古文書　相良家文書1』7頁,『大日本史料5-13』896頁
語浜地

仁治3年1月15日　新成敗式目

田後日之式条　刊『鎌』8-5979,『編年差別史資料集成3』237頁
語海賊,河海,漁人
綱毎月六斎日の殺生を禁断するも、河海においては漁人の渡世の計たるにより禁制を免ず

仁治3年2月13日　六波羅御教書写

田筑後鷹尾家文書　刊『鎌』8-5981,『筑後鷹尾文書』65頁
語津料

仁治3年2月13日　六波羅御教書写

田筑後鷹尾家文書　刊『鎌』8-5982,『筑後鷹尾文書』65頁
語津料

仁治3年2月13日　六波羅御教書写

田筑後鷹尾家文書　刊『鎌』8-5983,『筑後鷹尾文書』65頁
語津料
備近世の写か(『筑後鷹尾文書』による)

仁治3年)2月21日　安芸安摩荘衣田島重牒案
＊安芸国

田安芸厳島神社文書　刊『鎌』8-5986,『広島県史　古代中世資料編3』105頁
地衣田島,安摩御庄伊都岐島

仁治3年2月23日　行遍施入状写　＊中国

田東宝記6　刊『鎌』補3-1290
語唐本大般若
地唐

仁治3年～寛元元年

仁治3年2月25日　安芸厳島神社宮内政所代請文　＊安芸国

出 安芸厳島神社文書　刊『鎌』8-5988,『広島県史　古代中世資料編3』105頁
語 島,海道,陸地海路往返
地 衣田島
綱 宮内庄住人俊士次郎、己斐辺に要用あるにより、宮内庄より佐東市の辺まで海道にて罷向かう

仁治3年2月　安芸安摩荘衣田島牒案　＊安芸国

出 安芸厳島神社文書　刊『鎌』8-5985,『広島県史　古代中世資料編3』104頁
地 衣田島

仁治3年3月12日　安芸安摩荘衣田島百姓解　＊安芸国

出 安芸厳島神社文書　刊『鎌』8-6001,『広島県史　古代中世資料編3』107頁
地 衣田島、伊都岐島、矢野浦、波多見浦

仁治3年8月1日　大神宮注進状

出 仁治3年内宮仮殿遷宮記　刊『鎌』8-6052
語 堅魚鰒各二斤、雑腊一斗、雑海藻二斗、塩二升

仁治3年9月2日　大神宮神主注進状

出 仁治3年内宮仮殿遷宮記　刊『鎌』8-6070
語 雑腊二斗五升、堅魚鰒各三斤、雑海藻二斗五升、塩二升

仁治3年9月　北条泰時充行状　＊伊予国

出 伊予大山積神社文書　刊『鎌』8-6080,『愛媛県史　資料編古代・中世』229頁
地 三島

仁治3年）　無準師範書状　＊筑前国,中国

出 東京国立博物館保管文書　刊『静岡県史　資料編5』451頁
語 大宰府崇福爾長老、大宋国
地 大宋国
綱 博多崇福寺円爾、径山の無準師範に書を送り、その返書到来す

仁治4年2月　安芸沼田新荘方正検注目録写　＊安芸国

出 小早川家文書　刊『鎌』8-6157,『大日本古文書　小早川家文書1』556頁
地 高崎浦

寛元元年4月22日　伊予弓削島荘年々運上物所下算用注文　＊伊予国

出 東寺百合文書オ　刊『鎌』補3-1307,『日本塩業大系　史料編古代・中世　補遺』2頁,『愛媛県史　資料編古代・中世』229頁
語 弓削島年々運上物、塩八十八俵、魚六百五十侯、蠣桶十六口、荒和布百把
地 弓削島

寛元元年7月　須那浦山預職補任状　＊若狭国

出 若狭秦文書　刊『鎌』9-6210,『小浜市史　諸家文書編3』5頁
語 御年貢之塩、便宜御菜
地 須那浦
綱 秦助武、山預職として年貢塩等を負担す

寛元元年8月10日　五大院主迎阿大間帳　＊薩摩国

出 薩摩新田神社文書　刊『鎌』9-6224,『鹿児島県史料　旧記雑録前編1』180頁,『大日本史料5-17』125頁,『鹿児島県史料3』5頁

寛元元～2年

語浦, 船造, 瓦板物, 船具, 船引
地市比乃浦, 大中島
綱3年1度の船造の時に瓦板物を取るべし
◆大物船引にて人数入用のときは、人夫を催渡すべし◆3年1度の船造の時には、加治・大工を召仕うべし◆小弁済使、毎年御米を運上す。その際の船具足は先例に任せて取り進らすべし

寛元元年9月13日　平忠茂譲状案
＊薩摩国

田薩藩旧記5 末吉羽島氏文書　刊『鎌』9-6236,『鹿児島県史料　旧記雑録前編1』184頁
語浦, 田畠山野海一曲
地羽島浦

寛元元年9月　円爾書状案　＊筑前国, 中国

田東福寺栗棘庵文書　刊『静岡県史　資料編5』455頁
語円爾, 謝国明
綱円爾、径山の無準師範に書を送り、博多聖天寺の落成を報告す

寛元元年11月11日　下総香取造宮所役注文写　＊下総国

田下総香取神宮文書　刊『鎌』9-6247,『千葉県史料　中世編　香取文書』3頁
地幸島

寛元元年11月　安芸国司庁宣案　＊安芸国

田芸藩通志19厳島7 古文書2　刊『鎌』9-6255,『広島県史　古代中世資料編3』346頁
語有浦大鳥居
地有浦

寛元元年11月　大和海竜王寺僧申状
＊中国

田大和海竜王寺文書　刊『鎌』9-6256
語入唐, 渡海安穏
地唐
綱聖武天皇の代、玄昉入唐の住日、一切経を請奉るの間、渡海安穏のために海竜王寺を建立す

寛元元年12月23日　関東下知状　＊肥後国

田肥後相良家文書　刊『鎌』9-6266,『大日本古文書　相良家文書1』8頁,『大日本史料5-17』40頁,『九州荘園史料叢書3』80頁
地小中島

寛元元年）　下総香取造宮所役注文
＊下総国

田下総香取神宮文書　刊『鎌』9-6248,『千葉県史料　中世編　香取文書』4頁
地幸島
備『鎌』9-6247参照

寛元元年）　無準師範書状　＊筑前国, 中国

田畠山記念館所蔵文書　刊『静岡県史　資料編5』455頁
綱博多聖天寺円爾、無準師範からの返書を受く

寛元2年2月　大和海竜王寺住侶等解
＊中国

田大和海竜王寺文書　刊『鎌』9-6284
語入唐
地唐
綱玄昉僧正入唐の際、光明皇后海竜王寺を建立す◆霊験により、玄昉百万里の波濤を凌ぎ、数千巻の経論とともに帰朝す

寛元2年

寛元2年4月27日　六波羅御教書案
　　　　　　　　　　　　　　＊豊前国

出益永家職掌証文写　刊『鎌』9-6311,『大日本史料5-17』341頁,『増補訂正編年大友史料2』166頁
地江島別符

寛元2年4月　大和奈良坂非人陳状案

出神宮文庫所蔵文書　刊『鎌』9-6315
地小浜宿

寛元2年)4月)　奈良坂非人(？)陳状案

出宮内庁書陵部所蔵古文書雑纂　刊『鎌』補3-1321
語小浜宿
地小浜宿, 久奴島

寛元2年5月15日　肥後人吉荘中分南方注進状　　　　　　　　＊肥後国

出肥後相良家文書　刊『鎌』9-6321,『大日本古文書　相良家文書1』13頁,『大日本史料5-18』283頁,『九州荘園史料叢書3』84頁
語山野江河狩倉,河梶取給,河分,梁,寿(簀ヵ)
地下前河, 宗河梁, 大岩瀬梁

寛元2年5月　醍醐寺衆徒等重解

出山城三宝院文書　刊『鎌』9-6326
語魚食

寛元2年7月8日　祭主下文　＊伊勢国

出河辺家譜12　刊『鎌』9-6341
地長松御厨

寛元2年」7月15日　藤原義祐書状
　　　　　　　　　　　　　　＊薩摩国

出薩摩比志島文書　刊『鎌』9-6343,『大日本史料5-18』178頁,『鹿児島県史料　旧記雑録前編1』186頁
地比志島

寛元2年7月25日　関東過書案

出薩藩旧記5国分寺文書　刊『鎌』9-6347,『鹿児島県史料　旧記雑録前編1』186頁
語関渡
綱関渡を煩なく勘過せしむべし

寛元2年8月　倉敷作畠下地目録

出安芸厳島野坂文書　刊『鎌』9-6368
語網人給

寛元2年10月9日　関東評定事書

出後日之式条　刊『鎌』9-6383,『中世法制史料集1』151頁,『編年差別史資料集成3』259頁
語山野河海, 魚類, 海草, 海賊, 船
綱魚類海草等要用の時は、所の領主に触れて和与し、押取るべからず◆魚類海草等をとるに近辺を憑むは世間の習たるにより、領主拘惜すべからず◆海賊のことは、国中地頭等に仰せて船を用意し、召取るべし

寛元2年10月10日　官文殿続文　＊筑前国

出平戸記寛元2.10.14条　刊『鎌』9-6384,『増補史料大成33』5頁
語八幡筥崎宮浜殿御前

寛元2年10月13日　中原師兼勘文
　　　　　　　　　　　　　　＊佐渡国

出平戸記寛元2.10.14条　刊『鎌』9-6388,『増補史料大成33』10頁
綱殺害の科により、天仁元年、石清水権俗別当紀頼遠を佐渡国に配流す

寛元2～3年

寛元2年10月16日　後嵯峨上皇院宣

　出当宮縁事抄　刊『鎌』9-6749
　語船櫨棹,関々津々泊々
　綱石清水八幡宮神宝所牛馬役は、東は小馬足行を限り、西は船櫨棹行を限り、神宝所神人の進退なり◆石清水神宝所神人への関々津々泊々の妨を停止す
　備『鎌』注記に「寛元四年正月より後嵯峨上皇の院政始まる、寛元二年は四年の誤ならん」とあり

寛元2年10月20日　相馬胤継奉施行状
　　　　　　　　　　　　　　＊壱岐国
　出肥前吉永文書　刊『鎌』9-6394,『松浦党関係史料集1』85頁,『大日本史料5-18』20頁,『平戸松浦家資料』157頁
　地壱岐島

寛元2年11月3日　沙弥西念〈三隅兼信〉譲状　　　　　　　　　　＊石見国
　出吉川家文書　刊『鎌』9-6400,『大日本古文書　吉川家文書2』278頁
　語浦,湊
　地すんつの浦(寸津浦),周津浦,土田湊,岡見湊

寛元2年)　無準師範書状写　　＊中国
　出聖一国師語録　刊『静岡県史　資料編5』461頁
　語大宋径山住持円照老僧師範,日本東福堂頭爾長老
　地大宋
　綱京都東福寺円爾、無準師範から激励の返書を受け取る

寛元3年4月14日　公卿定文　＊伊勢国
　出平戸記寛元3.4.14条　刊『鎌』9-6467,『増補史料大成33』76頁
　地村松御厨,五十鈴河

寛元3年6月16日　僧永実名田畠譲状
　出肥前橘中村家文書　刊『鎌』9-6496
　語浦
　地勝福寺同浦

寛元3年7月17日　関東下知状案
　　　　　　　　　　　　　　＊和泉国
　出高野山文書又続宝簡集81　刊『鎌』9-6512,『大日本古文書　高野山文書6』564頁
　語浦,内膳貢御所,内膳浦
　地網曳御厨,近木浦
　綱和泉近木浦は醍醐天皇の代、内膳貢御所に立始めらる

寛元3年10月13日　権律師宣俊下知状
　　　　　　　　　　　　　　＊伊予国
　出伊予仏木寺文書　刊『鎌』9-6567,『愛媛県史　資料編古代・中世』231頁
　地船岫

寛元3年)10月25日　兼有奉書　＊伊勢国
　出平戸記寛元3.10.28条　刊『鎌』9-6568,『増補史料大成33』135頁
　地村松御厨

寛元3年)10月28日　平経高請文
　　　　　　　　　　　　　＊伊勢国,近江国
　出平戸記寛元3.10.28条　刊『鎌』9-6570,『増補史料大成33』135頁
　地村松御厨,大津

寛元3～4年

寛元3年10月　賀陽某大間帳　　＊備中国

出 備中吉備津神社文書　刊 『鎌』9-6571,『岡山県史19』512頁,『岡山県古文書集2』133頁,『編年差別史資料集成3』263頁
地 大川,粟川,中川

寛元3年11月13日　後嵯峨天皇神宝奉献祝詞　　＊安芸国

出 徴古雑抄厳島文書　刊 『鎌』補3-1342
地 伊都岐島
備 網野善彦『日本中世の非農業民と天皇』47頁参照

寛元3年12月18日　尾張俊村・同俊秀連署寄進状　　＊尾張国

出 尾張宝生院文書　刊 『鎌』9-6598,『愛知県史　資料編8』195頁
語 中島観音堂
地 中島
備 『愛知県史』は出典を真福寺文書とする

寛元3年12月23日　六波羅施行状案　　＊薩摩国

出 薩摩比志島文書　刊 『鎌』9-6601,『大日本史料5-18』179頁,『鹿児島県史料　旧記雑録前編1』189頁
地 比志島

寛元4年1月19日　北条重時書状案　　＊山城国

出 東寺百合文書イ　刊 『鎌』9-6609
語 唐橋
地 唐橋

寛元4年3月5日　蓮仏〈相良長頼〉譲状

出 肥後相良家文書　刊 『鎌』9-6645,『大日本古文書　相良家文書1』26頁,『大日本史料5-21』299頁,『九州荘園史料叢書3』96頁
語 梶取

寛元4年3月5日　蓮仏〈相良長頼〉所領譲状

出 肥後相良家文書　刊 『鎌』9-6646,『大日本古文書　相良家文書1』30頁,『大日本史料5-21』301頁,『九州荘園史料叢書3』99頁
語 梶取

寛元4年3月　円爾法語　　＊中国

出 飯倉家所蔵文書　刊 『静岡県史　資料編5』463頁
語 汎海,大宋国,東福寺円爾
地 大宋国
綱 円爾,仁治年中に渡海帰京す

寛元4年)閏4月22日　沙弥道仏書状

出 高野山文書宝簡集9　刊 『鎌』9-6676
地 玉津島

寛元4年5月　金剛峯寺調度文書目録　　＊紀伊国

出 高野山文書続宝簡集14　刊 『鎌』9-6705,『大日本古文書　高野山文書2』369頁
語 高野運上船,河間
地 麻生津
綱 高野山への運上船に対する河間等の煩を止む

寛元4年5月　金剛峯寺調度文書目録　　＊紀伊国

出 高野山文書続宝簡集15　刊 『鎌』9-6706,『大日本古文書　高野山文書2』381頁
語 津
地 麻生津,上津島

寛元4年6月25日　祭主下文　　＊伊勢国

田公文抄　刊『鎌』9-6718
語安濃政所
地安濃

寛元4年7月18日　尾張俊村・同俊秀連署寄進状　　＊尾張国

田尾張宝生院文書　刊『鎌』9-6724,『愛知県史　資料編8』198頁
語中島観音堂
地中島
備『愛知県史』は出典を真福寺文書とする

寛元4年8月13日　さいねん譲状案
　　　　　　　　　　　　　　＊肥前国

田肥前伊万里家文書　刊『鎌』9-6727,『松浦党関係史料集1』86頁,『佐賀県史料集成27』28頁,『大日本史料5-21』310頁,『平戸松浦家資料』132頁
語あみは(網場),かいふ(海夫),ふね(船),ふなつ(船津),おおひらとたう(大平戸党),こうらたう(小浦党),いまとみたう(今富党),かまたのあみはのかたて(蒲田の網場の片手)
地うのゝ御くりや(宇野御厨),ふくしま(福島),いまりのうら(伊万里浦),たひらのうら(田平浦),かまた(蒲田),あをさき(青崎),こたう(五島),ほんしやう(本庄),たかまつ(高松)
綱譲与の対象となる海夫は党をなす◆沙弥西念,次男留に肥前国宇野御厨荘内福島,田平浦の蒲田の網場の片手,あおさき海夫等を譲与す

寛元4年10月1日　〈泉涌寺版〉比丘六物図判記　　＊中国

田東寺観智院金剛蔵　刊『鎌』補3-1355
語大宋
地大宋

寛元4年10月29日　関東御教書案
　　　　　　　　　　　　　　＊薩摩国

田薩摩延時家文書　刊『鎌』9-6753,『鹿児島県史料　旧記雑録拾遺家わけ6』500頁,『大日本史料5-20』469頁
語羽島浦一曲
地羽島浦

寛元4年10月29日　関東御教書案
　　　　　　　　　　　　　　＊薩摩国

田薩藩旧記5 末吉羽島氏文書　刊『鎌』9-6754,『鹿児島県史料　旧記雑録前編1』191頁
語羽島浦一曲
地羽島浦

寛元4年11月21日　六波羅施行状
　　　　　　　　　　　　　　＊石見国

田吉川家文書　刊『鎌』9-6764,『大日本古文書　吉川家文書2』279頁
地寸津浦

寛元4年11月22日　将軍〈藤原頼嗣〉家下文案　　＊肥前国

田肥前青方文書　刊『鎌』9-6765,『青方文書1』15頁,『大日本史料5-21』276頁
語小値賀島住人
地小値賀島
備同文の文書が『青方文書2』にもある

寛元4年14日　御賀尾刀禰職補任状案
　　　　　　　　　　　　　　　＊若狭国

田若狭大音家文書　刊『鎌』9-6789,『福井県史　資料編8』777頁
語刀禰職
備発給年月日は「寛元四年十四日」とある

寛元4年　高野山大湯屋釜修造用途注文
　　　　　　　　　　　　　　　＊紀伊国

田高野山勧学院文書　刊『鎌』9-6786,『高野山文書1』476頁,『編年差別史資料集成3』311頁
地麻生津

寛元4年)　蘭渓道隆書状写　　＊中国

田建撕記　刊『鎌』補3-1350,『大日本仏教全書　遊方伝叢書3』552頁
語宋国、宋朝西蜀人
地宋国、博多
綱蘭渓道隆乗りし船、春暮(寛元4年)博多に至る◆蘭渓道隆、大宰府博多円覚寺に寓す

寛元5年)2月5日　証空書状　＊山城国

田山城誓願寺文書　刊『鎌』9-6904
語雑船当
地いもあらい(一口)
綱山城一口にて狼藉により松林院大納言得業の船当(船頭ヵ)らとりこめらる

寛元5年2月14日　将軍〈藤原頼嗣〉袖判下文
　　　　　　　　　　　　　　　＊肥前国

田肥前後藤文書　刊『鎌』9-6800,『佐賀県史料集成6』63頁,『大日本史料5-21』363頁
地長島庄

寛元5年3月8日　某畠地売券　＊伊勢国

田伊勢光明寺文書　刊『鎌』9-6808,『光明寺文書2』194頁
地いそへのやすうら(浦)
備『光明寺文書』は文書名を「紀氏子田地売券」とし、地名を「いわへのやすうら」とする

寛元5年3月11日　比丘尼菩薩房譲状
　　　　　　　　　　　　　　　＊薩摩国

田薩摩比志島文書　刊『鎌』9-6809,『鹿児島県史料　旧記雑録前編1』192頁
地比志島

宝治元年3月11日　蔵人方恒例公事用途注進状　　　　　　　　　＊隠岐国,対馬国

田葉黄記宝治1.3.10条　刊『鎌』9-6818
地隠岐、対馬

宝治元年5月25日　叡尊等誓願文

田大和西大寺叡尊像納入文書　刊『鎌』補3-1370,『西大寺叡尊伝記集成』340頁
語海辺、鉤網
綱人間作業の輩、或は居を海辺に卜し、鉤網を業となし、或は屋を山野に結び、ただ猟を事となす

宝治元年)5月)　日本図経　＊中国

田日本図経18　刊『静岡県史　資料編5』468頁
語日本承天堂頭長老(円爾)、巨舟、舟、舡、謝綱使(謝国明)
地華亭、慶元
綱南宋径山の無準師範等、円爾に謝状を送る◆謝国明の送りし巨舟、径山復興のための板860片を積み、慶元に着く◆530片は寺受領するも、330片は慶元にあり、余の140片

宝治元年

は別船ゆえ未着なり

宝治元年) 5 月　徳敷書状　　　＊中国

出 長谷川家所蔵文書　刊 『静岡県史　資料編 5 』469頁
語 徳敷日本承天堂和尚尊属禅師(円爾)、仏鑑(無準師範)、大舟、平江、謝綱師(謝国明)
綱 南宋径山の徳敷、円爾に謝状を送る◆謝国明の送りし大舟、径山復興のための板860片を積み、慶元に着く◆530片は寺受領するも、330片は慶元にあり、余の140片は別船ゆえ未着なり

宝治元年 6 月 5 日　平朝澄譲状案
　　　　　　　　　　　　　　＊肥前国

出 肥前深江家文書　刊 『鎌』9-6838、『佐賀県史料集成 4 』245頁
語 海
地 深江浦、集楽尾浜
備 文書名の人名『鎌』は平朝澄、『佐賀県史料集成』は有馬朝澄とする

宝治元年 6 月　高野山住僧解状　＊阿波国

出 高野山文書続宝簡集18　刊 『鎌』9-6849、『大日本古文書　高野山文書 2 』409頁
語 山海
地 宍咋庄
綱 阿波国宍咋荘地頭光綱、わずかに山海雑物椙小榑等を運上して年貢と号し、田代の所当を弁済せず

宝治元年 7 月) 1 日　後嵯峨上皇院宣
　　　　　　　　　　　　　　＊中国

出 諸祭文故実抄五三万六千神奈　刊 『鎌』補3-1371
語 竜王、東方河、南方河、西方河、北方河、中央河、東海、南海、西海、北海、中海、河神、海神、唐
地 唐

宝治元年 7 月 3 日　貞俊願文

出 大和西大寺叡尊像納入文書　刊 『鎌』補3-1372
語 大船師、苦海、山川江河
綱 衆生界のために大船師と成り、諸苦海を度り、皆苦海に到り、皆彼岸に到る

宝治元年 8 月11日　島津忠時安堵状案
　　　　　　　　　　　　　　＊薩摩国

出 薩摩比志島文書　刊 『鎌』9-6867、『鹿児島県史料　旧記雑録前編 1 』194頁
地 比志島

宝治元年 8 月17日　関東御教書案
　　　　　　　　　　　　　　＊筑前国

出 金剛三昧院文書　刊 『鎌』9-6870、『高野山文書 2 』96頁
語 殺生禁断

宝治元年 8 月17日　関東御教書案
　　　　　　　　　　　　　　＊筑前国

出 金剛三昧院文書　刊 『鎌』9-6871、『高野山文書 2 』92頁
語 西海道関渡沙汰人、運送船、関々浦々
綱 高野山金剛三昧院領筑前国粥田荘の上下諸人并に運送船を関々浦々煩なく勘過すべき由を西海道関渡沙汰人に命ず

宝治元年) 9 月 5 日　放生魚送文　＊山城国

出 門葉記15　刊 『鎌』9-6881、『大正新修大蔵経図像部11』152頁
語 放生魚
地 淀

宝治元～2年

綱淀分として魚49隻を放生す

宝治元年）9月5日　放生魚送文　＊山城国

田門葉記15　刊『鎌』9-6882,『大正新修大蔵経図像部11』152頁
語放生魚
地桂
綱桂分として魚49隻を放生す

宝治元年）9月5日　放生魚送文　＊近江国

田門葉記15　刊『鎌』9-6883,『大正新修大蔵経図像部11』152頁
語放生魚
地田上
綱田上分として魚49隻を放生す

宝治元年9月　栄尊申状　＊薩摩国

田薩摩比志島文書　刊『鎌』9-6885,『鹿児島県史料　旧記雑録前編1』194頁
地比志島

宝治元年10月25日　関東下知状

田薩摩新田神社文書　刊『鎌』9-6890
語梶取

宝治元年10月29日　関東御教書案
＊薩摩国

田薩摩比志島文書　刊『鎌』9-6892,『鹿児島県史料　旧記雑録前編1』197頁
地比志島

宝治元年10月　道元書状写　＊中国

田建撕記　刊『鎌』補3-1378,『大日本仏教全書　遊方伝叢書3』552頁
語航海
綱道元、20年前、宋に至る◆蘭渓道隆、宋より迢迢万里、航海して来る

宝治元年）　某重申状　＊讃岐国

田高野山文書又続宝簡集100　刊『鎌』9-6932,『大日本古文書　高野山文書8』15頁
語便船、海路
綱讃岐国坂下荘預所、陳状を進すも、使者便船をもって上洛するにより海路心に叶わず、その入京遅々に及ぶ
備『大日本古文書』は文書名を「太田庄赤屋郷沙汰次第案」とする

宝治元年）　陸奥飯野八幡宮縁起注進状案　＊陸奥国

田陸奥飯野文書　刊『鎌』補3-1384,『飯野八幡宮文書』117頁
語八幡宮御浜出

宝治2年1月17日　六波羅施行状案
＊薩摩国

田薩摩比志島文書　刊『鎌』10-6933,『鹿児島県史料　旧記雑録前編1』198頁
地比志島

宝治2年」2月10日　東寺長者〈良恵〉御教書　＊紀伊国

田高野山文書宝簡集29　刊『鎌』10-6939,『大日本古文書　高野山文書1』413頁
地上津島

宝治2年3月19日　左平士所領等譲状

田紀伊続風土記附録4 名草郡小野田氏蔵
刊『鎌』10-6949,『紀伊続風土記3』附録98頁
語此浦
地沼川, 沼谷川, 此浦

宝治2年4月21日　遠江蒲御厨給主某下文
　　　　　　　　　　　　　　　＊遠江国

出 遠江蒲神明宮文書　刊『鎌』10-6959,『静岡県史　資料編5』474頁,『静岡県史料5』824頁
語 蒲御厨検校, 御厨雑務
地 蒲御厨

宝治2年4月25日　佐々木泰清下文
　　　　　　　　　　　　　　　＊隠岐国

出 隠岐村上文書　刊『鎌』10-6962
語 隠岐国船所

宝治2年5月28日　尼念浄所領譲状
　　　　　　　　　　　　　　　＊若狭国

出 山城神護寺文書　刊『鎌』10-6973,『福井県史　資料編2』212頁,『史林』25-4・141頁
地 にしつのみさう（西津御庄）

宝治2年6月2日　法橋長専・ぬきなの御局連署陳状案

出 下総中山法華経寺所蔵破禅宗裏文書　刊『鎌』10-6975,『中山法華経寺史料』149頁
語 魚, なまつ（鯰）

宝治2年6月9日　祭主〈大中臣隆世〉下文
　　　　　　　　　　　　　　　＊三河国

出 公文抄　刊『鎌』10-6982
語 大津神戸司職
地 大津神戸

宝治2年7月16日　若狭多烏浦領家地頭連署下知状
　　　　　　　　　　　　　　　＊若狭国

出 若狭秦文書　刊『鎌』10-6989,『小浜市史　諸家文書編3』5頁
地 多烏

宝治2年8月8日　小比丘賢任願文
　　　　　　　　　　　　　　　＊天竺

出 大和西大寺釈迦如来像胎内文書　刊『鎌』補3-1411
地 摩伽陀国, 優填国

宝治2年11月1日　覚能去状案

出 神宮文庫蔵永仁五年仮殿記裏文書　刊『鎌』補3-1417
語 塩浜
地 塩浜

宝治2年12月21日　深念〈山内宗俊〉譲状
　　　　　　　　　　　　　　　＊摂津国

出 長門山内首藤家文書　刊『鎌』10-7019,『大日本古文書　山内首藤家文書』3頁
地 富島本庄

宝治2年12月21日　出雲近真質地流券
　　　　　　　　　　　　　　　＊摂津国

出 摂津勝尾寺文書　刊『鎌』10-7020,『箕面市史　史料編1』132頁
地 佐弥川

宝治2年12月　蔵人所牒写
　　　　　　　　　　　　　　　＊豊前国, 長門国

出 肥後阿蘇品家文書　刊『鎌』10-7024,『編年差別史資料集成3』317頁
語 廻船交易往反, 市津関渡津料
地 門司, 赤間, 島戸, 竈戸, 三尾
綱 蔵人所、左方灯爐御作手惣官左兵衛尉中原光氏に対し、廻船交易往反のため市津関渡料・山手并に地頭守護所の煩の停止を保証す◆殊に西国の門司・赤間・島戸・竈戸・三尾等の関の新儀狼藉を停止せらる
備「真継文書」（『中世鋳物師史料』14頁）にも

宝治2年～建長元年

あり。網野善彦『日本中世の非農業民と天皇』47頁参照

宝治2年　蔵人所牒写　＊豊前国,長門国

出 肥後阿蘇品家文書　刊『編年差別史資料集成3』316頁
語 右方灯爐御□,経廻諸国七道
綱 蔵人所、右方灯爐御作手鋳物師等の諸国往来の煩いを免ず

宝治2年)　無準師範書状　＊中国

出 藤田美術館所蔵文書　刊『静岡県史　資料編5』474頁
語 大宋臨安府径山興聖万寿禅寺住持老僧師範,日本綱使大檀越(謝国明)台座
地 大宋臨安府
綱 径山の無準師範、円爾に謝状・虎図等を送る

宝治3年)1月18日　祭主大中臣隆世挙状案

出 神宮文庫蔵永仁五年仮殿記裏文書　刊『鎌』補3-1443
語 塩浜
地 塩浜

宝治3年1月26日　僧忍盛田地売券
　　　　　　　　　　　　　＊大和国

出 慶應義塾所蔵文書　刊『鎌』10-7040
地 大河

宝治3年2月　成真置文　＊出雲国

出 石清水文書　刊『鎌』10-7049,『大日本古文書　石清水文書1』404頁,『石清水八幡宮史5』313頁
語 海路々次之煩
綱 出雲国安田荘よりの年貢収納につき、もし天下一同に旱水損并に海路々次の煩出来の時は、事の由を武家に言上し、成敗を蒙るべし

宝治3年3月　諏訪信重解状　＊信濃国

出 信濃諏訪大祝家文書　刊『鎌』10-7061
地 小井河

建長元年6月22日　平資康貢物送文
　　　　　　　　　　　　　＊尾張国

出 下総中山法華経寺所蔵双紙要文39裏文書
刊『鎌』10-7087,『中山法華経寺史料』113頁
語 御菜五種,御肴
地 萱津宿

建長元年7月13日　関東下知状
　　　　　　　　　　　　　＊肥後国

出 肥後相良家文書　刊『鎌』10-7091,『大日本古文書　相良家文書1』36頁
地 早瀬,小中島

建長元年7月20日　関東下知状案

出 狩野亨吉氏蒐集文書　刊『鎌』10-7092
語 船門田
地 江泊

建長元年8月2日　出雲政孝日置政家連署和与状案　＊出雲国

出 出雲北島家文書　刊『鎌』10-7104
語 海
地 山崎,宇多宇之崎
綱 杵築社と日三崎の堺は、仮宮を杵築社の内に入れて、御宝殿の後の山崎より海ともに切りつく◆宇多宇の崎に海ともに切りつく◆杵築社と日三崎の堺相論につき、海山ともに堺を定め、和与す

建長元年8月21日　沙弥深念〈山内首藤宗俊〉譲状　＊相模国

出山内首藤家文書　刊『鎌』10-7110,『大日本古文書　山内首藤家文書』4頁
地丸子河,足小河

建長元年8月　藤原光範寺領寄進状　＊朝鮮

出若狭神宮寺文書　刊『鎌』補3-1456,『福井県史　資料編9』306頁
語海賊
地率都波岸,百済国

建長2年)3月6日　摂津勝尾寺毎年出来大小事等目録　＊摂津国

出摂津勝尾寺文書　刊『鎌』10-7185,『箕面市史　史料編1』116頁
地河尻

建長2年3月16日　僧西印等田地寄進状　＊豊後国

出豊後解脱寺文書　刊『鎌』10-7187,『大分県史料12』374頁,『増補訂正編年大友史料2』187頁
語浦
地津久見浦

建長2年3月28日　神祇官下文案

出狩野亨吉蒐集文書　刊『鎌』補3-1465
語廻船人

建長2年3月　閑院内裏造営雑事目録

出吾妻鏡建長2.3.1条　刊『鎌』10-7179,『国史大系　吾妻鏡(普及版)4』423頁
語河堰,橋河堰,船一艘,西鯑,東鯑

建長2年6月3日　信全所領注進状案

出筑後太宰府天満宮文書　刊『鎌』10-7199,『福岡県史7』174頁,『九州荘園史料叢書10』1頁
地北島

建長2年6月15日　度会神主某譲状　＊遠江国

出伊勢光明寺文書　刊『鎌』10-7205,『静岡県史　資料編5』480頁
地小高下御厨

建長2年7月10日　摂津勝尾寺重書目録　＊摂津国

出摂津勝尾寺文書　刊『鎌』10-7212,『箕面市史　史料編1』136頁
地豊島

建長2年9月5日　関東御教書　＊肥前国

出肥前山代文書　刊『鎌』10-7231,『松浦党関係史料集1』90頁,『大宰府・太宰府天満宮史料8』41頁,『佐賀県史料集成15』10頁
地宇野御厨,五島

建長2年)10月2日　円爾書状　＊中国

出堀池春峰氏所蔵文書　刊『静岡県史　資料編5』480頁
語円爾,径山座下(無準師範),宋朝
地宋
綱京都普門寺円爾、鎌倉建長寺蘭渓道隆に書状を送る

建長2年10月23日　将軍〈藤原頼嗣〉袖判下文　＊筑後国

出肥前深堀家文書　刊『鎌』10-7237,『佐賀県史料集成4』3頁,『福岡県史資料9』112

建長2～3年
頁
地深浦村

建長2年11月3日　北条時章施行状
　　　　　　　　　　　　　　＊筑後国

出肥前深堀家文書　刊『鎌』10-7241,『佐賀県史料集成4』32頁
地深浦村

建長2年11月21日　六波羅施行状
　　　　　　　　　　　　　　＊筑後国

出肥前深堀家文書　刊『鎌』10-7247,『佐賀県史料集成4』33頁
地深浦村

建長2年11月　九条道家初度惣処分状
＊山城国,下総国,天竺,中国,伊勢国,越前国,備後国,常陸国,伊豆国,摂津国,讃岐国

出九条家文書　刊『鎌』10-7250,『図書寮叢刊　九条家文書1』59頁
語宋朝之風俗,天竺,震旦,印度,斯那,大唐,宋
地九条河原,三崎庄,天竺,震旦,印度,斯那,大唐,宋,木津,五真加利御厨,足羽御厨,小豆島,富田御厨,小栗御厨,三津御厨,潮江庄,大江庄,河津庄,富島庄,生島庄,井田庄,気比庄,笠居御厨

建長2年11月　九条道家処分状
　　　　　　　　　　＊摂津国,下総国,讃岐国

出九条家文書　刊『鎌』10-7251,『図書寮叢刊　九条家文書1』78頁
地生島庄,三崎庄,笠居御厨

建長2年11月　九条道家譲状案　＊伊勢国

出九条家文書　刊『鎌』10-7252,『九条家文書1』5頁

地五まかりの御厨

建長2年12月2日　官宣旨　＊紀伊国

出紀伊御池坊文書　刊『鎌』10-7255,『高野山文書5』103頁,『編年差別史資料集成3』328頁
語山林河沢
地水無河
綱山林河沢は、公私これを共にすべきの法か

建長2年12月2日　官宣旨

出高野山文書宝簡集30　刊『鎌』10-7256,『大日本古文書　高野山文書1』427頁,『粉河町史2』98頁
語市津料,山林河沢
地水無河,吉野河,中島
備日付を『大日本古文書』は12月2日、『鎌』は11月2日とする
綱山林河沢は、公私これを共にすべきの法あるか

建長2年12月　薩摩入来院村々田地年貢等注文　　　　　　　　　　　　＊薩摩国

出薩摩入来院文書　刊『鎌』10-7265,『入来院文書』11頁,『入来文書』37頁
地かしはしま(柏島),かハしハしま

建長3年2月6日　小井弓能綱譲状案

出信濃工藤家文書　刊『鎌』10-7274,『信濃史料4』165頁
語島,ふる川(古川),大河
地ふなとのしま(島),たかしま,おくる川,藤さわ川
綱きつねあんとうたなる侍の居所なりし地、洪水に押し流されて今はたか島と名づ

建長3年

けらる

地若江, 渋川

建長3年2月23日　六波羅施行状
　　　　　　　　　　　　　＊筑後国

出肥前深堀家文書　刊『鎌』10-7295,『佐賀県史料集成4』33頁,『九州荘園史料叢書13』12頁
地深浦

建長3年8月　戒恵〈藤原隆範〉譲状
　　　　　　　　　　　　　＊播磨国

出東寺百合文書ホ　刊『鎌』10-7350
地矢野庄例名那波浦

建長3年9月23日　三条公俊譲状案
　　　　　　　　　　　　　＊能登国

出山城醍醐寺文書　刊『鎌』10-7357,『大日本古文書　醍醐寺文書2』235頁
地大屋庄内鳳至院〈光浦〉,内浦,深見

建長3年2月　栄尊申状　　＊薩摩国

出薩摩比志島文書　刊『鎌』10-7299,『鹿児島県史　旧記雑録前編1』210頁
地ちかをのうら(浦)

建長3年9月23日　肥後甲佐社領実検帳写　　　　　　　　　　　＊肥後国

出肥後阿蘇家文書　刊『鎌』10-7358,『大日本古文書　阿蘇文書1』83頁
語海頭,海頭方
地船津,清松船津,船津村
備『鎌』は『大日本古文書　阿蘇文書1』の104〜105頁部分が抜けている

建長3年3月　某荘年貢算用状

出九条家文書　刊『鎌』10-7305,『図書寮叢刊　九条家文書5』156頁
語大鯉一侯,同肴二折檟

建長3年5月21日　六波羅下知状案
　　　　　　　　　　　　　＊尾張国

出九条家文書　刊『鎌』10-7312
地海東中庄

建長3年10月13日　六波羅下知状案
　　　　　　　　　　　　　＊若狭国

出若狭秦文書　刊『鎌』10-7371,『小浜市史　諸家文書編3』6頁
語多烏浦刀禰
地西津保,多烏浦

建長3年)6月10日　蘭渓道隆書状写
　　　　　　　　　　　　　＊中国

出異国日記　刊『静岡県史　資料編5』486頁
語道隆,唐土
地唐土
綱鎌倉建長寺蘭渓道隆、京都普門寺円爾に書状を送る

建長3年10月　佐伯道清申状

出安芸野坂文書　刊『鎌』10-7375
語酒肴

建長3年12月3日　鎌倉中小町屋定
　　　　　　　　　　　　　＊相模国

建長3年6月26日　憲深・実深拝堂布荘々支配注文案　　　　　　＊河内国

出山城醍醐寺文書　刊『鎌』10-7321,『大日本古文書　醍醐寺文書1』239頁

出吾妻鏡建長3.12.3条　刊『鎌』10-7386,『国史大系　吾妻鏡(普及版)4』493頁
地和賀江

建長4年

建長4年1月　若狭多烏浦刀禰職安堵状
　　　　　　　　　　　　　＊若狭国

田若狭秦文書　刊『鎌』10-7404,『小浜市史諸家文書編2』6頁
語刀禰職
地多烏浦

建長4年3月　藤原範親置文　＊播磨国

田東寺百合文書り　刊『鎌』10-7425
地矢野庄例名那波浦

建長4年3月　伊勢釈尊寺所司等解案
　　　　　　　　　　　　　＊伊勢国

田神宮文庫蔵永仁五年仮殿記裏文書　刊『鎌』補3-1503
語塩浜
地塩浜

建長4年4月11日　藤原為綱請文
　　　　　　　　　　　　　＊播磨国

田東寺百合文書ホ　刊『鎌』10-7430
地矢野庄例名内那波浦

建長4年6月3日　藤原康高譲状案
　　　　　　　　　　　　　＊河内国

田河内水走家文書　刊『鎌』10-7445
地大江御厨,山本,河俣,広見池,細江,田窪林南北浦

建長4年6月3日　藤原康高譲状案
　　　　　　　　　　　　　＊河内国

田河内水走家文書　刊『鎌』10-7446
語御厨
地御厨(大江御厨),氷野河,細江,北南浦

建長4年7月7日　二所大神宮神主申状案

田神宮文庫蔵永仁五年仮殿記裏文書　刊『鎌』補3-1511
語塩浜
地塩浜

建長4年7月11日　大神宮司解案

田神宮文庫蔵永仁五年仮殿記裏文書　刊『鎌』補3-1512
語塩浜
地塩浜

建長4年7月12日　関東御教書　＊筑前国

田毛利家所蔵筆陣　刊『鎌』10-7458
地(宗像社領)小呂島

建長4年7月12日　祭主大中臣隆世解案

田神宮文庫蔵永仁五年仮殿記裏文書　刊『鎌』補3-1514
語塩浜
地塩浜

建長4年8月11日　藤原為綱請文写
　　　　　　　　　　　　　＊播磨国

田白河本東寺文書49　刊『鎌』10-7466
地矢野庄例名内那波浦

建長4年8月15日　将軍〈宗尊親王〉家政所下文
　　　　　　　　　　　　　＊豊前国

田豊前金光文書　刊『鎌』10-7468,『大分県史料2』198頁,『増補訂正編年大友史料2』194頁
地江島,江口(海)

建長4年8月18日　二所大神宮神主申状案

出神宮文庫蔵永仁五年仮殿記裏文書　刊『鎌』補3-1517
語塩浜
地塩浜

建長4年8月28日　石造不動明王立像願文　＊中国

出上野赤城村宮田不動堂安置　刊『鎌』補3-1527
語入海, 唐土
地唐土之平州

建長4年9月12日　将軍〈宗尊親王〉家政所下文　＊出雲国

出出雲家原家文書　刊『鎌』10-7473,『島根県史5』490頁
地大野浦

建長4年9月13日　六波羅施行状　＊豊前国

出豊前到津文書　刊『鎌』10-7474,『大分県史料1』97頁,『増補訂正編年大友史料2』196頁
語江海居屋敷
地江島, 江海

建長4年10月14日　関東条々事書

出吾妻鏡建4.10.14条　刊『鎌』10-7485,『国史大系　吾妻鏡(普及版)4』536頁
語海賊

建長4年10月22日　大宰府守護所下文案　＊豊前国

出豊前益永家記録　刊『鎌』10-7486,『大宰府・太宰府天満宮史料8』48頁,『増補訂正編年大友史料2』195頁
地江島

建長4年10月28日　関東御教書　＊若狭国

出尊経閣文庫所蔵文書　刊『鎌』補3-1529,『福井県史　資料編2』702頁
語漁猟
地多烏浦

建長4年11月15日　若狭多烏浦百姓等起請文案　＊若狭国

出若狭秦文書　刊『鎌』10-7495,『小浜市史　諸家文書編3』4頁
語浦
地当浦(多烏浦)

建長4年11月　伊勢釈尊寺別当隆俊解案

出神宮文庫蔵永仁五年仮殿記裏文書　刊『鎌』補3-1531
語塩浜
地塩浜

建長4年12月16日　延暦寺檀那院政所下文　＊近江国

出近江菅浦文書　刊『鎌』10-7501,『菅浦文書　上』8頁
地菅浦

建長5年3月12日　関東下文　＊出雲国

出出雲日御崎神社文書　刊『鎌』10-7526,『新修島根県史　史料編1』275頁
語日御崎検校職
地日御崎, 三ヶ浦

建長5年3月　紀伊天野宮恒例八構学頭世事式条　＊紀伊国

出高野山文書宝簡集19　刊『鎌』10-7535,

建長5年
田『大日本古文書　高野山文書1』250頁
語御肴, 酒肴

建長5年3月　明恵上人遺跡地注進状
＊紀伊国

田紀伊施無畏寺文書　刊『鎌』10-7536,『和歌山県史　中世史料2』722頁
語浜, 漁捕之業, 海人, 海浜, 万里之海, 島, 浦, 禁断漁猟殺生之業
地巣原之浜, 巣原浦, 在田川
綱紀州湯浅白上の草庵は、巣原の浜近きが故、漁捕の業眼を遮り、海人の音耳を驚かす
◆東の峯の庵は、海浜に通い、樹葉を洗い、西は万里の海に対し、遠く四国の島を帯す
◆巣原の浦においては、永く漁猟殺生の業を禁断す

建長5年」4月20日　二階堂行泰巻数請取　　　＊安芸国

田安芸厳島神社御判物帖　刊『鎌』10-7545,『広島県史　古代中世資料編3』28頁
地厳島
備『鎌』は発給日を28日とするが、誤り

建長5年5月3日　北条長時書下
＊筑前国

田筑前宗像神社文書　刊『鎌』10-7551,『宗像大社文書1』86頁,『宗像市史　史料編1』457頁,『福岡県史資料2』77頁
語船頭, 謝国明
地小呂島

建長5年6月2日　道興書状案　＊中国

田高野山文書続宝簡集74　刊『鎌』10-7557,『大日本古文書　高野山文書3』705頁
語唐土
地唐土
綱弘法大師、唐土より三鈷を投げ給うの由、嵯峨正信上人一両度語らしむ

建長5年」6月13日　玄性奉書

田近江長命寺文書　刊『鎌』10-7562
地浜十禅師田

建長5年7月5日　僧湛空金剛三鈷送文案　　　＊中国

田高野山文書宝簡集20　刊『鎌』10-7573,『大日本古文書　高野山文書1』271頁
語大師御入唐
地唐

建長5年)7月)9日)　金剛三鈷相伝事書案　　　＊中国, 天竺

田高野山文書宝簡集20　刊『鎌』10-7580,『大日本古文書　高野山文書1』273頁
語唐土, 南天竺
地唐土, 南天竺
綱弘法大師、唐土より三鈷を投げ給うの伝あり
備『鎌』は建長5年7月9日とするが、これは文中に出る年月日で、発給年月日は未詳

建長5年7月10日　栄尊置文案　＊薩摩国

田薩摩比志島文書　刊『鎌』10-7582,『鹿児島県史料　旧記雑録前編1』218頁
地比志島

建長5年7月10日　栄尊譲状案　＊薩摩国

田薩摩比志島文書　刊『鎌』10-7583,『鹿児島県史料　旧記雑録前編1』219頁
地比志島

建長5年

建長5年7月10日　栄尊譲状　＊薩摩国

出薩摩比志島文書　刊『鎌』10-7584,『鹿児島県史料　旧記雑録前編1』219頁
地八世井浦

建長5年7月18日　藤原俊直惣官中分状案　＊紀伊国

出高野山文書又続宝簡集20　刊『鎌』10-7593,『大日本古文書　高野山文書4』264頁
地水無河

建長5年7月24日　湛空夢記　＊中国

出高野山文書続宝簡集74　刊『鎌』10-7601,『大日本古文書　高野山文書3』708頁
語唐
地唐
綱弘法大師、唐より三鈷を投げ給うの伝あり

建長5年7月29日　関東御教書　＊伊予国

出伊予長隆寺文書　刊『鎌』10-7603,『愛媛県史　資料編古代・中世』251頁
地忽那島

建長5年8月17日　将軍〈宗尊親王〉家政所下文案　＊肥前国

出肥前実相院文書　刊『鎌』10-7606,『佐賀県史料集成15』177頁
地是貞内中島

建長5年8月27日　関東下知状　＊肥後国

出豊後託摩文書　刊『鎌』10-7610,『大分県史料12』47頁,『増補訂正編年大友史料2』201頁,『九州荘園史料叢書3』21頁,『熊本県史料5』449頁
地長浦村

建長5年8月27日　関東下知状案　＊肥前国

出肥前橘中村家文書　刊『鎌』10-7611,『佐賀県史料集成18』4頁,『九州荘園史料叢書11』17頁
地長島庄

建長5年8月27日　高野山満寺僧願文案　＊中国

出高野山文書続宝簡集74　刊『鎌』10-7612,『大日本古文書　高野山文書3』727頁
語入唐,解纜
地唐
綱弘法大師入唐し、帰朝解纜の時、和国に向かい金杵を投ず

建長5年10月11日　関東制法　＊相模国

出吾妻鏡建長5.10.11条　刊『鎌』10-7623,『国史大系　吾妻鏡(普及版)4』568頁
語和賀津材木
地和賀江津

建長5年10月13日　源薬師重申状

出東大寺文書(1-6-28～35(5))　刊『鎌』10-7624
語船門
地船門

建長5年10月16日　真教置文案　＊中国

出高野山文書続宝簡集74　刊『鎌』10-7627,『大日本古文書　高野山文書3』734頁
語入李唐,解纜
地李唐
綱弘法大師入李唐に入り、解纜東帰の時、本国に三鈷を投ず

建長5～6年

建長5年10月21日　近衛家所領目録
＊丹波国,讃岐国,越後国,伊勢国,紀伊国,備前国,美濃国,越前国,相模国,出羽国

出近衛家文書　刊『鎌』10-7631,『福井県史　資料編2』192頁(抄)
語保津筏師
地塩飽庄,大島庄,船江庄,麻生御厨,保津,木津島,賀太庄,家浦庄,直島,生津庄,鮎河庄,三崎庄,寒河江,淀

建長5年11月17日　伊勢神田上分米納日記　＊伊勢国

出伊勢光明寺文書　刊『鎌』10-7642
語御穀船

建長5年11月26日　おゝくまみちひさ譲状　＊薩摩国

出薩摩延時文書　刊『鎌』10-7647,『鹿児島県史料　旧記雑録拾遺家わけ6』501頁
地かみこしきつ(上甑津)

建長5年12月8日　大宰府守護所下文案　＊肥前国

出肥前実相院文書　刊『鎌』10-7653,『佐賀県史料集成15』177頁
地是貞内中島

建長6年1月14日　光康奉書　＊遠江国

出遠江蒲神明宮文書　刊『鎌』11-7692,『静岡県史　資料編5』494頁,『静岡県史料5』825頁
地蒲御厨

建長6年1月16日　造宮城使等補任注進状　＊山城国

出続左丞抄3　刊『鎌』11-7695
語防鴨河使
地鴨河

建長6年1月20日　関東下知状案　＊薩摩国

出薩摩高城村沿革史所収高城氏文書　刊『鎌』11-7697
語薩摩国高城郡甑下島郡司職
地甑下島

建長6年2月　地頭蓮親下文　＊長門国

出長門一宮住吉神社文書　刊『鎌』11-7714
語島戸関沙汰人百姓等,一宮奉免船,船一艘
地島戸関
綱地頭蓮親,船々の例に任せて一宮奉免船一艘の島戸関通行を許す
備『鎌』注記に「本文書,検討を要す」とあり

建長6年)3月4日　後嵯峨上皇院宣　＊播磨国

出播磨性海寺文書　刊『鎌』11-7717,『兵庫県史　史料編中世2』17頁
語四至内漁猟
綱院祈願寺たるにより,性海寺四至内の漁猟・樵夫の往反を停止せしむ

建長6年3月4日　播磨国司庁宣案　＊播磨国

出播磨性海寺文書　刊『鎌』11-7718,『兵庫県史　史料編中世2』16頁
語四至内漁猟
綱院祈願所たるにより,性海寺四至内の漁猟・樵夫の往反を停止せしむ

建長6年3月8日　関東下知状　＊伊予国

出伊予忽那家文書　刊『鎌』11-7719,『愛媛県史　資料編古代・中世』251頁
語伊予国忽那島〈付松吉名〉地頭職

宝祐2年～建長6年

地忽那島, 西浦, 東浦

宝祐2年3月25日　西岩了恵書状写

出聖一国師語録　刊『静岡県史　資料編5』498頁
語天童嗣祖比丘了恵, 先師(無準師範), 老手(円爾)
綱中国僧西岩了恵, 京都東福寺円爾に書状を送る

建長6年4月4日　蓮仏譲状案　＊肥前国

出肥前深江家文書　刊『鎌』11-7729,『佐賀県史料集成4』246頁
語ふかへのうらのちとうしき(深江浦の地頭職)
地ふかへのうら(深江浦)

建長6年4月16日　源湻所領注文　＊肥前国

出肥前有浦文書　刊『鎌』11-7734,『改訂松浦党有浦文書』28頁
語海夫, 干鮑夏五連秋五連〈これハ一艘の公事也〉, うすら焼鮑, せんさしの魚, 和布, ミそきり, さしあひ(刺鮑)
地御厨御庄志佐浦, 御厨御庄
綱地筈地海夫源六一党10艘, 公事として1艘につき夏5連秋5連の干鮑, うすら焼鮑, せんさしの魚等を納むべし

建長6年4月16日　源湻地頭代補任状　＊肥前国

出肥前有浦文書　刊『鎌』11-7735,『改訂松浦党有浦文書』30頁
地御厨御庄

建長6年4月29日　関東奉行人連署奉書　＊中国

出吾妻鏡建長6.4.29条　刊『鎌』11-7739,『国史大系　吾妻鏡(普及版)4』582頁
語唐船
地唐
綱唐船は5艘の外は置かず, 速やかに破却すべし

建長6年5月8日　建部親綱配分状案　＊大隅国

出大隅池端文書　刊『鎌』11-7744,『鹿児島県史料　旧記雑録拾遺家わけ1』458頁,『九州史料叢書　禰寝文書1』45頁
語湊田
地湊田

建長6年5月8日　源湻人手銭請取状　＊肥前国

出肥前有浦文書　刊『鎌』11-7745,『改訂松浦党有浦文書』31頁
地斑島, 御厨御庄, 志佐

建長6年5月27日　尼念浄譲状　＊若狭国

出山城神護寺文書　刊『鎌』11-7751,『福井県史　資料編2』212頁,『史林』25-4・149頁
地にしつ(西津)の庄

建長6年5月28日　大隅守〈島津忠時〉安堵状案　＊薩摩国

出大隅有馬家文書　刊『鎌』11-7753,『鹿児島県史料　旧記雑録拾遺家わけ6』2頁
地つるしま

建長6年6月5日　幸秀・頼秀連署契約状　＊豊後国

出肥後志賀文書　刊『鎌』11-7768,『熊本県

建長6年

史料2』397頁

語 高国符勝津□(留ヵ)

地 高国符勝津□(留ヵ)

建長6年7月6日　藤原俊継置文
＊紀伊国

出 紀伊金剛峯寺文書　刊『鎌』11-7777
地 津

建長6年7月6日　用水料寸法注文案
＊紀伊国

出 紀伊金剛峯寺文書　刊『鎌』11-7778
地 垂水河

建長6年)7月13日　蘭渓道隆書状＊中国

出 藤井明氏所蔵文書　刊『静岡県史　資料編5』495頁
語 (蘭渓)道隆、渡宋
地 宋
綱 鎌倉建長寺蘭渓道隆、京都普門寺円爾に書状を送る

建長6年7月26日　源渟・ひさし契状
＊肥前国

出 肥前有浦文書　刊『鎌』11-7784、『改訂松浦党有浦文書』32頁
地 御厨御庄,斑島

建長6年9月　寺家公文所下文案
＊薩摩国

出 薩藩旧記6国分宮内沢氏文書　刊『鎌』11-7805、『鹿児島県史料　旧記雑録前編1』222頁
地 小浜村

建長6年9月　某寄進状　＊近江国

出 近江菅浦文書　刊『鎌』11-7806、『菅浦文書 上』28頁
地 すかのうら(菅浦)

建長6年10月11日　高弁置文案

出 山城高山寺文書　刊『鎌』11-7811
語 万里之波涛
綱 行弁法師、万里の波涛を凌ぎ、六千余巻の経巻を渡す
備 『鎌』注記に「本文書、寛喜四年正月十九日文書(巻6の4262号)の次に入るべし」とあり

建長6年10月30日　関東御教書案
＊山城国

出 東大寺文書(1-24-291)　刊『鎌』11-7816
地 古河庄

建長6年11月23日　若狭太良荘実検取帳
＊若狭国

出 東寺百合文書外　刊『鎌』11-7826
地 イソサキ

建長6年12月　興福寺僧綱等連署訴状案
＊中国

出 大和春日神社文書　刊『鎌』11-7835
語 大唐
地 大唐

建長6年12月　忠弘東大寺八幡宮日次供料銭寄進状　＊摂津国

出 東大寺文書(3-2-30)　刊『兵庫県史　史料編中世5』28頁
地 大物沙汰(大物浜ヵ)

建長6年　出雲鰐淵寺衆徒勧進状案
＊出雲国

出 出雲鰐淵寺文書　刊『鎌』11-7839
語 螺貝、浪跡、鱗類之肉、魚肉之臈(膾)、海畔

建長7年3月27日　将軍〈宗尊親王〉家政所下文
　　　　　　　　　　　　　　　＊越後国

出出羽色部文書　刊『鎌』11-7861,『新潟県史　資料編4』5頁

地粟島

建長7年3月28日　将軍〈宗尊親王〉家政所下文
　　　　　　　　　　　　　　　＊肥前国

出肥前深堀家文書　刊『鎌』11-7862,『佐賀県史料集成4』3頁,『大宰府・大宰府天満宮史料8』58頁,『九州荘園史料叢書7』2頁

地戸八浦

建長7年5月2日　六波羅施行状
　　　　　　　　　　　　　　　＊肥前国

出肥前深堀家文書　刊『鎌』11-7867,『佐賀県史料集成4』34頁,『九州荘園史料叢書7』6頁

語戸八浦地頭職

地戸八浦

建長7年5月20日　大友頼泰安堵状
　　　　　　　　　　　　　　　＊豊後国

出肥後志賀文書　刊『鎌』11-7871,『熊本県史料　中世編2』398頁,『増補訂正編年大友史料2』206頁

地〔　　　　〕(勝津留ヵ)

建長7年5月23日　大宰府守護所下文
　　　　　　　　　　　　　　　＊肥前国

出肥前深堀家文書　刊『鎌』11-7873,『佐賀県史料集成4』35頁,『大宰府・大宰府天満宮史料8』57頁,『九州荘園史料叢書7』7頁

語戸八浦住人

地戸八浦

建長7年」6月12日　行遍書状　＊伊予国

出東寺百合文書マ　刊『鎌』11-7876,『日本塩業大系　史料編古代・中世1』91頁,『愛媛県史　資料編古代・中世』252頁,『若狭国太良荘史料集成1』43頁

地弓削島

建長7年8月26日　小浜村年貢請取状
　　　　　　　　　　　　　　　＊薩摩国

出薩藩旧記6国分宮内沢氏文書　刊『鎌』11-7895,『鹿児島県史料　旧記雑録前編1』224頁

地小浜村

建長7年8月　摂政〈鷹司兼平〉家政所下文
　　　　　　　　　　　　　　　＊常陸国

出常陸鹿島大禰宜家文書　刊『鎌』11-7896,『茨城県史料　中世編1』222頁

語立網,引網

建長7年9月5日　丹治国治田地山地売券
　　　　　　　　　　　　　　　＊大和国

出百巻本東大寺文書90　刊『鎌』11-7901,『大日本古文書　東大寺文書9』101頁

地河上,河北,中津河

建長7年9月10日　伊予弓削島荘領家方年貢所当注文案
　　　　　　　　　　　　　　　＊伊予国

出白河本東寺文書3,東寺百合文書ヨ　刊『鎌』11-7902,『日本塩業大系　史料編古代・中世1』92頁,『愛媛県史　資料編古代・中世』252頁,『鎌倉遺文研究』1・56頁

語弓削島御庄領家御方年貢大俵塩,御ヒテ物塩二十石運上,塩手,神祭大俵,小篦代大俵,大訛五十八俵

地弓削島御庄

建長7～8年
備『愛媛県史』本では、末尾に付箋3枚が付いている

建長7年10月24日　関東下知状案
＊越後国

田古案記録草案所収色部文書　刊『鎌』11-7911,『新潟県史　資料編4』465頁
語塩屋
地荒河保,古河

建長7年10月　伊予国社寺免田注文
＊伊予国

田伊予国分寺文書　刊『鎌』11-7912,『愛媛県史　資料編古代・中世』254頁
語三島宮,三島別宮
備文書末尾に「交正了,応永十五年二月九日」とあり

建長7年11月18日　中原俊継酒肴請取

田安芸厳島野坂文書　刊『鎌』11-7933,『広島県史　古代中世資料編3』274頁
語水鳥二ツ,無塩鯛十隻,鱒十五隻,干鯛一折敷,生海鼠一鉢,すし(鮨)一折敷

建長7年11月18日　安芸厳島神宝請取案
＊安芸国

田安芸厳島野坂文書　刊『鎌』11-7934
語伊都岐島社

建長7年11月　宇佐宮行幸会供米等注文
＊豊前国

田豊前永弘文書　刊『鎌』11-7941,『大分県史料3』61頁,『増補訂正編年大友史料2』210頁,『九州荘園史料叢書8』112頁
語塩三斗

建長7年11月　若狭多烏浦刀禰職補任状
＊若狭国

田若狭秦文書　刊『鎌』11-7942,『小浜市史　諸家文書編3』6頁
語田烏浦刀禰職
地田烏浦

建長7年12月25日　関東下知状　＊薩摩国

田島津家他家文書　刊『鎌』11-7949,『九州荘園史料叢書5』16頁
地七見崎

建長8年1月　大宮院〈藤原姞子〉庁下文
＊山城国

田筑前宗像神社文書　刊『鎌』11-7958,『宗像大社文書1』23頁,『大日本史料5-22』144頁,『福岡県史資料2』77頁
語防鴨河使
地鴨河

建長8年2月13日　覚心書状写　＊中国

田円明国師行実年譜　刊『鎌』補3-1562
語大宋国,臨安府
地大宋国

建長8年3月15日　藤原〈茂木〉知宣所領譲状　＊紀伊国

田茂木文書　刊『鎌』11-7976,『栃木県史料編中世2』68頁
地賀太庄

建長8年3月18日　叡尊勝鬘疏鈔寄進状写　＊中国

田興正菩薩行実年譜中　刊『鎌』補3-1563,『西大寺叡尊伝記集成』140頁
語大唐

建長8年～康元元年

地大唐

建長8年5月　越後白河荘作田注文案
*越後国

出九条家文書　刊『鎌』11-8001,『図書寮叢刊　九条家文書5』106頁
地白川庄,白河□,阿賀川

建長8年6月　金剛峰寺衆徒愁状案
*紀伊国

出高野山文書又続宝簡集129　刊『鎌』11-8006,『大日本古文書　高野山文書8』392頁
地野川,中津川,紀伊川

建長8年7月9日　将軍〈宗尊親王〉家政所下文
*伊予国

出伊予忽那家文書　刊『鎌』11-8010,『愛媛県史　資料編古代・中世』260頁
地忽那島内西浦

建長8年7月17日　快弁申状土代
*近江国

出近江葛川明王院文書　刊『鎌』11-8014,『葛川明王院史料』41頁,『編年差別史資料集成3』354頁
語アメ流,流毒草取魚,アメノ魚取
地高島
綱川に毒を流し、漁をすることにつき、葛川常住快弁と伊香立庄民と相論す◆伊香立庄民等、明王院御堂1里の外にて毒流漁を致すは可なりと主張す◆明王院常住、1里外の流毒も御辺に流れ来るによりこれを制止す、と主張す◆大見庄住人等、この四五ヶ年程アメ流(毒流)により魚を盗み取る、と伊香立庄民ら主張す

建長8年8月11日　関東下知状案
*豊後国

出筑後大友文書　刊『鎌』11-8020,『編年大友史料　正和以前』402頁,『増補訂正編年大友史料2』211頁
地中島

建長8年8月25日　九条家重書目録
*下総国,遠江国,越後国,摂津国

出九条家文書　刊『鎌』11-8024,『図書寮叢刊　九条家文書5』143頁
地三崎,尾奈御厨,白川庄,兵庫

建長8年8月29日　讃岐柞田荘四至牓示注文
*讃岐国

出続左丞抄1　刊『鎌』11-8025,『新訂増補国史大系27』「続左丞抄」48頁
語大海,海面,浜上
地姫江庄,伊吹島,釣洲浜
綱柞田荘乾角の牓示は、海面3里を限る

建長8年8月29日　讃岐柞田荘実検田畠在家目録
*讃岐国

出続左丞抄1　刊『鎌』11-8026,『新訂増補国史大系27』「続左丞抄」56頁
語網代寄庭弐所〈一所九町余　一所五町余〉,荒野佰余町〈林野江海也　溝淵河等也〉

建長8年9月29日　崇徳院御影堂領目録
*摂津国

出華頂要略55上　刊『鎌』11-8042,『天台宗全書16』1201頁
地浜田庄

康元元年12月20日　関東御教書案

出豊前樋田家文書　刊『鎌』11-8066,『大分県史料30』352頁,『大宰府・太宰府天満宮史

康元元年～正嘉元年

料8』65頁
語 関々国々津々, 年貢所当運上船
綱 造宇佐宮用途対捍の所は, 寺社権門勢家領を嫌わず両人使者を関々国々津々に遣し, 年貢所当運上船を点定し, 用途分米を分取べき旨, 関東御教書を出す

康元元年12月　出雲杵築大社領注進状
*出雲国

出 出雲北島家文書　刊『鎌』11-8068
地 高浜郷

正嘉元年3月　比叡山三塔衆訴状案

出 京都大学所蔵葛川明王院文書　刊『鎌』11-8087
語 令漁父往還之巷, 魚貝, 放亀海
綱 三井寺は, 漁父往還せしむる巷なり

正嘉元年閏3月30日　関東御教書
*肥前国

出 肥前深堀家文書　刊『鎌』11-8096,『佐賀県史料集成4』36頁,『九州荘園史料叢書7』8頁
地 戸八浦

正嘉元年閏3月30日　関東御教書
*肥前国

出 肥前深堀家文書　刊『鎌』11-8097,『佐賀県史料集成4』37頁
地 戸八浦内河矢□島

正嘉元年4月15日　道崇〈北条時頼〉願文
*伊勢国, 中国

出 吾妻鏡正嘉1.4.15条　刊『鎌』11-8099,『国史大系　吾妻鏡(普及版)4』640頁
地 五十鈴河, 杭州

正嘉元年5月10日　大谷殿御墓寺々米用途支配状
*豊後国

出 豊後詫摩文書　刊『鎌』11-8109,『大分県史料12』50頁,『増補訂正編年大友史料2』217頁,『熊本県史料5』451頁
地 中尾崎, 北尾崎

正嘉元年6月11日　藤原重家田地売券
*摂津国

出 山城大徳寺文書　刊『鎌』11-8116,『大日本古文書　大徳寺文書3』247頁
地 船江村

正嘉元年6月12日　法眼某奉書　*近江国

出 神田孝平氏所蔵文書　刊『鎌』11-8117
語 大津左方神人, 浦
地 大津

正嘉元年6月20日　若狭多烏浦刀禰職補任状
*若狭国

出 若狭秦文書　刊『鎌』11-8119,『小浜市史諸家文書編3』6頁
語 多烏浦刀禰職
地 多烏浦

正嘉元年8月22日　薩摩守護島津忠義書下
*薩摩国

出 薩摩比志島文書　刊『鎌』11-8135, 相田二郎『日本の古文書　下』218頁,『鹿児島県史料　旧記雑録前編1』231頁
地 比志島

正嘉元年9月13日　亀山天皇宣旨案
*中国

出 伊勢光明寺文書　刊『鎌』11-8144,『光明寺文書1』179頁
語 渡唐本大般若経

地唐
備『光明寺文書』は文書名を「官宣旨案写」とする

正嘉元年12月15日　紀伊南部荘年貢米送文　＊紀伊国

出高野山文書続宝簡集20　刊『鎌』11-8173,『大日本古文書　高野山文書2』433頁
語一斗　御船祭,四石　船賃,三石九斗　水手十三人粮料,梶取

正嘉元年12月21日　大中臣隆也起請文案　＊中国

出伊勢光明寺文書　刊『鎌』11-8175,『光明寺文書1』181頁
語宋本大般若経
地宋

正嘉元年12月24日　六波羅御教書案　＊肥前国

出肥前深堀家文書　刊『鎌』11-8178,『佐賀県史料集成4』37頁,『九州荘園史料叢書7』8頁
地彼杵庄内戸町浦

正嘉元年)　東大寺三綱大法師等申状　＊摂津国

出京都大学文学部博物館所蔵文書　刊『兵庫県史　史料編中世5』28頁,『尼崎市史4』362頁
語御厨,堤防,海浜
地長洲,大物浜

正嘉2年2月11日　後嵯峨上皇院宣案　＊能登

出山城醍醐寺文書　刊『鎌』11-8189,『大日本古文書　醍醐寺文書2』236頁

正嘉元～2年

地大屋庄内鳳至院,内浦,深見,穴水

正嘉2年2月27日　平末次田地山地売券　＊大和国

出百巻本東大寺文書75　刊『鎌』11-8193,『大日本古文書　東大寺文書8』200頁
地中津河

正嘉2年2月　播磨国司庁宣案　＊播磨国

出播磨性海寺文書　刊『鎌』11-8194,『兵庫県史　史料編中世2』17頁,『編年差別史資料集成3』364頁
語性海寺四至内漁猟并樵夫往反
綱性海寺四至内の漁猟、樵夫往反を永く停止す

正嘉2年3月23日　伊予弓削島荘雑掌請文　＊伊予国

出東寺百合文書ヨ　刊『鎌』11-8202,『日本塩業大系　史料編古代・中世1』95頁,『愛媛県史　資料編古代・中世』260頁
語引塩事人別一俵
地弓削島

正嘉2年4月26日　釈迦念仏結縁交名

出大和唐招提寺礼堂釈迦如来像胎内文書　刊『鎌』11-8216
語かに(蟹)類
備『鎌』11-8226,8243を参照

正嘉2年)5月6日　円種書状　＊肥前国

出肥前山代文書　刊『鎌』34-26721,『佐賀県史料集成15』22頁,『松浦党関係史料集1』99頁
地宇野御厨
備『松浦党関係史料集1』99頁は、(正嘉2年ヵ)とする

正嘉2年

正嘉2年7月24日　中原某下文　＊土佐国

囲土佐金剛福寺文書　刊『鎌』11-8269,『高知県史　古代中世史料編』225頁,『南路志9』7頁
地窪津川
備『高知県史』『南路志』は「土佐国囊簡集」より採る

正嘉2年9月21日　関東御教書　＊淡路国

囲新編追加　刊『鎌』11-8281,『中世法制史料集1』187頁
語海賊

正嘉2年9月21日　建部親綱和与状
　　　　　　　　　　　　　　　　＊大隅国

囲大隅禰寝文書　刊『鎌』11-8282,『鹿児島県史料　旧記雑録拾遺家わけ1』352頁,『九州史料叢書　禰寝文書1』47頁
地大淀浦

正嘉2年)9月26日　伊予弓削島荘雑掌注進状　　　　　　　　＊伊予国

囲東寺百合文書ト　刊『鎌』11-8284,『日本塩業大系　史料編古代・中世1』96頁,『愛媛県史　資料編古代・中世』261頁
地弓削島

正嘉2年9月　薩摩国司庁宣　＊薩摩国

囲薩摩入来院家文書　刊『鎌』11-8289,『入来文書』60頁,『入来院文書』14頁
地柏島

正嘉2年10月2日　六波羅御教書案
　　　　　　　　　　　　　　　　＊肥前国

囲肥前深堀家文書　刊『鎌』11-8293,『佐賀県史料集成4』38頁,『大宰府・太宰府天満宮史料8』74頁,『九州荘園史料叢書7』9頁
語乗船
地戸町浦,戸町内杉浦,すきのうら(杉浦)
綱彼杵荘地頭代戸町浦内杉浦を押領し、戸町浦地頭深堀行光代官を打擲の上、乗船を押取るの旨、行光訴う◆六波羅、まず彼の船を糾返すべき旨を命ず

正嘉2年10月15日　郷司某下文　＊出雲国

囲出雲青木基氏文書　刊『鎌』11-8297,『新修島根県史　史料編1』375頁
語平浜八幡宮
地平浜

正嘉2年10月18日　大隅守護名越時章下知状　　　　　　　　＊大隅国

囲大隅禰寝文書　刊『鎌』11-8299,『鹿児島県史料　旧記雑録拾遺家わけ1』335頁
地大泊浦

正嘉2年10月25日　沙弥某書下　＊大隅国

囲大隅禰寝文書　刊『鎌』11-8300,『鹿児島県史料　旧記雑録拾遺家わけ1』335頁,相田二郎『日本の古文書　下』144頁,『九州史料叢書　禰寝文書1』48頁
地大泊浦

正嘉2年10月　前摂政〈一条実経〉家政所下文案　　　　　　　　＊土佐国

囲土佐金剛福寺文書　刊『鎌』11-8309,『高知県史　古代中世史料編』226頁,『南路志9』7頁
語漁翁之密網,浮釣者之篇舟
地河内崎,金柄崎,小河
備『高知県史』『南路志』は「土佐国囊簡集」より採る

正嘉2年11月　沙弥某・政久連署状
　　　　　　　　　　　　＊伯耆国

田 摂津柳沢真次郎氏所蔵東郷荘図裏書　刊
『鎌』11-8317
地 橋津, 北条河

正嘉2年12月2日　将軍〈宗尊親王〉家政所下文
　　　　　　　　　　　　＊紀伊国

田 下野茂木文書　刊『鎌』11-8318,『栃木県史　史料編中世2』76頁
語 賀太庄等地頭職
地 賀太庄

正嘉2年12月5日　関東御教書　＊肥前国

田 肥前山代文書　刊『鎌』11-8319,『佐賀県史料集成15』11頁,『松浦党関係史料集1』98頁
地 宇野御厨山代浦

正嘉2年12月23日　将軍〈宗尊親王〉家政所下文
　　　　　　　　　　　　＊相模国

田 山内首藤家文書　刊『鎌』11-8328,『大日本古文書　山内首藤家文書』37頁
地 早河庄

正嘉2年12月26日　肥前彼杵荘惣地頭代後家尼某請文　＊肥前国

田 肥前深堀家文書　刊『鎌』11-8335,『佐賀県史料集成4』38頁,『大宰府・太宰府天満宮史料8』76頁,『九州荘園史料叢書7』10頁
語 網船, 橋船, 船
地 彼杵内戸町浦, 戸町内椎浦, 永崎
綱 彼杵荘惣地頭代後家尼, 戸町浦椎浦等の事につき, 小地頭深堀行光に反論す◆杉浦は戸町永崎両浦の堺たるにより, 前本主ら相論のとき, これを惣地頭に避り進む◆行

正嘉2～3年

光方, 椎浦の網船を盗み出さんとするも, 在地人等, かの網船ならびに盗人の乗船を奪取る◆件の乗船は後日の証拠のため後家尼のもとに留置くも, 御使源大夫に請取り渡さる

正嘉3年1月23日　二所大神宮禰宜等陳状

田 神宮文庫文書　刊『鎌』11-8340
語 刀禰

正嘉3年1月　二所大神宮使等申状
　　　　　　　　　　　　＊近江国

田 神宮文庫文書　刊『鎌』11-8341
語 刀禰
地 大津, 若松御厨

正嘉3年1月　荒木田章氏等申状
　　　　　　　　　　　　＊伊勢国

田 神宮文庫文書　刊『鎌』11-8342
地 智積御厨

正嘉3年2月9日　関東御教書案

田 新式目　刊『鎌』11-8346,『編年差別史資料集成3』365頁,『中世法制史料集1』189頁
語 山野江海煩, 江海, 魚鱗海藻

正嘉3年2月9日　関東御教書案

田 式目追加　刊『鎌』11-8347,『中世法制史料集1』189頁,『編年差別史資料集成3』365頁
語 江海, 魚鱗海藻
備 異本に日付を10日とするものあり.『鎌』も10日で採るが, 暫く『中世法制史料集』に従う

正元元年

正元元年2月20日　藤原通幸譲状案
　　　　　　　　　　　　　　＊肥前国

田肥前大川文書　刊『鎌』11-8370,『九州史料叢書　大川文書』81頁
語浜田四段,海
地与見河

正嘉3年2月22日　伊予弓削島荘領家地頭和与状　　　　　　　　＊伊予国

田東寺百合文書ヒ　刊『鎌』11-8350,『日本塩業大系　史料編古代・中世1』97頁,『愛媛県史　資料編古代・中世』261頁
語山海所出,塩,網
地弓削島庄,比季野浜

正嘉3年3月9日　少弐資能請文
　　　　　　　　　　　　　　＊肥前国

田肥前深堀家文書　刊『鎌』11-8356,『佐賀県史料集成4』41頁,『大宰府・太宰府天満宮史料8』75頁,『九州荘園史料叢書7』12頁
語乗船
地戸町浦,戸町内杉浦
綱少弐資能、正嘉2年12月2日の六波羅下知（『鎌遺』8293）に任せ、彼杵庄地頭代の戸町浦内杉浦の押領を止め、乗船の糺返を命ず

正元元年5月14日　後嵯峨上皇院宣
　　　　　　　　　　　　　　＊越前国

田内閣文庫所蔵大乗院文書三箇御願料所等指事　刊『鎌』11-8375
地河口庄

正元元年5月24日　六波羅下知状
　　　　　　　　　　　　　　＊伊予国

田東寺百合文書せ　刊『鎌』11-8379,『日本塩業大系　史料編古代・中世1』98頁,『愛媛県史　資料編古代・中世』262頁
地弓削島庄

正元元年6月　日桧是光解　＊筑前国

田筑前大泉坊文書　刊『鎌』11-8386,『九州荘園史料叢書4』58頁
語梶取長

正元元年7月16日　関東裁許状案
　　　　　　　　　　　　　　＊肥前国

田肥前青方文書　刊『鎌』11-8393,『青方文書1』17頁
語小値賀島地頭職,当島
地宇野御厨内小値賀島,浦部
綱峯湛と鷹島満,浦部島は小値賀島の内たるや否やにつき相論す

正元元年8月7日　若狭辺津浜山守職補任状　　　　　　　　　　＊若狭国

田若狭大音家文書　刊『鎌』11-8400,『福井県史　資料編8』777頁
語辺津浜山山守職,小島,大海
地辺津浜山

正元元年8月　某下知状　＊肥前国

田肥前橘中村家文書　刊『鎌』11-8405,『佐賀県史料集成18』6頁,『九州荘園史料叢書11』18頁
地長島庄

正元元年10月18日　弓削島庄領家方年貢大俵塩送進状案　　　　＊伊予国

田東寺百合文書リ　刊『日本塩業大系　史料編古代・中世　補遺』8頁,『愛媛県史　資料編古代・中世』263頁,『鎌倉遺文研究』4・74頁

[語]御年貢大俵塩，梶取
[地]弓削島

正元元年10月　湯浅光信訴状案　＊紀伊国

[出]高野山文書又続宝簡集57　[刊]『鎌』11-8421，『大日本古文書　高野山文書５』723頁
[語]山海，材木津下
[綱]当年は諸国平均の飢饉により、山海を禁制すべからざる旨、関東より御教書を下さる

正元元年11月27日　尼蓮阿弥陀仏田地譲状　＊紀伊国

[出]高野山文書続宝簡集66　[刊]『鎌』11-8438，『大日本古文書　高野山文書３』522頁
[地]麻生津御庄

正元元年12月19日　尼深妙譲状　＊肥後国

[出]肥後志賀文書　[刊]『鎌』11-8450，『熊本県史料２』401頁，『増補訂正編年大友史料２』227頁
[語]かちかつるのへんさししき（勝津留弁済使職）
[地]かちかつる（勝津留）

正元元年）12月21日　沙弥成仏・藤原真利連署書状　＊肥後国

[出]肥後志賀文書　[刊]『鎌』11-8451，『熊本県史料２』402頁，『増補訂正編年大友史料２』228頁
[語]勝津留当年弁済使
[地]勝津留

正元元年12月23日　関東下知状　＊上野国

[出]上野長楽寺文書　[刊]『鎌』11-8452，『群馬県史　資料編５』47頁
[地]邑楽御厨

正元元年12月　御賀尾浦刀禰職補任状　＊若狭国

[出]若狭大音家文書　[刊]『福井県史　資料編８』777頁
[語]参河浦刀禰職
[地]参河浦

正元２年１月16日　伊予弓削島荘田地所当散用状　＊伊予国

[出]東寺百合文書な　[刊]『鎌』11-8461，『日本塩業大系　史料編古代・中世１』99頁，『愛媛県史　資料編古代・中世』262頁
[語]大躭用途
[地]弓削島御庄

正元）２年２月７日　大中臣吉平治田売券　＊伊勢国

[出]伊勢御塩殿文書　[刊]『鎌』11-8474
[地]塩会村

正元２年３月２日　若狭辺津浜山守職補任状　＊若狭国

[出]若狭大音家文書　[刊]『鎌』11-8483，『福井県史　資料編８』777頁
[語]辺津浜山守職
[地]辺津浜山，三河浦

正元２年４月６日　摂津守中原師藤解　＊摂津国

[出]妙槐記　[刊]『鎌』11-8496，『増補史料大成33』188頁
[語]神社仏寺権門勢家荘園寄人等居住要津
[地]神崎，浜崎，杭瀬，今福，久岐，大江御厨，吹田御厨

正元２年４月13日　公卿定文

[出]妙槐記　[刊]『鎌』11-8497，『増補史料大成

正元2年～文応元年

33』190頁
語 神社仏寺権門勢家荘園寄人等居住要津
地 大江御厨, 吹田御厨

正元2年4月13日　太政官符写　＊摂津国

田 壬生家文書　太政官符　刊『鎌』11-8498,
『図書寮叢刊　壬生家文書7』156頁
地 大江, 吹田等御厨

正元2年4月13日　太政官符写　＊摂津国

田 壬生家文書　改元国解解文　刊『図書寮
叢刊　壬生家文書7』164頁
地 大江, 吹田等御厨

正元2年4月28日　静寛譲状案
　　　　　　　　　　　　＊長門国, 常陸国

田 常陸烟田文書　刊『鎌』11-8500,『鉾田町
史　中世史料編　烟田氏史料』76頁
語 新堤, 長門国吉永庄若海買領, 鹿島立原買
地 若海
備 『鎌』注記に「正元二年四月十三日、文応と
改元」とあり

文応元年5月4日　関東評定事書
　　　　　　　　　　　　　　＊肥前国

田 摂津多田院文書　刊『鎌』11-8514
地 藤津庄

文応元年5月　西岩了恵書状写

田 聖一国師語録　刊『静岡県史　資料編5』
515頁
語 了恵, 回船
綱 京都建仁寺円爾, 中国僧西岩了恵より書
状を受け取る

正元2年6月6日　伊予弓削島荘年貢無
足分注文　　　　　　　　　　＊伊予国

田 東寺百合文書と　刊『鎌』11-8506,『日本
塩業大系　史料編古代・中世1』100頁,『愛
媛県史　資料編古代・中世』263頁,『編年差
別史資料集成3』369頁
語 小篭塩幷御神祭等, 小塩一俵〈但四俵成〉

文応元年7月11日　東寺十六口供僧下文
案　　　　　　　　　　　　　＊伊予国

田 東寺百合文書フ　刊『鎌』12-8536,『日本
塩業大系　史料編古代・中世1』101頁,『愛
媛県史　資料編古代・中世』264頁
語 塩弐拾俵〈大俵〉
地 弓削島

文応元年7月15日　平季康譲状写
　　　　　　　　　　　　　　＊安芸国

田 小早川家文書　刊『鎌』12-8535,『大日本
古文書　小早川家文書2』318頁
地 吉名浦

文応元年7月20日　武藤資能施行状案
　　　　　＊豊前国, 肥前国, 筑前国, 対馬国

田 肥前青方文書　刊『鎌』12-8541,『青方文
書1』19頁,『中世法制史料集1』191頁,『大
宰府・太宰府天満宮史料8』83頁,『編年差別
史資料集成3』369頁
語 魚鼈之類, 漁網, 河海
綱 魚鼈の類等の殺生を禁断す◆六斎日・二
季彼岸の河海での漁網を禁ず
備 同文の文書が『青方文書2』にもある

文応元年7月20日　定喜伊予弓削島荘公
用銭請文案　　　　　　　　　＊伊予国

田 東寺百合文書と　刊『鎌』12-8542,『日本

塩業大系　史料編古代・中世1』103頁,『愛媛県史　資料編古代・中世』264頁
語 引塩,塩

文応元年7月　東寺十六口供僧下文案
＊伊予国

出 東寺百合文書と　刊『鎌』12-8537,『日本塩業大系　史料編古代・中世1』87頁,『愛媛県史　資料編古代・中世』228頁
地 弓削島

文応元年7月　定喜伊予弓削島荘公用銭請文土代
＊伊予国

出 東寺百合文書と　刊『鎌』12-8538,『日本塩業大系　史料編古代・中世1』102頁,『愛媛県史　資料編古代・中世』265頁
地 弓削島

文応元年8月　某下文案
＊肥前国

出 肥前深堀家文書　刊『鎌』12-8555,『佐賀県史料集成4』43頁,『九州荘園史料叢書3』13頁
地 戸町浦

文応元年12月1日　安芸新勅旨田運上米送進状案
＊安芸国

出 東寺百合文書外　刊『鎌』12-8586
語 梶取

文応元年12月11日　紀伊南部荘年貢米送文
＊紀伊国

出 高野山文書続宝簡集20　刊『鎌』12-8592,『大日本古文書　高野山文書2』434頁
語 船祭,船賃,水手,梶取

正元2年）　関東評定事書

出 吾妻鏡文応1.1.23条　刊『鎌』11-8468,

文応元年～弘長元年

『国史大系　吾妻鏡(普及版)4』726頁
語 六斎日并二季彼岸殺生,魚鼈之類,魚網,江海
綱 六斎日并二季彼岸においては魚網を江海に禁ずべき旨,関東より仰出さる

文応2年2月　摂津勝尾寺衆徒等訴状案
＊丹波国

出 摂津勝尾寺文書　刊『鎌』12-8614,『箕面市史資料編1』160頁
地 船井庄

弘長元年2月20日　関東新制事書

出 式目追加条々　刊『鎌』12-8628,『中世法制史料集1』196頁,『編年差別史料集成3』371頁
語 放生会,殺生禁断,魚鼈之類,漁網,江海,海賊,魚鳥会
綱 魚鼈の類などの殺生を禁断す◆六斎日・二季彼岸の江海での漁網を禁ず◆諸国守護地頭等をして、海賊・山賊等を禁断せしむ

弘長元年3月5日　尼某家地譲状案
＊山城国

出 白河本東寺文書61,東寺百合文書メ　刊『鎌』12-8632,『鎌倉遺文研究』1号60頁
地 塩小路

弘長元年3月22日　北条重時下知状
＊陸奥国

出 秋田藩家蔵文書鎌倉文書　刊『鎌』12-8637
地 石川庄川尻郷

弘長元年3月22日　関東御教書案
＊肥前国,筑前国,豊前国,対馬国

出 肥前武雄神社文書　刊『鎌』12-8638,『佐

弘長元年

賀県史料集成２』47頁,『中世法制史料集１』216頁,『大宰府・太宰府天満宮史料８』87頁

[語]海賊

弘長元年３月30日　尼生れん家地譲状案
＊山城国

[出]東寺百合文書り　[刊]『鎌』12-8640

[地]しほのこうち(塩小路)

弘長元年)４月28日　日蓮書状　＊朝鮮

[出]日蓮聖人遺文　[刊]『鎌』12-8649,『昭和定本日蓮聖人遺文１』227頁

[語]大海,舟航,船,舟,河,如渡得船

[綱]日蓮、法華経を生死の大海を渡る船に喩う

弘長元年５月17日　円爾書状

[出]尊経閣古文書纂　[刊]『静岡県史　資料編５』522頁

[語]円爾

弘長元年)６月３日　少弐資能請文案
＊肥前国,筑前国,豊前国,対馬国

[出]肥前武雄神社文書　[刊]『鎌』12-8655,『佐賀県史料集成２』87頁,『大宰府・太宰府天満宮史料８』89頁

[語]海賊

文応２年６月13日　能登諸橋六郷田数目録
＊能登国

[出]能登諸橋稲荷神社文書　[刊]『鎌』12-8618,『加能史料　鎌倉２』14頁

[語]海,内海,船カクシ(隠),刀禰給,刀禰,岩海

[地]曽良,宇出津,サワ(曽宇)川,北ノ川,古君之内海,藤並,鹿並,船カクシ(隠)ノ森,阿曽良,馬島,鵜か川

[備]『加能史料』は『加越能古文叢10』より採り、年代に「弘長カ」と注記する。網野善彦は、本文書の前半は後年の加筆による写であるが、正文の原形を留めているとしている(『奥能登と時国家　研究編１』32頁)

弘長元年６月27日　日蓮書状　＊伊豆国

[出]日蓮聖人遺文　[刊]『鎌』12-8673,『昭和定本日蓮聖人遺文１』229頁

[語]船,ふなもり,船守,魚鳥,津

[地]その津(伊豆伊東),伊豆の伊東かわな(川奈)

[綱]流罪のため伊豆伊東の津に着きし日蓮を船守の弥三郎助く

文応２年７月　能登諸橋郷神役注文
＊能登国

[出]能登諸橋稲荷神社文書　[刊]『鎌』12-8619

[語]鰤網,鰤

[地]阿曽良,古君,宇出津,波並,鹿並,藤並

[綱]10月１日の諸橋本郷稲荷宮の御神事料１貫文、本郷の鰤網より参り、鰤も１尺参る◆11月１日の諸橋本郷稲荷宮の御神事料１貫文、波並の鰤網より参り、鰤も１尺参る

弘長元年)９月25日　後深草天皇宣旨
＊山城国

[出]妙槐記宣旨案　[刊]『鎌』12-8717,『増補史料大成33』207頁

[語]上洛船一艘

[地]淀津

[綱]金剛山内外寺社造営のため、八幡宮大塔勧進の例に任せ、淀津において上洛船１艘別に銭貨10文を取らしむ

弘長元年10月3日　平長重寄進状
　　　　　　　　　　　　＊武蔵国

出越後関興寺文書　刊『鎌』12-8721,『埼玉県史　資料編5』79頁
地前島村

弘長元年11月3日　平重時消息

出尊経閣所蔵文書　刊『鎌』12-8730
語舟,なん海,川,かじ(梶)
綱舟にも乗り慣らい、川をも心得うべし◆舟は梶をもって浪を凌ぎ、荒き風を防ぎ、大海をも渡る

弘長元年11月　紀伊阿弖河荘官百姓請文
　　　　　　　　　　　　＊紀伊国

出高野山文書又続宝簡集78　刊『鎌』12-8743
語津
地みなせの津
綱紀伊阿弖河荘荘官百姓等、明年(弘長2)3月中にみなせの津に材木を付け、材木延引の子細を申上るべしと述ぶ

弘長2年1月9日　安芸国新勅旨田年貢米支配状　＊伊予国

出東寺百合文書教64　刊『鎌』12-8760,『日本塩業大系　史料編古代・中世1』92頁,『愛媛県史　資料編古代・中世』265頁
地弓削島
備『愛媛県史』は出典を「教王護国寺文書」とする

弘長2年3月1日　関東下知状　＊越中国

出尊経閣所蔵文書　刊『鎌』12-8775
語河手
地弘瀬(郷),吉江,太海,直海,石黒庄,弘瀬村
綱預所、建長元年の始め、河手材木を押し取る

弘長2年3月19日　願西文書紛失状案

出東寺百合文書な　刊『鎌』12-8786
地西塩田

弘長2年3月19日　将軍〈宗尊親王〉家政所下文案　＊常陸国

出常陸烟田文書　刊『鎌』12-8784,『鉾田町史　中世史料編　烟田氏史料』77頁
地若海

弘長2年)4月9日　蘭渓道隆書状

出目賀田富士子氏所蔵文書　刊『静岡県史　資料編5』528頁
語(蘭渓)道隆,東福寺頭大和尚(円爾)
綱京都建仁寺蘭渓道隆、京都東福寺円爾を招待す

弘長2年6月13日　諸橋保神田目録写
　　　　　　　　　　　　＊能登国

出能登諸橋稲荷神社文書　刊『加能史料　鎌倉2』19頁
地阿曽良,加並,古君,馬島,宇出津

弘長2年7月26日　後嵯峨上皇院宣
　　　　　　　　　　　　＊若狭国

出山城座田文書　刊『鎌』12-8834,『福井県史　資料編2』203頁
地宮河庄

弘長2年7月30日　女房奉書　＊若狭国

出山城座田文書　刊『鎌』12-8836,『福井県史　資料編2』203頁
地［　］(宮河庄)

弘長2～3年

弘長2年7月　某袖判下文　＊近江国

出 近江長命寺文書　刊『鎌』12-8838,『編年差別史料集成3』391頁
語 江入,魚千侯,海陸
地 大島,石津江
綱 大島神主、魚千侯に満たざる以前に江入を切りしを咎め、長命寺僧と相論す◆石津江より以北の海陸において、殺生を禁断せしむ

弘長2年8月　園城寺解案
　　　　　　　　　　　＊天竺,中国,朝鮮

出 古簡雑纂2　刊『鎌』12-8869
語 天竺,宋,震旦,新羅,大唐国
地 天竺,宋,震旦,新羅,大唐国

弘長2年9月5日　後嵯峨上皇院宣
　　　　　　　　　　　　＊若狭国

出 山城賀茂別雷神社文書　刊『鎌』12-8872,『福井県史　資料編2』6頁
地 宮河庄

弘長2年11月9日　藤原光弘田地売券

出 山城大徳寺文書　刊『鎌』12-8887,『大日本古文書　大徳寺文書1』460頁
地 松崎

弘長2年12月2日　某下文
　　　　　　　　　＊伊勢国,紀伊国,志摩国

出 紀伊野田文書　刊『鎌』12-8901
地 木本御厨

弘長2年12月10日　後嵯峨上皇院宣
　　　　　　　　　　　　＊若狭国

出 山城鳥居大路家文書　刊『鎌』12-8903,『福井県史　資料編2』392頁

地 宮川庄

弘長2年12月28日　肥後国司庁宣
　　　　　　　　　　　　＊肥後国

出 肥後阿蘇家文書　刊『鎌』12-8909,『大日本古文書　阿蘇文書1』108頁
語 大介津守宿禰

弘長2年12月　蔵人所牒写
　　　　　　　　　＊豊前国,長門国,出雲国

出 真継家文書　刊『鎌』12-8911,『中世鋳物師史料』15頁,『編年差別史料集成3』392頁
語 廻船交易,市津関渡山手地頭守護等煩
地 門司,赤間,島戸,竈戸,三尾
綱 廻船交易のため往反するにより、市津関渡山手の地頭・守護等の煩を停止せしむ

弘長3年1月25日　宗円放状　＊紀伊国

出 紀伊興国寺文書　刊『鎌』12-8916,『和歌山県史　中世史料2』830頁
地 南川,西川

弘長3年1月　高野山長床衆下文案
　　　　　　　　　　　　＊紀伊国

出 高野山文書又続宝簡集86　刊『鎌』12-8917,『大日本古文書　高野山文書7』186頁
地 加連伊河
備『鎌』の出典「高野山文書又続宝簡集85」とあるは誤り

弘長3年2月16日　紀伊阿弖河荘々官請文　＊紀伊国

出 高野山文書又続宝簡集78　刊『鎌』12-8931,『大日本古文書　高野山文書6』472頁
語 津
地 みなせの津

|綱|弘長２年11月以前に、材木をミなセの津に着く

弘長３年３月10日　比丘尼信教宛行状
*近江国

|出|近江長命寺文書　|刊|『鎌』12-8935
|地|船木御庄

弘長３年３月15日　宗像長氏寄進状案
*筑前国

|出|宗像記追考　|刊|『鎌』12-8940,『福岡県史　資料９』136頁
|地|福田河
|備|『九州地方中世編年文書目録』は「鎮国寺文書」より採る

弘長３年３月18日　太政官符　*河内国

|出|大和春日神社文書　|刊|『鎌』12-8942,『春日大社文書１』249頁
|語|防鴨河使
|地|狭山河,鴨河

弘長３年３月22日　官御祈願所注進状
*備後国

|出|門葉記49長日如意輪法　|刊|『鎌』12-8945,『大正新修大蔵経図像部11』436頁
|地|神崎庄

弘長３年５月８日　近江大島社神事日記案
*近江国

|出|近江大島奥津島神社文書　|刊|『鎌』12-8955,『大嶋神社・奥津嶋神社文書』２頁
|地|津田,島,大島,オキツシマ(奥津島)

弘長３年５月８日　近江大島社神事日記案
*近江国

|出|近江大島奥津島神社文書　|刊|『鎌』12-8956,『大嶋神社・奥津嶋神社文書』３頁

弘長３年

|地|津田,島,大島,オキツシマ(奥津島)

弘長３年６月８日　尼めうほう田在家売券
*伊豆国

|出|駿河大石寺文書　|刊|『鎌』12-8961,『静岡県史　資料編５』536頁
|地|河島,しはさき

弘長３年６月10日　なたるの尼浦山売券案
*対馬国

|出|対馬内山家文書　|刊|『鎌』12-8962
|語|うミ(海)
|地|くわのうら(浦)

弘長３年７月３日　清水橋鴨河河防用途催促状
*摂津国

|出|摂津広嶺家文書　|刊|『鎌』12-8970
|語|清水橋并鴨河河防用途
|地|鴨河

弘長３年８月６日　雑賀弥治郎奉書
*陸奥国

|出|平泉志附録中尊寺古文書　|刊|『鎌』12-8975
|地|柏崎
|備|『鎌』注記に「本文書、疑うべし」とある

弘長３年８月13日　亀山天皇宣旨　*中国

|出|公家新制　|刊|『鎌』12-8977,水戸部正男『公家新制の研究』210頁,『編年差別史資料集成３』394頁
|語|唐織物,唐物,放生会,流毒焼狩之制,釣魚
|綱|寛元の制符に任せて、五畿七道に対し、流毒・焼狩を永く禁ず

弘長３年)10月30日　後嵯峨上皇院宣
*近江国

|出|天台座主記　|刊|『鎌』12-9010,『続群書類

弘長3年～文永元年
従4下』664頁
地堅田浦

弘長3年11月15日　六波羅御教書案
＊越後国

田後藤文書　刊『鎌』12-9013
地浜崎庄

弘長3年)11月15日　少弐資能書状

田肥前武雄神社文書　刊『鎌』12-9014,『佐賀県史料集成2』47頁,『大宰府・太宰府天満宮史料8』93頁,『中世法制史料集1』220頁
語やいかり(焼狩)ならひにくるみ(胡桃)のかわなかし(川流し),はしかみなかし(椒流し),もさき,江河の魚
綱やいかり(焼狩),くるみの川流し,はじかみ流し,もさきにより江河の魚をとる事を堅く停止せしむ

弘長3年11月　備前金山寺別当下文
＊備前国

田備前金山寺文書　刊『鎌』12-9021,『岡山県古文書集2』11頁
地津島郷

文永元年3月13日　尊楽利銭借券
＊紀伊国

田高野山文書又続宝簡集35　刊『鎌』12-9058,『大日本古文書　高野山文書4』738頁
地船井

文永元年」4月16日　石泉(?)奉書案
＊近江国

田近江長命寺文書　刊『鎌』12-9075,『編年差別史料集成3』400頁
地石津江

文永元年4月17日　日蓮書状

田日蓮聖人遺文　刊『鎌』12-9076,『昭和定本日蓮聖人遺文1』286頁
語辺土の小島,山海,江海,大海の水,江河,魚鳥
綱日蓮,如来の世に出る国より20万里の山海を隔てて東に寄れる日域辺土の小島に生まる

文永元年4月　幕府式目条々　＊中国

田陽明文庫本追加　刊『鎌』12-9088,『中世法制史料集1』222頁
語御分唐船
綱大宰府に御教書を成し,自今已後御分唐船を停止せしむ

文永元年5月10日　関東下知状案
＊肥前国

田筑前宗像神社文書　刊『鎌』12-9093,『宗像市史　史料編1』477頁,『福岡県史資料2』80頁,『九州荘園史料叢書7』152頁
語漁魚
地永野河,河上
綱宗像氏業と永野氏郷の地頭職の中分につき,山野は永野河中心を以て分くるも,薪草漁魚は制止せず

文永元年5月12日　行賢田地処分状
＊紀伊国

田高野山文書又続宝簡集36　刊『鎌』12-9094,『大日本古文書　高野山文書5』49頁
地荒川

文永元年5月27日　関東下知状　＊安芸国

田長門熊谷家文書　刊『鎌』12-9099,『大日本古文書　熊谷家文書』29頁

文永元～2年

語河,鵜船壱艘

文永元年7月16日　沙弥某補任状
*遠江国

出遠江蒲神明宮文書　**刊**『鎌』12-9132,『静岡県史料5』826頁,『静岡県史　資料編5』537頁
地蒲御厨

文永元年7月29日　沙弥光念奉書
*遠江国

出遠江蒲神明宮文書　**刊**『鎌』12-9135,『静岡県史料5』826頁,『静岡県史　資料編5』538頁
地蒲御厨

文永元年7月晦日　聖舜寄進田地記録状
*摂津国

出摂津勝尾寺文書　**刊**『鎌』12-9138,『箕面市史　史料編1』169頁
地渡瀬

文永元年）8月6日　俊増書状　*備中国

出山城三聖寺文書　**刊**『鎌』12-9141
地児島

文永元年10月3日　日置政家譲状案
*出雲国

出出雲北島家文書　**刊**『鎌』12-9164
語三ヶ浦地頭職
地〈宇料・佐岐・波宇多〉三ヶ浦

文永元年11月3日　備前行人掟写
*備前国

出備中吉備津神社文書　**刊**『鎌』12-9178
地三野河
備『鎌』注記に「本文書、検討を要す」とあり

文永元年12月13日　日蓮書状　*中国

出日蓮聖人遺文　**刊**『鎌』12-9194,『昭和定本日蓮聖人遺文1』319頁
語震旦
地震旦

文永元年12月　安嘉門院〈邦子内親王〉令旨
*摂津国

出山城真正極楽寺文書　**刊**『鎌』12-9205
地柳津河尻庄

文永元年）　日蓮書状　*天竺,中国

出日蓮聖人遺文　**刊**『鎌』12-9077,『昭和定本日蓮聖人遺文1』293頁
語天竺,唐
地天竺,唐

文永2年2月14日　源友盛家地売券
*山城国

出山城田中忠三郎氏所蔵文書　**刊**『鎌』12-9219
地塩小路

文永2年3月1日　六波羅御教書
*肥前国

出肥前橘中村家文書　**刊**『鎌』12-9226,『佐賀県史料集成18』6頁,『九州荘園史料叢書11』8頁
地長島庄

文永2年3月　若狭中手西郷内検地帳案
*若狭国

出東寺百合文書に　**刊**『鎌』12-9252,『若狭国太良荘史料集成1』76頁
地賀尾浦,西津

文永2年

文永2年4月12日　関東下知状　＊出雲国

田出雲日御碕神社文書　刊『鎌』13-9269,『新修島根県史　史料編1』276頁

語日三崎検校職,神領三ヶ浦

地日三崎,三ヶ浦

文永2年閏4月16日　少弐覚恵〈資能〉書状案　＊筑前国

田宮寺縁事抄筥崎造営事　刊『鎌』13-9284,『大日本古文書　石清水文書5』684頁,『石清水八幡宮史5』406頁,『福岡県史資料9』138頁

語神輿御船,海路

地今津

綱少弐覚恵、今津より船出せる筥崎宮神輿を海路にて留むることを命ず

文永2年6月2日　島津道仏〈忠時〉置文案　＊薩摩国

田島津家文書　刊『鎌』13-9296,『大日本古文書　島津家文書1』88頁,『九州荘園史料叢書5』19頁

語しま（島）

地あくね（英祢）十二たうのしま（島）

文永2年7月9日　後深草上皇院宣案　＊周防国,伊予国

田東寺百合文書み　刊『鎌』13-9318,『日本塩業大系　史料編古代・中世1』105頁,『愛媛県史　資料編古代・中世』268頁

地秋穂二島庄,弓削島

文永2年7月　春日社司等解　＊薩摩国

田中臣祐賢記文永2.7.6条　刊『鎌』13-9315,『増補続史料大成47』436頁

語遠流

地流（硫）黄島

文永2年8月23日　北条時宗下知状　＊陸奥国

田秋田藩家蔵文書鎌倉文書　刊『鎌』13-9337

地石河庄

文永2年8月29日　田口成蔵名田山野譲状　＊豊前国

田豊前田口文書　刊『鎌』13-9338,『増補訂正編年大友史料2』258頁

地田口浦,島町,船橋

文永2年9月9日　仁和寺法如准后御教書案　＊伊予国

田東寺百合文書ほ　刊『鎌』13-9349,『日本塩業大系　史料編古代・中世1』106頁,『愛媛県史　資料編古代・中世』269頁

地弓削島

文永2年」9月20日）　関東御教書　＊備前国

田九条家文書　刊『鎌』13-9352,『図書寮叢刊　九条家文書5』183頁

地小豆□（小豆島）

文永2年9月23日　紀伊阿弖河荘荘官等材木請文　＊紀伊国

田高野山文書又続宝簡集56　刊『鎌』13-9353,『大日本古文書　高野山文書5』694頁

語津,川下,海のならい,船

地弘瀬津

綱阿弖河庄庄官等、材木の注文を請け、10月中に杣取り川下しをし弘瀬津につけるも、海の習いを知らざるゆえ船積み後の遅延は御免を蒙るべき旨を記す

文永2年10月17日　興福寺公文所下文案
　　　　　　　　　　　　　＊山城国

出内閣本大乗院文書御参宮雑々　刊『鎌』
13-9369
語津
地泉木津, 幡田津

文永2年)11月9日　安倍親任書状案
　　　　　　　　　　　　　＊山城国

出内閣本大乗院文書御参宮雑々　刊『鎌』
13-9390
地泉木津

文永2年11月10日　興福寺公文所下文案
　　　　　　　　　　　　　＊山城国

出内閣本大乗院文書御参宮雑々　刊『鎌』
13-9391
語幡田津沙汰人
地幡田津

文永2年11月10日　興福寺公文所下文案
　　　　　　　　　　　　　＊山城国

出内閣本大乗院文書御参宮雑々　刊『鎌』
13-9392
語木津木屋
地泉木津

文永2年11月13日　興福寺公文所下文案
　　　　　　　　　　　　　＊山城国

出内閣本大乗院文書御参宮雑々　刊『鎌』
13-9397
地泉木津

文永2年11月13日　興福寺公文所下文案
　　　　　　　　　　　　　＊山城国

出内閣本大乗院文書御参宮雑々　刊『鎌』
13-9398

文永2年

語船寄

文永2年11月14日　興福寺公文所下文案
　　　　　　　　　　　　　＊山城国

出内閣本大乗院文書御参宮雑々　刊『鎌』
13-9400
語幡田津沙汰人
地幡田津

文永2年11月14日　興福寺公文所下文案
　　　　　　　　　　　　　＊山城国

出内閣本大乗院文書御参宮雑々　刊『鎌』
13-9401
語木津木守
地木津

文永2年」11月19日　六波羅施行状
　　　　　　　　　　　　　＊備前国

出九条家文書　刊『鎌』13-9406,『図書寮叢刊　九条家文書5』116頁
地小豆島

文永2年11月20日　興福寺公文所下文案
　　　　　　　　　　　　　＊山城国

出内閣本大乗院文書御参宮雑々　刊『鎌』
13-9408
地泉木津

文永2年11月20日　筑前金生封米送文
　　　　　　　　　　　　　＊筑前国

出東大寺所蔵倶舎論第5巻抄裏文書　刊
『鎌』13-9409
語梶取

文永2年11月　若狭国惣田数帳写
　　　　　　　　　　　　　＊若狭国

出東寺百合文書ユ　刊『鎌』13-9422,『若狭国太良荘史料集成1』117頁

文永2年
🟥語浦,浦々刀禰給
🟥地菅浜浦,田井浦,能登浦(乃登浦),恒貞浦,宮河保,友次浦,日向浦,丹生浦,賀尾浦,西津庄,堅海村,阿納浦,三方浦,志積,馬背片波,多烏,小浜,前河庄

文永2年12月3日　興福寺公文所下文
　　　　　　　　　　　　　　＊山城国

🟥出内閣本大乗院文書御参宮雑々　🟥刊『鎌』13-9427
🟥地木津北河原

文永2年12月8日　兀庵普寧書状
　　　　　　　　　　　　＊肥前国,中国

🟥出赤星鉄馬氏旧蔵文書　🟥刊『鎌』13-9433
🟥地平戸,天童
🟥備日付は「仏成道日」とある。天童は中国浙江省天童山阿育王寺のことか

文永2年12月13日　大見政家譲状
　　　　　　　　　　　　　　＊越後国

🟥出越後大見水原文書　🟥刊『鎌』補3-1599
🟥地西黒河,舟原,山口田尻江,菅淵

文永2年12月24日　若狭志積浦刀禰職補任状
　　　　　　　　　　　　　　＊若狭国

🟥出若狭安倍武雄氏文書　🟥刊『鎌』13-9472,『福井県史　資料編9』3頁
🟥語浦,刀禰職
🟥地志積浦

文永2年12月24日　若狭志積浦刀禰職安堵状
　　　　　　　　　　　　　　＊若狭国

🟥出若狭安倍武雄氏文書　🟥刊『鎌』13-9473,『福井県史　資料編9』4頁
🟥語浦,刀禰職
🟥地志積浦

文永2年12月　近江葛川常住并住人等重申状案
　　　　　　　　　　　　　　＊近江国

🟥出近江葛川明王院文書　🟥刊『鎌』13-9479,『葛川明王院史料』46頁,『編年差別史資料集成3』461頁
🟥語数百艘船,造船,漁船,狩漁,盗漁
🟥地葛川
🟥綱葛川常住・住人等,伊香立庄百姓より,御殿御滝山に乱入し,往古の大木を伐り,数百艘の漁船を造ると訴えらるるも,不実なりと陳ず◆常住,狩漁の事は,住人等中に盗漁の輩あるも,見及ぶに随い制止を加うるものにして,常住の所犯に非ずと陳ず

文永2年12月　小槻有家下文写　＊常陸国

🟥出常陸吉田神社文書　🟥刊『鎌』13-9480,『茨城県史料　中世2』263頁
🟥地河崎

文永2年」　成信書状追而書

🟥出山城八坂神社文書　🟥刊『鎌』13-9481,『八坂神社文書　下』998頁
🟥語御さかな(魚)二寸

文永2年　日蓮書状　＊相模国,武蔵国

🟥出日蓮聖人遺文　🟥刊『昭和定本日蓮聖人遺文1』351頁
🟥語関米,橋
🟥地飯島の津,六浦
🟥綱極楽寺の良観上人は,飯島の津にて六浦の関米を取りては諸国の道を作り,七道に木戸を構えて人別銭を取りては諸河に橋を渡す

文永3年1月　地鎮祭供物日記　＊下総国

出下総香取神宮文書　刊『鎌』13-9494,『千葉県史料　中世編　香取文書』8頁

語鰹五十連

文永3年2月8日　筑前金生封米年貢送文　＊筑前国

出東大寺所蔵倶舎論第5巻抄裏文書　刊『鎌』13-9501

語梶取

文永3年4月9日　関東下知状　＊安芸国

出小早川家文書椋梨家什書2　刊『鎌』13-9521,『大日本古文書　小早川家文書1』90頁

語洪水,塩入堤,海賊

地沼田河

網小早川茂平,沼田新庄住人の海賊となりて御物を取るを御教書に随い沙汰する旨主張す

文永3年5月19日　筑前金生封米送文　＊筑前国

出東大寺所蔵倶舎論第5巻抄紙背文書　刊『鎌』13-9535

語梶取

文永3年6月10日　行日〈二階堂行久〉譲状　＊相模国

出二階堂文書　刊『鎌』13-9541,『神奈川県史　資料編1』717頁

地吉田島

文永3年6月10日　行日〈二階堂行久〉譲状　＊相模国

出二階堂文書　刊『鎌』13-9542,『神奈川県史　資料編1』717頁

語浜倉

文永3年6月　肥前国郡郷検注帳案　＊肥前国

出肥前龍造寺家文書　刊『鎌』13-9547,『佐賀県史料集成3』157頁

語河上宮

地かんさき(神崎),なか島(中島),杵島北郷

文永3年7月1日　蓮仏田地処分状　＊摂津国

出摂津久安寺文書　刊『鎌』13-9549

地豊島北条

文永3年7月13日　源重朝〈佐々木加地重朝〉譲状　＊越後国

出出羽中条家文書(山形大学所蔵)　刊『鎌』13-9553,『新潟県史　資料編4』358頁

語かたはた(潟端),かたのをき(潟の沖)

地みのうら(箕浦)

文永3年7月29日　源房所領譲状案　＊肥前国

出肥前有浦文書　刊『鎌』13-9555,『改訂松浦党有浦文書』33頁

語海,湊堺,浜

地松浦西郷,大鞆中浜,塩津留

備『鎌』には「大鞆中浜」と読む地名があるが,「大鞆中尾」の誤り

文永3年8月16日　弓削島庄領家方年貢大俵中俵塩等送進状案　＊伊予国

出東寺百合文書リ　刊『日本塩業大系　史料編古代・中世　補遺』10頁,『愛媛県史　資料編古代・中世』270頁,『鎌倉遺文研究』4・83頁

文永3年
　語 御年貢大俵塩, 和布荒(ママ), 梶取
　地 弓削島

文永3年8月22日　若狭太良荘早米支配状　＊若狭国
　出 東寺百合文書は　刊『鎌』13-9560
　語 国津定

文永3年8月26日　関東下知状案　＊肥前国
　出 薩藩旧記4 権執印文書　刊『鎌』13-9561,『九州荘園史料叢書11』19頁,『鹿児島県史料旧記雑録前編1』217頁
　地 長島庄

至元3年8月　蒙古国牒案　＊中国, 朝鮮
　出 東大寺尊勝院文書　刊『鎌』13-9564
　語 大蒙古国, 高麗
　地 大蒙古国, 高麗

文永3年10月　山城拝師荘田代注進状　＊山城国
　出 東寺百合文書カ17, 白河本東寺文書81　刊『鎌』13-9587,『鎌倉遺文研究』2・52頁
　地 上津島

文永3年11月23日　筑前金生封年貢米送文　＊筑前国
　出 東大寺所蔵倶舎論第5巻抄紙背文書　刊『鎌』13-9596
　語 梶取

文永3年11月　尊信置文案　＊越前国
　出 内閣文庫所蔵大乗院文書三箇御願料所等指事　刊『鎌』13-9600
　地 河口庄

文永3年11月　東大寺衆徒申状案　＊摂津国
　出 東大寺文書(1-15-185)　刊『鎌』13-9602,『尼崎市史4』365頁,『神戸市史　資料1』111頁,『編年差別史料集成3』466頁
　語 捕魚之課役, 諸国浦浦引網垂釣之所職, 捕魚之輩, 大物・尼崎両浜開発地主
　地 大物・尼崎両浜, 長洲庄
　綱 長洲庄は東大寺領なれど, 諸国浦々引網垂釣の所職・捕魚の課役に至りては鴨社の供祭に備進す◆大物・尼崎の浜は, 猪名為末を開発地主として出来す

文永3年12月11日　関東下知状　＊武蔵国
　出 常陸税所文書　刊『鎌』13-9609,『茨城県史料　中世編1』375頁
　地 長浜郷内赤洲村

文永3年12月13日　中原光氏下文写　＊河内国, 和泉国
　出 肥後阿蘇品家文書　刊『鎌』13-9610,『中世鋳物師史料』208頁,『編年差別史料集成3』467頁
　語 鎮西往廻惣官代職, 廻船下向之鋳物師并土鋳物師, 隠鋳物師
　地 塩穴, 境, 石津
　綱 河内国日置・金田・長曽禰三ヶ所は右方鋳物師の所属にして, この他廻船鋳物師・土鋳物師は皆左方なり◆和泉国塩穴・境・石津の隠鋳物師も左方として同じく沙汰すべし◆廻船鋳物師・土鋳物師を掠奪せる範時・国清等の乱行を退け, 平友房をして鋳物師惣官代職の所務を全うせしむ

文永3年12月　出雲氏女万寿田畠売券
　　　　　　　　　　　　　　＊摂津

　出摂津勝尾寺文書　刊『鎌』13-9632,『箕面市史　史料編1』174頁
　地豊島北条

文永4年1月20日　玄海寄進状

　出山城万寿寺文書　刊『鎌』13-9641
　地えのきつ(榎津？)

文永4年2月8日　散位某奉書　＊摂津国

　出山城三鈷寺文書　刊『鎌』13-9647
　地生島庄

文永4年2月28日　筑前金生封年貢米送文　＊筑前国

　出東大寺所蔵倶舎論第5巻抄裏文書　刊『鎌』13-9653
　語梶取

文永4年)3月14日　神主泰道廻文
　　　　　　　　　　　　　　＊大和国

　出中臣祐賢記文永4.3.8条　刊『鎌』13-9658,『増補続史料大成48』11頁
　地水屋河(水谷河)

文永4年3月5日　大隅祢寝院村々置役注文　＊大隅国

　出大隅志々目文書　刊『鎌』13-9659,『鹿児島県史料　旧記雑録拾遺家わけ6』235頁
　地浜田

文永4年3月5日　道意〈藤原義宗〉置文案　＊大隅国

　出大隅志々目文書　刊『鎌』13-9660,『鹿児島県史料　旧記雑録拾遺家わけ6』235頁,『志々目家文書』1頁,『鹿大史学』14・3頁

　地鳥浜,神河,浜田村

文永4年3月12日　春日社大工国久注進状　＊大和国

　出中臣祐賢記文永4.3.13条　刊『鎌』13-9661,『増補続史料大成48』12頁
　地水屋河

文永4年)3月18日　神主祐賢請文
　　　　　　　　　　　　　　＊大和国

　出中臣祐賢記文永4.3.18条　刊『鎌』13-9671,『増補続史料大成48』15頁
　地長川庄

文永4年)3月18日　顕長請文　＊大和国

　出中臣祐賢記文永4.3.19条　刊『鎌』13-9672,『増補続史料大成48』16頁
　地水屋河

文永4年)3月19日　中臣祐盛廻文
　　　　　　　　　　　　　　＊大和国

　出中臣祐賢記文永4.3.19条　刊『鎌』13-9673,『増補続史料大成48』16頁
　地水屋河

文永4年)3月22日　泰道廻文　＊大和国

　出中臣祐賢記文永4.3.22条　刊『鎌』13-9676,『増補続史料大成48』17頁
　地水屋河

文永4年)4月2日　泰道廻文　＊大和国

　出中臣祐賢記文永4.4.2条　刊『鎌』13-9686,『増補続史料大成48』19頁
　地水屋河

文永4年)4月3日　関白〈一条実経〉御教書　＊大和国

　出中臣祐賢記文永4.4.3条　刊『鎌』13-

文永4年
9687,『増補続史料大成48』20頁
地 水屋河

文永4年)4月3日　春日社司添状
　　　　　　　　　　　　　　＊大和国

　出 中臣祐賢記文永4.4.3条　刊『鎌』13-9688,『増補続史料大成48』20頁
　地 水屋河

文永4年)4月5日　春日社司言上状
　　　　　　　　　　　　　　＊大和国

　出 中臣祐賢記文永4.4.5条　刊『鎌』13-9689,『増補続史料大成48』20頁
　地 水屋河

文永4年)4月5日　春日社司言上状
　　　　　　　　　　　　　　＊大和国

　出 中臣祐賢記文永4.4.5条　刊『鎌』13-9690,『増補続史料大成48』21頁
　地 水屋河

文永4年)4月5日　春日社司請文
　　　　　　　　　　　　　　＊大和国

　出 中臣祐賢記文永4.4.5条　刊『鎌』13-9691,『増補続史料大成48』21頁
　地 水屋河

文永4年)4月6日　泰道廻文　＊大和国

　出 中臣祐賢記文永4.4.6条　刊『鎌』13-9692,『増補続史料大成48』22頁
　地 水屋河

文永4年)4月7日　泰道廻文　＊大和国

　出 中臣祐賢記文永4.4.7条　刊『鎌』13-9693,『増補続史料大成48』22頁
　地 水屋河

文永4年)4月12日　藤原長者〈一条実経〉宣　　　　　　　　　＊大和国

　出 中臣祐賢記文永4.4.18条　刊『鎌』13-9699,『増補続史料大成48』24頁
　地 水屋河

文永4年4月24日　関東下知状　＊相模国

　出 二階堂文書　刊『鎌』13-9702
　地 吉田島

文永4年5月20日　筑前金生封年貢米送文　　　　　　　　　　＊筑前国

　出 東大寺所蔵倶舎論第5巻抄裏文書　刊『鎌』13-9709
　語 梶取

文永4年5月20日　筑前金生封年貢米送文　　　　　　　　　　＊筑前国

　出 東大寺所蔵倶舎論第5巻抄裏文書　刊『鎌』13-9710
　語 梶取

文永4年6月4日　紀伊国十津川十八郷山民等起請文案　　　　　＊紀伊国

　出 高野山文書宝簡集48　刊『鎌』13-9720,『大日本古文書　高野山文書2』15頁,『編年差別史資料集成3』477頁
　地 十津川,野川,中津川

文永4年)8月11日　石塚寂然請文
　　　　　　　　　　　　　　＊肥前国

　出 肥前深堀家文書　刊『鎌』13-9750,『佐賀県史料集成4』45頁,『九州荘園史料叢書7』14頁
　語 山船所出物
　地 切杭高浜

文永4年

文永4年9月18日　伊予弓削島荘年貢塩送文案
　　　　　　　　　　　　　　　　＊伊予国

出東寺百合文書リ　刊『日本塩業大系　史料編古代・中世　補遺』9頁,『愛媛県史　資料編古代・中世』269頁,『鎌倉遺文研究』5・76頁
語大俵塩,中俵塩,荒和布
地弓削島

文永4年9月19日　六波羅御教書案
　　　　　　　　　　　　　　　　＊肥前国

出肥前深堀家文書　刊『鎌』13-9767,『佐賀県史料集成4』46頁,『大宰府・太宰府天満宮史料8』127頁,『九州荘園史料叢書7』16頁
語戸町浦地頭
地戸町浦,杉浦

文永4年9月　長洲荘畠地沙汰人補任状案
　　　　　　　　　　　　　　　　＊摂津国

出東大寺薬師院文書(薬-1-15)　刊『兵庫県史　史料編中世5』32頁
地長洲庄

至元4年9月　高麗国書案　＊朝鮮

出東大寺尊勝院文書　刊『鎌』13-9770
語高麗
地高麗

文永4年9月　賢俊畠地宛行状案
　　　　　　　　　　　　　　　　＊摂津国

出大和薬師院文書　刊『鎌』13-9772
地長洲庄

文永4年10月10日　左衛門尉某書下
　　　　　　　　　　　　　　　　＊近江国

出近江長命寺文書　刊『鎌』13-9780
語網人,網庭

文永4年10月23日　重兼相博状案
　　　　　　　　　　　　　　　　＊薩摩国

出薩摩新田神社文書　刊『鎌』13-9785
語ふね(船),つれう(津料)
綱相博せる園々の前に船の着きたる時は、先例に任せ、津料を収取すべし

文永4年10月27日　関東下知状　＊相模国

出山内首藤家文書　刊『鎌』13-9788,『大日本古文書　山内首藤家文書』7頁
地早河庄

文永4年10月29日　友員園相博状
　　　　　　　　　　　　　　　　＊薩摩国

出薩藩旧記7水引執印文書　刊『鎌』13-9791,『鹿児島県史料　旧記雑録前編1』261頁,『鹿児島県史料3』58頁
語ふね(船),つれう(津料)

文永4年10月　伊予弓削島荘運上物支配状
　　　　　　　　　　　　　　　　＊伊予国

出東寺百合文書外　刊『鎌』13-9794,『日本塩業大系　史料編古代・中世1』106頁,『愛媛県史　資料編古代・中世』270頁
地弓削島

文永4年11月7日　深堀蓮生〈行光〉地頭職譲状案
　　　　　　　　　　　　　　　　＊肥前国

出肥前深堀家文書　刊『鎌』13-9798,『佐賀県史料集成4』47頁,『九州荘園史料叢書7』16頁
語戸八浦地頭職
地戸八浦

文永4年)12月5日　日蓮書状
　　　　　　　　　　　　　　　　＊中国,天竺,朝鮮

出日蓮聖人遺文　刊『鎌』13-9811,『昭和定

文永4〜5年

出本日蓮聖人遺文1』414頁
語唐,天竺,震旦,百済国,隋
地唐,天竺,震旦,百済国,隋

文永4年12月18日　紀伊南部荘年貢米送文
＊紀伊国

出高野山文書続宝簡集20　刊『鎌』13-9822,『大日本古文書　高野山文書2』436頁
語船祭,船賃,水手粮料,梶取

文永4年12月24日　建部清綱譲状案
＊大隅国

出大隅池端文書　刊『鎌』13-9835,『鹿児島県史料　旧記雑録拾遺家わけ1』459頁,『九州史料叢書　禰寝文書1』54頁
語小河,大河,海
地大浦

文永5年1月29日　筑前金生封年貢米送文
＊筑前国

出東大寺所蔵倶舎論第5巻抄裏文書　刊『鎌』13-9844
語梶取

至元5年)1月　高麗国牒状案
＊朝鮮,中国

出大和尊勝院文書　刊『鎌』13-9845
語高麗,大蒙古国,貴国往来人,航海〈フナワタシ〉
地高麗,大蒙古国

文永5年閏1月9日　舜算水田売券
＊紀伊国

出高野山文書続宝簡集6　刊『鎌』13-9852,『大日本古文書　高野山文書2』260頁
地アラカハ(荒川)

文永5年2月27日　関東御教書　＊中国

出新式目　刊『鎌』13-9883,『中世法制史料集1』227頁
語蒙古人
地蒙古

文永5年3月15日　相秀書状

出壬生家文書　刊『鎌』13-9889
語異国御祈
備『鎌』14-10600・10601と同文

文永5年4月5日　日蓮書状　＊中国

出日蓮聖人遺文　刊『鎌』13-9911,『昭和定本日蓮聖人遺文1』421頁
語大蒙古国国書
地大蒙古国

文永5年4月22日　筑前金生封米送文
＊筑前国

出東大寺所蔵倶舎論第5巻抄裏文書　刊『鎌』13-10235
語梶取

文永5年4月28日　色部公長譲状
＊越後国

出出羽色部文書　刊『鎌』13-10238,『新潟県史　資料編4』6頁
地あをしま(粟島ヵ)

文永5年7月2日　官宣旨

出石清水文書　刊『鎌』13-10271,『大日本古文書　石清水文書2』254頁,『石清水八幡宮史5』411頁
語異国,異国降伏

文永5年8月21日　日蓮書状　＊中国

出日蓮聖人遺文　刊『鎌』13-10293,『昭和定

128

文永5年

本日蓮聖人遺文1』424頁
語 大蒙古国牒状, 西戎之人
地 大蒙古国

文永5年8月　駿河実相寺衆徒愁状
＊駿河国

出 駿河北山本門寺文書　刊『鎌』13-10298,『編年差別史資料集成3』477頁
語 魚, 引網取魚不法, 網
地 富士河
綱 実相寺衆徒等、駿河実相寺院主代の潅頂堂閼伽井にて魚を洗う等の仏法破滅の行為を訴う◆実相寺衆徒等、同じく富士河にて網を引き、祓土沢にて池を干し、魚を捕らうるを訴う

文永5年9月24日　播磨大部荘米送文
＊播磨国

出 弘文荘待賈書目37号　刊『鎌』13-10305
語 干鯛拾喉

文永5年10月11日　日蓮書状　＊中国

出 日蓮聖人遺文　刊『鎌』13-10307,『昭和定本日蓮聖人遺文1』426頁
語 西戎大蒙古国牒状, 蒙古人, 隋
地 大蒙古国, 隋

文永5年10月11日　日蓮書状　＊中国

出 日蓮聖人遺文　刊『鎌』13-10308,『昭和定本日蓮聖人遺文1』427頁
語 西戎大蒙古国牒状
地 大蒙古国

文永5年10月11日　日蓮書状　＊中国

出 日蓮聖人遺文　刊『鎌』13-10309,『昭和定本日蓮聖人遺文1』428頁
語 蒙古国牒状

地 蒙古国

文永5年10月11日　日蓮書状　＊中国

出 日蓮聖人遺文　刊『鎌』13-10310,『昭和定本日蓮聖人遺文1』429頁
語 蒙古国牒状, 蒙古国
地 蒙古国

文永5年10月11日　日蓮書状　＊中国

出 日蓮聖人遺文　刊『鎌』13-10311,『昭和定本日蓮聖人遺文1』430頁
語 蒙古国大兵
地 蒙古国

文永5年10月11日　日蓮書状　＊中国

出 日蓮聖人遺文　刊『鎌』13-10312,『昭和定本日蓮聖人遺文1』432頁
語 西戎大蒙古国簡牒, 江河, 大海, 蒙古国調伏秘法, 蒙古国退治大将
地 蒙古国

文永5年10月11日　日蓮書状　＊中国

出 日蓮聖人遺文　刊『鎌』13-10313,『昭和定本日蓮聖人遺文1』433頁
語 蒙古国簡牒
地 蒙古国

文永5年10月11日　日蓮書状　＊中国

出 日蓮聖人遺文　刊『鎌』13-10314,『昭和定本日蓮聖人遺文1』433頁
語 西戎大蒙古国牒状, 大蒙古国皇帝日本国王上書
地 大蒙古国

文永5年10月11日　日蓮書状　＊中国

出 日蓮聖人遺文　刊『鎌』13-10315,『昭和定本日蓮聖人遺文1』434頁

文永5～6年

🔲語大蒙古国皇帝
🔲地大蒙古国

文永5年10月11日　日蓮書状　＊中国

🔲出日蓮書人遺文　🔲刊『鎌』13-10316,『昭和定本日蓮聖人遺文１』436頁
🔲語蒙古国調伏
🔲地蒙古国

文永5年10月11日　日蓮書状　＊中国

🔲出日蓮書人遺文　🔲刊『鎌』13-10317,『昭和定本日蓮聖人遺文１』435頁
🔲語蒙古国簡牒
🔲地蒙古国

文永5年10月11日　日蓮書状　＊中国

🔲出日蓮書人遺文　🔲刊『鎌』13-10318,『昭和定本日蓮聖人遺文１』436頁
🔲語大蒙古国簡牒
🔲地大蒙古国

文永5年10月19日　大江光清譲状
　　　　　　　　　　　　＊陸奥国

🔲出陸奥新渡戸文書　🔲刊『鎌』13-10319,『岩手県中世文書　上』7頁
🔲地大浦のかう（大浦郷）

文永5年10月23日　亀山天皇逆修願文
　　　　　　　　　　　　＊中国

🔲出東大寺所蔵亀山殿御逆修願文　🔲刊『鎌』13-10322
🔲語漢,唐
🔲地漢,唐

文永5年11月13日　亀山天皇宣旨案
　　　　　　　　　　　　＊摂津国,紀伊国

🔲出壬生家文書　🔲刊『鎌』13-10329

🔲地柴島庄,秋津庄

文永5年12月　小野細川御作手重訴状
　　　　　　　　　　　　＊丹波国

🔲出山城神護寺文書　🔲刊『鎌』13-10347,『史林』26-1・147頁
🔲語播磨瀬赤尾橋
🔲地播磨瀬赤尾橋

戊辰（文永5）年末月　普寧書状　＊中国

🔲出長屋欽彌氏所蔵文書　🔲刊『鎌』13-10350
🔲語回唐
🔲地唐
🔲備普寧の帰国は文永2年(1265)。務州・温州に歴住

文永6年1月10日　蓮性〈深堀行光〉地頭職譲状案　　　　＊肥前国

🔲出肥前深堀家文書　🔲刊『鎌』14-10354,『佐賀県史料集成4』47頁,『九州荘園史料叢書7』17頁
🔲語戸町の浦の地頭職
🔲地戸町の浦

文永6年1月　若狭汲部浦・多烏浦両刀禰連署境注文案　　　　＊若狭国

🔲出若狭秦文書　🔲刊『鎌』14-10371,『小浜市史諸家文書編3』7頁
🔲語浦,浜,刀禰
🔲地西津御庄,汲部浦,多烏浦,衛浜,畳浦,真黒岐,動岐,阿納尾浦,矢代浦,葦浦,志積浦,佐島,手石浜,須那浦,泉浦,犬熊浦
🔲備『鎌』14-10372号の仮名書き文書と同文

文永6年1月　若狭多烏浦・汲部浦刀禰連署境注進状案　　　　＊若狭国

🔲出若狭秦文書　🔲刊『鎌』14-10372,『小浜市史

諸家文書編3』8頁
語うら(浦),はま(浜),とね(刀禰)
地にしつ御しやう(西津御庄),つるへ(汲部),たからす(多烏),ゑはま(衛浜),たたみうら(畳浦),大うら(浦),きたまくろさき(北真黒岐),たうさき(動岐),あのふうら(阿納尾浦),やしろうら(矢代浦),あしうら(葦浦),しつみうら(志積浦),さしま(佐島),いぬくまの(犬熊野)
備『鎌』14-10371号文書を仮名書きしたもの

文永6年2月14日　如円一切経勧進状
＊中国

出播磨円教寺本掲拾集　刊『鎌』14-10385
語海内海外之静謐,唐本一切経
地唐
綱公家武家の願、海内海外の静謐を祈る

文永6年2月16日　筑前金生封米送文
＊筑前国

出東大寺所蔵倶舎論第5巻抄裏文書　刊『鎌』14-10379
語梶取
地日あ津

文永6年2月16日　蒙古来使記録
＊中国,朝鮮,対馬国

出賜蘆文庫古文書所収称名寺文書　刊『鎌』14-10380
語蒙古人官人,同(蒙古)従人,高麗人,船,蒙古高麗使,渡海,蒙古牒,高麗牒,牒使
地蒙古,高麗,対馬島豊岐浦,唐,漢
綱蒙古官人・同従人・高麗人を乗せし船4艘、対馬島豊岐浦に着く

文永6年

文永6年2月　筑前宗像荘預所下文
＊筑前国

出筑前宗像神社文書　刊『鎌』14-10390,『宗像大社文書1』116頁,『宗像市史　史料編1』490頁,『福岡県史資料9』153頁
語宗像前大宮司氏重亡母張氏
地土穴・稲本・須恵三箇村

文永6年3月1日　日蓮書状　＊天竺,中国

出日蓮聖人遺文　刊『鎌』14-10392,『昭和定本日蓮聖人遺文1』437頁
語天竺,漢土
地天竺,漢土

文永6年3月8日　聖舜寄進田地所当并支配注文
＊摂津国

出摂津勝尾寺文書　刊『鎌』14-10394,『箕面市史　史料編1』179頁
地渡瀬

文永6年3月22日　紀伊南部荘年貢米下行定案
＊紀伊国

出高野山勧学院文書　刊『鎌』14-10400,『高野山文書1』229,379頁
語船祭,水手糧米人別四斗、六石,船賃四石,高瀬賃卅石,湊問料三石,山問料十二石
備本文書、文永6年3月22日観専譲状案と応永26年2月日南部庄年貢米下行目安の錯簡(『高野山文書1』135と164の錯簡)であり、語彙は応永文書からの抽出であるが、参考のために暫時掲げる

文永6年4月9日　皇太神宮庁宣案
＊伊勢国

出伊勢徴古文府　刊『鎌』14-10415
地大□国崎神戸

文永6年

文永6年4月21日　小槻有家申状案
　　　　　　　　　　　　　　＊加賀国

🏛壬生家文書　壬生家所領　刊『鎌』14-10416,『加能史料　鎌倉2』56頁,『図書寮叢刊　壬生家文書2』10頁
地北島保

文永6年4月　京都大番雑事注文案
　　　　　　　　　　　　　　＊若狭国

🏛東寺百合文書エ　刊『鎌』14-10432,『若狭国太良荘史料集成1』178頁
語干鯛

文永6年5月　日吉社十禅師宮補任状
　　　　　　　　　　　　　　＊近江国

🏛備後木下文書　刊『鎌』14-10445,『広島県史　古代中世資料編4』816頁
語市津関伯(泊)路次往反
備『広島県史』は出典を「木下文郎氏所蔵文書」とする

文永6年6月10日　安東蓮聖書状案
　　　　　　　　　　　　　　＊周防国

🏛蓬左文庫所蔵金沢文庫本斉民要術第8裏文書　刊『鎌』14-10449,金沢文庫編『金沢文庫古文書7』10頁
語山田二島□(御)年貢運送
地山田二島

文永6年7月20日　源留譲状案　＊肥前国

🏛肥前伊万里家文書　刊『鎌』14-10459,『松浦党関係史料集1』109頁,『佐賀県史料集成27』32頁,『平戸松浦家資料』134頁
語海夫(五島太平戸党・今富党・小浦党),船津,かまたのあは(蒲田網場),あをさきかいふ(海夫)

地五島太平戸,小浦,福島并伊万里のうら(浦),田平のうら(浦),あをさき(青崎),かまた(蒲田),うのゝ御くりや(宇野御厨),高松船津

文永6年8月12日　関東御教書　＊肥前国

🏛肥前深堀家文書　刊『鎌』14-10474,『佐賀県史料集成4』48頁,『九州荘園史料叢書7』17頁
語戸八郷内四箇所浦々
地戸八

文永6年8月28日　伊予弓削島荘領家方年貢塩送文案　　　　　　＊伊予国

🏛東寺百合文書リ　刊『鎌』補3-1609,『日本塩業大系　史料編古代・中世　補遺』11頁,『愛媛県史　資料編古代・中世』271頁
語大俵塩,中俵塩,梶取
地弓削島

文永6年8月　摂津勝尾寺住僧等申状案
　　　　　　　　　　　　　　＊朝鮮

🏛摂津勝尾寺文書　刊『鎌』14-10480,『箕面市史　史料編1』180頁
語百済
地百済

文永6年9月9日　藤原行方愁状案
　　　　　　　　　　　　　　＊近江国

🏛近江菅浦文書　刊『鎌』14-10491,『菅浦文書　上』94頁
語竹生島別当,菅浦惣追捕使職
地竹生島之内菅浦
備『鎌』26-19861(年代永仁6年と誤植)と重複文書

文永6年

文永6年)9月　日蓮書状

出 日蓮聖人遺文　刊『鎌』14-10505,『昭和定本日蓮聖人遺文1』440頁
語 日本国六十六箇国島二の大地

文永6年10月　近江伊香立荘官百姓等申状案　＊近江国

出 近江葛川明王院文書　刊『鎌』14-10508,『葛川明王院史料』49頁,『編年差別史資料集成3』488頁
語 魚鳥, 狩漁
綱 葛川住人等、妻子を帯し、魚鳥を集め、狩漁に及ぶ

文永6年10月　近江伊香立荘荘官百姓重申状　＊近江国

出 国会図書館所蔵葛川明王院文書　刊『鎌』14-10519,『葛川明王院史料』848頁・849頁,『編年差別史資料集成3』488頁
語 数百艘漁舟, 魚鳥, 狩漁
綱 葛川住人等、御前尾滝山に乱入し、往古の大木を伐り、数百艘の漁舟を作る風聞あるにより、伊香立荘荘民等件の山を巡検す◆浪人、近日行者に乞請し、漁舟五艘を作るというも、数千本の大木伐採の跡あり◆葛川男女の輩群集し、魚鳥を集め、剰え狩漁に及ぶ

文永6年11月4日　伊予弓削島塩手米請文案　＊伊予国

出 東寺百合文書ル　刊『鎌』補3-1610,『日本塩業大系　史料編古代・中世　補遺』14頁,『愛媛県史　資料編古代・中世』272頁
語 塩手米, 塩

文永6年11月　近江葛川常住并住人等申状案　＊近江国

出 近江葛川明王院文書　刊『鎌』14-10535,『葛川明王院史料』80頁
語 数百艘漁舟, 舟
綱 葛川住人等数百艘の漁舟を造りし風聞あるも、嘘言なり◆地主権現宝殿修造の時、桧皮葺等の作料として舟二・三艘造り上るは先例なり

文永6年11月　近江伊香立荘官百姓等重申状　＊近江国

出 国会図書館所蔵葛川明王院文書　刊『鎌』14-10536,『葛川明王院史料』851頁,『編年差別史資料集成3』491頁
語 数百艘漁舟, 魚鳥, 狩漁, 舟
綱 葛川住人等、漁舟を造り、桧皮葺等の作料に宛つるは、新儀の企てなり◆男女の輩群集し、魚鳥を集め、剰え狩漁に及ぶ◆狩漁に及ぶは、諸罪業の起こりなり

文永6年12月8日　日蓮立正安国論跋語　＊中国

出 日蓮聖人遺文　刊『鎌』14-10540,『昭和定本日蓮聖人遺文1』442頁
語 大蒙古国
地 大蒙古国

文永6年12月8日　駿河実相寺住僧等申状　＊駿河国

出 駿河北山本門寺文書　刊『鎌』14-10541,『静岡県史　史料編5』568頁
地 賀島庄, 須津庄

文永6～7年

文永6年12月20日　伊予弓削島荘塩送文案　＊伊予国

出東寺百合文書リ　刊『鎌』補3-1613,『日本塩業大系　史料編古代・中世　補遺』13頁,『愛媛県史　資料編古代・中世』271頁
語大俵塩,中俵塩,梶取
地弓削庄

文永6年12月20日　伊予弓削島荘年貢塩送文案　＊伊予国

出東寺百合文書リ　刊『鎌』補3-1614,『日本塩業大系　史料編古代・中世　補遺』12頁,『愛媛県史　資料編古代・中世』272頁
語大俵塩,中俵塩,荒和布,梶取
地弓削庄

文永6年12月22日　明久下知状　＊若狭国

出若狭秦文書　刊『鎌』14-10552,『小浜市史　諸家文書編2』9頁
語浦,両浦沙汰人

文永6年12月23日　東寺納所公文・預塩請取状案　＊伊予国

出東寺百合文書ヨ　刊『鎌』14-10554,『日本塩業大系　史料編古代・中世1』108頁,『愛媛県史　資料編古代・中世』272頁
語麦代塩,しお

文永6年12月27日　東巌慧安願文　＊中国

出山城正伝寺文書　刊『鎌』14-10557
語蒙古,蒙古怨賊,大海,海水
地蒙古

文永7年1月　日本国太政官牒
　　　　　　　　　　＊対馬国,朝鮮,中国

出本朝文集67　刊『鎌』14-10571

語異国船,高麗国使人,蒙古国牒,漢,唐
地対馬島伊奈浦,蒙古,高麗,漢,唐
綱9月17日,異国船(高麗船)1艘,対馬島伊奈浦に来着す◆高麗国役人,対馬島に定留す

文永7年2月3日　伊予弓削島荘年貢米納帳　＊伊予国

出東寺百合文書ル　刊『鎌』補3-1616,『日本塩業大系　史料編古代・中世　補遺』16頁,『愛媛県史　資料編古代・中世』274頁
語塩手
地弓削島

文永7年2月3日　伊予弓削島荘年貢米下行帳　＊伊予国

出東寺百合文書ル　刊『鎌』補3-1617,『日本塩業大系　史料編古代・中世　補遺』17頁,『愛媛県史　資料編古代・中世』274頁
語塩
地弓削島

文永7年2月8日　伊予弓削島荘年貢麦納帳　＊伊予国

出東寺百合文書と・ヨ　刊『鎌』13-10248,『日本塩業大系　史料編古代・中世1』107頁,同『補遺』18頁,『愛媛県史　資料編古代・中世』276頁,『鎌倉遺文研究』5・80頁
語中俵塩
地弓削島

文永7年2月8日　伊予弓削島荘麦未進注文　＊伊予国

出白河本東寺文書3,東寺百合文書ヨ　刊『鎌』14-10575,『日本塩業大系　史料編古代・中世1』109頁,『愛媛県史　資料編古代・

文永7年

中世』278頁,『鎌倉遺文研究』2・53頁
地弓削島
備『愛媛県史』『鎌倉遺文研究』は東寺百合文書ヨより採る

文永7年2月8日　伊予弓削島荘塩未進注文　＊伊予国

出白河本東寺文書38,東寺百合文書ヨ　刊『鎌』14-10576,『日本塩業大系　史料編古代・中世1』111頁,『愛媛県史　資料編古代・中世』277頁,『鎌倉遺文研究』2・54頁
語大俵塩,かきかうまつり(蠣神祭)代中俵塩
地弓削島
備『愛媛県史』『鎌倉遺文研究』は東寺百合文書ヨより採る

文永7年2月8日　伊予弓削島荘領家方内検取帳　＊伊予国

出東寺百合文書ル　刊『鎌』補3-1618,『日本塩業大系　史料編古代・中世　補遺』21頁,『愛媛県史　資料編古代・中世』274頁
地弓削島

文永7年2月8日　伊予弓削島所当米徴符注文　＊伊予国

出東寺百合文書ル　刊『鎌』補3-1619,『日本塩業大系　史料編古代・中世　補遺』23頁,『愛媛県史　資料編古代・中世』275頁
地弓削島

文永7年2月8日　伊予弓削荘内検目録　＊伊予国

出東寺百合文書ル　刊『鎌』補3-1620,『日本塩業大系　史料編古代・中世　補遺』22頁,『愛媛県史　資料編古代・中世』275頁

地弓削島

文永7年2月8日　弓削島庄大俵中俵塩未進注文　＊伊予国

出東寺百合文書ヨ　刊『日本塩業大系　史料編古代・中世　補遺』24頁,『愛媛県史　資料編古代・中世』277頁
語大俵塩,かきかうまつり(蠣神祭)代中俵塩
地弓削島,ひきの(比季野)

文永7年2月8日　弓削島荘麦未進注文　＊伊予国

出東寺百合文書ヨ　刊『愛媛県史　資料編古代・中世』278頁
地弓削島

文永7年2月　大宰府守護所牒　＊中国,朝鮮

出本朝文集67　刊『鎌』14-10588
語蒙古中書省之牒,高麗国,護送之船,海浜之漁者
地蒙古,高麗国
綱高麗国使等を護送の船を艤して(用意して)、彼らの政郷に至らしめんとす◆高麗牒使到着の時、海浜の漁者まず集まり、慮外の煩をなす

文永7年3月15日　相秀書状案

出壬生家文書　異国御祈文書　刊『鎌』14-10600,『図書寮叢刊　壬生家文書6』22頁
語異国御祈
備『鎌』13-9889・14-10601と同文

文永7年3月15日　相秀書状案

出壬生家文書　異国御祈文書　刊『鎌』14-10601,『図書寮叢刊　壬生家文書6』62頁

文永7年
- 語 異国御祈
- 備 『鎌』13-9889・14-10600と同文

文永7年3月24日　秦守高注進状
　　　　　　　　　　　　＊若狭国
- 出 若狭秦文書　刊 『鎌』14-10607,『小浜市史諸家文書編3』9頁
- 語 海,浦
- 地 多烏浦,西津
- 綱 在庁官人稲庭時貞のはからいにより、秦成重、家を賜り、海より取り渡して、多烏浦を立始む◆越中国の米、多烏浦に着くにより、文覚聖人、西津の片荘となす

文永7年3月24日　秦守高作畠注進状
　　　　　　　　　　　　＊若狭国
- 出 若狭秦文書　刊 『鎌』14-10608,『小浜市史諸家文書編3』10頁
- 語 浦
- 地 多烏浦

文永7年3月28日　豊前中津尾寺田畠注進状　　＊豊前国
- 出 豊前宮成家文書　刊 『鎌』14-10611,『大分県史料24』165頁
- 地 江島,河辺

文永7年3月　宮清弥勒寺領注進抜書
　　　　　　　　　　　　＊筑前国
- 出 菊大路家文書　刊 『鎌』14-10613
- 地 荒津

文永7年5月15日　亀山天皇綸旨案
　　　　　　　　　　　　＊山城国
- 出 東南院文書4-8　刊 『鎌』14-10627,『大日本古文書　東大寺文書3』25頁
- 地 古河庄

文永7年5月27日　東巌慧安敬白文
　　　　　　　　　　　　＊中国
- 出 山城正伝寺文書　刊 『鎌』14-10630
- 語 蒙古,両度牒使,蒙古牒使願文
- 地 蒙古
- 綱 蒙古辺州の人、妄に神国(日本)と敵対す

文永7年5月　隠岐国在庁田地寄進状
　　　　　　　　　　　　＊隠岐国
- 出 隠岐村尾家文書　刊 『鎌』14-10632
- 地 海部

文永7年6月13日　関東下知状　＊相模国
- 出 山内首藤家文書　刊 『鎌』14-10636,『大日本古文書　山内首藤家文書』37頁
- 地 早河庄

文永7年6月25日　定成犬丸方銭送文
　　　　　　　　　　　　＊豊前国
- 出 山城醍醐寺文書　刊 『鎌』14-10641,『大日本古文書　醍醐寺文書3』257頁
- 語 関,早米運上

文永7年7月12日　錦部行守等連署紛失状案　　＊肥前国
- 出 山城大徳寺文書　刊 『鎌』14-10646,『大日本古文書　大徳寺文書11』235頁
- 地 矢神浦
- 綱 八松六郎馬允行利、荘務のため肥前国矢神浦へ下向す

文永7年7月26日　後嵯峨上皇院宣案
　　　　　　　　　　　　＊山城国
- 出 東南院文書4-8　刊 『鎌』14-10656,『大日本古文書　東大寺文書11』24頁
- 地 古河庄

文永7年

文永7年)8月11日　脇袋範継書状
　　　　　　　　　　　　　＊若狭国

田東寺百合文書フ　刊『鎌』14-10667,『福井県史　資料編2』129頁
地宮川庄

文永7年8月14日　妙阿弥陀仏屋敷譲状
　　　　　　　　　　　　　＊山城国

田白河本東寺文書108　刊『鎌』14-10672
地塩小路

文永7年8月21日　乗実書状　＊伊予国

田東寺百合文書チ　刊『鎌』14-10676,『日本塩業大系　史料編古代・中世1』113頁,『愛媛県史　資料編古代・中世』278頁
語弓削島・新勅旨両所之預所職
地弓削島

文永7年8月25日　行忍〈色部公長〉譲状案
　　　　　　　　　　　　　＊越後国

田出羽色部文書　刊『鎌』14-10678,『新潟県史　資料編4』516頁
地荒河
備『新潟県史』の史料は古案記録草案より採る案の写

文永7年8月25日　行忍〈色部公長〉譲状案
　　　　　　　　　　　　　＊越後国

田出羽色部文書　刊『鎌』14-10679,『新潟県史　資料編4』517頁
地荒河
備『新潟県史』の史料は古案記録草案より採る案の写

文永7年8月25日　行忍〈色部公長〉譲状案
　　　　　　　　　　　　　＊越後国

田出羽色部文書　刊『鎌』14-10680,『新潟県史　資料編4』468頁
語粟島地頭職
地粟島

文永7年8月　安倍資俊免状

田山城海蔵院文書　刊『鎌』14-10689
地船岡

文永7年9月15日　乙啓奉書　＊肥前国

田肥前来島文書　刊『鎌』14-10693,『松浦党関係史料集1』112頁,『大宰府・太宰府天満宮史料8』159頁
語河海夫等本司職
地宇野御厨内大島
備『松浦党関係史料集』は「書状」とする

文永7年9月22日　藤原有信母譲状
　　　　　　　　　　　　　＊播磨国

田東寺百合文書ホ　刊『鎌』14-10696
地なへのうら

文永7年閏9月10日　関東下知状
　　　　　　　　　　　　　＊相模国

田相模相承院文書　刊『鎌』14-10698,『鎌倉市史　資料編1』146頁,『神奈川県史　資料編1』742頁
地［　　　］（岡津郷）

文永7年閏9月22日　紀伊南部荘年貢米送文
　　　　　　　　　　　　　＊紀伊国

田高野山文書続宝簡集20　刊『鎌』14-10701,『大日本古文書　高野山文書2』435頁
語船賃,水手粮料,船祭,梶取

文永7年

文永7年閏9月27日　犬丸方得分米送文案
*豊前国

田 山城醍醐寺文書　刊『鎌』14-10705,『大日本古文書　醍醐寺文書3』252頁
語 梶取,関米

文永7年閏9月　中原氏女重陳状
*若狭国

田 東寺百合文書ア　刊『鎌』14-10708
地 西津庄,宮河庄

文永7年10月7日　後嵯峨上皇願文
*中国

田 願文集2　刊『鎌』14-10710
語 梁,隋,漢,唐
地 梁,隋,漢,唐

文永7年10月15日　公重・成仏連署和与状案
*薩摩国

田 薩摩入来院文書　刊『鎌』14-10712,『入来文書』23頁
地 いちゐのかわ(川)

文永7年10月15日　渋谷公重和与状案
*薩摩国

田 薩摩入来院文書　刊『鎌』14-10713,『入来文書』48頁
地 いちゐのかわ(川)

文永7年10月26日　大珍田地売券
*紀伊国

田 高野山文書又続宝簡集35　刊『鎌』14-10717,『大日本古文書　高野山文書4』724頁
地 河南,安田島

文永7年11月15日　僧定成小河村米送文
*豊前国

田 山城醍醐寺文書　刊『鎌』14-10730,『大日本古文書　醍醐寺文書3』262頁
語 梶取,関米

文永7年11月15日　新三郎入道犬丸方預所米送文
*豊前国

田 山城醍醐寺文書　刊『鎌』14-10731,『大日本古文書　醍醐寺文書3』257頁
語 梶取,荒巻弐巻〈大めしろ,小さは(鯖)〉

文永7年11月15日　定成犬丸方預所米送文
*豊前国

田 山城醍醐寺文書　刊『鎌』14-10732,『大日本古文書　醍醐寺文書3』256頁
語 梶取,関米

文永7年11月15日　良正犬丸方預所米送文
*豊前国

田 山城醍醐寺文書　刊『鎌』14-10733,『大日本古文書　醍醐寺文書3』251頁
語 梶取

文永7年11月15日　定成犬丸方米送文
*豊前国

田 山城醍醐寺文書　刊『鎌』14-10734,『大日本古文書　醍醐寺文書3』250頁
語 梶取,関米

文永7年11月22日　近江奥島百姓等契状
*近江国

田 近江大島奥津島神社文書　刊『鎌』14-10738,『大嶋神社・奥津嶋神社文書』4頁
地 奥島

文永7〜8年

文永7年)11月28日　日蓮書状
　　　　　　　　　　　　　＊中国,朝鮮

　出 日蓮聖人遺文　刊『鎌』14-10742,『昭和定本日蓮聖人遺文1』458頁
　語 震旦,高麗,蒙古
　地 震旦,高麗,蒙古

文永7年12月3日　関東下知状　＊相模国

　出 相模相承院文書　刊『鎌』14-10745,『鎌倉市史　資料編1』147頁,『神奈川県史　資料編1』743頁
　地 岡津郷

文永7年12月3日　度会氏子戸田売券
　　　　　　　　　　　　　＊伊勢国

　出 伊勢光明寺文書　刊『鎌』14-10746
　地 宮崎

文永7年12月14日　関東下知状案
　　　　　　　　　　　　　＊越後国

　出 出羽色部文書　刊『鎌』14-10753,『越後国人領主色部氏史料集』175頁,『新潟県史　資料編4』469頁
　語 粟島地頭職
　地 粟島
　備『鎌』注記に「10762号同文案、25日に作る。姑く両存す。」とあり

文永7年12月21日　備後太田荘桑原方所務和与状　　　　　　　　　　＊備後国

　出 高野山文書宝簡集7　刊『鎌』14-10757,『大日本古文書　高野山文書1』84頁
　語 尾道浦津料魚貝
　地 尾道浦
　綱 尾道浦津料魚貝の事は、先の預所の時、停止せしめし故、今更相違あるべからず

文永7年12月22日　日蓮書状　＊中国

　出 日蓮聖人遺文　刊『鎌』14-10758,『昭和定本日蓮聖人遺文1』459頁
　語 蒙古の勘文
　地 蒙古

文永7年12月25日　関東御教書案
　　　　　　　　　　　　　＊越後国

　出 出羽色部文書　刊『鎌』14-10762
　語 粟島地頭職
　地 粟島
　備『鎌』注記に「10753号同文案、14日に作る。姑く両存す。」とあり

文永7年12月26日　清原清三郎田地売券
　　　　　　　　　　　　　＊備前国

　出 備前金山寺文書　刊『鎌』14-10764,『岡山県古文書集2』11頁
　地 津島郷

文永7年　日蓮書状　＊安房国,中国,天竺

　出 日蓮聖人遺文　刊『鎌』14-10760,『昭和定本日蓮聖人遺文1』477頁
　語 山人海人,震旦,天竺,隋
　地 震旦,天竺,隋
　綱 日蓮は安房国東条片海の石中の賤民が子なり

文永8年3月17日　清原清三郎田地売券
　　　　　　　　　　　　　＊備前国

　出 備前金山寺文書　刊『鎌』14-10802,『岡山県古文書集2』11頁
　地 津島郷

文永8年春月　兀菴自筆証状　＊中国

　出 郷誠之助氏所蔵文書　刊『鎌』14-10811

文永8年

語震旦

地震旦

文永8年4月2日　定成小河村用作米送文　　　　　　　　　　　＊豊前国

田山城醍醐寺文書　刊『鎌』14-10812,『大日本古文書　醍醐寺文書3』259頁

語梶取, 関米

文永8年4月2日　定成犬丸方預所得分米送文　　　　　　　　　　＊豊前国

田山城醍醐寺文書　刊『鎌』14-10813,『大日本古文書　醍醐寺文書3』258頁

語梶取, 関米

文永8年4月5日　良正犬丸方預所得分米送文　　　　　　　　　　＊豊前国

田山城醍醐寺文書　刊『鎌』14-10815,『大日本古文書　醍醐寺文書3』261頁

語梶取, 関米

文永8年4月5日　良正犬丸方預所得分米送文　　　　　　　　　　＊豊前国

田山城醍醐寺文書　刊『鎌』14-10816,『大日本古文書　醍醐寺文書3』262頁

語梶取, 関米

文永8年4月5日　犬丸方預所得分米送文　　　　　　　　　　　＊豊前国

田山城醍醐寺文書　刊『鎌』14-10817,『大日本古文書　醍醐寺文書3』260頁

語梶取, 関米

文永8年4月5日　良正犬丸方預所得分雑物送文　　　　　　　　　　＊豊前国

田山城醍醐寺文書　刊『鎌』14-10818,『大日本古文書　醍醐寺文書3』254頁

語梶取

文永8年4月　越中国石黒荘山田郷雑掌申状　　　　　　　　　　＊近江国

田蓬左文庫所蔵金沢文庫本斎民要術裏文書　刊『鎌』14-10825, 金沢文庫編『金沢文庫古文書　索引・追加』1頁

語御年貢運上船, 勝載物, 梶取丸, 梶取問丸, 堅田浦雑掌, 梶取

地堅田浦

綱安東蓮聖, 山門悪僧遅尋僧都と相語らい、近江国堅田浦において、越中国石黒荘内山田郷よりの重色御年貢運上船を定点す

文永8年5月7日　道智〈二階堂行氏〉置文案　　　　　　　　　　＊相模国, 伊勢国

田薩摩二階堂文書　刊『鎌』14-10828,『神奈川県史　資料編1』748頁

語島々, 船つく湊, ゑのきとの河流, 懐島与萩曽禰堺, 懐島与柳島堺, 島々, 船つく湊, 江, 島

地懐島, 柳島, ゑのきとの河流, 今切のうちの江

綱懐島と萩曽禰は、えのきとの河流をただして堺とす◆益田庄と深矢部郷山野堺につき、島々におきては嘉禄検注の取帳に付たる島の外は、惣庄に領知すべし◆益田庄と安永野堺につき、船つく湊は惣庄に沙汰すべし

備『鎌』補3-1622は本文書の写

文永8年5月11日　定成犬丸方麦送文　　　　　　　　　　　＊豊前国

田山城醍醐寺文書　刊『鎌』14-10832,『大日本古文書　醍醐寺文書3』259頁

語梶取

文永8年

文永8年5月25日　祭主〈大中臣定世〉下文　＊遠江国

出 公文抄　刊『鎌』14-10835
地 浜名神戸

文永8年5月　笠原信親所帯証文目録

出 蓬左文庫所蔵金沢文庫本斉民要術巻10裏文書　刊『鎌』14-10836,金沢文庫編『金沢文庫古文書　索引・追加』15頁
地 ］（富部ヵ）厨

文永8年7月18日　東巌慧安書状案　＊中国

出 山城正伝寺文書　刊『鎌』14-10851
語 大宋国
地 大宋国,径山

文永8年7月　備中新見荘作田惣目録　＊備中

出 白河本東寺文書187,東寺百合文書シ　刊『鎌』14-10857
語 御倉敷,船人給

文永8年8月23日　若狭太良荘早米支配状　＊若狭国

出 東寺百合文書は　刊『鎌』14-10864
語 国津定

文永8年9月13日　関東御教書　＊中国

出 肥後小代文書　刊『鎌』14-10873,『熊本県史料1』142頁,『福岡県史資料9』162頁,『中世法制史料集1』328頁,『大宰府・太宰府天満宮史料8』167頁,『増補訂正編年大友史料2』276頁
語 蒙古人,異国之防禦
地 蒙古

文永8年9月13日　関東御教書　＊中国

出 薩摩二階堂文書　刊『鎌』14-10874,『福岡県史資料9』162頁,『中世法制史料集1』411頁,『大宰府・太宰府天満宮史料8』168頁,『増補訂正編年大友史料2』277頁
語 蒙古人,異国之防禦
地 蒙古

文永8年9月15日　東巌慧安願文　＊中国,朝鮮,天竺

出 山城正伝寺文書　刊『鎌』14-10880
語 蒙古人,高麗,天竺,震旦
地 高麗,天竺,震旦,蒙古

文永8年9月21日　亀山天皇宣旨　＊朝鮮,中国

出 吉続記文永8.9.21条　刊『鎌』14-10882,『増補史料大成30』298頁
語 西蕃(高麗)之使介,北狄(蒙古)之陰謀,蒙古国
地 西蕃(高麗),蒙古国

文永8年9月21日　日蓮書状　＊相模国

出 日蓮聖人遺文　刊『鎌』14-10883,『昭和定本日蓮聖人遺文1』504頁
地 片瀬

至元8年9月25日　蒙古使趙良弼書状　＊中国

出 山城東福寺文書　刊『鎌』14-10884
語 大蒙古国
地 大蒙古国

文永8年)10月22日　日蓮書状
＊越後国,佐渡国,武蔵国,天竺,中国

出 日蓮聖人遺文,下総中山法華経寺文書

文永8年

刊『鎌』14-10907,『昭和定本日蓮聖人遺文1』512頁
語津,大海,天竺,唐土
地寺泊津,久目河宿,天竺,唐土
綱日蓮,10月10日相模国愛甲郡依智郷を起ち,12日を経て越後国寺泊津につく大海を亘り,佐渡国に至らんと欲するも,順風定まらざるゆえ,その期を知らず

文永8年)10月　日蓮書状
＊安房国,天竺,中国

出日蓮聖人遺文　刊『鎌』14-10912,『昭和定本日蓮聖人遺文1』510頁
語海辺,天竺,漢土,唐土
地天竺,漢土,唐土
綱日蓮は,日本国東夷東条安房国海辺の旃陀羅が子なり

文永8年11月19日　関東下知状　＊肥前国

出筑前宗像神社文書　刊『鎌』14-10918,『宗像市史　史料編1』497頁,『福岡県史資料9』161頁,『九州荘園史料叢書7』153頁
語浦
地伊佐早庄長野村内浦

文永8年11月23日　日蓮書状
＊越後国,中国

出日蓮聖人遺文　刊『鎌』14-10919,『昭和定本日蓮聖人遺文1』516頁
語漢土
地寺泊,漢土

文永8年11月25日　将軍〈惟康親王〉家政所下文案　＊肥前国

出肥前青方文書　刊『鎌』14-10920,『青方文書1』25頁

語肥前国平戸・河内・野崎・南黒島・小値賀島地頭職
地平戸・河内・野崎・南黒島・小値賀島

文永8年11月　関東御教書　＊出雲国

出出雲千家文書　刊『鎌』14-10922,『新修島根県史　史料編1』226頁
地木津御島,三津庄,比津村,平浜,長海本庄,長海新庄,比津村,来島庄
備本文書については,井上寛司「中世出雲国一宮杵築大社と荘園制支配」(『日本史研究』214)、網野善彦『日本中世史料学の課題』第一部第二章を参照されたい

文永8年11月　関東引付勘文　＊越後国

出蓬左文庫所蔵金沢文庫本斉民要術巻10裏文書　刊『鎌』14-10923,金沢文庫編『金沢文庫古文書　索引・追加』14頁
地石河庄,青海庄

文永8年12月6日　寛俊田地売券
＊紀伊国

出高野山文書続宝簡集65　刊『鎌』14-10932,『大日本古文書　高野山文書3』450頁
地小中島

文永8年12月10日　膳氏女田地売券
＊摂津国

出山城大徳寺文書　刊『鎌』14-10933,『大日本古文書　大徳寺文書11』198頁
地いしはし(石橋)

文永8年12月22日　若狭太良荘米支配状
＊若狭国

出東寺百合文書は　刊『鎌』14-10944
語助船ノ者

文永 8 年 12 月 29 日　若狭多烏浦立始次第注進状　＊若狭国

出 若狭秦文書　刊『鎌』14-10949,『小浜市史諸家文書編 3』11頁
語 浦, 十二所乃浦, 西津ノかた庄
地 ひるかの浦(日向浦), すな浦(須那浦), 田烏, 西津, つるへ(汲部)
綱 日向浦住人、日向浦を逃亡して須那浦を経、多烏浦を開発す◆安賀大上座、越中国般若野等の御米を積み、多烏浦につけるにより、文覚聖人同浦を西津のかた庄となす◆若狭国に十二所の浦と称する浦あり◆宮河地頭、多烏浦を沙汰せんとするも、多烏浦は全く応ぜず◆須那浦は昔は多烏領なり

文永 9 年 2 月 11 日　日蓮書状　＊佐渡国

出 日蓮聖人遺文　刊『鎌』14-10973,『昭和定本日蓮聖人遺文 1』522頁
語 島(佐渡)
地 島(佐渡)

文永 9 年 2 月 15 日　度会久弘塩浜譲状写　＊伊勢国

出 伊勢光明寺文書　刊『鎌』14-10976,『光明寺文書 2』107頁
語 塩浜
地 度会郡継橋郷塩浜

文永 9 年 2 月　鎌倉幕府免許旗章　＊若狭国

出 若狭秦文書　刊『鎌』14-10987,『小浜市史諸家文書編 3』16頁
語 浦, 船, 国々津泊関々
地 多烏浦
綱 多烏浦船徳勝に、国々津泊関々の煩を免ぜしむ

文永 9 年 2 月　若狭西津荘汲部浦山手塩取帳案　＊若狭国

出 若狭秦文書　刊『鎌』14-10988,『小浜市史諸家文書編 3』15頁
語 浦, 山塩, 塩
地 西津庄, 汲部浦, シミツウラ(志積浦), 多烏浦

文永 9 年 3 月 20 日　日蓮書状

出 日蓮聖人遺文　刊『鎌』14-10997,『昭和定本日蓮聖人遺文 1』610頁
語 魚, 池, 魚鳥, 井江, 河海
綱 魚は、命を惜しむ故に池にすむ◆魚、池の浅きことを歎きて池の底に穴を掘りてすむ◆魚、ゑにはかされて釣をのむ
備 綱文の「釣」は「鉤」の誤りか

文永 9 年 4 月 3 日　延時忠俊譲状

出 薩摩延時家文書　刊『鎌』14-11003,『鹿児島県史料　旧記雑録拾遺家わけ 6』504頁
語 異国の人襲来, 海路のならい
綱 平忠俊、異国の人襲来せしむべきの間、大宰府に上りてやく所をうけとりて、勤仕せしむ

文永 9 年 4 月 13 日　日蓮書状　＊佐渡国, 天竺

出 日蓮聖人遺文　刊『鎌』14-11010,『昭和定本日蓮聖人遺文 1』620頁
語 此島(佐渡島), 辺土の小島, 遠国島, 天竺
地 佐渡島, 天竺

文永 9 年 4 月　日蓮書状　＊中国

出 日蓮聖人遺文　刊『鎌』14-11011,『昭和定本日蓮聖人遺文 1』632頁

文永9年

語唐国
地唐国

文永9年5月4日　越前河口荘上分請取状
　　　　　　　　　　　　　　　＊越前国

出中臣祐賢記文永9.5.4条　刊『鎌』14-11027,『増補続史料大成48』112頁
語若布二帖,苔二巻
地河口御庄

文永9年）5月5日　日蓮書状　＊天竺

出日蓮聖人遺文　刊『鎌』14-11026,『昭和定本日蓮聖人遺文1』638頁
語天竺
地天竺

文永9年5月10日　関東下知状案
　　　　　　　　　　　　　　　＊肥前国

出肥前青方文書　刊『鎌』14-11029,『青方文書1』26頁
語小値賀島内浦部島地頭職
地小値賀島内浦部島
備同文の文書が『青方文書1』に他に3点あり,うち1点は前欠

文永9年」5月17日　覚恵〈少弐資能〉覆勘状
　　　　　　　　　　　　　　　＊筑前国

出薩藩旧記7延時氏文書　刊『鎌』14-11034,『鹿児島県史料　旧記雑録前編1』276頁
語異国警固,博多津番役
地博多津

文永9年5月25日　日蓮書状　＊佐渡国

出日蓮聖人遺文　刊『鎌』14-11040,『昭和定本日蓮聖人遺文1』641頁
語海人,山海,海賊,とまりとまり(泊々)

綱海人は魚をとるに巧みなり

文永9年）7月25日　覚恵〈少弐資能〉覆勘状
　　　　　　　　　　　　　　　＊筑前国

出薩摩比志島文書　刊『鎌』15-11068
語異国警固,博多津番役
地博多津

文永9年7月26日　某下知状写　＊若狭国

出若狭秦文書　刊『鎌』15-11071,『小浜市史　諸家文書編3』16頁
語うミ
地つるへ(汲部),たからす(多烏)

文永9年7月29日　某袖判下文　＊遠江国

出遠江蒲神明宮文書　刊『鎌』15-11075,『静岡県史　資料編5』577頁,『静岡県史料5』827頁
語蒲御厨検校
地蒲御厨

文永9年8月13日　紀伊国阿弖河荘上村逃亡跡注進状　＊紀伊国

出高野山文書又続宝簡集78　刊『鎌』15-11083,『大日本古文書　高野山文書6』479頁
地かけはし(橋)

文永9年8月25日　将軍〈惟康親王〉家政所下文　　　　　　　　　　　　　　　＊越後国

出出羽安田文書　刊『鎌』15-11091,『新潟県史　資料編4』235頁
地白河庄

文永9年8月　本願禅尼〈源実朝室〉置文
　　　　　　　　　　　　　　　＊伊予国,紀伊国

出大通寺文書　刊『鎌』15-11093,『愛媛県史

文永9年

資料編古代・中世』279頁
地 新居庄,紀州ゆあさ(湯浅)

文永9年9月3日　筑前宗像太神宮神官等連署起請文

出 筑前宗像神社文書　刊『鎌』15-11095,『宗像市史　史料編1』501頁,『福岡県史資料9』166頁
語 異国之大将

文永9年9月13日　某袖判下文　＊若狭国

出 若狭秦文書　刊『鎌』15-11099,『小浜市史　諸家文書編3』16頁
語 とね(刀禰)
地 つるへ(汲部),たからす(多鳥)

文永9年9月13日　越前河口荘上分絹綿請取状　＊越前国

出 中臣祐賢記文永9.9.11条　刊『鎌』15-11101,『増補続史料大成48』129頁
地 河口御庄

文永9年9月19日　了遍書状案　＊伊予国

出 白河本東寺文書38,東寺百合文書ヨ　刊『鎌』15-11102,『日本塩業大系　史料編古代・中世1』114頁,『愛媛県史　資料編古代・中世』282頁
地 弓削島
備『愛媛県史』は東寺百合文書ヨより採る

文永9年9月27日　伊予弓削島百姓等起請文　＊伊予国

出 東寺百合文書と　刊『鎌』15-11105,『日本塩業大系　史料編古代・中世1』114頁,『愛媛県史　資料編古代・中世』282頁
地 弓削島

文永9年10月9日　豊前門司六ヶ郷惣田数注文写　＊豊前国

出 筑前甲宗八幡神社文書　刊『鎌』15-11117,『門司市史』28頁
語 浦,関
地 田池浦,門司関
備『鎌』は出典を「豊前甲佐神社文書」とするが、東大史料編纂所影写本では「甲宗八幡神社文書」に収められている

文永9年11月11日　前陸奥守下文写　＊中国

出 大倉氏採集文書右田家文書　刊『鎌』15-11143
語 海洋,蒙古合戦
地 蒙古
備『鎌』注記に「本文書,疑文書なるも、参考のため掲ぐ」とあり

文永9年11月12日　平たゝなか譲状案

出 薩摩指宿益臣家文書　刊『鎌』15-11144,『鹿児島県史料　旧記雑録前編1』277頁
語 かゝい(河海)

文永9年12月12日　関東下知状　＊下総国,伊豆国

出 伊豆伊豆山神社文書　刊『鎌』15-11156,『静岡県史　資料編5』578頁
語 走湯山灯油料船梶取,下総国神崎関手,関々泊々津々沙汰人,走湯山五堂灯油料船五拾艘内意鏡房船
地 神崎
綱 伊豆走湯山五堂灯油料船五十艘は、治承五年の下文により、関・泊・津の煩を免ぜらる◆灯油料船の梶取等、下総神崎にて千葉

文永9～10年
為胤に関手を取らる◆この梶取等は、走湯山に灯油を勤仕する役者なれば、関手を弁うべからざる旨を主張す◆幕府、灯油料船の関手免除を下知す

文永9年12月18日　関東下知状案
＊肥前国

田肥前武雄市教育委員会蔵感状写　刊『鎌』15-11162,『松浦党関係史料集1』116頁
地宇野御厨内保々木・紐差・池浦

文永9年)12月26日　定宴書状　＊近江国

田東寺百合文書ヱ　刊『鎌』15-11168,『若狭国太良荘史料集成1』297頁
地古津
綱太良荘未進米を古津へ出すも、綱丁男所労を仕りて運上遅延す

文永9年　薩摩谷山郡水田取帳写
＊薩摩国

田薩摩山田文書　刊『鎌』14-10996
語大浦田

文永9年　日蓮書状　　　＊中国

田日蓮聖人遺文　刊『鎌』15-11173,『昭和定本日蓮聖人遺文1』660頁
語魚,海王,大海,漢土,月支,震旦
地いはをが島(硫黄島),漢土,月支,震旦

文永9年　山城国高神社造営流記
＊山城国

田山城高神社文書　刊『鎌倉遺文研究』9・111頁
語魚四,魚食,棹船,江海,入海,船賃〈百廿文〉
綱棹船は江海を渡すと雖も、入海難風の危を免かる

文永10年3月29日　金沢実時書状
＊武蔵国

田金沢文庫文書　刊『鎌』15-11221,金沢文庫編『金沢文庫古文書7』13頁,『六浦瀬戸橋』(神奈川県立金沢文庫図録)53頁,『編年差別史資料集成3』515頁
語世戸堤内入海殺生禁断
地世戸堤

文永10年4月2日　左衛門尉俊氏請文
＊武蔵国

田金沢文庫文書　刊『鎌』15-11225,金沢文庫編『金沢文庫古文書7』13頁,『六浦瀬戸橋』(神奈川県立金沢文庫図録)53頁,『編年差別史資料集成3』517頁
語世戸堤内入海殺生
地六浦庄世戸堤

文永10年)4月6日　一乗院門跡〈信昭〉御教書　　　　　　　　＊山城国

田中臣祐賢記文永10.4.6条　刊『鎌』15-11233,『増補続史料大成48』162頁
地木津庄

文永10年4月11日　正八幡宮大神宝官使重申状案　　　　　　　＊豊後国

田書陵部所蔵八幡宮関係文書32　刊『鎌』15-11241
語津々浦々地頭所
地乙津
綱豊後石垣荘地頭代迎西、自科を遁れがたきにより、高田荘乙津より無音に逃げ上らんとす◆迎西自由の上洛を召し止めんがため、津々浦々の地頭所に触れ遣わされんことを請う

文永10年

文永10年4月11日　大友頼泰書下案
　　　　　　　　　　　　　　　　＊豊後国

　出書陵部所蔵八幡宮関係文書33　刊『鎌』15-11242
　語高田庄之船津

文永10年5月14日　大友頼泰書下
　　　　　　　　　　　　　　　　＊豊後国

　出書陵部所蔵八幡宮関係文書25　刊『鎌』15-11261
　語神宝船

文永10年)5月17日　日蓮書状　＊佐渡国

　出日蓮聖人遺文　刊『鎌』15-11265,『昭和定本日蓮聖人遺文1』723頁
　語島,海神
　地島(佐渡)

文永10年閏5月12日　大隅正八幡宮大神宝催促使狼藉注進状案　＊豊後国

　出書陵部所蔵八幡宮関係文書25　刊『鎌』15-11281
　語魚,塩
　地乙津

文永10年閏5月22日　摂津多田荘政所沙弥某禁制状写　　　　　＊摂津国

　出摂津満願寺文書　刊『鎌』15-11328
　語池山殺生

文永10年閏5月22日　了意書状写
　　　　　　　　　　　　　　　　＊摂津国

　出摂津満願寺文書　刊『鎌』15-11329
　語池山殺生

文永10年)閏5月29日　菊池武房書状

　出蓬左文庫所蔵金沢文庫本斉民要術第10裏

文書　刊『鎌』15-11332,金沢文庫編『金沢文庫古文書1』225頁
　語異国

文永10年6月1日　玄海所領寄進状
　　　　　　　　　　　　　　　　＊山城国

　出山城万寿寺文書　刊『鎌』15-11336
　地二橋,鴨河,唐橋

文永10年6月10日　沙弥蓮種所領譲状
　　　　　　　　　　　　　　　　＊筑後国

　出筑後草野文書　刊『鎌』15-11344,『福岡県史資料4』130頁
　地中島,下津留

文永10年8月1日　某下文　＊若狭国

　出若狭秦文書　刊『鎌』15-11373,『小浜市史諸家文書編3』17頁
　語はまちあミ(網),両浦沙汰人,浦,あミ(網)
　地汲部・多鳥両浦
　綱汲部・多鳥両浦の百姓沙汰人等をして「はまちあミ」の御公事を勤仕せしむ

文永10年8月1日　某下文　＊若狭国

　出若狭秦文書　刊『鎌』15-11374,『小浜市史諸家文書編3』17頁
　語浦,海
　地多鳥浦,大浦,黒岐海

文永10年)8月11日　開田准后法助御教書　　　　　　　　　　＊伊予国,周防国

　出東寺百合文書ヨ　刊『鎌』15-11389,『日本塩業大系　史料編古代・中世1』115頁,『愛媛県史　資料編古代・中世』287頁
　地弓削,二島

147

文永10年

文永10年) 8月12日　聖宴書状案　＊伊予国

出東寺百合文書ヨ　刊『鎌』15-11390,『日本塩業大系　史料編古代・中世１』116頁,『愛媛県史　資料編古代・中世』287頁
地弓削島

文永10年９月１日　関東御教書案
＊肥前国

出肥前青方文書　刊『鎌』15-11405,『青方文書１』30頁
地小値賀島内浦部島
備宛所欠の同文文書が『青方文書１』にもう１点ある

文永10年９月10日　越前河口荘絹綿送文
＊越前国

出中臣祐賢記文永10.9.10条　刊『鎌』15-11408,『増補続史料大成48』192頁
地河口御庄

文永10年９月10日　中臣祐賢絹綿請取状
＊越前国

出中臣祐賢記文永10.9.10条　刊『鎌』15-11409,『増補続史料大成48』192頁
地河口御庄

文永10年９月17日　我観房遺領処分田畠注進状　＊紀伊国

出高野山文書又続宝簡集50　刊『鎌』15-11410,『大日本古文書　高野山文書５』486頁
地奄田島

文永10年９月23日　伊予弓削島荘雑掌康経注進状　＊伊予国

出東寺百合文書な　刊『鎌』15-11418,『日本塩業大系　史料編古代・中世１』118頁,『愛媛県史　資料編古代・中世』288頁
語麦代塩,塩手麦
地御庄(弓削島)

文永10年９月23日　伊予弓削島荘年貢色々物未進注文　＊伊予国

出白河本東寺文書68,東寺百合文書ュ　刊『鎌』15-11419,『日本塩業大系　史料編古代・中世１』119頁,『同補遺』26頁,『愛媛県史　史料編古代・中世』289頁,『鎌倉遺文研究』2・58頁
語大俵塩,引出物塩,荒布廿把
地此(比)季野浜
備『鎌』のみ白河本東寺文書より採る

文永10年９月　左衛門府下文

出山城海蔵寺文書　刊『鎌』15-11422
地船岡

文永10年11月５日　院豪伝法灌頂血脈
＊朝鮮

出金沢文庫文書　刊『鎌』15-11447,金沢文庫編『金沢文庫古文書９』62頁
語新羅国
地新羅国

文永10年11月14日　関東御教書案
＊能登国,相模国

出高野山文書又続宝簡集104　刊『鎌』15-11463,『大日本古文書　高野山文書８』70頁,『加能史料　鎌倉２』77頁,『編年差別資料集成３』524頁
語船,漁
地鎌倉中橋
綱能登国堀松荘地頭,預所下人の船を押し取る旨,雑掌より訴えらる◆同荘地頭,船を

引き上ぐるは雑掌彼岸斎日中に漁を企つるためなりと陳ず

文永10年11月15日　沙弥円仏田地買券
　　　　　　　　　　　　　　　　＊近江国

出 近江大島奥津島神社文書　刊『鎌』15-11465,『大嶋神社・奥津嶋神社文書』4頁
地 奥島御庄,岩蔵河

文永10年11月　勧学院政所下文　＊和泉国

出 中臣祐賢記文永10.12.9条　刊『鎌』15-11481,『増補続史料大成48』206頁
語 四季之魚貝

文永10年12月5日　六波羅御教書案
　　　　　　　　　　　　　　　　＊若狭国

出 若狭秦文書　刊『鎌』15-11488,『小浜市史　諸家文書編3』17頁
語 汲部・多烏以下八ヶ所浦沙汰人百姓等
地 汲部,多烏

文永10年12月28日　坂合部末行等処分目録

出 伊勢光明寺文書　刊『鎌』15-11508,『光明寺文書2』124頁
地 浦之前

文永10年12月29日　賀茂国安山譲状案
　　　　　　　　　　　　　　　　＊若狭国

出 若狭大音家文書　刊『鎌』15-11511,『福井県史　資料編8』778頁
語 浦
地 三河浦

文永10年12月晦日　東寺供僧年行事文書惣目録
　　　　　　　　　　　　　　　　＊伊予国

出 東寺百合文書な　刊『鎌』15-11512,『日本塩業大系　史料編古代・中世1』121頁,『愛媛県史　資料編古代・中世』293頁,『若狭国太良荘史料集成1』243頁
地 弓削島

文永11年2月17日　安芸入江保年貢散用状
　　　　　　　　　　　　　　　　＊安芸国

出 壬生家文書　安芸国入江保之事　刊『鎌』15-11546,『図書寮叢刊　壬生家文書1』238頁
語 梶取,梶取給,梶取請預,国津出船
地 入江御保

文永11年2月21日　日蓮書状　＊安房国

刊『昭和定本日蓮聖人遺文1』805頁
語 舟,御くりや(御厨)

文永11年2月　大中臣是良田地作手売券
　　　　　　　　　　　　　　　　＊伊賀国

出 内閣文庫所蔵伊賀国古文書　刊『鎌』15-11562
語 小岸
地 クサウツ(草宇津)

文永11年3月上日　僧能済注進状案
　　　　　　　　　　　　　　　　＊伊予国

出 東寺百合文書ヘ　刊『鎌』15-11614,『日本塩業大系　史料編古代・中世1』123頁,『愛媛県史　資料編古代・中世』290頁
地 弓削島

文永11年3月15日　祐真田地去状
　　　　　　　　　　　　　　　　＊紀伊国

出 高野山文書又続宝簡集36　刊『鎌』15-11616,『大日本古文書　高野山文書5』50頁
地 奄田島

文永11年

文永11年4月2日　源信康田地売券
　　　　　　　　　　　　　　　＊摂津国

出 摂津勝尾寺文書　刊『鎌』15-11627,『箕面市史　史料編1』195頁
地 豊島北条

文永11年4月5日　京都大菜支配状
　　　　　　　　　　　　　　　＊伊賀国

出 法隆寺所蔵倶舎卅講聴聞集30裏文書　刊『鎌』15-11630
地 築瀬,広瀬

文永11年4月　青方能高譲状案　＊肥前国

出 肥前青方文書　刊『鎌』15-11647,『青方文書1』31頁
地 浦部島

文永11年6月7日　持明院某御教書写
　　　　　　　　　　　　　　　＊遠江国

出 加茂神社古文書　刊『鎌』15-11670,『静岡県史　資料編5』584頁
地 浜松庄
備『鎌』は出典を「遠江風土記伝所収森氏文書」とする

文永11年6月14日　肥前国守護所下文
　　　　　　　　　　　　　　　＊肥前国

出 大沢栄子氏所蔵文書　刊『松浦党関係史料集1』119頁
地 宇野御厨内保々木,紐差,池浦

文永11年6月18日　阿仏譲状案　＊大隅国

出 薩摩肝付統譜　刊『鎌』15-11675
語 海
地 河東,大河,内浦

文永11年6月18日　阿仏譲状案　＊大隅国

出 薩藩旧記7岸良氏文書　刊『鎌』15-11676,『鹿児島県史料　旧記雑録前編1』278頁
語 海,島
地 内浦

文永11年7月1日　筑後三潴荘白垣村田畠在家注文　＊筑後国

出 日向田部文書　刊『鎌』15-11683,『宮崎県史　史料編中世1』815頁
語 山海,津口,簀北手,漁魚鱗,海中簀,簀得分,魚,貝,海路口,海藻,津料
地 津口
綱 海中の簀を福丸と号し、南手を頼持に譲り、北手を頼国に譲る◆簀というは、海中に簀を立てて魚鱗を漁るをいう◆池田村地頭神実景、南北の簀をともに当知行す◆簀得分は魚・貝ともに地頭なるも、一年中の売買の直は1・2貫文を過ぎざるか◆海路口というは簀を下し、海藻をとることなり。簀・海藻を実景押妨す、と頼持ら主張す◆津料は人別銭10文とし、歳末を出ずれば人別莚壱枚を取る

文永11年7月20日　地頭代官某宛行状
　　　　　　　　　　　　　　　＊若狭国

出 若狭安倍武雄氏文書　刊『鎌』15-11692,『福井県史　資料編9』4頁
語 刀禰
地 志積浦

文永11年7月20日　地頭代官某宛行状
　　　　　　　　　　　　　　　＊若狭国

出 若狭安倍武雄氏文書　刊『鎌』15-11693,

文永11年

『福井県史　資料編9』4頁
語 刀禰
地 志積浦

州史料叢書　禰寝文書1』61頁
語 浦,島
地 島トマリ,イカノ浦,小浦

文永11年7月24日　伊予弓削島荘年貢塩送文　＊伊予国

出 東寺百合文書と　刊『鎌』15-11694,『日本塩業大系　史料編古代・中世1』124頁,『愛媛県史　資料編古代・中世』291頁
語 大俵塩,梶取
地 弓削島

文永11年10月16日　源兼譲状案　＊肥前国,中国

出 肥前石志文書　刊『鎌』15-11728,『松浦党関係史料集1』125頁,『佐賀県史料集成27』18頁,『平戸松浦家資料』61頁
語 蒙国人々合戦
地 蒙国,石志

文永11年7月25日　伊予弓削島荘年貢塩送文　＊伊予国

出 東寺百合文書と　刊『鎌』15-11695,『日本塩業大系　史料編古代・中世1』125頁,『愛媛県史　資料編古代・中世』292頁
語 大俵塩,梶取
地 弓削島
備 『鎌』15-11696を参照

文永11年11月1日　関東御教書案　＊中国,対馬国,壱岐国

出 東寺百合文書ヨ　刊『鎌』15-11741
語 蒙古警固,蒙古人
地 蒙古,対馬,壱岐
綱 蒙古人、対馬・壱岐に襲来す

文永11年)8月6日　日蓮書状　＊中国

出 日蓮聖人遺文　刊『鎌』15-11704,『昭和定本日蓮聖人遺文1』829頁
語 蒙古国
地 蒙古国,もうこ(蒙古)

文永11年11月1日　関東御教書案　＊中国,対馬国,壱岐国

出 大友文書　刊『鎌』15-11742,『中世法制史料集1』238頁,『大宰府・太宰府天満宮史料8』251頁,『増補訂正編年大友史料3』1頁
語 蒙古人
地 蒙古,対馬,壱岐
綱 蒙古人、対馬・壱岐に襲来す

文永11年9月17日　日蓮書状

出 日蓮聖人遺文　刊『昭和定本日蓮聖人遺文1』831頁
語 島
綱 日本国は六十六箇国島ニよりなる

文永11年11月3日　関東御教書案　＊中国,対馬国,壱岐国

出 長府毛利家文書　刊『鎌』15-11743
語 蒙古人
地 蒙古,対馬,壱岐
綱 蒙古人、対馬・壱岐に襲来す

文永11年9月　佐汰宗親遺領注進状案　＊大隅国

出 大隅禰寝文書　刊『鎌』15-11723,『鹿児島県史料　旧記雑録拾遺家わけ1』344頁,『九

文永11年

文永11年11月3日　　関東御教書案
　　　　　　　　　　　＊中国, 対馬国, 壱岐国

出 諸家文書纂11　刊 『鎌』15-11744
語 蒙古人
地 蒙古, 対馬, 壱岐
綱 蒙古人、対馬・壱岐に襲来す

文永11年)11月11日　　日蓮書状
　　　　　　　　　　　＊中国, 対馬国, 壱岐国

出 日蓮聖人遺文　刊 『鎌』15-11748, 『昭和定本日蓮聖人遺文 1』835頁, 『静岡県史　資料編 5』585頁
語 大蒙古国, 漢土
地 大蒙古国, つしま(対馬), ゆき(壱岐), 漢土

文永11年)11月20日　　日蓮書状
　　　　　　　　　　　＊壱岐国, 対馬国

出 日蓮聖人遺文　刊 『鎌』15-11753, 『昭和定本日蓮聖人遺文 1』838頁
語 怨賊
地 対馬, 壱岐

文永11年)11月24日　　円満院宮円助法親王御教書案　　＊紀伊国

出 紀伊金剛峯寺文書　刊 『鎌』15-11757
語 材木津出
備 文書名は黒田弘子「百姓申状と本所裁判」(鎌倉遺文研究会編『鎌倉時代の政治と経済』所収)による。『鎌』では散位某奉書案とする。

文永11年)11月24日　　円満院宮円助法親王御教書案　　＊紀伊国

出 紀伊金剛峯寺文書　刊 『鎌』15-11758
語 材木津出

備 文書名は黒田弘子「百姓申状と本所裁判」(鎌倉遺文研究会編『鎌倉時代の政治と経済』所収)による。『鎌』では散位某奉書案とする。

文永11年11月　　蔵人所下文　　＊近江国

出 近江菅浦文書　刊 『鎌』15-11762, 『菅浦文書　下』30頁, 『滋賀県漁業史　上』296頁
語 菅浦供御人
地 菅浦, 大浦
備 『鎌』注記に「本文書、検討を要する」とあり, 中村直勝『日本古文書学　下』は偽文書とする

文永11年11月　　大嘗会雑事配賦

出 金沢文庫文書　刊 『鎌』15-11764, 金沢文庫編『金沢文庫古文書7』14頁
語 魚七ゝ(疋), 魚一(疋)

文永11年12月2日　　藤原親定書下

出 安芸厳島野坂文書　刊 『鎌』15-11766, 『広島県史　古代中世資料編3』276頁
語 異国征伐御祈

文永11年12月7日　　大友頼泰覆勘状写
　　　　　　　　　　　＊筑前国, 中国

出 豊前都甲文書　刊 『鎌』15-11771, 『大分県史料9』312頁, 『大宰府・太宰府天満宮史料8』252頁, 『増補訂正編年大友史料3』3頁
語 蒙古人合戦, 蒙古合戦
地 鳥飼浜, 蒙古

文永11年12月8日　　某下知状　　＊近江国

出 近江菅浦文書　刊 『鎌』15-11772, 『菅浦文書　上』4頁
地 菅浦

文永11～12年

文永11年12月28日　日蓮書状　＊佐渡国

出日蓮聖人遺文　刊『鎌』15-11783,『昭和定本日蓮聖人遺文3』2103頁
地佐渡島

文永11年12月30日　義□(宗ヵ)書状
＊中国

出築山本河野家譜　刊『愛媛県史　資料編古代・中世』292頁
語蒙古人
地蒙古

文永12年1月18日　尭快所職譲状
＊山城国

出国会図書館所蔵文書　刊『鎌』15-11794
地梅津庄

文永12年1月24日　正観家地売券
＊山城国

出山城田中忠三郎氏所蔵文書　刊『鎌』15-11798
地塩小路

文永12年)2月16日　日蓮書状
＊駿河国,甲斐国

出日蓮聖人遺文　刊『鎌』15-11815,『昭和定本日蓮聖人遺文1』864頁
語あまのり(海苔)一ふくろ,彼国(駿河国)の浮島かはらの海きは,河,舟,礒
地富士河,かたうみ(片海),いちかは(市河),こみなと(小湊)
綱日蓮,大尼御前・新尼御前よりあまのりを送らる

文永12年2月4日　少弐経資書状案
＊中国

出薩摩比志島文書　刊『鎌』15-11805,『福岡県史資料9』194頁,『中世法制史料集1』238頁,『大宰府・太宰府天満宮史料8』253頁,『増補訂正編年大友史料3』3頁
語蒙古警固結番
地蒙古

文永12年2月　荒木田章氏等申状
＊伊勢国

出神宮文庫文書　刊『鎌』15-11836
地智積御厨

文永12年3月6日　道願田地売券
＊摂津国

出山城大徳寺文書　刊『鎌』15-11840,『大日本古文書　大徳寺文書3』251頁
地いまつ(今津？)

文永12年3月7日　東寺公文所下知状写
＊伊予国

出東寺文書百合外　刊『鎌』15-11843,『日本塩業大系　史料編古代・中世1』128頁,『愛媛県史　資料編古代・中世』293頁
語網
地弓削島
綱弓削島荘網は年紀を限り先年停止するも、今は沙汰すべし

文永12年)下春10日　日蓮書状　＊中国

出日蓮聖人遺文　刊『鎌』15-11846,『昭和定本日蓮聖人遺文1』895頁
語大蒙古国,震旦,唐
地大蒙古国,震旦,唐

文永12年3月12日　元寇祈願文　＊中国

出大和西大寺文書　刊『鎌』15-11847
語蒙古
地蒙古

文永12年

文永12年) 3月17日　東寺供僧行事所下知状案　＊伊予国

出東寺百合文書し　刊『鎌』15-11852,『日本塩業大系　史料編古代・中世1』129頁,『愛媛県史　資料編古代・中世』305頁
語網
地弓削島
綱東寺供僧、弓削島荘預所(和泉法橋)に対し、網引きの復活を命ず
備『鎌』のみ出典「東寺百合文書レ」とする

文永12年) 3月26日　菩提院了遍書状　＊伊予国

出東寺百合文書と　刊『鎌』15-11856,『日本塩業大系　史料編古代・中世1』129頁,『愛媛県史　資料編古代・中世』305頁
地弓削

文永12年3月　沙弥某下文　＊土佐国

出土佐金剛福寺文書　刊『鎌』15-11859,『高知県史　古代中世史料編』947頁
語船所職
地横浜
備『高知県史』は「土佐国甍簡集脱漏」より採る

文永12年) 4月4日　了遍御教書　＊伊予国

出東寺百合文書と　刊『鎌』16-11866,『日本塩業大系　史料編古代・中世1』136頁,『愛媛県史　資料編古代・中世』308頁,『若狭国太良荘史料集成1』246頁
地弓削島

文永12年4月11日　源佐範申状　＊薩摩国

出薩摩比志島文書　刊『鎌』16-11867,『鹿児島県史料　旧記雑録前編1』280頁
地比志島

文永12年) 4月12日　日蓮書状　＊中国

出日蓮聖人遺文　刊『鎌』16-11868,『昭和定本日蓮聖人遺文1』913頁
語あまのり(海苔)のかみふくろ二,わかめ(和布)十てう(帖),こも(海藻)のかみふくろ一,たこ(蛸)ひとかしら,蒙古国
地蒙古国

文永12年4月16日　日蓮書状
　＊壱岐国、対馬国、朝鮮、中国、天竺

出日蓮聖人遺文　刊『鎌』16-11871,『昭和定本日蓮聖人遺文1』919頁
語海,つりふね,兵船,四海,水にある魚,ひほく(比目)と申魚,しんら(新羅),はくさい(百済),かうらい(高麗),蒙古,月支国,天竺,漢土,後漢,唐
地しんら(新羅),はくさい(百済),かうらい(高麗),ゆき(壱岐),つしま(対馬),蒙古,月支国,天竺,漢土,後漢,唐
綱文永11年10月、壱岐・対馬の者共、一時に死人となる◆日蓮、蒙古襲来への畏怖につき、釣船の見ゆれば兵船かと肝心を消す、と記す

文永12年) 4月23日　東寺供僧方公文円信奉書案　＊伊予国

出東寺文書百合外　刊『鎌』16-11873,『日本塩業大系　史料編古代・中世1』130頁,『愛媛県史　資料編古代・中世』306頁
語網人
地弓削島
備『鎌』16-12322号と重複文書

文永12年4月26日　源佐範申状　＊薩摩国

出薩摩比志島文書　刊『鎌』16-11876,『鹿児島県史料　旧記雑録前編1』280頁,『編年差別史料集成3』531頁
地比志島

建治元年」4月28日　定宴書状　＊伊予国

出東寺百合文書ヨ　刊『鎌』16-11895,『日本塩業大系　史料編古代・中世1』131頁,『愛媛県史　資料編古代・中世』306頁
地弓削島

建治元年4月　日蓮書状
＊蒙古,対馬国,壱岐国,佐渡国

出高祖遺文録　刊『鎌』16-11896
語蒙古国,船,浦々,松浦党
地蒙古国,対馬,壱岐,佐渡ノ島
綱文永11年10月、蒙古国より筑紫に寄せ来る折、対馬警固の総馬尉(宗助国)等逃るるにより、百姓等男は殺され、生取られ、女は手を通して船に結び付けられ、生取らる◆松浦党は蒙古軍により数百人討たる

建治元年5月6日　教親書状案　＊伊予国

出東寺百合文書ヨ　刊『鎌』16-11901,『日本塩業大系　史料編古代・中世1』132頁,『愛媛県史　資料編古代・中世』307頁,『若狭国太良荘史料集成1』175頁
地弓削島
備『鎌』では本文書とその追而書案とをそれぞれ11901・11902として分けている

建治元年5月6日　教親書状追而書
＊伊予国

出東寺百合文書ヨ,白河本東寺文書37　刊『鎌』16-11902,『日本塩業大系　史料編古代・中世1』133頁,『愛媛県史　資料編古代・中世』308頁,『鎌倉遺文研究』2・60頁
地弓削島
備『鎌』『日本塩業大系』は案文の白河本東寺文書より採る

建治元年)5月8日　日蓮書状
＊蒙古,対馬国,佐渡国,壱岐国

出日蓮聖人遺文　刊『鎌』16-11905,『昭和定本日蓮聖人遺文2』989頁
語浦,松浦党,蒙古国
地蒙古国,佐渡の島,壱岐,対馬
綱文永11年10月、蒙古国より筑紫に寄せ来る折、対馬警固の総馬尉(宗助国)等逃るるにより、百姓等男は殺され、生取られ、女は手を通して船に結び付けられ、生取らる◆壱岐の奉行入道豊前前司(少弐資能)逃亡により、松浦党数百人討たれ、生取らる◆蒙古軍の寄せける浦々の百姓たちは、壱岐・対馬のごとし

文永12年5月12日　大友頼泰書下　＊中国

出肥後志賀文書　刊『鎌』16-11883,『熊本県史料2』414頁,『福岡県史資料9』195頁,『大宰府・太宰府天満宮史料8』255頁,『九州荘園史料叢書1』23頁,『増補訂正編年大友史料3』4頁,『大野荘の研究』166頁
語蒙古人用心番
地蒙古
備『鎌』注記に「文永十二年は二月二十五日、建治と改元」とあり

建治元年5月12日　関東御教書案
＊長門国

出東寺百合文書ヨ　刊『鎌』16-11910

建治元年

語長門警固,異賊襲来

建治元年5月12日　関東御教書案
*長門国

出白河本東寺文書5,東寺百合文書ヨ　刊『鎌』16-11911

語長門国警固,異賊襲来

建治元年5月20日　関東御教書案
*長門国

出東寺百合文書る　刊『鎌』16-11913

語長門国警固,異賊襲来

建治元年)5月20日　了遍書状　*伊予国

出東寺百合文書ヤ　刊『鎌』16-11915,『日本塩業大系　史料編古代・中世1』134頁,『愛媛県史　資料編古代・中世』308頁

地弓削島

備『鎌』は出典を「東寺百合文書ヨ」とする

建治元年5月29日　坂合部木村畠地売券
*伊勢国

出伊勢光明寺文書　刊『鎌』16-11920,『光明寺文書2』125頁

地浦之前

建治元年)5月　日蓮書状　*中国

出日蓮聖人遺文　刊『鎌』16-11906,『昭和定本日蓮聖人遺文2』999頁

語大蒙古国

地大蒙古国

建治元年6月3日　開田准后法助御教書
*伊予国

出東寺百合文書み　刊『鎌』16-11922,『日本塩業大系　史料編古代・中世1』135頁,『愛媛県史　資料編古代・中世』309頁

地弓削島

建治元年6月5日　豊後守護大友頼泰書下

出尊経閣所蔵　野上文書　刊『鎌』16-11923

語異敵

建治元年6月11日　占部安近和与状
*下総国

出伊勢櫟木文書　刊『鎌』16-11926

地葛西御厨

建治元年)6月16日　日蓮書状　*佐渡国

刊『鎌』16-11927,『昭和定本日蓮聖人遺文2』1062頁

語北海の島

地佐渡島

建治元年6月18日　関東御教書案
*中国,長門国

出東寺百合文書る　刊『鎌』16-11929

語蒙古牒使

地蒙古

綱蒙古牒使長門に来着の時、地頭御家人催促の所々を護るは謂れなし

建治元年6月20日　関東御教書案

出近江菅浦文書　刊『鎌』16-11930,『菅浦文書　上』23頁

語西国新関河手

綱西国新関河手等を停止すべき由、先日下知せらるれども、違犯の所あり

建治元年)6月22日　日蓮書状
*隠岐国,中国,蝦夷

出駿河大石寺文書　刊『鎌』16-11933,『昭和定本日蓮聖人遺文2』1065頁,『静岡県史

資料編5』590頁
語 蒙古,えそ(蝦夷),むくり国(蒙古国),漢土,唐
地 隠岐,蒙古,えそ(蝦夷),むくり国(蒙古国),漢土,唐
綱 真言をもって蒙古と蝦夷とを調伏せば、日本は負く
備 『昭和定本日蓮聖人遺文』『静岡県史』では語彙・地名の「むくり国」を「むこり国」とする

建治元年)6月27日　日蓮書状　＊中国

出 日蓮聖人遺文　刊『鎌』16-11937,『昭和定本日蓮聖人遺文2』1072頁,『静岡県史　資料編5』594頁
語 厨者,魚,大海,海底,大魚,漢土
地 漢土
綱 平将門、違勅の責近づかば、所は脩羅道となり、男子は厨者の魚を屠るがごとし
備 『昭和定本日蓮聖人遺文』『静岡県史』では7月27日付とする

建治元年)6月29日　了遍請文　＊伊予国

出 東寺百合文書と　刊『鎌』16-11938,『日本塩業大系　史料編古代・中世1』135頁,『愛媛県史　資料編古代・中世』309頁
地 弓削島

建治元年6月　地頭某下文　＊周防国

出 周防阿弥陀寺文書　刊『鎌』16-11940,『山口県史　史料編中世2』342頁
語 関所,材木率分
地 伊賀地関所
綱 周防阿弥陀寺造営の材木につき、伊賀地関所の率分を免除す

建治元年)7月2日　日蓮書状

出 日蓮聖人遺文　刊『鎌』16-11942,『昭和定本日蓮聖人遺文2』1078頁,『静岡県史資料編5』598頁
語 河のり(海苔)五てふ(帖)
綱 日蓮、南条時光より河のり5帖を送らる

建治元年)7月2日　日蓮書状
　　　　　　　　　　　＊中国,天竺

出 日蓮聖人遺文　刊『鎌』16-11943,『昭和定本日蓮聖人遺文2』1081頁
語 入唐,天竺
地 天竺,唐

建治元年7月8日　東寺供僧教親書状案
　　　　　　　　　　　＊伊予国

出 東寺百合文書う　刊『鎌』16-11948,『日本塩業大系　史料編古代・中世1』136頁,『愛媛県史　資料編古代・中世』310頁
地 弓削島

建治元年)7月12日　日蓮書状
　＊佐渡国,中国,隠岐国,駿河国,相模国,朝鮮

出 西山本門寺文書　刊『鎌』16-11956,『昭和定本日蓮聖人遺文2』1083頁,『静岡県史資料編5』600頁
語 蒙古国,山中海辺,漢土,百済,新羅,高麗
地 蒙古,かしま(賀島),ゆいのはま(由比ヶ浜),漢土,百済,新羅,高麗

建治元年7月16日　興願一族擯出状
　　　　　　　　　　　＊中国

出 兼仲卿記正応2年4・5月巻裏文書　刊『鎌』16-11977
語 蒙古之蜂起

建治元年

地蒙古

建治元年7月17日　関東御教書

田大友文書　刊『鎌』16-11962,『中世法制史料集1』241頁,『大宰府・太宰府天満宮史料8』259頁,『増補訂正編年大友史料3』6頁

語異賊去年襲来

建治元年) 7月20日　東寺供僧方公文円信奉書案　＊伊予国

田東寺百合文書さ,百合文書外　刊『鎌』16-11964,『日本塩業大系　史料編古代・中世1』137頁,『愛媛県史　資料編古代・中世』310頁,『編年差別史資料集成3』532頁

語網,山海,網場,殺生禁断之網場

地弓削島

綱弓削島荘の網は、御年貢の随一なり◆山海は領家と地頭半分たるべきの由、関東御式目にあるも、網三帖のうち二帖は網・網場ともに地頭押領せられ、一帖は年紀を限りて殺生禁断せらる◆領家殺生禁断の間に、地頭、領家方の網場にて網を引くも、是非の沙汰に及ばず◆殺生禁断の年紀満つるの後、地頭の網場押領を訴うるにより度々仰せ下さる

備後半部分は『鎌』16-12419と重複文書。『鎌』11-11965を参照

建治元年7月23日　平氏女譲状　＊薩摩国

田薩藩旧記7本田氏文書　刊『鎌』16-11969,『鹿児島県史料　旧記雑録前編1』281頁

語さんやかかい(山野河海)

建治元年) 7月26日　日蓮書状
＊壱岐国,対馬国

田日蓮聖人遺文　刊『鎌』16-11972,『昭和定本日蓮聖人遺文2』1093頁

地ゆき(壱岐),つしま(対馬)

建治元年7月28日　東寺供僧連署申状土代
＊中国,伊予国

田東寺百合文書と　刊『鎌』16-11974,『日本塩業大系　史料編古代・中世1』139頁,『愛媛県史　資料編古代・中世』311頁,『若狭国太良荘史料集成1』248頁

語辰旦之秘法,四海,渡海求法之先賢,異国競来

地弓削島

建治元年) 8月4日　日蓮書状
＊朝鮮,中国,壱岐国,対馬国

田日蓮聖人遺文　刊『鎌』16-11980,『昭和定本日蓮聖人遺文2』1095頁

語大船,小船,唐船,蒙古国,船頭,かうらい(高麗),漢土

地かうらい(高麗),唐,蒙古国,壱岐,対馬,漢土,佐渡の島

綱大乗経・小乗経・実経・一乗法華経をそれぞれ船に例う。大船(大乗経)は、人十・二十人を乗せ、大なる物を積みて鎌倉より筑紫・陸奥へも到る。小船(小乗経)は、二・三人は乗れども百千人は乗らず。唐船(実経・一乗法華経)は大なる珍宝をも積み、百千人乗りて高麗などへも渡る◆船頭のはかり事悪ければ、船中の諸人皆損ず◆蒙古の攻撃により、壱岐・対馬・九州の兵・男女の多くは殺され、捕われ、また海に入る

建治元年）8月16日　日蓮書状
　　　　　　　＊壱岐国,対馬国,中国,天竺

出 日蓮聖人遺文　刊『鎌』16-11995,『昭和定本日蓮聖人遺文2』1102頁
語 むこ人（蒙古人）,四海のつわもの,魚,唐土,天竺
地 ゆき（壱岐）,つしま（対馬）,唐土,天竺,蒙古
綱 壱岐・対馬の者は,皆蒙古人に一時に打ち殺さる

建治元年8月25日　日蓮書状

刊『鎌』16-12002,『昭和定本日蓮聖人遺文2』1105頁
語 魚

建治元年）9月3日　日蓮書状

出 日蓮聖人遺文　刊『鎌』16-12011,『昭和定本日蓮聖人遺文2』1108頁
語 船,あか,海上
綱 日蓮,おろそかならぬ船も水の入れれば船中の人一時に死すとの喩えを述ぶ
備「あか」は水のこと

建治元年9月8日　長勝寺鐘銘　＊讃岐国

出 香川県小豆郡池田町長勝寺鐘銘　刊『鎌』補3-1637,『日本古鐘銘集成』100頁
地 小豆島

建治元年）9月11日　了遍書状　＊伊予国

出 白河本東寺文書58　刊『鎌』16-12017,『日本塩業大系　史料編古代・中世1』133頁,『愛媛県史　資料編古代・中世』309頁
地 弓削島

建治元年9月13日　越前河口荘上分請取状　　　　　　　　　　　＊越前国

出 中臣祐賢記建治1.9.13条　刊『鎌』16-12019,『増補続史料大成48』306頁
地 河口御庄

建治元年9月14日　関東御教書案

出 近江胡宮神社文書　刊『鎌』16-12021
語 異国降伏

建治元年9月22日　豊後守護大友頼泰書下　　　　　　　　　　　＊中国

出 山城前田軍八所蔵文書　刊『鎌』16-12022,『福岡県史資料9』196頁,『増補訂正編年大友史料3』7頁
語 蒙古人警固
地 蒙古
備『九州地方中世編年文書目録』は「野上文書」より採る

建治元年9月22日　豊後守護大友頼泰施行状写

出 肥前島原松平文庫文書　刊『鎌』補3-1638
語 異国降伏

建治元年）9月27日　亀山上皇院宣

出 中臣祐賢記建治1.10.3条　刊『鎌』16-12025,『増補続史料大成48』310頁
語 異国御祈

建治元年9月27日　関東御教書案
　　　　　　　　　　＊豊前国,長門国

出 近江菅浦文書　刊『鎌』16-12026,『菅浦文書　上』23頁
語 関手
地 門司,赤間

建治元年
綱門司・赤間以下所々の関手を悉く停止せしむ

建治元年）9月28日　春日神主泰道請文

田中臣祐賢記建治1.10.3条　刊『鎌』16-12028,『増補続史料大成48』310頁
語異国御祈

建治元年9月　佐渡長安寺置文　＊佐渡国

田佐渡長安寺文書　刊『鎌』16-12024,『新潟県史　資料編5』337頁
語殺生禁断, 江海
綱江海山野は広きに、乃貢の備として寺内にて殺生するは然るべからず

建治元年）10月2日　春日神主泰道廻文

田中臣祐賢記建治1.10.3条　刊『鎌』16-12040,『増補続史料大成48』309頁
語異国御祈

建治元年10月3日　伊予弓削島荘領家方年貢塩等送文　＊伊予国

田東寺文書百合外　刊『鎌』16-12042,『日本塩業大系　史料編古代・中世1』141頁,『愛媛県史　資料編古代・中世』312頁
語大俵塩, 荒布, 梶取, 塩, 麦代中俵塩
地弓削島御庄
綱梶取恒光、大俵塩・麦中俵塩・荒布等を運上す
備『鎌』は発給日を10月2日とするが、誤り

建治元年）10月7日　左衛門尉公綱書下

田近江胡宮神社文書　刊『鎌』16-12049
語異国降伏

建治元年10月8日　僧琳真所領譲状　＊美濃国

田山城醍醐寺文書　刊『鎌』16-12050
地船木庄

建治元年10月19日　詫磨時秀譲状案　＊肥後国

田豊後詫摩文書　刊『鎌』16-12058,『大分県史料12』55頁,『九州荘園史料叢書9』17頁,『増補訂正編年大友史料3』8頁,『熊本県史料5』457頁
地白河津

建治元年10月21日　関東寄進状案　＊伊勢国

田兼仲卿記正応元年9月巻裏文書　刊『鎌』16-12065
語異国降伏
地桑名神戸

建治元年10月21日　関東寄進状案　＊豊前国

田豊前宮成家文書　刊『鎌』16-12066,『大分県史料24』161頁,『九州荘園史料叢書8』3頁,『増補訂正編年大友史料3』8頁
語異国降伏
地到津, 勾金庄
備『九州地方中世編年文書目録』は「到津文書」より採る

建治元年10月21日　関東御教書案　＊豊前国

田豊前宮成家文書　刊『鎌』16-12067,『大分県史料24』161頁,『九州荘園史料叢書8』4頁,『増補訂正編年大友史料3』9頁
語異国降伏

建治元年

地 到津, 勾金庄
備 『九州地方中世編年文書目録』は「到津文書」より採る

建治元年 10月25日　紀伊南部荘地頭代蓮仏書状案

出 高野山文書又続宝簡集96　刊 『鎌』16-12072,『大日本古文書　高野山文書7』533頁
語 梶取

建治元年10月29日　将軍〈惟康親王〉家政所下文　＊肥前国, 中国

出 肥前山代文書, 肥前武雄鍋島家文書　刊 『鎌』16-12077,『松浦党関係史料集1』129頁,『福岡県史資料9』197頁,『大宰府・太宰府天満宮史料8』265頁,『佐賀県史料集成15』12頁
語 蒙古合戦勲功賞
地 蒙古
備 『松浦党関係史料集1』では、山代文書からとる(129頁)

建治元年10月29日　将軍〈惟康親王〉家政所下文案　＊筑前国, 中国

出 筑後高良神社文書　刊 『鎌』16-12078,『大宰府・太宰府天満宮史料8』266頁
語 蒙古襲来, 蒙古退治, 津
地 博多津, 蒙古
綱 文永11年蒙古襲来の折、神代良忠、調略をもって九州第一の難所筑後河神代浮橋を打ち渡らせ、蒙古を退治せしむ

建治元年10月　大和清澄荘検田帳　＊大和国

出 東大寺文書(1-23-1)　刊 『鎌』16-12080

語 中道舟

建治元年)11月3日　日蓮書状　＊中国

出 日蓮聖人遺文　刊 『鎌』16-12102,『昭和定本日蓮聖人遺文2』1115頁
語 隋, 大海, 入唐
地 隋, 唐

建治元年11月6日　鎮西東方奉行召文　＊中国

出 豊後都甲文書　刊 『鎌』16-12107,『大分県史9』312頁,『大宰府・太宰府天満宮史料8』279頁,『増補訂正編年大友史料3』9頁
語 蒙古人合戦
地 蒙古

建治元年11月14日　紀伊南部荘年貢米送文案　＊紀伊国

出 高野山文書又続宝簡集96　刊 『鎌』16-12125,『大日本古文書　高野山文書7』532頁
語 船祭, 船貨, 梶取, 水手十三人粮料
綱 年貢米の内より船祭・水手粮料・船貨を差し引く
備 「船貨」は「船賃」の誤か

建治元年11月21日　北条時宗巻数請取

出 兼仲卿記弘安元年11月巻裏文書　刊 『鎌』16-12129
語 異国降伏巻数

建治元年11月23日　大友頼泰書下　＊中国

出 豊後都甲文書　刊 『鎌』16-12130,『大分県史9』313頁,『大宰府・太宰府天満宮史料8』279頁,『増補訂正編年大友史料3』10頁
語 蒙古人合戦
地 蒙古

建治元年

備『大分県史料9』は、「鎮西東方奉行所書下」とする

建治元年12月3日　官宣旨案　　＊中国

出薩藩旧記7 国分寺文書　刊『鎌』16-12163,『鹿児島県史料　旧記雑録前編1』283頁,『大宰府・太宰府天満宮史料8』268頁
語蒙古凶賊,異賊,船,海底,以浦(江浦)
地蒙古
綱蒙古襲来の時、神風荒れ吹き異賊命を失うは、霊神の征伐にあらず、観音の加護か

建治元年12月8日　関東御教書案　　＊筑前国

出東寺百合文書ア　刊『鎌』16-12170
語梶取,異国,水手,安芸国海辺知行之地頭御家人
地博多
綱明年(建治2年)3月に異国征伐を行うべし◆梶取・水手等が鎮西で不足せば、山陰・山陽・南海道に充つべき旨を命ず◆安芸国海辺知行の地頭御家人・本所一円地等は、催促に従い、梶取・水手等を早速博多に送遣すべし

建治元年12月　湯浅宗親陳状案　　＊紀伊国,中国

出高野山文書又続宝簡集57.79　刊『鎌』16-12183,『大日本古文書　高野山文書5』699頁,『大日本古文書　高野山文書6』545頁
語蒙古
地蒙古

建治元年12月　紀伊猿川真国神野三箇荘荘官請文　　＊紀伊国

出高野山文書又続宝簡集85　刊『鎌』16-12184,『大日本古文書　高野山文書7』187頁,『編年差別史資料集成3』536頁
語殺生禁断,漁網,海賊

文永12年　薩摩新田宮所司神官等解　　＊中国

出神代三陵志　刊『鎌』16-11886
語蒙古人叛逆,蒙古人降伏,蒙古人征伐
地蒙古

文永12年)　伊予弓削島荘年貢塩支配注文　　＊伊予国

出東寺百合文書と　刊『鎌』15-11826,『日本塩業大系　史料編古代・中世1』126頁,『愛媛県史　資料編古代・中世』290頁
語大俵塩
地弓削島

建治元年)　日蓮書状　　＊中国

出日蓮聖人遺文　刊『鎌』16-12186,『昭和定本日蓮聖人遺文2』1112頁
語蒙古の使
地蒙古
綱念仏・真言等の法師の頚は切られず、科なき蒙古の使の頚を刎ねらる
備『昭和定本日蓮聖人遺文』では建治元年9月とする

建治元年)　日蓮書状　　＊中国

出駿河大石寺文書　刊『静岡県史　資料編5』614頁
語唐土,蒙古
地唐土,蒙古

建治元年)　日蓮書状　　＊中国

刊『昭和定本日蓮聖人遺文2』1128頁
語蒙古のせめ

地蒙古

建治元年）　日蓮書状
刊『昭和定本日蓮聖人遺文２』1132頁
語和布一連

建治２年）１月11日　日蓮書状
＊壱岐国, 対馬, 中国

出日蓮聖人遺文　刊『鎌』16-12201,『昭和定本日蓮聖人遺文２』1132頁
語むこ(蒙古)
地ゆき(壱岐), 対馬, むこ(蒙古), えそ(蝦夷)

建治２年）１月19日　日蓮書状
出日蓮聖人遺文　刊『鎌』16-12205,『昭和定本日蓮聖人遺文２』1137頁
語河のり(海苔)ひとかみふくろ, 魚

建治２年１月　大宰府下文案　＊中国
出薩藩旧記７国分寺文書　刊『鎌』16-12212,『鹿児島県史料　旧記雑録前編１』284頁,『福岡県資料９』206頁,『大宰府・太宰府天満宮史料８』281頁
語蒙古凶賊, 異賊, 乗船, 海底, 江浦
地蒙古
綱蒙古襲来の時, 神風荒吹くは, 霊神の征伐にあらず, 観音の加護か

建治２年２月17日　若狭太良荘後納米配分状　＊伊予国
出東寺百合文書は　刊『鎌』16-12221,『日本塩業大系　史料編古代・中世１』145頁,『愛媛県史　資料編古代・中世』315頁,『若狭国太良荘史料集成１』323頁
地弓削島

建治２年）２月17日　日蓮書状　＊中国
出日蓮聖人遺文　刊『鎌』16-12222,『昭和定本日蓮聖人遺文２』1139頁
語月支, 震旦
地月支, 震旦

建治２年２月　将軍〈惟康親王〉袖判下文
＊中国
出出雲北島家文書　刊『鎌』16-12231
語蒙古人警固
地蒙古

建治２年２月　日蓮書状　＊中国, 天竺
出日蓮聖人遺文　刊『鎌』16-12232,『昭和定本日蓮聖人遺文２』1143頁
語唐土, 魚, 釣, 羅網, 天竺
地唐土, 天竺
綱日蓮, 人の成仏の難しきを, 中国天台山竜門の滝に登らんとする魚を, 人集まりて羅網をかけ, 釣を垂れ, 弓を以て射るにたとう

建治２年３月５日　大友頼泰書下
＊筑前国
出諸家文書纂10野上文書　刊『鎌』16-12252,『福岡県史資料９』207頁,『中世法制史料集１』243頁,『大宰府・太宰府天満宮史料８』284頁,『増補訂正編年大友史料３』11頁
語異国発向, 大小船〈呂数〉, 水手, 梶取, 津
地博多津
綱大友頼泰, 異国発向のための用意を命ず◆領内大小船・水手・梶取交名等を注申し, また来月中旬に博多津に送付くべきことを命ず◆異国に渡海のとき相具すべき人数等を注申すべきことを命ず

建治2年
備『鎌』は語彙の「呂数」を「呂敷」としている

建治2年3月5日　大友頼泰書下
出諸家文書纂12　刊『鎌』16-12253,『中世法制史料集1』334頁,『大宰府・太宰府天満宮史料8』285頁,『増補訂正編年大友史料3』11頁
語異国用心

建治2年3月8日　北条宗頼書状
出豊後日名子文書　刊『鎌』16-12257
語異国警固

建治2年3月10日　少弐経資石築地役催促状　＊肥前国,筑前国,朝鮮
出肥前深江家文書　刊『鎌』16-12260,『佐賀県史料集成4』250頁,『福岡県史資料9』207頁,『中世法制史料集1』335頁,『大宰府・太宰府天満宮史料8』287頁,『増補訂正編年大友史料3』11頁
語異国警固,高麗,津
地高麗,博多津
綱異国警固の要害石築地役を、高麗発向の輩以外に平均に課す

建治2年3月10日　錦行盛田地売券　＊摂津国
出山城大徳寺文書　刊『鎌』16-12261,『大日本古文書　大徳寺文書3』252頁
地船江しやう(船江庄)

建治2年3月11日　持蓮請文
出建治2年5月日八幡筥崎宮御神宝記裏文書　刊『鎌』16-12262,『大日本古文書　石清水文書2』183頁,『石清水八幡宮史5』460頁,『福岡県史資料9』207頁
語異国征伐

建治2年3月18日　日蓮書状
出日蓮聖人遺文　刊『鎌』16-12266,『昭和定本日蓮聖人遺文2』1146頁
語河のり(海苔)

建治2年3月21日　少弐経資書状案
出肥前武雄神社文書　刊『鎌』16-12269,『佐賀県史料集成2』88頁,『福岡県史資料9』212頁,『大宰府・太宰府天満宮史料8』297頁,『増補訂正編年大友史料3』11頁
語異国征伐
綱異国征伐のため、武士を遣され、渡海すべき旨指示せらる

建治2年)3月27日　日蓮書状　＊中国,朝鮮,壱岐国,対馬国,相模国
出下総中山法華経寺文書　刊『鎌』16-12270,『昭和定本日蓮聖人遺文2』1147頁
語もうこ(蒙古),海,ふね(船),かうらい(高麗)
地ゆき(壱岐),つしま(対馬),ゆいのはま(由比ヶ浜),いなふら(稲村),こしこへ(腰越),さかわ(酒匂),もうこ(蒙古),かうらい(高麗)
綱蒙古襲来せば、山海にて生捕られ、船内または高麗にて憂き目に遭わん

建治2年3月30日　肥後窪田荘僧定愉請文　＊肥後国
出建治2年5月日八幡筥崎宮御神宝記裏文書　刊『鎌』16-12271,『大日本古文書　石清水文書2』184頁,『石清水八幡宮史5』458頁,『福岡県史資料9』208頁
語異国征伐
地窪田庄

[綱]異国征伐のため、勢ならびに兵具・乗馬等を注申すべき旨を命ぜらる

建治２年３月　日蓮書状
＊佐渡国，越後国，中国，安房国

[出]日蓮聖人遺文　[刊]『鎌』16-12285，『昭和定本日蓮聖人遺文２』1152頁
[語]佐渡の島，つ(津)，蒙古国，大海，もろこし(唐土)
[地]佐渡の島，まうらというつ(まうら津)，寺とまりのつ(寺泊津)，かしはさき(柏崎)，もろこし(唐土)，安房国のあまつ(天津)，蒙古国
[綱]日蓮、幕府より赦免され、佐渡を立ちてまうら・寺泊・柏崎・国府を経て、13日目に鎌倉に入る◆大石海に浮かぶは船の力なり

建治２年閏３月１日　藤原重行請文

[出]建治２年５月日八幡筥崎宮御神宝記裏文書　[刊]『鎌』16-12287，『大日本古文書　石清水文書２』186頁，『石清水八幡宮史５』467頁，『福岡県史資料９』209頁
[語]異国征伐

建治２年閏３月２日　僧某請文

[出]建治２年５月日八幡筥崎宮御神宝記裏文書　[刊]『鎌』16-12289，『大日本古文書　石清水文書２』187頁，『石清水八幡宮史５』459頁，『福岡県史資料９』209頁
[語]異国征伐

建治２年閏３月３日　尼真阿請文

[出]建治２年５月日八幡筥崎宮御神宝記裏文書　[刊]『鎌』16-12292，『大日本古文書　石清水文書２』189頁，『石清水八幡宮史５』467頁，『福岡県史資料９』210頁，『大宰府・太宰府天満宮史料８』286頁
[語]異国征伐

建治２年閏３月５日　島津久時書下案
＊朝鮮

[出]薩藩旧記７忠経譜中　[刊]『鎌』16-12293，『鹿児島県史料　旧記雑録前編１』286頁，『福岡県史資料９』212頁，『大宰府・太宰府天満宮史料８』298頁，『増補訂正編年大友史料３』12頁
[語]高麗征伐
[地]高麗
[綱]高麗征伐のため武士を遣され、渡海すべき旨指示せらる

建治２年閏３月５日　島津久時書下案
＊朝鮮

[出]薩藩旧記５雑抄　[刊]『鎌』16-12294，『鹿児島県史料　旧記雑録前編１』286頁，『福岡県史資料９』212頁，『大宰府・太宰府天満宮史料８』299頁，『増補訂正編年大友史料３』12頁
[語]高麗征伐
[地]高麗
[綱]高麗征伐のため武士を遣され、渡海すべき旨指示せらる

建治２年)閏３月５日　日蓮書状
＊中国，壱岐国，対馬国，朝鮮，天竺

[出]日蓮聖人遺文　[刊]『鎌』16-12295，『昭和定本日蓮聖人遺文２』1162頁
[語]大蒙古国，入唐，大魚，漢土，百済，天竺，唐，月氏
[地]壱岐，対馬，新羅国，漢土，大蒙古国，百済国，天竺，唐，月氏

建治2年

建治2年閏3月15日　僧禅季申状案

田肥後志賀文書　刊『鎌』16-12303,『熊本県史料2』415頁,『大宰府・太宰府天満宮史料8』255頁,『九州荘園史料叢書1』24頁,『増補訂正編年大友史料3』13頁,『大野荘の研究』166頁

語異国用心,異国防禦

建治2年)閏3月15日　法橋乗実書状　＊伊予国

田東寺百合文書せ　刊『鎌』16-12304,『日本塩業大系　史料編古代・中世1』147頁,『愛媛県史　資料編古代・中世』316頁

地弓削島

建治2年)閏3月16日　寛智書状　＊伊予国

田東寺百合文書レ・無号　刊『鎌』16-12305,『日本塩業大系　史料編古代・中世1』148頁,『愛媛県史　資料編古代・中世』316頁

地弓削島

建治2年)閏3月20日　法印教親書状案　＊伊予国

田東寺百合文書な　刊『鎌』16-12307,『日本塩業大系　史料編古代・中世1』148頁,『愛媛県史　資料編古代・中世』317頁

地弓削島

建治2年)閏3月21日　法橋乗実申状　＊伊予国

田東寺百合文書と　刊『鎌』16-12309,『日本塩業大系　史料編古代・中世1』149頁,『愛媛県史　資料編古代・中世』317頁

地弓削島

建治2年)閏3月24日　日蓮書状　＊相模国,中国

田駿河大石寺文書　刊『鎌』16-12311,『昭和定本日蓮聖人遺文2』1170頁,『静岡県史資料編5』622頁

語しを(塩)いちた(一駄),むくり(蒙古)国,はま(浜)

地かまくらゆいのはま(鎌倉由比ヶ浜),むくり(蒙古)国

建治2年)閏3月)　妙意申状　＊讃岐国

田兼仲卿記弘安7年3月巻裏文書　刊『鎌』20-15100

地黒海庄

備『鎌』注記に「本文書は、一二三一五号へ建治二年後三月日妙意申文の首部なるべし」とあり

建治2年4月　志賀泰朝陳状案　＊中国

田肥後志賀文書　刊『鎌』16-12332,『熊本県史料2』416頁,『九州荘園史料叢書1』25頁,『増補訂正編年大友史料3』14頁,『大野荘の研究』166頁

語蒙古人用心,異国訪(防)御

地蒙古

建治2年)5月14日　法印某書状　＊伊予国

田東寺百合文書オ　刊『鎌』16-12342,『日本塩業大系　史料編古代・中世1』150頁,『愛媛県史　資料編古代・中世』317頁

地弓削島

建治2年5月　義尹肥後大渡橋勧進疏　＊肥後国

田肥後大慈寺文書　刊『鎌』16-12348,『熊本県史料2』654頁,『曹洞宗古文書　下』386頁

語 海陸,津,扁舟
地 大渡,白河,緑河
綱 肥後大渡は、九州第一の難所、海陸都津にして貴賤両岸に集まるも、人馬扁舟に競上するにより身命を没失す◆義尹これを見、勧進により橋梁を造らんとす

建治2年6月5日　関東御教書　＊阿波国

出 阿波徴古雑抄名西郡城内村幸蔵所蔵　刊『鎌』16-12353
地 浦新庄

建治2年6月5日　紀伊阿弖河荘雑掌従蓮申状案　＊伊予国

出 高野山文書又続宝簡集56　刊『鎌』16-12354,『大日本古文書　高野山文書5』671頁
地 興島

建治2年6月11日　亀山上皇仰書　＊伊勢国

出 兼仲卿記弘安7年2月巻裏文書　刊『鎌』16-12357
語 船代祭
地 片淵御厨,江島御厨

建治2年6月13日　秀増書状　＊伊予国

出 東寺百合文書ヨ　刊『鎌』16-12358,『日本塩業大系　史料編古代・中世1』151頁,『愛媛県史　資料編古代・中世』318頁
地 弓削

建治2年6月18日　亀山上皇院宣案　＊越前国

出 内閣文庫所蔵大乗院文書三箇御願料所等指事　刊『鎌』16-12360
地 河口庄

建治2年

建治2年)6月25日　東寺供僧連署申状案　＊伊予国

出 東寺文書百合外　刊『鎌』16-12373,『日本塩業大系　史料編古代・中世1』151頁,『愛媛県史　資料編古代・中世』318頁
地 弓削島

建治2年)6月25日　東寺供僧申状土代　＊伊予国

出 東寺百合文書と　刊『鎌』16-12374,『日本塩業大系　史料編古代・中世1』154頁,『愛媛県史　資料編古代・中世』320頁
地 弓削島
備『鎌』のみ出典を「東寺百合文書り」とするが、誤り

建治2年6月　紀伊阿弖河荘雑掌従蓮重申状案　＊伊予国

出 高野山文書又続宝簡集57　刊『鎌』16-12369,『大日本古文書　高野山文書5』715頁
地 興島

建治2年6月　若狭国御家人重申状　＊中国

出 東寺百合文書メ　刊『鎌』16-12383
語 蒙古国
地 蒙古国

建治2年夏　大和豊浦荘夏米夏麦注進状　＊大和国

出 大乗院文書豊浦庄検注目録　刊『鎌』16-12390
地 豊浦御庄

建治2年

建治2年7月15日　日蓮書状
＊佐渡国, 中国, 天竺

出 日蓮聖人遺文　刊『鎌』16-12410,『昭和定本日蓮聖人遺文2』1182頁
語 大海, 魚, 海上, むこ（蒙古）人, 天竺, 漢土
地 むこ（蒙古）, 天竺, 漢土

建治2年)7月21日　日蓮書状　＊中国

出 日蓮聖人遺文　刊『鎌』16-12421,『昭和定本日蓮聖人遺文2』1190頁
語 むこり（蒙古）国
地 むこり（蒙古）国

建治2年7月　伊予弓削島荘麦地子未進注文　＊伊予国

出 東寺百合文書と　刊『鎌』16-12435,『日本塩業大系　史料編古代・中世1』155頁,『愛媛県史　資料編古代・中世』321頁
地 弓削島

建治2年8月3日　平氏長譲状　＊越後国

出 出羽色部文書　刊『鎌』18-12439,『新潟県史　資料編4』471頁
地 荒河

建治2年8月21日　伊予西方寺祈禱注文
＊伊予国, 中国

出 伊予明正寺文書　刊『鎌』16-12447,『愛媛県史　資料編古代・中世』322頁
語 蒙古人治罰御祈禱
地 蒙古, 黒島
備 『鎌』は出典を「興正寺文書」とする

建治2年8月21日　蒙古人治罰祈禱注進状　＊伊予国, 中国

出 讃岐善通寺文書　刊『香川県史8』34頁
語 蒙古人治罰御祈禱
地 蒙古

建治2年8月24日　関東御教書案

出 東寺百合文書り　刊『鎌』16-12449
語 異国用心
綱 異国用心のため, 山陽・南海道の勢をもって長門国を警固せしむ

建治2年8月　備後御調郡諸荘園領家地頭注文　＊備後国

出 東寺文書百合外　刊『鎌』16-12460
語 浦得分
地 因島中庄, 重井浦, 三津庄

建治2年8月　大隅国在庁石築地役支配注文　＊大隅国

出 調所氏家譜　刊『鎌』16-12461,『鹿児島県史料　旧記雑録拾遺家わけ6』312頁,『鹿児島県史料　旧記雑録前編1』286頁,『福岡県史資料9』214頁,『大宰府・太宰府天満宮史料8』299頁
地 湊, 小浜, 船津, 宮浦, 多禰島, 青山崎

建治2年9月6日　日蓮書状　＊中国

出 日蓮聖人遺文　刊『鎌』16-12465,『昭和定本日蓮聖人遺文1』1256頁
語 蒙古国
地 蒙古国

建治2年9月15日　日蓮書状　＊中国

出 日蓮聖人遺文　刊『鎌』16-12469,『昭和定本日蓮聖人遺文2』1260頁
語 浦, いを（魚）
地 はうれいひん（彭蠡浜）
綱 日蓮, 彭蠡浜なる浦は草木なく, 魚をもって薪を買うとの中国の譬話を記す

建治2年

| 建治2年9月19日　伊予弓削島荘領家方年貢塩等送文　*伊予国

出東寺百合文書う　刊『鎌』16-12470,『日本塩業大系　史料編古代・中世1』156頁,『愛媛県史　資料編古代・中世』323頁
語大俵,麦代中俵塩,荒布,梶取,塩,正塩
地弓削島御庄
綱梶取近長、弓削島荘領家方大俵・中俵塩を運上す

建治2年10月7日　　兵庫助某宛行状
　　　　　　　　　　　　　　　　*肥後国

出肥後小早川文書　刊『鎌』16-12511,『熊本県史料　中世編3』438頁,『九州荘園史料叢書9』151頁
地中九郎島

建治2年10月19日　石清水極楽寺所当米検納証文　*摂津国

出石清水文書　刊『鎌』16-12525,『大日本古文書　石清水文書2』511頁
地加賀島庄

建治2年10月21日　太政官符案　*近江国

出摂津勝尾寺文書　刊『鎌』16-12530,『箕面市史　史料編1』198頁
地箕浦,今津浜

建治2年11月15日　紀伊南部荘年貢米送文案　*紀伊国

出高野山文書続宝簡集20　刊『鎌』16-12552,『大日本古文書　高野山文書2』438頁
語船祭,船賃,水手八人粮料
綱沙弥蓮仏、高野山蓮花乗院年貢米として、船祭・船賃・水手八人粮料計5石1斗4升を除く192石を運上す

建治2年11月28日　弓削島荘年貢麦地子未進注文　*伊予国

出東寺百合文書ヨ　刊『日本塩業大系　史料編古代・中世　補遺』28頁,『愛媛県史　資料編古代・中世』324頁
地弓削島

建治2年11月28日　伊予弓削島荘年貢塩未進注文　*伊予国

出東寺百合文書ヨ,白河本東寺文書3　刊『鎌』15-11761,『日本塩業大系　史料編古代・中世1』120頁,同『補遺』28頁,『愛媛県史　資料編古代・中世』324頁,『鎌倉遺文研究』2・60頁
語御年貢塩大俵,中二俵
地弓削島
備『日本塩業大系補遺』『愛媛県史』『鎌倉遺文研究』は東寺百合文書より採る。日付を『鎌』は（文永11）とするが、東寺百合文書により訂正した

建治2年12月9日　日蓮書状

出日蓮聖人遺文　刊『鎌』16-12597,『昭和定本日蓮聖人遺文2』1264頁
語大海,えひ（海老）,魚
地富士河

建治2年12月11日　関東奉行人連署下知状案　*武蔵国

出武蔵報国寺文書　刊『鎌』16-12599,『埼玉県史　資料編5』104頁
地広瀬名

建治2～3年

建治2年12月　東大寺衆徒等下文案
＊美濃国大井庄

田 東大寺文書(1-23-11-背)　刊『鎌』16-12608
語 厨,魚類
綱 東大寺公人等、事を未進に寄せて在荘延引し、日別入厨・未進厨に二重・三重の費をかく◆その厨の備うる魚類を饗応疎略と称し、百姓等の質物をとり、代用途を指す

建治2年12月　近江大浦荘中司某下知状
＊近江国

田 近江菅浦文書　刊『鎌』16-12613,『菅浦文書　上』27頁
地 当庄(大浦庄),菅浦

建治2年　伊賀黒田荘官物結解　＊伊賀国

田 一誠堂待賈文書　刊『鎌』16-12614
地 下津名張,簗瀬御庄,草宇津

建治2年　播磨矢野荘畠注文　＊播磨国

田 白河本東寺文書132、東寺百合文書テ　刊『鎌』16-12615
語 浦
地 佐方浦
備『鎌』注記に「貞応二年の古帳を建治二年に召したもの」とあり

建治2年　日蓮書状

田 日蓮聖人遺文　刊『鎌』16-12616,『昭和定本日蓮聖人遺文2』1276頁
語 うなき(鰻)
備『昭和定本日蓮聖人遺文』では建治2年12月とする

建治3年」1月27日　島津久時覆勘状
＊筑前国,薩摩国

田 薩摩比志島文書　刊『鎌』17-12654,『福岡県史資料9』216頁,『大宰府・太宰府天満宮史料7』316頁,『鹿児島県史料　旧記雑録前編1』293頁
地 筥崎,比志島

建治3年3月5日　御賀尾浦刀禰職宛行状
＊若狭国

田 若狭大音家文書　刊『鎌』17-12677,『福井県史　資料編8』778頁
語 参河浦刀禰職
地 参河浦

建治3年3月8日　筑前宗像三所御在所注進状
＊筑前国

田 筑前宗像神社文書　刊『鎌』17-12682,『宗像市史　史料編1』517頁
語 浜宮

建治3年3月吉日　武川氏系図目録
＊紀伊国

田 紀伊野口家文書　刊『鎌』17-12696
地 荒川,島
備『鎌』注記に「本文書、参考のため便宜収む」とある

建治3年4月1日　少弐経資覆勘状
＊筑前国

田 東大史料編纂所所蔵斑島文書　刊『鎌』17-12697,『松浦党関係史料集1』131頁,『改訂松浦党有浦文書』34頁
語 異国警固博多番役
地 博多

建治3年

建治3年4月9日　壬生家門下知状
　　　　　　　　　　　　　　＊若狭国

📄若狭秦文書　刊『鎌』17-12700,『小浜市史諸家文書編3』18頁
語多烏浦沙汰人百姓等,飛魚網地壱所〈在所由留木〉,鯢網地壱所〈在所須那浦〉,鯢網地御菜
地多烏浦,須那浦

建治3年4月13日　平氏女・ゑんさい願文
　　　　　　　　　　　　　　＊中国

📄金沢文庫所蔵弥勒像胎内文書　刊『鎌』17-12709,金沢文庫編『金沢文庫古文書9』340頁
語とう人のみろ□(くゎ)そうりう(唐人の弥勒造立)
地とう(唐)

建治3年4月17日　僧浄心寄進状
　　　　　　　　　　　　　　＊遠江国

📄遠江大福寺文書　刊『鎌』17-12714,『静岡県史料5』1028頁,『静岡県史　資料編5』641頁
地浜名神戸

建治3年4月28日　沙弥道円〈高井時茂〉譲状案
　　　　　　　　　　　　　　＊越後国

📄越後中条町役場文書　刊『鎌』17-12720,『新潟県史　資料編4』676頁
地ますかハ(鱒河),なかハし(長橋),しら川,しうつ(塩津),しハし(柴橋)
備地名の「しら川」,『新潟県史』は「しうつ(塩津)」と読む

建治3年4月28日　沙弥道円〈高井時茂〉譲状案
　　　　　　　　　　　　　　＊越後国

📄越後中条町役場文書　刊『鎌』17-12721,『新潟県史　資料編4』361頁
語かハ(川)
地あかゝは(川),□ハし(柴橋),なかハし(長橋),たいのかハ

建治3年4月28日　沙弥道円〈高井時茂〉譲状案
　　　　　　　　　　　　　　＊越後国

📄越後中条町役場文書　刊『鎌』17-12722,『新潟県史　資料編4』677頁
地くろかハ(黒川),ゑはた(江端)
備『鎌』注記に「一二七二〇号・一二七二一号・一二七二二号ハ同一紙(続紙)に書せる書案なり」とある

建治3年)5月15日　日蓮書状

📄日蓮聖人遺文　刊『鎌』17-12735,『昭和定本日蓮聖人遺文2』1305頁
語をきつ(沖津ヵ)

建治3年6月3日　度会延房処分状案写
　　　　　　　　　　　　　　＊伊勢国

📄伊勢光明寺文書　刊『鎌』17-12747
語御薗塩浜内先人御菜分,塩浜在家

建治3年6月15日　鎮西東方奉行所〈大友頼泰〉召文
　　　　　　　　　　　　　　＊中国

📄豊後都甲文書　刊『鎌』17-12752,『大分県史料9』313頁,『大宰府・太宰府天満宮史料8』317頁,『増補訂正編年大友史料3』17頁
語蒙古合戦
地蒙古

建治3年

建治3年6月17日　相良西信〈頼員〉譲状
　　　　　　　　　　　　　　　　＊中国

出肥後相良家文書　刊『鎌』17-12756,『大日本古文書　相良家文書1』55頁,『九州荘園史料叢書3』117頁
語蒙古合戦,異国警固の番役
地蒙古

建治3年6月25日　四条頼基陳状　＊天竺

出日蓮聖人遺文　刊『鎌』17-12764,『昭和定本日蓮聖人遺文2』1346頁
語(天)竺
地(天)竺
備『鎌』に「此書状は,日蓮が四条頼基に代って書いたものである」とある

建治3年6月　醍醐寺報恩院領注文
　　　　　　　　　　　　　　　　＊摂津国

出山城醍醐寺文書　刊『鎌』17-12767,『大日本古文書　醍醐寺文書3』213頁
語タイノヒホシ(鯛の日干し)五コム(喉)半,サケサカナ(酒肴)

建治3年6月　日永書状　＊中国

出日蓮上人遺文　刊『鎌』17-12768,『昭和定本日蓮聖人遺文2』1312頁
語大蒙古,唐,漢土
地大蒙古,唐,漢土
備『鎌』注記に「本書状は,日蓮が日永に代って書いたものである」とあり

建治3年7月5日　大友頼泰書下　＊中国

出東大史料編纂所所蔵斑島文書　刊『鎌』17-12769,『松浦党関係史料集1』132頁,『改訂松浦党有浦文書』34頁
語蒙古合戦

地蒙古
備『松浦党関係史料集1』は,「問状」とする

建治3年)7月16日　日蓮書状

出駿河大石寺文書・山城要法寺蔵　刊『鎌』17-12775,『昭和定本日蓮聖人遺文2』1365頁,『静岡県史　資料編5』645頁
語かわのり(川海苔)五条
備駿河富士大石寺・山城要法寺分蔵

建治3年7月　中原氏女申状　＊近江国

出東寺百合文書京　刊『鎌』17-12790
地古津浜

建治3年8月4日　日蓮書状
　　　　　　　　　　　＊中国,朝鮮,山城国

出日蓮聖人遺文　刊『鎌』17-12797,『昭和定本日蓮聖人遺文2』1366頁
語漢土・高麗の王
地漢土,高麗,宇治川,勢多

建治3年8月23日　日蓮書状　＊天竺

出日蓮聖人遺文　刊『鎌』17-12828,『昭和定本日蓮聖人遺文2』1374頁
語天竺
地天竺
備『鎌』17-12829・12830を参照

建治3年9月3日　伊予弓削島荘年貢送文　＊伊予国

出東寺百合文書ヨ　刊『鎌』17-12842,『日本塩業大系　史料編古代・中世1　補遺』31頁,『愛媛県史　資料編古代・中世』330頁
語大俵塩,中俵塩,荒和布,梶取,塩
地弓削島
備『鎌』は案文の「東寺百合文書の」より採る

建治3年9月8日　伊予弓削島荘年貢送文　＊伊予国

出東寺百合文書ヨ　**刊**『鎌』17-12847,『日本塩業大系　史料編古代・中世1　補遺』30頁,『愛媛県史　資料編古代・中世』329頁
語大俵塩,梶取,塩
地弓削島
備『鎌』は案文の「東寺百合文書の」より採る

建治3年9月8日　宇佐宮擬祝大神宮守処分状案　＊豊前国

出豊前永弘文書　**刊**『鎌』17-12848,『大分県史料3』80頁
語塩屋

建治3年)9月9日　中原久景等申状　＊伊勢国

出兼仲卿記弘安3年5・6月巻裏文書　**刊**『鎌』17-12849
地中浜御厨

建治3年)9月9日　日蓮書状　＊中国

出日蓮聖人遺文　**刊**『鎌』17-12850,『昭和定本日蓮聖人遺文2』1387頁
語蒙古国の朝使
地蒙古国

建治3年9月11日　日蓮書状

出日蓮聖人遺文　**刊**『鎌』17-12855,『昭和定本日蓮聖人遺文2』1390頁
語なまひしき,ひるひしき

建治3年9月13日　伊予弓削島荘領家方年貢塩送文　＊伊予国

出東寺百合文書ヨ,白河本東寺文書37　**刊**『鎌』17-12862,『日本塩業大系　史料編古代・中世1』157頁,同『補遺』29頁,『愛媛県史資料編古代・中世』329頁
語大俵塩,梶取,塩
地弓削島
備『鎌』『日本塩業大系』本編では案文の白河本東寺文書より採る

建治3年9月19日　関東御教書案

出薩摩八田家文書　**刊**『鎌』17-12866,『鹿児島県史料　旧記雑録拾遺家わけ6』519頁
語異国警固

建治3年9月□日　沙弥成願重申状　＊伊勢国

出兼仲卿記弘安7年10・11月巻裏文書　**刊**『鎌』17-12876
地中浜御厨,永用御厨

建治3年10月21日　渋谷定仏〈重経〉置文案　＊薩摩国,蝦夷

出薩摩入来院家文書　**刊**『鎌』17-12884,『入来文書』86頁,『入来院文書』18頁
地ゆはをのしま(硫黄島),えそかしま(蝦夷島)

建治3年10月24日　少弐経資書状案　＊中国,肥前国

出肥前有浦文書　**刊**『鎌』17-12888,『改訂松浦党有浦文書』35頁
語蒙古合戦
地塩津留,神崎,蒙古

建治3年11月5日　沙弥道円〈高井時茂〉譲状　＊越後国

出出羽中条家文書(山形大学所蔵)　**刊**『鎌』17-12896,『新潟県史　資料編4』361頁
語かは(川)

建治3年
地 あかゝハ, なかハし

建治3年11月5日　高井道円〈時茂〉譲状
＊越後国

出 越後三浦和田家文書　刊『鎌』17-12897,『新潟県史　資料編4』108頁
語 かハのなかれ(川の流れ)
地 ゑはた(江端), まつのうら(浦), くわのゑ(鍬江), たいのかハ(胎内川), あらかハ(荒川), くろかハ

建治3年11月12日　伊予弓削島荘荒布等送文
＊伊予国

出 白河本東寺文書37, 東寺百合文書の　刊『鎌』17-12902,『日本塩業大系　史料編古代・中世1』158頁,『愛媛県史　資料編古代・中世』817頁,『鎌倉遺文研究』2・63頁
語 荒(和)布弐百把
地 弓削
備『愛媛県史』『鎌倉遺文研究』は東寺百合文書より採る

建治3年)11月14日　僧尭寛書状
＊中国, 豊前国

出 東大寺所蔵弘安元年9月書写有法差別短釈裏文書　刊『鎌』17-12903
語 蒙古類, もし(門司)[　　]関, のほりふね(上り船)
地 蒙古, もし(門司)
綱 蒙古類のことにより門司の関を固められしため, 上り船なく, その上守護所より年貢米を留めらる

建治3年11月15日　沙弥道円〈高井時茂〉譲状案
＊越後国

出 越後三浦和田文書　刊『鎌』17-12905,『新潟県史　資料編4』108頁
語 かハのなかれ(川の流れ)
地 ゑはた(江端), まつのうら(浦), くわのゑ(鍬江), たいのかハ(胎内川), あらかハ(荒川), くろかハ(黒川)
備『鎌』は日付「十五日」の「十」に「(衍ヵ)」と注記する。17-12897は本文書の正文で, 日付を「十一月五日」とする。

建治3年11月22日　弓削島庄年貢下行注文
＊伊予国

出 東寺百合文書ヨ　刊『日本塩業大系　史料編古代・中世　補遺』31頁,『愛媛県史　資料編古代・中世』330頁
語 塩俵, 大俵
地 弓削島

建治3年11月22日　伊予弓削島荘塩俵支配状
＊伊予国

出 白河本東寺文書37, 東寺百合文書ヨ　刊『鎌』17-12922,『日本塩業大系　史料編古代・中世1』158頁,『鎌倉遺文研究』2・63頁
語 塩俵, 大俵, 中俵
地 弓削島
備『鎌倉遺文研究』は東寺百合文書より採る
備『鎌』17-12923を参照

建治3年11月28日　日蓮書状　＊天竺, 中国

出 日蓮聖人遺文　刊『鎌』17-12925,『昭和定本日蓮聖人遺文2』1407頁
語 天竺, 月氏
地 天竺, 月氏

建治3年11月　豊前吉富地頭代公信重申状案
＊豊前国

出 豊前末久文書　刊『鎌』17-12927,『福岡県

建治3～4年

建治3年11月　藤原盛教申状　＊対馬国

　出対馬内山家文書　刊『鎌』17-12928
　地対馬島

建治3年12月13日　僧宝寿田地寄進状
　　　　　　　　　　　　　　＊紀伊国

　出高野山文書又続宝簡集49　刊『鎌』17-12934,『大日本古文書　高野山文書5』426頁
　地掩田島

建治3年12月20日　所領注文　＊肥前国

　出肥前橘中村家文書　刊『鎌』17-12941,『佐賀県史料集成18』7頁,『九州荘園史料叢書11』20頁
　語下中橋
　地庄島里,志布江里,あかはま(浜),長島里,なかさき北里,なかさきかり,いしゝはし(石橋),下中橋,しやしまかり,しやう島かり,はなしま

建治3年)12月24日　藤氏長者〈鷹司兼平〉宣　＊河内国

　出中臣祐賢記建治3.11.去20条　刊『鎌』17-12946,『増補続史料大成48』370頁
　地木田島

建治3年12月26日　僧静案去文　＊紀伊国

　出高野山文書続宝簡集65　刊『鎌』17-12950,『大日本古文書　高野山文書3』446頁
　地アラカハ(荒川)

建治3年12月28日　尼実阿弥陀仏譲状

　出覚園寺所蔵戌神将胎内文書　刊『鎌』17-12955
　地新崎

建治3年)　小槻有家申状案　＊加賀国

　出壬生家文書　壬生家所領　刊『鎌』17-12960,『図書寮叢刊　壬生家文書2』53頁
　地北島保
　備『鎌』注記に「本文書,文中に文永十年より四ヶ年を経とあれば,建治三年に当るべし」とあり

建治3年)　日蓮書状　＊近江国,中国

　出日蓮聖人遺文　刊『鎌』17-12962,『昭和定本日蓮聖人遺文』1301頁
　語蒙古調伏
　地大津,蒙古
　備『鎌』注記に「建治三年四条頼基充の返信である」とある

建治4年1月22日　高井義重去状
　　　　　　　　　　　　　　＊越後国

　出越後三浦和田文書　刊『鎌』17-12968,『新潟県史　資料編4』109頁
　地松浦

建治4年)1月25日　日蓮書状

　出日蓮聖人遺文　刊『鎌』17-12971,『昭和定本日蓮聖人遺文2』1436頁
　語海,わかめ(和布)

建治4年2月13日　日蓮書状

　出日蓮聖人遺文　刊『鎌』17-12983,『昭和定本日蓮聖人遺文2』1441頁
　語魚鹿

建治4年～弘安元年

建治4年）2月23日　日蓮書状
＊駿河国，天竺

出 日蓮聖人遺文　刊『鎌』17-12986,『昭和定本日蓮聖人遺文2』1443頁
語 こふ(昆布)，のり(海苔)，をこ，天竺
地 天竺

弘安元年3月　日興等連署申状

出 興尊全集　刊『鎌』17-13014,『日蓮宗宗学全書　興尊全集・興門集』93頁
語 異国，他国

弘安元年4月22日　日蓮書状　＊中国

出 日蓮聖人遺文　刊『鎌』17-13026,『昭和定本日蓮聖人遺文2』1495頁
語 亀，魚
地 黄河

弘安元年4月29日　亀山上皇院宣案
＊山城国

出 石清水文書　刊『鎌』17-13034,『大日本古文書　石清水文書1』543頁,『石清水八幡宮史4』697頁
語 殺生禁断，漁狩
綱 石清水八幡宮山上山下における漁狩を院宣により禁ず
備 同文の案文が筑波大学にも所蔵されており，『史料纂集　石清水八幡宮文書外』8頁に掲載されている

弘安元年5月18日　将軍〈惟康親王〉家政所下文　＊阿波国

出 出羽中条家文書(山形大学所蔵)　刊『鎌』17-13047,『新潟県史　資料編4』357頁
地 勝浦山

弘安元年5月18日　将軍〈惟康親王〉家政所下文案　＊越後国

出 越後三浦和田文書　刊『鎌』17-13048,『新潟県史　資料編4』112頁
地 松浦，黒河

弘安元年5月18日　将軍〈惟康親王〉家政所下文案　＊越後国

出 出羽伊佐早文書　刊『鎌』17-13049
地 長橋，鱒河

弘安元年5月18日　尼妙蓮等訴状案
＊備前国

出 薩摩入来院家文書　刊『鎌』17-13050,『入来文書』88頁,『入来院文書』19頁
語 院内塔原領家方御米船
地 方上
綱 渋谷重員、備前国方上に着きし入来院塔原領家方御米船に、下人等を遣して代官所持物20余貫文を奪い取る旨、尼妙蓮等訴う

弘安元年5月25日　某譲状案　＊山城国

出 東寺百合文書メ　刊『鎌』17-13057
地 しほのこうち(塩小路)

弘安元年）6月）5日）　興福寺条々定文
＊大和国

出 中臣祐賢記弘安1.6.5日条　刊『鎌』17-13074,『増補続史料大成48』393頁
地 水屋川(水谷川)

弘安元年）6月26日　日蓮書状　＊朝鮮

出 日蓮聖人遺文　刊『鎌』17-13094,『昭和定本日蓮聖人遺文2』1525頁
語 百済国
地 百済国

弘安元年7月3日　日蓮書状　＊中国, 天竺

出日蓮聖人遺文　刊『鎌』17-13103,『昭和定本日蓮聖人遺文2』1526頁
語漢土, 天竺
地漢土, 天竺

弘安元年7月5日　藤原朝定和与状
＊越中国

出山城仁和寺文書　刊『鎌』17-13104
地弘瀬郷

弘安元年7月5日　藤原光定和与状
＊越中国

出山城仁和寺文書　刊『鎌』17-13105
語山手, 河手
地弘瀬郷

弘安元年）7月7日　日蓮書状

出日蓮聖人遺文　刊『鎌』17-13106,『昭和定本日蓮聖人遺文2』1529頁
語海人, 魚, 海賊
綱今の代の海人・山人, 日々に魚鹿を殺す

弘安元年7月8日　将軍〈惟康親王〉家政所下文案　＊中国

出豊後曽根崎文書　刊『鎌』17-13107,『大分県史料9』428頁,『増補訂正編年大友史料3』20頁
語文永十一年蒙古合戦賞
地蒙古

弘安元年7月晦日　義尹大渡橋供養記
＊肥後国

出肥後大慈寺文書　刊『鎌』17-13137,『熊本県史料2』656頁,『曹洞宗古文書　下』388頁
語大渡橋

地大渡橋

弘安元年9月4日　佐々木頼泰田地寄進状　＊出雲国

出出雲大社文書　刊『鎌』17-13166,『新修島根県史　史料編1』188頁
地大津村

弘安元年9月6日　日蓮書状
＊中国, 朝鮮, 天竺, 伊豆国, 蝦夷, 佐渡国, 隠岐国, 相模国, 甲斐国

出日蓮聖人遺文　刊『鎌』17-13169,『昭和定本日蓮聖人遺文2』1551頁,『静岡県史　資料編5』671頁
語山河, 大海, 漢土, 高麗, 海賊, 船, 海辺, 海中の小島, 大海の船, 大河, 河, 隋, 天竺, 唐, 呉, 越
地伊豆の大島, 奥州の東のえそ（蝦夷）, 漢土, 高麗, 佐渡, 隠岐, 江島, 早河, 波木井河, 富士河, 隋, 天竺, 唐, 呉, 越
綱商那和修, 五百人の商人と共に大海に船を浮かべて商いをす◆当世国主等, 真言宗を河には橋, 海には船の如く頼みとす◆日本国の大地・山河・大海・草木等は皆釈尊の御財なり◆日蓮住地の北に早河と名づく大河あり

弘安元年9月19日　日蓮書状　＊甲斐国

出日蓮聖人遺文　刊『鎌』17-13179,『昭和定本日蓮聖人遺文2』1571頁,『静岡県史　資料編5』685頁
語塩一駄, 河, 舟
地波木井河, 早河, 富士河
綱甲斐国身延は山中なる上, 悪天候のため舟渡らず, 7月などは塩1升を銭100, 塩5合を麦1斗に替う

弘安元年

弘安元年）10月1日　日蓮書状　＊駿河国

田日蓮聖人遺文　刊『鎌』17-13192,『昭和定本日蓮聖人遺文2』1588頁
地かしま（賀島）

弘安元年10月3日　道覚〈岩松経兼〉譲状写　＊下総国

田岩松新田文書　刊『鎌』17-13193,『群馬県史　資料編5』197頁,『取手市史　古代中世史料編』138頁
地相馬御厨,西田島

弘安元年閏10月21日　紀為兼田地売券　＊摂津国

田山城大徳寺文書　刊『鎌』17-13232,『大日本古文書　大徳寺文書11』211頁
地今津

弘安元年閏10月22日　日蓮書状　＊相模国

田日蓮聖人遺文　刊『鎌』17-13234,『昭和定本日蓮聖人遺文2』1600頁
語漁
地こふづ(国府津)
綱魚は淵の底に住みて浅き事を悲しみ、穴を水の底に掘りて住めども、餌にばかされて鉤を飲む

弘安元年11月11日　大神宮司庁宣　＊近江国

田神宮文庫文書　刊『鎌』18-13259
語魚貝之神田,魚貝

弘安元年11月20日　内宮神主等注進状

田弘安二年内宮假殿遷宮日記　刊『鎌』18-13277,『神宮遷宮記1』580頁
語塩二升,堅魚腹(鰒ヵ)各二斤,雑海藻二斗,雑腊一斗

弘安元年11月　伊賀喰代御厨申状　＊伊賀国

田神宮文庫文書　刊『鎌』18-13303
地喰代御厨

弘安元年11月　藤原頼俊処分状案　＊摂津国

田壬生家文書壬生家所領　刊『鎌』18-13306,『図書寮叢刊　壬生家文書1』106頁
地杭瀬村
備文書名は『図書寮叢刊　壬生家文書1』による

弘安元年12月5日　伴友正田地売券　＊紀伊国

田高野山文書又続宝簡集35　刊『鎌』18-13315,『大日本古文書　高野山文書4』686頁
地荒川

弘安元年12月8日　淡路鳥飼別宮雑掌地頭和与状写　＊淡路国

田石清水文書　刊『鎌』18-13318,『大日本古文書　石清水文書1』418頁,『石清水八幡宮史5』341頁
語山河海得分半分,船津,船所沙汰,海上水手食物,水手
綱石清水八幡宮領淡路国鳥飼別宮雑掌法橋明舜と地頭木工権助藤原富網と和与す◆山河海の得分は、領家・地頭半分の沙汰とす◆文永6,7両年に、船津にて、地頭の押取る神用米は免除す◆船所の沙汰は、領家の管領預所の計らいとす◆地頭上洛時の海上水手の食物は、先例に任せて下行するものとす

弘安元年12月21日　清重畠地売券
　　　　　　　　　　　　　　＊土佐国

　出土佐安芸文書　刊『鎌』18-13331
　語大河
　地石船

弘安元年12月23日　北条時宗書状　＊中国

　出相模円覚寺文書　刊『鎌』18-13334,『神奈川県史　資料編2』39頁,『鎌倉市史　史料編2』6頁
　語宋朝名勝,鯨波険阻,俊傑禅伯
　地宋朝
　綱北条時宗、無及徳詮・宗英に対し、南宋に渡り、俊傑の禅僧を連れ来らんことを命ず

弘安元年12月27日　関東下知状案
　　　　　　　　　　　　　　＊紀伊国

　出高野山文書宝簡集24　刊『鎌』18-13340,『大日本古文書　高野山文書1』323頁
　地紀伊湊
　綱紀伊国南部荘地頭代、高野山の年貢米運送に関し、見米を紀伊湊にて請け取り、返抄をなすは前地頭の例なり、と主張す

弘安元年12月　若狭及汲部多烏浦村君職安堵状　＊若狭国

　出若狭秦文書　刊『鎌』18-13346,『小浜市史　諸家文書編3』18頁
　語由留木大綱,ゆるきあちむらきミ(由留木網地村君),大網むらきミ(村君)職,刀禰丸
　地由留木

弘安2年)1月3日　日蓮書状

　出日蓮聖人遺文　刊『鎌』18-13355,『昭和定本日蓮聖人遺文2』1621頁,『静岡県史　資料編5』688頁

　語海辺,塩
　綱日蓮「海辺には木を財とし、山中には塩を財とす」と書状に記す

弘安2年)1月11日　内宮神主心柱供物注進状

　出弘安二年内宮仮殿遷宮日記　刊『鎌』18-13366,『神宮遷宮記1』587頁
　語堅魚鯷各三斤,雑海藻二斗五升,塩二升,雑腊二斗五升

弘安2年1月20日　六波羅下知状写
　　　　　　　　　　　　　　＊淡路国

　出石清水文書　刊『鎌』18-13388,『大日本古文書　石清水文書1』420頁,『石清水八幡宮史5』348頁
　語山・河海得分,船津,船所沙汰,海上水手
　綱石清水八幡宮領淡路国鳥飼別宮雑掌法橋明舜と地頭木工権助富綱の山・河海得分の事、船所の事などにつき和与す

弘安2年1月28日　内宮庁宣　＊遠江国

　出神宮文庫文書　刊『鎌』18-13400,『静岡県史　資料編5』689頁
　地小刑御厨
　備『静岡県史』は地名について、「刑部ヵ」とする

弘安2年)2月16日　大中臣隆蔭御教書
　　　　　　　　　　　　　　＊伊勢国

　出弘安二年内宮仮殿遷宮日記　刊『鎌』18-13443,『神宮遷宮記1』620頁
　地長岡御厨

弘安2年)2月16日　外宮禰宜行晴書状
　　　　　　　　　　　　　　＊伊勢国

　出弘安二年内宮仮殿遷宮日記　刊『鎌』18-

弘安2年

13444,『神宮遷宮記1』620頁

地長岡御厨

弘安2年) 2月16日　内宮禰宜延季書状
＊伊勢国

出弘安二年内宮仮殿遷宮日記　刊『鎌』18-13445,『神宮遷宮記1』621頁

地長岡御厨

弘安2年) 2月17日　内宮禰宜延季書状
＊伊勢国

出弘安二年内宮仮殿遷宮日記　刊『鎌』18-13447

地長岡御厨

弘安2年) 2月17日　内宮禰宜延季書状
＊伊勢国

出弘安二年内宮仮殿遷宮日記　刊『鎌』18-13448,『神宮遷宮記1』622頁

地長岡御厨

弘安2年) 2月17日　外宮禰宜行晴書状
＊伊勢国

出弘安二年内宮仮殿遷宮日記　刊『鎌』18-13449,『神宮遷宮記1』621頁

地長岡御厨

弘安2年) 2月17日　大中臣隆蔭御教書
＊伊勢国

出弘安二年内宮仮殿遷宮日記　刊『鎌』18-13453,『神宮遷宮記1』624頁

地長岡御厨

弘安2年) 2月17日　外宮禰宜行晴書状
＊伊勢国

出弘安二年内宮仮殿遷宮日記　刊『鎌』18-13454,『神宮遷宮記1』624頁

地長岡御厨

弘安2年2月18日　玄順田地去文
＊紀伊国

出高野山文書続宝簡集66　刊『鎌』18-13456,『大日本古文書　高野山文書3』517頁

地秋野河

弘安2年) 2月21日　大中臣隆蔭御教書
＊伊勢国

出弘安二年内宮仮殿遷宮日記　刊『鎌』18-13462,『神宮遷宮記1』630頁

地長岡御厨

弘安2年) 2月21日　外宮禰宜行晴書状
＊伊勢国

出弘安二年内宮仮殿遷宮日記　刊『鎌』18-13463

地長岡御厨

弘安2年) 2月27日　二宮禰宜連署請文
＊伊勢国

出弘安二年内宮仮殿遷宮日記　刊『鎌』18-13470,『神宮遷宮記1』672頁

地長岡御厨

弘安2年) 2月28日　外宮禰宜行晴書状
＊伊勢国

出弘安二年内宮仮殿遷宮日記　刊『鎌』18-13471,『神宮遷宮記1』673頁

地長岡御厨

弘安2年) 2月28日　内宮禰宜延季（？）書状
＊伊勢国

出弘安二年内宮仮殿遷宮日記　刊『鎌』18-13472,『神宮遷宮記1』674頁

地長岡御厨

弘安2年)2月28日　二所大神宮神主注進状
　　　　　　　　　　　　　　＊伊勢国

田弘安二年内宮仮殿遷宮日記　刊『鎌』18-13473,『神宮遷宮記1』674頁
地長岡御厨

弘安2年)3月7日　内宮禰宜延季書状
　　　　　　　　　　　　　　＊伊勢国

田弘安二年内宮仮殿遷宮日記　刊『鎌』18-13500,『神宮遷宮記1』682頁
地長岡御厨

弘安2年3月26日　日蓮書状
　　　　　　　　　　＊中国,朝鮮,天竺

田日蓮聖人遺文　刊『鎌』18-13526,『昭和定本日蓮聖人遺文2』1627頁,『静岡県史　資料編5』691頁
語亀,大海,大魚,山海,漢土,百済国,天竺,唐土
地漢土,百済国,天竺,唐土

弘安2年3月　若狭志積浦年貢魚等注進状案　　　　　　　　　　　　＊若狭国

田若狭安倍武雄氏文書　刊『鎌』18-13535,『福井県史　資料編9』5頁
語新お(塩),数之魚之富魚,たい三こん(鯛三喉),おか新羅(尾頭),和布四条,妙戸魚卅さし,海松,心ふと(心太)八升,す新(鮨),あらまき(荒巻),さは(鯖)
地志積浦
綱若狭国志積浦地頭の年貢につき、魚・塩・海草等の数量を詳細に記す
備原本は継目裏に刀禰延長の花押があり、『福井県史』では正文としている

弘安2年4月3日　内宮神主注進状
　　　　　　　　　　　　　　＊伊勢国

田弘安二年内宮仮殿遷宮日記　刊『鎌』18-13537,『神宮遷宮記1』697頁
地五十鈴河

弘安2年4月11日　六波羅御教書案
　　　　　　　　　　　　　　＊薩摩国

田大隅台明寺文書　刊『鎌』18-13550,『鹿児島県史料　旧記雑録前編1』301頁
地硫黄島

弘安2年4月20日　日蓮書状＊中国,天竺

田日蓮聖人遺文　刊『鎌』18-13559,『昭和定本日蓮聖人遺文2』1632頁
語唐土,天竺
地唐土,天竺

弘安2年)5月2日　日蓮書状
　　　　＊筑紫国,中国,朝鮮,天竺,甲斐国

田日蓮聖人遺文　刊『鎌』18-13579,『昭和定本日蓮聖人遺文2』1639頁,『静岡県史　資料編5』697頁
語筑紫・鎮西の海中,島々のえひす,浦々のもののふ,小島,船,河,漢土,百済国,月氏国,五天竺,中天竺,天竺
地漢土,百済国,月氏国,五天竺,中天竺,天竺
綱日蓮、(謀反の)人々は吉野・とつ河の山林にこもり、筑紫・鎮西の海中に隠るれは、島島のえひす、浦浦のもののふともうたんとす、と書状に記す◆身延山へ至る富士川の水は、矢を射るがごとく早く、船あやうくして紙を水にひたせるがごとしと、日蓮喩う

弘安2年

弘安2年)5月14日　日蓮書状　＊中国

出日蓮聖人遺文　刊『鎌』18-13582,『昭和定本日蓮聖人遺文2』1645頁
語から国(唐国)
地から国(唐国)

弘安2年5月18日　清幸譲状

出瀧本善平氏所蔵文書　刊『鎌』18-13598
語西浦若法師丸
地西浦

弘安2年6月20日　日蓮書状　＊天竺,中国

出日蓮聖人遺文　刊『鎌』18-13615,『昭和定本日蓮聖人遺文2』1651頁
語天竺,唐土
地天竺,唐土

弘安2年7月2日　俊円所領譲状
　　　　　　　　　　　　＊美濃国

出山城醍醐寺文書　刊『鎌』18-13629
地船木庄

弘安2年7月24日　蘭渓道隆舎利器銘写
　　　　　　　　　　　　＊中国

出相模建長寺文書　刊『鎌』18-13641,『神奈川県史　資料編2』47頁,『鎌倉市史　史料編3』237頁
語大宋
地大宋西蜀涪州
綱南宋僧蘭渓道隆の略歴を舎利器に記す

弘安2年8月3日　藤原貞末屋敷売券
　　　　　　　　　　　　＊伊賀国

出東大寺文書4-73(3-5-46)　刊『鎌』18-13662
地下中瀬

弘安2年)8月8日　日蓮書状

出日蓮聖人遺文　刊『鎌』18-13668,『昭和定本日蓮聖人遺文2』1653頁,『静岡県史資料編5』704頁
語しほ一たわら(塩一俵),海のしほ(塩),海,船,三千里の海
綱身延山の日蓮、塩一俵送らる◆銭はみな三千里の海をわたりて来るものなり

弘安2年8月17日　日蓮書状　＊中国,天竺

出日蓮聖人遺文　刊『鎌』18-13671,『昭和定本日蓮聖人遺文2』1654頁
語いを(魚),漢土,天竺
地漢土,天竺

弘安2年8月　大神宮使・祭主使連署注進状

出兼仲卿記弘安6年冬巻裏文書　刊『鎌』18-13686
語魚

弘安2年10月8日　関東下知状案
　　　　　　　　　　　　＊肥前国

出肥前有浦文書　刊『鎌』18-13730,『改訂松浦党有浦文書』39頁
語宰府遊君
地佐志村,塩津留,神崎

弘安2年10月8日　関東下知状
　　　　　　　　　　　　＊肥前国,中国

出肥前有浦文書　刊『鎌』18-13731,『改訂松浦党有浦文書』36頁
語船木山,蒙古人等合戦
地松浦,松浦西郷庄内佐志村,神崎,蒙古

弘安2年10月14日　下総香取社分飯職役務注文　＊下総国

- 出 香取神宮古文書纂13分飯司家所蔵　刊『鎌』18-13736
- 地 津宮の大橋
- 備 『鎌』注記に「弘安の甲申は弘安七年なり。本書疑うべし」とある

弘安2年10月　行兼申状　＊志摩国

- 出 兼仲卿記弘安6年冬巻裏文書　刊『鎌』18-13753
- 地 丹島御厨

弘安2年10月　瀧泉寺大衆申状　＊駿河国,中国

- 出 中山法華経寺文書　刊『鎌』18-13755,『昭和定本日蓮聖人遺文2』1677頁,『静岡県史資料編5』706頁
- 語 魚類,蒙古国,夷島,唐
- 地 蒙古国,唐
- 綱 瀧泉寺大衆ら、仏前の池に毒を入れ、魚類を殺し村里に売る等の不善悪行により、院主代行智を訴う

弘安2年)11月2日　日蓮書状　＊中国

- 出 日蓮聖人遺文　刊『鎌』18-13757,『昭和定本日蓮聖人遺文2』1706頁
- 語 漢,大唐
- 地 漢,大唐

弘安2年11月6日　日蓮書状　＊中国,中国

- 出 駿河大石寺文書　刊『鎌』18-13761,『昭和定本日蓮聖人遺文2』1707頁,『静岡県史資料編5』710頁
- 語 ふな(鮒),漁人,あみ(網),大泊,唐土,蒙古
- 地 唐土,蒙古
- 綱 日蓮、書状に、唐の瀧「龍門」にて多くのふなが瀧を登り龍にならんとするが、漁人らに網をかけらるなど、万に一つも登ることなし、と記す

弘安2年11月11日　定宴書状　＊山城国

- 出 東寺百合文書や　刊『鎌』18-13767
- 地 木津

弘安2年11月30日　日蓮書状　＊中国,高麗国,朝鮮,天竺

- 出 日蓮聖人遺文　刊『鎌』18-13774,『昭和定本日蓮聖人遺文2』1712頁
- 語 大海,小島,南海のいろくづ,遠国の島,大蒙古国,百済国,五天竺
- 地 佐渡の島,大蒙古国,百済国,五天竺
- 綱 日蓮、日本国は大海の中の小島なり、と記す

弘安2年11月　小槻有家下文写　＊常陸国

- 出 常陸吉田神社文書　刊『鎌』18-13775,『茨城県史料　中世編2』264頁
- 地 河崎(郷)

弘安2年12月15日　官宣旨

- 出 新編追加　刊『鎌』18-13797,『中世法制史料集1』245頁
- 語 漁猟鷹鵜之制,石清水放生会以前殺生禁断

弘安2年12月18日　御宇多天皇宣旨

- 出 石清水文書　刊『鎌』18-13799,『大日本古文書　石清水文書1』543頁,『石清水八幡宮史2』380頁,『同4』697頁
- 語 漁猟鷹鵜之制,放生会

弘安2～3年

弘安2年12月27日　近江金勝寺巻数等送文

出 東寺百合文書ヨ　刊『鎌』18-13812
語 荒布

弘安2年12月28日　駿河守某奉書案

出 東寺百合文書な　刊『鎌』18-13815
語 異賊降伏御祈
備 瀬野精一郎は弘安8年12月28日付関東御教書の日付を誤写した重複文書とする(『鎌倉遺文研究』1・50頁)

弘安2年　　常陸国作田惣勘文案　＊常陸国

出 常陸税所文書　刊『鎌』18-13824,『茨城県史料　中世編1』375頁
地 同宿内平浜,同宿内高浜,同宿内島前,酒島,高浜,塩橋,猿小河,阿久津,志崎,津田,吉津

弘安2年)　日蓮書状

出 日蓮聖人遺文　刊『鎌』18-13828,『昭和定本日蓮聖人遺文3』2128頁,『静岡県史　資料編5』714頁
語 盲亀,南海,波,海,大海

弘安3年1月27日　日蓮書状
＊甲斐国,佐渡国,中国

出 日蓮聖人遺文　刊『鎌』18-13847,『昭和定本日蓮聖人遺文2』1729頁
語 西海,漁父,魚を取る網,魚鳥,大蒙古国
地 富士河,早河,波木井河,佐渡島,大蒙古国
綱 日蓮,日本国と申すは十の名ありとして,扶桑・野馬台・水穂・秋津洲等を挙ぐ

弘安3年)1月27日　日蓮書状　＊近江国

出 日蓮聖人遺文　刊『鎌』18-13848,『昭和定本日蓮聖人遺文2』1741頁
地 大津

弘安3年1月28日　藤原宗春寄進状
＊紀伊国

出 紀伊歓喜寺文書　刊『鎌』18-13849,『和歌山県史　中世史料2』750頁
地 ハセ河村

弘安3年3月16日　尼蓮阿弥陀仏田地譲状
＊紀伊国

出 高野山文書続宝簡集65　刊『鎌』18-13879,『大日本古文書　高野山文書3』466頁
地 麻生津庄

弘安3年3月29日　摂津穂積・服村百姓等請文
＊摂津国

出 中臣祐賢記弘安3.4.6条　刊『鎌』18-13895,『増補続史料大成49』38頁
語 船床間

弘安3年3月30日　摂津榎坂村百姓等連署請文
＊摂津国

出 中臣祐賢記弘安3.4.6条　刊『鎌』18-13896,『増補続史料大成49』39頁
語 船床間

弘安3年3月30日　摂津小曽祢村百姓連署請文
＊摂津国

出 中臣祐賢記弘安3.4.7条　刊『鎌』18-13897,『増補続史料大成49』40頁
語 船床間

弘安3年3月　摂津新屋荘雑掌申状
＊摂津国

出 兼仲卿記弘安7年6月巻裏文書　刊『鎌』18-13899

語 河堰米

弘安3年4月1日　信蓮笥崎番役覆勘状
＊薩摩国

出 薩摩比志島文書　刊『鎌』18-13906,『福岡県史資料10』17頁,『大宰府・太宰府天満宮史料8』328頁
語 はこさきのさつまのくにのけちはん(笥崎の薩摩国の結番)
地 はこさき(笥崎)

弘安)3年4月10日　後宇多天皇綸旨
＊摂津国

出 山城今宮神社文書　刊『鎌』18-13913
語 関泊交易,日次供御
備 中村直勝『日本古文書学　下』は偽文書とする

弘安3年4月23日　西郷信定和与状
＊豊前国

出 豊前末久文書　刊『鎌』18-13933,『福岡県史資料10』17頁
地 上毛の大中島

弘安3年4月24日　近江大浦庄中司某定書
＊近江国

出 近江菅浦文書　刊『鎌』18-13936,『菅浦文書　上』27頁
地 大浦御庄,菅浦

弘安3年4月　和泉隆池院修復勧進牒
＊天竺,中国

出 和泉久米田寺文書　刊『鎌』18-13946
語 天竺,震旦国
地 天竺,震旦国

弘安3年

弘安3年4月　賀太浦魚配分状案
＊紀伊国

出 紀伊向井家文書　刊『和歌山県史　中世史料2』119頁
語 当浦肴,釣船,サハラ(鰆),サコシ(青箭魚),シヒコ(鮪),ハマチ(鰍)網,上リエヒ(蝦・海老),ハラ(腹)白,北南船数,旅網
綱 賀太浦の肴の配分につき,預所規定す◆釣船,鰆・青箭魚・鮪・鰍網は10分の1を取り,半分は政所へ,4分の1は刀禰公文へ,4分の1は両沙汰人へ出すべし◆5月の上リ蝦・10月の腹白は,南北船数の1艘別に1喉ずつ取り,このうち両沙汰人へ1喉ずつ出し,残りは政所へ出すべし◆旅網10分の1については,半分を政所へ,4分の1は刀禰公文へ,4分の1は両沙汰人へ出すべし
備 本文書は検討を要す

弘安3年5月5日　亀山上皇院宣
＊安房国

出 富田仙助氏所蔵文書　刊『鎌』18-13952
地 広瀬郷

弘安3年5月9日　良賢財物処分状案

出 神宮文庫文書　刊『鎌』18-13962
地 北岡御園塩浜田畠荒野
綱 御厨子所供御人,関泊交易往反の煩いを停止さるべき旨を下知せらる

弘安3年5月19日　中臣祐賢廻文
＊摂津国

出 中臣祐賢記弘安3.5.19条　刊『鎌』18-13972,『増補続史料大成49』46頁,『編年差別史資料集成3』563頁
語 浜崎神人

弘安3年

弘安3年5月　大和春日社司解　＊摂津国

囲中臣祐賢記弘安3.5.19条　刊『鎌』18-13973,『増補続史料大成49』47頁,『編年差別史資料集成3』563頁
語生魚売買之業,浜崎庄供祭神人
地浜崎庄
綱浜崎庄供祭神人は、生魚売買の業を致し、上分は、春日社に備進す◆神人等、新儀の輩の売買を停止せられんことを請う

弘安3年5月　摂津浜崎庄供祭神人雑掌申状　＊摂津国

囲中臣祐賢記弘安3.5.19条　刊『鎌』18-13974,『増補続史料大成49』48頁,『編年差別史資料集成3』563頁
語生魚売買業
地浜崎庄
綱浜崎庄、興福寺領に施入せらるる後、住人は春日社散在神人の職に補任せられ、生魚売買の業いたし、上分は、当社供祭として備進すること、すでに数百余年に及ぶ◆神人等、新儀の輩の売買を停止せられんことを請う

弘安3年7月2日　日蓮書状　＊中国,天竺

囲日蓮聖人遺文　刊『鎌』18-14009
語漢土,唐,天竺
地漢土,唐,天竺

弘安3年)7月2日　日蓮書状　＊蝦夷,天竺

囲日蓮聖人遺文　刊『鎌』18-14010,『昭和定本日蓮聖人遺文2』1759頁
語のり(海苔),わかめ(和布),大海,くぢら(鯨),いわし,日本国北海の島のえびす,天竺
地日本国北海の島,天竺

弘安3年7月2日　日蓮書状　＊中国

囲駿河大石寺文書　刊『鎌』18-14011,『昭和定本日蓮聖人遺文2』1766頁,『静岡県史資料編5』728頁
語蒙古国,こゐ(鯉),ふな(鮒),魚
地蒙古国
綱日蓮、蒙古国に攻められる日本は、庖丁師の俎上の鯉、鮒のごとし、とたとう

弘安3年7月12日　平某書下　＊長門国

囲長府毛利家文書　刊『鎌』18-14015
語長門国赤間関阿弥陀寺免田
地赤間関

弘安3年)7月13日　日蓮書状　＊大隅国

囲日蓮聖人遺文　刊『鎌』18-14017,『昭和定本日蓮聖人遺文2』1770頁
地いわうの島(硫黄島)

弘安3年)7月14日　日蓮書状　＊中国

囲日蓮聖人遺文　刊『鎌』18-14018,『昭和定本日蓮聖人遺文2』1777頁
語入唐
地唐

弘安3年7月23日　関東御教書

囲新編追加　刊『鎌』18-14022,『中世法制史料集1』246頁
語石清水放生会以前殺生禁断

弘安3年7月23日　興福寺公文所下文　＊摂津国

囲中臣祐賢記弘安3.7.21条　刊『鎌』18-14023,『増補続史料大成49』57頁

語生魚
地浜崎庄
綱興福寺,摂津国浜崎庄庄官百姓等に対し,先例に任せ,生魚売買の沙汰を致すべし,と下知す

弘安3年7月　津守庄雑掌申状案　＊摂津国

田兼仲卿記弘安6年11・12月巻裏文書　刊『鎌』18-14036
語津守雑掌
地津守

弘安3年8月14日　日蓮書状　＊中国

田日蓮聖人遺文　刊『鎌』19-14051,『昭和定本日蓮聖人遺文2』1784頁,『静岡県史　資料編5』729頁
語五畿七道六十六箇国二の島,大海の波,船,西海,四海,漢土
地漢土

弘安3年8月　藤原永基所帯惣間帳案　＊筑後国,筑後国

田筑後草野文書　刊『鎌』19-14067
語山野河海

弘安3年9月12日　少弐経資警固番役覆勘状　＊筑前国

田肥前深堀家文書　刊『鎌』19-14100,『佐賀県史料集成4』4頁,『福岡県史資料10』18頁,『大宰府・太宰府天満宮史料8』329頁
語異国警固博多番役
地博多

弘安3年9月12日　少弐経資警固番役覆勘状案　＊筑前国

田肥前深堀家文書　刊『鎌』19-14101

語異国警固博多番役
地博多
備『鎌』注記に「前文書と小異あるにより並び掲げる。」とある

弘安3年)9月20日　日蓮書状

田日蓮聖人遺文　刊『鎌』19-14106,『昭和定本日蓮聖人遺文2』1795頁
語舟,海

弘安3年」9月26日　宇佐大宮司〈宇佐公有〉家御教書　＊豊後国

田豊前永弘文書　刊『鎌』19-14109,『大分県史料3』84頁,『増補訂正編年大友史料3』44頁
語綾御船,海,廻水手
綱綾御船事,この海を以て廻り奉るべきの由,書生大夫に仰さる◆廻水手,書生大夫と相共に,武蔵郷狼藉についての政所秡を行わしむ

弘安3年10月8日　さいきの守重田地売券　＊摂津国

田摂津勝尾寺文書　刊『鎌』19-14118,『箕面市史　史料編1』204頁
地妙楽谷川

弘安3年10月8日　円爾印信　＊天竺,中国

田山城栗棘庵文書　刊『鎌』19-14119
語南天竺国,震旦,巨唐
地南天竺国,震旦,巨唐

弘安3年10月8日　円爾印信　＊天竺,中国

田山城栗棘庵文書　刊『鎌』19-14120
語南天竺国,中天竺国,震旦,巨唐
地南天竺国,中天竺国,震旦,巨唐

弘安3年

| 弘安3年10月8日　円爾印信 ＊天竺,中国,朝鮮

出山城栗棘庵文書　刊『鎌』19-14121
語天竺,唐国,新羅国,大唐
地天竺,唐国,新羅国,大唐

弘安3年10月8日　円爾印信 ＊天竺,中国,

出山城栗棘庵文書　刊『鎌』19-14122
語天竺,唐
地天竺,唐

弘安3年10月8日　円爾印信 ＊天竺,中国,朝鮮

出山城栗棘庵文書　刊『鎌』19-14123
語天竺,唐国,新羅国,大唐国
地天竺,唐国,新羅国,大唐国

弘安3年)10月8日　日蓮書状 ＊中国,隠岐国

出日蓮聖人遺文　刊『鎌』19-14126,『昭和定本日蓮聖人遺文2』1799頁
語魚,北海,大海,蒼海,漢土
地佐渡の島,漢土,隠岐

弘安3年10月13日　円爾印信 ＊天竺

出山城栗棘庵文書　刊『鎌』19-14128
語天竺
地天竺

弘安3年10月13日　円爾印信 ＊天竺,中国,朝鮮

出山城栗棘庵文書　刊『鎌』19-14130
語天竺国,唐国,新羅国
地天竺国,唐国,新羅国

弘安3年)10月24日　日蓮書状 ＊中国

出日蓮聖人遺文　刊『鎌』19-14153,『昭和定本日蓮聖人遺文2』1810頁
語海賊,魚,大蒙古国,大海,大船
地大蒙古国

弘安3年11月7日　少弐経資覆勘状案 ＊筑前国

出肥前青方文書　刊『鎌』19-14169,『青方文書1』32頁,『大宰府・太宰府天満宮史料8』332頁
語異国警固博多番役
地博多

弘安3年11月25日　肥前浦部島百姓等連署起請文案 ＊肥前国

出肥前青方文書　刊『鎌』19-14186,『青方文書1』32頁
語あミいちてう(網一帖)
地□□□□(うらへしゃ)まのうちあをかたのうら(青方浦),ひらと(平戸)
綱浦部島百姓等,青方殿より下されし網一帖を曳く

弘安3年11月25日　肥前浦部島百姓等連署起請文案 ＊肥前国

出肥前青方文書　刊『鎌』19-14188,『青方文書1』35頁
地うらへのしま(浦部島),た□(う)しまのうちをうくし(当島の内大串)
備『鎌』19-14189を参照

弘安3年11月28日　新陽明門院〈藤原位子〉所領目録案 ＊越後国

出早稲田大学所蔵文書　刊『鎌』19-14191,『早稲田大学所蔵荻野研究室収集文書　上』

214頁
地大島

弘安3年12月8日　関東御教書　＊中国

出立花大友文書　刊『鎌』19-14207,『中世法制史料集1』247頁,『増補訂正編年大友史料3』49頁,『大宰府・太宰府天満宮史料8』340頁
語蒙古異賊
地蒙古
綱蒙古異賊等、明年四月中に襲来すべし

弘安3年)12月)13日)　日蓮書状

出日蓮聖人遺文　刊『鎌』19-14213,『昭和定本日蓮聖人遺文2』1820頁
語川流江河諸水之中海為第一
綱日蓮、川流江河諸水のうち海は第一たり、と述ぶ
備年月日は『昭和定本日蓮聖人遺文』による

弘安3年)12月16日　日蓮書状
　　　　　　　　　　＊朝鮮,筑前国,中国

出日蓮聖人遺文　刊『鎌』19-14217,『昭和定本日蓮聖人遺文2』1821頁
語新羅国,月氏,漢土
地新羅国,はかた(博多),月氏,漢土

弘安3年)12月18日　日蓮書状　＊天竺

出日蓮聖人遺文　刊『鎌』19-14218,『昭和定本日蓮聖人遺文2』1826頁
語天竺
地天竺

弘安3年)12月27日　日蓮書状
　　　　　　　　　　　　＊中国,天竺

出日蓮聖人遺文　刊『鎌』19-14223,『昭和定本日蓮聖人遺文2』1828頁

語ふね(船),月氏,五天竺
地月氏,五天竺

弘安3年)　日蓮書状　＊中国

出日蓮聖人遺文　刊『鎌』19-14224,『昭和定本日蓮聖人遺文2』1850頁
語唐
地唐
備年次比定は『昭和定本日蓮聖人遺文2』による

弘安4年2月18日　少弐経資書状

出肥前武雄神社文書　刊『鎌』19-14251,『佐賀県史料集成2』64頁,『福岡県史資料10』19頁,『中世法制史料集1』336頁,『大宰府・太宰府天満宮史料8』341頁,『増補訂正編年大友史料3』49頁
語異国用心

弘安4年2月20日　得宗公文所奉行人連署奉書案

出摂津多田神社文書　刊『鎌』19-14252,『兵庫県史　史料編中世1』246頁
語多田院山河殺生
綱多田院本堂四方10町における山河殺生を禁断し、山河に堺を立てしむ

弘安4年2月　東大寺異国祈禱転読衆交名

出東大寺文書(3-9-158)　刊『鎌』19-14262
語異国御祈,降伏異朝悪賊,異国大般若経転読

弘安4年)3月18日　日蓮書状
　　　　　　　　　　　＊中国,隠岐国

出日蓮聖人遺文　刊『鎌』19-14268,『昭和定本日蓮聖人遺文2』1861頁

弘安4年

- 語 大海, 蒙古国, 乳塩, 漢土
- 地 蒙古国, 漢土, 隠岐

弘安4年3月21日　関東御教書

- 田 紀伊金剛三昧院文書　刊『鎌』19-14269,『高野山文書2』40頁
- 語 異国敵賊之警固

弘安4年3月　筑後鷹尾社社司神官等言上状案　＊中国

- 田 筑後鷹尾家文書　刊『鎌』19-14277,『筑後鷹尾文書』72頁,『史淵』81・37頁
- 語 蒙古襲来
- 地 蒙古

弘安4年3月　筑後鷹尾社社司神官等言上状案　＊中国

- 田 筑後鷹尾家文書　刊『鎌』19-14278,『筑後鷹尾文書』72頁
- 語 蒙古襲来
- 地 蒙古

弘安4年3月　某荒野寄進状

- 田 防長風土注進案　大津宰判日置上村　刊『鎌』19-14280
- 地 鰐淵, 波瀬, 温瀬
- 備 『鎌』注記「本文書疑うべし」とあり

弘安4年4月14日　異国降伏修法注進

- 田 相模明王院蔵異国降伏祈祷記裏書　刊『鎌』19-14291,『神奈川県史　資料編2』74頁
- 語 異国降伏御祈

弘安4年4月17日　関東御教書

- 田 相模明王院文書異国降伏祈祷記　刊『鎌』19-14297,『神奈川県史　資料編2』81頁
- 語 異国降伏

弘安4年)4月19日　頼助請文

- 田 相模明王院文書異国降伏祈祷記　刊『鎌』19-14304,『神奈川県史　資料編2』82頁
- 語 異国降伏

弘安4年4月24日　関東御教書

- 田 式目追加　刊『鎌』19-14308,『中世法制史料集1』248頁
- 語 津料河手
- 綱 北条時宗、近年所々の地頭等が津料河手を押取るを停止せしむ

弘安4年4月　前摂政家政所下文　＊土佐国

- 田 土佐金剛福寺文書　刊『鎌』19-14315,『南路志9』8頁,『高知県史　古代中世史料編』227頁
- 語 小河
- 地 金柄崎
- 備 『高知県史』『南路志』は「土佐国蠹簡集」より採る

弘安4年5月1日　異国警固番役覆勘状　＊筑前国

- 田 薩摩比志島文書　刊『鎌』19-14316,『福岡県史資料10』19頁,『大宰府・太宰府天満宮史料8』341頁
- 語 異国警固筥崎番役
- 地 筥崎

弘安4年5月26日　太政官符　＊河内国

- 田 大和西大寺文書　刊『鎌』19-14325
- 語 鈎漁
- 綱 河内国西琳寺四至内において寺辺二里の殺生を禁ずるも、権門の徒諸河を上り、鈎漁

の処となすにより、殺生禁断の官符を下さる

弘安4年)5月26日　日蓮書状　＊中国

出日蓮聖人遺文　刊『鎌』19-14326,『昭和定本日蓮聖人遺文2』1867頁
語蒙古使者
地蒙古

弘安4年5月28日　和泉日根荘番頭等申状　＊和泉国

出兼仲卿記弘安7年10・11月巻裏文書　刊『鎌』19-14329
語漁田
綱先例に背き、日根荘預所漁田を免ぜす◆漁田の免田は、或時は小、或時は90歩なり

弘安4年)6月4日　摂政〈鷹司兼平〉家御教書

出壬生官務家日記抄弘安4.6.4条　刊『鎌』19-14342
語異国襲来

弘安4年6月16日　日蓮書状　＊中国

出日蓮聖人遺文　刊『鎌』19-14345,『昭和定本日蓮聖人遺文2』1871頁
語小蒙古人,大日本国之
地蒙古

弘安4年)6月19日　北条時宗書状

出関戸守彦氏所蔵文書　刊『鎌倉遺文研究』2・23頁
語異賊降伏祈祷

弘安4年6月23日　尼めうしゃう譲状　＊筑後国

出筑後近藤文書　刊『鎌』19-14348,『福岡県史資料10』23頁,『九州荘園史料叢書14』11頁
語しをうりこ二らう(塩売小二郎)
地あゆかわ(鮎河)

弘安4年6月28日　関東御教書案

出壬生官務家日記抄弘安4.7.6条　刊『鎌』19-14355
語異賊合戦

弘安4年7月12日　某家政所下文　＊山城国

出白河本東寺文書108　刊『鎌』19-14362
地塩小路

弘安4年7月12日　某家御教書　＊山城国

出白河本東寺文書108　刊『鎌』19-14363
地塩小路

弘安4年)7月13日　亀山上皇院宣＊中国

出出雲鰐淵寺文書　刊『鎌』19-14366
語蒙古国大将軍,六万艘兵船浮海,異国降伏御祈
地蒙古国
綱弘安4年、蒙古国大将軍等、日本を滅ぼさんがため、六万艘兵船を浮海す

弘安4年7月15日　持範注進状写　＊対馬国,中国,朝鮮

出豊後柞原八幡宮文書　刊『鎌』19-14367,『大分県史料9』87頁
語蒙古,高麗,軍勢五百余艘,島,浦々泊々の船,異国の軍兵,敵の船,海上,海賊
地対馬島,蒙古,高麗
綱蒙古・高麗の軍勢五百余艘、対馬島に押寄せ彼島を打取る
備『看聞日記』応永26年8月13日条に同文所載。応永の外寇の際に作成されたもの。

弘安4年

『鎌』に「本書、後世の作なるも、参考のため姑く収む」とあり

弘安4年7月16日　関東過所案

出金剛三昧院文書　刊『鎌』19-14368,『高野山文書2』97頁

語西海道関々渡沙汰人,高野山金剛三昧院領上下諸人勝載船,関々津々

弘安4年7月25日　蔵人平仲兼書状

出壬生家文書　異国御祈文書　刊『鎌』19-14374,『図書寮叢刊　壬生家文書6』22頁

語異国御祈

備『鎌』は文書名を「某書状案」とする

弘安4年7月□日　勘解由小路兼仲申事書

出兼仲卿記弘安7年7・8月巻裏文書　刊『鎌』19-14377

語組船,雑船

弘安4年閏7月1日　日蓮書状　＊中国

出日蓮聖人遺文　刊『鎌』19-14383,『昭和定本日蓮聖人遺文2』1871頁

語蒙古牒状,蒼海,漢土,震旦国

地蒙古,震旦国,漢土

弘安4年閏7月3日　関東御教書案
　　　　　　　　　　　　＊肥前国

出肥前青方文書　刊『鎌』19-14384,『青方文書1』37頁

地肥前国小値賀島内浦部島

備同文の案文が『青方文書1』235頁にあと2点ある

弘安4年閏7月11日　関東御教書

出東寺文書五常　刊『鎌』19-14388

語異賊,賊船乱入,山陽海路

綱北条時宗,寺田入道に対し,異賊の賊船が山陽の海路に乱入の聞あらば,防戦の忠を致すよう命ず

弘安4年閏7月11日　関東御教書

出毛利家児玉文書　刊『鎌』19-14389,『山口県史　史料編中世2』709頁

語異賊,賊船

地門司関

綱北条時宗,児玉繁行・家親に対し,長門国の軍陣に属し,防戦の忠を致すよう命ず

弘安4年閏7月11日　関東御教書案

出萩藩閥閲録19児玉四郎兵衛所持　刊『鎌』19-14390,『萩藩閥閲録1』529頁

語異賊,賊船

地門司関

綱北条時宗,児玉延行に対し,異賊の船が門司関に入らば,長門国の軍陣に属し,防戦の忠を致すよう命ず

弘安4年閏7月17日　後宇多天皇宣旨
　　　　　　　　　　　　＊中国

出兼仲卿記弘安4.閏7.17条　刊『鎌』19-14400,『増補史料大成34』141頁

語蒙古襲来,賊船,漂没

地壱岐,対馬,蒙古

綱去夏以降,蒙古襲来し,荇りに壱岐・対馬に着す◆閏7月1日,暴風上波し,賊船漂没するは神鑑の応護なり

弘安4年閏7月28日　道胤書下　＊薩摩国

出薩藩旧記8正本在権執印　刊『鎌』19-14409,『鹿児島県史料　旧記雑録前編1』309頁,『鹿児島県史料3』59頁

弘安4年

|地|大中島

弘安4年閏7月　亀山院庁下文

|田|東大寺続要録諸院篇　|刊|『鎌』19-14413,『続々群書類従11』285頁
|語|異国異賊之凶悪

弘安4年8月3日　山城平等院寺官等申状　*山城国

|田|兼仲卿記弘安7年2月巻裏文書　|刊|『鎌』19-14416
|語|網代

弘安4年)8月8日　日蓮書状　*中国,天竺

|田|日蓮聖人遺文　|刊|『鎌』19-14417,『昭和定本日蓮聖人遺文2』1877頁
|語|蒙古の責,大蒙古の責,さつこ(雑魚)と申小魚,唐土,天竺
|地|唐土,蒙古,天竺

弘安4年8月10日　北条時定書下　*肥前国

|田|肥前山代文書　|刊|『鎌』19-14418,『佐賀県史料集成15』14頁,『松浦党関係史料集1』148頁,『福岡県史資料10』44頁,『大宰府・太宰府天満宮史料8』342頁
|語|御厨預所
|地|御厨
|備|御厨とは宇野御厨をさす

弘安4年8月10日　左衛門尉景定書下写

|田|京都大学蔵大山寺旧蔵文書　|刊|『鎌』補3-1669
|語|塩

弘安4年8月16日　聖守書状　*朝鮮,中国

|田|東大寺文書(8-1)　|刊|『鎌』19-14422,『兵庫県史　史料編中世5』33頁
|語|征伐高麗,蒙古襲来
|地|高麗,蒙古

弘安4年8月21日　摂津多田院御家人連署請文　*摂津国

|田|摂津多田神社文書　|刊|『鎌』19-14427,『兵庫県史　史料編中世1』249頁
|語|山河殺生禁断
|綱|多田院本堂四方10町における山河殺生を禁断す

弘安4年8月　主殿寮山預宛行状案

|田|壬生家文書　主殿寮領雑々　|刊|『鎌』19-14439,『図書寮叢刊　壬生家文書3』119頁
|語|大河
|地|長太河

弘安4年)8月　主殿寮宛行状案

|田|壬生家文書　主殿寮領雑々　|刊|『図書寮叢刊　壬生家文書4』90頁
|地|長谷河

弘安4年9月11日　日蓮書状　*天竺

|田|日蓮聖人遺文　|刊|『鎌』19-14452,『昭和定本日蓮聖人遺文2』1883頁,『静岡県史　資料編5』758頁
|語|塩一駄,天竺
|地|天竺

弘安4年9月16日　六波羅御教書

|田|諸家文書纂10　野上文書　|刊|『鎌』19-14456,『福岡県史資料10』45頁,『中世法制史料集1』248頁,『大宰府・太宰府天満宮史料

弘安4年

8』384頁,『増補訂正編年大友史料3』53頁
語賊船,異国降人,津泊往来船,海上,海人漁船,従他国始来入異国人等
綱賊船を退散せしむるとも、自由の上洛遠行あるべからず◆異国降人等、各預け置く給分の沙汰未断たるにより、津泊往来の船に毎度検見を加え、海上に浮かべて国を出すべからず。海人の漁船・陸地分、同じく検見の用意あるべし◆他国より始めて来入する異国人等に制止を加うるべし

弘安4年9月28日　遠江浜名神戸司代官戒阿奉免状案　＊遠江国

田遠江大福寺文書　刊『鎌』19-14467,『静岡県史　資料編5』760頁,『静岡県史料5』1059頁
地浜名神戸
備『静岡県史』は「案」でなく「写」とする

弘安4年)10月22日　日蓮書状　＊中国

田日蓮聖人遺文　刊『鎌』19-14491,『昭和定本日蓮聖人遺文2』1886頁
語浦々島々破損船充満,敵船賊船,蒙古の大王,四島
地蒙古
綱鎮西には大風吹きて、津々島々に破損船充満す◆日蓮、秋風・纔水により敵船賊船の破損するを、祈禱成就の由と申す僧侶らを難ず

弘安4年10月27日　日蓮書状

田日蓮聖人遺文　刊『鎌』19-14492,『昭和定本日蓮聖人遺文2』1889頁
語異島流罪
備『鎌』注記に「『昭和定本日蓮聖人遺文脚註』に『弘安四年十月二十七日富木氏へ』とある」とあり

弘安4年12月2日　大友頼泰書下案　＊中国

田筑前右田家文書　刊『鎌』19-14514,『福岡県史資料10』46頁,『大宰府・太宰府天満宮史料8』359頁,『増補訂正編年大友史料3』54頁
語今年六月八日蒙古合戦
地蒙古
備『九州地方中世編年文書目録』は文書名を「大友貞親書下」とする

弘安4年)12月11日　日蓮書状

田日蓮聖人遺文　刊『鎌』19-14518,『昭和定本日蓮聖人遺文2』1898頁
語生和布一こ(篭)

弘安4年12月28日　関東下知状　＊陸奥国

田和泉和田文書　刊『鎌』19-14528
地船越村

弘安4年　蒙古合戦勲功賞米多続命院配分状案　＊肥前国,中国

田肥前龍造寺家文書　刊『佐賀県史料集成3』201頁
語弘安四年蒙古合戦勲功賞
地蒙古

弘安4年)　日蓮書状　＊天竺

田日蓮聖人遺文　刊『鎌』19-14524,『昭和定本日蓮聖人遺文2』1900頁
語天竺
地天竺
備年代推定は『昭和定本日蓮聖人遺文2』による

弘安5年)1月20日　日蓮書状

田日蓮聖人遺文　刊『鎌』19-14543,『昭和定本日蓮聖人遺文2』1907頁,『静岡県史　資料編5』770頁
語白塩一俵

弘安5年1月22日　伊予弓削島御年貢塩支配事　＊伊予国

田東寺百合文書よ　刊『鎌』19-14545,『日本塩業大系　史料編古代・中世1』162頁,『愛媛県史　資料編古代・中世』333頁
語御年貢塩,引塩,小俵
地弓削島

弘安5年1月29日　嵯峨殿私領地売券
＊山城国

田東寺百合文書メ　刊『鎌』19-14549
地塩小路

弘安5年2月9日　寂禅奉書案　＊遠江国

田遠江大福寺文書　刊『鎌』19-14561,『静岡県史　資料編5』771頁,『静岡県史料5』1061頁
語浜名神戸香主殿,殺生禁断
地当神戸(浜名神戸)
備『静岡県史』は「案」でなく「写」とする

弘安5年2月18日　理覚田畠譲状案
＊近江国

田近江奥津島神社文書　刊『鎌』19-14568,『大嶋神社・奥津嶋神社文書』6頁
語フナヨセ(船寄)
地奥島御庄,フナヨセ(船寄)

弘安5年2月28日　異国降伏御祈禱巻数

田尾張性海寺文書　刊『鎌』19-14581

弘安5年

語異国降伏御祈禱,異賊降伏

弘安5年2月　比志島時範軍忠状案
＊壱岐国,肥前国,中国

田薩摩比志島文書　刊『鎌』19-14583,『大宰府・太宰府天満宮史料8』345頁
語蒙古人之賊船数千余艘,島,鷹島合戦
地蒙古,壱岐島,鷹島
綱弘安4年6月29日、蒙古人の賊船数千余艘、壱岐島に襲来す◆比志島時範、河田盛資を相具し、壱岐島に渡向いて防御す

弘安5年2月　遠江大福寺衆徒等申状案
＊遠江国

田遠江大福寺文書　刊『鎌』19-14585,『静岡県史　資料編5』774頁,『静岡県史料5』1061頁
語狩猟殺生以下
地浜名神戸
備『静岡県史』は「案」でなく「写」とする

弘安5年2月　若狭国名田荘内田村国次名年貢注文　＊若狭国

田真珠庵文書　刊『福井県史　資料編2』218頁
語鮎塩代

弘安5年3月5日　尼妙観私領売券
＊山城国

田白河本東寺文書108　刊『鎌』19-14587
地塩小路

弘安5年3月8日　山城保津荘預所下文
＊山城国

田山城両足院文書　刊『鎌』19-14588
地保津新庄

弘安5年

弘安5年3月16日　主神司祐恒譲状写
　　　　　　　　　　　　　　　　＊薩摩国

田調所氏家譜　刊『鎌』19-14593,『鹿児島県史料　旧記雑録前編1』312頁,『鹿児島県史料　旧記雑録拾遺家わけ6』289頁
地たねかしま(種子島)

弘安5年3月17日　快豪田地寄進状
　　　　　　　　　　　　　　　　＊紀伊国

田高野山文書続宝簡集6　刊『鎌』19-14594,『大日本古文書　高野山文書2』214頁
地麻生津庄

弘安5年3月　長門国司庁宣　＊長門国

田長門赤間宮文書　刊『赤間神宮文書』30頁
語灯油船拾弐艘,関役船拾弐艘
地赤間関
綱長門国の知行国主,留守所をして灯油料12艘分の関役を阿弥陀寺に寄進す

弘安5年)3月)　日蓮書状

田日蓮聖人遺文　刊『鎌』19-14591,『昭和定本日蓮聖人遺文2』1913頁
語生和布一篭,わかめ(和布),へひす(夷)の島
備文書年月は『昭和定本日蓮聖人遺文』の脚註による

弘安5年4月9日　祭主〈大中臣隆蔭〉下文
　　　　　　　　　　　　　　　　＊伊勢国

田公文抄　刊『鎌』19-14607
語刀禰職

弘安5年4月15日　島津長久証状
　　　　　　　　　　　　　　　　＊壱岐国,肥前国

田薩摩比志島文書　刊『鎌』19-14611
語乗船,鷹島合戦
地壱岐島,鷹島
綱弘安4年6月29日,比志島時範・河田盛資,長久の乗船にて壱岐島に渡りし事,実正なり

弘安5年4月17日　信全所職等譲状案

田筑前太宰府神社文書　刊『鎌』19-14612,『福岡県史資料7』175頁
地螺鈿浦

弘安5年4月25日　六波羅御教書案
　　　　　　　　　　　　　　　　＊肥前国

田肥前小鹿島文書　刊『鎌』19-14614,『九州史料叢書　小鹿島文書』7頁,『大宰府・太府天満宮史料8』385頁,『九州荘園史料叢書11』27頁,『佐賀県史料集成17』261頁
地長島庄

弘安5年6月1日　能継奉書　＊近江国

田近江菅浦文書　刊『鎌』19-14630,『菅浦文書　上』51頁
地菅浦

弘安5年6月26日　行蓮所領処分帳案
　　　　　　　　　　　　　　　　＊山城国

田東寺百合文書に　刊『鎌』19-14635
地唐橋,からはし

弘安5年」7月11日　近衛家基御教書
　　　　　　　　　　　　　　　　＊豊後国

田豊前薬丸文書　刊『鎌』19-14643,『大分県史料2』287頁,『増補訂正編年大友史料3』

56頁

[語]塩屋

弘安５年７月　山城浄金剛院領田畠坪付注進状　＊尾張国

[出]山城醍醐寺文書　[刊]『鎌』19-14673,『大日本古文書　醍醐寺文書１』261頁,『編年差別史資料集成３』565頁

[地]平島里,草津里,塩江里,河崎郷,八津里,中池辺里,津島村

[備]『大日本古文書』は断簡で頭初部を欠く

弘安５年８月10日　少弐経資書下　＊筑前国,中国

[出]広瀬氏所蔵中村文書　[刊]『鎌』19-14683,『松浦党関係史料集１』149頁,『福岡県史資料10』250頁,『大分県史料13』341頁,『九州荘園史料叢書４』67頁,『増補訂正編年大友史料３』56頁

[語]蒙古合戦

[地]怡土庄,蒙古

弘安５年９月９日　肥前守護北条時定〈為時〉書状　＊壱岐国

[出]肥前龍造寺家文書　[刊]『鎌』19-14696,『佐賀県史料集成３』14頁,『大宰府・太宰府天満宮史料８』346頁

[語]異賊襲来

[地]壱岐島瀬戸浦

弘安５年９月10日　太政官符案

[出]摂津勝尾寺文書　[刊]『鎌』19-14697,『箕面市史　史料編１』208頁

[語]異国降伏之秘法,淀津之升米,降伏異賊之祈請

[地]淀津

弘安５年９月21日　日蓮書状　＊中国,天竺

[出]日蓮聖人遺文　[刊]『鎌』19-14701,『昭和定本日蓮聖人遺文３』2171頁

[語]月氏,震旦,大魚,天竺,周,殷

[地]月氏,震旦,天竺,周,殷

弘安５年９月25日　肥前守護北条時定書下　＊壱岐国

[出]肥前山代文書　[刊]『鎌』19-14702,『松浦党関係史料集１』150頁,『福岡県史資料10』48頁,『大宰府・太宰府天満宮史料８』343頁,『佐賀県史料集成15』15頁

[語]壱岐島合戦

[地]壱岐島

弘安５年９月　入道二品親王〈仁和寺性助〉庁下文　＊肥前国

[出]肥前深堀家文書　[刊]『鎌』19-14704,『佐賀県史料集成４』51頁,『九州荘園史料叢書７』19頁

[地]戸八浦内切杭高浜

弘安５年10月７日　日蓮書状　＊相模国,中国,天竺

[出]日蓮聖人遺文　[刊]『鎌』19-14715,『昭和定本日蓮聖人遺文２』1925頁

[語]蒙古国,船,日本六十六箇国島二,漢土,天竺,東天竺

[地]由井か浜,佐渡国,蒙古国,漢土,天竺,東天竺

[綱]文永５年閏正月、蒙古国より日本国を襲うべきの由の牒状渡る◆日蓮、建長寺・極楽寺等の念仏者の頸を由比ヶ浜にて切るべきを申す

弘安5〜6年

弘安5年10月8日　源泰明寄進状案
＊肥後国

出 肥後大慈寺文書　刊『鎌』19-14717,『熊本県史料2』657頁,『曹洞宗古文書　下』388頁
地 白河, 大河, 大渡水路, 河尻内大渡橋〈号大慈橋〉

弘安5年10月16日　日蓮遷化記　＊佐渡国

出 興尊全集　刊『鎌』19-14722,『日蓮宗宗学全書　興尊全集・興門集』101頁
地 佐土島

弘安5年10月　東寺異国祈禱請定

出 山城阿刀文書　刊『鎌』19-14721
語 異国悪賊

弘安5年11月2日　木心乾漆造虚空蔵菩薩半跏像願文　＊中国

出 奈良額安寺安置　刊『鎌』補3-1681
語 入唐求学, 帰朝
地 唐
綱 道慈律師は、入唐求学の時、善無畏三蔵に随い、虚空蔵求聞持法を伝え、帰朝すと伝う

弘安5年11月9日　関東御教書案
＊肥前国

出 肥前武雄神社文書　刊『鎌』19-14735,『佐賀県史料集成2』88頁
語 海賊船, 海路, 往反之船, 賊徒船
綱 近日、海賊船往反の船に煩有るの由、その聞あり◆肥前国地頭御家人をして、かの賊徒船を召取り、或は責め平らげしむ

弘安5年12月2日　平忠重譲状案
＊薩摩国

出 薩藩旧記8末吉羽島氏文書　刊『鎌』19-14746,『鹿児島県史料　旧記雑録前編1』313頁
地 羽島浦

弘安6年1月10日　了遍所領等譲状
＊越中国, 周防国

出 山城仁和寺文書　刊『鎌』20-14776
地 山田・弘瀬両郷, 二島庄

弘安6年2月17日　安芸新勅旨田年貢米支配状
＊山城国

出 東寺文書百合外　刊『鎌』20-14791
語 淀関米, 梶取
地 淀関

弘安6年)3月8日　北条兼時書状

出 豊後日名子文書　刊『鎌』20-14802,『大分県史料11』5頁
語 異国警固

弘安6年3月15日　宝意譲状　＊遠江国

出 東寺百合文書こ　刊『鎌』20-14806,『静岡県史　資料編5』782頁
地 美園御厨

弘安6年3月19日　北条時定〈為時〉書下
＊中国

出 肥前山代文書　刊『鎌』20-14807,『松浦党関係史料集1』150頁,『福岡県史資料10』49頁,『佐賀県史料集成15』16頁
語 蒙古合戦
地 蒙古

弘安6年3月　安芸新勅旨預所請文
＊安芸国

出 東寺百合文書ヨ　刊『鎌』20-14825
語 海路往反

弘安6年

綱 安芸国新勅旨田預所、東寺供僧に対し、年貢京上の海路往反に際して横難出来の時は、顕然の証拠を立て申すべき旨を請け申す

弘安6年4月5日　大見行定譲状
＊越後国

田 出羽中条家文書(山形大学所蔵)　刊『鎌』20-14835,『新潟県史　資料編4』362頁
地 白河庄内山浦四ヶ条

弘安6年4月　安嘉門院〈邦子内親王〉庁下文
＊播磨国

田 山城大報恩院文書　刊『鎌』20-14847
地 吉河上庄

弘安6年4月　近江伊香立荘々官百姓等申状
＊近江国

田 近江葛川明王院文書　刊『鎌』20-14850,『葛川明王院史料』855頁,『編年差別史資料集成3』574頁
語 狩漁、魚鳥
綱 葛川住人等、諸国流浪の悪党等を群集せしめ、狩漁を業とし、魚鳥を殺して食となす

弘安6年5月1日　北条時宗巻数請取写

田 常陸鹿島大禰宜家文書　刊『鎌』20-14852,『茨城県史料　中世編1』242頁
語 異国降伏巻数

弘安6年」5月1日　安芸新勅旨田年貢銭支配状
＊播磨国

田 東寺文書百合外　刊『鎌』20-14855
地 兵庫

弘安6年5月　坂上盛澄陳状

田 高野山文書宝簡集52　刊『鎌』20-14868,『大日本古文書　高野山文書2』70頁
語 異国降伏

弘安6年6月15日　近江奥津島社定文
＊近江国

田 近江奥津島神社文書　刊『鎌』20-14875,『大嶋神社・奥津嶋神社文書』7頁,『滋賀県漁業史　上』246頁
語 鮨切魚

弘安6年7月1日　関東使者申詞記
＊中国

田 管見記弘安6.7.2条　刊『鎌』20-14895
語 異国
綱 異国(蒙古)、今秋襲来すべき由の風聞あり。文永牒状に至元21年に大軍を発して襲来すべしとあるは明年にあたる

弘安6年7月25日　亀山上皇院宣
＊越前国

田 大乗院文書三箇御願料所等指事　刊『鎌』20-14915
地 河口庄

弘安6年7月　北条時宗申文　＊中国

田 相模円覚寺文書　刊『鎌』20-14919,『鎌倉市史　史料編2』7頁,『神奈川県史　資料編2』110頁
語 震旦
地 震旦

弘安6年8月　預所源某下文　＊肥前国

田 肥前山代文書　刊『鎌』20-14934,『佐賀県史料集成15』17頁,『松浦党関係史料集1』152頁
地 (宇野)御厨

弘安6年

弘安6年8月　沙弥行照解　＊山城国
田旧越前島津家文書(国立歴史民俗博物館蔵)　刊『鎌』20-14935,『兵庫県史　史料編中世9』67頁,『中世の武家文書』87頁
語防鴨河判官
地鴨河

弘安6年8月）　平忠永譲状　＊薩摩国
田薩藩旧記8羽島氏文書　刊『鎌』20-14938,『鹿児島県史料　旧記雑録前編1』315頁
語うら(浦),うミはま(海浜),はま(浜)
地さつまのこほりはしまのうら(薩摩郡羽島浦),かくらまのはま(浜),なかしま(中島)

弘安6年）9月12日　藤氏長者〈鷹司兼平〉御教書　＊大和国
田中臣祐春記弘安6.9.18条　刊『鎌』20-14946,『増補続史料大成49』114頁
語絶間川鮎上分
地絶間川

弘安6年）9月18日　大和春日社正預廻文　＊大和国
田中臣祐春記弘安6.9.18条　刊『鎌』20-14948,『増補続史料大成49』114頁
語絶間川鮎上分
地絶間川

弘安6年）9月24日　大和春日社正預廻文　＊大和国
田中臣祐春記弘安6.9.24条　刊『鎌』20-14954,『増補続史料大成49』116頁
語絶間河鮎上分
地絶間河

弘安6年9月27日　相模円覚寺年中寺用米注進状　＊相模国
田相模円覚寺文書　刊『鎌』20-14957,『神奈川県史　資料編2』113頁
語塩料

弘安6年9月　山城石清水八幡宮護国寺解　＊山城国
田石清水文書　刊『鎌』20-14959,『大日本古文書　石清水文書1』539頁,『石清水八幡宮史4』293頁
地美豆野浜

弘安6年10月22日　大隅守護千葉宗胤覆勘状
田大隅禰寝文書　刊『鎌』20-14979,『鹿児島県史料　旧記雑録拾遺家わけ1』337頁,『九州史料叢書　禰寝文書1』71頁,『大宰府・太宰府天満宮史料8』392頁
語異国警固番役

弘安6年10月　静能未処分田畠等注文
田高野山宝寿院文書　刊『鎌』20-14984
地御霊島

弘安6年10月　未処分田畠注文案
田高野山正智院文書　刊『鎌』20-14985
地御霊島

弘安6年10月　肥後大慈寺仏殿幹縁文　＊肥後国
田遠江普済寺文書　刊『鎌』20-14988,『静岡県史料5』752頁
語両河水面
地大渡

弘安6年11月17日　六波羅御教書
　　　　　　　　　　　　　　＊肥前国

田肥前深堀家文書　刊『鎌』20-15000,『佐賀県史料集成4』52頁,『大宰府・太宰府天満宮史料8』394頁,『九州荘園史料叢書7』20頁
語戸[　　]（八浦）地頭
地戸[　　]（八浦）,香焼杉□（浦）

弘安6年11月18日　大隅守護千葉宗胤下知状

田坂口忠智氏所蔵文書　刊『鎌』20-15003,『九州史料叢書　禰寝文書1』71頁,『福岡県史資料10』52頁
語異国警固番役
備『九州地方中世編年文書目録』は「禰寝文書」より採る

弘安6年11月22日　明賀所領譲状案
　　　　　　　　　　　　　　＊薩摩国

田薩摩二階堂文書　刊『鎌』20-15009
地白河のうら（浦）

弘安6年11月22日　栄勢田地寄進状
　　　　　　　　　　　　　　＊近江国

田近江長命寺文書　刊『鎌』20-15010
地船木御庄

弘安6年12月28日　関東御教書案

田東寺百合文書な　刊『静岡県史　資料編5』785頁,『福井県史　資料編2』131頁,『若狭国太良荘史料集成1』342頁
語異賊降伏御祈

弘安6年12月　肥後野原荘検注目録
　　　　　　　　　　　　　　＊肥後国

田石清水文書　刊『鎌』20-15043,『石清水八幡宮史6』234頁

語江成

弘安6年　宇都宮家式条　＊下野国,相模国

田下野上野秀文氏所蔵文書　刊『鎌』20-15044,『栃木県史　史料編中世4』282頁,『編年差別史資料集成3』576頁
語河原,鎌倉屋形,魚鳥
地鎌倉,上河原,中河原

弘安6年　菩提山僧正書状　　＊越前国

田大和福智院家文書　刊『福井県史　資料編2』485頁
地河口庄

弘安7年1月4日　得宗家奉行人奉書案

田東寺百合文書な　刊『鎌』20-15051,『若狭国太良荘史料集成1』342頁
語異賊降伏御祈

弘安7年1月6日　亀山上皇院宣案
　　　　　　　　　　＊伊勢国,紀伊国,志摩国

田伊勢御巫家退蔵文庫旧蔵古文書　刊『鎌』20-15052
語島
地安濃散在,合賀・木本両島,合賀・木本御厨

弘安7年1月6日　若狭国守護代平某施行状案

田東寺百合文書リ　刊『福井県史　資料編2』131頁,『若狭国太良荘史料集成1』342頁,『鎌倉遺文研究』8・85頁
語異賊降伏御祈

弘安7年1月29日　六波羅施行状案
　　　　　　　　　　　　　　＊摂津国

田摂津勝尾寺文書　刊『鎌』20-15059,『箕面市史　史料編1』211頁

弘安7年
[語]異国降伏御祈

弘安7年1月29日　北条時定〈為時〉覆勘状

[出]肥前龍造寺家文書　[刊]『鎌』20-15060,『佐賀県史料集成3』16頁,『福岡県史資料10』52頁,『日本の古文書　下』303頁,『大宰府・太宰府天満宮史料8』396頁
[語]警固番役,異国

弘安7年1月29日　長吏御教書　＊播磨国

[出]木神葉集　[刊]『鎌』20-15061
[地]吉河庄

弘安7年2月13日　安芸新勅旨田年貢米支配状　＊山城国

[出]東寺文書百合外　[刊]『鎌』20-15073
[語]淀関米
[地]淀

弘安7年2月27日　太政官符　＊山城国

[出]醍醐報恩院文書　[刊]『鎌』20-15078
[語]宇治河網代,河橋,網代数ヶ所,漁客数百人,漁猟,魚簗,橋,村民漁子,漁釣,遠戎襲来,魚肉之祭祀
[地]宇治河,宇治橋
[綱]漁客数百人,宇治河の数ヶ所に昼夜時節を分たず網代を構うるは、殺生の罪業甚し◆久安3年、漁猟を山河に停むべきの綸旨出づるも既に忘らる◆大化元年より建保末年まで、宇治河上に六ヶ度橋を造営するも、頃年頽破し、往還軏からず◆河上に網代を用ゆるを禁ずるといえども、なお恨むらくは神社供祭を橋北に残す。空しく生命を奪うは神道を棄つるものか。村民漁子、本を棄て末を逐い、農桑に務めず、ただ漁釣を事とす◆当正月21日、羽州の民烟を鴨社に封じ、魚肉の祭祀に替え、網代を停止すべき旨の院宣下さる◆諸国の放生は、元正天皇養老4年に始まる◆平等院縁辺宇治橋南北において、網代を停廃し、漁猟を禁ずべし

弘安7年2月28日　関東寄進状案

[出]薩藩旧記8写在国分正八幡宮社司沢氏　[刊]『鎌』20-15080,『鹿児島県史料　旧記雑録前編1』316頁
[語]異国降伏

弘安7年2月28日　関東御教書案

[出]島津家文書　[刊]『鎌』20-15081
[語]異国降伏

弘安7年2月28日　関東寄進状案

[出]豊前宮成家文書　[刊]『鎌』20-15082,『大分県史料24』162頁
[語]異国降伏

弘安7年2月28日　関東御教書案

[出]豊前宮成家文書　[刊]『鎌』20-15083,『大分県史料24』162頁
[語]異国降伏,賊船,漂倒
[綱]建治元年、異国降伏のため宇佐宮に御領寄進するにより、弘安4年賊船悉く漂倒す◆今、異国襲来の風聞あるにより、幕府、日向国村角別符地頭職を宇佐宮に寄進す

弘安7年2月28日　摂津国守護代棟別銭送文　＊摂津国

[出]摂津勝尾寺文書　[刊]『鎌』20-15084,『箕面市史　史料編1』212頁
[地]浜崎庄,神崎
[綱]摂津国守護代、東寺塔諸堂造営料として

摂津浜崎庄と神崎分の棟別銭1貫250文を送る

弘安7年2月晦日　慶盛田地売券
　　　　　　　　　　　　　　＊紀伊国

田 高野山文書又続宝簡集71　刊『鎌』20-15085,『大日本古文書　高野山文書6』322頁
地 奄田島

弘安7年2月晦日　浄円房後家田地充文
　　　　　　　　　　　　　　＊紀伊国

田 高野山文書又続宝簡集70　刊『鎌』20-15086,『大日本古文書　高野山文書6』293頁
地 鳥州(鳥洲)

弘安7年2月　円家鋳鐘願文

田 土佐竹林寺鐘　刊『鎌』20-15076
語 海中霊崛

弘安7年2月　二位家政所下文案
　　　　　　　　　　　　　　＊志摩国

田 伊勢御巫家退蔵文庫旧蔵文書　刊『鎌』20-15088
地 木本島

弘安7年3月5日　関東御教書写

田 福岡市立博物館所蔵青柳資料　刊『鎌』20-15105
語 異(国脱ヵ)降伏

弘安7年3月11日　関東御教書案
　　　　　　　　　　　　　　＊肥前国

田 肥前青方文書　刊『鎌』20-15113,『青方文書1』38頁
地 小値賀島内浦部

弘安7年

弘安7年3月11日　少弐経資書下
　　　　　　　　　　　　　　＊筑前国

田 筑前太宰府神社文書　刊『鎌』20-15114,『大宰府・太宰府天満宮史料8』397頁,『九州荘園史料叢書4』68頁
語 勝載船具
地 今津
綱 筑前国楢林又二郎兼時、吉祥院御八講米勝載船具等を今津地頭代預所に押取らるる由を訴う

弘安7年3月25日　大友頼泰施行状

田 大宰管内誌六郷山文書　刊『鎌』20-15124
語 異国降伏

弘安7年4月12日　奏事事書　＊山城国

田 兼仲卿記弘安7.4.12条　刊『鎌』20-15149,『増補史料大成34』283頁
語 供祭生魚類
綱 賀茂社は供祭生魚類を交易し、供えしが、天下穢につき如何沙汰すべきやを奏す

弘安7年4月12日　少弐景資書状写
　　　　　　　　　　　　　　＊肥前国,中国

田 筑後五条文書　刊『鎌』20-15150
語 海上,蒙古賊船三艘,大船,敵船,異賊,海中
地 御厨子崎,蒙古
綱 弘安4年閏7月5日、香西度景、肥前国御厨子崎海上において蒙古賊船3艘の内大船を追いかけ、合戦を致し、功を立つ

弘安7年4月13日　後宇多天皇宣旨

田 兼仲卿記弘安7.4.13条　刊『鎌』20-15152,『増補史料大成34』285頁
語 誡漁猟之業

弘安7年

綱 弘安7年4月より6月まで、洛中城外五畿七道において漁猟の業を誡む

弘安7年4月15日　六箇島分棟別銭注文

出 摂津勝尾寺文書　刊『鎌』20-15158,『箕面市史　史料編1』212頁

地 六箇島

弘安7年）4月26日　亀山上皇院宣

出 兼仲卿記弘安7.4.26条　刊『鎌』20-15165,『増補史料大成34』288頁,『編年差別史資料集成3』583頁

語 殺生禁断, 供祭, 漁人

綱 殺生禁断を命ずるも、漁人等供祭と号し、辺土において売買の風聞あり。厳制の旨を守り、交易の儀を停むべし

弘安7年閏4月16日　北条時定〈為時〉覆勘状　＊筑前国

出 肥前龍造寺家文書　刊『鎌』20-15180,『佐賀県史料集成3』16頁

語 姪浜警固番役

地 姪浜

弘安7年閏4月21日　島津宗忠覆勘状　＊薩摩国,筑前国

出 薩摩比志島文書　刊『鎌』20-15182

地 比志島, 筥崎

弘安7年）閏4月22日　道仏注進状案　＊紀伊国

出 高野山文書宝簡集18　刊『鎌』20-15183,『大日本古文書　高野山文書1』238頁

地 玉津島

綱 夢中に聞えし鈴音、覚めてもなお聞え、紀伊天野大明神酒殿より出て玉津島へ御行成のときの神馬の鈴音のごとくに西をさして去る

弘安7年5月12日　千葉宗胤覆勘状　＊筑前国

出 坂口忠智氏所蔵文書　刊『鎌』20-15195,『九州史料叢書　禰寝文書1』72頁,『大宰府・太宰府天満宮史料8』403頁

語 今津後浜警固

地 今津後浜

備 『九州地方中世編年文書目録』は禰寝文書より採る

弘安7年5月20日　新式目事書

出 新式目　刊『鎌』20-15199,『中世法制史料集1』250頁

語 贄殿御菜, 浦々所々

綱 贄殿御菜を浦々所々において取るべからず

弘安7年5月27日　関東評定事書

出 新編追加　刊『鎌』20-15202,『中世法制史料集1』254頁

語 海賊

弘安7年6月3日　関東御教書

出 新編追加　刊『鎌』20-15206,『中世法制史料集1』256頁

語 河手, 津泊市津料

綱 諸国一同に津泊市津料事・河手事を禁制せらる◆河手の禁制は、下知を帯ぶるの輩もこれを免ぜず

弘安7年6月3日　関東御教書　＊相模国

出 近衛家本式目追加条々　刊『鎌』20-15207,『中世法制史料集1』256頁

語 河手, 津泊市津料

弘安 7 年

綱相模国に津泊市津料事・河手事を禁制せらる◆河手の禁制は、下知を帯ぶるの輩もこれを免ぜず

弘安 7 年 6 月 3 日　関東御教書
＊越中国, 越後国

田式目追加　刊『鎌』20-15208,『中世法制史料集 1』256 頁
語河手, 津泊市津料
綱越中・越後両国に津泊市津料事・河手事を禁制せらる◆河手の禁制は、下知を帯ぶるの輩もこれを免ぜず

弘安 7 年 6 月 19 日　大友頼泰書下　＊中国

田尊経閣文庫　野上文書　刊『鎌』20-15214
語蒙古軍功証人
地蒙古

弘安 7 年 6 月 19 日　大友頼泰書下　＊中国

田尊経閣文庫　野上文書　刊『鎌』20-15215
語蒙古軍功証人
地蒙古

弘安 7 年 6 月 28 日　性如奉書　＊遠江国

田遠江蒲神明宮文書　刊『鎌』20-15228,『静岡県史　資料編 5』793 頁,『静岡県史料 5』828 頁
地蒲御厨
備『静岡県史』は文書名を「北条師時書下」とする

弘安 7 年 7 月 10 日　左衛門府免状

田山城海蔵院文書　刊『鎌』20-15247
地船岡

弘安 7 年」7 月 26 日　東寺長者御教書

田中村直勝氏蒐集文書　刊『鎌』20-15264

語異国調伏御祈

弘安 7 年 8 月 1 日　北条時定〈為時〉覆勘状
＊筑前国

田肥前龍造寺家文書　刊『鎌』20-15270,『佐賀県史料集成 3』17 頁
語姪浜警固番役
地姪浜

弘安 7 年 8 月 1 日　北条時定〈為時〉覆勘状
＊筑前国

田肥前龍造寺家文書　刊『鎌』20-15271,『佐賀県史料集成 3』19 頁
語姪浜警固番役
地姪浜

弘安 7 年 8 月 29 日　尼欣阿弥陀仏田地寄進状　＊近江国

田近江長命寺文書　刊『鎌』20-15288
地小船木御庄

弘安 7 年 8 月　山城北野社一切経書写勧進疏

田本朝文集 68　刊『鎌』20-15292
語異国襲来

弘安 7 年）9 月 10 日　北条尚時書状
＊筑前国

田新編追加　刊『鎌』20-15302,『中世法制史料集 1』262 頁
地博多

弘安 7 年）9 月 29 日　明忍〈劔阿〉書状
＊武蔵国

田金沢文庫所蔵釈摩訶衍論私見聞第 9 第 10 裏文書　刊『鎌』20-15337, 金沢文庫編『金沢文庫古文書 2』113 頁
語船, 船人

弘安7～8年
地 六浦

弘安7年9月　摂津住吉社宮司解
　　　　　　　　　　　　　＊摂津国

田 兼仲卿記弘安7.9.21条　刊『鎌』20-15303,『増補史料大成35』26頁
地 玉手島

弘安7年9月　豊後六郷山祈禱巻数目録

田 大宰管内誌六郷山文書　刊『鎌』20-15312,『増補訂正編年大友史料3』66頁
語 異国降伏,御祈禱御巻数,異国征伐

弘安7年10月13日　源泰明寄進状案
　　　　　　　　　　　　　＊肥後国

田 肥後大慈寺文書　刊『鎌』20-15325,『熊本県史料2』658頁,『曹洞宗古文書　下』390頁
語 海辺,橋勧進尹長者,大渡橋辺
地 河尻郷
綱 海辺の牟田を大慈寺寺用に寄進す

弘安7年10月18日　日興書状　＊伊豆国

田 興尊全集　刊『鎌』20-15329,『日蓮宗宗学全集　興尊全集・興門集』145頁
地 あたみ（熱海）

弘安7年11月19日　導願譲状　＊薩摩国

田 薩摩比志島文書　刊『鎌』20-15360,『鹿児島県史料　旧記雑録前編1』320頁
地 比志島

弘安7年12月5日　北条時定〈為時〉書下

田 肥前河上神社文書　刊『鎌』20-15375,『佐賀県史料集成1』85頁,『大宰府・太宰府天満宮史料8』411頁
語 異域異賊之降伏法

弘安7年12月21日　亀山上皇院宣案
　　　　　　　　　　　　　＊肥前国

田 東寺文書百合外　刊『鎌』20-15388
地 松浦庄

弘安7年12月22日　六波羅御教書案
　　　　　　　　　　　　　＊近江国

田 近江竹生島神社文書　刊『鎌』20-15389
地 竹生島

弘安7年12月23日　某施行状　＊若狭国

田 若狭秦文書　刊『鎌』20-15390,『小浜市史　諸家文書編3』18頁
語 山手塩代米,両浦刀禰所
綱 山手塩は,百姓等の訴えにより代米を止め,もとのごとく俵別の直銭で沙汰せしむ

弘安7年12月29日　安芸新勅旨田年貢米支配状　＊山城国

田 東寺文書百合外　刊『鎌』20-15397
語 淀関米
地 淀

弘安7年12月　新見荘官物等徴符案
　　　　　　　　　　　　　＊備中国

田 東寺百合文書ク　刊『岡山県史20』331頁
語 水手

弘安7年　関東評定事書　＊周防国

田 新編追加　刊『鎌』20-15383,『中世法制史料集1』267頁
語 周防国三箇所河手

弘安8年)其月12日　白蓮書状

田 駿河大石寺文書　刊『鎌』20-15404
語 かちめ五把

弘安8年)1月30日　了遍書状案　＊伊予国

田東寺百合文書ユ　刊『鎌』20-15412,『日本塩業大系　史料編古代・中世1』163頁,『愛媛県史　資料編古代・中世』310頁
地弓削島

弘安8年2月4日　有親・光綱連署奉書案

田長門一宮住吉神社文書　刊『鎌』20-15416
語異賊降伏

弘安8年2月10日　良仏田地譲状
＊豊前国

田豊前田口文書　刊『鎌』20-15427,『増補訂正編年大友史料3』73頁
地田口浦

弘安8年2月13日　色部長信譲状
＊越後国

田越後反町氏所蔵文書　刊『鎌』20-15431
地あハしま(粟島)

弘安8年2月13日　色部長信譲状
＊越後国

田色部文書　刊『新潟県史　資料編4』6頁
地あハしま(粟島)

弘安8年)2月15日　房瑜請文　＊伊予国

田東寺百合文書ノ　刊『鎌』20-15433,『日本塩業大系　史料編古代・中世1』163頁,『愛媛県史　資料編古代・中世』335頁
地弓削島庄

弘安8年2月22日　関東下知状　＊相模国

田相模法華堂文書　刊『鎌』20-15437,『神奈川県史　資料編2』139頁
地早河庄

弘安8年2月23日　藤原行景書状案
＊豊前国

田豊前到津文書　刊『鎌』20-15441,『大分県史料1』70頁,『増補訂正編年大友史料3』74頁
地うなセ(宇奈瀬)

弘安8年2月24日　六波羅御教書案
＊近江国

田近江竹生島文書　刊『鎌』20-15443
地竹生島

弘安8年3月27日　大友頼泰書下
＊中国,筑前国

田尊経閣所蔵　野上文書　刊『鎌』20-15493,『福岡県史資料10』57頁,『大宰府・太宰府天満宮史料8』413頁,『増補訂正編年大友史料3』75頁
語蒙古合戦
地蒙古,博多

弘安8年3月　造伊勢大神宮行事所切符案　＊伊予国

田東寺百合文書な　刊『鎌』20-15496,『日本塩業大系　史料編古代・中世1』164頁,『愛媛県史　資料編古代・中世』335頁
地弓削島

弘安8年3月　山城桂上下供御人申状
＊山城国

田兼仲卿記弘安9年4・5月巻裏文書　刊『鎌』20-15498,網野善彦『日本中世の非農民と天皇』427頁
語内膳狩取,宇治野飼場,漁,桂上下供御人
地宇治野飼場

弘安8年

弘安8年3月　肥前河上山衆徒解状
- 田 肥前河上神社文書　刊『鎌』20-15499,『佐賀県史料集成1』170頁
- 語 異国降伏霊験

弘安8年)4月22日　佐々木頼綱請文
＊近江国
- 田 近江竹生島文書　刊『鎌』20-15567
- 地 竹生島

弘安8年4月27日　留守家広譲状
＊陸奥国
- 田 陸奥留守文書　刊『鎌』20-15572,『仙台市史　資料編1』146頁,『宮城県史30』162頁,『編年差別史資料集成3』585頁
- 語 つ(津),ふね壱そう(船壱艘)
- 地 しほかまのつ(塩竈の津)

弘安8年4月　某袖判田地寄進状
＊丹波国
- 田 丹波観音寺文書　刊『鎌』20-15578
- 地 下高津

弘安8年5月1日　島津忠宗覆勘状
＊筑前国
- 田 薩摩比志島文書　刊『鎌』20-15581,『福岡県史資料10』58頁,『大宰府・太宰府天満宮史料8』411頁
- 語 筥崎警固番役
- 地 筥崎

弘安8年5月10日　亀山上皇院宣
＊山城国
- 田 東寺百合文書て　刊『鎌』20-15586,『日本塩業大系　史料編古代・中世1』165頁
- 語 両国并淀津関料
- 地 淀津

弘安8年5月17日　大江氏女畠売券
＊山城国
- 田 狩野文書4長福寺文書　刊『鎌』20-15589,『長福寺文書の研究』114頁
- 地 梅津

弘安8年6月1日　六波羅下知状
＊佐渡国
- 田 佐渡志上　刊『鎌』20-15599
- 語 浦,塩釜
- 地 宿祢宜内強清水・深浦,柄積内田浦,木浦内宿祢宜・柄積・伊豆穂・堂釜,夏井

弘安8年6月2日　範親書状　＊播磨国
- 田 白河本東寺文書86　刊『鎌』20-15602
- 地 吉河上庄

弘安8年)6月4日　馬淵公綱請文
＊近江国
- 田 近江竹生島文書　刊『鎌』20-15604
- 地 竹生島

弘安8年6月25日　将軍〈惟康親王〉家政所下文　＊肥前国
- 田 山城淀稲葉家文書　刊『鎌』20-15612,『肥前国神崎荘史料』34頁
- 地 神崎庄内小崎郷

弘安8年7月16日　六波羅施行状
＊肥前国
- 田 山城淀稲葉家文書　刊『鎌』20-15620,『肥前国神崎荘史料』35頁
- 地 神崎庄内小崎郷

弘安8年7月　某下文　＊播磨国
- 田 播磨法光寺文書　刊『鎌』20-15628,『兵庫県史　史料編中世2』117頁

地吉河上庄

弘安8年8月13日　善円念仏者禁制案
出山城本願寺文書　刊『鎌』20-15642
語魚鳥
綱念仏集会のとき、魚鳥を食すべからず

弘安8年8月14日　某袖判下文　＊遠江国
出遠江蒲神明宮文書　刊『鎌』20-15643,『静岡県史　資料編5』798頁,『静岡県史料5』829頁
語蒲御厨検校
地蒲御厨
備『静岡県史』は文書名を「北条師時検校職補任状」とする

弘安8年8月19日　北条時定〈為時〉書下　＊肥前国
出肥前山代文書　刊『鎌』20-15645,『佐賀県史料集成20』18頁,『松浦党関係史料集1』154頁
地伊万里浦

弘安8年8月　東大寺注進状案　＊山城国
出東大寺文書(1-24-487-1)　刊『鎌』20-15649
地泉木津御新庄,古河庄

弘安8年8月　東大寺注進状案　＊摂津国
出東大寺文書(1-24-487-2)　刊『鎌』20-15651,『兵庫県史　史料編中世5』34頁
地杭瀬庄

弘安8年8月　東大寺注進状案　＊尾張国
出東大寺文書(1-24-487-29)　刊『鎌』20-15655,『愛知県史　資料編8』333頁
地海部庄,中島庄

弘安8年

弘安8年8月　東大寺注進状案　＊播磨国
出東大寺文書(1-24-487-26)　刊『鎌』20-15675
語塩山

弘安8年8月　東大寺注進状案　＊備前国
出東大寺文書(1-24-487-36)　刊『鎌』20-15676
地神崎

弘安8年8月　東大寺注進状案　＊紀伊国
出東大寺文書(1-24-487-21)　刊『鎌』20-15678
語塩山三百丁
地埴崎庄

弘安8年8月　東大寺注進状案　＊阿波国
出東大寺文書(1-24-487-22)　刊『鎌』20-15679
地秋島庄

弘安8年8月　東大寺注進状案　＊讃岐国
出東大寺文書(1-24-487-23)　刊『鎌』20-15680,『香川県史8』740頁
地川津郷

弘安8年8月　僧幸祐等重申状　＊伊勢国
出兼仲卿記正応元年□月巻裏文書　刊『鎌』20-15685
地岸江御厨

弘安8年9月2日　定意・日下朝忠連署打渡状　＊若狭国
出若狭神宮寺文書　刊『鎌』20-15688,『小浜市史　社寺文書編』276頁
地神御崎

弘安8年

弘安8年9月17日　島津忠宗覆勘状案
＊筑前国

📖早稲田大学所蔵禰寝文書　刊『鎌』20-15694,『早稲田大学所蔵荻野研究室収集文書　下』26頁
語筥崎番役
地筥崎

弘安8年9月24日　亀山上皇院宣案
＊山城国

📖筑波大学所蔵北野神社文書　刊『鎌』20-15696,『北野神社文書』15頁
語淀津水垂神人
地淀津

弘安8年9月26日　藤氏〈鷹司兼平〉長者宣
＊摂津国

📖中臣祐春記弘安8.9.27条　刊『鎌』20-15698
語浜崎神人,鴨社供祭人,生魚交易
地浜崎,浜崎庄
綱浜崎神人・大番舎人と主殿所・鴨社供祭人,生魚交易につき相論す◆藤氏長者,興福寺領浜崎荘住民の若宮神人として供祭を備進するを理とし,日来の沙汰相違あるべからざる旨を命ず

弘安8年9月　　豊後国大田文案　＊豊後国

📖平林本　刊『鎌』20-15700
語浦
地博多,朝来野浦,守江浦,櫛木浦,大田原浦,竹田津浦,姫島浦,日出津島,佐賀関,広瀬村

弘安8年9月晦日　豊後国図田帳
＊豊後国

📖内閣文庫所蔵　刊『鎌』20-15701,『続群書類従33上』477頁,『増補訂正編年大友史料3』78頁
語浦
地朝来野浦,守江浦,櫛来浦,竹田津,岐部浦,姫島,日出津島,広瀬,津守庄,片島

弘安8年9月　遠江浜名神戸司大江助長申状
＊遠江国

📖兼仲卿記弘安10年2月巻裏文書　刊『鎌』20-15702
地浜名神戸,大谷大崎

弘安8年10月27日　北条時定〈為時〉書下
＊肥前国

📖肥前山代文書　刊『鎌』20-15713,『佐賀県史料集成15』28頁,『松浦党関係史料集1』155頁
地山代浦

弘安8年10月晦日　北条時定〈為時〉覆勘状案
＊筑前国

📖肥前青方文書　刊『鎌』20-15716,『青方文書1』39頁
語姪浜警固番役
地姪浜

弘安8年11月18日　若狭御賀尾浦刀禰職安堵状
＊若狭国

📖若狭大音家文書　刊『鎌』21-15740,『福井県史　資料編8』778頁
語刀禰職
地御賀尾浦

弘安8年11月18日　某申状

出兼仲卿記弘安10年8月巻裏文書　刊『鎌』21-15741

地但馬島

弘安8年11月25日　関東御教書案
　　　　　　　　　　　　　　　＊肥前国

出肥前石志文書　刊『鎌』21-15745,『松浦党関係史料集1』156頁,『佐賀県史料集成27』20頁,『平戸松浦家資料』152頁,『大宰府・太宰府天満宮史料8』426頁

地松浦庄

弘安8年11月　某袖判禁制　＊筑前国

出筑前町村書上帳　若宮八幡宮文書　刊『鎌』21-15749,『筑前町村書上帳13』遠賀郡・鞍手郡所収

語山河之狩猟

綱筑前国鞍手郡若宮八幡宮神領内において、毎月1日・15日・晦日は山河の狩猟ならびに禽獣の殺生を停止す

弘安8年12月8日　紀伊荒河荘没官田畠支配帳　　　　　＊紀伊国

出高野山文書続宝簡集6　刊『鎌』21-15753,『大日本古文書　高野山文書2』254頁

語三船宮

地イワシ田

弘安8年12月13日　宗直奉書　＊遠江国

出遠江大福寺文書　刊『鎌』21-15758,『静岡県史　資料編5』800頁,『静岡県史料5』1063頁

地浜名神戸

弘安8年12月　遠江大福寺僧申状写
　　　　　　　　　　　　　　　＊遠江国

出遠江大福寺文書　刊『鎌』21-15771,『静岡県史　資料編5』801頁,『静岡県史料5』1053頁

地浜名神戸

弘安8年12月　但馬国大田文　＊但馬国

出中野栄夫氏校訂本　刊『鎌』21-15774,『日高町史　史料編』866頁

語浦

地大垣御厨,城崎庄,大浜庄,田公御厨,伊含浦,岩崎村,赤崎庄,新赤崎,新井黒川保

弘安8年)　太神宮諸官任料注進状
　　　　　　　＊伊勢国,遠江国,三河国

出公文抄　刊『鎌』21-15773

語諸郷刀禰,佐々良島刀禰

地同(安濃)神戸,同(飯高)神戸,浜名神戸,尾張本新両神戸,飽海神戸,憓柄神戸,佐々良島

弘安9年)1月23日　尚清言上状写

出石清水文書　刊『鎌』21-15787,『大日本古文書　石清水文書1』567頁,『石清水八幡宮史4』298頁

語降伏異国之威験

弘安9年1月　石清水八幡宮祠官連署申文案

出石清水文書　刊『鎌』21-15792,『大日本古文書　石清水文書1』564頁

語四海泰平之御願

弘安9年

弘安9年2月9日　少弐経資書下
＊肥前国

- 出 肥前石志文書　刊『鎌』21-15814,『松浦党関係史料集1』157頁,『佐賀県史料集成27』20頁,『平戸松浦家資料』152頁,『大宰府・太宰府天満宮史料8』426頁
- 地 松浦庄

弘安9年2月22日　中原章名申状
＊山城国

- 出 兼仲卿記弘安10年5月巻裏文書　刊『鎌』21-15826
- 語 防鴨河判官
- 地 鴨河

弘安9年2月　石清水八幡宮祠官連署申状写

- 出 菊大路家文書　刊『鎌』21-15831
- 語 四海泰平之御願

弘安9年3月9日　円心奉書　＊伊予国

- 出 伊予大山積神社文書　刊『鎌』21-15839,『愛媛県史　資料編古代・中世』337頁
- 地 船山, 三島庄

弘安9年）3月20日　権大納言某書状

- 出 兼仲卿記弘安10年2月巻裏文書　刊『鎌』21-15853
- 地 榛名御厨

弘安9年3月27日　大和春日社神宝送文
＊中国

- 出 勘仲記弘安9.3.25条　刊『鎌』21-15866
- 語 御唐衣一領

弘安9年3月　沙弥寂妙〈大神惟親〉軍忠状
＊肥前国

- 出 豊後都甲文書　刊『鎌』21-15867,『大分県史料9』314頁,『大宰府・太宰府天満宮史料8』359頁,『増補訂正編年大友史料3』120頁
- 語 蒙古合戦, 蒙古凶徒
- 地 鷹島, 星鹿, 東浜, 蒙古
- 綱 蒙古凶徒, 肥前国鷹島に着岸す。大神惟親当国星鹿に馳せ向い、弘安4年後7月7日鷹島に渡り、同島東浜にて合戦す

弘安9年4月3日　浄善田地売券案
＊大和国

- 出 東大寺文書(3-5-42)　刊『鎌』21-15874
- 語 川
- 地 中津河

弘安9年6月22日　佐伯貞利諸領譲状案
＊土佐国

- 出 土佐国蠧簡集1　刊『鎌』21-15922,『高知県史　古代中世史料編』229頁
- 地 マイノ川(舞川), 日ナタ川

弘安9年7月10日　藤原惟顕陳状案

- 出 東寺百合文書フ　刊『鎌倉遺文研究』8・92頁
- 語 御厨

弘安9年7月16日　関東評定事書

- 出 新編追加　刊『鎌』21-15942,『中世法制史料集1』273頁,『大宰府・太宰府天満宮史料8』428頁,『増補訂正編年大友史料3』121頁
- 語 異国警固

弘安9年7月25日　関東評定事書

- 出 新編追加　刊『鎌』21-15946,『中世法制史

料集1』274頁,『大宰府・太宰府天満宮史料8』429頁,『増補訂正編年大友史料3』122頁
[語]異国警固

弘安9年7月　阿闍梨某下文案
＊志摩国,紀伊国,伊勢国

[出]伊勢御巫家退蔵文庫旧蔵古文書　[刊]『鎌』21-15951
[地]長嶋,合賀(島)木本御厨

弘安9年)8月13日　頼慶奉書
＊紀伊国,伊勢国,志摩国

[出]御巫家退蔵文庫旧蔵古文書　[刊]『鎌』21-15960
[地]合賀,木本御厨

弘安9年8月27日　少弐経資書下案
＊筑後国

[出]肥前青方文書　[刊]『鎌』21-15966,『青方文書1』40頁,『大宰府・太宰府天満宮史料8』430頁
[地]博多庄浜

弘安9年8月30日　千葉宗胤覆勘状
＊筑前国

[出]坂口忠智氏所蔵文書　[刊]『鎌』21-15967,『九州史料叢書　禰寝文書1』77頁,『福岡県史資料10』61頁,『大宰府・太宰府天満宮史料8』430頁
[語]異国警固今津番役
[地]今津
[備]『九州地方中世編年文書目録』は「禰寝文書」より採る

弘安9年8月　横山名坪付案

[出]出羽中条家文書(山形大学所蔵)　[刊]『鎌』21-15971,『新潟県史　資料編4』360頁
[語]鮎雑物,鮎江
[地]女河

弘安9年10月2日　白魚弘高避状案
＊肥前国

[出]肥前青方文書　[刊]『鎌』21-15996,『青方文書1』40頁
[語]しま々々(島々)
[地]なかうらへしろいを(中浦部白魚),こせと(小瀬戸),ひやのこしま,ひちさき,けたかさき,さをのさき(佐尾崎),なかしまのよりたけのうら,むかかうら,かつらしま

弘安9年10月3日　源為時起請文

[出]高野山文書宝簡集38　[刊]『鎌』21-15998,『大日本古文書　高野山文書1』509頁
[語]市津

弘安9年10月19日　関東御教書案

[出]筑後立花大友文書　[刊]『鎌』21-16001,『中世法制史料集1』275頁,『大宰府・太宰府天満宮史料8』431頁,『増補訂正編年大友史料3』132頁
[語]蒙古合戦,河海
[地]蒙古
[綱]蒙古合戦勲功につき､河海野畠山等においては配分しがたし

弘安9年10月28日　関東下知状案　＊中国

[出]豊後詫摩文書　[刊]『鎌』21-16008,『大分県史料12』60頁
[語]蒙古合戦
[地]蒙古

弘安9年10月29日　関東下知状案
＊肥前国

[出]豊後曾根崎文書　[刊]『鎌』21-16016,『大分

弘安9年

県史料9』428頁,『大宰府・太宰府天満宮史料8』418頁,『増補訂正編年大友史料3』133頁

地 曾根崎

弘安9年10月　薩摩新田宮石築地用途支配状案

出 薩藩旧記8権執印文書　刊『鎌』21-16019,『鹿児島県史料　旧記雑録前編1』326頁,『福岡県史資料10』62頁,『鹿児島県史料3』60頁

語 蒙古

地 筥崎, 洲崎, 蒙古

弘安9年」11月5日　大中臣為継請文案
＊越中国

出 輯古帖9　刊『鎌』21-16024

地 直海郷

弘安9年11月5日　造大神宮使下知状案
＊越中国

出 輯古帖9　刊『鎌』21-16025

地 直海郷

弘安9年11月13日　宇佐保広・同保景連署充行状

出 豊前永弘文書　刊『鎌』21-16032,『大分県史料3』90頁

語 塩屋神田

弘安9年11月23日　関東下知状案
＊播磨国

出 東寺百合文書ミ　刊『鎌』21-16037

語 例名内浦分地頭職

弘安9年11月25日　太良荘年貢米支配状
＊伊予国

出 東寺百合文書は　刊『鎌』21-16042,『日本塩業大系　史料編古代・中世1』165頁,『愛媛県史　資料編古代・中世』337頁,『若狭太良荘史料集成1』351頁

地 弓削島

備『鎌』は他刊本採録史料の後半部分のみを採用し、「伊予弓削島荘役夫工米注文」としているが、改めた

弘安9年12月20日　浄尊畠地売券
＊大和国

出 輯古帖三高雄山　刊『鎌』21-16071

地 束浦

弘安9年12月21日　秦守重刀禰職譲状
＊若狭国

出 若狭秦文書　刊『鎌』21-16074,『小浜市史　諸家文書編3』19頁

語 多烏浦刀禰職

地 多烏浦

弘安9年12月23日　官宣旨　＊摂津国

出 讃岐善通寺文書　刊『鎌』21-16075,『香川県史8』36頁

語 □帆□□

地 兵庫島

綱 善通寺伽藍修造料として、兵庫島において、帆□30文を勧進すべきを許さる

備 修造料の帆別銭徴収に関するものか。『香川県史』は語彙部分を欠字とし、地名も「□庫島」とする

弘安9年12月30日　関東御教書案

出 薩藩旧記8樺山氏文書　刊『鎌』21-16081,『鹿児島県史料　旧記雑録前編1』328頁,『福岡県史資料10』62頁,『中世法制史料集1』276頁,『大宰府・太宰府天満宮史料

8』434頁
語 異賊警固

弘安9年12月30日　関東御教書案

出 島津家文書　刊『鎌』21-16082,『大日本古文書　島津家文書1』264頁
語 異賊防禦
備『薩藩旧記8　写在官倉』にもあり

弘安9年閏12月12日　安芸新勅旨所当注文

出 東寺百合文書な　刊『鎌』21-16097
語 梶取

弘安9年閏12月22日　関東下知状

出 肥前田尻家文書　刊『鎌』21-16123,『福岡県史資料10』63頁,『佐賀県史料集成7』1頁,『大宰府・太宰府天満宮史料8』361頁,『九州荘園史料叢書13』16頁,『佐賀県史料集成7』1頁
語 蒙古合戦
地 蒙古

弘安9年閏12月23日　入道杲円挙状案　＊肥後国

出 肥後大慈寺文書　刊『熊本県史料2』659頁,『曹洞宗古文書　下』391頁
語 大渡橋
地 大渡橋

弘安9年閏12月25日　六波羅下知状

出 播磨太山寺文書　刊『鎌』21-16128,『兵庫県史　史料編中世2』32頁
語 狩漁

弘安9年閏12月28日　関東式目
＊肥前国,壱岐国,筑前国

出 薩摩比志島文書　刊『鎌』21-16130,『福岡県史資料10』63頁,『中世法制史料集1』278頁,『大宰府・太宰府天満宮史料8』436頁,『九州荘園史料叢書4』71頁,『同13』16頁
地 瀬戸浦,松浦庄,筥崎,加々良島,東浜田
備『九州地方中世編年文書目録』は文書名を「蒙古合戦并岩戸合戦勲功地配分注文」とする

弘安9年閏12月　某畠地売券　＊伊勢国

出 伊勢御塩殿文書　刊『鎌』21-16139
地 二見郷内三津村

弘安9年)　斎部尚孝解　＊伊勢国

出 兼仲卿記正応2年4月巻裏文書　刊『鎌』21-16140
語 御厨
地 長岡御厨

弘安10年1月7日　安芸新勅旨年貢米支配状　＊摂津国

出 東寺文書百合外　刊『鎌』21-16148
語 淀関米
地 淀

弘安10年1月15日　青方覚尋〈青方能高〉譲状案　＊肥前国

出 肥前青方文書　刊『鎌』21-16152,『青方文書1』41頁
地 御くりやの御しやうのうちうらへのしま（御厨御庄内浦部島）,あをかた（青方）,とらくのセと,かうらい（高麗）のと,さをさき（佐保崎）
備 同文で前欠の案文が『青方文書2』237頁

弘安10年
にもう1点ある

弘安10年1月18日　藤原盛信写経願文
　　　　　　　　　　　　　　　＊中国

　田安芸正法寺大般若経巻600奥書　刊『鎌』21-16154
　語大宋国
　地大宋国

弘安10年1月20日　地頭代藤原景頼施行状　　　　　　　　　　　　　　　＊播磨国

　田播磨太山寺文書　刊『鎌』補3-1710,『兵庫県史　史料編中世2』32頁
　語狩漁

弘安10年1月23日　亀山上皇院宣案

　田石清水文書　刊『鎌』21-16156,『大日本古文書　石清水文書1』549頁,『石清水八幡宮史4』703頁
　語津料(料ヵ),転漕之材木
　綱石清水八幡宮の、五畿七道において津料(料)と称し八米(木)を取り、転漕の材木・運送の雑物を妨ぐるを停止す

弘安10年1月23日　関東御教書　＊肥後国

　田肥後大慈寺文書　刊『鎌』21-16157,『熊本県史料2』660頁,『大宰府・太宰府天満宮史料8』102頁,『増補訂正編年大友史料3』134頁,『曹洞宗古文書　下』391頁
　地河尻大渡

弘安10年1月29日　北条為時施行状
　　　　　　　　　　　　　　　＊肥前国

　田肥前龍造寺家文書　刊『鎌』21-16163,『佐賀県史料集成3』14頁,『福岡県史資料10』68頁,相田二郎『日本の古文書　下』221頁,『中世法制史料集1』277頁,『大宰府・太宰府天

満宮史料8』439頁
　語異賊防禦,異国用心

弘安10年2月7日　某袖加判補任状
　　　　　　　　　　　　　　　＊遠江国

　田遠江蒲神明宮文書　刊『鎌』21-16184,『静岡県史　資料編5』804頁,『静岡県史料5』829頁
　地蒲御厨
　備『静岡県史』は文書名を「北条師時補任状」とする

弘安10年」2月7日　近江竹生島僧等請文案　　　　　　　　　　　　　　　＊近江国

　田近江菅浦文書　刊『鎌』21-16185,『菅浦文書　上』113頁
　地菅浦,竹生島
　綱竹生島の寺僧等、日吉神輿を菅浦に渡すを伝う

弘安10年2月18日　将軍〈惟康親王〉家政所下文　　　　　　　　　　　　＊出雲国

　田出雲家原家文書　刊『鎌』21-16189
　語大野浦地頭職
　地大野浦

弘安10年2月20日　後宇多天皇宣旨

　田兼仲卿記弘安10.2.20条　刊『鎌』21-16191,『増補史料大成35』166頁
　語蒙古異賊近来襲来
　地蒙古

弘安10年2月　近江葛河行者等解
　　　　　　　　　　　　　　　＊近江国

　田弘文荘待賈文書　刊『鎌』21-16202
　語鱧流
　綱葛河行者等、伊香立庄沙汰人・百姓等によ

216

る鱸流等の狼藉を停止せられんことを請う
◆先年、葛河行者等、葛河領内において、鱸流を致す庄民を搦め取る◆去る年、庄民等葛河庄の河南に乱入し鱸流等を行う

弘安10年2月　大隅守公神畳役注文

田薩藩旧記8　刊『鎌』21-16204,『鹿児島県史料　旧記雑録前編1』331頁
語浜殿借屋

弘安10年3月9日　鎮西奉行尊覚施行状案　＊肥後国

田肥後大慈寺文書　刊『鎌』21-16210,『熊本県史料2』660頁,『増補訂正編年大友史料3』134頁,『曹洞宗古文書　下』392頁
地河尻大渡

弘安10年3月16日　定俊田地寄進状　＊大和国

田百巻本東大寺文書8　刊『鎌』21-16216,『大日本古文書　東大寺文書6』151頁
地ユウサキ,結崎

弘安10年3月29日　浄恵〈少弐経資〉書下

田中村令三郎氏所蔵文書　刊『鎌』21-16224,『松浦党関係史料集1』168頁,『福岡県史　資料10』252頁,『大宰府・太宰府天満宮史料8』378頁,『増補訂正編年大友史料3』440頁
語異国警固
地多々良潟

弘安10年3月30日　北条為時覆勘状　＊肥前国

田肥前龍造寺家文書　刊『鎌』21-16227,『佐賀県史料集成3』19頁,『大宰府・太宰府天満宮史料8』440頁

語姪浜警固番役
地姪浜

弘安10年4月7日　義尹鋳鐘願文　＊肥後国

田肥前大慈寺鐘銘　刊『鎌』21-16235,『熊本県史料2』662頁
地飽田郷大渡津

弘安10年4月19日　関東下知状　＊備前国

田神田孝平氏所蔵文書　刊『鎌』21-16241
語狩猟并賀茂郷小河漁,河漁
地児島宮
綱肥前国長田庄雑掌と地頭式部頼泰等、山河の沙汰等につき相論す◆地頭、山河の事は領家との交渉沙汰を承服するも、狩猟並びに賀茂郷河漁については、地頭一向進止たるを主張す

弘安10年4月19日　関東下知状　＊備前国

田神田孝平氏所蔵文書　刊『鎌』21-16242
語狩猟并賀茂郷河漁
地児島宮

弘安10年4月23日　文殿勘文　＊美濃国

田尊経閣文庫所蔵弘長2.3.1関東下知状裏文書　刊『鎌』21-16243
地長瀬村

弘安10年4月28日　大隅台明寺寺田注進状　＊大隅国

田大隅台明寺文書　刊『鎌』21-16246
地下河津留
備『鎌』注記に「本文中に弘安十年卯月二十八日とあるにより、便宜収む」とある

弘安10年

弘安10年5月2日　相良迎蓮〈俊頼〉譲状
＊肥後国

田肥後相良家文書　刊『鎌』21-16252,『大日本古文書　相良家文書1』56頁,『福岡県史資料10』69頁
語梶取

弘安10年5月18日　文殿勘文　＊美濃国

田尊経閣文庫所蔵弘長2.3.1関東下知状裏文書　刊『鎌』21-16261
地長瀬村

弘安10年6月15日　某奉書案　＊伊予国

田東寺百合文書と　刊『鎌』21-16279,『日本塩業大系　史料編古代・中世1』167頁,『愛媛県史　資料編古代・中世』341頁
地弓削島

弘安10年6月21日　豊受大神宮神主申状
＊信濃国

田兼仲卿記正応2年正・2月巻裏文書　刊『鎌』21-16280
地□(矢ヵ)原御厨

弘安10年6月晦日　北条為時覆勘状案
＊肥前国

田肥前青方文書　刊『鎌』21-16285,『青方文書1』42頁
語警固番役
地姪浜

弘安10年7月2日　対馬守源光経解
＊対馬国,筑前国,筑後国,肥前国,肥後国,豊前国,豊後国,壱岐国,中国

田兼仲卿記弘安10.7.13条　刊『鎌』21-16289,『増補史料大成35』211頁,『福岡県史資料10』71頁

語当島年粮米,当島,魚貝,海藻,海底之貝藻,廻船商人等着岸,唐船
地壱岐島,当島(対馬),唐
綱対馬は一歩一枝の田桑無く、魚貝海藻を以て京庫の調庸に備うるも、他国住人ら押し渡り、犯用するにより、これを停止すべきを対馬守源光経請う◆対馬は田地無きにより京都済物の式数無く、廻船商人らの着岸の前分の弁を押領す。また、府使、済物にことをよせ乱入す。光経、これらの自由狼藉を停止し唐船着岸時の前分を国宰・守護相半に沙汰すべきの宣下を欲す
備本文書の内容は、平安末から鎌倉初期の文書を承けたものと思われる

弘安10年7月3日　越中守源仲経申状
＊近江国,若狭国,越前国

田兼仲卿記弘安10.7.13条　刊『鎌』21-16290,『増補史料大成35』207頁
語国々泊津,勝載料,海路,波,運漕調物,刀禰,勘過料物,鮭五隻,漁捕,網罟
地塩津,大津,木津,気山津,敦賀津
綱越中守源仲経、近江・若狭・越前の泊津の所々司刀祢、勝載料(勘過料物)と号して運上調物を取るを停止せられんことを請う◆越中は、九月以後三月以前、陸地雪深く、海路波高く、暖気の期を待ち、調物を運漕す◆当国、近年以来鮭不漁により、絹一疋を以て鮭五隻に充て、弁済したき旨を申請す
備本文書の内容は平安期治暦元年の文書に沿ったもの

弘安10年7月11日　北条実政書下案
＊長門国

田古証文7　刊『鎌』21-16294

弘安10年

地赤間関

弘安10年7月12日　文殿勘文

田兼仲卿記弘安10.7.13条　刊『鎌』21-16295,『増補史料大成35』205頁
語当島
地当島(対馬)
綱対馬年料米等を防人功米に宛つべきこと、他国住人等対馬に渡り魚貝海藻を犯用するを止むべきこと等、対馬国司請うにつき議す

弘安10年7月13日　公卿定文
＊越中国,対馬国

田兼仲卿記弘安10.7.13条　刊『鎌』21-16300,『増補史料大成35』204頁
語国々津泊等、勝載料、鮭、当島、魚貝海藻
地当島(対馬)
綱対馬年料米等を防人功米に宛つべき件等の対馬国司申請は、聖断たるべきを勘ず

弘安10年)8月28日　神祇権大副某挙状

田兼仲卿記正応元年7月巻裏文書　刊『鎌』21-16327
地麻浦御厨

弘安10年9月1日　関東下知状案
＊阿波国,相模国

田中条家文書　刊『鎌』21-16336,『新潟県史　資料編4』444頁
地勝浦山,津村

弘安10年9月　伊勢木本合賀島雑掌申状
＊伊勢国

田兼仲卿記正応元年□月巻裏文書　刊『鎌』21-16352
地木本合賀島,木本合賀御厨,安濃

弘安10年10月8日　将軍〈惟康親王〉家政所下文
＊越後国

田越後大見水原文書　刊『鎌』21-16355,『新潟県史　資料編4』248頁
地白河庄内山浦四箇条

弘安10年10月8日　関東下知状　＊越後国

田越後大見水原文書　刊『鎌』21-16357
地舟江条

弘安10年)10月18日　神祇権大副某申状
＊尾張国

田兼仲卿記正応元年7月巻裏文書　刊『鎌』21-16370
地一楊御厨

弘安10年10月24日　関東下知状　＊下総国

田薩摩鳥浜氏所蔵文書　刊『鎌』21-16372,『九州史料叢書　禰寝文書1』80頁,『取手市史　古代中世史料編』142頁
地相馬御厨,黒崎,下黒崎村
備『九州地方中世編年文書目録』は出典を禰寝文書とする

弘安10年10月　兼重王解　＊伊勢国

田兼仲卿記正応元年10月巻裏文書　刊『鎌』21-16385
地牛庭御厨

弘安10年10月　播磨福井庄名寄状
＊播磨国

田山城神護寺文書　刊『鎌』21-16386
語津分

弘安10年11月11日　北条為時挙状
＊肥前国

田肥前山代文書　刊『鎌』21-16388,『佐賀県

弘安10年
史料集成15』28頁,『松浦党関係史料集1』169頁,『中世法制史料集1』337頁,『大宰府・太宰府天満宮史料8』415頁
地 御厨庄

弘安10年11月19日　青方覚尋譲状案
＊肥前国

出 肥前青方文書　刊『鎌』21-16395,『青方文書1』43頁
地 うらめのしま(浦目島＝浦部島)

弘安10年11月20日　青方覚尋請文案
＊肥前国

出 肥前青方文書　刊『鎌』21-16396,『青方文書1』44頁
地 浦部島

弘安10年11月20日　伊予弓削島荘年貢塩等送文
＊伊予国

出 東寺百合文書と　刊『鎌』21-16397,『日本塩業大系　史料編古代・中世1』168頁,『愛媛県史　資料編古代・中世』341頁
語 御年貢塩,大俵塩,荒布,梶取
地 弓削島

弘安10年11月27日　関東下知状写
＊淡路国

出 石清水文書　刊『鎌』21-16399,『大日本古文書　石清水文書1』423頁,『石清水八幡宮史5』350頁
語 船津,船所沙汰
綱 八幡宮寺領淡路国鳥飼別宮雑掌明舜と地頭佐野富綱等,相論するも,幕府,弘安元年12月の両者の和与状の如く裁許す◆山河海の得分は,領家・地頭分ち取るべし◆地頭が文永6・7年に船津において押取し神用米

は,免除すべし◆船所の沙汰は領家管頭の預所の計なり◆陸地上洛の長夫食・海上の水手の食物は,先例に任せ,地頭下行せしむべし

弘安10年11月　某書状　＊武蔵国,伊勢国

出 兼仲卿記正応2年4・5月巻裏文書　刊『鎌』21-16049,『埼玉県史　資料編5』128頁
地 大河土御厨,桑名神戸

弘安10年12月11日　関東御教書　＊越後国

出 越後和田河村文書　刊『鎌』21-16415,『新潟県史　資料編4』277頁
語 引網壱細(網ヵ)
地 荒河保
備『鎌』注記に「本書正文にはあらざるべし」とあり

弘安10年12月18日　浄仙坊舎譲状
＊近江国

出 昭和37年5月16日京都古典会待賈文書
刊『鎌』21-16421
地 竹生島

弘安10年12月29日　安芸新勅旨米支配状
＊摂津国

出 東寺文書百合外　刊『鎌』21-16440
語 淀関米
地 淀

弘安10年12月晦日　北条為時覆勘状案

出 肥前青方文書　刊『鎌』21-16441,『青方文書1』44頁
語 警固番役
地 姪浜

弘安10年12月　越前河口荘田地引付
　　　　　　　　　　　　　　　　＊越前国

文 内閣文庫所蔵文書　刊『鎌』21-16443
地 河口庄本庄郷

弘安10年12月　越前河口荘新郷田地引付
　　　　　　　　　　　　　　　　＊越前国

文 内閣文庫所蔵文書　刊『鎌』21-16444
地 河口庄

弘安10年12月　越前河口荘王見郷田地引付
　　　　　　　　　　　　　　　　＊越前国

文 内閣文庫所蔵文書　刊『鎌』21-16445
地 河口庄

弘安10年12月　越前河口荘兵庫郷田地引付
　　　　　　　　　　　　　　　　＊越前国

文 内閣文庫所蔵文書　刊『鎌』21-16446
地 河口庄

弘安10年12月　越前河口荘大口郷田地引付
　　　　　　　　　　　　　　　　＊越前国

文 内閣文庫所蔵文書　刊『鎌』21-16447
地 河口庄

弘安10年12月　越前河口荘関郷田地引付
　　　　　　　　　　　　　　　　＊越前国

文 内閣文庫所蔵文書　刊『鎌』21-16448
地 河口庄

弘安10年12月　越前河口荘溝江郷田地引付
　　　　　　　　　　　　　　　　＊越前国

文 内閣文庫所蔵文書　刊『鎌』21-16449
地 河口庄

弘安10年12月　越前河口荘細呂宜郷田地引付
　　　　　　　　　　　　　　　　＊越前国

文 内閣文庫所蔵文書　刊『鎌』21-16450

地 河口庄

弘安10年12月　越前河口荘荒居郷田地引付
　　　　　　　　　　　　　　　　＊越前国

文 内閣文庫所蔵文書　刊『鎌』21-16451
地 河口庄

弘安10年12月　越前河口荘新荘郷田地引付
　　　　　　　　　　　　　　　　＊越前国

文 内閣文庫所蔵文書　刊『鎌』21-16452
地 河口庄

弘安10年）　大和春日社（？）材木用途等注進状

文 兼仲卿記裏文書　刊『鎌』21-16166
語 材木運送船,水手

弘安11年）1月）　某書状　　＊丹後国ヵ

文 兼仲卿記正応元年10月巻裏文書　刊『鎌』21-16468
地 岡田御厨

弘安11年2月8日　相模河村在家畠山等配分状案
　　　　　　　　　　　　　　　　＊相模国

文 米沢図書館所蔵文書　刊『鎌』22-16509
語 河瀬三ヶ所
地 前島,江立瀬,飯沼瀬,宮瀬

弘安11年）2月21日　法印厳盛挙状案
　　　　　　　　　　　　　　　　＊伊予国

文 東寺百合文書と　刊『鎌』22-16527,『日本塩業大系　史料編古代・中世1』169頁,『愛媛県史　資料編古代・中世』347頁,『鎌倉遺文研究』10・80頁
語 島
地 弓削島
備『鎌』注記に、「16528と同筆、弘安8年以後正応元年以前のものなるべし」とあり。『鎌

弘安11年

倉遺文研究』は、ほぼ同一文言の正応3年正月26日付法印厳盛挙状案と関連するものとして、正応3年に比定する。『鎌』22-16528参照

弘安11年2月　前摂政〈一条家経〉家政所下文　＊土佐国

出 土佐金剛福寺文書　刊『鎌』22-16535,『南路志9』10頁,『高知県史　古代中世史料編』230頁
地 蹉陀御崎
備『南路志』『高知県史』は「土佐国蠹簡集」より採る

弘安11年3月6日　太政官奏　＊壱岐国

出 兼仲卿記弘安11.3.6条　刊『鎌』22-16542,『増補史料大成35』281頁
地 壱岐島

弘安11年3月7日　永俊田地売券　＊紀伊国

出 高野山文書又続宝簡集35　刊『鎌』22-16545,『大日本古文書　高野山文書4』705頁
語 岸

弘安11年3月27日　泰俊院主職寄進状　＊天竺,中国

出 陸奥大梅寺文書　刊『鎌』22-16554
語 天竺,震旦
地 天竺,震旦

弘安11年4月13日　地頭代願□下文　＊若狭国

出 若狭大音家文書　刊『鎌』22-16568,『福井県史　資料編8』779頁
語 塩山

弘安11年4月21日　後深草上皇願文

出 春日社三十講最初願文　刊『鎌』22-16576
語 異賊

弘安11年4月25日　沙弥寂尊〈詫麿時秀〉譲状案

出 豊後詫摩文書　刊『鎌』22-16583,『大分史料12』183頁,『九州荘園史料叢書1』34頁,『増補訂正編年大友史料3』139頁,『熊本県史料5』616頁
地 白河津

弘安11年6月13日　三池道智譲状案

出 島津家文書　刊『鎌』22-16595,『大日本古文書　島津家文書1』108頁,『九州荘園史料叢書13』19頁
地 にしのしま(島)

正応元年)5月13日　後深草上皇院宣案

出 摂津勝尾寺文書　刊『鎌』22-16641,『箕面市史　史料編1』219頁
語 異国降伏祈請

正応元年)5月19日　経杲書状　＊肥後国

出 山城醍醐寺文書　刊『鎌』22-16649,『大日本古文書　醍醐寺文書2』122頁
語 海路
綱 経杲、海路にて4月29日肥後国満願寺に下着す

弘安11年5月30日　北条為時覆勘状　＊筑前国

出 肥前深堀家文書　刊『鎌』22-16594,『佐賀県史料集成4』52頁,『大宰府・太宰府天満宮史料9』2頁

正応元年

語姪浜警固番役
地姪浜

正応元年6月2日　関東下知状　＊伊予国

田伊予忽那家文書　刊『鎌』22-16655,『愛媛県史　資料編古代・中世』342頁
語忽那島内西浦惣追捕使職
地忽那島内西浦

正応元年6月10日　伏見天皇宣旨

田兼仲卿記正応1.6.12条　刊『鎌』22-16662,『増補史料大成35』333頁
語漁猟
綱洛中より近境に至るまで、永く漁猟を停む

正応元年6月19日　摂津勝尾寺請文案

田摂津勝尾寺文書　刊『鎌』22-16668,『箕面市史　史料編1』219頁
語異国降伏御祈祷

正応元年6月20日　六波羅施行状
　　　　　　　　　　　　　　＊安芸国

田長門熊谷家文書　刊『鎌』22-16669,『大日本古文書　熊谷家文書』184頁
語佐東河手、鵜船、倉敷
地佐東河

正応元年6月20日　藤原親盛譲状
　　　　　　　　　　　　　　＊若狭国

田山城神護寺文書　刊『鎌』22-16670,『福井県史　資料編2』214頁,『史林』26-1・151頁
地西津庄

正応元年7月1日　島津忠宗覆勘状案

田早稲田大学所蔵禰寝文書　刊『鎌』22-16688,『早稲田大学所蔵荻野研究室収集文書　下』26頁
語異国警固

正応元年7月5日　関東御教書案

田摂津勝尾寺文書　刊『鎌』22-16691,『箕面市史　史料編1』219頁
語異賊降伏御祈

正応元年7月9日　関東下知状　＊陸奥国

田陸奥中尊寺経蔵文書　刊『鎌』22-16692,『奥州平泉文書』22頁
地柏崎村

正応元年7月22日　対馬国国宣案
　　　　　　　　　　　　　　＊対馬国

田対馬海神神社蔵古文書写　刊『鎌』22-16700
語島、津料
地当島（対馬）

正応元年7月24日　行伊勢豊受宮仮殿遷宮事所送文

田兼仲卿記正応1.7.24条　刊『鎌』22-16702,『増補史料大成36』10頁
語船代

正応元年8月1日　千葉宗胤覆勘状

田原口忠智氏文書　刊『鎌』22-16709
語異国警固

正応元年8月5日　六波羅施行状案

田摂津勝尾寺文書　刊『鎌』22-16711,『箕面市史　史料編1』219頁
語異国降伏御祈

正応元年8月11日　渋谷行蓮〈重松〉譲状
　　　　　　　　　　　　　　＊薩摩国

田薩摩斑目文書　刊『鎌』22-16715,『鹿児島

正応元年

県史料　旧記雑録拾遺家わけ6』681頁、『九州史学』16・52頁

語 異国警固、河口

正応元年8月17日　御台御教書　＊紀伊国

出 高野山文書宝簡集24　刊『鎌』22-16723、『大日本古文書　高野山文書1』326頁

語 年貢運送のとい(問)

綱 高野山の年貢運送の問は、円了房入寺に宛行う

正応元年)8月18日　大中臣某申状
　　　　　　　　　　　　　　　＊志摩国

出 兼仲卿記正応2年1・2月巻裏文書　刊『鎌』22-16724

語 浦

地 麻□(生)浦

正応元年8月□日　和与田畠坪付状

出 土佐安芸文書　刊『鎌』22-16744

語 山河海

綱 山河海は制の限りにあらず

正応元年9月17日　六波羅御教書
　　　　　　　　　　　　　　　＊伊予国

出 伊予忽那家文書　刊『鎌』22-16773、『愛媛県史　資料編古代・中世』343頁

語 西浦惣追捕使職

地 西浦、忽那島

正応元年9月27日　太政官奏　＊壱岐国

出 兼仲卿記正応1.9.27条　刊『鎌』22-16775、『増補史料大成36』38頁

地 壱岐島

正応元年10月3日　蒙古合戦勲功賞配分状　　　　　　　　　　　＊筑前国、中国

出 肥後志賀文書　刊『鎌』22-16782、『熊本県史料　中世編2』422頁、『福岡県史資料10』74頁、『大宰府・太宰府天満宮史料9』11頁、『増補訂正編年大友史料3』141頁

語 [　　　　](弘安四年蒙古)合戦

地 蒙古、桑津留

正応元年10月3日　蒙古合戦勲功賞配分状　　　　　　　　　　　＊筑前国、中国

出 薩摩入来院家武光文書　刊『鎌』22-16783、『入来文書』97頁、『福岡県史資料10』75頁、『大宰府・太宰府天満宮史料9』13頁、『増補訂正編年大友史料3』143頁

語 弘安四年蒙古合戦勲功賞

地 蒙古

正応元年10月3日　蒙古合戦勲功賞配分状　　　　　　　　　　　＊筑前国、中国

出 薩摩入来院家文書　刊『鎌』22-16784、『入来文書』14頁、『入来院書』24頁、『福岡県史資料10』76頁、『大宰府・太宰府天満宮史料9』14頁、『増補訂正編年大友史料3』144頁

語 弘安四年蒙古合戦勲功賞

地 蒙古、ヤカタカ浦、下河原、河原、中島

正応元年10月3日　蒙古合戦勲功賞配分状　　　　　　　　　　　＊筑前国、中国

出 大隅禰寝文書　刊『鎌』22-16785、『鹿児島県史料　旧記雑録拾遺家わけ1』36頁、『福岡県史資料10』75頁、『九州史料叢書　禰寝文書1』82頁、『大宰府・太宰府天満宮史料9』18頁、『増補訂正編年大友史料3』143頁

語 弘安四年蒙古合戦勲功賞

地 蒙古, ミヤウフサコノ浦, 山崎西, 山崎, 林崎, 田島

正応元年10月3日　蒙古合戦勲功賞配分状案　＊筑前国, 中国

田 薩藩旧記9国分寺文書　刊『鎌』22-16786,『鹿児島県史料　旧記雑録前編1』349頁,『福岡県史料10』76頁,『大宰府・太宰府天満宮史料9』21頁,『増補訂正編年大友史料3』143頁
語 弘安四年蒙古合戦勲功賞
地 蒙古

正応元年10月5日　栄英譲状　＊薩摩国

田 薩藩旧記9項峯院文書　刊『鎌』22-16787,『鹿児島県史料　旧記雑録前編1』352頁
語 塩入壱町
地 寄田浦

正応元年10月6日　法印厳伊書状

田 東寺百合文書メ　刊『鎌』22-16788
語 異国防禁御祈

正応元年10月晦日　北条為時覆勘状案　＊筑前国

田 肥前青方文書　刊『鎌』22-16800,『青方文書1』51頁
語 姪浜警固番役
地 姪浜

正応元年11月7日　北条時定荒野寄進状案　＊肥前国

田 肥前高城寺文書　刊『鎌』22-16808,『佐賀県史料集成2』247頁,『大宰府・太宰府天満宮史料9』23頁
語 旱潟

地 河副庄三分一方米津土居外旱潟

正応元年)11月7日　神祇権大副某書状　＊遠江国

田 兼仲卿記正応2.9.10巻裏文書　刊『鎌』22-16809
地 浜名神戸

正応元年11月　造内外宮料伊賀国催神部重申状案　＊伊賀国

田 東大寺文書(1-1-204)　刊『鎌』22-16817
地 簗瀬保

正応元年12月2日　関東下知状案　＊越後国

田 色部文書古案記録草案　刊『鎌』22-16821,『新潟県史　資料編4』473頁
地 粟島

正応元年」12月16日　日興書状　＊中国

田 興尊全集　刊『鎌』22-16827,『日蓮宗宗学全書　興尊全集・興門集』170頁
語 蒙古国
地 蒙古国

正応元年12月晦日　北条定宗覆勘状案　＊筑前国

田 肥前青方文書　刊『鎌』22-16840,『青方文書1』52頁
語 姪浜警固番役
地 姪浜

正応2年1月23日　沙弥某譲状　＊安芸国

田 安芸田所文書　刊『鎌』22-16862,『広島県史　古代中世史料編4』233頁
語 魚類, 船所惣税所職得分, 浦, 梶取, 船津, 海辺, 南浜, 塩浜, 浜辺, 浜

正応2年

地南浜,河窪,船越村,東浦,西浦,今津,船木口,北浜,迯保島,中洲,大崎,黒瀬村
備『鎌』22-16863参照

正応2年）1月26日　厳盛挙状案　＊伊予国

出東寺百合文書ヱ　刊『愛媛県史　資料編　古代・中世』347頁
地弓削島
備『鎌』22-17016の紙背文書

正応2年1月28日　藤井国弘田地売券
＊近江国

出近江菅浦文書　刊『鎌』22-16868,『菅浦文書　上』146頁
地菅浦

正応2年1月　日興申状

出興尊全集　刊『鎌』22-16871,『日蓮宗宗学全書　興尊全集・興門集』95頁
語異国降伏,異賊襲来

正応2年2月3日　安定警固催促状案

出薩摩八田家文書　刊『鎌』22-16874,『鹿児島県史料　旧記雑録拾遺家わけ6』517頁
語異国警固

正応2年2月20日　相馬師胤（？）譲状
＊下総国,陸奥国

出相馬文書　刊『鎌』22-16892,『相馬文書』3頁,『取手市史　古代中世史料編』143頁
地相馬御厨,〔　　〕村上浜

正応2年2月25日　東大寺年預宗算文書記録勘渡帳

出東大寺文書(3-11-8)　刊『鎌』22-16897
語異国祈最勝王経請定

正応2年2月　日　禅爾勧進状
＊天竺,中国

出和泉久米田寺文書　刊『鎌』22-16906,『岸和田市史6』389頁
語天竺,震旦
地天竺,震旦

正応2年3月4日　青方覚尋譲状案
＊肥前国

出肥前青方文書　刊『鎌』22-16912,『青方文書1』52頁
語しま(島),はま(浜),うら(浦),うミ(海),せと(瀬戸)
地御くりやの御しやう(御厨御庄),あをかたのうらへのしま(青方の浦部島),はまのうら(浜ノ浦),かつ人のせと(瀬戸),たかうらのせと(瀬戸),かいまたのしま(貝俣島)

正応2年3月10日　妙意施行状　＊対馬国

出対馬島雄成一氏所蔵文書　刊『鎌』22-16915
地豆々

正応2年3月11日　備前金山寺免田和与状　＊備前国

出備前金山寺文書　刊『鎌』22-16916,『岡山県古文書集2』15頁
地津島郷

正応2年3月12日　蒙古合戦勲功賞配分状案　＊中国,肥前国,筑前国

出筑前妙法寺榊文書　刊『鎌』22-16917,『福岡県史　資料10』78頁,『九州荘園史料叢書2』46頁
語弘安四年蒙古合戦
地蒙古,保志賀,博多

正応2年

備『鎌』注記に「本文書検討を要す」とあり

正応2年3月12日　蒙古合戦勲功賞配分状
＊肥前国, 中国

出肥前武雄鍋島家文書　**刊**『鎌』22-16918,『佐賀県史料集成6』1頁,『大宰府・太宰府天満宮史料9』29頁,『九州荘園史料叢書2』43頁,『増補訂正編年大友史料3』153頁

語弘安四年蒙古合戦

地蒙古

備『九州地方中世編年文書目録』は武雄後藤文書とする

正応2年3月12日　蒙古合戦勲功賞配分状案
＊肥前国, 中国

出肥前青方文書　**刊**『鎌』22-16919,『青方文書1』54頁,『大宰府・太宰府天満宮史料9』37頁,『九州荘園史料叢書2』41頁,『増補訂正編年大友史料3』151頁

語□(弘)安四年蒙古合戦

地蒙古

正応2年3月12日　蒙古合戦勲功賞配分状案
＊肥前国, 中国

出肥前山代文書　**刊**『鎌』22-16920,『佐賀県史料集成15』19頁,『松浦党関係史料集1』184頁,『大宰府・太宰府天満宮史料9』24頁,『九州荘園史料叢書2』30頁,『増補訂正編年大友史料3』155頁

語弘安四年蒙古合戦

地蒙古

正応2年3月12日　蒙古合戦勲功賞配分状
＊肥前国, 中国

出肥前深堀家文書　**刊**『鎌』22-16921,『佐賀県史料集成4』5頁,『大宰府・太宰府天満宮史料9』35頁,『九州荘園史料叢書2』42頁,『増補訂正編年大友史料3』150頁

語弘安四年蒙古合戦

地神崎里, 蒙古

正応2年3月12日　蒙古合戦勲功賞配分状案
＊肥前国, 中国

出豊後曽根崎文書　**刊**『鎌』22-16922,『大分県史料9』429頁,『大宰府・太宰府天満宮史料9』26頁,『九州荘園史料叢書2』39頁,『増補訂正編年大友史料3』156頁

語弘安四年蒙古合戦勲功賞

地曽根崎, 蒙古

正応2年3月12日　蒙古合戦勲功賞配分状
＊肥前国, 中国

出肥前嬉野家文書　**刊**『鎌』22-16923,『佐賀県史料集成17』1頁,『大宰府・太宰府天満宮史料9』33頁,『九州荘園史料叢書2』32頁,『増補訂正編年大友史料3』154頁

語弘安四年蒙古合戦

地蒙古

正応2年3月12日　蒙古合戦勲功賞配分状
＊肥前国, 中国

出肥前深江家文書　**刊**『鎌』22-16924,『佐賀県史料集成4』260頁,『大宰府・太宰府天満宮史料9』31頁,『九州荘園史料叢書2』38頁,『増補訂正編年大友史料3』152頁,『熊本県史料5』761頁

語弘安四年蒙古合戦

地蒙古

正応2年3月12日　蒙古合戦勲功賞配分状案
＊肥前国, 中国

出豊後詫摩文書　**刊**『鎌』22-16925,『大分県

正応2年

史料12』60頁,『大宰府・太宰府天満宮史料9』39頁,『九州荘園史料叢書2』35頁,『増補訂正編年大友史料3』148頁,『熊本県史料5』463頁
語弘安四年蒙古合戦勲功賞
地蒙古

正応2年3月12日　蒙古合戦勲功賞配分状　＊肥前国,中国

出肥後南権平氏所蔵文書　刊『鎌』22-16926
語弘安四年蒙古合戦
地蒙古
備『九州地方中世編年文書目録』は出典を南又祐氏所蔵文書とする

正応2年3月15日　覚胤寄進状　＊大隅国

出大隅台明寺文書　刊『鎌』22-16929,『鹿児島県史料　旧記雑録前編1』354頁
地須恵浦

正応2年3月20日　丹波願星寺荘中分目録　＊丹波国

出山城勧修寺文書　刊『鎌』22-16934
地南田崎

正応2年3月23日　筑前粥田荘年貢運送文　＊筑前国

出金剛三昧院文書　刊『鎌』22-16938,『高野山文書5』147頁
語梶取

正応2年4月2日　関東下知状　＊越中国

出山城仁和寺文書　刊『鎌』22-16949
語河手

正応2年4月5日　島津忠宗覆勘状　＊筑前国

出薩摩川田家文書　刊『鎌』22-16952,『鹿児島県史料　旧記雑録拾遺家わけ6』118頁
地筥崎

正応2年)5月14日　後深草上皇院宣　＊中国

出大和春日神社文書　刊『鎌』22-17001,『春日大社文書3』1頁
語蒙古之凶賊
地蒙古
備『春日大社文書』は正応3年とする

正応2年5月21日　北条為時施行状案

出肥前青方文書　刊『鎌』22-17011,『青方文書1』56頁
語異賊警固要害所々
備同文の案文が『青方文書2』238頁にもう1点ある

正応2年5月23日　維景書下案

出肥前青方文書　刊『鎌』22-17013,『青方文書1』56頁
語異賊警固要害構舟簀釘以下所役

正応2年5月26日　厳盛挙状　＊伊予国

出東寺百合文書エ　刊『鎌』22-17016,『日本塩業大系　史料編古代・中世1』170頁,『愛媛県史　資料編古代・中世』347頁
語弓削島雑掌
地弓削島
備『愛媛県史』は年月日を正応3年正月26日としている

正応2年5月30日　北条為時覆勘状
　　　　　　　　　　　　　　＊筑前国

出 肥前深堀家文書　刊『鎌』22-17021,『佐賀県史料集成4』53頁,『大宰府・大宰府天満宮史料9』44頁
語 姪浜警固番役
地 姪浜

正応2年5月　　前摂政〈一条家経〉家政所下文
　　　　　　　　　　　　　　＊土佐国

出 土佐金剛福寺文書　刊『鎌』22-17022,『高知県史　古代中世史料編』230頁,『南路志9』11頁
地 蹉跎御崎,三崎村
備『高知県史』『南路志』は「土佐国蠹簡集」より採る

正応2年5月　　前摂政〈一条家経〉家政所下文
　　　　　　　　　　　　　　＊土佐国

出 土佐金剛福寺文書　刊『鎌』22-17023,『高知県史　古代中世史料編』231頁,『南路志9』12頁
地 中津町,上津町,蹉跎御崎
備『高知県史』『南路志』は「土佐国蠹簡集」より採る

正応2年5月　　快円源有家連署配分状案
　　　　　　　　　　　　　　＊播磨国

出 祇園社記続録10　刊『鎌』22-17026
地 高砂,魚崎
綱 快円,広峯社御師の旦那配分として高砂・魚崎を譲る

正応2年6月1日　一条家経御教書
　　　　　　　　　　　　　　＊土佐国

出 土佐金剛福寺文書　刊『鎌』22-17031,『南路志9』13頁,『高知県史　古代中世史料編』233頁
地 蹉跎御崎
備『高知県史』『南路志』は「土佐国蠹簡集」より採る

正応2年6月2日　親秀施行状　＊土佐国

出 土佐金剛福寺文書　刊『鎌』22-17033,『南路志9』14頁,『高知県史　古代中世史料編』233頁
地 蹉跎御崎
備『高知県史』『南路志』は「土佐国蠹簡集」より採る

正応2年6月13日　親頼奉書　＊摂津国

出 九条家文書　刊『鎌』22-17043,『図書寮叢刊　九条家文書2』200頁
地 生島庄

正応2年6月25日　後深草上皇院宣案

出 武藤金太氏所蔵文書　刊『鎌』22-17046
語 異国降伏
綱 今年(正応2年)蒙古襲来すべしとの浮説あり

正応2年6月26日　深堀明心〈時光〉同時仲連署譲状　＊肥前国

出 肥前深堀家文書　刊『鎌』22-17047,『佐賀県史料集成4』53頁,『九州荘園史料叢書7』20頁
語 くちのふなつさいけ(船津在家),あみうと(網人),つりうと(釣人)
地 とまちのうら(戸町浦)のうちたかハまのむら(高浜村)

正応2年

正応2年）6月28日　道玄請文案

出武藤金太氏所蔵文書　刊『鎌』22-17049
語異国降伏御祈

正応2年6月　東大寺解案　＊山城国

出東大寺文書(1-24-81)　刊『鎌』22-17050
地古河庄,伊保戸河,井口河
備『東大寺文書目録2』21頁は「東大寺三綱大法師等連署申状案(土代)」とする

正応2年7月6日　橘薩摩公康請文
　　　　　　　　　　　　　　　＊肥前国

出肥前小鹿島文書　刊『鎌』22-17060,『佐賀県史料集成17』246頁
地長島庄

正応2年7月14日　後深草上皇院宣案
　　　　　　　　　　　　　　　＊摂津国

出九条家文書　刊『鎌』22-17067,『図書寮叢刊　九条家文書2』241頁
地生島庄

正応2年7月15日　石清水八幡宮菩薩戒会頭差定状　＊山城国

出榊葉集　刊『愛媛県史　資料編古代・中世』344頁
語淀御綱曳神人,交野御綱曳,今福御綱曳神人,御綱曳神人
地淀庄,萱島庄北島

正応2年7月21日　異国降伏祈禱読経注進状案　＊中国,天竺

出武藤金太氏所蔵文書　刊『鎌』22-17072
語異国降伏御祈御読経,南蛮之境,異賊,蒙古,天竺
地蒙古,天竺

正応2年7月22日　異国降伏祈禱供養注進状案　＊中国,蝦夷,天竺

出武藤金太氏所蔵文書　刊『鎌』22-17073
語異国降伏御祈供養法事,異国兵賊,蒙古,唐朝,天竺
地蒙古,蝦夷,唐,天竺

正応2年7月25日　脱活乾漆造梵天立像願文

出大和秋篠寺安置　刊『鎌』補4-1726
語異国止賊

正応2年）7月27日　法橋懐賢奉書案
　　　　　　　　　　　　　　　＊山城国

出東大寺文書(1-24-206)　刊『鎌』22-17076
地古河庄
備『東大寺文書目録2』48頁は「法橋懐賢奉書」とする

正応2年8月1日　後宇多上皇院宣案
　　　　　　　　　　　　　　　＊山城国

出東大寺文書(1-24-208・1-24-504)　刊『鎌』22-17030
語河之在所
地古河庄
備端裏書には6月1日とある。『東大寺文書目録2』48頁・122頁は「後深草上皇院宣案」とする

正応2年8月6日　造宇佐宮作粮米請取状　＊大隅国

出小松文書　刊『鎌』補4-1729
語水手米,負駄水手代

正応2年8月15日　後深草上皇院宣案
　　　　　　　　　　　　　　　＊摂津国

出九条家文書　刊『鎌』22-17106,『図書寮叢

正応2年

刊　九条家文書2』241頁
地生島庄

正応2年8月26日　後深草上皇院宣案
＊摂津国

出九条家文書　刊『鎌』22-17122,『図書寮叢刊　九条家文書2』241頁
地生島庄

正応2年8月　後深草院庁下文　＊山城国

出兼仲卿記永仁2年暦記裏文書　刊『鎌』22-17123
語防鴨河使
地鴨河

正応2年8月　小槻秀氏下文写　＊常陸国

出常陸吉田神社文書　刊『鎌』22-17124,『茨城県史料　中世編2』266頁
地河崎等郷

正応2年9月5日　後深草上皇院宣案
＊摂津国

出九条家文書　刊『鎌』22-17138,『図書寮叢刊　九条家文書2』241頁
地生島庄

正応2年9月5日　聖蓮譲状　＊薩摩国

出薩摩斑目文書　刊『鎌』22-17139,『鹿児島県史料　旧記雑録拾遺家わけ6』681頁
地下河口

正応2年9月16日　山城古川荘張本交名案
＊山城国

出東大寺文書(3-9-147)　刊『鎌』22-17146
地古川庄

正応2年9月17日　公円請取状案

出肥前青方文書　刊『鎌』22-17147,『青方文書1』57頁
語異賊警固,要害構舟簇釘

正応2年9月18日　東大寺衆徒解案
＊山城国

出東大寺文書(1-24-144)　刊『鎌』22-17148
地古河庄,古川庄
備『東大寺文書目録2』35頁は「東大寺衆徒等言上状案(土代)」とする

正応2年9月26日　後深草上皇院宣案
＊摂津国

出九条家文書　刊『鎌』22-17153,『図書寮叢刊　九条家文書2』240頁
地生島庄

正応2年9月29日　伏見天皇宣旨案
＊摂津国,播磨国

出内閣文庫所蔵摂津国古文書　刊『鎌』22-17154
語室泊・尼崎・渡部三ヶ所関,築魚住島全島舟泊,行基菩薩建泊之疇始,魚住泊,船,扁舟,運漕,石別一升津料,下向船
地室泊,尼崎,渡部,韓,魚住,輪田,室,槙生泊,兵庫島,魚住島,魚住泊
綱行基、摂津・播磨において泊を建て、一日の行程を計り、室泊・韓・魚住・輪田・尼崎の5ヶ所の要所を定め置く◆魚住泊は、天平営築已後荒廃し、重源・重聖らが修築せんとするも、未だ大功を終えず◆槙生泊より兵庫島まで東西20余里の間にて、往来の扁舟、浪激の時、多く漂没す◆伏見天皇、性海をして神社仏寺・権門勢家を問わず、室泊・尼崎・渡部三関において10年を限り石別1升米を取りて、下向船毎に置石を上げしめ、魚住島全島の舟泊を築かしむ

正応2年

正応2年10月13日　紀元員申状案
＊筑後国

出 筑後鷹尾神社文書　刊『鎌』22-17164,『筑後鷹尾文書』47頁
語 異国征筏(伐)之霊神,異敵征筏(伐)
備 端裏書に「正応　二　十　十三」とある

正応2年10月22日　後深草上皇院宣案
＊摂津国

出 九条家文書　刊『鎌』22-17166,『図書寮叢刊　九条家文書2』240頁
地 生島庄

正応2年10月26日)　東大寺衆徒奏状土代
＊山城国

出 東大寺文書(1-24-333)　刊『鎌』22-17168
地 古川(庄)

正応2年10月　国分友兼重申状案

出 薩摩新田神社文書　刊『鎌』22-17175,『中世法制史料集1』338頁,『鹿児島県史料3』7頁,『大宰府史料　中世編2』254頁,『同3』325頁
語 弘安四年異国合戦

正応2年閏10月3日　後深草上皇院宣案
＊摂津国

出 九条家文書　刊『鎌』22-17177,『図書寮叢刊　九条家文書2』240頁
地 生島庄

正応2年閏10月9日　関東下知状
＊安芸国

出 小早川家文書　刊『鎌』22-17178,『大日本古文書　小早川家文書2』360頁
地 佐木島,須並浦
備『大日本古文書』では写とする。本文書については網野善彦『日本中世史料学の課題』86頁を参照されたい

正応2年閏10月12日　後深草上皇院宣案
＊摂津国

出 九条家文書　刊『鎌』22-17183,『図書寮叢刊　九条家文書2』240頁
地 生島庄

正応2年11月2日　関東御教書案

出 防長風土記注進案8 吉田宰判山野井村
刊『鎌』22-17195,『防長風土注進案16』220頁
語 異国降伏御祈禱

正応2年11月7日　後深草上皇院宣案
＊摂津国

出 九条家文書　刊『鎌』22-17197,『図書寮叢刊　九条家文書2』239頁
地 生島庄

正応2年11月28日　後深草上皇院宣案
＊摂津国

出 九条家文書　刊『鎌』22-17213,『図書寮叢刊　九条家文書2』239頁
地 生島庄

正応2年11月　深堀時仲代西浄申状
＊肥前国

出 肥前深堀家文書　刊『鎌』22-17223,『佐賀県史料集成4』58頁,『九州荘園史料叢書7』21頁
語 浦
地 戸町浦,切杭・高浦両浦

正応2年11月　領家某塩浜売券　＊伊勢国

出 神宮文庫蔵太田家古文書　刊『鎌』補4-1735

語塩浜, 塩屋御園, 御塩所司
地長屋御厨内塩屋御園

正応2年12月10日　後深草上皇院宣案
*摂津国

出九条家文書　**刊**『鎌』22-17228,『図書寮叢刊　九条家文書2』239頁
地生島庄

正応) 2年12月12日　朝家施行状

出若狭園林寺文書　**刊**『鎌』23-17494
語異賊降伏

正応2年12月15日　島津忠宗覆勘状

出薩摩比志島文書　**刊**『鎌』22-17230,『福岡県史料10』80頁,『大宰府・太宰府天満宮史料9』51頁
語要害警固役

正応2年)12月15日　大和平野殿荘預所宗憲申状
*伊予国

出東寺百合文書京　**刊**『鎌』22-17232,『日本塩業大系　史料編古代・中世1』170頁,『愛媛県史　資料編古代・中世』345頁
地弓削島

正応2年12月16日　宴聴請文　*近江国

出近江長命寺文書　**刊**『鎌』22-17233
地岡崎, 津田南庄

正応2年12月21日　後深草上皇院宣案
*摂津国

出九条家文書　**刊**『鎌』22-17238,『図書寮叢刊　九条家文書2』239頁
地生島庄

正応2年12月28日　後深草上皇院宣案
*摂津国

出九条家文書　**刊**『鎌』22-17240,『図書寮叢刊　九条家文書2』239頁
地生島庄

正応2年12月　湯浅宗重跡在京結番注文
*紀伊国

出紀伊崎山文書　**刊**『鎌』22-17241,『和歌山県史　中世史料2』758頁
地塩津, 浜仲庄, 六十谷紀伊浜, 大崎

正応2年　東寺十八口供僧年行事文書目録
*伊予国

出東寺百合文書な　**刊**『鎌』22-17244,『日本塩業大系　史料編古代・中世1』171頁,『愛媛県史　資料編古代・中世』346頁
地弓削島

正応3年1月10日　後深草上皇院宣案
*摂津国

出九条家文書　**刊**『鎌』22-17250,『図書寮叢刊　九条家文書2』238頁
地生島庄

正応3年1月15日　為俊施行状

出防長風土記注進案8吉田宰判山野井村
刊『鎌』22-17252,『防長風土注進案16』220頁
語異国降伏御祈禱

正応3年1月22日　作人職宛行状
*摂津国

出摂津勝尾寺文書　**刊**『鎌』22-17255,『箕面市史　史料編1』227頁
地上黒崎

正応3年

正応3年1月26日　後深草上皇院宣案
　　　　　　　　　　　　　　　＊摂津国

　田九条家文書　刊『鎌』22-17257,『図書寮叢刊　九条家文書2』238頁
　地生島庄

正応3年1月26日　法印厳盛挙状案
　　　　　　　　　　　　　　　＊伊予国

　田東寺百合文書エ　刊『鎌倉遺文研究』10・80頁
　語当島(弓削島)
　地弓削島

正応3年)2月11日　三条実治書状
　　　　　　　　　　　　　　　＊摂津国

　田前田家蔵実躬卿記正応2年8月巻裏文書　刊『鎌』補4-1737,『大日本古記録　実躬卿記1』227頁
　語長洲御厨沙汰人, 舟, 他庄舟, 梶取
　地長洲御厨
　綱三条実治、伊予国田野郷雑掌の犯用せる年貢を点定せんがため、長洲御厨沙汰人等に仰せて彼の舟を抑留し、沙汰せらるべきを、三条実躬に申伝う
　備『大日本古記録』は長洲を肥後国に比定する

正応3年2月12日　京都塩小路櫛笥北券目録
　　　　　　　　　　　　　　　＊山城国

　田白河本東寺文書108　刊『鎌』22-17269
　地塩小路

正応3年2月12日　関東御教書写

　田宇佐宮御造営新古例書　刊『鎌』補4-1738
　語関并津々, 年貢所当運上船

正応3年2月14日　円智利銭借文
　　　　　　　　　　　　　　　＊山城国

　田白河本東寺文書108　刊『鎌』22-17271
　地塩小路

正応3年2月20日　筑前粥田荘年貢運送文
　　　　　　　　　　　　　　　＊筑前国

　田紀伊金剛三昧院文書　刊『鎌』22-17274,『高野山文書5』148頁
　語差荷, 梶取
　綱筑前国粥田荘よりの御米運送に際し、差荷として大豆・糒・納豆等を積む

正応3年2月23日　宇都宮通房〈尊覚〉遵行状

　田肥後阿蘇神社文書　刊『鎌』22-17277,『熊本県史料1』487頁,『大日本古文書　阿蘇文書1』4頁,『増補訂正編年大友史料3』160頁
　語異国降伏御祈
　備『熊本県史料』では「施行状」とする

正応3年2月25日　東大寺年預実専文書等勘渡帳
　　　　　　　　　　　　　　　＊周防国

　田東大寺文書(3-11-7)　刊『鎌』22-17279
　語異国祈最勝王経請定, 周防国関所

正応3年2月　安芸新勅旨年貢支配状
　　　　　　　　　　　　　　　＊伊予国

　田東寺百合文書外　刊『鎌』22-17272,『日本塩業大系　史料編古代・中世1』173頁,『愛媛県史　資料編古代・中世』348頁
　地弓削島

正応3年3月10日　快実等一切経勧進状
　　　　　　　　　　　　　　　＊中国

　田近江金剛輪寺文書　刊『鎌』22-17299

語 宋朝
地 宋朝, 蘇州

正応3年3月22日　後深草上皇院宣案
＊摂津国

出 九条家文書　**刊** 『鎌』22-17293,『図書寮叢刊　九条家文書2』238頁
地 生島庄

正応3年4月9日　後深草上皇院宣案
＊摂津国

出 九条家文書　**刊** 『鎌』22-17307,『図書寮叢刊　九条家文書2』238頁
地 生島庄

正応3年)4月25日　伏見天皇綸旨

出 中臣祐春記正応3.5.17条　**刊** 『鎌』22-17327,『増補続史料大成49』274頁
語 異国襲来之浮説

正応3年)4月25日　後宇多上皇院宣
＊中国

出 華頂要略55上　**刊** 『鎌』22-17328,『天台宗全書16』1179頁
語 異国降伏御祈, 蒙古之凶賊
地 蒙古
綱 蒙古の凶賊、今年非望を抱き襲来の疑いあり

正応3年4月25日　関東御教書　＊中国

出 筑前大悲王院文書　**刊** 『鎌』22-17329,『大宰府・太宰府天満宮史料9』53頁,『九州荘園史料叢書4』72頁
語 唐船点定銭
地 唐
綱 北条貞時、筑前国雷山千妙寺の請により、少弐経資に対し、同寺の造営料用途として

正応3年
唐船点定銭を下行せしむべきを命ず

正応3年)4月27日　後深草上皇院宣

出 華頂要略55上　**刊** 『鎌』22-17330,『天台宗全書16』1179頁
語 異国御祈

正応3年4月　神祇官廻文

出 中臣祐春記正応3.5.17条　**刊** 『鎌』22-17316,『増補続史料大成49』275頁
語 異国襲来浮説

正応3年4月　播磨福井荘検田目録
＊播磨国

出 古田券　**刊** 『鎌』22-17337
地 丹賀島

正応3年5月2日　後深草上皇院宣

出 華頂要略55上　**刊** 『鎌』22-17338,『天台宗全書16』1179頁
語 異国之降伏

正応3年)5月17日　藤氏長者〈近衛家基〉宣

出 大和春日神社文書　**刊** 『鎌』22-17352,『春日大社文書1』21頁
語 異国降伏祈禱, 異国御祈

正応3年6月30日　島津忠宗覆勘状案
＊筑前国

出 早稲田大学所蔵禰寝文書　**刊** 『鎌』23-17378,『早稲田大学所蔵荻野研究室収集文書　下』27頁
語 異賊警固筥崎番役
地 筥崎

正応3年

正応3年7月13日　蒙古合戦勲功賞配分状
＊筑前国, 中国

田 豊後入江文書　刊『鎌』23-17385,『大宰府史料　中世編3』417頁,『九州荘園史料叢書4』80頁,『増補訂正編年大友史料3』162頁
語 弘安四年蒙古合戦勲功賞, 浦
地 蒙古, ナヽミノ浦, 小浦薗

正応3年9月5日　弥勒菩薩坐像銘
＊相模国, 中国, 朝鮮

田 相模神武寺所蔵文書　刊『鎌』23-17441
語 大唐高麗舞師
地 大唐, 高麗

正応3年9月12日　六波羅下知状
＊尾張国

田 相模円覚寺文書　刊『鎌』23-17446,『鎌倉市史　史料編2』24頁,『神奈川県史　資料編2』167頁,『愛知県史　資料編8』351頁
地 北馬島

正応3年9月　関東下知状案　＊越後国

田 色部文書古案記録草　刊『鎌』23-17456
地 荒河保

正応3年10月　公明重申状　＊肥前国

田 肥前小鹿島文書　刊『鎌』23-17473,『佐賀県史料集成17』247頁,『九州荘園史料叢書11』29頁
地 長島庄

正応3年11月22日　藤原頼衡田地売券
＊摂津国

田 摂津勝尾寺文書　刊『鎌』23-17485,『箕面市史　史料編1』229頁
地 よしかわのむら, よしかわ

正応3年11月29日　関東過書　＊筑前国

田 高野山金剛三昧院文書　刊『鎌』23-17490,『高野山文書5』98頁
語 西海道関渡沙汰人, 運送船, 関々津々
綱 幕府, 西海道関渡沙汰人に対し, 筑前粥田荘の上下諸人並びに運送船を煩いなく勘過せしむるべきを命ず

正応3年11月　伊予弓削島庄百姓連署起請文　＊伊予国

田 東寺百合文書と　刊『鎌』23-17491,『日本塩業大系　史料編古代・中世1』176頁,『愛媛県史　資料編古代・中世』350頁
語 塩浜, 高塩
地 弓削島
綱 弓削島荘の百姓等, 弓削島の塩浜の高塩に崩れ失せしこと等を起請す

正応3年12月11日　伊予弓削島荘年貢送文　＊伊予国

田 東寺百合文書よ　刊『鎌』23-17493,『日本塩業大系　史料編古代・中世1』177頁,『愛媛県史　資料編古代・中世』350頁
語 年(貢脱ヵ)大俵塩, 荒布, 梶取
地 弓削島

正応3年12月15日　島津忠範覆勘状

田 薩摩比志島文書　刊『鎌』23-17496,『福岡県史10』83頁,『大宰府・太宰府天満宮史料9』63頁,『鹿児島県史料　旧記雑録前編1』361頁
語 要害警固番役

正応3年）　宝帳布所進諸荘目録
＊山城国,越前国,紀伊国,河内国,讃岐国,越後国,美濃国,播磨国

田近衛家文書　刊『鎌』23-17513,『福井県史　資料編2』193頁
地木津,島津,鮎川,梅津,河辺,河東,賀太,菱川,河北,河南,里海,大島,六瀬,里海,生津,古河

正応4年1月18日　関東下知状案
＊肥前国

田肥前大川文書　刊『鎌』23-17520,『九州史料叢書　大川文書』82頁
地大豆津

正応4年1月22日　秦守重申状案
＊若狭国

田若狭秦文書　刊『鎌』23-17524,『小浜市史　諸家文書編3』19頁
語両浦之百姓,当浦〔　〕開発,刀禰職
地多烏浦
綱秦守重、多烏浦の刀禰職をめぐり、多烏浦開発の初条よりの来歴を述べ、その安堵を訴う

正応4年2月3日　関東御教書案

田長門一宮住吉神社文書　刊『鎌』23-17532
語異国降伏御祈

正応4年2月3日　関東御教書案

田防長風土注進案8　吉田宰判山野井村
刊『鎌』23-17533,『防長風土注進案16』221頁
語異国降伏御祈
備『鎌』23-17532と同文（本文）

正応4年2月13日　若狭多烏浦刀禰職安堵状　　　　　　　　　　　　＊若狭国

田若狭秦文書　刊『鎌』23-17548,『小浜市史　諸家文書編3』19頁
語当浦刀禰職,多烏浦住人
地多烏浦
綱多烏浦住人秦守重、同浦住人本次郎大夫則友と争い、同浦刀禰職を安堵さる

正応4年2月15日　伏見天皇綸旨案
＊越前国

田広橋家旧蔵永徳度革命諸道勘文裏文書
刊『鎌』補4-1752
語三国湊津料河手
地三国湊,坪江郷

正応4年2月20日　六波羅施行状案

田東大寺文書　刊『鎌』23-17556
語異国降伏御祈

正応4年2月21日　六波羅施行状案

田摂津勝尾寺文書　刊『鎌』23-17557,『箕面市史　史料編1』230頁
語異国降伏御祈

正応4年2月21日　若狭国太良荘年貢雑穀等支配状　　　　　　　　　　　　＊伊予国

田東寺百合文書ヱ　刊『鎌倉遺文研究』10・86頁
地弓削島

正応4年2月24日　摂津守護代遵行状

田摂津勝尾寺文書　刊『鎌』23-17558,『箕面市史　史料編1』230頁
語異国降伏御祈

正応4年

正応4年2月25日　東大寺年預尊顕文書勘渡状
＊摂津国

- 出 東大寺文書(3-11-6)　刊『鎌』23-17560
- 語 異国祈最勝王経請定
- 地 水無瀬庄

正応4年3月6日　島津忠宗施行状

- 出 薩摩新田神社文書　刊『鎌』23-17564,『鹿児島県史料3』1頁
- 語 異国降伏御祈
- 備 『九州地方中世編年文書目録』は権執印文書とする

正応4年3月7日　沙弥某施行状

- 出 常陸総社宮文書　刊『鎌』23-17568,『茨城県史料　中世編1』391頁
- 語 異国降伏御祈

正応4年3月8日　沙弥某施行状

- 出 大宰管内誌六郷山文書　刊『鎌』23-17569,『増補訂正編年大友史料3』171頁
- 語 異国降伏御祈

正応4年3月10日　北条実政書下案

- 出 防長風土注進案8　吉田宰判山野井村　刊『鎌』23-17572,『防長風土注進案16』221頁
- 語 異国降伏御祈禱

正応4年3月18日　豊後六郷山円位書状写

- 出 肥前島原松平文庫文書　刊『鎌』補4-1754,『鹿児島県史料　旧記雑録前編1』362頁
- 語 異国征伐
- 備 網野善彦『悪党と海賊』97頁参照

正応4年3月23日　道智文書預状
＊薩摩国,筑前国

- 出 薩摩山田家譜　刊『鎌』23-17577,『鹿児島県史料5』10頁
- 語 津宿直
- 地 津(博多津)
- 備 『九州地方中世編年文書目録』は出典を山田文書とする

正応4年4月21日　家綱巻数請取

- 出 防長風土注進案8　吉田宰判山野井村
- 刊『鎌』23-17599,『防長風土注進案16』221頁
- 語 異国降伏御祈巻数

正応4年4月26日　後深草上皇院宣案
＊摂津国

- 出 九条家文書　刊『鎌』23-17602,『図書寮叢刊　九条家文書2』194頁
- 地 生島庄

正応4年4月26日　関東御教書案
＊肥前国

- 出 肥前有浦文書　刊『鎌』23-17603,『改訂松浦党有浦文書』41頁
- 地 佐志村

正応4年4月　東大寺異国降伏祈禱請定

- 出 東大寺文書(3-9-33)　刊『鎌』23-17605
- 語 異国降伏御祈請定

正応4年6月4日　島津忠宗書下案
＊大隅国

- 出 薩藩旧記9比志島氏文書　刊『鎌』23-17625,『鹿児島県史料　旧記雑録前編1』363頁
- 地 比志島西俣以下村々

238

正応4年6月29日　北条定宗施行状案
＊肥前国

出 肥前有浦文書　刊 『鎌』23-17641,『改訂松浦党有浦文書』42頁
地 松浦佐志村
備 『改訂松浦党有浦文書』は、日付を4月29日とするが誤り。文書名は『改訂松浦党有浦文書』による

正応4年)6月29日　忠保巻数請取案

出 防長風土注進案8　吉田宰判山野井村
刊 『鎌』23-17638,『防長風土注進案16』221頁
語 異国降伏御巻数

正応4年6月　肥前河棚住人秋丸恒安申状案
＊肥前国

出 肥前青方文書　刊 『鎌』23-17635,『青方文書1』58頁,『九州荘園史料叢書7』22頁
語 塩田
地 五島西浦,青方

正応4年6月　某袖判矢代浦刀禰職補任状
＊若狭国

出 栗駒清左ヱ門家文書　刊 『福井県史　資料編9』98頁
語 矢代浦戸(刀)禰職
地 矢代浦

正応4年6月晦日)　北条定宗覆勘状案
＊筑前国

出 肥前青方文書　刊 『鎌』23-17642,『青方文書1』58頁
語 姪浜警固番役
地 姪浜

正応4年7月　覚照重申状案　＊摂津国

出 九条家文書　刊 『鎌』23-17653,『図書寮叢刊　九条家文書2』193頁
地 生島庄

正応4年9月3日　大隅守護千葉宗胤覆勘状
＊筑前国

出 大隅禰寝文書　刊 『鎌』23-17675,『鹿児島県史料　旧記雑録拾遺家わけ1』339頁,『九州史料叢書　禰寝文書1』85頁,『大宰府史料　中世編3』427頁
語 異国警固今津番役
地 今津

正応4年9月4日　西園寺実兼御教書案
＊近江国

出 近江菅浦文書　刊 『鎌』23-17676,『菅浦文書　上』24頁
語 菅浦供御人
地 菅浦

正応4年9月18日　長国高起請文
＊紀伊国

出 高野山文書又続宝簡集85　刊 『鎌』23-17683,『大日本古文書　高野山文書7』192頁
語 海賊,殺生禁断〈殊重　鵜・鷹・狩獵・魚網等〉

正応4年9月18日　法蓮起請文　＊紀伊国

出 高野山文書又続宝簡集87　刊 『鎌』23-17684,『大日本古文書　高野山文書7』241頁
語 海賊,殺生禁断〈殊重　鵜・鷹・狩獵・魚網等〉

正応4年

正応4年9月19日　承誓起請文　＊紀伊国

田 高野山文書又続宝簡集86　刊『鎌』23-17686,『大日本古文書　高野山文書7』200頁

語 海賊,殺生禁断〈殊重　鵜・鷹・狩獵・魚網等〉

正応4年9月19日　能真起請文　＊紀伊国

田 高野山文書又続宝簡集86　刊『鎌』23-17687,『大日本古文書　高野山文書7』205頁

語 海賊,殺生禁断〈殊重　鵜・鷹・狩獵・魚網等〉

正応4年9月20日　大蓮起請文　＊紀伊国

田 高野山文書又続宝簡集86　刊『鎌』23-17688,『大日本古文書　高野山文書7』224頁

語 禁断殺生〈河池魚鱗等〉

正応4年9月20日　関東御教書

田 武家雲箋　刊『鎌』23-17689

語 異国警固番役

正応4年9月30日　北条定宗覆勘状　＊筑前国

田 肥前龍造寺家文書　刊『鎌』23-17701,『佐賀県史料集成3』20頁,『大宰府・太宰府天満宮史料9』71頁

語 姪浜警固番役

地 姪浜

正応4年9月　紀伊高野山衆徒申状案　＊紀伊国

田 高野山文書又続宝簡集85　刊『鎌』23-17711,『大日本古文書　高野山文書7』157頁

語 漁猟等之悪行

正応4年10月5日　湯浅定仏起請文　＊紀伊国

田 高野山文書宝簡集38　刊『鎌』23-17725,『大日本古文書　高野山文書7』511頁

語 禁断殺生〈河池魚鱗等〉

正応4年10月5日　源正行起請文　＊紀伊国

田 高野山文書又続宝簡集85　刊『鎌』23-17726,『大日本古文書　高野山文書7』199頁

語 禁断殺生〈河池魚鱗等〉

正応4年)11月15日　伏見天皇綸旨案

田 摂津勝尾寺文書　刊『鎌』23-17751,『箕面市史　史料編1』231頁

語 異国降伏御祈

正応4年11月16日　権八秋広白状案　＊紀伊国

田 高野山文書又続宝簡集85　刊『鎌』23-17755,『大日本古文書　高野山文書7』166頁

語 市津路次

正応4年11月27日　関東下知状　＊越後国

田 高橋文書　刊『鎌』23-17760,『新潟県史　資料編5』223頁

地 名賀崎

正応4年11月　大隅台明寺寺田注進状　＊大隅国

田 大隅台明寺文書　刊『鎌』23-17762,『鹿児島県史料　旧記雑録前編1』364頁

🄰下河津留,下橋口

正応4年12月11日　伊予弓削島荘年貢送文
　　　　　　　　　　　　　　　　＊伊予国

🄳東寺百合文書ト　🄹『鎌』補4-1763,『日本塩業大系　史料編古代・中世　補遺』35頁,『愛媛県史　資料編古代・中世』351頁
🄶御年貢大俵塩,荒布七十把,御年貢塩,梶取
🄰弓削島

正応4年12月13日　少弐盛経書下案
　　　　　　　　　　　　　　　　＊筑前国

🄳兼仲卿記永仁2年正月巻裏文書　🄹『鎌』23-17771
🄶運送船
🄲筑前国殖木荘雑掌,納塚掃部左衛門の同荘に乱入し,運送船を抑留せしことなどを訴す

正応4年12月20日　秦守重所職譲状
　　　　　　　　　　　　　　　　＊若狭国

🄳若狭秦文書　🄹『鎌』23-17776,『小浜市史諸家文書編3』20頁,『編年差別史資料集成3』596頁
🄶とねしき（刀禰職）
🄰たからすのうら（多烏浦）

正応4年12月　紀伊南部荘高野米下行目安案
　　　　　　　　　　　　　　　　＊紀伊国

🄳高野山勧学院文書　🄹『鎌』23-17786,『高野山文書1』373頁
🄶船祭,高瀬舟駄賃,舟賃,湊問料,船人糧米
🄱新庄村分、吉田村分、本庄村分

正応4年12月　丹後大内郷所当米等注進状案
　　　　　　　　　　　　　　　　＊丹後国

🄳白河本東寺文書58,東寺百合文書テ　🄹『鎌』23-17790,『鎌倉遺文研究』3・46頁
🄶和布,心太
🄱『鎌倉遺文研究』は東寺百合文書より採る

正応5年)1月11日　後深草上皇書状
　　　　　　　　　　　　　　　　＊山城国

🄳山城田中忠三郎氏所蔵文書　🄹『鎌』23-17799
🄰木津
🄲大和春日社の榊木、木津に遷座す

正応5年1月15日　備後太田庄文書目録
　　　　　　　　　　　　　　＊備後国,備前国

🄳高野山文書宝簡集8　🄹『鎌』23-17798,『大日本古文書　高野山文書1』122頁
🄰尾道,倉敷

正応5年1月　藤原忠茂証文目録案
　　　　　　　　　　　　　　　　＊河内国

🄳河内水走家文書　🄹『鎌』23-17810,『編年差別史資料集成3』597頁
🄰氷野河,広見池,大江御厨,曾根崎里,津辺里,細江

正応5年2月5日　鎮西奉行〈大友親時〉書下
　　　　　　　　　　　　　　　　＊筑前国

🄳薩藩旧記9権執印書　🄹『鎌』23-17812,『鹿児島県史料　旧記雑録前編1』366頁
🄰博多

正応5年2月19日　播磨田原荘作田目録
　　　　　　　　　　　　　　　　＊播磨国

🄳輯古帖6某家蔵　🄹『鎌』23-17828

正応5年
地丹賀島

正応5年2月25日　東大寺年預〈賢俊〉文書
＊摂津国

出東大寺文書(3-11-5)　刊『鎌』23-17829
語異国祈最勝王経請定,異国祈禱
地水無瀬庄

正応5年3月13日　北条定宗書下案
＊肥前国

出肥前高城寺文書　刊『鎌』23-17846,『佐賀県史料集成2』235頁・249頁,『大宰府史料中世編3』429頁
語早潟

正応5年3月27日　地頭円性充行状
＊若狭国

出若狭秦文書　刊『鎌』23-17858,『小浜市史諸家文書編3』20頁
語一松のあみ(網),一松之網埆,刀禰分
綱弥五郎入道円性,刀禰分たりし一松の網埆を新大夫に預く

正応5年3月　西仏畠地渡状　＊伊賀国

出百巻本東大寺文書71　刊『鎌』23-17866,『大日本古文書　東大寺文書8』134頁
地簗瀬

正応5年4月5日　覚心誓度院規式
＊中国

出紀伊興国寺文書　刊『鎌』23-17867,『和歌山県史　中世史料2』819頁
語入宋沙門覚心
地宋

正応5年4月7日　和泉保道譲状案
＊薩摩国

出薩藩旧記9肝付兼石譜中　刊『鎌』23-17869,『鹿児島県史料　旧記雑録前編1』367頁
語河
地太平河,大河,君田河

正応5年5月5日　度会益房処分状案
＊三河国

出伊勢光明寺文書　刊『鎌』23-17886
語伊良胡御厨,浜津
地伊良胡御厨

正応5年)5月6日　定□書状

出兼仲卿記正応5年9月巻裏文書　刊『鎌』23-17888
地井波御厨

正応5年5月25日　教念私領売券
＊山城国

出東寺百合文書メ・白河本東寺文書61　刊『鎌』23-17896
地塩小路

正応5年5月　聖尊等申状

出東大寺宝庫文書(宝-74-27)　刊『鎌』23-17901
語淀河尻
地淀河
綱円乗上人、周防の材木を淀の河尻にて沽却せし悪行をなす

正応5年6月30日　北条定宗覆勘状
＊筑前国

出肥前龍造寺家文書　刊『鎌』23-18013
語姪浜警固番役
地姪浜

正応5年閏6月10日　秦永久名田船所従譲状

出山城大徳寺文書　刊『鎌』23-17948,『大日本古文書　大徳寺文書3』256頁,『編年差別史資料集成3』597頁

語船参艘内小船弐艘

地今津東船江

正応5年閏6月15日　称阿覆勘状案

出早稲田大学所蔵禰寝文書　刊『鎌』23-17952,『早稲田大学所蔵荻野研究室収集文書　下』27頁

語異国警固番役

正応5年7月18日　荒河保一分地頭河村秀通等代・奥山荘一分地頭和田茂長代・保司海老名職直等連署和与状　＊越後国

出反町英作氏所蔵三浦和田文書　刊『鎌』23-17971,『新潟県史　資料編4』110頁,『編年差別史資料集成3』598頁

語浜堺,河,海陸,荒沢流

地荒河保,荒河新保

綱国衙と地頭と境につき和与し、荒河は保司の進退、河以北境以南の海陸は庄領の進止と定む

正応5年8月7日　関東下知状　＊越後国

出越後三浦和田文書　刊『鎌』23-17977,『新潟県史　資料編4』111頁

地荒河保

正応5年8月16日　肥前河上宮造営用途支配惣田数注文　＊肥前国

出肥前河上神社文書　刊『鎌』23-17984,『佐賀県史料集成1』64頁,『九州荘園史料叢書2』48頁,『同7』24頁・156頁,『同11』30頁

正応5年

地草津庄,同(草津)新庄,牛島庄,神崎庄,長島庄,三津庄,杵島南郷,松浦西郷,宇野御厨,松浦東郷,稲崎,城崎東郷,同(城崎)西郷,小津東郷,杵島北郷

正応5年8月17日　円性田地寄進状
　　　　　　　　　　　　　　　＊紀伊国

出高野山文書続宝簡集6　刊『鎌』23-17985,『大日本古文書　高野山文書2』226頁

地河南,猿川庄

正応5年8月24日　覚雅置文案　＊摂津国

出山城醍醐寺文書　刊『鎌』23-17987

地西柴津庄

正応5年8月　覚照申状　＊摂津国

出兼仲卿記永仁2年3月巻裏文書　刊『鎌』23-17994

地生島庄

正応5年9月18日　関東下知状　＊越後国

出高橋文書　刊『鎌』23-18004,『新潟県史　資料編5』254頁

地名賀崎条

備『新潟県史』注記に「この文書関東下知状(裁許状)の形態に合わず、後代の作になるもの」とあり

正応5年」9月30日　北条定宗覆勘状
　　　　　　　　　　　　　　　＊筑前国

出肥前龍造寺家文書　刊『佐賀県史料集成3』17頁,『大宰府・太宰府天満宮史料9』82頁

語姪浜警固番役

地姪浜

正応5年

正応5年10月3日　関東御教書案

出 親玄僧正日記　刊『鎌』23-18024
語 異賊降伏御祈

正応5年10月5日　関東御教書案

出 東寺百合文書リ　刊『鎌』23-18026
語 異国降伏御祈

正応5年10月5日　関東御教書案

出 東寺百合文書リ　刊『鎌』23-18027
語 異国降伏御祈

正応5年10月7日　関東下知状案
＊肥前国

出 肥前小鹿島文書　刊『鎌』23-18029,『佐賀県史料集成17』248頁,『九州荘園史料叢書11』31頁
地 長島庄

正応5年10月13日　執権〈北条貞時〉公文書奉書案

出 東寺百合文書リ　刊『鎌』23-18030
語 異国降伏御祈

正応5年10月14日　伊予弓削島荘問丸申詞
＊伊予国,摂津国

出 東寺百合文書と　刊『鎌』23-18031,『日本塩業大系　史料編古代・中世1』178頁,『愛媛県史　資料編古代・中世』352頁
語 弓削島問丸,七条坊門塩屋商人
地 弓削島,淀大渡北橋端
綱 弓削島の問丸、東寺に対し、去年分年貢塩の淀大渡北橋端に着き、備後の弥源次を通じ、七条坊門塩屋商人に売却せられしことを申す

正応5年10月24日　尼めうご所領譲状
＊近江国

出 近江朽木文書　刊『鎌』23-18035,『朽木文書1』57頁
地 たかしま(高島)

至元29(正応5)年10月　高麗国王書写
＊朝鮮,中国

出 金沢文庫文書　刊『鎌』23-18040,金沢文庫『金沢文庫古文書9』305頁
語 貴国商船,高麗国,大元,宋
地 耽羅,州渚,金海府,高麗国,大元,宋
綱 高麗国王(忠烈王)、耽羅(済州島)に到泊せし日本商人を元皇帝の命により、日本へ護送す◆高麗国王、高麗の存続、南宋の滅亡を例にとり、日本の元に対する通交を勧む
備「貴国」は日本をさす

正応5年10月　若狭御賀尾浦職充行状案
＊若狭国

出 若狭大音家文書　刊『鎌』23-18041,『福井県史　資料編8』780頁
語 於河浦職
地 於河浦,辺津浜山,サケ取小島,海ナルアカ石

正応5年11月10日　安倍延貞譲状
＊若狭国

出 若狭安倍武雄氏文書　刊『鎌』23-18045,『福井県史　資料編9』5頁
語 海渚

正応5年11月12日　西念遵行状案

出 東寺古文零聚3　刊『鎌』23-18046
語 異国降伏御祈

正応5年11月17日　某書状案　＊伊予国

出 東寺百合文書な　刊『鎌』23-18047,『日本塩業大系　史料編古代・中世1』178頁,『愛媛県史　資料編古代・中世』352頁
地 弓削島
備 年月日は端裏書による

正応5年11月21日　少弐盛経書下
＊対馬国

出 対馬島雄成一氏所蔵文書　刊『鎌』23-18048
地 対馬島

正応5年)11月25日　公長奉書

出 白河本東寺文書　刊『鎌』23-18050
語 異国調伏御祈

正応5年12月1日　関東御教書

出 肥後相良家文書　刊『鎌』23-18059,『大日本古文書　相良家文書1』65頁,『福岡県史資料10』86頁
語 異賊合戦勲功
備 相良六郎入道跡宛

正応5年12月1日　関東御教書

出 肥後相良家文書　刊『鎌』23-18060,『大日本古文書　相良家文書1』65頁,『福岡県史資料10』87頁
語 異賊合戦勲功
備 相良九郎入道宛

正応5年12月1日　関東御教書

出 武雄市教育委員会所蔵感状写　刊『鎌』23-18061,『松浦党関係史料集1』192頁
語 異賊合戦勲功

正応5年12月7日　関東御教書案

出 二階堂文書　刊『鎌』23-18064,『鹿児島県史料　旧記雑録前編1』371頁
語 異賊警固,海路之難
綱 海路の難を恐れ、本文書の正文を国に留めんがため、案文を作成せし旨、暦応4年(1341)の裏書あり
備 暦応4年10月5日付の裏書あり(「恐海路之難」は裏書より)

正応5年)12月10日　後深草上皇書状
＊朝鮮

出 武蔵細川護立氏所蔵文書　刊『鎌』23-18066
語 高麗等状,高麗王等状,高麗国王之礼
地 高麗

正応5年12月18日　加治木頼平在鎌倉用途結解状　＊伊予国

出 東寺百合文書と　刊『鎌』23-18070,『日本塩業大系　史料編古代・中世1』180頁,『愛媛県史　資料編古代・中世』353頁
語 弓削島雑掌
地 弓削島

正応5年12月21日　島津忠宗施行状

出 薩藩旧記9頂峯院文書　刊『鎌』23-18075,『鹿児島県史料　旧記雑録前編1』371頁
語 異国降伏御祈

正応5年12月24日　大友頼泰書下
＊筑前国

出 筑前大泉坊文書　刊『鎌』23-18077,『福岡県史資料10』219頁,『九州荘園史料叢書4』83頁

正応5〜6年

🅖今津

正応5年12月　蔵人所牒　　＊近江国

🅓山城山本修二氏所蔵文書　🅚『鎌』23-18078

🅛停止河海釣魚,粟津供御人

🅖粟津

🅝蔵人所、近江国粟津供御人等に対し、河海の釣魚に対する甲乙人等の非分の濫妨を停止し、供御を備進せしめん事を命ず

🅑瀬田勝哉「菅浦絵図考」『武蔵大学人文学会雑誌』7-2は、偽文書とする。『鎌』出典名の山本修三は修二の誤りと思われる。網野善彦『日本中世の非農業民と天皇』51頁・108頁は京大国史学研究室所蔵とする

正応5年12月　関白〈九条忠教〉家政所下文　＊土佐国

🅓土佐金剛福寺文書　🅚『鎌』23-18079,『高知県史　古代中世史料編』671頁

🅛異国

🅖蹉跎御崎

🅑『高知県史』は「土佐国蠹簡集木屑」より採る

正応5年　僧某申文

🅓兼仲卿記正応5月11日巻裏文書　🅚『鎌』23-17929

🅛(異)国降伏御祈

正応6年1月3日　はたのひさすみ証状

🅓伊勢御巫家艮蔵文庫文書　🅚『鎌』23-18084

🅛より物(寄物),つもとのかま(津元の釜?),ひきものうハちのかま(釜)

正応6年1月5日　摂津守護代遵行状案

🅓摂津勝尾寺文書　🅚『鎌』23-18087,『箕面市史　史料編1』233頁

🅛異国降伏御祈

正応6年1月13日　筑前宇美宮調進状　＊筑前国

🅓福岡市立博物館所蔵青柳資料　🅚『鎌』23-18091

🅛贄鮨鮎五桶,押鮨百五十隻

正応6年)1月22日　東寺供僧評定引付　＊伊予国

🅓東寺百合文書ヌ　🅚『愛媛県史　資料編古代・中世』355頁

🅛年貢塩俵,梶取

🅖弓削

正応6年1月23日　竹崎季長置文　＊肥後国

🅓肥後塔福寺文書　🅚『鎌』23-18097,『熊本県史料3』287頁

🅖北浦,薦浦

🅑本文書は海頭社について定置く条々

正応6年1月23日　竹崎季長置文　＊肥後国

🅓肥後秋岡氏所蔵文書　🅚『鎌』23-18098,『熊本県史料4』461頁

🅖薦浦

🅑本文書は海頭郷社について定置く条々

正応6年1月25日　関東御教書

🅓筑後国史37横溝氏　🅚『鎌』23-18099,『福岡県史資料10』87頁

🅛異賊合戦勲功

正応6年

備『九州地方中世編年文書目録』では出典を河原文書とする

正応6年2月5日　加治木頼平請文
＊伊予国

出 東寺百合文書ト　刊『鎌』23-18105,『日本塩業大系　史料編古代・中世1』183頁,『愛媛県史　資料編古代・中世』355頁
地 弓削島

正応6年2月9日　関東御教書案

出 親玄僧正日記　刊『鎌』23-18108
語 異賊降伏御祈

正応6年2月11日　関東御教書案

出 安芸厳島御判物帖　刊『鎌』23-18109,『広島県史　古代中世資料編3』29頁,『加能史料　鎌倉2』170頁
語 異賊降伏御祈

正応6年2月13日　大法師某唹請状
＊土佐国

出 土佐最御崎寺文書　刊『鎌』23-18111,『高知県史　古代中世史料編』540頁・992頁
地 室津一色
備『高知県史』は「土佐国蠹簡集」「土佐国古文叢」より採る

正応6年）2月23日　内膳奉膳秋信挙状
＊摂津国,山城国

出 兼仲卿記永仁2年正月巻裏文書　刊『鎌』23-18116
語 船壱艘
地 湯屋島,淀津
綱 某供御人等、湯屋島住人右近允の淀津において船壱艘を抑留せしを訴う

正応6年3月17日　九条家文庫文書目録
＊備前国,摂津国,伊勢国,越後国,紀伊国,下総国

出 九条家文書　刊『鎌』23-18125,『図書寮叢刊　九条家文書5』186頁
地 小豆島,生島,船木田,若菜御厨,湊,白河庄,山崎,三崎

正応6年3月20日　関東御教書案

出 安芸厳島御判物帖　刊『鎌』23-18128,『広島県史　古代中世資料編3』30頁
語 異国降伏御祈

正応6年3月22日　伏見天皇祭文　＊中国

出 門葉記抄　刊『鎌』23-18132
語 唐朝
地 唐朝

正応6年3月28日　太政官牒　＊中国

出 紀伊興山寺文書　刊『鎌』23-18134,『高野山文書4』101頁
語 異国降伏,蒙古,異国賊船,蒙古賊船,舟船,解纜
地 蒙古
綱 弘安4年4月5日・12日、金剛峰寺神々託宣あり、日本国神々蒙古に発向すと云う◆蒙古襲来し、幾千万と知らざる異国賊船海上に充満の由、鎮西よりの早馬関東に到来す◆4月4日、蒙古賊船解纜の由、戌虜（戎虜）の白状に載す◆7月29日、暴風俄に起こり、異国賊船一時に滅亡す

正応6年4月6日　伊予弓削島荘年貢塩支配注文
＊伊予国

出 東寺百合文書と　刊『鎌』23-18149,『日本塩業大系　史料編古代・中世1』184頁,『愛

正応6年

『媛県史　資料編古代・中世』355頁
語 塩
地 弓削島

正応6年4月7日　安芸新勅旨年貢米未進分銭支配状　＊安芸国

出 東寺百合文書な　刊『鎌』23-18151
語 異国, 点定船, 梶取丸
綱 六波羅探題、異国の事により、船の点定をなす◆点定に伴う年貢未進分につき梶取丸の弁済を免ず

正応6年4月12日　筑前筥崎石築地検見注文　＊筑前国, 薩摩国

出 薩摩比志島文書　刊『鎌』23-18167
語 筥崎石築地
地 筥崎, 甑島, 鹿児島

正応6年4月16日　安芸厳島社神物奉献状

出 安芸厳島御判物帖　刊『鎌』23-18171,『広島県史　古代中世資料編3』30頁
語 異国降伏御祈

正応6年4月20日　島津忠宗施行状

出 薩摩新田神社文書　刊『鎌』23-18175,『大宰府・太宰府天満宮史料9』93頁,『鹿児島県史料1』1頁
語 異国降伏御祈
備『九州地方中世編年文書目録』は出典を水引執印文書とする

正応6年4月21日　某施行状案

出 安芸厳島社御判物帖　刊『鎌』23-18176,『広島県史　古代中世資料編3』31頁
語 異国降伏御祈
備『広島県史』は文書名を「安芸国守護施行状案」とする

正応6年4月　鷹司兼平譲状案　＊河内国, 摂津国

出 鷹司家文書　刊『鎌』23-18182
地 衣比須島, 網代庄, 細河庄

正応6年5月2日　某施行状案

出 安芸厳島御判物帖　刊『鎌』23-18187,『広島県史　古代中世資料編3』32頁
語 異国降伏御料

正応6年) 5月5日　平正信送文

出 安芸厳島御判物帖　刊『鎌』23-18189,『広島県史　古代中世資料編3』31頁
語 異国降伏御祈

正応6年5月11日　島津忠宗書下案

出 薩摩新田神社文書　刊『鎌』23-18198,『鹿児島県史料3』26頁
語 異国降伏御祈

正応6年5月24日　平忠連譲状案　＊薩摩国

出 薩摩指宿家文書　刊『鎌』23-18203,『鹿児島県史料　旧記雑録前編1』375頁
語 田畠山野河海

正応6年6月　源頼範寄進状案　＊美濃国

出 藤波氏経記　刊『鎌』23-18235,『三重県史　資料編中世1 上』633頁
地 津布良開発御厨

正応6年7月8日　伏見天皇寂筆宣命案

出 伏見宮家文書　刊『鎌』24-18241
語 異国牒状, 異域凶俗

正応6年～永仁元年

| 正応6年7月10日　島津忠宗覆勘状案

　出早稲田大学所蔵禰寝文書　刊『鎌』24-18248,『早稲田大学所蔵荻野研究室収集文書　下』28頁
　語筥崎警固番役
　地筥崎

正応6年7月11日　栄兼請文案　＊安芸国

　出東寺百合文書な　刊『鎌』24-18253
　語海賊入海之難

正応6年7月18日　関東御教書案

　出安芸野坂文書　刊『鎌』24-18259,『広島県史　古代中世資料編2』1271頁
　語異国降伏御祈

正応6年7月20日　相良上蓮〈頼氏〉譲状写

　出肥後相良家文書　刊『鎌』24-18261,『大日本古文書　相良家文書1』67頁,『静岡県史　資料編5』849頁
　語異国

正応6年7月20日　相良上蓮〈頼氏〉譲状

　出肥後相良家文書　刊『鎌』24-18262,『大日本古文書　相良家文書1』66頁
　語異国警固番役

正応6年7月　若狭国西津荘多烏浦百姓等申状案　＊若狭国

　出若狭秦文書　刊『鎌』24-18270,『小浜市史　諸家文書編3』21頁
　語御年貢塩,塩,分塩九石三斗〈除釜年貢定〉
　地多烏浦,汲部浦,西津庄
　綱天満大菩薩を若狭国多烏・汲部両浦鎮守とし来たる◆汲部浦の年貢は、百姓23名に

て名別4斗を弁済す

正応6年8月1日　摂津守〈津守国助〉解　＊摂津国

　出兼仲卿記正応6.8.5条　刊『鎌』24-18276,『増補史料大成36』166頁
　語寄人等居住要津,津守
　地神崎,浜崎,杭瀬,今福,久岐,大江,吹田等御厨
　綱諸御厨司家人ら、公民の作田をもって売買と称し、官物等を納めず◆摂津守津守国助、神崎・浜崎・杭瀬等の要津の住人等の権門勢家の威を仮り、国役を勤めざるを訴う◆浜崎の地は、往古の国領、印鑰の敷地なり。

正応6年8月2日　条事定文　＊摂津国

　出兼仲卿記正応6.8.5条　刊『鎌』24-18277,『増補史料大成36』168頁
　語寄人等居住要津,津守
　地大江,吹田等御厨

正応6年8月2日　生心申詞記　＊上野国

　出兼仲卿記正応6.8.2条　刊『鎌』24-18278,『増補史料大成36』159頁
　地太神宮領上野国園田御厨

永仁元年8月5日　改元詔書

　出兼仲卿記永仁1.8.5条　刊『鎌』24-18339,『増補史料大成36』169頁
　語筌蹄,魚菟,舟楫,江海
　綱筌蹄なくして魚菟を捕らえ,舟楫なくして江海を済せんと欲す、との喩えを載す

永仁元年8月15日　他宝坊願文

　出中村令三郎氏所蔵文書　刊『鎌』24-

永仁元年

18341,『松浦党関係史料集1』194頁
語 たこく(他国),うミのかいりうわう(海の海竜王)
地 いきのまつばら(生松原)

永仁元年9月12日　関東下知状案
＊但馬国

出 清水寺文書　刊『鎌』24-18363
語 河魚漁,鵜縄魚,新羅宮
綱 但馬国気比水上荘における河海漁は、領家・地頭各々半分の沙汰をすべき旨、下知せらる◆地頭、鵜縄漁は地頭の進止たるべきを申す

永仁元年9月24日　鎮西御教書案
＊肥後国

出 肥後大慈寺文書　刊『鎌』24-18372,『熊本県史料2』660頁,『大宰府・太宰府天満宮史料9』102頁,『曹洞宗古文書　下』393頁
地 河尻大渡

永仁元年9月30日　島津忠宗覆勘状案
＊筑前国

出 薩藩旧記9国分氏文書　刊『鎌』24-18378,『鹿児島県史料　旧記雑録前編1』376頁,『福岡県史資料10』93頁,『大宰府・太宰府天満宮史料9』102頁
語 筥崎警固番役
地 筥崎

永仁元年10月5日　北条定宗覆勘状
＊肥前国

出 肥前龍造寺家文書　刊『鎌』24-18384,『佐賀県史料集成3』18頁,『大宰府・太宰府天満宮史料9』103頁
語 姪浜警固番役
地 姪浜

永仁元年11月12日　長経田地寄進状写
＊常陸国

出 常陸吉田薬王院文書　刊『鎌』24-18400,『茨城県史料　中世編2』283頁
地 根崎

永仁元年11月16日　願仏譲状　＊豊前国

出 豊前湯屋文書　刊『鎌』24-18402,『大分県史料2』333頁,『増補訂正編年大友史料3』189頁
地 しまさき

永仁元年11月　和泉網曳厨供御人訴状案
＊和泉国

出 高野山文書又続宝簡集81　刊『鎌』24-18413,『大日本古文書　高野山文書6』566頁
語 和泉国内膳網曳御厨供御人,日次供御
地 網曳御厨
綱 近木郷地頭代隆覚ら、供御給田を違乱し、網曳御厨を破損せしむ

永仁元年12月7日　関東御教書案
＊山城国

出 東大寺文書(1-1-179)　刊『鎌』24-18419
地 古河庄

永仁元年)12月16日　定厳書状　＊伊予国

出 東寺百合文書ル　刊『鎌』24-18422,『日本塩業大系　史料編古代・中世1』185頁,『愛媛県史　資料編古代・中世』357頁
語 弓削雑掌,弓削之物,弓削到来之物
地 弓削
備『鎌』24-18423参照

永仁元年12月　東大寺事務条々事書
　　　　　　　　　　　　＊摂津国,山城国

出古文書集4　刊『鎌』24-18442
地杭瀬庄,長洲白浜,古河庄

永仁2年」1月4日　加治木頼平書状
　　　　　　　　　　　　　　＊伊予国

出東寺百合文書と　刊『鎌』24-18449,『日本塩業大系　史料編古代・中世1』186頁,『愛媛県史　資料編古代・中世』358頁
地弓削島

永仁2年1月　紀伊高野山衆徒陳状案
　　　　　　　　　　　　　　＊和泉国

出高野山文書又続宝簡集82　刊『鎌』24-18466,『大日本古文書　高野山文書7』1頁
語異国降伏之霊験,近木荘内膳供御人

永仁2年1月　摂津勝尾寺住侶等申状案

出摂津勝尾寺文書　刊『鎌』24-18467,『箕面市史　史料編1』239頁
語禁制寺領四至内殺生伐木,異国,鎮伏海西之賊難

永仁2年1月　下総下河辺荘村々実検目録
　　　　　　　　　　　　　　＊下総国

出金沢文庫文書　刊『鎌』24-18469,金沢文庫編『金沢文庫古文書7』27頁
地下河辺庄

永仁2年2月5日　関東下知状　＊近江国

出近江朽木文書　刊『鎌』24-18473,『朽木文書1』19頁
地高島本庄

永仁2年2月21日　伊予弓削島荘年貢塩等送文　　　　　　　＊伊予国

出白河本東寺百合文書37,東寺百合文書ヨ　刊『鎌』24-18488,『日本塩業大系　史料編古代・中世1』187頁,『鎌倉遺文研究』3・53頁
語御年貢塩,荒布,梶取
地弓削島
備『鎌倉遺文研究』は東寺百合文書より採る

永仁2年2月21日　弓削島庄年貢色々物送進状　　　　　　　＊伊予国

出東寺百合文書ヨ　刊『日本塩業大系　史料編古代・中世　補遺』40頁,『愛媛県史　資料編古代・中世』360頁
語御年貢塩,荒布,梶取
地弓削島

永仁2年3月2日　伏見天皇綸旨案
　　　　　　　　　　　　　　＊肥後国

出菊池風土記4円通寺　刊『鎌』24-18498
語異国降伏祈祷勤行

永仁2年3月6日　鎮西御教書　＊肥前国

出肥前来島文書　刊『鎌』24-18499,『松浦党関係史料集1』195頁,『福岡県史資料10』95頁,『日本の古文書　上』478頁,『中世法制史料集1』290頁,『大宰府・太宰府天満宮史料9』104頁
語島々在所,異国用心
地壱岐島,大島,たかしま(鷹島)
綱鎮西にて異国用心のため、「とふひ」(烽火)の訓練を行う◆壱岐島より始めて、島々の高き所に火を立つべし◆肥前国大島は、壱岐島の煙を守りて、即時に薪を多くとりつみて炊き、鷹島は大島の火を見て炊くべ

永仁2年
し
備蒙古への防備のための烽火。『松浦党関係史料集1』は「肥前国守護北条時定書下」とする

永仁2年3月18日　伊予弓削島荘年貢塩支配状　　＊伊予国

出東寺百合文書よ　刊『鎌』24-18506,『日本塩業大系　史料編古代・中世1』188頁,『愛媛県史　資料編古代・中世』360頁
語御年貢塩,大塩,引塩
地弓削島

永仁2年3月27日　少弐盛経書下

出広瀬氏所蔵中村文書　刊『鎌』24-18510,『松浦党関係史料集1』196頁,『福岡県史資料10』253頁,『大分県史料13』348頁,『大宰府・太宰府天満宮史料9』107頁,『九州荘園史料叢書4』98頁,『増補訂正編年大友史料3』196頁
語兵船
綱少弐盛経、兵船の用意あらば要害所に廻し置くべきを中村弥二郎に命ず
備『松浦党関係史料集1』は、「施行状」とする

永仁2年3月　東大寺大仏灯油料田注文
＊伊賀国,山城国

出東大寺文書　刊『鎌』24-18517
地ヤナセ,木津,島前,夕崎,石河,三島

永仁2年4月3日　伊予弓削島荘年貢塩支配状　　＊伊予国

出東寺百合文書と　刊『鎌』24-18518,『日本塩業大系　史料編古代・中世1』189頁,『愛媛県史　資料編古代・中世』360頁
語御年貢塩,引塩,塩
地弓削島

永仁2年4月20日　関東御教書

出高野山文書宝簡集18　刊『鎌』24-18525,『大日本古文書　高野山文書1』234頁
語異国降伏御祈

永仁2年4月20日　関東御教書案

出紀伊丹生文書　刊『鎌』24-18526
語異国降伏御祈

永仁2年4月21日　大友親時巻数請取写

出肥前島原松平文庫文書　刊『鎌』補4-1773
語異国降伏
備網野善彦『悪党と海賊』97頁参照

永仁2年4月　東大寺衆徒等申状案
＊備前国

出東大寺文書(1-24-460)　刊『鎌』24-18539,『岡山県史19』579頁
地神崎庄

永仁2年)5月25日　平景守書状　＊山城国

出岡本家文書　刊『鎌』24-18712
地泉木津

永仁2年6月12日　和田茂連譲状案
＊越後国,阿波国,相模国

出出羽中条家文書(山形大学所蔵)　刊『鎌』24-18562,『新潟県史　資料編4』419頁
語浜の堺
地小荒河川,勝浦山,鎌倉由比

永仁2年6月29日　関東評定事書

出新編追加　刊『鎌』24-18587,『中世法制史料集1』291頁
語弘安合戦

永仁2年

永仁2年7月18日　領家某畠地売券

- 出　賜蘆文庫文書太田文書　刊『鎌』24-18598
- 語　塩屋御園
- 綱　沽渡す畠地は、塩屋御園の内にあり

永仁2年)7月25日　覚恵覆勘状　＊筑前国

- 出　薩摩比志島文書　刊『鎌』24-18604
- 語　異国警固,博多津番役
- 地　博多津

永仁2年8月2日　大隅守護北条時直覆勘状　＊筑前国

- 出　大隅禰寝文書　刊『鎌』24-18616,『鹿児島県史料　旧記雑録拾遺家わけ1』340頁
- 語　今津後浜警固番役
- 地　今津後浜

永仁2年8月13日　和泉近木荘両家方正検田目録案　＊和泉国

- 出　高野山文書又続宝簡集81　刊『鎌』24-18630,『大日本古文書　高野山文書6』567頁
- 語　浜成,刀禰給
- 地　近木庄

永仁2年8月16日　宇佐某塩田下作職宛行状案　＊豊前国

- 出　豊前永弘文書　刊『鎌』24-18631,『大分県史料3』100頁
- 語　しほのちし(塩の地子)
- 地　しほや(塩屋)かみのりやうない

永仁2年8月22日　秦守高多聞坊連署多鳥浦天満宮山境定書案　＊若狭国

- 出　若狭秦文書　刊『鎌』24-18643,『小浜市史　諸家文書編3』23頁
- 語　田烏浦天満天神宮
- 地　田烏浦,汲部

永仁2年8月　青方高家陳状土代　＊肥前国

- 出　肥前青方文書　刊『鎌』24-18658,『青方文書1』59頁
- 語　船,船賃,在津(博多津),塩地子
- 地　津(博多津)
- 綱　青方高家、右馬三郎国末の船・船賃の訴えに反論す◆国末、地頭の命に背き、他所に売買に遣したりと称して、船の徴用に応ぜず◆国末、塩数十数石未進のため、高家、塩地子を取り置く◆高家の用ゆる船は、国末逃失の棄物ゆえ、借用物にあらず。船賃の沙汰には及ばず

永仁2年10月2日　大神宮司宣案　＊伊勢国

- 出　徴古文府　刊『鎌』24-18671
- 語　石津所司殿
- 地　石津

永仁2年10月10日　北条実政施行状案　＊周防国

- 出　大和尊勝院文書　刊『鎌』24-18673
- 地　黒河保,島末,富海保,大島

永仁2年10月13日　良弁譲状　＊陸奥国

- 出　陸奥留守文書　刊『鎌』24-18674,『仙台市史　資料編1』147頁,『宮城県史30』171頁
- 語　塩竃神宮寺
- 地　塩竃,高崎

永仁2年10月　御厨子所下文案

- 出　書陵部所蔵文書　刊『鎌』24-18684,小野晃嗣「内蔵寮経済と供御人　上」『史学雑誌』

永仁2～3年

49-8、986頁

[語]六角町供御人

[備]中村直勝『日本古文書学　下』は偽文書とする

永仁2年10月　御厨子所下文案

[田]山城大谷兵衛氏所蔵文書　[刊]『鎌』24-18685

[語]六角町供御人

永仁2年11月8日　公文某・沙弥某連署裁許状　＊若狭国

[田]若狭秦文書　[刊]『鎌』24-18692,『小浜市史諸家文書編3』23頁

[語]多烏浦刀禰

[地]多烏浦,汲部浦

永仁2年11月11日　伊賀頼泰所領譲状案　＊信濃国

[田]飯野八幡宮文書　[刊]『鎌』24-18695,『飯野八幡宮文書』128頁

[地]麻続御厨

永仁2年12月23日　肥前守護所奉行人奉書案　＊肥前国

[田]肥前青方文書　[刊]『鎌』24-18715,『青方文書1』60頁

[語]船,船賃,塩

[地]浦部島

[綱]青方高家、大中臣国末と船・船賃のことにつき相論か◆高家の押し取る国末船は返すべき旨、下知せらる◆高家の申す国末の塩未進については、沙汰の限りにあらず

永仁2年12月27日　関東御教書

[田]薩摩二階堂文書　[刊]『鎌』24-18720,『鹿児島県史料　旧記雑録拾遺家わけ1』548頁

[語]異国警固

永仁3年2月10日　薩摩羽島地頭撫目録　＊薩摩国

[田]薩藩旧記9羽島氏文書　[刊]『鎌』24-18737,『鹿児島県史料　旧記雑録前編1』378頁

[地]羽島

永仁3年2月28日　大隅税所・守護代連署打渡状案　＊大隅国

[田]肝属氏系図文書写　[刊]『鎌』24-18742

[地]内浦村

永仁3年2月28日　浄阿弥陀仏田畠作主職売券　＊伊賀国

[田]百巻本東大寺文書31　[刊]『鎌』24-18744,『大日本古文書　東大寺文書6』382頁

[地]簗瀬御庄

永仁3年)閏2月22日　神祇大副〈大中臣隆世ヵ〉申状　＊伊勢国

[田]実躬卿記乾元2年8月巻裏文書　[刊]『鎌』24-18758

[地]松山御厨

永仁3年3月8日　丹波国大山荘雑掌祐厳・厳賀連署分田坪請取　＊丹波国

[田]東寺百合文書に　[刊]『鎌倉遺文研究』10・97頁

[語]谷河,谷川

永仁3年3月23日　紀伊太田郷検田取帳

[田]紀伊紀俊尚文書　[刊]『鎌』24-18784

[語]鵜飼河内三郎給

永仁3年

永仁3年3月29日　慈善〈山内首藤時通〉
譲状　　　　　　　　　　　＊摂津国,相模国

出山内首藤家文書　刊『鎌』24-18790,『大日本古文書　山内首藤家文書』9頁
地富島庄,早河庄

永仁3年5月20日　弓削島庄雑掌栄実契
状案　　　　　　　　　　　　＊伊予国

出東寺百合文書　無号　刊『日本塩業大系史料編古代・中世　補遺』41頁,『愛媛県史資料編古代・中世』362頁,『鎌倉遺文研究』10・99頁
地弓削島

永仁3年5月20日　宇佐八幡宮政所下文
案　　　　　　　　　　　　　　＊豊前国

出豊前永弘文書　刊『鎌』補4-1783
語海路之恐
地江島別符

永仁3年5月23日　関東下知状案　＊伊予国

出伊予長隆寺文書　刊『鎌』24-18835,『愛媛県史　資料編古代・中世』514頁
地忽那島,東浦,西浦

永仁3年5月30日　観阿田地売券
　　　　　　　　　　　　　　　　＊摂津国

出山城大徳寺文書　刊『鎌』24-18838,『大日本古文書　大徳寺文書11』238頁
地小船江

永仁3年5月30日　秦則元等連署起請文
案　　　　　　　　　　　　　　＊若狭国

出若狭秦文書　刊『鎌』24-18840,『小浜市史　諸家文書編3』23頁,『編年差別史料集成3』599頁

語当浦鎮守天満大自在天神
備『鎌』24-18841参照

永仁3年7月8日　土佐大忍荘領家政所
裁許状　　　　　　　　　　　＊土佐国

出土佐小松文書　刊『鎌』25-18864
語船戸田
地船戸田

永仁3年」7月9日　伏見天皇綸旨
　　　　　　　　　　　＊備前国,摂津国,播磨国

出東大寺文書(4-95)　刊『鎌』25-18865,『岡山県史19』581頁
地神崎,杭瀬庄,古河庄

永仁3年7月23日　関東下知状　＊陸奥国

出陸奥留守文書　刊『鎌』25-18873,『仙台市史　資料編1』148頁,『宮城県史　30』173頁
語塩竃神宮寺
地塩竃,高崎

永仁3年7月30日　少弐盛経覆勘状
　　　　　　　　　　　　　　　　＊筑前国

出中村令三郎氏所蔵文書　刊『鎌』25-18881,『松浦党関係史料集1』198頁,『福岡県史資料10』253頁,『日本の古文書　下』221頁,『大宰府・太宰府天満宮史料9』114頁,『九州荘園史料叢書4』98頁
語異国警固博多番役
地博多

永仁3年8月2日　大隅守護北条時直覆
勘状　　　　　　　　　　　　＊筑前国

出大隅禰寝文書　刊『鎌』25-18882,『九州史料叢書　禰寝文書1』89頁,『大宰府・太宰府天満宮史料9』110頁
語今津後浜警固番役

255

永仁3年

地今津後浜

永仁3年8月11日　某下知状　＊近江国

出近江菅浦文書　刊『鎌』25-18889
地師河

永仁3年)8月29日　神祇大副某書状
＊遠江国

出実躬卿記乾元2年10月巻裏文書　刊『鎌』25-18895
地浜名神戸

永仁3年8月　左衛門府下文

出山城海蔵院文書　刊『鎌』25-18896
地船岡

永仁3年8月　上総(?)碧海荘米配分状
＊上総国,紀伊国

出紀伊続風土記附録14本宮社家二階堂蔵
刊『鎌』25-18898,『紀伊続風土記3』326頁
地新宮津,畔蒜荘,碧海庄,長瀬郷,南小崎
綱碧海荘に配分せる熊野山日御供米には、上総国畔蒜荘より新宮津に至る運賃雑用を定む

永仁3年9月15日　雑物進上人名簿帳

出古簡雑纂7　刊『鎌』25-18903
語巨勢鵜飼銅千斤,伴林烏丸水雲十五桶,大伴遠茂和布二百束,雀部柏業荒布百束,服部則茂昆布十巻,良近江海松八百帖,茂是我鹿菜一石,私守頼心太十五桶,狛国助鯉鮒各百隻,間人鶴丸鯵鯖各百伎(隻),若帯孫部熊尾丸鮭一尺,白鳥鵜主鯛鱸各百伎(隻),鳥部細茂鰯十桶,六人部苔滋蚫十喉,生江端長竪莫十連,蘇宜部徳満鮑百貝,罷部阿古主鮨十桶,御手代綺丸鮭百伎(隻),御使虎尾丸烏賊十枚,布留春光蟹螺蛤各少々,布勢柳枝海鼠十荷,猪使茂友海老五升,忌部米童丸伢子十貝,宇自可綾童丸蟹十貝

永仁3年9月20日　近江菅浦荘荘官宛行状　＊近江国

出近江菅浦文書　刊『鎌』25-18904,『菅浦文書　上』27頁
地菅浦,師河

永仁3年10月4日　鎮西奉行使者注進状写　＊筑前国

出肥前櫛田神社文書　刊『鎌』25-18913,『佐賀県史料集成5』184頁
語異国征罸
地博多,神崎

永仁3年12月3日　義基所領譲状案
＊越後国

出奥羽編年史料所収伊佐早文書　刊『鎌』25-18938
地下柴橋

永仁3年12月17日　伏見天皇綸旨
＊山城国

出東大寺縁起　刊『鎌』25-18947B
地古川庄
備『鎌』は古川庄を(播磨国)とするが山城国か

永仁3年12月23日　六波羅探題御教書案
＊近江国

出近江菅浦文書　刊『菅浦文書　下』36頁
語菅浦公文
地大浦庄,菅浦

永仁3年12月27日　高階広光奉書案
＊近江国

出近江菅浦文書　刊『鎌』25-18956,『菅浦文

書　下』36頁
地大浦庄, 菅浦

永仁3年12月　土佐安田荘雑掌下司和与状案
＊土佐国

田山城仁和寺文書　**刊**『鎌』25-18961
語河海, 寄物
綱安田荘雑掌良範と下司佐河盛信田地等につき和与す◆河海荒野は下司の進止たるべきも, 寄物については両方等分の沙汰を致すべし

永仁3年　後七日御修法請僧交名

田東寺百合文書ろ　**刊**『鎌』24-18726
語異国降伏

永仁3年　官宣旨

田神代三陵志　**刊**『鎌』25-18962
語経波
綱大宰府に下る使者経波の間, 例によって食馬を給せよと命ず

永仁4年1月　播磨福井荘年貢注進状
＊播磨国

田古田券　**刊**『鎌』25-18973
地舟(丹)賀島

永仁4年)2月3日　伏見天皇綸旨
＊肥前国

田肥前武雄神社文書　**刊**『鎌』25-18975,『佐賀県史料集成2』70頁
語異国降伏御祈賞

永仁4年2月5日　円海田地売券
＊伊賀国

田百巻本東大寺文書71　**刊**『鎌』25-18977
地簗瀬御庄

永仁3～4年

永仁4年2月5日　尼蓮阿田地売券案
＊山城国

田九条家文書寛正元.5.18～6.6具注暦裏文書　**刊**『鎌』25-18978,『図書寮叢刊　九条家文書3』110頁
地塩小路

永仁4年2月11日　二所大神宮神主申状案
＊伊勢国

田皇字沙汰文　**刊**『鎌』25-18984
地石河御厨

永仁4年)2月14日　度会定行書状
＊伊勢国

田皇字沙汰文　**刊**『鎌』25-18987
地石河御厨

永仁4年)2月15日　内宮禰宜某申状
＊伊勢国

田皇字沙汰文　**刊**『鎌』25-18988
地石河御厨

永仁4年)2月15日　外宮禰宜某書状
＊伊勢国

田皇字沙汰文　**刊**『鎌』25-18989
地石河御厨

永仁4年2月15日　伊予弓削島年貢塩送文
＊伊予国

田東寺文書百合外　**刊**『鎌』25-18990,『日本塩業大系　史料編古代・中世1』190頁,『愛媛県史　資料編古代・中世』364頁
語大俵しを(塩), かんとり(梶取)うけとるしを(塩), あらめ(荒布)
地ゆけのしま(弓削島)

永仁4年

永仁4年）2月16日　内宮禰宜某申状
　　　　　　　　　　　　　　　　＊伊勢国

　田皇字沙汰文　刊『鎌』25-18991
　地石河御厨

永仁4年2月20日　真言宗伝法灌頂血脈
　　　　　　　　　　　　　　　　＊中国, 天竺

　田金沢文庫文書　刊『鎌』25-19000,金沢文庫編『金沢文庫古文書9』136頁
　語唐土, 天竺
　地唐土, 天竺

永仁4年）2月22日　若狭多烏浦百姓等鎌倉夫用途注進状　　＊若狭国

　田若狭秦文書　刊『鎌』25-19002,『小浜市史　諸家文書編3』24頁
　語浦
　地多烏浦, セクミ(世久見)

永仁4年2月　若狭倉見荘検田目録
　　　　　　　　　　　　　　　　＊若狭国

　田若狭大音家文書　刊『鎌』25-19014,『福井県史　資料編8』784頁
　語浦
　地三賀尾浦(御賀尾浦), 同浦(御賀尾浦)高森, 坂東浦, 倉見庄

永仁4年3月4日　伊予弓削島荘年貢塩支配状　　　＊伊予国, 山城国, 摂津国

　田東寺百合文書と　刊『鎌』25-19022,『日本塩業大系　史料編古代・中世1』191頁,『愛媛県史　資料編古代・中世』364頁
　語御年貢大塩, ヨト(淀)・カンサキ(神崎)ノ関米, 塩, 引塩廿俵, 定塩百卅三俵
　地弓削島, ヨト(淀), カンサキ(神崎)

正応9年3月10日　某下知状　　＊若狭国

　田若狭美浜町丹生区有文書　刊『鎌』補4-1769,『福井県史　資料編8』551頁
　地丹生浦
　備正応は6年8月5日改元。『福井県史』注記「本文書ハ疑ワシイ」

永仁4年3月　若狭汲部多烏浦刀禰百姓和与状写　　　＊若狭国

　田若狭秦文書　刊『鎌』25-19035,『小浜市史　諸家文書編3』25頁
　語浦, 刀禰, 海, 縄網, 夜網, 一河充, 立網
　地多烏浦, 汲部浦
　綱汲部・多烏浦刀禰百姓等, 公事等につき和与す◆海は山と同様に中分し, 縄網・夜網は両方一河充てとし, 立網は寄り合いて取るべし。その外は任意に取るべし

永仁4年3月」　安芸新勅旨田注文
　　　　　　　　　　　　　　　　＊安芸国

　田東寺百合文書と　刊『鎌』25-19040
　語酒肴, 魚一こん, 船二分賃〈二十四石〉, いつくしま(厳島)の上分米
　地いつくしま(厳島)

永仁4年4月4日　越後小泉荘中分状案
　　　　　　　　　　　　　　　　＊越後国

　田出羽色部文書　刊『鎌』25-19042,『新潟県史　資料編4』474頁
　語潟はたの分, 江, 江ハた(江端), ふなめんかしら(船免頭)
　地ふなめんかしら(船免頭), 黒河橋
　備『新潟県史』の文書は出羽色部文書中の案文

永仁4年4月5日　大和永久寺川水定文
　　　　　　　　　　　　＊大和国

田大和内山永久寺記　刊『鎌』25-19043
地南川

永仁4年4月7日　近江菅浦荘赤崎田地水入日記
　　　　　　　　　　　　＊近江国

田近江菅浦文書　刊『鎌』25-19045
地あかさき（赤崎）

永仁4年5月18日　関東下知状　＊伊予国

田東寺百合文書マ　刊『鎌』25-19070,『日本塩業大系　史料編古代・中世1』193頁,『愛媛県史　資料編古代・中世』365頁
語名別八俵塩,山海所出,塩,網,別塩,網場,殺生之業,塩浜
地弓削島,比季野浜
綱弓削島雑掌教念と同島三分二地頭小宮西縁子息頼行代広行の相論につき、幕府下知す◆地頭の、他名より名別八俵塩を責め取るを、教念訴う◆山海所出の塩・網は久行法師の例に任すべし◆当島網場は往古より預所進止にて、網1帖は預所得分、1帖は地頭自名分、2帖は沙汰人百姓等に充行うも、地頭一向押領せしむるを教念訴う。預所分網は殺生の業たる上、行遍僧正の時に停止し塩浜となし、自余3帖の網は久行法師の例に任せて沙汰致すと広行陳ぶ。預所分網は真偽を尋ね究め、地頭分網は子細に及ばす、2帖網については、和与状に照し、左右あるべし◆領家進止たるべき比季野浜を地頭押領すと、教念訴う◆塩浜の百姓に配分せし山林を地頭伐り取るの由を教念訴う

永仁4年7月29日　少弐貞経覆勘状
　　　　　　　　　　　　＊筑前国

田中村令三郎氏所蔵文書　刊『鎌』25-19100,『松浦党関係史料集1』198頁,『福岡県史資料10』254頁,『大宰府・太宰府天満宮史料9』117頁,『九州荘園史料叢書4』98頁,『増補訂正編年大友史料3』202頁
語異国警固博多番役
地博多

永仁4年7月　法光明院盂蘭盆供荘々廻状案
　　　　　　　　　　　　＊備後国,摂津国

田壬生家文書当局所領雑々　刊『鎌』25-19101,『図書寮叢刊　壬生家文書2』81頁
地神崎庄,柳津庄

永仁4年8月10日　長門守護金沢実政袖判御教書
　　　　　　　　　　　　＊長門国

田長門赤間宮文書　刊『赤間神宮文書』36頁
語灯油船拾弐艘
地赤間関
綱長門守護金沢実政、阿弥陀寺別当重貞の申請に従い、灯油船12艘を、先例に任せて免除す

永仁4年8月13日　六波羅施行状
　　　　　　　　　　　　＊伊予国

田東寺百合文書せ　刊『鎌』25-19108,『日本塩業大系　史料編古代・中世1』197頁,『愛媛県史　資料編古代・中世』368頁
語島
地弓削島

永仁4年8月16日　少弐貞経書下

田筑前大悲王院文書　刊『鎌』25-19111,『福岡県史　資料10』222頁,『大宰府・太宰府天

永仁4年

満宮史料9』117頁,『九州荘園史料叢書4』84頁

[語]異賊降伏

永仁4年8月17日　伏見天皇綸旨案　＊近江国

[出]近江菅浦文書　[刊]『鎌』25-19113,『菅浦文書　上』23頁

[地]大浦庄

永仁4年8月27日　対馬目代源長久施行状　＊対馬国

[出]対馬下津八幡宮文書　[刊]『鎌』25-19125

[語]島

[地]対馬島

永仁4年8月　藤原資門申状　＊肥前国

[出]肥前武雄神社文書　[刊]『鎌』25-19130,『佐賀県史料集成2』71頁,『大宰府・太宰府天満宮史料8』356頁

[語]弘安四年異賊合戦,異賊襲来,賊船

[地]千崎息(沖),鷹島

[綱]弘安4年異賊合戦の時、藤原資門、千崎息(沖)に於ては賊船に乗り移り、また鷹島棟原に攻め上り、異賊を生虜るにより、勲功の賞を求む

永仁4年9月7日　六波羅下知状案　＊近江国

[出]近江菅浦文書　[刊]『鎌』25-19136,『菅浦文書　上』23頁,『滋賀県漁業史　上』297頁

[語]浦,供御人

[地]菅浦,大浦庄,船木浦

[綱]近江国守護使勝浄馬太郎・舟木藤二郎等、大浦庄土民等の語を得、船木浦に於いて菅浦供御人等を搦め取り、金銭以下の所持物を奪い取りし由をかの供御人等申す

永仁4年9月7日　定時覆勘状　＊筑前国

[出]坂口忠智氏蔵禰寝文書　[刊]『鎌』25-19137

[語]今津後浜警固番役

[地]今津後浜

永仁4年9月21日　源足安芸新勅旨田年貢請文案

[出]東寺百合文書な　[刊]『鎌』25-19147

[語]路次所々関米,海賊入海

[綱]安芸国新勅旨田年貢の運上にあたりて海賊入海せば、傍例に任せて沙汰あるべし

永仁4年9月25日　関東御教書案　＊美濃国

[出]東大寺文書(1-3-22(2))　[刊]『鎌』25-19150,『大日本古文書　東大寺文書12』247頁

[語]美濃国津布郎庄堤

永仁4年10月　東寺十八口供僧申状案　＊伊予国

[出]東寺百合文書フ　[刊]『鎌』25-19176,『日本塩業大系　史料編古代・中世1』198頁,『愛媛県史　資料編古代・中世』369頁

[地]弓削島庄

[備]『鎌』のみ出典を「東寺百合文書ワ」とするが、誤り

永仁4年11月7日　水手次郎田地売券

[出]内閣文庫蔵大和国古文書　[刊]『鎌』25-19186

[語]水手

永仁4年11月24日　関東下知状案
＊阿波国

田 出羽中条家文書(山形大学所蔵)　刊『鎌』25-19196,『新潟県史　資料編4』445頁
地 勝浦山

永仁4年11月　蔵人所下文　＊近江国

田 近江菅浦文書　刊『鎌』25-19207,『菅浦文書　下』31頁
語 菅浦供御人
地 菅浦,師河
備 中村直勝『日本古文書学　下』・瀬田勝哉「菅浦絵図考」『武蔵大学人文学会雑誌』7-2は,偽文書とする。関口恒雄「菅浦文書」『経済志林』31-2・同「惣結合の構造と歴史的位置」『同』32-2・網野善彦『日本中世の非農民と天皇』は,正文とする

永仁4年11月　紀国弘申状　＊伊勢国

田 実躬卿記嘉元4年雑記裏文書　刊『鎌』25-19210
地 島抜御厨

永仁4年12月8日　関東御教書　＊伊予国

田 裏辻公博氏所蔵文書　刊『鎌』25-19220,『愛媛県史　資料編古代・中世』370頁
語 名別八俵塩,網
地 弓削島

永仁4年12月20日　関東下知状案
＊伊予国

田 白河本東寺文書64　刊『鎌』25-19226,『日本塩業大系　史料編古代・中世1』201頁,『愛媛県史　資料編古代・中世』370頁
語 網,殺生之業,塩,名別八俵塩,山海所出,年貢塩,領家分塩十俵,地頭分塩十俵,塩手,

永仁4年

塩屋,入海物
地 弓削島
綱 弓削島雑掌教念と同島三分一地頭小宮茂広代広行の相論につき,幕府下知す◆3帖網の内,1帖は預所分,2帖は沙汰人百姓に充給るも,地頭近年押領の由を教念訴う。広行,預所分網は殺生の業たる上,行遍僧正の時に停止せし由を陳ぶ。預所分網は真偽を尋究し,2帖網については二分方地頭頼行と教念の相論に対する今年4月2日の評定により左右あるべし◆地頭の,他名より名別八俵塩を責め取るを教念訴う◆山海所出の塩・網は,久行法師の例に任すべし◆雑掌が供僧に事寄せ網を掠むると地頭訴う◆百姓に配分して年貢を済ませし山林を地頭伐り取る旨,教念訴う◆国清名を地頭請所と号し,領家分塩10俵・地頭分塩10俵を沙汰せしを,教念,無道なりと訴う◆地頭,小分の用途を百姓等に下行し巨多の塩を取るは,年貢減少の基ゆえ停止すべき旨を,教念訴う◆領家進止の国延名にて塩屋を破却の旨,教念訴う◆折中の沙汰たるべき入海物を地頭押し取る

永仁4年12月21日　甘南井光永田地売券
＊摂津国

田 摂津勝尾寺文書　刊『鎌』25-19228,『箕面市史　史料編1』242頁
地 豊島北条

永仁4年12月　筑後玉垂宮大善寺神事注文
＊筑後国

田 筑後隈家文書　刊『鎌』25-19238
語 船将軍大宮大明神
地 鮊空閑,荊津村,荊津,江島,御津村,高津,

永仁4～5年

抜河橋,津村,抜河橋

永仁4年　播磨福井荘内検目録　＊播磨国

出 輯古帖3高雄　刊『鎌』25-19244

地 大江島庄,丹賀島

永仁4年)　伊勢松山御厨雑掌申状
＊伊勢国

出 神宮文庫蔵三条家古文書　刊『鎌』25-19252

地 松山御厨

永仁5年2月　宗源陳状案　＊近江国

出 近江菅浦文書　刊『鎌』25-19294,『菅浦文書　上』22頁

語 供御人

地 菅浦,大浦庄,船木浦

永仁5年)3月2日　近江守護佐々木頼綱請文　＊近江国

出 近江菅浦文書　刊『鎌』25-19297,『菅浦文書　上』21頁,『滋賀県漁業史　上』297頁

語 供御人

地 菅浦,大浦庄

永仁5年3月21日　如性等田地施入状
＊紀伊国

出 高野山文書続宝簡集6　刊『鎌』25-19316,『大日本古文書　高野山文書2』262頁

地 麻生津庄

大徳元(永仁5)年3月　元国王〈成宗〉書状写
＊中国

出 金沢文庫文書　刊『鎌』25-19324,金沢文庫編『金沢文庫古文書9』307頁

語 商舶,大元

地 大元

永仁5年4月17日　外宮庁宣　＊尾張国

出 皇字沙汰文　刊『鎌』25-19344,『愛知県史　資料編8』376頁

地 酒見御厨

永仁5年5月4日　関東御教書案
＊讃岐国

出 善通寺文書　刊『鎌』25-19357,『香川県史8』38頁

語 鰒別銭貨,河内国禁野渚院

地 河内国禁野渚院

永仁5年6月22日　肥前国守護代平岡為尚書下案

出 肥前青方文書　刊『鎌』25-19399,『青方文書1』61頁,『大宰府・太宰府天満宮史料9』119頁

語 肥前国要害所石築地乱杭切立

永仁5年6月　尚清処分帳
＊播磨国,摂津国,豊後国

出 菊大路家文書　刊『鎌』25-19407

地 船曳,堺,竹田津,姫島,船津,甑村,西加礼川,山崎

永仁5年7月　法光明院廻文
＊備後国,摂津国

出 壬生家文書当局所領雑々　刊『鎌』26-19413,『図書寮叢刊　壬生家文書2』82頁

地 神崎庄,柳津庄

備 本文書,『鎌』25-19102と重複している

永仁5年8月4日　大隅守護北条時直覆勘状　＊筑前国

出 大隅禰寝文書　刊『鎌』26-19424,『鹿児島県史料　旧記雑録拾遺家わけ1』340頁,『九

州史料叢書　禰寝文書1』90頁,『大宰府・太宰府天満宮史料9』119頁
語 今津後浜警固番
地 今津後浜

永仁5年8月8日　陸奥飯野八幡宮作料等配分状案　＊陸奥国

出 陸奥飯野文書　刊『鎌』26-19427,『飯野八幡宮文書』10頁
地 小島

永仁5年8月19日　少弐盛経書下　＊対馬国

出 宗家御判物写　与良郷下鶏知村大椽阿比留七左衛門　刊『鎌』26-19430,『長崎県史史料編1』638頁
地 対馬島

永仁5年8月　御所大番役定書案　＊備前国

出 九条家文書　刊『鎌』26-19439,『図書寮叢刊　九条家文書5』157頁

永仁5年9月28日　広海譲状写　＊常陸国

出 常陸吉田薬王院文書　刊『鎌』26-19459,『茨城県史料　中世編2』283頁
地 河崎郷

永仁5年9月　田部信房申状　＊豊前国

出 豊後日名子文書　刊『鎌』26-19467,『大分県史料11』5頁,『増補訂正編年大友史料3』208頁
語 壱間塩屋

永仁5年10月5日　六波羅下知状案　＊近江国

出 近江菅浦文書　刊『鎌』26-19477,『菅浦文

永仁5年

書　上』122頁,『滋賀県漁業史　上』297頁
語 供御人
地 菅浦,大浦庄
綱 近江国守護使等、大浦荘住人の語を得て菅浦供御人を搦め取り、銭貨以下を奪う

永仁5年10月7日　広海譲状写　＊常陸国

出 常陸吉田薬王院文書　刊『鎌』26-19480,『茨城県史料　中世編2』283頁
地 河崎郷

永仁5年10月22日　荒木宗心大間帳案　＊筑後国,中国

出 筑後近藤文書　刊『鎌』26-19488,『福岡県史資料10』343頁,『九州荘園史料叢書13』20頁,『同14』35頁
語 つのりめんてん,もうこかせん(蒙古合戦)
地 くきさき,もうこ(蒙古)

永仁5年閏10月20日　高橋明重所領譲状　＊尾張国

出 美濃毛利文書　刊『鎌』26-19504
地 かうししま

永仁5年閏10月21日　東大寺僧等連署起請文　＊播磨国)

出 狩野亨吉氏蒐集文書18　刊『鎌』26-19508
地 古川庄

永仁5年閏10月　大神貞行申状　＊豊前国

出 豊前小山田文書　刊『鎌』26-19517,『大分県史料7』61頁,『増補訂正編年大友史料3』216頁
地 辛島郷

永仁5～6年

永仁5年11月9日　尼長阿譲状　＊壱岐国

出筑前宗像神社文書　刊『鎌』26-19523,『宗像大社文書1』190頁,『宗像市史　史料編1』547頁,『福岡県史資料2』89頁
地壱岐島

永仁5年11月18日　快円大間帳案

出祇園社記録御神領部9　刊『鎌』26-19539
地タヽ河,上水,下水

永仁5年11月21日　陸奥五戸郷検注注進状　＊陸奥国

出陸奥新渡戸文書　刊『鎌』26-19541
地おほさき（大崎ヵ）

永仁5年11月22日　僧某寄進状写　＊飛騨国

出美濃長滝寺真鏡　刊『鎌』26-19543
語大河流

永仁5年11月22日　道蓮譲状案　＊肥前国

出肥前小鹿島文書　刊『鎌』26-19547,『佐賀県史料集成17』234頁,『九州荘園史料叢書11』32頁
地なかしまのしやう（長島庄）の内花島村,志布江,庄島,おさき,つちハし,いわさき

永仁5年11月　幸源申状　＊豊前国

出豊前小山田文書　刊『鎌』26-19552,『大分県史料7』61頁,『増補訂正編年大友史料3』216頁
地辛島郷,江島別符

永仁5年12月2日　地頭二階堂氏下知状　＊若狭国

出若狭大音家文書　刊『鎌』26-19553,『福井県史　資料編8』796頁

語浦,能登浦狩厨
地倉見庄内御面浦,能登浦
備文書名は『福井県史』による

永仁5年12月10日　関東御教書　＊相模国

出薩摩二階堂文書　刊『鎌』26-19557
地懐島

永仁5年12月24日　少弐盛経請取

出筑前雷山文書　刊『鎌』26-19561,『編年大友史料　上』567頁,『福岡県史　資料10』222頁,『大宰府・太宰府天満宮史料9』125頁,『九州荘園史料叢書4』84頁,『増補訂正編年大友史料3』217頁
語異賊降伏

永仁5年ヽヽ月21日　伏見天皇綸旨案　＊伊勢国

出八坂神社文書　刊『鎌』26-19571,『八坂神社文書　下』997頁
地五百野御厨

永仁6年1月2日　関東評定事書

出近衛家本式目　刊『鎌』26-19573,『中世法制史料集1』315頁
語西国海賊,船
綱西国海賊船は、その咎により没収し、海賊を搦め参らす輩に給うべき旨、関東評定を加う

永仁6年巳月10日　坂上国房田地充文　＊紀伊国

出高野山文書又続宝簡集36　刊『鎌』26-19577,『大日本古文書　高野山文書5』3頁
地江川村
備本文書の発給月が巳月となっているが、『鎌』『大日本古文書』ともに正月ヵと注記し

永仁6年

ている

永仁6年2月6日　安楽寺垣内坪付写
*紀伊国

出紀伊森家文書　刊『鎌』26-19600,『和歌山県史　中世史料2』97頁
語大堀,流堀,江川,堀橋
地酒部浦,江川

永仁6年2月　某田地寄進状　*近江国

出近江菅浦文書　刊『鎌』26-19613
地赤崎

永仁6年2月　平盛氏田畠寄進状
*丹波国

出丹波観音寺文書　刊『鎌』26-19614
地下高津

永仁6年2月　大和西大寺并末寺住侶等申状　*大和国

出大和西大寺文書　刊『鎌』26-19616
語殺生禁断,魚鳥
綱御家人等殺生禁断の寺辺に入り、課役ありと称して魚鳥を僧房内に入る

永仁6年3月20日　伴兼石譲状　*大隅国

出肝付統譜波見氏文書　刊『鎌』26-19629,『鹿児島県史料　旧記雑録拾遺家わけ2』544頁
地浜田

永仁6年3月20日　伴兼石田地避状案

出肝付統譜　刊『鎌』26-19630
語はま田(浜田)

永仁6年3月22日　宇佐大宮司補任状

出修斎古文書　刊『鎌』26-19632
語異国降伏

永仁6年3月　東大寺衆徒等訴状案

出東大寺文書(1-3-49)　刊『鎌』26-19635,『大日本古文書　東大寺文書13』33頁
語杭瀬河
地杭瀬河

永仁6年3月　近江菅浦供御人等申状案
*近江国

出近江菅浦文書　刊『鎌』26-19641,『菅浦文書　下』37頁
語日次供御,菅浦供御人,浦,漁
地菅浦,塩津
綱近江国塩付(津)地頭七郎次郎弟熊替(谷)余一等、菅浦の供御人田を進退すべく同浦に打ち入り、日次供御の漁を妨げ、家内に乱入す。供御人等、この狼藉を停めらるべきを訴う

永仁6年4月8日　日印造像願文

出越後本成寺文書　刊『鎌』26-19648,『新潟県史　資料編5』137頁
語末法之船筏,濁世之橋梁
綱本尊は末世の船法、濁世の橋梁のごとし

永仁6年4月24日　尼良円〈永安兼祐後家〉譲状　*石見国

出吉川家文書　刊『鎌』26-19660,『大日本古文書　吉川家文書2』281頁
語みなと(湊)
地すつ(寸津),をかみのみなと(岡見湊),つちたのみなと(土田湊)

永仁6年4月28日　伏見天皇綸旨
*越前国

出西大寺田園目録　刊『鎌』26-19665

永仁6年

[語]着岸運船, 石別壱升米, 雑物津料
[地]敦賀津内野坂庄
[綱]越前国敦賀津内野坂庄ならびに御読経所領着岸運船等に課す石別一升米・雑物津料各半分をもって、祇園社長日本地供料に充て、西大寺宝塔院に下す
[備]『鎌』26-19666参照

永仁6年5月4日　聖観譲状　＊出雲国

[出]石清水文書　[刊]『鎌』26-19674,『大日本古文書　石清水文書1』407頁
[地]横川村

永仁6年5月13日　六波羅御教書案
＊近江国

[出]近江菅浦文書　[刊]『鎌』26-19681,『菅浦文書　下』24頁,『滋賀県漁業史　上』298頁
[語]菅浦供御人, 漁
[地]塩津, 菅浦

永仁6年5月20日　順性御物以下注進状案　＊中国, 肥前国

[出]肥前青方文書　[刊]『鎌』26-19692,『青方文書1』62頁
[綱]箇条書きにて注進の砂金・まとめかね・ほそきぬ・ミつかねたる(水銀樽)・かなとう・はらあて(腹当)・たち(太刀)その他工芸品は唐船の貿易品

永仁6年5月　宇佐宮寺供僧尊晴申状写

[出]豊前宮成家文書　[刊]『鎌』26-19698,『大分県史料24』168頁
[語]異国降伏

永仁6年6月4日　近江大島・奥津島社神官村人等連署起請文　＊近江国

[出]近江奥津島神社文書　[刊]『鎌』26-19702,『大嶋神社・奥津嶋神社文書』9頁,『滋賀県漁業史　上』246頁
[語]当社供祭江入(魸)
[綱]大島・奥津島社供祭江入、中庄荘官百姓等に切り捨てらるるにより、両社神官村人等、一味同心して訴訟を致す

永仁6年6月23日　某御物員数注進状案　＊中国, 肥前国

[出]肥前青方文書　[刊]『鎌』26-19712,『青方文書1』63頁
[綱]難破渡唐船に積載の浄智寺方丈道覚房分交易品を列挙す

永仁6年6月27日　恵存御物以下注進状案　＊中国, 肥前国

[出]肥前青方文書　[刊]『鎌』26-19722,『青方文書1』64頁
[綱]難破渡唐船に積載の大方殿分交易品を列挙す

永仁6年6月29日　関東使者義首座注進状案　＊肥前国, 中国

[出]肥前青方文書　[刊]『鎌』26-19724,『青方文書1』65頁
[語]唐船, 放洋, 在津人, 船七艘, 島々浦々船党
[地]唐, 樋島, 海俣
[綱]永仁6年4月24日、唐船、海俣を出航し、1里内外の樋島地内にて破損す◆樋島在津人百姓等、船7艘をもって御物以下金帛・砂金等を運び取り、島々浦々の船党等も同じくこれに加わる

永仁6年6月　近江津田奥津島両村人等連署起請文　＊近江国

[出]近江奥津島神社文書　[刊]『鎌』26-19703,

『大嶋神社・奥津嶋神社文書』9頁
地 津田,島,北津田,奥島

永仁6年6月　近江菅浦惣追捕使代乗眼申状案　＊近江国

田 近江菅浦文書　刊『鎌』26-19730,『菅浦文書　上』114頁
語 菅浦惣追捕使
地 菅浦

永仁6年7月14日　官宣旨　＊肥前国

田 肥前東妙寺文書　刊『鎌』26-19745,『佐賀県史料集成5』135頁,『大宰府・太宰府天満宮史料9』131頁
語 異国征伐,異賊退散,四海静謐,狩漁,寺領内殺生禁断

永仁6年7月16日　伏見天皇綸旨案　＊山城国

田 石清水文書　刊『鎌』26-19746,『大日本古文書　石清水文書1』557頁
語 淀関所御綱引神人
地 淀関所

永仁6年7月20日　筥崎要害所石築地配分状　＊筑前国

田 薩摩入来院家文書　刊『鎌』26-19749,『入来文書』59頁,『福岡県史資料10』99頁,『大宰府・太宰府天満宮史料9』132頁
地 筥崎

永仁6年8月3日　伏見院庁吉書返抄　＊山城国

田 伏見院庁始記公衡公記所収　刊『鎌』26-19761
語 防鴨河使
地 鴨河

永仁6年

永仁6年8月13日　東寺十八口供僧月行事日記　＊伊予国

田 東寺百合文書う　刊『日本塩業大系　史料編古代・中世1』205頁,『愛媛県史　資料編古代・中世』376頁
地 弓削島

永仁6年8月15日　蔵人所御即位用途注文　＊朝鮮

田 永仁御即位用途記　刊『鎌』26-19767
語 高麗御座
地 高麗

永仁6年8月15日　鳥居光行田畠寄進状　＊河内国

田 河内壱井八幡宮文書　刊『鎌』26-19768
地 海上里

永仁6年8月18日　対馬守某武藤盛資連署施行状案　＊肥前国,中国

田 肥前青方文書　刊『鎌』26-19770,『青方文書1』66頁,『大宰府・太宰府天満宮史料9』134頁
語 唐船漂倒
地 唐
綱 藤太郎入道忍恵、唐船漂倒に際し、積荷たる関東方々の御物を沙汰し渡さるべく志佐祝らに相触るるも、今にその儀なしと訴う

永仁6年8月23日　越前河口荘検注使迎夫馬注文　＊越前国

田 大乗院文書河口庄綿両目事　刊『鎌』26-19775
地 三国湊,三ヶ浦,阿古江

永仁6年

| 永仁6年8月30日　肥前守護代平岡為尚覆勘状案　　　　　＊筑前国,肥前国

　田肥前青方文書　刊『鎌』26-19777,『青方文書1』67頁,『大宰府・太宰府天満宮史料9』135頁
　語肥前国要害所姪浜石築地一尺壱寸〈五島白魚田地弐町分〉
　地姪浜,五島白魚
　備同文の案文が『青方文書2』238頁にもう1点ある

永仁6年8月　某申状　　　　＊山城国

　田山城長福寺文書　刊『鎌』補4-1792,『長福寺文書の研究』121頁
　語河原
　地六条河原
　綱文書を盗み取る禅性法師、六条河原において首を刎ねらる

永仁6年9月2日　肥前守護代平岡為尚書下案　　　　＊肥前国

　田肥前青方文書　刊『鎌』26-19791,『青方文書1』67頁
　地五島
　綱盗人随教法師、肥前国五島に流し遣わされ、白魚九郎に預けらる

永仁6年9月2日　月行事日記　＊伊予国

　田東寺百合文書う　刊『兵庫県史　史料編中世6』28頁
　地弓削島

永仁6年9月7日　伏見上皇院宣案
　　　　　　　　　　　　　＊摂津国

　田京都大学文学部博物館所蔵文書　刊『兵庫県史　史料編中世5』35頁,『尼崎市史4』368頁
　地猪名庄

文永6年9月9日　小串行方申状案
　　　　　　　　　　　　　＊近江国

　田近江菅浦文書　刊『鎌』26-19804,『菅浦文書　上』94頁
　語浦
　地菅浦,竹生島
　備虫損により判読不分明だが、『鎌』は年号を永仁6年としている

永仁6年9月10日　六波羅御教書案
　　　　　　　　　　　　　＊近江国

　田近江菅浦文書　刊『鎌』26-19805,『菅浦文書　上』24頁,『滋賀県漁業史　上』298頁
　語菅浦供御人等,鈎
　地菅浦,塩津

永仁6年9月23日　備中国新見荘胡麻井水手注文　　　　＊備中国

　田東寺文書百合外　刊『鎌』26-19810,『岡山県史19』589頁,『編年差別史資料集成3』600頁
　語水手
　備『岡山県史』は「教王護国寺文書」より採る

永仁6年9月30日　六波羅御教書案
　　　　　　　　　　　　　＊近江国

　田近江菅浦文書　刊『鎌』26-19819,『菅浦文書　上』22頁,『滋賀県漁業史　上』298頁
　語菅浦供御人等,鈎
　地菅浦,塩津庄
　備永仁6.10.5付の裏書あり

永仁6年9月　近江菅浦供御人等重申状
案　　　　　　　　　　　　　　＊近江国

出近江菅浦文書　刊『鎌』26-19824,『菅浦文
書　上』112頁
地塩津,菅浦

永仁6年10月8日　安芸厳島社文書目録

出安芸野坂文書　刊『鎌』26-19843
語異国降伏

永仁6年10月12日　散位某畠売券

出摂津広嶺胤忠氏文書　刊『鎌』26-19853
地西浦

永仁6年10月17日　北条貞時下知状
　　　　　　　　　　　　　　＊伊勢国

出相模円覚寺文書　刊『鎌』26-19856,『神奈
川県史　資料編2』249頁
地原御厨

永仁6年10月28日　高井義重譲状
　　　　　　　　　　　　　　＊越後国

出越後三浦和田家文書　刊『鎌』26-19861,
『新潟県史　資料編4』112頁
語江ハた(江端)
備語彙「江は、田境まで」とも読める

永仁6年10月　近江菅浦供御人等重申状
　　　　　　　　　　　　　　＊近江国

出近江菅浦文書　刊『鎌』26-19866,『菅浦文
書　上』34頁
語菅浦供御人,塩津地頭
地塩津,菅浦

永仁6年11月3日　北条貞時書状
　　　　　　　　　　　　　　＊天竺,中国

出摂津勝尾寺文書　刊『鎌』26-19872,『箕面
市史　史料編1』250頁
語天竺,唐土
地天竺,唐土

永仁6年11月19日　紀伊浜中南荘惣田数
注進状写　　　　　　　　　　＊紀伊国

出高野山文書又続宝簡集22　刊『鎌』26-
19875,『大日本古文書　高野山文書4』352
頁
語下津浦堂免
地下津浦

永仁6年11月23日　れんねん用途請取状
　　　　　　　　　　　　　　＊近江国

出近江奥津島神社文書　刊『鎌』26-19877,
『大嶋神社・奥津嶋神社文書』11頁
地おくのしま(奥島)

永仁6年11月　近江菅浦供御人等重申状
案　　　　　　　　　　　　　　＊近江国

出近江菅浦文書　刊『鎌』26-19882,『菅浦文
書　上』112頁
語菅浦供御人,塩津地頭
地菅浦,塩津

永仁6年12月2日　六波羅御教書案
　　　　　　　　　　　　　　＊近江国

出近江菅浦文書　刊『鎌』26-19887,『菅浦文
書　下』38頁
語菅浦供御人,鈎
地菅浦,塩津庄

永仁6年12月5日　大和西大寺田園目録
　　　　　　　＊大和国,遠江国,越前国,摂津国

出大和西大寺文書　刊『鎌』26-19893
語着岸運船,石別一升米,雑物津料,敦賀津
升米祇園方分

永仁6年～正安元年

地今里西浦,浜松庄,敦賀津内野坂庄,結崎,北浦,三島庄,柴島,サイ河

綱越前国敦賀津内野坂庄ならびに御読経所領着岸運船等に課す石別一升米・雑物津料各半分をもって、祇園社長日本地供料に充て、西大寺宝塔院に下す

永仁6年12月16日　六波羅御教書
＊伊予国

出伊予三島家文書　刊『鎌』26-19905,『愛媛県史　資料編古代・中世』377頁

語三島大祝

地三島

永仁6年12月　近江菅浦供御人重申状案
＊近江国

出近江菅浦文書　刊『鎌』26-19920,『滋賀県漁業史　上』299頁

語菅浦供御人,塩津地頭

地塩津,菅浦

備『鎌』29-19866参照

永仁6年」　近江大島社供祭料所魞裁許状
＊近江国

出近江奥津島神社文書　刊『鎌』26-19922,『大嶋神社・奥津嶋神社文書』12頁

語大島社供祭,土民等私江利(魞),供祭之江入(魞)

地中庄

綱大島社供祭料所の江利(魞)破損により、土民等の私の江利を停止し、供祭に差し出すべき由、社家並びに村々評定し、江利を所々に立つ。しかるに中庄沙汰人等、故なくその江利を切り捨つ

永仁6年　白蓮本尊曼荼羅分与帳
＊佐渡国

出興尊全集　刊『鎌』26-19923,『日蓮宗宗学全書　興尊全集・興門集』112頁

地佐土島

正安元年2月5日　山門衆会事書
＊近江国

出近江竹生島文書　刊『鎌』26-20107

地竹生島,塩津庄

永仁7年2月6日　鎮西御教書案
＊肥後国

出肥後大慈寺文書　刊『鎌』26-19941,『熊本県史料2』661頁,『大宰府・太宰府天満宮史料9』138頁,『曹洞宗古文書　下』394頁

語橋渡用途

永仁7年2月11日　某注進状
＊若狭国,出雲国

出若狭秦文書　刊『鎌』26-19946,『小浜市史　諸家文書編3』25頁

語船,山手塩,刀禰,乗船

地汲部,出雲国王尾津(三尾津ヵ)

綱汲部小山本主分大夫、王増なる船に乗り、出雲国王尾津にて預りし山手塩を米に替え、明年持ち下らんとするところ、地頭等に召し取らる。故に汲部小山を売りて、代米清米1石5斗を持ち下る。乗船は弥権守、船名は泉太郎と申す

正安元年2月13日　藤原能名田地譲状
＊山城国

出国会図書館所蔵文書　刊『鎌』26-20108

地梅津下庄

永仁7年2月18日　西願荒野売券
　　　　　　　　　　　　＊紀伊国

田紀伊若一王子神社文書　刊『鎌』26-19951
地水無川

永仁7年2月20日　六波羅御教書案
　　　　　　　　　　　　＊近江国

田近江菅浦文書　刊『鎌』26-19952,『菅浦文書　下』39頁
語菅浦供御人,鈎
地菅浦,塩津庄

永仁7年2月　近江菅浦供御人等申状案
　　　　　　　　　　　　＊近江国

田近江菅浦文書　刊『鎌』26-19960,『菅浦文書　下』39頁
語菅浦日次供御人
地菅浦

永仁7年3月17日　六波羅御教書案
　　　　　　　　　　　　＊近江国

田近江菅浦文書　刊『鎌』26-19984,『菅浦文書　下』40頁
語菅浦供御人,鈎
地菅浦,塩津庄

永仁7年3月23日　有道請文案　＊近江国

田近江菅浦文書　刊『鎌』26-19992,『菅浦文書　下』40頁
語菅浦供御人,鈎
地菅浦,塩津

永仁7年3月28日　宇佐宮政所下知状
　　　　　　　　　　　　＊豊前国

田豊前北民蔵文書　刊『鎌』26-20002,『大分県史料2』111頁,『増補訂正編年大友史料3』225頁

地向野郷河島

永仁7年3月　播磨福井荘年貢注進状
　　　　　　　　　　　　＊播磨国

田輯古帖8　刊『鎌』26-20013
語舟賀島(丹賀島)
地舟賀島(丹賀島)

永仁7年4月2日　近江守護使平家綱請文案
　　　　　　　　　　　　＊近江国

田近江菅浦文書　刊『鎌』26-20021,『菅浦文書　上』24頁
語菅浦供御人,鈎
地菅浦

永仁7年4月2日　鎮西御教書案
　　　　　　　　　　　　＊肥前国

田肥前青方文書　刊『鎌』26-20022,『青方文書1』69頁,『大宰府・太宰府天満宮史料9』140頁
地河島村

永仁7年4月11日　性円所領譲状
　　　　　　　　　　　　＊筑前国

田筑前宗像神社文書　刊『鎌』26-20031,『宗像大社文書1』193頁,『宗像市史　史料編1』551頁,『福岡県史資料10』102頁
語小河

永仁7年4月20日　関東下向粮米日記
　　　　　　　　　　　　＊摂津国

田東大寺文書(1-13-2)　刊『鎌』26-20043,『兵庫県史　史料編中世5』36頁,『尼崎市史4』368頁
地長州庄,猪名庄

永仁7年～正安元年

永仁7年4月20日　関東下向粮物分結解状　＊摂津国

田 東大寺文書(1-25-343)　刊『兵庫県史　史料編中世5』36頁
地 猪名庄

永仁7年4月25日　良吽写経願文　＊信濃国

田 信濃戸隠神社蔵大般若経　刊『鎌』26-20049
地 小河庄

正安元年)4月26日　法眼某申状　＊摂津国

田 東大寺文書(1-24-510)　刊『鎌』26-20113
地 長洲庄

永仁7年4月　東大寺使者粮米算用状案　＊摂津国

田 東大寺文書(1-1-129)　刊『鎌』26-20054,『兵庫県史　史料編中世5』37頁
地 長洲庄, 水無瀬庄

永仁7年4月　関東下向旅粮等寺納分証文　＊摂津国

田 東大寺文書(1-1-167)　刊『鎌』26-20057,『兵庫県史　史料編中世5』38頁
地 猪名庄, 長州庄

永仁7年4月　執行関東下向旅粮結解状案　＊摂津国

田 東大寺文書(1-10-23)　刊『兵庫県史　史料編中世5』38頁
地 長洲庄

永仁7年5月2日　長洲荘三十講米代銭請取状　＊摂津国

田 東大寺文書(3-10-719)　刊『兵庫県史　史料編中世5』39頁
地 長州庄

永仁7年5月3日　僧慶舜関東下向用途請取状　＊摂津国

田 東大寺成巻文書60巻(成-457)　刊『鎌』26-20065,『兵庫県史　史料編中世5』40頁
地 長洲庄

永仁7年5月4日　東大寺領荘々世親講料等算用状土代　＊摂津国

田 東大寺文書(1-24-316)　刊『兵庫県史　史料編中世5』40頁
地 長州庄

正安元年5月10日　阿法〈志賀泰朝〉申文案　＊豊後国

田 肥後志賀文書　刊『鎌』26-20117,『熊本県史料2』426頁,『九州荘園史料叢書1』38頁,『増補訂正編年大友史料3』229頁,『大野荘の研究』173頁
語 塩浜

正安元年5月13日　六波羅奉行人連署奉書案　＊近江国

田 近江菅浦文書　刊『鎌』26-20120,『菅浦文書　上』98頁
語 菅浦供御人, 鈎
地 菅浦

正安元年5月23日　六波羅下知状　＊山城国, 近江国

田 近江朽木文書　刊『鎌』26-20125,『朽木文書2』77頁
語 山河所出物

正安元年5月25日　後深草上皇書状
　　　　　　　　　　　　　　　＊播磨国

田山城里見忠三郎氏蔵　刊『鎌』26-20126
地平津

正安元年5月26日　六波羅奉行人連署奉書案
　　　　　　　　　　　　　　　＊近江国

田近江菅浦文書　刊『鎌』26-20127,『菅浦文書　上』98頁,『滋賀県漁業史　上』299頁
語菅浦供御人, 鈎
地菅浦

永仁7年6月5日　橘中村行忠肥前長島荘中分状
　　　　　　　　　　　　　　　＊肥前国

田肥前橘中村家文書　刊『鎌』26-20075,『佐賀県史料集成18』14頁,『大宰府・太宰府天満宮史料9』145頁,『九州荘園史料叢書11』43頁
地長島御庄, 岩崎

正安元年6月7日　幕府侍所下知状

田小早川家文書　刊『鎌』26-20142,『大日本古文書　小早川家文書1』73頁
語異国警固

正安元年)6月9日　伏見上皇院宣案
　　　　　　　　　　　　　　　＊安芸国

田東寺百合文書こ　刊『鎌』26-20143
地厳島

正安元年6月11日　大友頼泰書下
　　　　　　　　　　　　　　　＊豊後国

田肥後志賀文書　刊『鎌』26-20144,『熊本県史料2』426頁,『増補訂正編年大友史料3』230頁
語塩浜

正安元年6月26日　関東下知状　＊陸奥国

田近江朽木文書　刊『鎌』26-20146,『朽木文書1』20頁
地板崎郷

正安元年7月26日　大江景遠年貢銭請取状
　　　　　　　　　　　　　　　＊肥前国

田肥前橘中村家文書　刊『鎌』26-20173,『佐賀県史料集成18』14頁,『九州荘園史料叢書11』44頁
地花島村

大徳3（正安元）年夏　居涇書状　＊中国

田山城栗棘庵文書　刊『鎌』26-20177
語大唐
地大唐

正安元年8月25日　六波羅奉行人連署奉書案
　　　　　　　　　　　　　　　＊近江国

田近江菅浦文書　刊『鎌』26-20211,『菅浦文書　上』98頁,『滋賀県漁業史　上』299頁
語菅浦供御人, 鈎
地菅浦

正安元年8月25日　鶴女田地寄進状
　　　　　　　　　　　　　　　＊大和国

田大和春日神社文書　刊『鎌』26-20212,『春日大社文書2』80頁
語河

正安元年8月　源忠範譲状　＊薩摩国

田薩摩比志島文書　刊『鎌』26-20216,『鹿児島県史料　旧記雑録前編1』390頁
地比志島

正安元年8月　源忠範置文　＊薩摩国

田薩摩比志島文書　刊『鎌』26-20217,『鹿児

正安元年
島県史料　旧記雑録前編1』390頁
地ひしゝま（比志島）

正安元年8月　尾張大郷百姓等陳状案
　　　　　　　　　　　　　　　　＊尾張国

出三河猿投神社蔵本朝文粋裏文書　刊『鎌』26-20218
語浦浜

正安元年9月4日　橘薩摩公義所領注文
　　　　　　　　　　　　　　　　＊肥前国

出肥前小鹿島文書　刊『鎌』27-20222,『佐賀県史料集成17』230頁,『九州荘園史料叢書11』45頁
地長島庄

正安元年）9月22日　長清申状
　　　　　　　　　　　　　　＊近江国,淡路国

出近江下郷共済会蔵文書　刊『鎌』27-20232
地塩田庄,細江庄,堂島庄

正安元年9月25日　頼賢仏供米等注文
　　　　　　　　　　　　　　　　＊安芸国

出安芸蟇沼寺文書　刊『鎌』27-20233,『広島県史　古代中世資料編4』393頁
語八幡厳島護法

正安元年9月　安倍家景申状　＊伊賀国

出東大寺文書　刊『鎌』27-20248
地簗瀬郷

正安元年10月5日　関東下知状案

出金沢文庫文書　刊『鎌』27-20250,金沢文庫編『金沢文庫古文書7』31頁
語漁猟之営

正安元年10月8日　源かさむ譲状案
　　　　　　　　　　　　　　　　＊肥前国

出肥前石志文書　刊『鎌』27-20253,『松浦党関係史料集1』210頁,『佐賀県史料集成27』21頁,『平戸松浦家資料』153頁
地いしゝ（石志）のむらとものうら

正安元年10月12日　六波羅下知状
　　　　　　　　　　　　　　　　＊安芸国

出長門熊谷家文書　刊『鎌』27-20255
語山野河

正安元年10月　関東祈禱寺注文案
　　　　　　　　　　　　　＊常陸国,陸奥国

出金沢文庫文書　刊『鎌』27-20279,金沢文庫編『金沢文庫古文書7』32頁
地常陸国鹿島,陸奥国松島〈白河〉

正安元年11月1日　義兼覆勘状案
　　　　　　　　　　　　　　　　＊豊前国

出豊前末久文書　刊『鎌』27-20284,『福岡県史資料10』103頁,『大宰府・太宰府天満宮史料9』155頁
語異賊警固番役

正安元年11月8日　北条時直覆勘状
　　　　　　　　　　　　　　　　＊筑前国

出坂口忠智氏所蔵文書　刊『鎌』27-20287,『大宰府・太宰府天満宮史料9』155頁,『九州史料叢書　禰寝文書1』91頁
語今津後浜警固番役
地今津後浜
備『九州地方中世編年文書目録』は出典を禰寝文書とする

正安元年11月10日　六波羅下知状案
　　　　　　　　　　　　　　＊摂津国

田摂津多田神社文書　刊『鎌』27-20290
地細川庄

正安元年11月24日　平某渡状写　＊筑前国

田筑前吉積文書　刊『鎌』27-20301
語海者櫓械之届程
地生松原

正安元年11月26日　迎蓮重言上状案
　　　　　　　　　　　　　　＊美濃国

田東大寺文書(1-4-26-(4))　刊『鎌』27-20302
地美濃河

正安元年11月　東大寺年中行事用途帳
　　　　　　　　　＊伊賀国,周防国,摂津国

田東大寺薬師院文書(薬-2-220)　刊『鎌』27-20308
語酒肴料
地築瀬庄,二島庄,猪名庄,長州庄

正安元年12月6日　将軍家〈久明親王〉政所下文
　　　　　　　　　　　　　　＊下野国

田近江園城寺文書　刊『鎌』27-20313
地古布島

正安元年12月18日　若狭汲部多烏両浦山中分注文
　　　　　　　　　　　　　　＊若狭国

田若狭秦文書　刊『鎌』27-20329,『小浜市史　諸家文書編3』26頁
地つるへ(汲部),たからす(多烏)

正安元年12月18日　若狭汲部多烏浦分山堺注文
　　　　　　　　　　　　　　＊若狭国

田若狭秦文書　刊『鎌』27-20330,『小浜市史　諸家文書編3』26頁
地たからす(多烏)

正安元年12月22日　長門守護北条時仲袖判御教書
　　　　　　　　　　　　　　＊長門国

田長門赤間宮文書　刊『赤間神宮文書』40頁
語灯油料船拾弐艘
地赤間関
綱長門守護北条時仲、阿弥陀寺別当重貞の申請により、灯油料船12艘を、先例に任せて免除す

正安元年12月23日　六波羅下知状案
　　　　　　　　　　　　　　＊山城国

田祇園社記神領部2　刊『鎌』27-20344
語鴨河防,鴨河堤,鴨河防役
地鴨河

正安元年12月26日　願心所領処分長帳案
　　　　　　　　　　　　　　＊紀伊国

田紀伊隅田家文書　刊『鎌』27-20343,『和歌山県史　中世史料1』81頁
地相賀河南,大深河,吉野河,神崎,上洲河

正安元年12月27日　関東下知状　＊常陸国

田常陸鹿島大禰宜家文書　刊『鎌』27-20349,『茨城県史料　中世編1』231頁
語塩浜

正安元年　下野鑁阿寺一切経会等記録
　　　　　　　　　　　　　　＊下野国

田下野鑁阿寺文書　刊『鎌』27-20354,『栃木県史　史料編中世1』338頁
語河原
地渡瀬,清水河
綱大洪水により伊与部・今福・八幡・借宿の河原に流留まる大木等、渡瀬清水河に寄置

永仁7年～正安2年

く

永仁7年[　]日　近江久多荘地頭代貞能・同朽木荘地頭代祐聖和与状
　　　　　　　　　　　　　　　　＊近江国,山城国

出 近江朽木文書　刊『鎌』26-20092,『朽木文書1』52頁
語 船筏,山河
綱 近江国朽木荘地頭代・荘民等、山城国久多荘より船筏にて下す材木を抑留す◆朽木荘は、久多荘より出す材木の10分の1をとるべし

正安2年1月15日　教専畠地寄進状
　　　　　　　　　　　　　　　　＊大和国

出 百巻本東大寺文書87　刊『鎌』27-20361,『大日本古文書　東大寺文書9』46頁
地 八島郷,東浦田

正安2年1月23日　沙弥了道譲状
　　　　　　　　　　　　　　　　＊美濃国

出 長門熊谷家文書　刊『大日本古文書　熊谷家文書』189頁
地 鵜飼西庄

正安2年2月10日　秦末吉田地売券
　　　　　　　　　　　　　　　　＊備前国

出 備前本蓮寺文書　刊『鎌』27-20373,『岡山県史19』606頁,『岡山県古文書集2』54頁
地 在浦,□(牛ヵ)窓

正安2年2月10日　秦末吉田地売券
　　　　　　　　　　　　　　　　＊備前国

出 備前本蓮寺文書　刊『鎌』27-20374,『岡山県史19』606頁,『岡山県古文書集2』54頁
地 牛まと(牛窓)

正安2-3年)2月10日　伏見上皇院宣案
　　　　　　　　　　　　　　　　＊近江国

出 近江菅浦文書　刊『鎌』27-20376
語 菅浦供御人
地 菅浦,大浦庄

正安2年2月25日　浄実書状　＊近江国

出 近江菅浦文書　刊『鎌』27-20378,『菅浦文書　下』41頁
語 菅浦供御人
地 菅浦,大浦庄

正安2年2月　地頭名宛行状　＊土佐国

出 土佐安芸文書　刊『鎌』27-20380
語 しおやま(塩山),大河
地 大河

正安2年2月　備中新見荘西方麦・胡麻等算用状　＊備中国

出 東寺文書百合外　刊『鎌』27-20382,『岡山県史19』607頁
語 水手,厨魚,分魚,現魚,たかせのしき七そう(艘)
備 『岡山県史』は「教王護国寺文書」より採る

正安2年3月6日　後深草上皇譲状
　　　　　　　　　　　　　　　　＊越前国

出 山城大覚寺文書　刊『鎌』27-20389
地 つるか(敦賀)

正安2年3月8日　伏見上皇院宣案
　　　　　　　　　　　　　　　　＊近江国

出 近江菅浦文書　刊『鎌』27-20390,『菅浦文書　上』295頁
地 菅浦,大浦庄

正安2年) 3月10日　浄実請文案　＊近江国

田 近江菅浦文書　刊『鎌』27-20394,『菅浦文書　下』41頁
語 菅浦供御人
地 菅浦, 大浦庄

正安2年3月18日　六波羅御教書
＊伊予国

田 伊予三島家文書　刊『鎌』27-20405,『愛媛県史　資料編古代・中世』380頁
語 三島大祝
地 三島

正安2年3月23日　関東下知状　＊加賀国

田 尊経閣蔵賀茂社文書　刊『鎌』27-20409,『加能史料　鎌倉2』205頁
語 湖, 河海, 塩海, 塩海浜, 浜
地 金津庄, 阿里河
綱 北英田保覚心, 横大道南田は湖を干し上げ, 湖水の流れ落つる跡を以て開作せりと主張す◆河海を以て堺を立つるの時, 中心を以て堺となすの条, 通例なり
備 『鎌』は「温故古文抄」よりの写による

正安2年3月25日　大友貞親裁許状
＊筑前国

田 肥後志賀文書　刊『鎌』27-20411,『熊本県史料2』427頁,『九州荘園史料叢書1』36頁,『増補訂正編年大友史料3』240頁,『大野荘の研究』173頁,『中世法制史料集1』406頁
地 博多

正安2年3月　大中臣国元申状案
＊肥前国

田 肥前青方文書　刊『鎌』27-20410,『青方文書1』69頁,『大宰府・太宰府天満宮史料9』165頁
語 国末船二艘, 船賃
地 浦部島
綱 青方高家に押し取られし船二艘・同船賃を糺し返されんことを, 大中臣国末, 守護所に訴う

正安2年4月15日　伊都岐島社末造殿舎造営料注進状案　＊安芸国

田 安芸大願寺文書　刊『鎌』27-20419
語 有浦大鳥居
地 有浦, 厳島, 滝河橋

正安2年4月15日　伊都岐島社末造殿舎造営料注進状案　＊安芸国

田 安芸厳島野坂文書　刊『鎌』27-20420
語 有浦大鳥居
地 有浦, 厳島, 滝河橋

正安2年4月15日　性盛家地譲状
＊山城国

田 山城田中忠三郎氏所蔵文書　刊『鎌』27-20422
地 塩小路

正安2年4月23日　関東下知状案
＊下総国, 陸奥国

田 相馬文書　刊『鎌』27-20423,『相馬文書』8頁,『取手市史　古代中世史編』150頁
地 相馬御厨, 盤崎村

正安2年4月　備後大田荘荘官百姓等解
＊備後国

田 高野山文書又続宝簡集142　刊『鎌』27-20429,『備後国大田荘史料1』155頁,『大日本古文書　高野山文書8』577頁,『備後国大田荘史料1』155頁

正安2年
語津下駄賃用途,御迎船用途,船公事
地尾道浦

正安2年4月　小野幸員・任耀和与状案
*播磨国

出播磨松原八幡神社文書　刊『鎌』27-20430,『兵庫県史　史料編中世2』665頁
語同料(四月晦日神祭料)船面魚,節料紙魚等
地目賀津

正安2年)5月3日　伏見上皇院宣案
*近江国

出近江菅浦文書　刊『鎌』27-20433,『菅浦文書　上』295頁
語菅浦供御人
地菅浦,大浦庄

正安2年5月3日　鎮西御教書案
*肥前国

出肥前青方文書　刊『鎌』27-20434,『青方文書1』70頁,『大宰府・太宰府天満宮史料9』165頁
語押取船二艘,船賃
地浦部島

正安2年5月21日　浄妙〈留守家政〉譲状
*陸奥国

出陸奥留守文書　刊『鎌』27-20445,『仙台市史　資料編1』150頁,『宮城県史30』176頁
地小鶴河

正安2年5月21日　浄妙〈留守家政〉譲状案
*陸奥国

出余目文書　刊『鎌』27-20446,『宮城県史30』176頁
地こつるかわ(小鶴河)

正安2年5月21日　浄妙〈留守家政〉譲状
*陸奥国

出陸奥留守文書　刊『鎌』27-20447,『仙台市史　資料編1』150頁,『宮城県史30』176頁,『編年差別史資料集成3』606頁
語小鶴河之流,沼,塩竈別当五郎〈在市合после壱艘平太〉,高崎塩竈神宮寺
地葛島,小鶴河,高崎,塩竈
備年号を正安3年とする同文の『鎌』27-20788があるが、正安2年の誤りで、本文書と重複している

正安2年5月23日　伏見上皇院宣案
*近江国

出近江菅浦文書　刊『鎌』27-20449,『菅浦文書　上』295頁
語菅浦供御人
地菅浦,大浦庄

正安2年5月　近江大浦荘百姓陳状
*近江国

出近江菅浦文書　刊『鎌』27-20452,『菅浦文書　上』286頁
語くこ人(供御人),ちくふしまのれいちやう(竹生島の霊場)
地大うらのしやう(大浦庄),すかのうら(菅浦),ちくふしま(竹生島)

正安2年5月　実阿田地寄進状　*遠江国

出遠江大福寺文書　刊『鎌』27-20456,『静岡県史　資料編5』871頁,『静岡県史料5』1030頁
地浜名神戸

正安2年6月21日　大隅守護代藤原範政書状案

出 薩藩旧記10古写在垂水遠矢十郎兵衛　刊『鎌』27-20468,『鹿児島県史料　旧記雑録前編1』394頁

語 異国要害

正安2年6月29日　備後大田荘嘉禎検注目録　＊備後国

出 高野山文書宝簡集8　刊『鎌』27-20470,『愛媛県史　資料編古代・中世』380頁『大日本古文書　高野山文書1』125頁,『愛媛県史　資料編古代・中世』380頁

語 春船,浦,尾道浦桑原方公文,尾道浦馬次郎〈今者死去〉船下向,梶取職

地 尾道浦,伊予国ニノ庄,長門国イサノ庄

綱 桑原方御年貢は、春船下行の後、尾道において責め取られ、或いは桑原方へ運び返さる

正安2年6月　摂政前太政大臣〈二条兼基〉家政所下文案写　＊下総国

出 香取大宮司家文書　刊『鎌』27-20473,『千葉県の歴史　資料編　中世2』194頁

語 津宮

正安2年7月1日　備後太田荘雑掌陳状案　＊備後国

出 高野山又続宝簡集58　刊『鎌』27-20474,『大日本古文書　高野山文書6』9頁

語 春船

地 尾道

綱 20470に同じ

正安2年7月2日　鎮西下知状　＊筑前国

出 山田文書　刊『鎌』27-20476,『大宰府・太宰府天満宮史料9』167頁,『鹿児島県史料5』10頁

語 当津(博多),異賊合戦

地 博多

正安2年7月10日　関東御教書

出 新編追加　刊『鎌』27-20484,『中世法制史料集1』307頁

語 異賊防禁

正安2年7月12日　六波羅施行状　＊加賀国

出 尊経閣蔵賀茂社文書　刊『鎌』27-20488,『加能史料　鎌倉2』208頁

地 金津庄

正安2年7月13日　関東御教書

出 薩藩旧記10国分寺文書　刊『鎌』27-20489,『鹿児島県史料　旧記雑録前編1』407頁

語 異国降伏御祈禱

正安2年7月22日　六波羅御教書案　＊若狭国

出 若狭大音家文書　刊『鎌』27-20495,『福井県史　資料編8』797頁

地 於河浦内辺々津浜山

備『鎌』27-20496参照

正安2年7月27日　沙弥某下文　＊山城国

出 山城長福寺文書　刊『鎌』27-20500,『長福寺文書の研究』125頁

地 梅津御庄

正安2年」閏7月1日　直兼書下案

出 末久文書　刊『鎌』27-20508,『福岡県史資料10』104頁,『大宰府・太宰府天満宮史料9』

正安2年
193頁,『増補訂正編年大友史料3』242頁
🗾青木横浜
🗒月日の脇に「正安二壬七七日」と記されている

正安2年)閏7月9日　伏見上皇院宣案
＊近江国

📄近江菅浦文書　刊『鎌』27-20518,『菅浦文書　上』296頁
🗣菅浦供御人
🗾菅浦

正安2年)閏7月11日　浄実請文案
＊近江国

📄近江菅浦文書　刊『鎌』27-20521,『菅浦文書　下』42頁
🗣菅浦供御人
🗾大浦庄,菅浦

正安2年)閏7月15日　玄円書状案
＊近江国

📄近江菅浦文書　刊『鎌』27-20524,『菅浦文書　下』40頁
🗣菅浦供御人
🗾菅浦

正安2年)閏7月16日　円満院門跡〈恒助法親王〉令旨案
＊近江国

📄近江菅浦文書　刊『鎌』27-20525,『菅浦文書　下』41頁
🗣菅浦供御人
🗾菅浦,大浦庄

正安2年閏7月21日　伏見上皇院宣案
＊近江国

📄近江菅浦文書　刊『鎌』27-20528,『菅浦文書　下』41頁

🗣菅浦供御人
🗾菅浦,大浦庄

正安2年閏7月23日　長門守護代蓮念書下

📄長門一宮住吉神社文書　刊『鎌』27-20531
🗣異国降伏

正安2年)閏7月24日　俊隆書状　＊若狭国

📄古文書纂5　刊『鎌』27-20533,『福井県史資料編2』26頁
🗾西津庄
🗒『福井県史』は文書名を「某書状」とする

正安2年閏7月26日　大隅守護北条時直覆勘状
＊筑前国

📄坂口忠智氏所蔵文書　刊『鎌』27-20536,『九州史料叢書　禰寝文書1』92頁,『大宰府・太宰府天満宮史料9』195頁
🗾今津後浜
🗒『九州地方中世編年文書目録』は出典を禰寝文書とする

正安2年8月3日　藤原景忠代円厳請文案
＊伊勢国

📄大友文書　刊『鎌』27-20563,『増補訂正編年大友史料3』244頁
🗣御厨
🗾乙部御厨
🗒『九州地方中世編年文書目録』は文書名を「藤原景忠・源幸貫和与状」とする

正安2年8月3日　藤原景忠代円厳和与状案
＊伊勢国

📄大友文書　刊『鎌』27-20564,『増補訂正編年大友史料3』244頁
🗣御厨

正安2年

地乙部御厨
備『九州地方中世編年文書目録』は文書名を「藤原景忠・源幸貫和与状」とする

正安2年)8月16日　伏見上皇院宣案
＊近江国

出近江菅浦文書　**刊**『鎌』27-20579,『菅浦文書　上』296頁
語菅浦供御人
地菅浦,大浦庄

正安2年8月18日　六波羅御教書案
＊伊予国

出伊予大山積神社文書　**刊**『鎌』27-20583,『愛媛県史　資料編古代・中世』383頁
語三島大祝
地三島
備『愛媛県史』は出典を「三島文書」とする

正安2年8月18日　六波羅下知状案
＊伊予国

出三島家文書　**刊**『愛媛県史　資料編古代・中世』383頁
語三島大祝
地三島

正安2年8月23日　六波羅御教書案
＊伊勢国

出大友文書　**刊**『鎌』27-20584,『増補訂正編年大友史料3』244頁
語御厨
地乙部御厨

正安2年)9月15日　後伏見天皇(?)綸旨案
＊近江国

出近江菅浦文書　**刊**『鎌』27-20593,『菅浦文書　上』25頁
語菅浦供御人
地菅浦

正安2年9月18日　伏見上皇院宣案
＊近江国

出近江菅浦文書　**刊**『鎌』27-20594,『菅浦文書　上』296頁
語菅浦供御人
地菅浦,大浦庄

正安2年)10月5日　伏見上皇院宣案
＊近江国

出近江菅浦文書　**刊**『鎌』27-20605,『菅浦文書　上』296頁
語菅浦供御人
地菅浦,大浦庄

正安2年10月7日　伏見上皇院宣案
＊近江国

出近江菅浦文書　**刊**『鎌』27-20607,『菅浦文書　下』23頁
語蔵人所生魚供御沙汰人
地菅浦
備網野善彦『日本中世の非農業民と天皇』59頁参照

正安2年10月14日　度会重生譲状案
＊下野国

出伊勢櫟木文書　**刊**『鎌』27-20610
地稗田・佐久山両御厨

正安2年10月　御厨子所供御人過書

出山城今宮神社文書　**刊**『鎌』27-20620
語内御方御厨子所供御人,浦々関泊交易往反之煩
備網野善彦『日本中世の非農業民と天皇』67頁参照。

正安2年

正安2年11月1日　義兼覆勘状案

出豊前末久文書　刊『鎌』27-20623,『福岡県史資料10』105頁,『大宰府・太宰府天満宮史料9』200頁
語異賊警固番役

正安2年)11月2日　備前弘法寺本堂供養請定

出備前弘法寺文書　刊『鎌』27-20624,『岡山県史19』631頁,『岡山県古文書集3』56頁
地大賀島

正安2年11月6日　伏見上皇院宣案
＊近江国

出近江菅浦文書　刊『鎌』27-20627,『菅浦文書　上』297頁
語菅浦供御人
地菅浦

正安2年11月8日　源某田地寄進状
＊紀伊国

出紀伊向井家文書　刊『鎌』27-20629,『和歌山県史　中世史料2』120頁
地賀太御庄

正安2年11月12日　前能登守安倍某書状案
＊土佐国

出土佐金剛福寺文書　刊『鎌』27-20632,『高知県史　古代中世史料編』236頁,『南路志9』16頁
地蹉跎御崎
備『高知県史』『南路志』は「土佐国蠹簡集」より採る

正安2年11月15日　一条内経(？)御教書
＊土佐国

出土佐金剛福寺文書　刊『鎌』27-20633,『高知県史　古代中世史料編』948頁
地蹉跎御崎
備『高知県史』は「土佐国蠹簡集脱漏」より採る

正安2年11月18日　後深草上皇譲状
＊近江国

出尊経閣所蔵文書　刊『鎌』27-20636
地おしのうみ

正安2年)11月25日　伏見上皇院宣案
＊近江国

出近江菅浦文書　刊『鎌』27-20651,『菅浦文書　上』297頁
語菅浦供御人
地菅浦

正安2年11月　左近衛大将〈一条内実〉家政所下文案　　＊土佐国

出土佐金剛福寺文書　刊『鎌』27-20666,『高知県史　古代中世史料編』235頁,『南路志9』15頁
地蹉跎御崎
備『高知県史』『南路志』は「土佐国蠹簡集」より採る

正安2年11月　左近衛大将〈一条内実〉家政所下文案　　＊土佐国

出土佐金剛福寺文書　刊『鎌』27-20667,『高知県史　古代中世史料編』235頁,『南路志9』16頁
地蹉跎御崎
備『高知県史』『南路志』は「土佐国蠹簡集」より採る

正安2～3年

正安2年12月13日　源実米銭納下散用状
　　　　　　　　　　　　　　　＊越前国
出内閣文庫蔵大乗院文書供養御参宮記　刊
『鎌』27-20688
語河口公文,酒肴代
地河口

正安2年12月15日　伏見上皇院宣案
　　　　　　　　　　　　　　　＊近江国
出近江菅浦文書　刊『鎌』27-20689,『菅浦文書　上』25頁
語菅浦供御人
地菅浦,大浦庄

正安2年12月27日　甘南井氏母田地売券
　　　　　　　　　　　　　　　＊摂津国
出摂津勝尾寺文書　刊『鎌』27-20695,『箕面市史　資料編1』257頁
地たかせ

正安2年12月28日　さいきの守利田地売券
　　　　　　　　　　　　　　　＊摂津国
出摂津勝尾寺文書　刊『鎌』27-20696,『箕面市史　史料編1』258頁
地妙楽谷川

正安3年1月10日　島津忠宗書下案
出薩藩旧記10国分寺文書　刊『鎌』27-20700,『鹿児島県史料　旧記雑録前編1』408頁,『九州荘園史料叢書5』45頁
語異国降伏御祈禱

正安3年」2月9日　円満院宮〈恒助法親王〉令旨案
　　　　　　　　　　　　　　　＊近江国
出近江菅浦文書　刊『鎌』27-20709,『菅浦文書　上』19頁
地菅浦,大浦庄

正安3年2月12日　橘公忠等連署田地売券
　　　　　　　　　　　　　　　＊肥前国
出肥前武雄神社文書　刊『鎌』27-20710,『佐賀県史料集成2』73頁,『九州荘園史料叢書1』47頁
地長島庄

正安3年2月21日　建部清親譲状
　　　　　　　　　　　　　　　＊大隅国
出禰寝正統系図1　刊『鎌』27-20716,『鹿児島県史料　旧記雑録拾遺家わけ1』37頁,『九州史料叢書　禰寝文書1』93頁
地西河,田代河

正安3年3月3日　関東下知状　＊常陸国
出常陸鹿島神宮文書　刊『鎌』27-20723,『茨城県史料　中世編1』170頁
地大窪郷内塩片倉村

正安3年」3月7日　玄円書状　＊近江国
出近江菅浦文書　刊『鎌』27-20725,『菅浦文書　上』17頁
地菅浦,大浦庄

正安3年3月9日　金沢顕時称名寺鐘改鋳願文　　　　　　　　＊武蔵国,中国
出相模称名寺蔵鐘銘　刊『鎌』27-20729
語宋
地六浦庄,宋

正安3年3月13日　後宇多上皇院宣案
　　　　　　　　　　　　　　　＊近江国
出近江菅浦文書　刊『鎌』27-20730,『菅浦文書　上』119頁
地大浦庄
備文書名は福眞睦城「『鎌倉遺文』文書名の

正安3年
再検討」(『鎌倉遺文研究』2)による

正安3年3月23日　某田地売券　＊対馬国

田 対馬初村文書　刊『鎌』27-20742
地 おさきのしま(島)

正安3年3月25日　ふちわらたい二郎畠売券　＊対馬国

田 対馬初村文書　刊『鎌』27-20743
地 みそかわ

正安3年3月27日　鎮西御教書　＊豊後国

田 島津家文書　刊『鎌』27-20744,『大日本古文書　島津家文書1』195頁,『中世法制史料集1』307頁,『大宰府・太宰府天満宮史料9』201頁,『九州荘園史料叢書5』46頁,『増補訂正編年大友史料3』251頁
語 豊後津々浦々船,海賊,船,船主交名,早船,船主
綱 海賊鎮圧のため、豊後国津々浦々の船に、在所・船主の交名を彫り付け、員数を注申せしむ◆海賊の聞こえあらば、守護・地頭・沙汰人等、早船にて追い懸くべし

正安3年3月　近江大浦庄雑掌尊祐申状案　＊近江国

田 近江菅浦文書　刊『鎌』27-20757,『菅浦文書　下』42頁
地 大浦庄,菅浦

正安3年4月22日　中臣朝親譲状　＊常陸国

田 常陸塙不二丸氏文書　刊『鎌』27-20769,『茨城県史料　中世編1』298頁
語 入海
地 柳橋,小河堺

正安3年4月27日　沙弥覚阿・永恵連署和与状　＊武蔵国

田 伊勢外宮引付　刊『三重県史　資料編中世1上』1013頁
地 大河土御厨

正安3年4月　地頭代頼円和与状案　＊備後国

田 白河本東寺文書1,東寺百合文書な　刊『鎌』27-20778,『鎌倉遺文研究』4・59頁
語 寺用塩
地 因島内三津庄

正安3年5月10日　宿淡路田畠売券　＊伊賀国

田 百巻本東大寺文書13　刊『鎌』27-20781,『大日本古文書　東大寺文書6』217頁
地 簗瀬御庄

正安3年5月12日　六波羅下知状案　＊備後国

田 東寺百合文書な　刊『鎌』27-20784
語 寺用塩
地 因島内三津庄

正安3年6月3日　越前角鹿太神宮政所下文　＊越前国

田 越前秦実家文書　刊『鎌』27-20798,『福井県史　資料編8』435頁
語 手浦刀禰職,め五まる(若布五丸),しお(塩)二升,三かの浦御公事,刀禰丸
地 手浦,三かの浦

正安3年6月3日　気比大神宮政所下文　＊越前国

田 越前秦実家文書　刊『福井県史　資料編8』435頁

正安3年

正安3年6月19日　鎮西御教書案
　　　　　　　　　　　　　＊肥前国

出 肥前青方文書　刊『鎌』27-20805,『青方文書1』70頁,『大宰府・太宰府天満宮史料9』204頁

地 五島西浦部

正安3年6月21日　備後太田荘桑原方地頭太田貞宗所務和与状　＊備後国

出 高野山文書宝簡集8　刊『鎌』27-20808,『大日本古文書　高野山文書1』127頁

語 雑免水手米,尾道浦寺社,浦内寺社,同浦（尾道浦）公文

地 尾道浦

正安3年7月5日　政信請取状案
　　　　　　　　　　　　　＊肥前国

出 肥前青方文書　刊『鎌』27-20818,『青方文書1』71頁,『大宰府・太宰府天満宮史料9』204頁

地 五島

正安3年7月12日　関東下知状案
　　　　　　　　　　　　　＊肥前国

出 肥前小鹿島文書　刊『鎌』27-20824,『佐賀県史料集成17』252頁,『大宰府・太宰府天満宮史料9』204頁,『九州荘園史料叢書11』48頁

地 長島庄内大崎村,江,牛島

正安3年7月25日　大隅守護北条時直覆勘状　＊筑前国

出 大隅禰寝文書　刊『鎌』27-20499,『鹿児島県史料　旧記雑録拾遺家わけ1』341頁,『九州史料叢書　禰寝文書1』92頁,『大宰府・太宰府天満宮史料9』206頁

地 今津後浜

備 『鎌』は年代を正安2年とするが、誤り

正安3年7月25日　大隅守護北条時直覆勘状　＊筑前国

出 坂口智忠所蔵文書　刊『鎌』27-20828

語 今津後浜警固番役

地 今津後浜

正安3年7月　若狭太良荘助国名雑事定
　　　　　　　　　　　　　＊若狭国

出 白河本東寺文書68,東寺百合文書お　刊『鎌』27-20833,『鎌倉遺文研究』4・60頁

語 御菜三内〈魚一　汁一〉,塩

正安3年8月2日　沙弥某荒野寄進状
　　　　　　　　　　　　　＊摂津国

出 摂津多田神社文書　刊『鎌』27-20834,『兵庫県史　中世編1』257頁

地 一渡瀬

正安3年8月7日　相模円覚寺鋳鐘願文
　　　　　　　　　　　　　＊中国

出 相模円覚寺所蔵文書　刊『鎌』27-20836

語 宋

地 宋

正安3年8月25日　長門守護北条時村袖判御教書　＊長門国

出 長門赤間宮文書　刊『赤間神宮文書』42頁

語 灯油料船拾弐艘,勘過料

地 赤間関

綱 長門守護北条時村、阿弥陀寺別当重貞の申請により、灯油料船12艘の勘過料を引募り、毎夜の灯明、長日の懇祈を抽んずべきを

285

語 手浦刀禰職

地 手浦

正安3年
下知す

正安3年8月25日　長門守護北条時村袖判御教書　＊長門国

田長門赤間宮文書　刊『赤間神宮文書』44頁
語海浜
地赤間関
綱阿弥陀寺辺の殺生禁断の海浜に及ばざるにつき、長門守護北条時村、当寺四方各々2町の殺生を停止せしむ

正安3年8月26日　盛宗安堵状案　＊肥前国

田肥前橘中村家文書　刊『鎌』27-20849
地藤津庄

正安3年9月2日　長門守護北条時村袖判御教書　＊長門国

田長門赤間宮文書　刊『赤間神宮文書』46頁
語江口在家
地赤間関江口
綱赤間関江口在家、阿弥陀寺近辺たるにより火難の恐れあり、長門守護北条時村、当寺以西2町の甲乙人の居住を停止す

正安3年9月11日　頼経奉書案　＊備後国

田壬生家文書古往来消息雑々　刊『鎌』27-20859,『図書寮叢刊　壬生家文書6』185頁
地吉津庄

正安3年11月7日　六波羅御教書　＊伊予国

田伊予大山積神社文書　刊『鎌』27-20898,『愛媛県史　資料編古代・中世』384頁
語三島大祝
備『愛媛県史』は出典「三島文書」とする

正安3年12月5日　六波羅御教書　＊伊予国

田伊予大山積神社文書　刊『鎌』27-20916,『愛媛県史　資料編古代・中世』384頁
語三島大祝
備『愛媛県史』は出典「三島文書」とする

正安3年12月12日　六波羅御教書　＊伊予国

田伊予大山積神社文書　刊『鎌』27-20924,『愛媛県史　資料編古代・中世』384頁
語三島大祝
備『愛媛県史』は出典「三島文書」とする

正安3年12月16日　関東御教書

田松平家文書　刊『鎌』27-20925
語異賊防禦

正安3年12月17日　関東下知状案　＊備後国

田高洲文書　刊『鎌』27-20927
地高洲社（庄）

正安3年12月20日　阿法〈志賀泰朝〉譲状　＊豊後国

田肥後志賀文書　刊『鎌』27-20928,『熊本県史料2』431頁,『福岡県史資料10』106頁,『増補訂正編年大友史料3』253頁
地北浦部

正安3年12月20日　阿法〈志賀泰朝〉譲状案

田肥後志賀文書　刊『鎌』27-20929,『熊本県史料2』432頁,『九州荘園史料叢書1』232頁,『増補訂正編年大友史料3』253頁,『大野荘の研究』175頁
語異国合戦之忠

正安3年12月23日　小田宗知巻数請取

田常陸総社宮文書　刊『鎌』27-20936,『茨城県史料　中世編1』392頁
語異国降伏御祈

正安4年3月3日　後宇多上皇院宣案
＊土佐国

田土佐最御崎寺文書　刊『鎌』27-20996,『高知県史　古代中世史料編』540頁・995頁
語四海之静謐
地室津一色
備文書名は福眞睦城「『鎌倉遺文』文書名の再検討」(『鎌倉遺文研究』2)による。『高知県史』は「土佐国蠧簡集拾遺」「土佐国古文叢」より採る

正安4年)3月3日　後宇多上皇院宣案
＊土佐国

田土佐最御崎寺文書　刊『鎌』27-20997,『高知県史　古代中世史料編』540頁
地室津一色
備文書名は福眞睦城「『鎌倉遺文』文書名の再検討」(『鎌倉遺文研究』2)による。『高知県史』は「土佐国蠧簡集拾遺」「土佐国古文叢」より採る。

正安4年3月26日　右近衛中将奉書
＊周防国

田仁和寺文書　刊『鎌』27-21017
地秋穂二島庄

正安4年3月　日高申状案

田下総中山法華経寺文書　刊『鎌』27-21022
語異敵襲国

正安4年3月　信豪和与状案　＊近江国

田近江長命寺文書　刊『鎌』27-21023
地船木御庄

正安4年4月23日　若狭太良荘百姓申詞
＊若狭国

田東寺百合文書な　刊『鎌』27-21050
地ヤス河,木津
綱年貢木津へ付くる日、新司太良荘に入部す◆入部の翌日新司木津へ向うも、無案内たるにより訪ね得ず◆本司代等、木津の米に封を付く

正安4年5月24日　深堀時願〈時仲〉惣領職譲状　＊肥前国

田肥前深堀家文書　刊『鎌』28-21077,『佐賀県史料集成4』59頁,『九州荘園史料叢書7』26頁
地とまちのうら(戸町浦)

正安4年5月24日　深堀時願〈時仲〉時通連署譲状　＊肥前国

田肥前深堀家文書　刊『鎌』28-21079,『佐賀県史料集成4』60頁,『九州荘園史料叢書7』26頁
語うミ(海)
地とまちのうら(戸町浦),たかはま(高浜),たこのしま(田古島)

正安4年5月24日　深堀時願〈時仲〉時通連署譲状　＊肥前国

田肥前深堀家文書　刊『鎌』28-21080,『佐賀県史料集成4』61頁,『九州荘園史料叢書2』52頁,『同7』27頁
語うみ(海)
地とまちのうら(戸町浦),りうのこしま

正安4年

正安4年5月24日　深堀時願〈時仲〉時通
連署譲状　　　　　　　　　＊肥前国

出肥前深堀家文書　刊『鎌』28-21081,『佐賀
県史料集成4』62頁,『九州荘園史料叢書7』
29頁
語ふね(船),あしろ(網代)
地とまちのうら(戸町浦)

正安4年5月24日　深堀時願〈時仲〉時通
連署譲状　　　　　　　　　＊肥前国

出肥前深堀家文書　刊『鎌』28-21082,『佐賀
県史料集成4』63頁,『九州荘園史料叢書7』
29頁
地戸町のうら(浦)

正安4年6月1日　関東御教書　＊越後国

出出羽中条家文書(山形大学所蔵)　刊『鎌』
28-21089,『新潟県史　資料編4』364頁
地高浜

正安4年6月1日　深堀時願〈時仲〉置文
　　　　　　　　　　　　　　＊肥前国

出肥前深堀家文書　刊『鎌』28-21090,『佐賀
県史料集成4』63頁,『九州荘園史料叢書7』
29頁
地とまちのうら(戸町浦)

正安4年6月13日　慶智写経願文

出大和西大寺蔵騎獅子文殊菩薩像胎内文書
刊『鎌』28-21099
綱般若は船筏に乗り、生死の苦海を渡る

正安4年6月23日　関東下知状　＊備後国

出高野山文書宝簡集7　刊『鎌』28-21111,
『大日本古文書　高野山文書1』87頁
語水手米,浦

地尾道浦

正安4年6月　肥後多良木村地頭代申状
案　　　　　　　　　　　　＊肥後国

出肥後相良家文書　刊『鎌』28-21113,『大日
本古文書　相良家文書1』70頁
語異賊警固以下面々所役,異国警固番役

正安4年7月7日　関東下知状案
　　　　　　　　　　　　　　＊伊予国

出伊予長隆寺文書　刊『鎌』28-21125,『愛媛
県史　資料編古代・中世』514頁
語東浦地頭,西浦地頭
地東浦,西浦,忽那島

乾元元年)7月26日　頼玄書状・妙元勘返
状

出金沢文庫所蔵探玄記第一略類集裏文書
刊『鎌』28-21314,金沢文庫編『金沢文庫古
書3』177頁
語海上

正安4年8月25日　梵字般若惣題奉納記
　　　　　　　　　　　　　　＊中国

出大和西大寺蔵騎獅子文殊菩薩像胎内文書
刊『鎌』28-21220
語唐
地唐

正安4年8月27日　道慶文書目録
　　　　　　　　　　　　　　＊筑前国

出薩摩山田家譜　刊『鎌』28-21222,『鹿児島
県史料5』18頁
地はかた(博多)

288

正安4年)8月)　永嘉門院〈瑞子女王〉御使家知申状幷室町院〈暉子内親王〉御領目録　＊尾張国

出集　刊『福井県史　資料編2』692頁(抄)
地板倉御厨

乾元元年8月　紀業弘注進状案　＊近江国

出近江菅浦文書　刊『鎌』28-21311,『菅浦文書　上』304頁
語湖,海,浦
地菅浦,大浦,大津久見,小津久見,赤崎浜,八海,西海津領,師河

正安4年10月7日　頼豪坊舎下地及旦那売券　＊摂津国

出紀伊米良文書　刊『鎌』28-21258,『熊野那智大社文書1』9頁
地兵庫

正安4年10月8日　肥前守護代平岡為政書下案　＊肥前国

出肥前青方文書　刊『鎌』28-21259,『青方文書1』72頁,『大宰府・太宰府天満宮史料9』213頁
語異賊要害構石築地
備同文の案文が『青方文書2』239頁にもう1点ある

正安4年10月15日　肥前守護代平岡為政覆勘状案　＊肥前国,筑前国

出肥前青方文書　刊『鎌』28-21262,『青方文書1』72頁,『大宰府・太宰府天満宮史料9』213頁
地五島,中浦部,袙浜
備同文の案文が『青方文書2』239頁にもう1点ある

正安4年10月23日　越前手浦刀禰職補任状　＊越前国

出越前秦実家文書　刊『鎌』27-21012,『福井県史　資料編8』435頁
語手浦刀禰職
地手浦
備『鎌』の文書名には若狭手浦とあるが、越前の誤り。また年代も「□□(正安)四年三月」となっているが、『福井県史』によって改めた。出典名についても同様

正安4年10月23日　気比大神宮政所下文　＊越前国

出越前秦実家文書　刊『福井県史　資料編8』436頁
語手浦刀禰丸,め五まる(布〈和布〉五丸),しお(塩)二升,御かうまつりのをけ一(神祭桶一),三ヶ浦分御公事
地手浦

正安4年10月24日　北条師時袖判御教書　＊遠江国

出遠江蒲神明宮文書　刊『鎌』28-21266,『静岡県史　資料編5』877頁,『静岡県史料5』830頁
地蒲御厨

正安4年11月4日　後宇多上皇院宣　＊肥後国

出菊池風土記4円通寺　刊『鎌』28-21274
語禁断殺生

正安)年11月5日　祐快請文

出昭和46年11月古典籍大入札会目録　刊『鎌』28-21294
語異国賊徒

正安4年～乾元2年

正安4年11月11日　後宇多上皇院宣
＊肥後国

出 肥後国志康平寺文書　刊『鎌』28-21278
語 禁断殺生

正安4年11月　太神宮政所補任状案
＊越前国

出 越前秦実家文書　刊『鎌』28-21286,『福井県史　資料編8』436頁
語 手浦刀禰
地 手浦
備 出典名は『福井県史』によった

乾元元年12月1日　後宇多上皇院宣案
＊遠江国

出 賀茂別雷神社文書　刊『鎌』28-21318,『賀茂別雷神社文書1』22頁
地 浜松庄

乾元元年12月14日　紀伊神野荘公文〈平義信〉起請文
＊紀伊国

出 高野山文書又続宝簡集86　刊『鎌』28-21324,『大日本古文書　高野山文書7』219頁
語 海賊,殺生禁断,魚網

乾元元年12月20日　関東事書

出 吉続記乾元1.12.20条　刊『鎌』28-21327,『増補史料大成30』425頁
語 国々津料関市升米
綱 国々津料関市升米を文永以降、院宣に任せて停止す

正安4年　若狭太良保実検取帳　＊若狭国

出 東寺百合文書り　刊『鎌』28-21271
地 内堂崎,篠崎,宮崎,河内崎,滝瀬

正安4年　若狭太良保地頭方実検取帳
＊若狭国

出 東寺百合文書り　刊『鎌』28-21272
地 篠崎,馬渡,河向,岩崎,河口崎,滝瀬

乾元2年1月18日　伊予弓削島荘領家地頭和与状
＊伊予国

出 東寺百合文書マ　刊『鎌』28-21338,『日本塩業大系　史料編古代・中世1』210頁,『愛媛県史　資料編古代・中世』389頁
語 塩浜,網場三箇所,網以下所出物
地 弓削島,島尻,釣浜浦,辺屋路島
綱 弓削島内島尻の網場は預所分、釣浜浦の網場は地頭分、辺屋路島の所出物は預所・地頭等分とす
備『鎌』28-21539は本文書の案文

乾元2年1月20日　祐遍挙状案　＊伊予国

出 東寺百合文書ヨ　刊『鎌』28-21339,『日本塩業大系　史料編古代・中世1』212頁,『愛媛県史　資料編古代・中世』390頁
語 塩浜
地 弓削島庄
備『鎌』28-21340参照

乾元2年2月21日　伊予弓削島荘雑掌栄実起請文
＊伊予国

出 東寺百合文書と　刊『鎌』28-21367,『日本塩業大系　史料編古代・中世1』213頁,『愛媛県史　資料編古代・中世』390頁
地 弓削島
備『鎌』28-21368参照

乾元2年2月22日　そうかい譲状案
＊肥前国

出 筑後近藤文書　刊『鎌』28-21369,『福岡県

史資料10』108頁,『九州荘園史料叢書14』46頁
語もうこかせんのくんこうのち(蒙古合戦の勲功の地)
地もうこ(蒙古),かんさきのしやう(神崎庄)

乾元2年2月　東大寺衆徒解土代
*山城国

出東大寺文書(4-31)　**刊**『鎌』28-21376
地古河庄

乾元2年3月6日　豊受太神宮神主等解
*下野国

出櫟木文書　**刊**『鎌』28-21385
語海内安穏
地稲田御厨,佐久山御厨

乾元2年4月1日　越前国坂南本郷上分米送文
*越前国,近江国,山城国

出吉田文書　**刊**『福井県史　資料編2』506頁
語足羽升米,気比升米,坂本升米,大津関米
地足羽,気比,坂本,大津

乾元2年4月26日　平子重有和与状

出長門三浦家文書　**刊**『鎌』28-21458
語異賊警固,水魚之思

乾元2年4月26日　平子重有和与状案

出長門三浦家文書　**刊**『鎌』28-21459
語異賊警固,水魚之思

乾元2年4月　肥前河上社座主弁髪解状
*肥前国

出肥前河上神社文書　**刊**『鎌』28-21470,『佐賀県史料集成1』86頁

語異国降伏,異域之凶賊,海底,賊船,波涛
綱淀姫大明神,三韓征伐の昔は異域の凶賊を海底に没し,文永・弘安の今は幾多の賊船を波涛に摧す

乾元2年閏4月12日　足利家時下文案
*上総国

出倉持文書　**刊**『鎌』28-21488,『宮城県史30』181頁
地海郷

乾元2年閏4月17日　少弐崇恵〈盛経〉施行状
*筑前国

出広瀬氏所蔵中村文書　**刊**『鎌』28-21500,『松浦党関係史料集1』226頁,『福岡県史資料10』110頁・257頁,『大宰府・太宰府天満宮史料9』215頁,『大分県史料13』350頁,『九州荘園史料叢書4』96頁,『増補訂正編年大友史料3』260頁
地博多前浜

乾元2年閏4月22日　足利貞氏下文案
*上総国

出倉持文書　**刊**『鎌』28-21508,『宮城県史30』181頁
地海郷

乾元2年閏4月23日　関東下知状
*伊予国

出東寺百合文書ヒ　**刊**『鎌』28-21510,『日本塩業大系　史料編古代・中世1』213頁,『愛媛県史　資料編古代・中世』391頁
語塩浜,網庭,網
地弓削島,島尻,釣浜浦,辺屋路
綱弓削島網庭三か所のうち,島尻は領家分,釣浜浦は地頭分,辺屋路島は得分を預所と

乾元2年

地頭と折半す

乾元 2 年閏 4 月 25 日　放生注進状
　　　　　　　　　　　　　　　＊山城国

出 昭訓門院御産愚記閏 4 月 25 日条　刊『鎌』28-21515

語 放生, 大小魚四千六百二隻, 二尺五寸鯉四十二隻, 雑魚・海老等一斗五升, 大小魚五千五百隻内二尺五寸鯉四十隻, 淀分

地 淀

乾元 2 年 5 月 9 日　阿忍上人放生注進文
　　　　　　　　　　　　　　　＊近江国

出 昭訓門院御産愚記　刊『鎌』28-21528

語 放生, 魚, 雑魚・海老等一斗

地 大津浦

乾元 2 年) 5 月 9 日　行賢奉書

出 内閣文庫蔵大乗院文書案部類抄　刊『鎌』28-21529

語 春光院僧都京上料御屋形船一艘

乾元 2 年 5 月 14 日　備後大田荘新田所当年貢注文
　　　　　　　　　　　　　　　＊備後国

出 高野山文書宝簡集54　刊『鎌』28-21534,『大日本古文書　高野山文書 2』104頁

語 水手米

地 尾道浦

乾元 2 年 5 月 18 日　豊後阿南荘松富名中分状案

出 筑後大友文書　刊『鎌』28-21543,『増補訂正編年大友史料 3』260頁,『九州荘園史料叢書12』24頁

語 やな(簗), うけ(筌)

綱 川のことにつき, 梁は地頭分 4 枚のうち善し悪しを両方に配分し, 筌は屋敷つきを

もって沙汰すべし

乾元 2 年 6 月 5 日　蓮心屋地売券
　　　　　　　　　　　　　　　＊山城国

出 東寺百合文書メ・白河本東寺文書61　刊『鎌』28-21547

地 しほのこうち(塩小路)

乾元 2 年 6 月 10 日　源盛季田地寄進状
　　　　　　　　　　　　　　　＊紀伊国

出 紀伊向井家文書　刊『鎌』28-21548,『和歌山県史　中世史料 2』122頁

地 賀太庄

乾元 2 年 6 月 12 日　関東評定事書
　　　　　　　　　　　　　　　＊伊豆国

出 式目追加　刊『鎌』28-21549,『中世法制史料集 1』308頁

地 伊豆大島

綱 刃傷せし凡下の輩は, 伊豆大島へ遣わさると定む

乾元 2 年 6 月 29 日　大見頼資大間帳
　　　　　　　　　　　　　　　＊越後国

出 越後大見安田文書　刊『鎌』28-21562,『新潟県史　資料編 9』236頁

地 白河庄, 白河庄下条山浦

乾元 2 年 6 月　関東評定事書

出 新編追加　刊『鎌』28-21551,『中世法制史料集 1』309頁

語 海賊

乾元 2 年 8 月 2 日　時真等連署畠地売券
　　　　　　　　　　　　　　　＊紀伊国

出 紀伊若一王子神社文書　刊『鎌』28-21588

地 ヲサキ

乾元2年8月15日　豊後在国司行念請文
　　　　　　　　　　　　　　　＊豊後国

田豊後柞原八幡宮文書　刊『鎌』28-21593,『大分県史料9』92頁,『増補訂正編年大友史料3』269頁
語船,入海破損
地生石浜
網生石浜放生会に赴く本郷国東郷船,入海破損す

乾元2年8月17日　北条師時公文所奉書
　　　　　　　　　　　　　　　＊遠江国

田遠江蒲神明宮文書　刊『鎌』28-21594,『静岡県史　資料編5』882頁,『静岡県史料5』831頁
地蒲御厨
備『静岡県史』は文書名を「得宗家奉行人連署奉書」とする

乾元□年□月□日　近江大島神主請文
　　　　　　　　　　　　　　　＊近江国

田近江奥津島神社文書　刊『鎌』28-21614,『大嶋神社・奥津嶋神社文書』12頁
語くさいのゑりのさた(供祭の?の沙汰)
地おほしま(大島),津田,おきつしま(奥津島),島

嘉元元年9月18日　六波羅施行状
　　　　　　　　　　　　　　　＊伊予国

田東寺百合文書数　刊『鎌』28-21653,『日本塩業大系　史料編古代・中世1』214頁,『愛媛県史　資料編古代・中世』391頁
地弓削島

乾元2年9月20日　左近将監某巻数請取写

田肥前島原松平文庫文書　刊『鎌』補4-1817
語異国降伏
備網野善彦『悪党と海賊』97頁参照

乾元2年9月21日　あひるの千代証状写
　　　　　　　　　　　　　　　＊対馬国

田宗家大邑従御判物帳大塔全安所持　刊『鎌』28-21602,『長崎県史　史料編1』750頁
語しま(島)

乾元2年10月4日　鎮西御教書　＊肥前国

田肥前山代文書　刊『鎌』28-21604,『佐賀県史料集成15』23頁,『大宰府・太宰府天満宮史料9』216頁,『松浦党関係史料集1』227頁
地伊万里浦

乾元2年10月7日　源盛季田地寄進状
　　　　　　　　　　　　　　　＊紀伊国

田紀伊向井家文書　刊『鎌』28-21605,『和歌山県史　中世史料2』123頁
地賀太之庄

嘉元元年10月12日　土御門定実譲状案
　　　　　　　　　　　　　　　＊伊予国

田久我家文書　刊『鎌』28-21659,『久我家文書1』341頁
語うら(浦)
地おきとものうら(沖友浦)

乾元2年10月13日　専阿〈景光〉譲状案
　　　　　　　　　　　　　　　＊肥後国

田肥後志岐文書　刊『鎌』28-21606,『熊本県史料4』85頁
語うら(浦)
地あまくさ六かうら(天草六ヶ浦),しき四

嘉元元〜2年
かうら,さいつのうら

嘉元元年11月2日　太政官牒　＊大和国

出 興正菩薩行実年譜附録上　刊『鎌』28-21669,『西大寺叡尊伝記集成』261頁
語 賊徒伏誅,異賊之防禦,殺生之漁猟
綱 西大寺、関東より殺生の漁猟禁断の下知を受く

嘉元元年11月2日　万里小路宣房奉書案
　　　　　　　　　　　　　　＊摂津国

出 燈心文庫所蔵文書　刊『兵庫県史　史料編中世5』552頁
語 神崎、渡部・兵庫津商船目銭
地 神崎、渡部・兵庫津
備 「宣房」は「資房」(清閑寺)ヵ

嘉元元年11月26日　心仏譲状案　＊紀伊国

出 下野茂木文書　刊『鎌』28-21687,『栃木県史　史料編中世2』69頁
地 賀太庄

嘉元元年11月28日　山城石清水塔人夫座結番注文

出 石清水宮寺旧記　刊『鎌』28-21690,『大日本古文書　石清水文書1』543頁,『石清水八幡宮史1』820頁
語 塩座、和布座、生魚座、塩魚座、鮮売座

嘉元元年11月30日　将軍〈久明親王〉袖判御教書案　＊豊前国

出 金剛三昧院文書　刊『鎌』28-21691,『高野山文書2』99頁
語 運送船、門司関
綱 幕府、粥田荘上下諸人并運送船につき、宝治・弘安・正応の過所に任せて門司関を煩なく通すべき旨を命ず

嘉元元年12月17日　愛王女私領売券
　　　　　　　　　　　　　　＊山城国

出 白河本東寺文書61,東寺百合文書メ　刊『鎌』28-21707,『鎌倉遺文研究』5・60頁
地 塩小路

乾元2年)　関東評定事書　＊伊豆国

出 新編追加　刊『鎌』28-21555,『中世法制史料集1』309頁
地 伊豆大島
綱 博奕3度に及ぶ凡下の輩は、伊豆大島へ遣わさるべしと定む

嘉元2年1月4日　鎮西御教書案

出 薩藩旧記10国分寺文書　刊『鎌』28-21724,『鹿児島県史料　旧記雑録前編1』412頁,『大宰府・太宰府天満宮史料9』217頁
語 異賊防禦御祈祷

嘉元2年1月8日　肥前守護代平岡為政施行状案

出 肥前実相院文書　刊『鎌』28-21726,『佐賀県史料集成15』184頁
語 異賊防禦

嘉元2年1月11日　少弐盛経施行状
　　　　　　　　　　　　　　＊筑前国

出 中村令三郎氏所蔵文書　刊『鎌』28-21727,『松浦党関係史料集1』228頁,『大宰府・太宰府天満宮史料9』218頁,『九州荘園史料叢書4』99頁
語 異賊警固番

嘉元2年1月23日　沙弥某書下案

出 薩藩旧記10国分寺文書　刊『鎌』28-21730,『鹿児島県史料　旧記雑録前編1』

412頁,『大宰府・太宰府天満宮史料9』217頁
語異賊防禦御祈禱

嘉元2年」1月」29日 豊後守護所催促状案

出豊後生桑寺文書 刊『鎌』28-21731
語異国防禦,香椎前浜石築地,異賊警固兵船
地香椎前浜

嘉元2年2月8日 六波羅奉行人奉書 ＊若狭国

出若狭安倍武雄氏文書 刊『鎌』28-21742,『福井県史 資料編9』6頁
地志積浦

嘉元2年2月18日 関東御教書案

出徴古文府坤 刊『鎌』28-21747
語御厨,勅裁御厨并本所進止御厨
綱神宮祭主定忠朝臣等、本所・社家被官伝領の御厨につき、非器の輩相伝と号し、濫妨を致す◆勅裁の御厨・本所進止の御厨にて非器の輩(武家被官)の相伝を禁ずべき旨、去々年御教書を下さる

嘉元2年2月25日 性恵一切経等奉納状 ＊安芸国

出安芸野坂家文書 刊『鎌』28-21753
地厳島

嘉元2年3月17日 乙王三郎田地売券 ＊伊賀国

出百巻本東大寺文書67 刊『鎌』28-21770,『大日本古文書 東大寺文書8』67頁
地星河郷

嘉元2年3月20日 大江通継等連署和与状 ＊肥前国

出肥前来島文書 刊『鎌』28-21772,『松浦党関係史料集1』227頁
地御厨庄内大島

嘉元2年3月 土佐津倉淵検田目録 ＊土佐国

出土佐金剛福寺文書 刊『鎌』28-21779,『高知県史 古代中世史料編』236頁
語河,小川
地門崎
備『高知県史』は「土佐国蠹簡集」より採る

嘉元2年4月22日 香取大宮司実秀等連署和与状 ＊下総国

出香取旧大禰宜家文書 刊『鎌』28-21799,『千葉県史料 中世編香取文書』83頁
地神崎

嘉元2年4月 若狭多烏浦刀祢百姓等陳状写 ＊若狭国

出若狭秦文書 刊『鎌』28-21813,『小浜市史 諸家文書編3』27頁
語網地,網口,漁網地,立網,海上漁船
地多烏浦,須那浦,汲部浦,多及,由留木
綱若狭国多烏浦百姓等、須那浦・多及網地のことにつき、汲部浦百姓と相論す◆須那浦網地に立つる汲部の網を多烏が散々に切り流したというは虚言なり◆汲部より多及に千余人にて仕立てたる網を多烏浦代官と刀祢百姓が切り流したというは虚言なり

嘉元2年5月3日 吉貞名吉送文案 ＊伊勢国

出安東郡専当沙汰文 刊『鎌』28-21823
語魚,名吉十三隻

嘉元2年

嘉元2年5月3日　吉貞名吉送文案
＊伊勢国

田安東郡専当沙汰文　刊『鎌』28-21824
語名吉三隻

嘉元2年5月23日　島廻味噌代米配分状

田山田家譜　刊『鎌』28-21829,『鹿児島県史料5』19頁
語しま(島)

嘉元2年6月8日　平家政〈大見家政〉譲状案　　＊越後国

田出羽中条家文書(山形大学所蔵)　刊『鎌』28-21849,『新潟県史　資料編4』365頁
地白河庄内山浦四ヶ条

嘉元2年6月18日　六波羅御教書案

田徴古文府坤　刊『鎌』28-21871
語諸御厨

嘉元2年)6月24日　六波羅御教書案

田徴古文府坤　刊『鎌』28-21874
語諸御厨

嘉元2年7月17日　宇佐某塩屋宛行状

田豊前永弘文書　刊『鎌』28-21900,『大分県史料3』112頁,『増補訂正編年大友史料3』271頁
語塩屋神御供塩屋加地子,塩屋

嘉元2年7月25日　官宣旨　＊摂津国

田百巻本東大寺文書25巻(262)　刊『鎌』28-21913,『大日本古文書　東大寺文書6』349頁,『兵庫県史　史料編中世5』42頁
語禁断殺生
綱東大寺八幡宮転害会の日、畿内・伊賀六箇国において殺生を禁ず◆天平の昔、八幡宮の観請に際し、宇佐より南部にいたる径路数州中の殺生を禁ず

嘉元2年7月　峯貞申状案　＊肥前国

田肥前青方文書　刊『鎌』28-21923,『青方文書1』77頁
地佐保,白魚
備『鎌』28-21924・21925・21926・21927,29-21932・21933参照

嘉元2年8月3日　高西挙状案　＊肥前国

田肥前青方文書　刊『鎌』29-21931,『青方文書1』77頁
地浦部島内佐保・白魚

嘉元2年8月5日　関東御教書　＊長門国

田長府毛利家文書　刊『鎌』29-21934
語阿弥陀寺,山野殺生禁断
地赤間関

嘉元2年8月5日　横山頼信譲状
＊近江国

田近江朽木文書　刊『鎌』29-21935,『朽木文書1』59頁
地高島の本庄

嘉元2年9月3日　左衛門尉某書状写
＊若狭国

田若狭秦文書　刊『鎌』29-21975,『小浜市史　諸家文書編3』29頁
語志美網,縄網,夜網,立網
地汲部,多鳥,多汲浦
綱汲部・多鳥両浦は、和与状の如く、縄網・夜網は一側宛、立網は寄合て取るべし◆志美網においては、両浦寄合いて沙汰致すべし

嘉元2年9月6日　藤原利忠譲状案
＊能登国

田 能登永光寺文書　刊『鎌』29-21988,『加能史料　鎌倉2』236頁
語 海河のすなとり(漁)
綱 左衛門利忠譲状案に海河のすなとりせいしん(制止ヵ)すべからず、とあり

嘉元2年9月17日　肥前禅定寺鋳鐘願文
＊肥前国

田 出雲宝照院鐘銘　刊『鎌』29-21997
地 杵島北郷

嘉元2年9月22日　秦経光売券案
＊山城国

田 山城鹿王院文書　刊『鎌』29-22001
地 河島郷
備『鹿王院文書の研究』8頁では採らず、前欠とする

嘉元2年9月　白魚行覚申状案　＊肥前国

田 肥前青方文書　刊『鎌』29-22007,『青方文書1』79頁・81頁,『大宰府・太宰府天満宮史料9』222頁
語 浦
地 佐保,白魚,浦部島,小値賀島,宇野御厨
備『青方文書1』の中で相互に前後欠の95・96号文書を合わせて1点としている

嘉元2年10月11日　藤原氏家地売券
＊播磨国

田 早稲田大学所蔵文書　刊『鎌』29-22013,『早稲田大学所蔵荻野研究室収集文書　上』241頁
地 いゑしま(家島)

嘉元2年11月12日　六波羅下知状
＊加賀国

田 尊経閣蔵南禅寺慈聖院文書　刊『加能史料　鎌倉2』238頁
語 河
地 牛島村,軽河,乃身河

嘉元2年11月23日　西信田地売券
＊摂津国

田 摂津勝尾寺文書　刊『鎌』29-22033,『箕面市史　史料編1』267頁
地 豊島北条

嘉元2年11月　峯貞代長陳状案　＊肥前国

田 肥前青方文書　刊『鎌』29-22040,『青方文書1』85頁,『大宰府・太宰府天満宮史料9』228頁
語 異賊合戦賞,浦部下沙汰
地 小値賀・浦部両島,浦部内白魚,佐保・白魚浦
備 同文で後欠の案文が『青方文書1』にもう1点ある。『鎌』29-22042参照

嘉元2年)12月2日　小槻国親書状
＊若狭国

田 若狭秦文書　刊『鎌』29-22044,『小浜市史　諸家文書編3』29頁
語 網,網戸,切破網,浦々習,漁,引網,和布,海草,立網,浦々傍例
地 多烏浦,須那浦
綱 小槻国親須那浦網等について答う。当国浦々のとして、両方山の懐内は、其の浦に付き漁することは傍例なり◆須那浦の内に引網を仕り、知行すること、両浦(須那浦・多烏浦)古老百姓ら皆存知す

嘉元2〜3年

嘉元2年12月10日　関東御教書案

田 薩藩旧記10国分寺文書　刊『鎌』29-22052,『鹿児島県史料　旧記雑録前編1』414頁,『大宰府・太宰府天満宮史料9』233頁
語 異賊防禦御祈禱

嘉元2年12月17日　摂津勝尾寺年預代請取状　＊摂津国

田 摂津勝尾寺文書　刊『鎌』29-22061,『箕面市史　史料編1』268頁
地 生島

正安6年12月21日　関東御教書案　＊中国

田 薩摩八田家文書　刊『鎌』28-21305,『鹿児島県史料　旧記雑録拾遺家わけ6』517頁
語 蒙古異賊
地 蒙古
綱 蒙古異賊、明年襲い来るべきゆえ、守護御家人ら用心致し、防戦すべき旨を薩摩国守護に命ず
備『鎌』注記に「本文書正安は弘安の誤で、駿河守は北条重時、相模守は北条時宗であろう」とあり。『鹿児島県史料』では弘安6年としてある

嘉元2年12月30日　千竃燿範覆勘状

田 中村令三郎氏所蔵文書　刊『鎌』29-22069,『松浦党関係史料集1』248頁,『福岡県史資料10』257頁,『大宰府・太宰府天満宮史料9』234頁,『中世法制史料集1』343頁,『九州荘園史料叢書4』100頁
語 異賊警固番

嘉元3年2月5日　ちしやう田地寄進状案　＊紀伊国

田 紀伊施無畏寺文書　刊『鎌』29-22094,『和歌山県史　中世史料2』737頁
地 いしかきのかわミなミ（石垣の河南）

嘉元3年2月12日　近江菅浦村人連署借銭請書案　＊近江国

田 近江菅浦文書　刊『鎌』29-22098,『菅浦文書　下』43頁
語 市津路辻海上
地 菅浦村

嘉元3年2月　島津忠長〈久長〉申状案　＊筑前国

田 島津伊作家文書　刊『鎌』29-22111,『大日本古文書　島津家文書1』505頁,『福岡県史資料10』113頁,『大宰府・太宰府天満宮史料9』234頁,『九州荘園史料叢書5』47頁
語 異国警固, 筥崎役所
地 筥崎

嘉元3年2月　近江日指諸河百姓請文案

田 近江菅浦文書　刊『鎌』29-22113,『菅浦文書　上』26頁
地 菅浦内日指, 諸河, 大浦庄

嘉元3年2月　白魚行覚申状案　＊肥前国

田 肥前青方文書　刊『鎌』29-22114,『青方文書1』91頁
語 異賊合戦, 異賊勧賞
地 浦部, 佐保, 白魚, 小値賀島

嘉元3年2月　若狭志積浦刀禰安倍景延陳状案　＊若狭国

田 若狭安倍武雄氏文書　刊『鎌』29-22116,『福井県史　資料編9』6頁
語 志積浦刀禰
地 志積浦

嘉元3年2月　豊後由原宮年中神事次第案

出 豊後柞原八幡宮文書　刊『鎌』29-22119,『大分県史料9』93頁,『増補訂正編年大友史料3』275頁
語 浜殿
地 生石浜

嘉元3年2月　春芸雑公事定文

出 大和金峯神社文書　刊『鎌』29-22120
語 イチノツレウ(市の津料)

嘉元3年3月15日　大隅祢寝院別分注文

出 志々目文書　刊『鎌』29-22134,『鹿大史学』14・4頁
語 河海, 松原河海
地 塩屋東

嘉元3年3月19日　島津忠長〈久長〉申文

出 島津伊作家文書　刊『鎌』29-22141,『大日本古文書　島津家文書1』506頁
語 異国警固

嘉元3年3月　近江日指・諸河供御備進百姓交名案　＊近江国

出 近江菅浦文書　刊『鎌』29-22151,『菅浦文書　上』48頁
語 供御百姓
地 諸河

嘉元3年3月　備前南北条村年貢送文案

出 東大寺文書(1-24-80)　刊『鎌』29-22152
語 梶取

嘉元3年3月　峯貞陳状案　＊朝鮮

出 肥前青方文書　刊『鎌』29-22156,『青方文書1』93頁,『大宰府・太宰府天満宮史料9』236頁,『同4』529頁,『中世法制史料集1』327頁
語 塩一石, 塩屋, 四島, 船, 津料乃銭一貫, 猪乃塩付, 水手, 魚四十隻, 高麗, 異賊合戦, 浦部下沙汰職
地 浦部島, 小値賀島, 佐保, 白魚, 知宇地, 奈馬, 浦部内白魚浦, 五島中浦部島, 平戸, 高麗
綱 峯貞, 小値賀島譲与の経緯を記す◆青方覚円より峯持への3月18日状に, 塩屋は今日を過ぐれば塩出来の由申すと記す◆同9月20日状に, 佐保・白魚に四島より少々人移住するも, 公事密くして安堵せずと記す◆青方能高3月3日状に, 今年は飢渇の上, 例に入る船の1艘も入らず, 百姓の嘆く様を述ぶ◆大宰府守護所より高麗の事等により催促の状あり

嘉元3年4月6日　蒙古合戦勲功賞配分状　＊筑後国

出 筑後国史37横溝氏　刊『鎌』29-22158
語 蒙古合戦
地 蒙古

嘉元3年4月6日　蒙古合戦勲功賞配分状　＊肥前国

出 筑後河原文書　刊『鎌』29-22159,『福岡県史資料10』113頁,『大宰府・太宰府天満宮史料9』248頁,『九州荘園史料叢書14』50頁
語 蒙古合戦
地 伊万里浦, 御厨庄, 蒙古

嘉元3年4月6日　蒙古合戦勲功賞配分状

出 薩摩二階堂文書　刊『鎌』29-22160,『鹿児島県史料1』426頁
語 蒙古合戦

嘉元3年

地蒙古,久木崎

嘉元3年4月18日　重宗山等譲状
＊若狭国

田若狭秦文書　刊『鎌』29-22168,『小浜市史　諸家文書編3』30頁

語つるへのふなしろ(汲部の船代)

地つるへ(汲部)

嘉元3年4月28日　武蔵瀬戸橋造営棟別銭注文案
＊武蔵国

田金沢文庫文書　刊『鎌』29-22185,金沢文庫編『金沢文庫古文書7』35頁,『六浦瀬戸橋』(神奈川県立金沢文庫図録)53頁

語□(瀬)戸橋造営棟別銭

地□□(下川ヵ)辺,六浦庄,□(瀬)戸橋

嘉元3年)4月)　摂籙渡庄目録
＊播磨国,備前国,安芸国,備中国,志摩国,筑前国,讃岐国,越後国,美濃国

田九条家文書　刊『鎌』29-22196,『図書寮叢刊　九条家文書1』101頁

語贄,塩十五石,塩浜

地高島,裳懸庄,倉橋庄,真鍋庄,和具,塩崎庄,鴨津庄,里海庄,大島庄,三崎庄,生津庄,三島庄

嘉元3年5月9日　祐深田地売券
＊紀伊国

田高野山文書続宝簡集68　刊『鎌』29-22209,『大日本古文書　高野山文書3』616頁

地河南,奄田島

嘉元3年5月22日　重元田地売券
＊土佐国

田土佐行宗文書　刊『鎌』29-22225,『高知県史　古代中世史料編』542頁・997頁

地下渡瀬

備『高知県史』は「土佐国薹簡集拾遺」「土佐国古文叢」より採る

嘉元3年6月20日　関東御教書

田島津家文書　刊『鎌』29-22245,『大日本古文書　島津家文書1』196頁,『大宰府・太宰府天満宮史料9』249頁,『中世法制史料集1』343頁,『九州荘園史料叢書5』49頁

語異賊防禦

嘉元3年6月　峯貞申状案
＊肥前国

田肥前青方文書　刊『鎌』29-22258,『青方文書1』105頁,『大宰府・太宰府天満宮史料9』250頁

語塩屋

地小値賀浦部

備『鎌』29-22260参照

嘉元3年6月　峯貞注進状案
＊肥前国,肥後国

田肥前青方文書　刊『鎌』29-22259,『青方文書1』106頁,『大宰府・太宰府天満宮史料9』250頁

語塩陸拾石,相模守殿御梶取,あい物(四十物),塩三十二石

地宇土庄

嘉元3年6月　越前興福寺領諸荘算用状引付
＊越前国

田成簣堂文庫蔵大乗院文書　刊『鎌』29-22261

地河口庄

嘉元3年7月9日　関東下知状　＊肥前国

田肥前深江家文書　刊『鎌』29-22262,『佐賀

嘉元 3 年 7 月 10 日　勘渡文書目録案 *肥後国
田肥後志岐文書　刊『鎌』29-22270,『熊本県史料 4』87頁
地志岐六ヶ浦

嘉元 3 年 7 月 26 日　亀山上皇処分状 *淡路国,遠江国,備中国
田亀山院凶事記　刊『鎌』29-22285
地あはちの国内せんの保(淡路国内膳保),浜松庄,渋江庄

嘉元 3 年 7 月 26 日　亀山上皇仏事用途定文 *淡路国,遠江国
田亀山院崩後仏事記　刊『鎌』29-22288
地浜松庄,船木庄,箕浦庄

嘉元 3 年 8 月 2 日　鎮西下知状 *筑前国
田大友文書　刊『鎌』29-22294,『増補訂正編年大友史料 3』287頁,『大宰府・太宰府天満宮史料 2』358頁,『同 4』539頁,『九州荘園史料叢書 4』101頁
語蒙古合戦勲功賞
地蒙古

嘉元 3 年 8 月 5 日　関東御教書案 *長門国
田古証文 7　刊『鎌』29-22297
語山野殺生禁断
地赤間関

嘉元 3 年 8 月 12 日　近江浅井郡守護代請取状案 *近江国
田近江菅浦文書　刊『鎌』29-22303,『菅浦文書　下』44頁

語櫓三張
地大浦庄,菅浦

嘉元 3 年) 8 月 15 日　伊予弓削島雑掌栄実書状 *伊予国
田東寺百合文書エ　刊『鎌』29-22305,『日本塩業大系　史料編古代・中世 1』215頁,『愛媛県史　資料編古代・中世』393頁
語御年貢之船,塩,あらまき(荒巻)一巻
綱弓削島庄雑掌栄実,東寺より御年貢の船を急ぎ進上すべしとの催促に,雨天により塩を焼かざるにより延引すと答う

嘉元 3 年 8 月 25 日　頼連返抄案 *豊前国
田豊前樋田家文書　刊『鎌』29-22312,『大分県史料30』348頁
地辛島

嘉元 3 年 8 月 26 日　鎮西御教書 *薩摩国
田薩藩旧記10小川氏文書　刊『鎌』29-22313,『鹿児島県史料　旧記雑録前編 1』417頁
地甑島

嘉元 3 年 8 月 29 日　尼忍照譲状 *薩摩国
田薩摩二階堂文書　刊『鎌』29-22314
語蒙古いくさのくむこう(蒙古戦の勲功)
地蒙古

嘉元 3 年 8 月　近江菅浦荘日吉社神人等訴状案 *近江国
田近江菅浦文書　刊『鎌』29-22316,『菅浦文書　上』297頁
語海路,菅浦
地大浦庄,菅浦
綱大浦庄住人等,海路・陸地に分れ,菅浦に押寄せ,神人等の家内に乱入す

嘉元3年

嘉元3年)9月)7日)　浅井郡守護使庇実検状案　＊近江国

田 近江菅浦文書　刊『鎌』29-22319,『菅浦文書　下』44頁
地 をうらのしやう(大浦庄)

嘉元3年9月13日　越前国坂北荘年貢課役注進状　＊越前国

田 東山御文庫記録　刊『福井県史　資料編2』398頁
地 坪江郷

嘉元3年9月26日　鎮西下知状写　＊筑前国

田 薩摩曽木文書　刊『鎌』29-22345,『大宰府・太宰府天満宮史料9』257頁
地 博多

嘉元3年9月28日　亀山上皇二七日放生注進状　＊近江国

田 亀山院凶事記　刊『鎌』29-22349
語 こい(鯉)大小廿八,ふな(鮒)一,ゑひ(海老)三斗七升〈不知数〉,さこ(雑魚)廿四桶〈不知数〉,田にし(田螺)船九艘分〈二石七斗〉,船,ひかい(干貝？)八十九,かめ(亀)二,ききいを(魚)一,近江水海辺
綱 良忍,近江水海辺において、嵯峨殿御二七日放生分として、鯉・鮒等を放生す

嘉元3年10月　如願施入状　＊讃岐国

田 土佐国古文叢2　刊『鎌』29-22379,『高知県史　古代中世史料編』542頁・996頁
語 多度津毘沙門堂
地 多度津
備 『高知県史』は「土佐国蠹簡集拾遺」より採る

嘉元3年11月11日　鎮西御教書案

田 薩藩旧記10写在指宿助左衛門尉　刊『鎌』29-22391,『鹿児島県史料　旧記雑録前編1』419頁,『大宰府・太宰府天満宮史料9』264頁
語 異賊用心

嘉元3年11月11日　信濃太田荘神代郷代官職請文

田 島津伊作家文書　刊『鎌』29-22392,『大日本古文書　島津家文書1』534頁,『九州荘園史料叢書5』51頁,『信濃史料4』523頁
語 節季塩引鮭九尺,筋子拾弐

嘉元3年11月18日　平重棟書下

田 旧典類従3所収三国擾乱記3所収　刊『鎌』29-22394
語 異国用心

嘉元3年11月　白魚行覚陳状案　＊肥前国

田 肥前青方文書　刊『鎌』29-22401,『青方文書1』107頁,『大宰府史料　中世編4』546頁
語 異賊合戦勲功
地 佐保,白魚

嘉元3年12月3日　大隅守護北条時直裁許状　＊大隅国

田 禰寝系図　刊『鎌』29-22404,『九州史料叢書　禰寝文書1』102頁
語 湊海人等,所漁魚類,海人等,東南海上,湊,海路,魚類
地 伊佐敷
綱 伊佐敷拯親弘法師浄意が大隅国禰寝郡行恵領内湊海人等の魚類等を奪取ることにつき、行恵子息清治これを訴う◆禰寝郡南俣は、東南西海辺の海人等が、東南海上にお

いて漁す◆湊に還る時、伊佐敷海路にて魚類等を押取り、狼藉す

嘉元3年)12月9日　金沢貞顕書状
＊武蔵国

出金沢文庫文書　刊『鎌』29-22410,金沢文庫編『金沢文庫古文書1』10頁,『六浦瀬戸橋』(神奈川県立金沢文庫図録)55頁
語瀬戸橋
地瀬戸橋
綱武蔵国瀬戸橋落成す

嘉元3年12月11日　甘南井長吉田地売券
＊摂津国

出摂津勝尾寺文書　刊『鎌』29-22413,『箕面市史　史料編1』270頁
地豊島北条

嘉元3年12月20日　檀那院政所集会事書
＊近江国

出近江菅浦文書　刊『鎌』29-22421,『菅浦文書　下』44頁
語船
地菅浦,大浦,唐奇(崎)浜
綱菅浦神人と大浦庄住人、堺相論により、大浦庄住人・船等を破却し、あるいは奪取す

嘉元3年12月20日　三池道智後家如円譲状案
＊河内国

出島津家文書　刊『鎌』29-22422,『大日本古文書　島津家文書1』108頁,『九州荘園史料叢書13』29頁
地にしのしま(西島)

嘉元3年12月21日　東寺供僧評定事書
＊伊予国,近江国

出東寺百合文書ら　刊『鎌』29-22424,『日本

嘉元3年

塩業大系　史料編古代・中世1』218頁,『愛媛県史　資料編古代・中世』394頁
地弓削島,大津浦
綱三井寺慶月播磨房慶盛相語らいて、太良後送米40石を大津浦において点置く

嘉元3年12月29日　播磨久留美荘領家方年貢米散用状

出九条家文書　刊『鎌』29-22426,『図書寮叢刊　九条家文書2』219頁
語海路
綱播磨国久留美庄年貢、海路より進上さる

嘉元3年)閏12月7日　肥前守護代平岡為政書下案
＊肥前国

出肥前青方文書　刊『鎌』29-22436,『青方文書1』108頁
地小値賀・浦部

嘉元3年閏12月12日　関東下知状
＊陸奥国

出近江朽木文書　刊『鎌』29-22443,『朽木文書2』79頁
地板崎郷,板崎

嘉元3年閏12月23日　関東下知状写
＊伊勢国

出大阪四天王寺所蔵如意宝珠御修法日記裏文書　刊『鎌』29-22480,『加能史料　鎌倉2』247頁,杉橋隆夫「四天王寺所蔵『如意宝珠御修法日記』『同』紙背文書について」『史林』53-3、117頁
語伊勢国拾五箇所塩浜〈出羽太郎入道聖願跡〉

嘉元3年閏12月29日　為尚覆勘状

出坂口忠智所蔵文書　刊『鎌』29-22492

嘉元4年
語異賊警固番役
備『九州地方中世編年文書目録』は文書名を「為国覆勘状」とする

嘉元4年1月28日　薩摩守護島津氏奉行人連署奉書　＊薩摩国

出薩摩比志島文書　刊『鎌』29-22514,『大宰府・大宰府天満宮史料9』268頁,『鹿児島県史料　旧記雑録前編1』420頁
語比志島石築地裏加佐并破損
地比志島

嘉元4年2月　安冨泰成申状　＊肥前国

出肥前深江家文書　刊『鎌』29-22537,『佐賀県史料集成4』264頁,『九州荘園史料叢書7』157頁
地船越村

徳治元年3月14日　久尊書下

出隠岐国代考証　刊『鎌』30-22808
語うみやま（海山）

嘉元4年3月16日　掃守田国正田畠荒野売券　＊伊賀国

出百巻本東大寺文書67　刊『鎌』29-22543,『大日本古文書　東大寺文書8』69頁
地簗瀬御庄

嘉元4年3月22日　官宣旨案　＊土佐国

出土佐最御崎寺文書　刊『鎌』29-22549
語室津一色
地室津

嘉元4年3月25日　安芸厳島社惣政所法橋某施行状　＊安芸国

出安芸田所文書　刊『鎌』29-22552,『広島県史　古代中世資料編5』1458頁

語厳島
地厳島
備『広島県史』では出典を所文書とする

嘉元4年4月3日　若狭太良荘送文案　＊近江国

出東寺百合文書は　刊『鎌』29-22599
語大津問丸
地大津

嘉元4年4月11日　肥前守護代平岡為政書下案　＊肥前国

出肥前青方文書　刊『鎌』29-22605,『青方文書1』109頁
地小値賀,浦部
備同文の案文が『青方文書2』240頁にもう1点ある

嘉元4年4月14日　時家処分大間帳　＊薩摩国

出薩摩千竃家文書　刊『鎌』29-22608,『鹿児島県史料　旧記雑録拾遺家わけ6』411頁
語しましま（島々）
地ハうのつ（坊津）,くち五島（口五島）,わさのしま,きかいかしま（喜界島）,大しま（大島）,ゑらふのしま（永良部島）,大とまりの津（大泊津）,七島,とくのしま（徳之島）,やくのしま（屋久島）,いしハしかはのむら,くち置島
備『鎌』と『鹿児島県史料』の読みにかなり異同あり。後者により採録する。地名中の大島は奄美大島,七島はトカラ列島に比定される

嘉元4年4月14日　時家譲状　＊薩摩国

出薩摩千竃家文書　刊『鎌』29-22610,『鹿児

島県史料　旧記雑録前編家わけ6』413頁
語津
地大とまりの津(大泊津),島の前七浦

嘉元4年4月16日　香宗我部重通所職譲状　＊土佐国

出香宗我部家伝証文　刊『鎌』29-22611
語大海
地烏河

嘉元4年4月16日　大村家直書下案　＊肥前国

出肥前青方文書　刊『鎌』29-22614,『青方文書1』109頁
地小値賀,浦部
備同文の案文が『青方文書2』241頁にもう1点ある

嘉元4年4月□日　大村家直書下案　＊肥前国

出肥前青方文書　刊『鎌』29-22617,『青方書1』110頁
地小値賀,浦部

嘉元4年4月　峯長申状案　＊肥前国

出肥前青方文書　刊『鎌』29-22618,『青方書1』110頁
地小値賀,浦部
備『鎌』29-22619・22620・22621参照

嘉元4年4月　備後歌島在家人申状　＊備後国

出厳島神社蔵反古経文書　刊『鎌』29-22629
語歌島在家人
地歌島
備『鎌』29-22637・22638・22639参照

嘉元4年

嘉元4年5月10日　得宗公文所奉行人連署奉書　＊摂津国

出摂津多田神社文書　刊『鎌』29-22644,『兵庫県史　史料編中世1』259頁
語山河殺生

嘉元4年5月　近江葛川行者等解文案　＊近江国

出近江葛川明王院文書　刊『鎌』29-22653,『葛川明王院史料』872頁
語滝河流毒,魚,滝河,河魚,漁遊,毒薬,河水,鱗介虫類,鱗族,膾厨,漁猟之業
綱和尚が鉢を濯ぎ,河魚に食物を与えし瀧河は,行者が彼の芳躅を慕い,必ず各々鉢を濯ぎ,飯餌を儲け,魚に施与するを流例とす
◆少納言阿闍梨は,魚遊のため,毒薬を河水に流し,鱗介虫類悉く死す

嘉元4年6月12日　昭慶門院〈憙子内親王〉御領目録

＊摂津国,下総国,近江国,美濃国,備前国,紀伊国,讃岐国,伊予国,尾張国,甲斐国,越前国,越中国,肥後国,出雲国,遠江国,相模国,伊勢国,備後国,丹波国,播磨国

出竹内文平氏所蔵文書　刊『鎌』29-22661
語御厨,梶取名
地兵庫庄,柳津河尻,渚院,下河辺,箕浦庄,飛騨瀬庄,小豆島,荒河庄,姫江庄,新居大島,野間内海,狩津庄,小井河庄,井島,高瀬庄,多度庄,郡浦,富島庄,来海,三島庄,美薗御厨,橘島庄,河匂庄,福島庄,富津御厨,中津御厨,渋江庄,直河庄,浜松庄,寺島,乃生浦,足羽御厨,塩田庄,簗瀬郷,長瀬郷,細川庄,吉河上庄,(吉河)下庄,広瀬南庄,広瀬北庄

305

嘉元4年

嘉元）4年6月)22日） 某書下案
＊肥前国

- 田 肥前青方文書　刊『鎌』29-22666
- 地 小値賀, 浦部

嘉元4年6月　白魚行覚申状案　＊肥前国

- 田 肥前青方文書　刊『鎌』29-22673,『青方文書1』114頁
- 地 佐保, 白魚

嘉元4年7月22日　季長奉書　＊若狭国

- 田 若狭大音家文書　刊『鎌』30-22682,『福井県史　資料編8』797頁
- 語 とね(刀禰)職
- 地 恒神浦, 御賀尾浦

嘉元4年7月25日　前因幡守敦雄奉書
＊伊予国

- 田 石清水文書　刊『鎌』30-22683,『大日本古文書　石清水文書1』324頁
- 地 神崎

嘉元4年7月　東寺供僧評定事書　＊若狭国

- 田 東寺百合文書エ　刊『鎌』30-22676
- 語 問丸, 問料

嘉元4年7月　峯貞陳状案　＊肥前国

- 田 肥前青方文書　刊『鎌』30-22679,『青方文書1』116頁,『大宰府・太宰府天満宮史料9』269頁
- 語 六斎日二季彼岸殺生禁断, 警固番役御書下, 津
- 地 白魚浦, 小値賀, 浦部, 津(博多津)

嘉元4年7月　法橋重舜寄進田注文
＊摂津国

- 田 摂津勝尾寺文書　刊『鎌』30-22690,『箕面市史　史料編1』274頁
- 地 渡瀬
- 備 文書名は『箕面市史』による。『鎌』は文書名を「摂津勝尾寺初後夜田坪付案」とする。但し『箕面市史』は採録地名部分を欠く

嘉元4年8月10日　常陸国大田文案
＊常陸国

- 田 安得虎子, 所三男氏持参文書　刊『鎌』30-22696
- 地 高浜田, 塩橋, 島前, 島並, 伊勢御厨小栗保, 馬渡, 船子, 石河

嘉元4年8月29日　藤原範親・範重・有信連署譲状　＊播磨国

- 田 白河本東寺文書49, 美吉作衛所蔵文書　刊『鎌』30-22715,『鎌倉遺文研究』5・69頁
- 地 那波浦, 佐方浦

嘉元4年8月　東寺評定事書　＊若狭国

- 田 東寺百合文書ル　刊『鎌』30-22693
- 語 同(太良)庄大津間
- 地 (太良庄)大津

嘉元4年9月7日　関東下知状　＊備後国

- 田 高野山文書宝簡集11　刊『鎌』30-22722,『大日本古文書　高野山文書1』175頁
- 語 船賃, 運送船, 梶取
- 綱 備後国太田荘雑掌頼覚, 地頭名より船賃として胡麻を弁ずべきを称するも, 運送船においては梶取の給田あり, 船賃は惣荘役たるべしと関東裁許す

嘉元4年9月10日　大舎人重恒田畠在家
譲状案　　　　　　　　　　＊常陸国

田 常陸吉田神社文書　刊『鎌』30-22724,『茨
城県史料　中世編2』267頁
地 浜田動郷,島廻

嘉元4年9月　東寺十八口供僧評定事書
　　　　　　　　　　　　　＊伊予国

田 東寺百合文書ル　刊『鎌』30-22725,『日本
塩業大系　史料編古代・中世1』223頁,『愛
媛県史　資料編古代・中世』411頁
語 網庭年貢,年貢運送,年貢船,塩俵三十俵,
淀魚市庭,網庭
地 弓削島,淀
綱 東寺,年貢運送船に笠符なきゆえ,当年淀
魚市場において年貢船を抑留せらる

嘉元4年9月　橘薩摩公時申状　＊肥前国

田 肥前小鹿島文書　刊『鎌』30-22733,『佐賀
県史料集成17』228頁,『九州荘園史料叢書
11』50頁
地 長島庄

嘉元4年10月2日　佐々木加地章氏譲状
案　　　　　　　　　　　　＊越後国

田 中条家文書　刊『新潟県史　資料編4』
349頁
地 高浜

嘉元4年10月6日　淵信寄進状　＊備後国

田 備後浄土寺文書　刊『鎌』30-22742,『広島
県史　古代中世資料編4』631頁
語 浜在家
地 尾道浦堂崎

嘉元4年10月18日　定證起請文
　　　　　　　　　　　＊備後国,紀伊国

田 備後浄土寺文書　刊『鎌』30-22747,『広島
県史　古代中世資料編4』679頁
語 浜在家,南海紀州,海路之便宜,三島舞童,
運送之船津,観音補陀落之孤岸,白浪船師,
南海之南,紀州湯浅海中之島,一孤島,当浦
山海之風流,当浦檀那,海浜之漁夫
地 尾道浦堂崎,三島
綱 永仁6年,定証,海路の便宜により,尾道
浦に至る◆尾道浦は高野山仏聖供灯運送の
船津なり◆同浦は,観音補陀落の孤岸に通
じ,船師を南海の南に待つの地なり◆昔時,
明恵上人紀州湯浅海中の島に出で,遥かに
西方に望む孤島を天竺と号し,礼拝す◆上
下百余人,5日の間かの島に逗留し,礼拝す
◆浄土寺落慶供養にあたり,西大寺長老ら
尾道浦に着岸す◆西大寺長老ら,讃岐柏原
堂供養のため,堂崎にて乗船し,解纜す

嘉元4年11月3日　義介印可状　＊中国

田 肥後広福寺文書　刊『鎌』30-22763,『熊本
県史料　中世編1』48頁
語 大宋
地 大宋,越州

嘉元4年11月　安芸新勅旨年貢米送進状
　　　　　　　　　　　　　＊安芸国

田 東寺文書百合外　刊『鎌』30-22783
語 梶取船

嘉元4年12月9日　備後南北条村年貢算
用状　　　　　　　　　　　＊備前国

田 百巻本東大寺文書82巻(736)　刊『鎌』30-
22793,『大日本古文書　東大寺文書8』285

頁

[語]二斗　船出上分，一斗　海上上分，三斗梶取酒手

徳治元年12月21日　東寺十八口供僧評定事書　＊伊予国

[出]東寺百合文書う　[刊]『鎌』30-22818，『日本塩業大系　史料編古代・中世１』233頁，『愛媛県史　資料編古代・中世』413頁

[地]弓削島

嘉元４年12月　知栄去渡状　＊備後国

[出]安芸厳島反古裏経裏文書　[刊]『鎌』30-22802

[語]歌島領家御方得分物

[地]歌島（尾道の向島）

嘉元５年１月20日　小田なかよし譲状案　＊備前国

[出]肥前橘中村家文書　[刊]『鎌』30-22806，『佐賀県史料集成18』15頁

[地]しほたかた

嘉元５年１月20日　所領坪付案　＊肥前国

[出]肥前橘中村文書　[刊]『鎌』30-22807，『佐賀県史料集成18』15頁

[地]てらしま，しほや（塩屋ヵ）

徳治２年２月14日　印耀置文案

[出]神宮文庫文書　[刊]『鎌』30-22858

[語]苔副塩浜在家并荒野等，塩三石〈八合升定〉

徳治２年２月18日　よしうち譲状案

[出]紀伊続風土記附録15木本村庄司氏　[刊]『鎌』30-22863，『紀伊続風土記３』附録346頁

[地]にのしま

徳治２年３月８日　縁弁遺領水田売券　＊大和国

[出]大和額安寺文書　[刊]『鎌』30-22879

[地]河向

徳治２年３月18日　有房書状案　＊肥後国

[出]肥後大慈寺文書　[刊]『鎌』30-22893，『熊本県史料２』662頁，『曹洞宗古文書　下』394頁

[語]河尻大渡橋功人

[地]河尻大渡橋

徳治２年３月23日　平岡為政覆勘状案　＊肥前国

[出]肥前武雄神社文書　[刊]『鎌』30-22900，『佐賀県史料集成２』89頁，『福岡県史資料10』117頁，『大宰府・太宰府天満宮史料９』275頁

[語]異賊警固，博多在津番役

[地]博多

徳治２年３月25日　六波羅御教書　＊紀伊国

[出]尊経閣文庫所蔵文書　[刊]『愛媛県史　資料編古代・中世』415頁

[語]西国并熊野浦々海賊

[地]熊野浦々

徳治２年３月25日　関東御教書

[出]前田家所蔵文書　[刊]『鎌』30-22901

[語]西国并熊野浦々海賊

[地]熊野浦

[綱]関東、西国并熊野浦々海賊近日蜂起の由風聞ありとして、河野六郎（通有）に警固・搦進を命ず

徳治2年5月13日　伊勢大国荘済物注文案
　　　　　　　　　　　　　　＊伊勢国

　出東寺百合文書京25　刊『鎌』30-22966,『鎌倉遺文研究』5・71頁
　語鰹百五十節

徳治2年5月13日　さいしん譲状
　　　　　　　　　　　　　　＊肥前国

　出肥前武雄神社文書　刊『鎌』30-22968,『佐賀県史料集成2』90頁
　語なみうちきハ(波打際)
　地うのの御□(く)りやのしやう(宇野御厨庄)さんたうへのしまのうちやまてのうら

徳治2年5月　綾小路以南地主等申状案

　出山城北野社紅梅殿記上　刊『鎌』補4-1853
　語西海之波浪

徳治2年6月7日　忍暁書下

　出常陸吉田神社文書　刊『鎌』30-22981,『茨城県史料　中世編2』281頁
　語塩屋入道
　備『茨城県史料』は文書名「沙弥忍暁遵行状写」

徳治2年)6月16日　東寺供僧評定引付

　出東寺百合文書な　刊『鎌』30-22984,『日本塩業大系　史料編古代・中世1』230頁,『愛媛県史　資料編古代・中世』417頁
　語網庭年貢,淀津之損
　地弓削島,淀津
　綱淀津の損なきよう弓削島年貢運上すべき旨、預所に下知せんことを東寺供僧評定にて決す
　備『鎌』のみ出典を「東寺百合文書た」とするが、誤り

徳治2年6月18日　幕府問注所執事連署奉書案

　出金沢文庫文書　刊『鎌』30-22986,金沢文庫編『金沢文庫古文書7』38頁
　語□(和)賀江関所沙汰人
　地和賀江

徳治2年6月19日　伊予弓削島荘預所栄実注進条々事書

　出東寺百合文書ト　刊『鎌』30-22995,『日本塩業大系　史料編古代・中世1』232頁,『愛媛県史　資料編古代・中世』415頁
　語網庭

徳治2年6月21日　東寺十八口供僧方文書目録案

　出東寺百合文書ア　刊『鎌』30-22996,『日本塩業大系　史料編古代・中世　補遺』44頁,『愛媛県史　資料編古代・中世』388頁
　地弓削島

徳治2年)8月)1日)　水路開鑿願文
　　　　　　　　　　　　　　＊備中国

　出備中町笠神所在文字岩「備中町史」資料1
　刊『鎌』30-23020,『岡山県史19』656頁
　語笠神船路造通,笠神龍頭上下瀬
　地笠神龍頭上下瀬
　綱笠神龍頭上下瀬十余箇所は日本無双の難所たるにより、大勧進沙門尊海、諸方に勧め、十余箇月にして船路を開鑿す

徳治2年8月8日　宇佐大宮司〈宇佐公世〉下文案

　出豊前小山田文書　刊『鎌』30-23023,『大分県史料7』64頁
　地和間浜

徳治2年

徳治2年9月　大和若槻荘土帳　＊大和国

田常陸菅孝次郎氏蔵文書　刊『鎌』30-23052
地堂北浦,下北浦

徳治2年)〈徳治二年〉大乗院領大和若槻荘土帳条里坪付図　＊大和国

田常陸菅孝次郎蔵本　刊『鎌』30-23053
地島墻,黒崎,壱比浦,下北浦,上比(北)浦

徳治2年10月22日　蒙古合戦勲功賞配分状　＊豊後国

田豊後詫摩文書　刊『鎌』30-23067,『大分県史料12』66頁,『太宰府・太宰府天満宮史料9』276頁,『増補訂正編年大友史料4』8頁,『熊本県史料5』471頁
語弘安四年蒙古合戦勲功賞配分
地蒙古

徳治2年10月29日　恵運奉書案

田東寺百合文書京　刊『鎌』30-23073,『日本塩業大系　史料編古代・中世1』233頁,『愛媛県史　資料編古代・中世』418頁
語弓削島塩,梶取
地弓削島,渡辺
綱恵運,弓削島塩は売買物にあらざるにより,子細あるべからざる旨を,和泉阿闍梨・渡辺沙汰人に通達す
備宛所は「(摂津)渡辺沙汰人中」

徳治2年11月8日　東大寺契約状案　＊伊賀国

田東大寺文書(1-1-177)　刊『鎌』30-23086
地簗瀬庄

徳治2年11月17日　安芸新勅田年貢米送進状　＊安芸国

田東寺百合文書外　刊『鎌』30-23088
語梶取船

徳治2年11月23日　六波羅下知状

田山城賀茂別雷神社文書　刊『賀茂別雷神社文書1』260頁,『兵庫県史　史料編中世7』90頁
語近国并西国浦々関々,神祭漁,網
綱賀茂別雷社供祭につきては,貞応・文永の御下知の如く,近国并西国浦々関々における武士の濫妨を停止すべし◆有限の神祭漁は,文応式目の如く,違乱すべからず◆網を破損し,供祭人に恥辱を与うる旨,賀茂別雷社雑掌申すも,沙汰に及ばず

徳治2年12月23日　六波羅下知状

田山城賀茂別雷神社文書　刊『鎌』30-23120
語近国并西国浦々関々,破損網,供祭人,神祭漁
綱賀茂別雷社有限の神祭漁は,殺生禁断より除外せらる◆同社雑掌,網を破損せしめ,供祭人に恥辱を与うる有蓮を訴う◆同社供祭は,貞応・文永の下知により幾内近国并西国津々関々の武士濫妨を停止せらる

徳治2年12月29日　藤原親村等連署年貢請取状　＊越後国

田色部文書　刊『鎌』30-23129,『新潟県史資料編4』7頁
語粟島御年貢鮑事,合并佰貝者〈加預所得分定〉
地粟島

徳治2年　よしうち譲状

　出伊勢御巫家退蔵文庫文書　刊『鎌』30-22862
　地にのしま

徳治2年　大和豊田荘悪党交名　＊大和国

　出東大寺文書4-91　刊『鎌』30-23133
　地広瀬

徳治3年1月1日　九条忠教譲状　＊備前国

　出九条家文書　刊『鎌』30-23139,『図書寮叢刊　九条家文書1』109頁
　地小豆島, 白河庄

徳治3年2月7日　関東下知状　＊上野国

　出東京国立博物館所蔵文書　刊『鎌』30-23167
　地高山御厨

徳治3年2月18日　大江氏女畠地売券　＊肥前国

　出肥前武雄神社文書　刊『鎌』30-23181,『佐賀県史料集成2』93頁,『九州荘園史料叢書11』53頁
　地なかしまのしやう(長島庄), みやさき(宮崎)

徳治3年2月27日　近江朽木庄地頭代弁空申状案　＊近江国

　出葛川明王院文書　刊『鎌』30-23185,『葛川明王院史料』874頁
　地細河板井瀬

徳治3年2月　長賢寄進状

　出山城禅定寺文書　刊『鎌』30-23189,『禅定寺文書』51頁
　地塩谷口

徳治3年2月　長賢置文

　出山城禅定寺文書　刊『鎌』30-23190,『禅定寺文書』50頁
　地塩谷口

徳治3年3月8日　としいゑ入道譲状　＊対馬国

　出宗家判物写　葦見村百姓所持　刊『鎌』30-23195,『長崎県史　史料編1』320頁
　地うつらさき

徳治3年3月10日　留守沙弥某下文

　出志々目文書　刊『鎌』30-23197
　地弥寝院鳥浜

徳治3年3月25日　関東御教書

　出尊経閣所蔵古蹟文徴　刊『鎌』30-23210,『中世法制史料集1』344頁
　語西国并熊野浦々海賊
　地熊野
　綱西国ならびに熊野浦々の海賊、近日蜂起の由、風聞あり

徳治3年3月28日　豊後大野荘中村方年貢結解状

　出山城三聖寺文書　刊『鎌』30-23213
　語梶取給畠

徳治3年4月21日　平盛綱田地売券　＊摂津国

　出山城大徳寺文書　刊『鎌』30-23235,『大日本古文書　大徳寺文書3』264頁
　地尼崎

徳治3年～延慶元年

徳治3年5月2日　六波羅下知状
＊加賀国

田山城南禅寺文書　刊『鎌』30-23249,『加能史料　鎌倉2』255頁
地牛島村

徳治3年）5月24日　頼尊奉書土代
＊伊予国

田東寺百合文書京　刊『鎌』30-23265,『日本塩業大系　史料編古代・中世1』235頁,『愛媛県史　資料編古代・中世』419頁
地弓削島

徳治3年6月9日　加治木頼平申状案
＊伊予国

田東寺百合文書ツ　刊『日本塩業大系　史料編古代・中世1』236頁,『愛媛県史　資料編古代・中世』420頁
地弓削島

徳治3年7月29日　梶取重安請文

田東大寺文書(3-4-27)　刊『鎌』30-23325
語梶取,秋船
地木津
綱梶取重安、鳥居御柱を木津まで引くことは存知せざる旨申す

徳治3年8月24日　東寺長者御教書
＊山城国

田高野山文書宝簡集2　刊『鎌』30-23341,『大日本古文書　高野山文書1』25頁
語淀津升米〈達摩寺分〉
地淀津

徳治3年8月25日　伊予弓削島荘年貢塩送文

田東寺百合文書な　刊『鎌』30-23343,『日本塩業大系　史料編古代・中世1』235頁,『愛媛県史　資料編古代・中世』419頁
語弓削島御年貢大俵塩,梶取
地弓削島

徳治3年8月　平政連諫草
＊中国

田尊経閣所蔵文書　刊『鎌』30-23363
語唐,震旦
地唐,震旦

徳治3年閏8月2日　賢継淀関米雑掌職請文
＊山城国

田高野山文書又続宝簡集142　刊『鎌』30-23367,『大日本古文書　高野山文書8』621頁
語淀関米雑掌職
地淀関

徳治3年閏8月2日　重連淀関米請文
＊山城国

田高野山文書又続宝簡集142　刊『鎌』30-23368,『大日本古文書　高野山文書8』622頁
語淀関米
地淀関
綱淀関米半分(達摩寺跡)は高野山へ付けらる◆このうち半分宛毎年750貫、月別62貫500文は毎月晦日に寺家雑掌に済納すべき旨、左衛門尉重連請文を出す

延慶元年）9月26日　長井貞秀書状
＊周防国

田金沢文庫文書　刊『鎌』31-23519,金沢文庫編『金沢文庫古文書1』213頁
語竈戸関
地竈戸関

徳治3年〜延慶元年

徳治3年10月8日　六波羅施行状
　　　　　　　　　　　　　　＊石見国

出吉川家文書　刊『大日本古文書　吉川家文書2』284頁
地寸津

延慶元年11月9日　六波羅御教書
　　　　　　　　　　　　　　＊山城国

出播磨広峯文書　刊『鎌』31-23448,『兵庫県史　史料編中世2』610頁
語鴨河堤
地鴨河
綱鴨河堤大破に及ぶにより、近国御家人役として修固を命ず

延慶元年」11月21日　最略伝法灌頂支配注文

出金沢文庫文書　刊『鎌』31-23460,金沢文庫編『金沢文庫古文書8』132頁
語酒肴

徳治3年11月　大隅禰寝南俣水田名寄帳
　　　　　　　　　　　　　　＊大隅国

出大隈禰寝文書　刊『鎌』30-23420,『九州史料叢書　禰寝文書1』104頁
地横田浦,黒田浦

延慶元年12月24日　伏見上皇院宣
　　　　　　　　　　　　　　＊摂津国

出東大寺文書,内閣文庫所蔵摂津国古文書　刊『鎌』31-23491,『神戸市史　資料1』118頁
語経島升米
地経島
備『鎌』31-23841参照

延慶元年12月27日　伏見上皇院宣案
　　　　　　　　　　　　　　＊摂津国

出内閣文庫蔵摂津国古文書　刊『鎌』31-23494,『兵庫県史　史料編中世5』521頁,『大日本古文書　東大寺文書5』134頁,『神戸市史　資料1』119頁
語島修固,兵庫経島升米,西国往反之船,上船石別升米,下船置石,雑船
地経島
綱摂津国兵庫経島の升米は永代東大寺八幡宮に寄付せらる◆島の修固は東大寺の沙汰なり◆西国往反の船は、上船は石別升米・下船は置石を、先例に任せて沙汰すべし◆雑船は、傍例に任せ、沙汰すべし

延慶元年)12月28日　伏見上皇院宣
　　　　　　　　　　　　　　＊山城国

出高野山文書宝簡集53　刊『鎌』31-23495,『大日本古文書　高野山文書2』92頁
語淀津升米
地淀
綱淀津升米を大塔修理料所に充つること、高野諸院の愁訴により飛驒国務に替えらる

延慶元年」12月」30日」　東寺供僧評定引付
　　　　　　　　　　　　　　＊伊予国

出東寺百号文書し　刊『鎌』31-23497,『日本塩業大系　史料編古代・中世1』239頁,『愛媛県史　資料編古代・中世』426頁
語弓削島年行事分
地弓削島
備『鎌』は出典「東寺百合文書レ」とするが、誤り。また本文書の後半部分と『鎌』31-23783とをとりちがえた錯簡文書が、『鎌』

徳治3年～延慶2年
31-23785として掲載されてしまっている

徳治3年　性運〈忽那実重〉譲状　＊伊予国

> 田伊予忽那家文書　刊『鎌』30-23158,『愛媛県史　資料編古代・中世』418頁
> 語忽那島名田并西浦惣追捕使職
> 地忽那島,西浦

延慶元年　備前吉備津宮正宮引物注文

> 田備中吉備津神社文書　刊『鎌』31-23499
> 語吉備津宮

延慶元年）　金沢貞顕書状＊相模国,武蔵国

> 田金沢文庫文書　刊『鎌』31-23501,金沢文庫編『金沢文庫古文書1』6頁
> 語由比浜之潮変面
> 地由比浜,六浦
> 綱由比浜の潮、変面す

延慶2年）1月23日　伏見上皇院宣案
＊越前国

> 田大和西大寺文書　刊『福井県史　資料編2』463頁
> 語敦賀津升米
> 地敦賀津

延慶2年）1月24日　西園寺某施行状写
＊越前国

> 田大和西大寺文書　刊『福井県史　資料編2』463頁
> 語敦賀津升米
> 地敦賀津

延慶2年1月27日　東寺長者法務〈聖忠〉御教書　＊山城国

> 田高野山文書宝簡集2　刊『鎌』31-23571,『大日本古文書　高野山文書1』26頁
> 語淀升米
> 地淀
> 綱淀升米半分山門方を大塔修理に付す

延慶2年2月18日　一条実家御教書
＊土佐国

> 田土佐金剛福寺文書　刊『鎌』31-23591
> 語蹉跎御崎造営用途
> 地蹉跎御崎,山田村

延慶2年2月21日　六波羅御教書
＊伊予国

> 田伊予忽那家文書　刊『鎌』31-23596,『愛媛県史　資料編古代・中世』427頁
> 語忽那島
> 地忽那島

延慶2年2月23日　了尊等連署起請文
＊摂津国

> 田狩野亨吉氏蒐集文書18　刊『鎌』31-23598,『兵庫県史　史料編中世5』521頁,『尼崎市史4』369頁,『神戸市史　資料1』119頁
> 語兵庫関
> 地兵庫関,長洲庄

延慶2年2月26日　肥前守護〈鎮西探題〉北条政顕書下案

> 田肥前実相院文書　刊『鎌』31-23604,『佐賀県史料集成15』184頁
> 語異賊
> 綱異賊襲来すべきの由、聞あり

延慶2年2月26日　某書下案
＊長門国,中国

> 田長門一宮住吉神社文書　刊『鎌』31-23605,『中世法制史料集1』498頁

314

語 唐船帰朝, 異賊
地 唐
綱 唐船, 帰朝す◆異賊, 蜂起す

延慶2年2月26日　鎮西探題御教書写

出 肥前島原松平文庫文書　刊『鎌』補4-1879
語 異賊
備 網野善彦『悪党と海賊』98頁参照

延慶2年2月27日　肥前守護代長門左衛門入道施行状案

出 肥前実相院文書　刊『鎌』31-23607,『佐賀県史料集成15』185頁
語 異賊降伏御祈禱

延慶2年2月27日　豊後守護大友貞親施行状写　　　　＊筑前国

出 肥前島原松平文庫文書　刊『鎌』補4-1880
語 異賊降伏御祈禱, 博多御教書
地 博多
備 網野善彦『悪党と海賊』98頁参照

延慶2年2月29日　関東御教書案

出 薩藩旧記11国分寺文書　刊『鎌』31-23919,『鹿児島県史料　旧記雑録前編1』429頁
語 異国降伏御祈

延慶2年3月14日　関東下知状案　　　　＊越前国

出 大和西大寺文書　刊『鎌』31-23633,『福井県史　資料編2』463頁
語 敦賀津升米
地 敦賀津
綱 敦賀津升米を5年に限り、西大寺四王院・醍醐寺・祇園社三方修造に寄付す

延慶2年3月16日　沙弥某書下案　　　　＊肥前国

出 肥前青方文書　刊『鎌』31-23638,『青方文書1』118頁
語 小値賀・浦部地頭
地 小値賀, 浦部
備 同文の案文が『青方文書2』242頁にもう1点ある

延慶2年3月21日　平貞保下知状　　　　＊若狭国

出 若狭秦文書　刊『鎌』31-23645,『小浜市史　諸家文書編3』31頁
語 刀禰
地 汲部, 多烏

延慶2年3月27日　興福寺学侶連署請文

出 大和大東家文書　刊『鎌』31-23653
語 淀関務
地 淀
綱 淀の関務は、東室等造宮所として興福寺に寄付せらる

延慶2年3月29日　久能頼貞巻数請取案

出 肥前実相院文書　刊『鎌』31-23657,『佐賀県史料集成15』185頁
語 異国降伏

延慶2年3月　峯貞申状案　　　　＊肥前国

出 肥前青方文書　刊『鎌』31-23659,『青方文書1』119頁
語 宇久島, 島, 相模守殿御梶取
地 宇久島, 宇土庄, 宿浦
綱 相模守(北条師時)御梶取肥後宇土庄住人右衛門三郎重教、売買のため、宗次郎の許に寄宿す

延慶2年

延慶2年」4月12日　伏見上皇院宣
　　　　　　　　　　　　　＊山城国

田紀伊興山寺文書　刊『鎌』31-23667,『高野山文書4』6頁
語淀升米
地淀

延慶2年4月23日　六波羅下知状案
　　　　　　　　　　　　　＊越前国

田大和西大寺文書　刊『鎌』31-23671,『福井県史　資料編2』464頁
語敦賀津升米
地敦賀津

延慶2年4月30日　某殺生禁断山河境寄進札
　　　　　　　　　　　　　＊若狭国

田明通寺寄進札　刊『小浜市史　金石文編』75頁
語殺生禁断山河境,魚鱗,釣

延慶2年)5月1日　沙門空信書状案
　　　　　　　　　　　　　＊越前国

田大和西大寺文書　刊『福井県史　資料編2』464頁
語敦賀津升米
地敦賀津

延慶2年5月2日　伏見上皇院宣案
　　　　　　　　　　　　　＊越前国

田大和西大寺文書　刊『鎌』31-23683,『福井県史　資料編2』464頁
語敦賀津升米
地敦賀津

延慶2年)5月3日　法印宥信遵行状案
　　　　　　　　　　　　　＊越前国

田大和西大寺文書　刊『福井県史　資料編2』464頁
語敦賀津升米
地敦賀津

延慶2年5月9日　越前守護代施行状案
　　　　　　　　　　　　　＊越前国

田大和西大寺文書　刊『鎌』31-23686,『福井県史　資料編2』464頁
語敦賀津升米
地敦賀津

延慶2年6月16日　伏見上皇院宣案
　　　　　　　　　　　　　＊近江国

田近江菅浦文書　刊『鎌』31-23704,『菅浦文書　下』45頁
地菅浦

延慶2年6月18日　重栄避状　＊壱岐国

田広瀬氏所蔵中村文書　刊『鎌』31-23709,『松浦党関係史料集2』12頁,『福岡県史資料10』258頁,『大分県史料13』350頁,『九州荘園史料叢書4』105頁,『増補訂正編年大友史料4』18頁
地壱岐島小牧

延慶2年6月29日　関東御教書

田尊経閣所蔵文書　刊『鎌』31-23719
語西海并熊野浦之海賊
地西海,熊野浦
綱幕府、鎮西に居住する河野通有に対し、伊予国に帰り、西海・熊野浦の海賊を誅伐せんことを命ず
備『愛媛県史　資料編古代・中世』434号として本文書の写(松雲公採集遺編類纂所収)あり

延慶2年6月　肥前武雄社大宮司藤原国門申状案

出肥前武雄神社文書　刊『鎌』31-23721,『佐賀県史料集成2』94頁,『大宰府・太宰府天満宮史料9』314頁
語異国降伏,異賊征伐,異敵征罰
綱肥前武雄社は、本朝擁護の霊場・異国降伏の尊神なり◆神功皇后三韓征伐の時、諸神を引率し、兵船を構えて、異賊を究む。帰朝の後、兵船の軸を乾方へ向け、その形勢を厳山に成し、御神殿を兵船の艫に立てらる◆文永合戦の時、鏑矢の音、神殿より響いて、賊船退散す◆弘安合戦の時、紫幡三流、上宮より翻り、賊船の間に飛び行けば、大風吹きて賊船悉く漂没す

延慶2年7月26日　青方覚念請文案
　　　　　　　　　　　　　＊肥前国

出肥前青方文書　刊『鎌』31-23736,『青方文書1』120頁,『大宰府・太宰府天満宮史料9』317頁
語在津
地小値賀島(抹消),浦部島,津(博多津)
備『鎌』31-23737参照

延慶2年7月　檀那院供僧某申状案
　　　　　　　　　　　　　＊近江国

出近江菅浦文書　刊『鎌』31-23739,『菅浦文書　下』45頁
地諸河,菅浦

延慶2年10月15日　伊予弓削島荘年貢雑物等送進状
　　　　　　　　　　　　　＊伊予国

出東寺文書百合外　刊『鎌』31-23783,『日本塩業大系　史料編古代・中世1』241頁,『愛媛県史　資料編古代・中世』428頁
語弓削島御年貢大俵塩,御年貢大俵塩弐百弐拾俵,荒和布,筒切,梶取
地弓削島

延慶2年11月8日　九条忠教遺誡
　　　　　　　　　　　　　＊備前国

出九条家文書　刊『鎌』31-23802,『図書寮叢刊　九条家文書1』115頁
語小豆島庄
地小豆島庄

延慶2年11月13日　対馬八幡宮政所下文写

出対馬海神神社古文書写　刊『鎌』31-23813
語つしまのしま(対馬島),ふなうと(船人ヵ)
地つしまのしま(対馬島)

延慶2年11月25日　綿貫利用・高木盛久連署書下
　　　　　　　　　　　　　＊伊予国

出伊予忽那家文書　刊『鎌』31-23819,『愛媛県史　資料編古代・中世』429頁
語伊予国忽那島一分地頭
地忽那島

延慶2年11月　肥後多良木荘地頭代陳状案
　　　　　　　　　　　　　＊肥後国

出肥後相良家文書　刊『鎌』31-23823,『大日本古文書　相良家文書1』76頁,『大宰府・太宰府天満宮史料9』326頁
語異国警固,山野河

延慶2年12月24日　伏見上皇院宣案
　　　　　　　　　　　　　＊摂津国

出内閣文庫蔵摂津国古文書　刊『鎌』31-23841,『大日本古文書　東寺文書5』135

延慶2～3年

頁,『兵庫県史　史料編中世5』522頁
語 経島升米
地 経島
備 『鎌』31-23491参照

延慶2年)12月)30日)　讃岐善通寺住侶等解　＊摂津国,河内国,中国

出 讃岐善通寺文書　刊 『鎌』31-23855,『香川県史8』40頁
語 関務,兵庫島一艘別銭,善通寺修造料一艘別銭,高祖大師渡唐
地 兵庫島,河内国禁野内渚院,唐

延慶3年1月26日　東大寺年預下文案
＊摂津国,周防国

出 東大寺文書(1-15-133)　刊 『兵庫県史　史料編中世5』522頁
語 周防国運上年貢材木
地 兵庫島
綱 周防国より年貢に材木を運上す

延慶3年1月26日　東大寺年預所下文案
＊摂津国

出 東大寺文書(1-15-133)　刊 『鎌』31-24176,『兵庫県史　史料編中世5』522頁,『神戸市史　資料1』122頁
語 兵庫島下向神人公人,周防国運上年貢・材木幷駅家田所当米
地 兵庫島
綱 東大寺年預所、兵庫島下向の神人・公人等に、周防国より運上の年貢・材木、駅家田所当米の沙汰を下知す
備 年号『鎌倉遺文』は延慶2年とするが誤り

延慶3年2月14日　一条内実御教書
＊土佐国

出 土佐金剛福寺文書　刊 『鎌』31-23894,『高知県史　古代中世史料編』951頁・1003頁
語 蹉跎御崎造営用途
地 蹉跎御崎
備 『高知県史』は「土佐国蠧簡集脱漏」「土佐国古文叢」より採る

延慶3年2月16日　一条内実御教書
＊土佐国

出 土佐金剛福寺文書　刊 『鎌』31-23896,『高知県史　古代中世史料編』951頁・1004頁
語 蹉跎御崎造営用途
地 蹉跎御崎
備 『高知県史』は「土佐国蠧簡集脱漏」「土佐国古文叢」より採る

延慶3年2月18日　一条内実御教書
＊土佐国

出 土佐金剛福寺文書　刊 『鎌』31-23900,『高知県史　古代中世史料編』951頁・1004頁,『南路志9』18頁
語 蹉跎御崎造営用途
地 蹉跎御崎
備 『高知県史』は「土佐国蠧簡集脱漏」「土佐国古文叢」より採る

延慶3年2月18日　左衛門少尉某副状
＊土佐国

出 土佐金剛福寺文書　刊 『鎌』31-23902,『高知県史　古代中世史料編』238頁
語 蹉跎御崎金剛福寺造営
地 蹉跎御崎
備 『高知県史』は「土佐国蠧簡集」より採る

延慶3年2月20日　信豪田地売券
　　　　　　　　　　　　　　＊近江国

出近江長命寺文書　刊『鎌』31-23905
地船木庄

延慶3年2月29日　関東御教書案

出若狭明通寺文書　刊『鎌』31-23917,『小浜市史　社寺文書編』616頁
語異国降伏御祈

延慶3年2月29日　関東御教書案

出肥前実相院文書　刊『鎌』31-23918,『佐賀県史料集成15』185頁
語異国降伏御祈

延慶3年2月　東大寺衆徒申状案
　　　　　　　　　　　　　　＊周防国

出東大寺文書　刊『鎌』31-23924
語防州年貢船,船
綱大勧進円瑜、悪党を率い、着岸の周防国年貢・材木を奪い取らんとす

延慶3年3月8日　若狭国公文所書下案

出若狭明通寺文書　刊『鎌』31-23932
語異国降伏御祈

延慶3年3月20日　関東御教書　＊周防国

出尊経閣所蔵文書　刊『鎌』31-23944
地上得地庄,同倉敷伊佐江津

延慶3年4月8日　若狭国守護代・税所代連署遵行状

出若狭明通寺文書　刊『鎌』31-23958,『小浜市史　社寺文書編』600頁
語異国降伏御祈

延慶3年4月8日　藤原盛世寄進状
　　　　　　　　　　　　　　＊若狭国

出若狭大音家文書　刊『鎌』31-23959,『福井県史　資料編8』797頁
語御贄魚,濁酒〈肴可随取得〉
地倉見庄御賀尾浦
綱濁酒の肴は取得に随うべし

延慶3年4月29日　関東御教書案
　　　　　　　　　　　　　　＊摂津国

出内閣文庫蔵摂津国古文書　刊『鎌』31-23978
語経島升米・置石等,島修固
地経島
綱摂津国経島の升米・置石等を永代東大寺八幡宮に寄付せらる◆島の修固は東大寺の沙汰なり

延慶3年5月4日　沙弥〈在国司道雄ヵ〉書下

出薩藩旧記11国分寺文書　刊『鎌』31-23983,『鹿児島県史料　旧記雑録前編1』429頁
語異国降伏御祈

延慶3年5月10日　鎮西御教書案

出肥前実相院文書　刊『鎌』31-23989,『佐賀県史料集成15』186頁
語異国降伏御祈

延慶3年5月20日　鎮西過所写　＊肥前国

出肥前東妙寺文書　刊『鎌』31-23995,『佐賀県史料集成5』159頁,相田二郎『日本の古文書　下』147頁,『大宰府・太宰府天満宮史料9』335頁
語関東御祈禱所肥前国東妙寺造営材木勝載

延慶3年

船壱艘,津々関泊

綱肥前国東妙寺造営材木勝載船1艘、九州津々関泊を煩いなく勘過せしむべし

延慶3年6月5日　大友貞親譲状

出肥後志賀文書　刊『鎌』31-24011,『熊本県史料2』437頁,『増補訂正編年大友史料4』25頁

語いこくけいこ(異国警固)

延慶3年8月10日　厳守奉書　＊山城国

出山城両足院文書　刊『鎌』31-24039

語保津筏師

地保津

延慶3年8月23日　六波羅御教書案
　　　　　　　　　　　　　　＊摂津国

出内閣文庫所蔵摂津国古文書　刊『鎌』31-24047

語経島升米・置石,島修固

地経島

綱摂津国経島の升米・置石等を永代東大寺八幡宮に寄付せらる◆島の修固は東大寺の沙汰なり

延慶3年8月28日　汲部大夫山売渡状
　　　　　　　　　　　　　　＊若狭国

出若狭秦文書　刊『鎌』31-24049,『小浜市史諸家文書編3』31頁

地汲部浦

延慶3年8月　綾小路以南領主等申状

出山城北野社紅梅殿記上　刊『鎌』補4-1898,『北野天満宮史料　古記録』3頁

語西海之波浪

延慶3年9月10日　関東御教書案
　　　　　　　　　　　　　　＊播磨国

出大和福智院家文書　刊『鎌』31-24061,『福智院家古文書』102頁

語福泊升米

地福泊

延慶3年)9月20日　景宣解・藤原頼藤勘返状　＊加賀国

出壬生家文書　刊『鎌』31-24069,『図書寮叢刊　壬生家文書1』111頁

地橘島保

延慶3年9月29日　沙弥某施行状
　　　　　　　　　　　　　　＊肥前国

出肥前東妙寺文書　刊『鎌』31-24077,『佐賀県史料集成5』143頁

語東妙寺造営材木勝載船壱艘,津々関泊

綱肥前国東妙寺造営材木の勝載船1艘,九州津々関泊を煩いなく勘過せしむべし

延慶3年9月　宇佐愛輔申状

出豊前永弘文書　刊『鎌』31-24081,『大分県史料3』118頁,『九州荘園史料叢書8』121頁,『増補訂正編年大友史料4』26頁

地横山浦

延慶3年10月6日　鎮西御教書案
　　　　　　　　　　　　　　＊肥前国

出肥前青方文書　刊『鎌』31-24088,『青方文書1』122頁,『大宰府・太宰府天満宮史料9』338頁

語狩俣島以下□(浦ヵ)々

地狩俣島

延慶3年)10月23日　伏見上皇院宣
　　　　　　　　　　　　　　＊山城国

- 出 高野山文書又続宝簡集142　刊『鎌』31-24101,『大日本古文書　高野山文書8』621頁
- 語 高野山大塔修営料所淀関升米半分
- 地 淀

延慶3年10月　益永某塩屋神田宛行状案
　　　　　　　　　　　　　　＊豊前国

- 出 豊前永弘文書　刊『鎌』31-24108,『大分県史料3』121頁,『増補訂正編年大友史料4』29頁
- 語 松崎塩屋
- 地 松崎

延慶3年10月　東大寺年預下文案
　　　　　　　　　　　　　　＊摂津国

- 出 東大寺文書(6-19)　刊『兵庫県史　史料編中世5』524頁
- 地 兵庫島

延慶3年)11月28日　東寺供僧方評定事書
　　　　　　　　　　　　　　＊近江国

- 出 東寺文書百合外　刊『鎌』31-24120
- 語 木津問丸
- 地 木津
- 綱 所々の問丸、預所の進止たるは傍例なるを、木津の問丸百姓の進止たるははなはだ然るべからず

延慶3年12月18日　尼妙法家地売券
　　　　　　　　　　　　　　＊山城国

- 出 東寺百合文書メ　刊『鎌』31-24145,『鎌倉遺文研究』7・48頁
- 地 塩小路

延慶3年12月18日　尼妙法家地売券
　　　　　　　　　　　　　　＊山城国

- 出 白河本東寺文書115,東寺百合文書メ　刊『鎌』31-24146
- 地 塩少路

延慶3年12月　長有注進状　＊若狭国

- 出 若狭秦文書　刊『鎌』31-24167,『小浜市史　諸家文書編3』32頁
- 語 網廿拣,船借米
- 地 汲部・多烏両浦

延慶3年)　東大寺惣寺備米状　＊摂津国

- 出 所在不明　刊『兵庫県史　史料編中世5』525頁
- 語 兵庫関
- 地 兵庫関

延慶4年)1月16日　実玄書状　＊摂津国

- 出 東大寺文書4-93　刊『鎌』31-24173
- 語 点定船,船
- 綱 防州年貢船、点定の事を守護方へ状し、船へも重ねて神人等を下す

延慶4年2月1日　琳海放生魚買注文

- 出 広義門院御産記　刊『鎌』31-24195
- 語 放生魚買,鯉,鯰,鮒,小鮒,小鯰

延慶4年2月2日　鎮西御教書案

- 出 大隅台明寺文書　刊『鎌』31-24196
- 語 異国降伏御祈禱巻数

延慶4年2月3日　琳海放生魚貝注進状

- 出 広義門院御産記　刊『鎌』31-24199
- 語 放生　魚貝,大鯰,小鯰,鮒,鯉

延慶4年

延慶4年2月6日　若狭汲部多烏浦年貢銭請文　＊若狭国

- 田若狭秦文書　刊『鎌』31-24202,『小浜市史　諸家文書編3』32頁
- 語汲部多烏両浦御年貢銭,りゃううらのとね(両浦の刀禰)
- 地汲部,多烏

延慶4年2月6日　若狭汲部多烏浦公事代銭請文案　＊若狭国

- 田若狭秦文書　刊『鎌』31-24203,『小浜市史　諸家文書編3』33頁
- 語汲部多烏両浦一年中万雑公事を代かへ候銭,両浦とね(刀禰),小浜八幡
- 地汲部,多烏,小浜

延慶4年2月7日　定意下知状　＊若狭国

- 田若狭秦文書　刊『鎌』31-24204,『小浜市史　諸家文書編3』34頁
- 語汲部多烏両浦当年御年貢銭,海浜
- 地汲部,多烏

延慶4年2月7日　定意下知状写　＊若狭国

- 田大野治郎太夫家文書　刊『福井県史　資料編9』23頁
- 語山狩海漁
- 地汲部多烏両浦

延慶4年2月9日　東大寺年預所下文　＊摂津国

- 田東大寺文書(1-15-128)　刊『鎌』31-24206,『兵庫県史　史料編中世5』525頁,『神戸市史　資料1』122頁
- 語防州今度到岸済物
- 地兵庫

応長元年」2月13日　伏見上皇院宣案　＊近江国

- 田近江菅浦文書　刊『鎌』32-24313,『滋賀県漁業史　上』300頁
- 語菅浦御厨所供御人,鷹狩海漁以下悪行
- 地菅浦

延慶4年2月25日　東大寺年預実玄文書・記録勘渡帳

- 田東大寺文書(10-3)　刊『鎌』31-24225,『兵庫県史　史料編中世5』820頁
- 語兵庫関具書等一結
- 地兵庫関所

延慶4年2月　長有山畠宛行状　＊若狭国

- 田若狭秦文書　刊『鎌』31-24230,『小浜市史　諸家文書編3』34頁
- 地汲部,多烏浦

延慶4年3月5日　相良蓮道〈長氏〉置文

- 田肥後相良家文書　刊『鎌』31-24226,『大日本古文書　相良家文書1』77頁
- 語やな(簗)

延慶4年3月5日　放生魚代銭注進状

- 田広義門院御産記　刊『鎌』31-24235
- 語放生　魚貝,鯉,鯰,小鮒,大鮒

延慶4年3月6日　放生魚代銭注文案

- 田広義門院御産記　刊『鎌』31-24236
- 語放生　魚貝,大鯰,小鯰,鮒,鯉

延慶4年3月6日　放生魚貝買物注文　＊摂津国

- 田広義門院御産記　刊『鎌』31-24237
- 語蛤,すすめ貝,少鮎,江鮒,海老
- 地尼崎,天王寺今宮浦

延慶4年3月19日　仁清利銭借券
　　　　　　　　　　　　　　　＊紀伊国

　出高野山文書続宝簡集68　刊『鎌』31-24254,『大日本古文書　高野山文書3』596頁
　地摩生津庄

延慶4年)3月22日　金沢貞顕書状
　　　　　　　　　　　　　　　＊武蔵国

　出金沢文庫文書　刊『鎌』31-24260,金沢文庫編『金沢文庫古文書7』64頁,『六浦瀬戸橋』(神奈川県立金沢文庫図録)56頁
　語金沢瀬戸内海殺生禁断
　地金沢瀬戸内海
　綱金沢瀬戸内海において殺生を禁断す
　備『鎌』は差出と宛名が抜けている

延慶4年3月22日　金沢貞顕袖判書下
　　　　　　　　　　　　　　　＊武蔵国

　出柳瀬福市旧蔵文書　刊『鎌』31-24262
　語金沢瀬戸橋内海殺生禁断
　地金沢瀬戸橋内海
　綱金沢瀬戸内海において殺生を禁断す

延慶4年3月27日　妙聖請文　＊備中国

　出国会図書館所蔵長禄文書　刊『鎌』31-24265
　語梶取
　地下原
　備『鎌』補遺4-1906と重複

延慶4年3月　東大寺年預所下文案
　　　　　　　　　　　　　　　＊周防国

　出東大寺文書(1-5-42,1-24-687)　刊『鎌』補4-1907,『大日本古文書　東大寺文書15』60頁
　語鯖川・富田両所関
　地鯖川
　備東大寺文書(1-5-42)と(1-24-687)の接合

延慶年2月25日　東大寺年預宗算注進文書目録　＊摂津国

　出大和東大寺文書　刊『鎌』補4-1878
　地経島
　備年号は「延慶二月廿五日」とある

延慶4年5月　尼光阿重申状　＊筑前国

　出広瀬氏所蔵中村文書　刊『鎌』31-24298,『松浦党関係史料集2』16頁,『大分県史料13』351頁,『九州荘園史料叢書4』106頁,『増補訂正編年大友史料4』33頁
　地今津

応長元年5月　東大寺牒案　＊播磨国

　出東大寺文書(4-47)　刊『鎌』32-24322
　地明石浦

応長元年5月　摂津兵庫関所結解状
　　　　　　　　　　　　　　　＊摂津国

　出東大寺文書(1-15-218)　刊『鎌』32-24323,『兵庫県史　史料編中世5』526頁
　語島修理分

延慶4年6月2日　鎮西御教書案

　出大隅台明寺文書　刊『鎌』31-24299,『大宰府・太宰府天満宮史料9』343頁
　語異国降伏御祈禱巻数

応長元年6月10日　憲春奉令旨　＊近江国

　出近江長命寺文書　刊『鎌』32-24327
　語船木庄沙汰人
　地船木庄

応長元年

応長元年）6月10日　年預五師実専申状
　　　　　　　　　　　　　　　　＊摂津国

出 早稲田大学所蔵荻野研究室収集文書　刊
『早稲田大学所蔵荻野研究室収集文書　上』
110頁,『兵庫県史　史料編中世9』702頁
語 兵庫関所
地 兵庫関
備 『兵庫県史　史料編中世5』526頁に灯心
文庫所蔵文書より採る案文あり

応長元年6月12日　宗兼奉禁制　＊筑前国

出 筑前勝福寺文書　刊『鎌』32-24328,『福岡
県史　資料10』236頁,『九州荘園史料叢書
4』107頁
地 怡土庄今津

応長元年）後6月13日　年預五師実専書
状案（土代）　　　　　　　＊摂津国

出 東大寺文書(1-15-88)　刊『兵庫県史　史
料編中世5』527頁
語 兵庫島津料,住吉神領船
地 兵庫島

延慶4年6月23日」　尼光阿申状　＊筑前国

出 広瀬氏所蔵中村文書　刊『鎌』31-24303,
『松浦党関係史料集2』17頁
地 今津

応長元年）6月28日　東大寺年預披露状
　　　　　　　　　　　　　　　　＊摂津国

出 東大寺文書(1-15-71)　刊『鎌』32-24332,
『兵庫県史　史料編中世5』529頁,『神戸市
史　資料1』123頁
語 兵庫経島津料,島之修固
地 兵庫
綱 兵庫経島津料は東大寺八幡宮御願料所に
して島修固の料なり◆東大寺末寺笠置寺僧
快尊,兵庫関雑掌に就くも,契約に背き不法
を致す
備 『兵庫県史』は6月19日付の土代とする

応長元年」閏6月21日　伏見上皇院宣写
　　　　　　　　　　　　　　　　＊阿波国

出 山城疋田家文書　刊『鎌』32-24343
語 吉野河新関

応長元年閏6月　東大寺関所雑掌珍賢申
状案　　　　　　　　　　＊摂津国,阿波国

出 筒井寛聖氏所蔵文書　刊『鎌』32-24360,
『兵庫県史　史料編中世5』527頁,『神戸市
史　資料1』124頁
語 兵庫島,関所,問丸,船,兵庫島修固料関所
雑掌,阿波国小勢津商人,兵庫島鋳物師辻
子,関所使者神人,押取船,海賊
地 兵庫島,小勢津
綱 兵庫関所は東大寺八幡宮御願料所にして
兵庫島修固料なり◆阿波国小勢津商人徳珍
法師・問丸兵庫島鋳物師辻子掃部允等,兵庫
島修固料関所に押し寄せ,関所使者神人ら
を打擲刃傷し,船を押し取る

応長元年7月10日　鎮西御教書案
　　　　　　　　　　　　　　　　＊肥前国

出 肥前青方文書　刊『鎌』32-24365,『青方文
書1』123頁,『大宰府・太宰府天満宮史料9』
346頁
地 狩俣島以下浦
備 『鎌』32-24367参照

応長元年7月12日　明仏かゑぜに状
　　　　　　　　　　　　　　　　＊山城国

出 安芸厳島文書反古経裏文書　刊『鎌』32-

24368
[語]よとのうをの(淀魚)市次郎兵衛尉

応長元年7月13日　苅田顕政・藤原親家連署遵行状　＊筑前国,周防国

[出]金剛三昧院文書　[刊]『鎌』32-24370,『高野山文書2』7頁
[語]勝載船,竈戸関地頭代
[地]周防国竈戸関

応長元年7月29日　宇佐保景請文　＊筑前国

[出]豊前永弘文書　[刊]『鎌』32-24382,『大分県史料3』123頁,『大宰府・太宰府天満宮史料9』344頁,『増補訂正編年大友史料4』35頁
[語]神人
[地]博多

応長元年7月　青方覚念申状案　＊肥前国

[出]肥前青方文書　[刊]『鎌』32-24366,『青方文書1』124頁
[地]浦部島内狩俣島并同島以下浦々
[備]『鎌』32-24367参照

応長元年7月　伊予弓削島荘田畠・山林・塩浜以下相分帳　＊伊予国

[出]東寺百合文書と　[刊]『鎌』32-24384,『日本塩業大系　史料編古代・中世1』243頁,『愛媛県史　資料編古代・中世』435頁
[語]塩浜,塩穴,島屋,浜戸宮,塩浜穴,厳島
[地]弓削島庄,島尻,ハマ(浜),クソハマ(浜),フナツサキ(船津崎ヵ),フルエ(古江ヵ),ツリハマ(釣浜),高ハマ(高浜)

応長元年7月　伊予弓削島荘田畠・山林・塩浜以下相分帳　＊伊予国

[出]東寺百合文書京　[刊]『鎌』32-24385,『日本塩業大系　史料編古代・中世1』252頁,『愛媛県史　資料編古代・中世』440頁
[語]塩浜,塩穴,島屋,浜戸宮,塩浜穴,厳島
[地]弓削島庄

応長元年7月　伊予弓削島荘田畠・山林・塩浜以下相分帳　＊伊予国

[出]東寺百合文書ヨ　[刊]『鎌』32-24386,『日本塩業大系　史料編古代・中世　補遺』46頁,『愛媛県史　資料編古代・中世』430頁
[語]塩浜,塩穴,浜戸宮,厳島,塩浜穴
[地]弓削島庄
[備]『鎌』32-24387・24388参照

応長元年)8月7日　六波羅御教書　＊山城国,摂津国

[出]山城離宮八幡宮文書　[刊]『鎌』32-24390
[語]八幡宮大山崎神人,淀,河尻,神崎,渡辺,兵庫以下諸関津料
[地]淀,河尻,神崎,渡辺,兵庫

応長元年)8月10日　某挙状　＊山城国,摂津国

[出]山城離宮八幡宮文書　[刊]『鎌』32-24392
[語]大山崎神人,淀,河尻,神崎,渡辺,兵庫以下諸国津料
[地]淀,河尻,神崎,渡辺,兵庫

応長元年)8月17日　伏見上皇院宣　＊山城国,摂津国

[出]山城離宮八幡宮文書　[刊]『鎌』32-24399
[語]大山崎神人,淀,河尻,渡辺,兵庫以下諸関津料
[地]淀,河尻,渡辺,兵庫

応長元年

応長元年8月23日　左衛門尉親景奉書
＊豊前国

出 豊前到津文書　刊『鎌』32-24406,『大分県史料1』131頁,『増補訂正編年大友史料4』36頁
地 横山浦

応長元年8月24日　尼めうしやう避状案

出 肥後志岐文書　刊『鎌』32-24398,『熊本県史料4』86頁
地 しをや(塩屋ヵ),ふなたうら(浦ヵ)

応長元年8月　如道申状案　＊摂津国

出 東大寺文書(1-15-117)　刊『鎌』32-24419,『兵庫県史　史料編中世5』528頁,『神戸市史　資料1』125頁
語 江井崎船,兵庫関所,地船,浪風
地 兵庫関,当島(兵庫島)
綱 兵庫島往来の諸船、或は兵庫島に寄らず、或は地船・住吉領江井崎船と号し兵庫関弁米を納めざるにより、東大寺月宛用途未進に及ぶ

応長元年9月20日　頼親・文紹連署書下案　＊肥前国

出 肥前青方文書　刊『鎌』32-24429,『青方文書1』126頁,『大宰府・太宰府天満宮史料9』346頁
地 狩俣島以下浦

応長元年9月　興福寺法花会堅義後夜入堂世俗色目注進状

出 大和福智院家文書　刊『鎌』32-24437,『福智院家古文書』93頁
語 塩曽,御酒塩

応長元年10月　近江菅浦供御人申状案
＊近江国

出 近江菅浦文書　刊『鎌』32-24462,『菅浦文書　下』45頁
語 御厨子所供御人,鷹狩,海漁,浦人,漁鉤,山海狩猟
地 菅浦
綱 菅浦浦人は、指たる田畠なきも、漁鉤の業をもって身命を助く◆近年守護家人・近隣地頭等、鷹狩・海漁と称し、供御人等家内に打入り、悪行狼藉を致す

応長元年」11月13日　伏見上皇院宣
＊近江国

出 近江菅浦文書　刊『鎌』32-24469,『菅浦文書　下』28頁
語 御厨子所供御人,鷹狩海漁以下悪行
地 菅浦
備 『菅浦文書　下』に「本文書ハ疑ワシ」と注記あり。中村直勝「禁裡供御人に就いて」『社会史研究』9-4・5・6は、偽文書とする

応長元年)11月28日　東寺供僧方評定事書

出 東寺文書百合外　刊『鎌』32-24473
語 木津問丸
地 木津

応長元年)12月8日　花園天皇宣旨

出 高野山文書宝簡集3　刊『鎌』32-24488,『大日本古文書　高野山文書1』31頁
語 淀津米,淀津関米
地 淀津

応長元年12月13日　秦氏女田地売券
　　　　　　　　　　　　　　＊摂津国

田山城大徳寺文書　刊『鎌』32-24494,『大日本古文書　大徳寺文書3』267頁
地今津

応長元年12月15日　善法寺尚清処分状写
　　　　　　　　＊大隅国,薩摩国,播磨国,豊後国

田菊大路家文書　刊『鎌』32-24496
地山上加礼川,中津河,瓠村,在河,西加礼川,家島,姫島

応長元年　越前河口荘所当米収納帳
　　　　　　　　　　　　　　＊越前国

田内閣文庫蔵大乗院文書　刊『鎌』32-24508
地河口御庄,大津,金津,敦賀西庄

応長2年1月30日　播磨矢野例名那波佐方色々注文
　　　　　　　　　　　　　　＊播磨国

田東寺百合文書テ　刊『鎌』32-24518,『鎌倉遺文研究』7・51頁
地那波,佐方

応長2年2月8日　小早川政景妻〈如心〉譲状案
　　　　　　　　　　　　　　＊安芸国

田小早川家文書　刊『鎌』32-24523,『大日本古文書　小早川家文書1』39頁
地草井,くろたに(黒谷),よしなのうら(吉名浦)

応長2年2月25日　年預五師実専文書記録勘渡帳

田東大寺図書館所蔵文書1(10-2-1)　刊『鎌』32-24531,『兵庫県史　史料編中世5』822頁
語兵庫関,淀問丸,関所
地兵庫関,淀

正和元年)3月27日　久島郷刀禰友重申状案
　　　　　　　　　　　　　　＊安芸国

田安芸小田文書　刊『鎌』32-24583,『広島県史　古代中世資料編4』71頁
語久島百姓,刀禰,厳島大明神
地久島
備『広島県史』は年未詳とする。『鎌』33-25458と重複文書

正和元年3月29日　伏見上皇院宣
　　　　　　　　　　　　　　＊若狭国

田山城座田文書　刊『鎌』32-24584,『福井県史　資料編2』204頁
地宮河庄

応長2年3月　播磨福井荘東保宿院村地頭代澄心陳状

田山城神護寺文書　刊『鎌』32-24550,『史林』26-1・154頁
語海上警固

応長2年3月　伊予大山積神社造営段米支配状

田伊予大山積神社文書　刊『鎌』32-24563,『愛媛県史　資料編古代・中世』445頁
語三島大祝
地赤畝島,怒和島,三島

正和元年5月29日　六波羅探題御教書案
　　　　　　　　　　　　　　＊近江国

田広橋家旧蔵永徳度革命諸道勘文裏文書　刊『鎌』補4-1942
語船木津料
地船木津

正和元年

正和元年6月24日　青方覚念請文案
*肥前国

田肥前青方文書　刊『鎌』32-24615,『青方文書1』127頁
地宇久島

正和元年6月　山城鴨御祖大神宮社司等申状
*摂津国

田京都大学博物館所蔵東大寺法華堂文書
刊『鎌』32-24617,『兵庫県史　史料編中世5』43頁,『尼崎市史4』370頁
地長洲御厨
備東大寺法華堂文書は、京都大学文学部蔵

正和元年6月　山城賀茂大神宮所司等申状
*摂津国

田京都大学博物館所蔵東大寺法華堂文書
刊『鎌』32-24618,『兵庫県史　史料編中世5』44頁,『尼崎市史4』370頁
地長洲・大物・尼崎三箇御厨

正和元年7月7日　六波羅下知状案
*中国

田集古文書28　刊『鎌』32-24621
語蒙古
地蒙古

正和元年8月10日　預所盛弘書下案
*紀伊国

田紀伊向井家文書　刊『鎌』32-24631,『和歌山県史　中世史料2』124頁
地紀州海部郡賀太庄

正和元年8月10日　預所盛弘書下案
*紀伊国

田紀伊向井家文書　刊『鎌』32-24632,『和歌山県史　中世史料2』124頁
地紀州海部郡賀太庄

正和元年8月26日　関東御教書案
*摂津国

田東京大学文学部所蔵文書　刊『兵庫県史　史料編中世5』44頁,『尼崎市史4』371頁,『大日本古文書　東大寺文書別集1』206頁
地猪名庄

正和元年8月　深堀孫房丸〈時明〉申状案
*肥前国

田肥前深堀家文書　刊『鎌』32-24647,『佐賀県史料集成4』65頁,『大宰府・太宰府天満宮史料9』413頁,『九州荘園史料叢書7』30頁
語惣領進止浦々、海中得分物
地戸町浦

正和元年9月14日　東大寺法華堂衆連署記録
*摂津国

田京都大学博物館所蔵東大寺法華堂文書
刊『鎌』32-24659,『兵庫県史　史料編中世5』45頁,『尼崎市史4』371頁
地長洲庄
備東大寺法華堂文書は、京都大学文学部蔵

正和元年9月　栄範申状　*肥前国

田肥前大河内家文書　刊『鎌』32-24667,『佐賀県史料集成27』52頁
地伊万里浦

正和元年9月　気比大神宮執当補任状
*越前国

田越前秦実家文書　刊『福井県史　資料編8』436頁
語浦人,刀禰
地手浦,たなうら(手浦)

正和元年10月　若狭太良荘百姓申状
　　　　　　　　　　　　　　＊若狭国

　出東寺百合文書ヱ　刊『鎌』32-24681
　地大河,東河,遠敷河
　綱大河と東河・遠敷河落ち合て三大河水となる

正和元年10月　青方覚念申状土代
　　　　　　　　　　　　　　＊筑前国

　出肥前青方文書　刊『鎌』32-24682,『青方文書1』129頁,『大宰府・太宰府天満宮史料9』354頁
　語在津
　地津(博多津)

正和元年11月22日　鎮西下知状

　出肥前実相院文書　刊『鎌』32-24706,『佐賀県史料集成1』258頁,『中世法制史料集1』344頁,『大宰府・太宰府天満宮史料9』356頁
　語異賊警固番役

正和元年11月　青方覚念申状案　＊肥前国

　出肥前青方文書　刊『鎌』32-24712,『青方文書1』130頁
　地五島青方西浦部
　備『鎌』32-24713参照

正和元年12月7日　鎮西御教書案
　　　　　　　　　　　　　　＊肥前国

　出肥前青方文書　刊『鎌』32-24724,『青方文書1』131頁,『大宰府・太宰府天満宮史料9』361頁
　地五島青方西浦部

正和元年12月7日　常念田地売券
　　　　　　　　　　　　　　＊志摩国

　出伊勢光明寺文書　刊『鎌』32-24728
　地賀茂庄内布浜御厨,泊浦

正和元年」12月」9日」　伝法潅頂支配状

　出金沢文庫文書　刊『鎌』32-24731,金沢文庫編『金沢文庫古文書8』134頁
　語酒肴

正和元年」12月10日　為治神馬寄進状
　　　　　　　　　　　　　　＊伊予国

　出伊予大山積神社文書　刊『鎌』32-24733,『愛媛県史　資料編古代・中世』446頁
　地三島

正和元年12月16日　鎮西下知状　＊豊後国

　出肥後志賀文書　刊『鎌』32-24740,『熊本県史料2』440頁,『大宰府史料　中世編4』586頁,『九州荘園史料叢書1』52頁,『増補訂正編年大友史料4』44頁,『大野荘の研究』181頁
　語梶取田,梶取薗麦地
　地梶取田異名黒井崎

正和元年12月23日　六波羅下知状案
　　　　　　　　　　　　　　＊近江国

　出近江竹生島文書　刊『鎌』32-24749
　地竹生島

正和2年1月9日　宗像氏盛条々事書
　　　　　　　　　　　　　　＊筑前国

　出筑前宗像辰美文書　刊『鎌』32-24773,『宗像市史　史料編1』571頁,『福岡県史資料10』124頁,『中世法制史料集3』21頁
　語浦島

正和2年

正和2年2月16日　橘公則田畠売券
　　　　　　　　　　　　　　　＊肥前国

田 肥前橘中村家文書　刊『鎌』32-24798,『佐賀県史料集成18』19頁,『九州荘園史料叢書11』58頁
地 長島庄

正和2年2月20日　沙弥顕阿請文
　　　　　　　　　　　　　　　＊備中国

田 筑波大学所蔵　長福寺文書　刊『石清水八幡宮文書　外』107頁
語 梶取

正和2年2月　筑前安楽寺少別当信朝所帯所領屋敷注進状

田 筑前太宰府神社文書　刊『鎌』32-24808,『福岡県史　資料10』178頁,『大宰府・太宰府天満宮史料9』372頁,『九州荘園史料叢書10』2頁
地 螺鈿浦

正和2年3月2日　伏見上皇院宣
　　　　　　　　　　　　　　　＊播磨国

田 白河本東寺文書4,東寺百合文書ヤ　刊『鎌』32-24811,『鎌倉遺文研究』7・55頁
地 矢野例名内那波浦,佐方浦

正和2年3月3日　紀伊山口荘年貢米定文案
　　　　　　　　　　　　　　　＊紀伊国

田 紀伊続風土記附録7 那賀郡山崎荘廃円福寺文書　刊『鎌』32-24813,『紀伊続風土記3』附録145頁
語 関所検断

正和2年4月12日　藤原乙鶴田地売券
　　　　　　　　　　　　　　　＊摂津国

田 山城大徳寺文書　刊『鎌』32-24845,『大日本古文書　大徳寺文書11』255頁
地 江川

正和2年4月24日　伊予弓削島荘公文寛慶起請文
　　　　　　　　　　　　　　　＊伊予国

田 東寺百合文書ヨ　刊『鎌』32-24851,『日本塩業大系　史料編古代・中世　補遺』55頁,『愛媛県史　資料編古代・中世』446頁
地 弓削島

正和2年4月　伊予弓削島荘公田方田畠塩以下済物等注文
　　　　　　　　　　　　　　　＊伊予国

田 東寺百合文書と　刊『鎌』32-24859,『日本塩業大系　史料編古代・中世1』262頁,『愛媛県史　資料編古代・中世』446頁
語 塩浜,畠浜,大俵塩,小籠塩,二季神祭魚代塩,中俵塩,蠣代,中表塩,大㲉,草手塩,膳所塩,荒和布,魚,網分
地 比季野浜,辺屋路島,弓削島御庄,島尻

正和2年4月　伊予弓削島荘名田方田畠塩以下済物等注文
　　　　　　　　　　　　　　　＊伊予国

田 東寺百合文書と　刊『鎌』32-24860,『日本塩業大系　史料編古代・中世1』281頁
語 麦塩,少㲉,麦代塩,小篭塩,中俵塩,膳所塩,小弓塩,秣塩,蛸
地 島尻

正和2年5月8日　関東禁制案　＊相模国

田 相模鶴岡八幡宮文書　刊『鎌』32-24867,『神奈川県史　資料編2』502頁
語 魚鳥
綱 魚鳥を持つ輩の鶴ヶ岡八幡宮社頭往反を禁ず

正和2年

正和2年6月8日　　預所久□下知状案
　　　　　　　　　　　　　　　＊紀伊国

出 紀伊向井家文書　刊『鎌』32-24885,『和歌山県史　中世史料2』125頁
語 刀禰公文職
地 紀州海部郡賀太惣庄

正和2年6月8日　　預所久□下知状案
　　　　　　　　　　　　　　　＊紀伊国

出 紀伊向井家文書　刊『鎌』32-24886,『和歌山県史　中世史料2』125頁
語 網銭,浦肴,寄船,刀禰公文職
地 紀州海部郡賀太惣庄
綱 賀太惣庄付刀禰職は、網銭・浦肴・寄船等の荷物3分の1を所務すべし

正和2年6月8日」　大江某田地寄進状
　　　　　　　　　　　　　　　＊紀伊国

出 紀伊向井家文書　刊『鎌』32-24887,『和歌山県史　中世史料2』125頁
語 塩浜旧跡

正和2年) 6月17日　　大和春日社執行祐親廻文
　　　　　　　　　　　　　　　＊摂津国

出 中臣祐春記 正和2.6.27条　刊『鎌』32-24892
地 尼崎

正和2年) 6月18日　　左近将監春名奉書
　　　　　　　　　　　　　　　＊摂津国

出 中臣祐春記 正和2.6.18条　刊『鎌』32-24893
語 浜崎神人
地 尼崎,浜崎

正和2年) 6月25日　　興福寺衆徒群議状
　　　　　　　　　　　　　　　＊摂津国

出 中臣祐春記 正和2.6.27条　刊『鎌』32-24904
地 尼崎

正和2年6月27日　　鎮西下知状案
　　　　　　　　　　　　　　　＊筑前国

出 豊前永弘文書　刊『鎌』32-24908,『大分県史料3』129頁,『大宰府・太宰府天満宮史料9』383頁,『増補訂正編年大友史料4』59頁
語 在津
地 津(博多)

正和2年6月　　伊予弓削島荘領家方百姓等申状案
　　　　　　　　　　　　　　　＊伊予国

出 東寺百合文書ル　刊『鎌』32-24910,『日本塩業大系　史料編古代・中世1』288頁,『愛媛県史　資料編古代・中世』459頁
語 本年貢御塩,御雑事塩,八俵塩,当島習,塩浜,塩浜習,海路,当島之神祇料,京上船
地 弓削島,島備後国田(因ヵ)島,尾道
綱 弓削島の習、塩浜を以て業となし、塩浜は牛を以て博士となす◆給主小山弁殿、弓削島の牛を遼遠の海路にて伊予国小山に取渡し、責め仕い、責め殺す◆小山弁殿、遥々海路にて順夫等を送るにより、百姓等安堵せず◆東寺に言上を企つる百姓においては、妻子を備後国田島へ召渡し、其身は禁止すべきの由、小山弁殿仰下すにより、百姓等尾道より人を語らいて言上す◆栄実法橋預所の時より、御名百姓・公田方百姓相共に京上船1艘を調え上す

331

正和2年

正和2年7月12日　東寺十八口供僧評定事書　　＊伊予国

出 東寺文書百合外　刊『鎌』32-24923,『日本塩業大系　史料編古代・中世1』290頁,『愛媛県史　資料編古代・中世』460頁

地 弓削島

正和2年7月22日　東寺十八口供僧評定事書　　＊伊予国

出 東寺文書百合外　刊『鎌』32-24931,『日本塩業大系　史料編古代・中世1』291頁,『愛媛県史　資料編古代・中世』461頁

地 弓削島

正和2年7月23日　草野円種所職譲状案　　＊壱岐国

出 筑前宗像神社文書　刊『鎌』32-24932,『宗像大社文書1』207頁,『宗像市史　史料編1』573頁,『福岡県史資料10』127頁

地 壱岐島

正和2年8月13日　年預五師某書状礼紙書案　　＊摂津国

出 東大寺文書(1-20-15)　刊『兵庫県史　史料編中世5』46頁,『尼崎市史4』372頁

地 長洲庄

正和2年8月14日　鎮西御教書案　　＊肥前国

出 肥前青方文書　刊『鎌』32-24946,『青方文書1』131頁,『大宰府・太宰府天満宮史料9』393頁

地 五島青方浦

正和2年8月18日　佐志浄覚譲状案　　＊肥前国

出 肥前有浦文書　刊『鎌』32-25096,『改訂松浦党有浦文書』43頁

語 橋河,河

地 値賀村

備 『鎌』は日付正和2年□月10日とする。写真版では裏写りがひどく、充分判読できないが、当面『改訂松浦党有浦文書』に従う

正和2年8月　清寛重申状

出 大和福智院家文書　刊『鎌』32-24967,『福智院家古文書』94頁

地 中島,今島

正和2年8月　深堀仲家〈時家〉陳状案　　＊肥前国

出 肥前深堀家文書　刊『鎌』32-24970,『佐賀県史料集成4』66頁,『大宰府・太宰府天満宮史料9』399頁,『九州荘園史料叢書7』31頁

語 惣領浦々,船党,仲家領内海,海中得分物,十余□□(鯱船)

地 戸町浦内野母浦

正和2年8月　青方覚念申状案　　＊肥前国

出 肥前青方文書　刊『鎌』32-24968,『青方文書1』132頁

語 在津

地 津(博多津)

正和2年9月4日　青方覚念申状案　　＊肥前国

出 肥前青方文書　刊『鎌』32-24977,『青方文書1』132頁

語 在津

地 津(博多津)

正和2年9月8日　東寺供僧下知状案　　＊伊予国

出 東寺百合文書リ・な　刊『鎌』32-24984,

正和2年

『日本塩業大系　史料編古代・中世1』291頁,『愛媛県史　資料編古代・中世』461頁
語 当島年貢運送,梶取,塩,年貢塩,梶取兼百姓
地 弓削島
備『鎌』のみ出典「東寺百合文書京」とする

正和2年9月8日　東寺供僧下知状案
*伊予国

出 東寺百合文書京　刊『鎌』32-24985,『日本塩業大系　史料編古代・中世1』293頁,『愛媛県史　資料編古代・中世』462頁
語 当島所務
地 当島(弓削島)

正和2年9月8日　東寺供僧下知状案
*伊予国

出 東寺百合文書京　刊『鎌』32-24986,『日本塩業大系　史料編古代・中世1』294頁,『愛媛県史　資料編古代・中世』463頁
語 当島所務
地 当島(弓削島)

正和2年9月8日　東寺供僧下知状案
*伊予国

出 東寺百合文書京　刊『鎌』32-24987,『日本塩業大系　史料編古代・中世1』294頁,『愛媛県史　資料編古代・中世』463頁
語 梶取,入海,海賊,関料
地 八坂・渡部関,当島(弓削島)

正和2年9月8日　伊予弓削島荘預所請文案
*伊予国

出 東寺百合文書京　刊『鎌』32-24988,『日本塩業大系　史料編古代・中世1』293頁,『愛媛県史　資料編古代・中世』462頁
語 大俵塩,網場年貢,鳥羽車力,関所,梶取
地 弓削島

正和2年9月8日　伊予弓削島荘預所請文案
*伊予国

出 東寺百合文書京　刊『鎌』32-24989,『日本塩業大系　史料編古代・中世1』294頁,『愛媛県史　資料編古代・中世』463頁
語 梶取
地 弓削島

正和2年9月20日　関東御教書案
*越前国

出 大和西大寺文書　刊『福井県史　資料編2』465頁
語 敦賀津升米
地 敦賀津

正和2年9月　青方覚念申状案　*肥前国

出 肥前青方文書　刊『鎌』32-25007,『青方文書1』135頁
語 在津
地 津(博多津)

正和2年11月13日　鎮西御教書案
*肥前国

出 肥前青方文書　刊『鎌』32-25038,『青方文書1』135頁
地 青方浦

正和2年11月28日　源忠範和与状
*薩摩国

出 薩摩比志島文書　刊『鎌』32-25050
語 さいつようと(在津用途)

正和2年11月　津吉栄範申状案　*肥前国

出 肥前大河内家文書　刊『鎌』32-25047,『佐

正和2～3年

賀県史料集成27』54頁
地宇野御厨庄伊万里浦

正和2年11月　深堀孫房丸〈時明〉申状案
＊肥前国

田肥前深堀家文書　刊『鎌』32-25054,『佐賀県史料集成4』67頁
語惣領進止浦々,海懸,浦浜,船党,十余艘船,うみをかけ,仲家領内海,海中得分物
地戸町浦,りうのこしま
綱深堀時明、伯父平五郎仲家による惣領進止浦々の押妨を訴う。仲家譲得の領界は龍小島の海のみにして余の浦浜にあらず◆肥前国彼杵荘町浦惣領深堀孫房丸(時明)、所得の譲状に背き惣領進止の浦々を押妨し年々若干の得分を抑留した伯父平五郎仲家の御成敗を急速に蒙らんと欲す◆仲家の所得の譲状に浦浜の名なく、剰え彼杵荘と伊佐早荘を譲状に載せ惣領進止を押妨するを承伏した故に罪科余儀あるべからず◆時家(時明の父)、船党平大夫男等を仲家領内の海に遣わし、日夜海中得分物を押収るを、往時仲家訴う

正和2年12月1日　和泉近木荘得米散用状

田高野山勧学院文書　刊『鎌』32-25055,『高野山文書1』375頁
語浜成,刀禰給

正和2年12月12日　伊予弓削島荘畠塩浜等注文
＊伊予国

田東寺百合文書と　刊『鎌』32-25070,『日本塩業大系　史料編古代・中世1』295頁,『愛媛県史　資料編古代・中世』464頁
語畠塩浜,土居浜,今宮神浜,麦塩

正和3年1月　紀伊賀太庄本脇百姓等申状案
＊紀伊国

田紀伊向井家文書　刊『鎌』33-25099,『和歌山県史　中世史料2』126頁
語賀太山塩木,塩釜
地賀太
綱賀太新庄は田園狭少のため、塩釜を焼き、御年貢に備え、御公事を勤む◆賀太本庄百姓、新庄方の塩木運搬の牛馬を止め、狼藉を致す

正和3年1月　笠置寺寺僧等申状案
＊摂津国

田中村雅真氏所蔵文書　刊『兵庫県史　史料編中世5』531頁
語兵庫島関務
地兵庫島

正和3年2月3日　年預五師宗算書状案（土代）
＊摂津国

田東大寺文書(1-20-11)　刊『兵庫県史　史料編中世5』46頁,『尼崎市史4』373頁
地長洲庄

正和3年2月18日　社務某檀那等処分状
＊播磨国

田播磨肥塚文書　刊『鎌』補4-1950
地市河

正和3年2月15日　志佐祝施行状案
＊肥前国

田肥前青方文書　刊『青方文書1』136頁
地五島青方浦

正和3年2月17日　東大寺評定記録案（土代）

田東京大学文学部所蔵文書　刊『兵庫県史

史料編中世 5 』47頁,『尼崎市史 4 』373頁,
『大日本古文書　東大寺文書別集 1 』207頁

正和 3 年 2 月17日　鎮西探題御教書案
＊中国

田肥前青方文書　刊『青方文書 1 』137頁
語蒙古合戦勲功賞
地蒙古

正和 3 年 2 月25日　正和三年文書勘渡帳
＊摂津国

田東大寺文書(10-4-1)　刊『尼崎市史 4 』
374頁
語兵庫関
地長洲庄, 兵庫関

正和 3 年 3 月 3 日　将軍家(？)下文
＊出雲国

田出雲日御崎神社文書　刊『鎌』33-25103
語三崎検校
地三崎
備『鎌』注記に「本書検討を要す」とあり

正和 3 年 3 月 5 日　藤原某田地寄進状
＊若狭国

田若狭大音家文書　刊『鎌』33-25104,『福井県史　資料編 8 』798頁
語当浦(御賀尾浦)
地御賀□□(尾浦)

正和 3 年 3 月10日　某起請文　＊摂津国

田東大寺文書(1-15-21)　刊『兵庫県史　史料編中世 5 』532頁
語兵庫関所
地兵庫関所

正和 3 年

正和 3 年閏 3 月　東福寺奏状案　＊中国

田山城東福寺永明院文書　刊『鎌』33-25122
語大宋渡海
地大宋
綱東福寺前長老蔵山和尚、宋に渡海す

正和 3 年 4 月16日　鎮西下知状案
＊肥前国

田肥前有浦文書　刊『改訂松浦党有浦文書』44頁,『大宰府・太宰府天満宮史料 9 』425頁,『鎮西探題史料集　上』177頁
語呼子浦遊君
地松浦庄東島〈元東尾〉村, 呼子浦

正和 3 年 4 月24日　鎮西御教書案
＊肥前国

田肥前有浦文書　刊『鎌』32-24838,『肥前松浦党有浦文書』46頁
地佐々浦, 斑島
備『鎌』32-24838は発給を正和 2 年 4 月 4 日とするが、誤り。また、差出も上総介とあるのは前上総介の誤り

正和 3 年 5 月21日　摂津長洲御厨領家下文　＊摂津国

田摂津大覚寺文書　刊『鎌』33-25142,『兵庫県史　史料編中世 1 』205頁
語長洲御厨司番頭
地長洲御厨

正和 3 年 6 月14日　鎮西御教書案
＊肥前国

田肥前青方文書　刊『鎌』33-25155,『青方文書 1 』140頁
地青方浦

正和3年

正和3年）6月18日　日興書状

出 昭和41・53都古典連合会観入札目録　刊『鎌』33-25158
語 異国

正和3年6月29日　六波羅御教書案
＊尾張国

出 白河本東寺文書121, 東寺百合文書の　刊『鎌』33-25163,『鎌倉遺文研究』7・57頁,『愛知県史　資料編8』457頁
語 下津五日市地頭代
地 下津五日市

正和3年6月29日　六波羅御教書案
＊伊予国

出 萩藩閥閲録　児玉主計広高　刊『鎌』33-25164
語 海賊人

正和3年7月3日　東宮〈尊治親王〉令旨
＊摂津国

出 東寺百合文書り　刊『鎌』33-25167
地 錦島御厨, 吉津御厨

正和3年7月21日　六波羅御教書写
＊伊予国

出 小早川家文書　刊『鎌』33-25181,『大日本古文書　小早川家文書1』584頁
語 海賊人
綱 海賊人雅楽左衛門次郎を搦取るとの由, 伊勢国守護代信重より六波羅へ注進あり

正和3年7月21日　東寺十八口供僧評定事書
＊伊予国

出 東寺百合文書な　刊『鎌』33-25182,『日本塩業大系　史料編古代・中世1』296頁,『愛媛県史　資料編古代・中世』465頁

語 弓削島沙汰人
地 弓削島

正和3年7月　駿河清見寺鋳鐘願文
＊駿河国

出 駿河清見寺鐘銘　刊『鎌』33-25190
語 客船

正和3年）8月7日　六波羅御教書
＊摂津国

出 山城離宮八幡宮文書　刊『鎌』33-25196,『兵庫県史　史料編中世8』236頁
語 淀・河尻・神崎・渡辺・兵庫以下諸関津料
地 淀, 河尻, 神崎, 渡辺, 兵庫
備『兵庫県史』は応長元年とする

正和3年）8月10日　近衛家平添状
＊摂津国

出 山城離宮八幡宮文書　刊『鎌』33-25198,『兵庫県史　史料編中世8』236頁
語 淀・河尻・神崎・渡辺・兵庫以下諸関津料
地 淀, 河尻, 神崎, 渡辺, 兵庫
備『兵庫県史』は応長元年とする

正和3年）8月17日　後伏見上皇院宣
＊摂津国

出 山城離宮八幡宮文書　刊『鎌』33-25202,『兵庫県史　史料編中世8』236頁
語 淀・河尻・神崎・渡辺・兵庫以下諸関津料
地 淀, 河尻, 神崎, 渡辺, 兵庫
備『兵庫県史』は応長元年とする

正和3年9月　伊予弓削島庄領家方百姓等申状
＊伊予国

出 東寺百合文書し・き　刊『鎌』33-25238,『日本塩業大系　史料編古代・中世1』297頁,『愛媛県史　資料編古代・中世』465頁

語 御年貢塩, 有限塩旡, 小塩一表, 大塩一表, 塩銭, 垂塩
地 弓花島(弓削島)
綱 弓削島年貢塩は8・9月中に貢進の例なるも、代官承誉、正月より7月まで責取るうえ、京都に運上せず◆有限の塩旡の他に、縁々自他旡と称し、年7度の旡を取る◆有限の旡は清酒5合・白酒5合賜りて小塩1俵なるを、承誉わずかに白酒1升代に大俵1俵を宛つ◆承誉、逃散せし百姓宅の垂塩を焼取る

正和3年9月　肥前伊佐早荘雑掌申状
*肥前国

出 肥前深江家文書　刊『鎌』33-25239,『佐賀県史料集成4』265頁,『九州荘園史料叢書7』158頁
地 船越村

正和3年10月3日　鎮西御教書　*肥前国

出 肥前深江家文書　刊『鎌』33-25245,『佐賀県史料集成4』266頁,『大宰府史料　中世編4』626頁,『九州荘園史料叢書7』159頁
地 船越村

正和3年10月10日　関東御教書

出 山城離宮八幡宮文書　刊『鎌』33-25256,『兵庫県史　史料編中世8』236頁
語 諸関所津料

正和3年10月13日　富野信連和与状案
*備後国

出 高野山御影堂文書　刊『鎌』33-25260
語 水手米

正和3年

正和3年10月15日　東寺供僧評定事書
*伊予国

出 東寺百合文書ゑ　刊『鎌』33-25263,『日本塩業大系　史料編古代・中世1』300頁,『愛媛県史　資料編古代・中世』467頁
地 弓削島

正和3年)10月22日　頼尊書状　*伊予国

出 東寺百合文書は　刊『鎌』33-25270,『大日本古文書　東寺文書1』651頁
地 ゆけ(弓削)
備 『鎌』32-25065と重複文書

正和3年10月23日　若狭汲部多烏浦年貢銭請取状　*若狭国

出 若狭秦文書　刊『鎌』33-25272,『小浜市史　諸家文書編3』34頁
地 つるへ(汲部), たからす(多烏)

正和3年)10月26日　後伏見上皇院宣

出 岩崎小弥太蔵手鑑　刊『鎌』33-25274
語 八幡丈八愛染王堂造営材木津料
綱 後伏見上皇、東寺八幡丈愛染王堂造営材木につき、津料の煩いを止むべく東寺長者に命ず

正和3年10月　山城曽束荘百姓等訴状案
*山城国

出 山城禅定寺文書　刊『鎌』33-25281,『禅定寺文書』72頁
語 網代
綱 曽束庄百姓ら長日護摩料木と号し網代を構うる旨、禅定寺陳状に載せらるるは、虚誕なり◆曽束庄網代は、近年洪水の時破損流出するも、往代以来の網代なり

正和3年

正和3年11月16日　後伏見上皇院宣
　　　　　　　　　　　　　　　＊摂津国

出 摂津水無瀬宮文書　刊『鎌』33-25292
語 造住吉社段米

正和3年11月26日　源某奉下知状
　　　　　　　　　　　　　　　＊若狭国

出 若狭大音家文書　刊『鎌』33-25304,『福井県史　資料編8』798頁
語 御面浦刀禰,古津越,和布准銭,塩山年貢塩八斗五升,鮨桶壱口
地 御面浦,古津
綱 和布准銭は往古250文なるも、撫民のため帖別100文となす

正和3年11月27日　鎮西下知状

出 島津家文書　刊『鎌』33-25308,『大日本古文書　島津家文書1』197頁,『大宰府史料中世編4』628頁,『九州荘園史料叢書5』55頁
語 小船壱艘,船,海路,船代,借船
綱 伊作庄住人弥平五ら、薩摩国市来院住人志布志入道より小船一艘借用し、海路において破損す◆入道後家尼、在所の領主代如道に対し、船代として得善法師一類三人を引渡す

正和3年11月　伊予弓削島荘領家方百姓等申状
　　　　　　　　　　　　　　　＊伊予国

出 東寺百合文書京　刊『鎌』33-25357,『日本塩業大系　史料編古代・中世1』301頁,『愛媛県史　資料編古代・中世』468頁
地 弓削島,弓花島

正和）3年）12月）3日）　伊予弓削島庄百姓・預所問注記録　　＊伊予国

出 東寺百合文書ヨ　刊『鎌』33-25364,『日本塩業大系　史料編古代・中世1』302頁,『愛媛県史　資料編古代・中世』469頁
語 御船,船之用意,年貢塩,タレ塩,神祭魚代塩春一俵,大䑺,䑺,大俵塩,小䑺,中俵,膳所䑺,大䑺塩,カキ塩
地 弓削島,塩少路
綱 弓削島庄預所代弁房、塩六百俵を積むべき船を用意すべく百姓に命ずるも、百姓これに応ぜず逃散する旨、訴う◆百姓、年貢塩は5俵10俵沙汰出すに随い、弁坊売仕るにより、積むべき年貢塩なく、船を用意せざる旨、反論す。また、百姓逃散の跡に弁坊タレ塩等を皆焼き取る旨申す◆百姓ら、年貢調納は七月よりと申すも、預所代は神祭魚代塩等春より収納し、無堪百姓焼き出すに随い納むべき旨を申す◆預所代、大䑺は大俵、少䑺は中俵の由申すに対し、百姓ら、大䑺は領家分、少䑺は預所分、膳所䑺は定使分なるも、預代官䑺は先例なきの由申す

正和3年12月6日　鎮西下知状　＊肥前国

出 本間文書　刊『鎌』33-25366
語 異賊合戦之恩賞

正和3年12月7日　六波羅下知状

出 山城離宮八幡宮文書　刊『鎌』33-25368,『兵庫県史　史料編中世8』237頁
語 諸関所津料
備『兵庫県史』は文書名を「六波羅施行状」とする

正和3年12月12日　鎮西下知状　＊肥前国
　出 尊経閣文庫所蔵文書　刊『鎌』33-25375,
『九州荘園史料叢書7』37頁
　語 千綿浦年貢
　地 千綿浦

正和3年12月22日　鎮西下知状　＊肥前国
　出 尊経閣蔵東福寺文書　刊『鎌』33-25380,
『九州荘園史料叢書7』38頁
　地 当庄(彼杵庄)日那浦

正和3年12月2□日　厳勢田地寄進状
　　　　　　　　　　　　　　　　＊近江国
　出 近江長命寺文書　刊『鎌』33-25388
　地 船木御庄

正和4年2月4日　東大寺衆徒連署起請文
　　　　　　　　　　　　　　　＊摂津国
　出 東大寺文書(第1回採訪3)　刊『兵庫県史　史料編中世5』533頁,『大日本古文書東大寺文書別集1』208頁
　語 当関(兵庫関ヵ)

正和4年2月10日　服吉□治田売券
　　　　　　　　　　　　　　　＊伊勢国
　出 伊勢光明寺文書　刊『鎌』33-25435
　地 二見郷字浜浦

正和4年2月25日　東大寺年預慶顕文書記録勘渡帳　＊摂津国
　出 東大寺文書(10-4-2)　刊『鎌』33-25439,『兵庫県史　史料編中世5』823頁
　語 兵庫関
　地 長洲庄,兵庫関

正和4年3月15日　良衛奉書案　＊越前国
　出 内閣文庫蔵大乗院文書雑々引付2　刊
『鎌』33-25451
　地 細呂宜郷

正和4年3月16日　鎮西下知状　＊肥前国
　出 尊経閣蔵東福寺文書　刊『鎌』33-25452,
『九州荘園史料叢書7』39頁
　語 網代用途

正和4年)3月24日　天台座主宮〈尊助〉令旨案　　　　　　　　　　＊越前国
　出 広橋家旧蔵永徳度革命諸道勘文裏文書
　刊『鎌』補4-1967
　語 三国湊津料河手
　地 三国湊

正和4年4月14日　良衛奉書案　＊越前国
　出 内閣文庫蔵大乗院文書雑々引付2　刊
『鎌』33-25478,『小浜・敦賀・三国湊史料』299頁
　語 三国湊交易上分,湊雑掌
　地 三国湊

正和4年)4月)25日)　院庁年預安倍資重注文　　　　　　　　　　　＊近江国
　出 公衡公記同日条　刊『鎌』33-25494,『公衡公記2』108頁
　地 唐崎

正和4年5月17日　年預五師某書状案(土代)　　　　　　　　　　　＊摂津国
　出 東大寺文書(1-20-8)　刊『兵庫県史　史料編中世5』48頁,『尼崎市史4』375頁
　地 長洲庄

正和4年5月21日　良衛奉書案　＊越前国
　出 内閣文庫蔵大乗院文書雑々引付3　刊
『鎌』33-25515,『小浜・敦賀・三国湊史料』303

正和4年

頁
地 坪江下郷内三国湊,河口庄
備『小浜・敦賀・三国湊史料』は5月28日付とするが、どちらにも読める

正和4年）5月27日　沙弥了恵書状案
＊薩摩国

出 薩摩比志島文書　刊『鎌』補4-1970
地 比志島,西俣,河内

正和4年5月　山城禅定寺寄人等陳状
＊山城国

出 山城禅定寺文書　刊『鎌』33-25523,『禅定寺文書』70頁
語 当庄網代,湖水余流網代
綱 曽束庄百姓、同庄網代は往代ある由申すも、禅定寺寄人ら、湖水余流網代禁遏の上は、曽束庄に限り勅免あるべからざる旨、陳ず

正和4年6月2日　鎮西下知状案
＊肥前国

出 肥前青方文書　刊『鎌』33-25527,『青方文書1』141頁,『大宰府・太宰府天満宮史料9』452頁
語 当浦,浦部島地頭職,浦部島下沙汰,漕取兵船,海
地 小値賀島,佐保,白魚,宇野御厨御庄,小値賀島内浦部
綱 峯貞代官浄蓮、多人数を遣し、兵船を漕ぎ取らんとし、白魚行覚の下人を海に打ち入れ恥辱を与うること、さしたる喧嘩に非ざるにより、沙汰に及ばずと鎮西下知す

正和4年6月2日　鎮西下知状案
＊肥前国

出 肥前青方文書　刊『鎌』33-25528,『青方文書1』146頁,『大宰府・太宰府天満宮史料9』457頁
語 のりふね(乗船),うみ(海),うらへのちとうしき(浦部の地頭職),ひやうせん(兵船)
地 さを・しろいをのりやううら(佐保・白魚の両浦),うらへのしま(浦部島),おちかのしま(小値賀島),みくりやのしやう(御厨庄),うのの御くりやの御しやう(宇野御厨御所),おちかのしまのうちうらへのしま(小値賀島内浦部島)
綱 白魚時高(行覚)、異国襲来により博多へ参上せんがため乗船を用意せしが、白魚貞代官浄蓮、多人数を遣し漕ぎ取らんとし、行覚の下人を海に打ち入れ恥辱を与うること、さしたる喧嘩にあらざるにより、沙汰に及ばず、と鎮西下知す
備 同文の案文が『青方文書2』242頁にもう1点ある。『鎌』33-25529・25530参照

正和4年6月15日　道智請文　＊摂津国

出 山城離宮八幡宮文書　刊『鎌』33-25536,『兵庫県史　史料編中世8』237頁
語 摂津国兵庫以下関所,東大寺方三箇津目銭
地 兵庫

正和4年6月22日　某寄進状案　＊越前国

出 内閣文庫蔵大乗院文書雑々引付2　刊『鎌』33-25553,『小浜・敦賀・三国湊史料』293頁
語 金津神宮護国寺

正和4年

正和4年）6月22日　某寄進状案　＊越前国

出 内閣文庫蔵大乗院文書雑々引付2　刊
『鎌』33-25554,『小浜・敦賀・三国湊史料』293
頁
語 金津神宮護国□（寺ヵ）
地 坪江下郷金津八日市

正和4年）6月　左兵衛督〈藤原光藤〉請文案　＊越前国

出 内閣文庫蔵大乗院文書雑々引付2　刊
『鎌』33-25557
語 河口下司
地 河口

正和4年）7月13日　某御教書案　＊越前国

出 内閣文庫蔵大乗院文書雑々引付2　刊
『鎌』33-25568,『小浜・敦賀・三国湊史料』293
頁
地 坪江上郷「下郷」

正和4年7月13日　某長洲荘雑掌職請文　＊摂津国

出 東大寺文書(3-4-39)　刊『兵庫県史　史料編中世5』48頁,『尼崎市史4』375頁
地 長洲庄

正和4年7月17日　藤原親盛関所文書目録注文　＊摂津国

出 山城離宮八幡宮文書　刊『鎌』33-25573,『兵庫県史　史料編中世8』237頁
語 兵庫以下関所,兵庫島置石,三箇津〈兵庫・一洲・渡辺〉関所,三ヶ津,兵庫島関雑掌,一洲関雑掌,渡辺関雑掌,福泊島修固料神崎・渡辺両関雑掌
地 兵庫,兵庫島,一洲,渡辺,福泊島

正和4年8月10日　関東御教書案　＊越前国

出 大和西大寺文書　刊『福井県史　資料編2』465頁
語 敦賀津升米
地 敦賀津

正和4年8月13日　色部長綱譲状　＊越後国

出 出羽伊佐早謙蔵色部文書　刊『鎌』33-25599,『新潟県史　資料編4』8頁
語 あわしまのちとうしき（粟島の地頭職）
地 こいつみのしやうのうちあわしま（小泉庄内粟島）

正和4年9月7日　某袖判下知状　＊若狭国

出 若狭大音家文書　刊『福井県史　資料編8』799頁
語 当浦山老所,刀禰職,山得分塩,山手塩
地 倉見庄内御賀尾浦

正和4年9月9日　源勝奉下知状　＊若狭国

出 若狭大音家文書　刊『鎌』33-25612,『福井県史　資料編8』799頁
語 御贄,干鯛拾,員魚六十,刀禰丸,御賀尾浦刀禰百姓
地 御賀尾浦
綱 諏訪本社下宮御贄は、御賀尾浦月菜のうち干鯛10・員魚60を毎年刀禰丸に預け置き、社家へ運送すべき旨、御賀尾浦刀禰百姓中に下知せらる

正和4年9月12日　六波羅御教書案

出 東大寺文書(1-15-69(1))　刊『鎌』33-

正和4年
25615,『兵庫県史　史料編中世5』535頁
語 新関,淀河・尼崎・兵庫島・渡辺等関所
地 淀河,尼崎,兵庫島,渡辺

正和4年9月16日　伊予弓削島庄年貢塩支配状　＊伊予国

出 東寺百合文書は　刊『鎌』33-25618,『日本塩業大系　史料編古代・中世1』310頁,『愛媛県史　資料編古代・中世』472頁
語 弓削島御年貢塩,関々,島下向使粮物,引塩,代塩
地 弓削島

正和4年9月　東大寺申状案　＊摂津国

出 東大寺文書(1-15-32)　刊『鎌』33-25626,『兵庫県史　史料編中世5』536頁,『神戸市史　資料1』131頁
語 兵庫島関所三箇所目銭半分
地 兵庫島
綱 東大寺、同寺八幡宮領兵庫関の没収につき訴う◆兵庫関は延慶元年に院宣等により永代寄附せらるるを、去16日に両使入部し、升米并に置石所務の商人を打止めらる◆三箇所目銭半分は塔婆修造料所として当寺に寄附せらるるを、商人等の濫訴により是非なく打止めらる

正和4年10月)6日　大覚寺絵図　＊摂津国

出 大覚寺文書　刊『兵庫県史　史料編中世1』205頁
地 長洲御厨

正和4年10月9日　藤原親盛請文　＊摂津国

出 山城離宮八幡宮文書　刊『鎌』33-25632,『兵庫県史　史料編中世8』238頁
語 兵庫以下関所,津料
地 兵庫関
綱 天王寺領木村住人七郎男等、兵庫関において津料と号し、大山崎神人等の荏胡麻を押し取る

正和4年10月9日　道覚請文　＊摂津国

出 山城離宮八幡宮文書　刊『鎌』33-25633,『兵庫県史　史料編中世8』238頁
語 兵庫以下関所,津料
地 兵庫関
綱 天王寺領木村住人七郎男等、兵庫関において津料と号し、大山崎神人等の荏胡麻を押し取る

正和)4年)10月)　頼照書状　＊摂津国

出 金沢文庫文書　刊『鎌』33-25541,金沢文庫編『金沢文庫古文書3』293頁
語 神崎関所
地 神崎
備 年月日は『鎌』の本文注記より推定

正和4年11月7日　糟屋長義請文　＊摂津国

出 山城離宮八幡宮文書　刊『鎌』33-25650,『兵庫県史　史料編中世8』239頁
語 兵庫以下関所
地 兵庫

正和4年)11月21日　六波羅御教書案

出 東大寺文書(4-118)　刊『鎌』33-25659
地 大津

正和4年11月24日　後伏見上皇院宣　＊山城国

出 東寺百合文書せ　刊『鎌』33-25666,『鎌倉遺文研究』7・60頁

🌏梅津庄

正和4年11月　兵庫関合戦悪行輩交名注進状案　＊摂津国

📖内閣文庫蔵摂津国古文書　🗞『鎌』33-25668

🗣兵庫関所

🌏兵庫,河原崎,賀島,都賀河,淀,大津,尼崎

正和4年12月2日　良懐奉書　＊越前国

📖成簣堂文庫蔵御溝米引付　🗞『鎌』33-25674

🌏坪江上郷

正和4年12月2日　良達奉書　＊越前国

📖成簣堂文庫蔵御溝米等引付　🗞『鎌』33-25675

🌏坪江下郷

正和4年12月2日　紀伊神野・猿川・真国庄々官連署起請文　＊紀伊国

📖高野山文書宝簡集38　🗞『鎌』33-25676,『大日本古文書　高野山文書1』513頁

🗣海賊,漁網,柿流,胡桃流,薑流,ヤナ(簗),サエ等

正和4年12月5日　大中臣親実塩竃譲状　＊紀伊国

📖紀伊続風土記附録15木本村庄司氏蔵　🗞『鎌』33-25677,『紀伊続風土記3』附録347頁

🗣このもとのにしかま(木本西釜)

🌏このもと(木本)

🕸木本西釜よりの公事は、1釜に500文宛なり

正和4年12月12日　若狭太良庄大豆送文

📖東寺文書百合外　🗞『鎌』33-25680

正和4〜5年

🗣日吉新関米石別一升三合

正和4年12月20日　了里所領譲状案　＊相模国

📖得田文書　🗞『鎌』33-25694

🗣相模国愛甲船子屋敷

正和4年12月29日　新次郎大夫山売券　＊若狭国

📖田烏北区有文書　🗞『小浜市史　諸家文書編3』35頁

🌏世久見

正和)4年)12月)　東大寺注進状　＊土佐国

📖東大寺具書　🗞『鎌』33-25706,『続群書類従27下』10頁

🌏室生戸崎

正和4年12月　東大寺注進状　＊摂津国

📖東大寺具書　🗞『鎌』33-25708,『続群書類従27下』70頁

🗣兵庫関米,兵庫升米

🌏兵庫

正和5年1月18日　大和西大寺宝生護国院供養法衆等密契状　＊大和国

📖大和福智院家文書　🗞『鎌』33-25722,『福智院家古文書』96頁

🗣魚網

📝『福智院家古文書』は語彙を「魚綱」と読む

正和5年2月1日」　大江某田地寄進状　＊紀伊国

📖紀伊向井家文書　🗞『鎌』33-25732,『和歌山県史　中世史料2』126頁

🌏賀太

正和5年

正和5年2月12日　少弐貞頼書下
　　　　　　　　　　　　　　＊筑前国

田筑前榊輝雄文書　刊『鎌』33-25741、『福岡県史　資料10』130頁、『大宰府・太宰府天満宮史料9』476頁
語博多前浜石築地破損
地博多前浜

正和5年）2月22日　六波羅御教書案
　　　　　　　　　　　　　　＊越前国

田内閣文庫蔵大乗院文書雑々引付2　刊『鎌』33-25751、『加能史料　鎌倉2』408頁、『小浜・敦賀・三国湊史料』301頁
地坪江郷北金津、南金津

正和5年2月　地頭代祐光申状案
　　　　　　　　　　　　　　＊越前国

田内閣文庫蔵大乗院文書雑々引付3　刊『鎌』33-25755、『加能史料　鎌倉2』407頁、『小浜・敦賀・三国湊史料』300頁
地坪江郷内北金津八日市、河口庄内南金津
備『鎌』は文書名に案をつけていないが追加した

正和5年2月　大中臣実長訴状写

田下総香取神宮文書　刊『鎌』33-25757、『千葉県史料　中世編　香取文書』22頁
語異国征罰之軍神、異国蜂起

正和5年3月16日　南条大行〈時光〉自筆券解草案証判者目録

田駿河大石寺文書せ　刊『鎌』33-25768、『静岡県史　資料編5』956頁
語□きかしま（関島）

正和5年）3月20日　某御教書案
　　　　　　　　　　　　＊若狭国、越前国

田内閣文庫蔵大乗院文書雑々引付2　刊『鎌』33-25774、『小浜・敦賀・三国湊史料』297頁
地宮川保内矢代浦、三国湊

正和5年3月22日　某袖判下知状
　　　　　　　　　　　　　　＊若狭

田若狭大音家文書　刊『福井県史　資料編8』799頁
語御賀尾浦刀禰
地御賀尾浦

正和5年3月　越中放生津住人則房申状案
　　　　　　　　　　　　＊越中国、越前国

田内閣文庫蔵大乗院文書雑々引付3　刊『鎌』33-25798、『小浜・敦賀・三国湊史料』295頁
語刀禰十郎権守、大船一艘、鮭、関東御免津軽船二十艘之内随一、三ヶ浦預所代、漂倒船
地大袋庄東放生津、坪江郷佐幾良・加持羅・阿久多宇三ヶ浦
綱越中国放生津住人沙弥本阿代則房、大船一艘以下の糺返を求む◆嘉元4年、越前国三ヶ浦預所代・三国湊住人ら、漂倒船と号し、大船一艘・鮭以下若干物を押し取る◆大船は関東御免津軽船二十艘の内随一なり

正和5年3月　若狭西津荘所当収納帳
　　　　　　　　　　　　　　＊若狭国

田古田券　刊『鎌』33-25800
地西津庄

正和5年) 4月14日　　後伏見上皇院宣案
　　　　　　　　　　　　　　　　　＊近江国

囲山城山本修二文書　刊『鎌』34-25814
語粟津橋,河原関所,生魚
地粟津
綱蔵人所粟津供御人等訴えし東三ヶ口・四宮河原関所・六角町以下所々の生魚雑物売買の煩につき、蔵人所牒を成し給うべく命ず
備『鎌』出典名の山本修三は修二の誤りと思われる

正和5年) 4月18日　　後伏見上皇院宣
　　　　　　　　　　　　　　　　　＊摂津国

囲東大寺文書(1-15-27)　刊『鎌』34-25817,『兵庫県史　史料編中世5』540頁,『神戸市史　資料1』135頁
語兵庫島関米,新関
地兵庫島
綱東大寺八幡宮に寄付せらるる兵庫島関米、もし新関として停廃せらるれば、定めて強訴に及ぶべし

正和5年4月19日　　平長綱譲状案
　　　　　　　　　　　　　　　　　＊越後国

囲色部文書　刊『鎌』34-25819,『新潟県史　資料編4』13頁
語山野河海
綱山野河海につきては入会うべく定む

正和5年4月　　蔵人所置文　　＊近江国

囲近江膳所神社文書　刊『鎌』34-25828,『滋賀県漁業史　上』59頁
語粟津橋本并都鄙供御人,市津并関渡
地粟津橋本,京都六角町
綱近江国粟津橋本・都鄙供御人等、諸役御免の上は、上下路次中において市津・関渡等の沙汰致すべからず
備『鎌』注記に「偽文書なるべし」とあり、中村直勝『日本古文書学　下』は偽文書とする

正和5年4月　　蔵人所牒　　＊近江国

囲山城山本修二文書　刊『鎌』34-25829
語生魚供御人,河原関料,市津関渡,致生魚并諸雑物等売買業,日次供御,市津料,東三箇口沙汰人,四宮河原関守
地粟津橋本,京都六角町
綱近江国粟津橋本・京都六角町以下の生魚供御人等、天智天皇の御宇以来、生魚・諸雑物売買の業をし、内侍所神供の生魚日次供御役を勤仕するは古今の例なり◆粟津橋本住人は最初根本の供御人、六角町は彼ら重代売買の所なり◆嘉禄・嘉元の牒に任せ、内蔵寮東三箇口・四宮河原関寮、六角町以下都鄙路次往反市津関等の煩いを停止し、生魚・諸雑物売買の業をし、内侍所神供の生魚日次供御役を備進せしむべし
備『鎌』出典名の山本修三は修二の誤りと思われる。網野善彦『日本中世の非農業民と天皇』は「京大国史学研究室所蔵」の正文とする,中村直勝『日本古文書学　下』は偽文書とする

正和5年) 5月7日　　東大寺別当〈実海〉御教書　　＊摂津国

囲東京大学文学部蔵東大寺文書　刊『鎌』34-25833,『大日本古文書　東大寺文書別集1』211頁,『兵庫県史　史料編中世5』541頁,『神戸市史　資料1』135頁
語兵庫関

正和5年

🄰地兵庫

🄰綱東大寺別当実海、兵庫島関米をめぐる東大寺の閉門、仏神事勤行の停止に対し、その解除を命ず

正和5年5月　越前三国湊雑掌申状案
＊越前国

🄰出内閣文庫蔵大乗院文書雑々引付3　🄰刊
『鎌』34-25854,『小浜・敦賀・三国湊史料』297頁

🄰語当所津料, 三国湊, 津料, 河口傍例
🄰地坪江郷内三国湊, 河口
🄰綱春日社領三国湊の津料は武家の制法に任せて本所の計らいとすべし

正和5年)6月6日　菩提山大僧正御教書案
＊越前国

🄰出内閣文庫蔵大乗院文書雑々引付3　🄰刊
『鎌』34-25859,『小浜・敦賀・三国湊史料』298頁

🄰語三国湊雑掌
🄰地坪江郷三国湊

正和5年6月7日　関東御教書案
＊越中国

🄰出内閣文庫蔵大乗院文書雑々引付2　🄰刊
『鎌』34-25860,『小浜・敦賀・三国湊史料』295頁

🄰語船
🄰地放生津, 坪江郷

正和5年)6月9日　良衛奉書案　＊越前国

🄰出内閣文庫蔵大乗院文書雑々引付3　🄰刊
『鎌』34-25863,『小浜・敦賀・三国湊史料』298頁

🄰語国司津料
🄰地当郷(坪江郷), 宮地浦

正和5年)6月9日　某施行状案　＊越前国

🄰出内閣文庫蔵大乗院文書雑々引付3　🄰刊
『鎌』34-25864,『小浜・敦賀・三国湊史料』298頁

🄰語国司津料
🄰地宮地浦

正和5年)6月14日　良衛奉書案　＊越前国

🄰出内閣文庫蔵大乗院文書雑々引付3　🄰刊
『鎌』34-25866,『小浜・敦賀・三国湊史料』299頁

🄰語国司津料
🄰備『鎌』34-25867参照

正和5年)6月17日　良衛奉書案　＊越前国

🄰出内閣文庫蔵大乗院文書雑々引付3　🄰刊
『鎌』34-25872,『小浜・敦賀・三国湊史料』299頁

🄰語三国湊内侍所日次供御料交易上分
🄰地三国湊
🄰綱越前国三国湊内侍所日次供御料交易上分につき、今村五郎・藤島下司以下の濫妨を停止すべし◆交易物は、内侍所沙汰人と湊雑掌にて均分の沙汰を致すべし

正和5年6月　近江葛川行者置文土代
＊近江国

🄰出近江葛川明王院文書　🄰刊『鎌』34-25879,『葛川明王院史料』149頁,『編年差別史資料集成3』615頁

🄰語山川狩猟, 殺生

正和5年)7月25日　源実奉書案　＊越前国

🄰出内閣文庫蔵大乗院文書雑々引付3　🄰刊

『鎌』34-25895
語 三国湊交易上分
地 三国湊

正和5年) 8月10日　良衛奉書案 ＊越前国

出 内閣文庫蔵大乗院文書雑々引付3　刊『鎌』34-25907,『小浜・敦賀・三国湊史料』293頁
語 国司津料
地 当郷(坪江郷)

正和5年) 8月10日　良衛奉書案 ＊越前国

出 内閣文庫蔵大乗院文書雑々引付3　刊『鎌』34-25908,『小浜・敦賀・三国湊史料』293頁
語 国司津料,本船付肴之代
地 坪江郷

正和5年) 8月10日　良衛奉書案 ＊越前国

出 内閣文庫蔵大乗院文書雑々引付3　刊『鎌』34-25909,『小浜・敦賀・三国湊史料』293頁
語 国司津料
地 坪江郷

正和5年) 9月17日　六波羅御教書案
＊越中国,越前国

出 内閣文庫蔵大乗院文書雑々引付3　刊『鎌』34-25934,『小浜・敦賀・三国湊史料』293頁
語 船
地 放生津,坪江郷
綱 越中国放生津住人本阿と越前国坪江郷住人専念等、船以下の事を相論す

正和5年9月18日　源某奉下知状
＊若狭国

出 若狭大音家文書　刊『鎌』34-25935,『福井県史　資料編8』800頁
語 浦百姓,諏訪本社御贄運送人夫役,海人,刀禰,和布十帖代,塩一石四斗代,御贄狩,垂釣,干魚折,飛魚年貢,魚,御贄屋
地 倉見庄御面浦
綱 倉見庄御面浦の海人等、毎年諏訪本社に御贄を運送せし人夫役を嘆き申す◆向後は、毎年の御贄狩の際干魚折四合を定め、贄屋を潔済致し、干魚四合を干置き、三四年に一度本社に送るべし◆去年分・当年分の御贄狩は、干魚折八合を御贄屋に納むべし◆飛魚年貢三百は已に進済、残りは御免を蒙るべく百姓等訴うるも、魚取れざる時は御代済する先例なりと下知す

正和5年9月25日　延暦寺檀那院集会事書案　＊越前国

出 内閣文庫蔵大乗院文書雑々引付2　刊『鎌』34-25937,『小浜・敦賀・三国湊史料』301頁
語 津料
地 坪江郷
綱 越前国坪江郷住人深町式部大夫以下の輩、事を津料に寄せ、数輩の悪党等を率いて十禅師御簾神人を殺害す◆諸国津料御米等の停廃せられしは、関東御事書に明鏡なり

正和5年10月2日　近江粟津商人運上銭送文案　＊近江国

出 宮地直一所蔵文書　刊『鎌』34-25943
語 粟津商人,運上銭
地 粟津

正和5年

正和5年)10月4日　　良衛奉書案　＊陸奥国

出内閣文庫蔵大乗院文書雑々引付3　刊
『鎌』34-25947,『小浜・敦賀・三国湊史料』296頁
語津軽船

正和5年10月17日　　若狭太良庄年貢米送文　　　　　　　　　　　＊若狭国

出東寺文書百合外　刊『鎌』34-25956
語□(日)吉新関米

正和5年10月25日　　詫磨道覚譲状案
＊肥後国

出豊後詫摩文書　刊『鎌』34-25966,『大分県史料12』74頁,『九州荘園史料叢書2』57頁,『同3』39頁,『同9』31頁,『増補訂正編年大友史料4』133頁,『熊本県史料5』480頁
語あまくさの四かうら(天草の四ヶ浦)
地天草

正和5年閏10月14日　　蓮願伊予弓削島庄預所職任料請文　　　　＊伊予国

出東寺百合文書な　刊『鎌』34-25986,『日本塩業大系　史料編古代・中世1』311頁,『愛媛県史　資料編古代・中世』474頁
地弓削島

正和5年閏10月15日　　後伏見上皇院宣案
＊越前国

出大和西大寺文書　刊『福井県史　資料編2』465頁
語敦賀津升米,石別壱升雑物百分壱
地敦賀津

正和5年閏10月15日　　伊予弓削島庄文書目録　　　　　　　　　＊伊予国

出東寺百合文書と　刊『鎌』34-25993,『日本塩業大系　史料編古代・中世1』312頁,『愛媛県史　資料編古代・中世』474頁
地弓削島

正和5年閏10月18日　　蓮願〈那須五郎入道〉請文案　　　＊伊予国,摂津国

出東寺百合文書な　刊『鎌』34-25996,『日本塩業大系　史料編古代・中世1』312頁,『愛媛県史　資料編古代・中世』475頁
語塩六百俵〈大俵淀津定〉
地弓削島,淀津
綱蓮願、伊予国弓削島庄預所職を請くるにあたり、年貢塩六百俵(大俵淀津定)を7月・9月に三百俵づつ寺庫に運送すべきを約す

正和5年閏10月18日　　蓮願〈那須五郎入道〉請文案　　　　　　　＊伊予国

出東寺百合文書な　刊『鎌』34-25997,『日本塩業大系　史料編古代・中世1』313頁,『愛媛県史　資料編古代・中世』475頁
語荒和布,筒切
地弓削島

正和5年)閏10月20日　　道禅書状

出紀伊向井家文書　刊『鎌』34-26005,『和歌山県史　中世史料2』127頁
語浜成

正和5年)閏10月26日　　良衛奉書案
＊越前国

出内閣文庫蔵大乗院文書雑々引付3　刊『鎌』34-26006,『加能史料　鎌倉2』408頁,『小浜・敦賀・三国湊史料』301頁
地坪江郷北金津・南金津
備『加能史料』は奉者を良懐とし、また案文とする。『小浜・敦賀・三国湊史料』は閏10月

正和5～6年

28日付とするが、誤り

正和5年11月3日　日向蓮正寺敷地打渡状案
*日向国

出 薩藩旧記11志布志宝満寺文書書写　刊『鎌』34-26011,『鹿児島県史料　旧記雑録前編1』448頁

地 日向方島津御庄志布志津

正和5年11月12日　建部信親譲状
*大隅国

出 大隅禰寝文書　刊『鎌』34-26021,『鹿児島県史料　旧記雑録拾遺家わけ1』350頁

語 山野河海

正和5年11月20日　色部長綱譲状案
*越後国

出 米沢図書館蔵色部氏文書　刊『鎌』34-26026B,『越後国人領主色部氏史料集』168頁,『新潟県史　資料編4』482頁

地 あはしま（粟島）

正和5年11月27日　山城上野庄実検目録
*山城国

出 東寺百合文書シ　刊『鎌』34-26030

語 桂女在家七宇

綱 桂女在家7宇のうち、1宇は下司給、1宇は職事給、残る5宇に公事をかけらる

正和5年11月　忠国陳状案　*若狭国

出 若狭大音家文書　刊『鎌』34-26036,『福井県史　資料編8』801頁

語 当浦刀禰、乙王女分大船一艘〈名フクマサリ〉

地 常神浦、御賀尾浦

綱 常神浦刀禰国清の置文により、乙王女、大船一艘〈フクマサリ〉等を譲らるる旨申す

も、異母兄弟忠国、置文は謀書なる旨を陳ず

備『鎌』34-26037参照

正和5年12月12日　若狭太良庄預所別進米送文
*近江国

出 東寺文書百合外　刊『鎌』34-26045

語 日吉新関米石別一升三合

正和5年12月　東大寺年預所下文案
*摂津国、周防国

出 東大寺文書(1-15-91)　刊『鎌』34-26058,『兵庫県史　史料編中世5』541頁,『神戸市史　資料1』136頁

語 防州之船

地 兵庫

綱 一類の凶徒等、防州の船を点定す

正和5年□月28日　伊予三島社領家次第
*伊予国

出 伊予臼木三島神社文書　刊『鎌』34-26065,『愛媛県史　資料編古代・中世』477頁

語 生贄之供

地 三島

正和5年　伊予忽那島損毛検見目録
*伊予国

出 伊予忽那とら文書　刊『鎌』34-26064,『愛媛県史　資料編古代・中世』476頁

地 忽那島

正和6年1月17日　豊後大野荘志賀村中分屋敷注文案
*豊後国

出 肥後志賀文書　刊『鎌』34-26073,『熊本県史料2』451頁,『九州荘園史料叢書1』62頁,『増補訂正編年大友史料4』99頁,『大野荘の研究』186頁

地 津留

正和6年1月30日　良衛奉書案　＊近江国

出 内閣文庫蔵大乗院文書雑々引付　刊『鎌』34-26081,『小浜・敦賀・三国湊史料』302頁
語 郷勢王・北方等御年貢内大津本銭返銭
地 大津

文保元年3月2日　物部成永書状案
＊筑前国

出 豊前益永家文書　刊『鎌』34-26110
地 博多
備『九州地方中世編年文書目録』は日付を3月20日とするが、『鎌』の7日とともに誤り。また差出は上記『目録』の田部成永が正しい

文保元年)3月7日　日興書状

出 駿河大石寺文書　刊『鎌』34-26111
語 たら(鱈),あまのり,ひしき,しほ(塩),かちめ

文保元年3月18日　後宇多上皇院宣
＊播磨国

出 東寺百合文書ニ　刊『鎌』34-26114,『鎌倉遺文研究』7・62頁
地 難(那カ)波,佐方

文保元年3月25日　関東下知状案
＊筑前国

出 金剛三昧院文書　刊『鎌』34-26124,『高野山文書5』98頁
語 運送船,関々浦々,西海道関渡沙汰人
綱 幕府,西海道関渡沙汰人に対し、高野山金剛三昧院領筑前国粥田荘上下諸人・運送船への関々浦々の煩を禁ず

文保元年4月3日　六波羅御教書
＊山城国

出 和田文書　刊『鎌』34-26142
語 鴨河堤
地 鴨河
綱 鴨河堤大破に及ぶにより、修固のため用途を近国御家人に支配す

正和6年)4月23日　比志島代僧源□外二名連署注進状　＊薩摩国

出 薩摩比志島文書　刊『鎌』補4-1981
地 比志島名

文保元年)4月24日　白蓮書状

出 日向定善寺文書　刊『鎌』34-26153
語 河苔八帖

正和6年4月25日　了恵請文　＊薩摩国

出 薩摩比志島文書　刊『鎌』34-26089,『鹿児島県史料　旧記雑録前編1』450頁
地 比志島

文保元年5月22日　大隅守護〈北条時直〉書下　＊大隅国

出 大隅岸良文書　刊『鎌』34-26210
語 海賊,御米船
綱 肝付弁済使入道尊阿、救仁郷飯熊別当等の岸良村御米船を海賊せしむるを訴う

文保元年5月　東大寺学侶衆徒訴状
＊摂津国

出 東大寺文書　刊『鎌』34-26211,『兵庫県史史料編中世5』542頁,『尼崎市史4』116頁,『神戸市史　資料1』137頁
語 塔婆造営料所三ヶ津目銭,兵庫島升米,運漕舟船,江井崎船

綱 正和二年の東大寺東塔雷火に対し、三ヶ津目銭半分を寄せらる◆住吉神主国冬等、目銭半分を押領す◆先年兵庫島升米を東大寺管領せし初めに、国冬、国として運漕の舟船・諸国諸庄の年貢を悉く住吉領江井崎船と称し、濫妨す
備『兵庫県史』は、出典八代恒治氏所蔵文書(史料編纂所影写本による)とする

文保元年6月15日　鎮西奉行人連署召文
＊肥前国

出 肥前深堀家文書　刊『鎌』34-26232,『佐賀県史料集成4』73頁,『大宰府・太宰府天満宮史料10』2頁,『九州荘園史料叢書7』43頁
地 切杭高浜

文保元年6月17日　薩摩伊作庄并日置北郷領家雑掌〈信宗〉地頭代〈道慶〉和与状
＊薩摩国

出 島津伊作家文書　刊『鎌』34-26235,『大日本古文書　島津家文書1』508頁,『九州荘園史料叢書5』62頁
語 浜寄物支配,寄物
綱 浜の寄物は、伊作庄・日置北郷領家に7割、地頭に3割支配すべき旨和与す

文保元年6月19日　藤原政貞禁制
＊備前国

出 備前安養寺文書　刊『鎌』34-26239
語 山河殺生,里河

文保元年6月21日　鎮西奉行人連署召文
＊肥前国

出 肥前深堀家文書　刊『鎌』34-26241,『佐賀県史料集成4』73頁,『大宰府・太宰府天満宮史料10』3頁,『九州荘園史料叢書7』44頁
地 切杭高浜

文保元年

文保元年6月23日　道助和与状　＊筑前国

出 薩摩比志島文書　刊『鎌』34-26244,『鹿児島県史料　旧記雑録前編1』454頁
語 博多代官
地 博多

文保元年6月29日　預所某田地寄進状
＊紀伊国

出 紀伊向井家文書　刊『鎌』34-26246,『和歌山県史　中世史料2』127頁
地 賀太庄

文保元年7月5日　六波羅施行状写
＊伊勢国

出 大阪四天王寺蔵如意宝珠御修法日記裏文書　刊『鎌』34-26255,『加能史料　鎌倉2』410頁,杉橋隆夫「四天王寺所蔵『如意宝珠御修法日記』『同』紙背文書について」『史林』53-3、117頁
語 伊勢国十五所塩浜地頭,浜弐段,塩浜地子,塩屋壱宇

文保元年7月30日　薩摩国御家人交名注文
＊薩摩国

出 薩摩新田宮観樹院文書　刊『鎌』34-26289,『鹿児島県史料3』63頁,『同4』19頁
地 鹿児島,飯島
備『九州地方中世編年文書目録』は出典を山田文書とする

文保元年7月　近江葛川常住并住人等陳状案
＊近江国

出 近江葛川明王院文書　刊『鎌』34-26295,『葛川明院史料』278頁,『編年差別史資料集成3』616頁
地 右淵瀬(石淵瀬)

文保元年

文保元年8月25日　鎮西下知状　＊筑前国

出 豊前黒水文書　刊『鎌』34-26327,『中世法制史料集1』403頁,『大宰府・大宰府天満宮史料10』7頁,『同8』補37頁
地 博多北船今寺,江島津,江島竹田津

文保元年8月　近江葛川常住并住人等陳状案　＊近江国

出 近江葛川明王院文書　刊『鎌』34-26332,『葛川明王院史料』279頁
地 右淵瀬(石淵瀬)

文保元年9月14日　本性宇佐弥勒寺用途升米請取状　＊薩摩国

出 薩摩比志島文書　刊『鎌』34-26366,『鹿児島県史料　旧記雑録前編1』457頁
地 満家院内比志島名

文保元年10月12日　某田地売券　＊志摩国

出 伊勢光明寺文書　刊『鎌』34-26394
地 かも御しやうのうちめはまの御くりや

文保元年10月17日　時光・教忍連署奉書　＊大隅国

出 大隅岸良文書　刊『鎌』34-26397,『鹿児島県史料　旧記雑録前編1』458頁
語 海賊

文保元年10月　地頭代宗守下文　＊若狭国

出 若狭秦文書　刊『鎌』34-26414,『小浜市史　諸家文書編3』36頁
語 手石はま(浜)のふくらき(鰒)かミのまへあミ(前網),あみは(網場)
地 たからす浦(多烏浦)

文保元年10月　後宇多院院庁下文案　＊中国,播磨国

出 東寺百合文書ヒ　刊『鎌倉遺文研究』8・74頁
語 震旦
地 震旦,難(那)波浦,佐方浦

文保元年)10月　東寺十八口供僧年行事行廻文案　＊伊予国

出 東寺百合文書エ　刊『日本塩業大系　史料編古代・中世1』315頁,『愛媛県史　資料編古代・中世』479頁
地 弓削島

文保元年11月　白魚行覚〈時高〉申状案　＊肥前国

出 肥前青方文書　刊『鎌』34-26446,『青方文書1』157頁,『大宰府・大宰府天満宮史料10』24頁
語 浦々,兵船,海
地 浦部島内下浦部佐保,白魚浦々
備『鎌』は本文書前半部を25530号として重複して載せている

文保元年12月9日　忽那重清(?)宛行状　＊伊予国

出 伊予長隆寺文書　刊『鎌』34-26459,『愛媛県史　資料編古代・中世』480頁
地 忽那島

文保元年　近江伊香荘民等訴懸条々目安案　＊近江国

出 近江葛川明王院文書　刊『鎌』34-26451,『葛川明王院史料』22頁
語 山野カリスナトリ(狩漁)

文保2年2月10日　肥前河上宮免田領主交名注文案　＊筑前国

囲肥前河上神社文書　刊『鎌』34-26545,『佐賀県史料集成1』34頁
地博多

文保2年3月9日　太神宮政所下文
＊越前国,若狭国

囲若狭秦宗次郎文書　刊『鎌』34-26581,『福井県史　資料編8』437頁
語手浦塩釜,伍斛之塩
地手浦,日向浦

文保2年3月12日　源氏女屋敷譲状
＊山城国

囲東寺百合文書ヶ　刊『鎌倉遺文研究』8・75頁
地塩小路

文保2年3月23日　越中国雄神荘下司藤原光忠起請文　＊越中国

囲徳大寺家史料　刊鎌倉遺文研究会編『鎌倉時代の政治と経済』264頁
語山河荒野

文保2年3月29日　若狭太良庄年貢米送文　＊近江国

囲東寺文書百合外　刊『鎌』34-26617
語日吉新関米〈石別一升三合定〉
備上杉和彦「鎌倉期越中国の徳大寺家領荘園について」所収

文保2年4月5日　若狭太良庄大豆送文
＊近江国

囲東寺百合文書は　刊『鎌』34-26629
語日吉新関

文保2年

文保2年5月4日　少弐もり経書下
＊対馬国

囲対馬下津八幡宮文書　刊『鎌』34-26666
地たうしま(当島＝対馬島)

文保2年5月12日　某下知状　＊若狭国

囲若狭大音家文書　刊『鎌』34-26674,『福井県史　資料編8』804頁
語御賀尾刀禰百姓等
地御賀尾浦

文保2年)5月21日　前大僧正某書状
＊若狭国

囲宮内庁書陵部所蔵文書　刊『福井県史　資料編2』678頁
地西津庄

文保2年)5月22日　前大僧正某書状
＊若狭国

囲天城文書　刊『福井県史　資料編2』644頁
地西津庄

文保2年5月29日　肥前戸町西俊〈能俊〉同俊光連署和与状　＊肥前国

囲肥前深堀家文書　刊『鎌』34-26689,『佐賀県史料集成4』77頁,『大宰府・太宰府天満宮史料10』33頁,『九州荘園史料叢書7』45頁
語高浜
地戸町浦,香焼鳥,末島,中島,影呂宇島,杉浦,樟浦

文保2年5月　深堀孫房丸〈時明〉代外二名連署和与状案　＊肥前国

囲肥前深堀家文書　刊『鎌』34-26690,『佐賀県史料集成4』76頁,『大宰府・太宰府天満宮史料10』32頁,『九州荘園史料叢書7』44頁

文保2年

地戸町浦,香焼鳥,末島,中島,影呂宇島,杉浦,切杭・高浜,椋浦

文保2年5月　近江葛川根本住人末孫交名注文　＊近江国

出近江葛川明王院文書　刊『鎌』34-26694,『葛川明王院史料』29頁

語鹿猿熊鳥兎魚等殺生

文保2年6月6日　鎮西下知状　＊肥前国

出肥前深堀家文書　刊『鎌』34-26700,『佐賀県史料集成4』80頁,『大宰府・太宰府天満宮史料10』36頁,『九州荘園史料叢書7』48頁

地戸町浦内切杭高浜

文保2年6月6日　鎮西下知状　＊肥前国

出肥前深堀家文書　刊『鎌』34-26701,『佐賀県史料集成4』78頁,『大宰府・太宰府天満宮史料10』37頁,『九州荘園史料叢書7』47頁

語高浜

地戸町浦,香焼鳥,末島,中島,影呂宇島,杉浦,切杭・高浜,椋浦

文保2年6月12日　延暦寺院政所下文　＊近江国

出近江奥津島神社文書　刊『鎌』34-26704,『大嶋神社・奥津嶋神社文書』13頁

地津田,奥島

文保2年9月10日　源某下知状　＊若狭国

出若狭大音家文書　刊『鎌』35-26775,『福井県史　資料編8』804頁

語和布,塩,鮨桶,能登浦狩厨

地倉見庄内御賀尾浦,古津,能登浦

綱御賀尾浦に限らず、和布・塩・鮨桶等をもって年貢代物とするは先例なりと同浦訴う

文保2年9月17日　青方高継譲状案　＊肥前国

出肥前青方文書　刊『鎌』35-26782,『青方文書1』160頁

語うミ(海),あみ一てう(網一帖)

地五島,あうかた(青方),あゆかわ(鮎河),たいのうら(鯛之浦),魚目

綱鮎河の網1帖は惣領の領内に所を嫌わず建てるべし

文保2年10月5日　鎮西御教書　＊肥前国

出肥前斑島文書　刊『鎌』35-26798,『松浦党関係史料集2』62頁,『改訂松浦党有浦文書』47頁,『大宰府・太宰府天満宮史料10』42頁

地志佐浦

文保2年10月　斑島行覚申状　＊肥前国

出肥前有浦文書　刊『鎌』35-26826,『改訂松浦党有浦文書』47頁

語御厨執行

地志佐浦,御厨(御厨庄)

文保2年11月2日　鎮西御教書　＊肥前国

出肥前深堀家文書　刊『鎌』35-26830,『佐賀県史料集成4』80頁,『大宰府・太宰府天満宮史料10』44頁,『九州荘園史料叢書7』49頁

語当浦田畠在家山海三分一

地戸町内杉浦

文保2年11月2日　鎮西御教書　＊肥前国

出肥前深堀家文書　刊『鎌』35-26831,『佐賀県史料集成4』81頁,『大宰府・太宰府天満宮史料10』44頁,『九州荘園史料叢書7』50頁

語当浦田畠在家山海三分一

地戸町内杉浦

文保2年

文保2年11月17日　関東御教書案

出 大友文書　刊『鎌』35-26852,『大宰府・太宰府天満宮史料10』45頁,『増補訂正編年大友史料4』166頁
語 関渡

文保2年11月19日　後宇多上皇院宣案
＊山城国

出 高野山文書宝簡集2　刊『鎌』35-26853,『大日本古文書　高野山文書1』26頁
語 淀升米
地 淀

文保2年11月20日　遠江南浦四方指注文
＊遠江国

出 遠江中山文書　刊『鎌』35-26856,『静岡県史　資料編5』994頁,『静岡県史料4』340頁
語 笠原庄一宮社領内南浦,郷分浦,津料,南海,浦
地 南浦
綱 笠原庄一宮社領内南浦につき、秋貞郷給主代隆宗、秋貞郷分浦と号し社家と津料の論に及ぶ
備『静岡県史』は文書名を「安達時顕裁許状」とする

文保2年11月　青方高継代深申状案
＊肥前国

出 肥前青方文書　刊『鎌』35-26868,『青方文書1』161頁,『大宰府・太宰府天満宮史料10』47頁
地 青方村

文保2年12月6日　某袖判下知状
＊伊予国

出 伊予忽那家文書　刊『鎌』35-26874,『愛媛県史　資料編古代・中世』480頁
地 忽那島
備『愛媛県史』は「忽那とら文書」として収載

文保2年12月9日　鎮西下知状案
＊肥前国

出 肥前実相院文書　刊『鎌』35-26882,『佐賀県史料集成15』195頁
地 五島浦

文保2年12月16日　鎮西下知状案
＊肥前国

出 肥前実相院文書　刊『鎌』35-26894,『佐賀県史料集成15』196頁
地 生月島

文保2年12月21日　年預五師顕寛牒状案
＊摂津国

出 東大寺文書(1-24-66(1))　刊『兵庫県史　史料編中世5』543頁
語 関,三ヶ津目銭,兵庫島津料
地 兵庫島

文保2年12月23日　関東御教書案
＊尾張国

出 壬生家文書　当局所領条々　刊『鎌』35-26904,『図書寮叢刊　壬生家文書2』127頁
語 成洲〈又号生出島六丈島〉堺
地 日置庄・富吉庄,成洲〈又号生出島・六丈島〉

文保2年12月26日　東大寺衆徒等連署起請文
＊摂津国

出 百巻本東大寺文書30巻(273)　刊『鎌』35-26910,『大日本古文書　東大寺文書6』375頁,『兵庫県史　史料編中世5』544頁,『尼崎市史4』118頁,『神戸市史　資料1』139頁

355

文保2～3年

語兵庫関所,三ヶ津
地兵庫,三ヶ津(渡辺・神崎・兵庫)

文保2年12月　安芸新勅旨田年貢送文

出東寺百合文書ほ　刊『鎌』35-26920
語梶取

元応元年1月3日　某下知状写　＊周防国

出萩藩閥閲録巻164田尻裁判兄部与右衛門
刊『鎌』35-27037,『萩藩閥閲録4』362頁
語周防国合物売商人等長職
備本文書検討を要す(元応への改元は4月28日)

文保3年」1月」20日」　乗南兵庫上下粮料等注文　＊摂津国

出東寺百合文書ほ　刊『鎌』35-26936
地ヒやうこ(兵庫)

文保3年1月22日　安芸新勅旨田年貢支配状　＊摂津国

出東寺百合文書ほ　刊『鎌』35-26940
地兵庫

文保3年2月5日　島津忠宗禁制　＊薩摩国

出島津家文書　刊『鎌』35-26947
地鹿児島,硫黄島
綱鹿児島東福寺四至内にて御内被官の下部禁制を違犯せば、火印を捺し、硫黄島に流すべし

文保3年2月5日　恵性田地寄進状　＊紀伊国

出紀伊薬徳寺文書　刊『鎌』35-26948
地中島

文保3年2月10日　播磨矢野荘例名預所職請文　＊播磨国

出東寺百合文書テ　刊『鎌』35-26953,『鎌倉遺文研究』8・79頁
地那波,佐方

文保3年3月10日　関東下知状案　＊播磨国

出金剛三昧院文書　刊『鎌』35-26962,『高野山文書2』36頁
語関々津々

文保3年3月15日　志佐祝請文案　＊肥前国

出肥前青方文書　刊『鎌』35-26972,『青方文書1』161頁,『大宰府・太宰府天満宮史料10』46頁
地浦部青方村

文保3年3月28日　湛睿写経願文　＊武蔵国

出金沢文庫蔵毘奈那略問答奥書　刊『鎌』35-26983,金沢文庫編『金沢文庫古文書11』272頁
地六浦庄

文保3年4月　近江園城寺学頭宿老等申状　＊近江国,伊勢国

出古簡雑纂1　刊『鎌』35-27012
地大津東浦,山田御厨

文保3年(月末詳)13日　武蔵金沢瀬戸橋新造雑用下行日記　＊武蔵国

出金沢文庫文書　刊『鎌』35-27031,金沢文庫編『金沢文庫古文書7』79頁,『六浦瀬戸橋』(神奈川県立金沢文庫図録)57頁
語瀬戸橋新造

元応元年) 5月7日　後宇多上皇院宣
　　　　　　　　　　　　　　＊中国

出 内閣文庫蔵大乗院文書文保三年記　刊
『鎌』35-27040
語 巨唐万里之海
地 巨唐
綱 盗まれし玄上(弦上)は巨海万里の海より伝えられたる霊宝なり

文保3年) 5月17日　金沢貞顕書状

出 金沢文庫文書　刊『鎌』35-27021, 金沢文庫編『金沢文庫古文書1』53頁
語 和布

元応元年6月5日　大仏宣時袖判御教書
　　　　　　　　　　　　　　＊伊予国

出 伊予忽那家文書　刊『鎌』35-27055,『愛媛県史　資料編古代・中世』482頁
地 忽那島, 西浦

元応元年) 6月22日　良衛奉書案　＊摂津国

出 内閣文庫蔵大乗院文書雑々引付3　刊『鎌』35-27072
語 両関公用分, 関務
地 大津, 神崎渡

元応元年6月26日　某証文　＊対馬国

出 対馬長岡明所蔵文書　刊『鎌』35-27077
語 つしま(対馬)のニゐのこのりのわたつミ大ミやう神
地 つしま(対馬)

元応元年6月28日　平子重嗣書状・藤原経通請文　＊周防国

出 長門三浦家文書　刊『鎌』35-27080,『大日本古文書　三浦家文書』304頁

語 異国警固・海賊警固

文保3年6月　青方高継申状案　＊肥前国

出 肥前青方文書　刊『鎌』35-27024,『青方文書1』162頁,『大宰府・太宰府天満宮史料10』50頁,『九州荘園史料叢書2』62頁
語 弘安四年異賊合戦勲功賞

文保3年6月　薩摩伊作荘雑掌・下司連署申状　＊薩摩国

出 島津伊作家文書　刊『鎌』35-27025,『大日本古文書　島津家文書1』545頁
地 塩道, 狼野津波牟礼

文保3年6月　極楽寺住持順忍回向文

出 金沢文庫文書　刊『鎌』35-27034, 金沢文庫編『金沢文庫古文書8』208頁
語 橋, 渡, 浮船, 船師, 大船師

元応元年7月7日　関東下知状　＊山城国

出 見聞筆記13　刊『鎌』35-27089
語 魚市, 魚市下司職, 海ני犯用物, 淀河東西市場, 河原居住家人市場
地 淀魚市, 西淀庄
綱 鳥羽殿領淀魚市下司職につき、同雑掌厳永と豊田師親代盛綱相論す。師親先祖、河原居住家人をもって市場を立つるにより開発本領主となれるを盛綱称す

元応元年7月　斑島行覚申状　＊肥前国

出 肥前有浦文書　刊『鎌』35-27105,『改訂松浦党有浦文書』48頁
地 志佐浦

元応元年閏7月10日　備後太田荘桑原方雑掌定淵起請文　＊備後国

出 高野山文書宝簡集10　刊『鎌』35-27111,

元応元年
　『大日本古文書　高野山文書1』170頁
　語着岸,春船
　地尾道
　綱備後国太田荘大田方雑掌、早米は12月中、春船は5月20日以前に着岸すべき旨の請文を出す

元応元年閏7月10日　鎮西引付奉行人連署奉書案　＊肥前国

　出肥前青方文書　刊『鎌』35-27112,『青方文書1』163頁,『大宰府・太宰府天満宮史料10』51頁
　地青方村

元応元年)閏)7月)13日)　鎮西探題下知状　＊豊前国

　出豊前宮成家文書　刊『鎌』35-27095,『大分県史料24』172頁
　語海棹立,加多・比美塩浜,潟,干潟,千見塩浜
　地比美塩浜,千見(干見)塩浜
　綱論所全得名は干潟にて、比見塩浜の外田地なし
　備『鎌』35-27353と重複文書

文保3年閏7月16日　いやまさ四至証状　＊対馬国

　出対馬初村文書　刊『鎌』35-27026
　語はまみち(浜道)

元応元年閏7月20日　鎮西引付奉行人連署奉書案　＊肥前国

　出肥前青方文書　刊『鎌』35-27116,『青方文書1』164頁,『大宰府・太宰府天満宮史料10』51頁
　地青方村

元応元年閏7月25日　六波羅御教書写　＊伊予国

　出小早川家文書　刊『鎌』35-27176,『大日本古文書　小早川家文書1』585頁
　語海賊人
　綱海賊人弥五郎家秀を搦取るとの由、伊予国守護人狩野□河三郎貞宗より六波羅へ注進あり

元応元年閏7月　鎮西引付奉行人連署奉書案　＊肥前国

　出肥前青方文書　刊『鎌』35-27185,『青方文書1』166頁
　地青方村
　備『鎌』35-27188は同文の案文で、発給月のみ閏8月としているが、本目録には収載していない

元応元年閏7月　青方高継代深申状案　＊肥前国

　出肥前青方文書　刊『鎌』35-27189,『青方文書1』164頁,『大宰府・太宰府天満宮史料10』52頁
　地青方村

元応元年閏7月　青方高継代深申状案　＊肥前国

　出肥前青方文書　刊『鎌』35-27190,『青方文書1』166頁,『大宰府・太宰府天満宮史料10』53頁
　地青方村

元応元年閏7月)　青方高継代深申状案　＊肥前国

　出肥前青方文書　刊『鎌』35-27191,『青方文書1』165頁,『大宰府・太宰府天満宮史料10』

53頁
🜨青方村

元応元年8月19日　鎮西御教書　＊豊前国

　⊞豊前北良蔵氏文書　刊『鎌』35-27212,『大分県史料2』93頁,『九州荘園史料叢書8』117頁,『増補訂正編年大友史料4』176頁
　語塩浜

元応元年8月23日　興福寺秋季八講初日追物支配状　＊摂津国

　⊞内閣文庫蔵大乗院文書文保3年記　刊『鎌』35-27216
　🜨浜崎庄

元応元年8月26日　政範田地売券　＊近江国

　⊞田中繁三所蔵文書　刊『鎌』35-27217
　🜨大津東浦松本

元応元年8月29日　良衛奉書案　＊越前国

　⊞内閣文庫蔵大乗院文書雑々引付2　刊『鎌』35-27219,『小浜・敦賀・三国湊史料』303頁
　語湊
　🜨三国湊

元応元年8月　弥勒寺権別当方祇候人数等定書　＊豊前国,摂津国

　⊞菊大路家文書　刊『鎌』35-27221,『大日本古文書　石清水文書6』66頁,『石清水八幡宮史5』693頁,『福岡県史資料10』135頁,『九州荘園史料叢書8』118頁
　🜨竹田津,淡路庄

元応元年9月　興福寺大垣修理支配状　＊摂津国

　⊞内閣文庫蔵大乗院文書文保三年記　刊『鎌』35-27258
　🜨浜崎庄

元応元年9月　班島行覚申状　＊肥前国

　⊞肥前有浦文書　刊『鎌』35-27259,『改訂松浦党有浦文書』49頁
　🜨志佐浦

元応元年9月　青方高継代深申状案　＊肥前国

　⊞肥前青方文書　刊『鎌』35-27260,『青方文書1』167頁,『大宰府・太宰府天満宮史料10』63頁
　🜨青方村

元応元年10月12日　気比大神宮政所補任状案　＊越前国

　⊞越前秦実家文書　刊『福井県史　資料編8』437頁
　語手浦刀禰,浦人
　🜨手浦

元応元年10月13日　後宇多上皇院宣案　＊近江国

　⊞近江菅浦文書　刊『鎌』35-27273,『菅浦文書　上』122頁
　語菅浦御厨子所供御人,海漁
　🜨菅浦

元応元年10月15日　空然伝法灌頂印信　＊中国

　⊞伊勢安養寺印信　刊『鎌』35-27278
　語大唐
　🜨大唐

元応元年

綱承和の初、慈覚大師、大洋を跋渉して遠く大唐に入る

元応元年10月29日　鎮西御教書案
　　　　　　　　　　　　　　＊肥前国

出肥前青方文書　刊『鎌』35-27290,『青方文書1』167頁,『大宰府・太宰府天満宮史料10』60頁
語宇久島住人
地宇久島

元応元年10月　青方高継代深申状案
　　　　　　　　　　　　　　＊肥前国

出肥前青方文書　刊『鎌』35-27291,『青方文書1』168頁,『大宰府・太宰府天満宮史料10』64頁
地青方村
備『鎌』35-27292参照

元応元年11月1日　平忠兼寄進状
　　　　　　　　　　　　　　＊薩摩国

出薩摩羽島文書　刊『鎌』35-27297,『鹿児島県史料　旧記雑録前編1』470頁
語□(山ヵ)野河海,当浦(羽島浦)
地羽島浦

元応元年11月1日　平忠兼田地売券
　　　　　　　　　　　　　　＊薩摩国

出薩摩羽島文書　刊『鎌』35-27298
語たううら(当浦＝羽島浦)
地はしまのうら(羽島浦)

元応元年11月1日　興福寺慈恩会進物支配

出内閣文庫蔵大乗院文書文保三年記　刊『鎌』35-27299
地浜崎庄

元応元年11月15日　肥後阿蘇社条々事書
　　　　　　　　　　　　　　＊肥後国

出肥後阿蘇文書　刊『鎌』35-27315,『大日本古文書　阿蘇文書2』323頁,『福岡県史資料10』136頁
地玉名長渚浜
綱關宗岳頂の霊沼より白川に流れ入る水、衆の魚を酔死せしむるとの筑紫風土記の伝を引く

元応元年11月18日　吉綱田地寄進状
　　　　　　　　　　　　　　＊播磨国

出播磨大山寺文書　刊『鎌』補4-1999,『兵庫県史　史料編中世2』35頁
語河

元応元年11月29日　少弐貞顕書状
　　　　　　　　　　　　　　＊対馬国

出大山小田文書,宗家御判物控与良郡　刊『鎌』35-27324,『九州史学』132・98頁,『長崎県史　史料編1』617頁
語しほや(塩屋),しほかま(塩釜)
地対馬島
綱対馬島の塩屋は借上に渡し、今年初めて立つる塩釜は宮内入道の沙汰として年貢を進ずべし

元応元年12月10日　祐海白状　＊河内国

出摂津勝尾寺文書　刊『鎌』35-27336,『箕面市史　史料編1』307頁
地長浦

元応元年12月26日　淡路由良荘雑掌地頭和与状
　　　　　　　　　　　　　　＊淡路国

出山城若王子神社文書　刊『鎌』35-27347,『兵庫県史　史料編中世9』709頁

元応元年12月27日　関東下知状　＊淡路国

　出山城若王子神社文書　刊『鎌』35-27348,『兵庫県史　史料編中世9』710頁
　語塩浜年貢
　地由良庄

元応2年1月21日　青方為平田地売券案
　　　　　　　　　　　　　　＊肥前国

　出肥前青方文書　刊『鎌』35-27363,『青方文書1』170頁
　地あをかた(青方)

元応2年2月8日　薩摩阿多北方地頭代一瀬見仏請文案　＊薩摩国

　出島津伊作家文書　刊『鎌』35-27374,『大日本古文書　島津家文書1』547頁,『九州荘園史料叢書5』70頁
　地狼野津波牟礼,塩道

元応2年3月12日　東大寺僧連署起請文
　　　　　　　　　　　　　　＊摂津国

　出狩野亨吉氏蒐集文書18　刊『鎌』35-27406
　語兵庫島関所
　地兵庫島

元応2年3月29日　六波羅下知状
　　　　　　　　　　　　　　＊淡路国

　出山城若王子神社文書　刊『鎌』35-27424,『兵庫県史　史料編中世9』710頁
　地由良庄
　備『兵庫県史』は文書名を「六波羅施行状」とする

元応2年3月29日　中務丞源某下知状
　　　　　　　　　　　　　　＊若狭国

　出若狭大音家文書　刊『鎌』35-27425,『福井県史　資料編8』805頁
　語山年貢
　地倉見庄内御賀尾浦
　備山年貢は当地域では通常塩で負担する

元応2年4月5日　後伏見上皇院宣
　　　　　　　　　　　　　　＊伊予国

　出東寺百合文書こ　刊『鎌』35-27432,『日本塩業大系　史料編古代・中世1』316頁,『愛媛県史　資料編古代・中世』484頁
　地弓削島

元応2年)4月6日　東寺長者〈真光院禅助〉御教書　＊伊予国

　出東寺百合文書マ　刊『鎌』35-27435,『日本塩業大系　史料編古代・中世1』317頁,『愛媛県史　資料編古代・中世』485頁
　地弓削島

元応2年)4月6日　厳深書状　＊伊予国

　出東寺百合文書マ　刊『鎌』35-27436,『日本塩業大系　史料編古代・中世1』317頁,『愛媛県史　資料編古代・中世』485頁
　地弓削島

元応2年)4月6日　遍禅請文案　＊伊予国

　出東寺百合文書京　刊『鎌』35-27437,『日本塩業大系　史料編古代・中世1』318頁,『愛媛県史　資料編古代・中世』484頁
　地弓削島

元応2年4月11日　友貞宛行状　＊薩摩国

　出薩摩羽島文書　刊『鎌』35-27447,『鹿児島

元応2年

県史料　旧記雑録前編1』473頁
語 塩屋
地 羽島浦

元応2年4月21日　けんとうさう用途請取状案　＊肥前国

田 肥前青方文書　刊『鎌』35-27460,『青方文書2』250頁
地 なま(那摩)

元応2年4月26日　本阿弥陀仏請文案
＊越中国,越前国

田 内閣文庫蔵大乗院文書雑々引付3　刊『鎌』35-27455,『小浜・敦賀・三国湊史料』305頁
地 東放生津,坪江郷
備『小浜・敦賀・三国湊史料』は元弘2年4月16日付とし,『鎌』は元応2年4月16日とするが,ともに誤り

元応2年4月30日　紀伊高野山文書取出状　＊山城国

田 高野山文書又続宝簡集112　刊『鎌』35-27466,『大日本古文書　高野山文書8』167頁
語 淀関米,関所
地 淀

元応2年)5月8日　印慶奉書

田 京都大学蔵明王院文書　刊『鎌』35-27471,『博物館の古文書10』15頁・32頁
語 造船売買

元応2年6月6日　某袖判宛行状
＊若狭国

田 若狭大音家文書　刊『鎌』35-27502,『福井県史　資料編8』806頁

地 つるへの浦(汲部浦)

元応2年6月19日　清任奉書案　＊摂津国

田 内閣文庫蔵大乗院文書雑々引付　刊『兵庫県史　史料編中世7』167頁
語 神崎・渡部両関
地 神崎,渡部

元応2年)7月25日　源覚奉書案 ＊越前国

田 内閣文庫蔵大乗院文書雑々引付3　刊『鎌』35-27527,『小浜・敦賀・三国湊史料』304頁
地 坪江郷

元応2年7月29日　豊後安岐郷御輿御帰座料物注文案　＊豊後国

田 豊前永弘文書　刊『鎌』35-27529,『大分県史料3』168頁,『増補訂正編年大友史料4』184頁
語 しほ三へう(塩三俵)

元応2年8月12日　ししう三かさう売券
＊対馬国

田 対馬初村文書　刊『鎌』35-27540
地 むかへのかは(川)

元応2年8月13日　若狭御賀尾浦山宛行状　＊若狭国

田 若狭大音家文書　刊『鎌』36-27541,『福井県史　資料編8』806頁
地 御賀尾浦

元応2年8月17日　六波羅御教書案
＊安芸国

田 山口県文書館蔵児玉主計広高文書　刊『鎌』36-27547,『萩藩閥閲録1』491頁
語 海上警固

元応2年

地亀頭
綱今年より海上警固の結番を始む◆賊徒を召捕ふれば、交名を関東に注申すべし
備児玉兵部丞宛

元応2年8月17日　六波羅御教書
　　　　　　　　　　　　　　＊安芸国

出萩藩閥閲録17　児玉三郎右衛門　**刊**『鎌』36-27548,『萩藩閥閲録1』491頁
語海上警固
地亀頸
綱今年より海上警固の結番を始む◆賊徒を召捕ふれば、交名を関東に注申すべし
備児玉四郎入道宛

元応2年8月17日　六波羅御教書
　　　　　　　　　　　　　　＊安芸国

出防府毛利家文書　**刊**『鎌』36-27549,『中世法制史料集1』349頁,『山口県史　史料編中世2』709頁
語海上警固
地亀頸
綱今年より海上警固の結番を始む◆賊徒を召捕ふれば、交名を関東に注申すべし
備『中世法制史料集』は出典を毛利元道氏所蔵文書とする。児玉七郎入道宛

元応2年8月17日　某女譲状　＊石見国

出石見飯田文書　**刊**『鎌』36-27550
語浦在家

元応2年8月26日　佐渡大川境証文
　　　　　　　　　　　　　　＊佐渡国

出佐渡大川文書　**刊**『鎌』36-27553,『新潟県史　資料編5』327頁
地大川,水津,すい津,ふか浦(深浦)

元応2年8月29日　若狭多烏浦地頭方年貢注文案
　　　　　　　　　　　　　　＊若狭国

出若狭秦文書　**刊**『鎌』36-27556,『小浜市史　諸家文書編3』36頁
語浦分御年貢塩,山手塩,和布代,鮨桶代,飛魚御年貢,塩辛桶,大かま,小かま
地多烏浦,大浦,手石浜
綱若狭多烏浦地頭方年貢として、年貢塩・山手塩・和布代・鮨桶代・飛魚年貢・塩辛等を書き上ぐ

元応2年8月　金剛峯寺衆徒等解状
　　　　　　　　　　　　　　＊備後国

出紀伊金剛峯寺文書　**刊**『鎌』36-27558
語遠島,海賊扶持,船津,大船,当浦名誉悪党,西国名誉海賊,浦々所々
地倉敷尾道浦
綱金剛峯寺衆徒ら、備後国守護代官らの尾道浦へ打入り、種々の悪行に及ぶを訴う◆尾道浦は大田庄倉敷にして、船津その便を得、民烟富有なり

元応2年8月　青方高光申状案　＊肥前国

出肥前青方文書　**刊**『鎌』36-27559,『青方文書1』171頁,『大宰府・太宰府天満宮史料10』61頁
地宇久島,奈留,大値賀上下村,玉浦
備『鎌』36-27560参照

元応2年8月　山城鴨御祖社造営要木注文
　　　　　　　　　　　　　　＊阿波国

出下鴨社家文書　**刊**『鎌』36-27562
語筏目,河尻
綱鴨御祖社造営のため、阿波国那賀庄内大由郷杣より筏にて河尻まで送る

元応2年）9月24日　東寺長者道順書状
　　　　　　　　　　　　　　　＊備後国

出 高野山文書宝簡集6　刊『鎌』36-27573,
『大日本古文書　高野山文書1』59頁
地 尾道浦
綱 備後国大田庄尾道浦へ守護貞重悪行狼藉を加う

元応2年10月1日　某下文　　＊出雲国

出 出雲日御碕神社文書　刊『鎌』36-27579
地 宇料浦,日御碕

元応2年10月17日　俊政奉書案　＊安芸国

出 安芸小田文書　刊『鎌』36-27598,『広島県史　古代中世資料編4』74頁
地 久□(島)郷

元応2年10月21日　青方高光和与状案
　　　　　　　　　　　　　　　＊肥前国

出 肥前青方文書　刊『鎌』36-27601,『青方文書1』174頁,『九州荘園史料叢書2』65頁
語 うみ(海)
地 五たうにしうらへあをかた(五島西浦部青方),なま(那摩),ふるかわ(古川),神崎,みさこさき

元応2年11月9日　鎮西下知状案
　　　　　　　　　　　　　　　＊肥前国

出 肥前青方文書　刊『鎌』36-27630,『青方文書1』178頁,『大宰府・太宰府天満宮史料10』77頁
語 海
地 五島西浦部青方村,塩津留,那摩,曽祢乃崎,神崎,美作古崎
備 『鎌』には若干文字のヌケあり

元応2年11月18日　妙印文書請取状
　　　　　　　　　　　　　　　＊筑前国

出 肥後願成寺文書　刊『鎌』36-27634,『熊本県史料3』512頁
地 はかた(博多)

元応2年11月27日　大和春日社上棟禄物等注文

出 大和千鳥家文書　刊『鎌』36-27640
語 酒肴,肴二合

元応2年12月4日　近久・貞守連署名主職充文　　＊安芸国

出 安芸小田文書　刊『鎌』36-27651,『広島県史　古代中世資料編4』52頁
地 久島郷

元応2年12月10日　青方高継譲状案
　　　　　　　　　　　　　　　＊肥前国

出 肥前青方文書　刊『鎌』36-27655,『青方文書1』179頁
語 うミ(海)
地 五たうにしうらめあふかたのむら(五島西浦部青方村),とらくのセと,しろいを(白魚)
備 同文の案文が『青方文書2』251頁にもう1点ある

元応2年12月12日　周防遠石宮鋳鐘願文
　　　　　　　　　　　　　　　＊周防国

出 周防遠石八幡宮鐘銘　刊『鎌』36-27656
語 鯨魚

元応2年12月16日　関東御教書案
　　　　　　　　　　　　　　　＊播磨国

出 大和福智院家文書　刊『鎌』36-27658,『福智院家古文書』101頁

元応2〜3年

語福泊島修築料升米,関務
地福泊島
綱播磨福泊島修築料升米徴収の関務は、院宣の旨に任せ、当島において行うべし

元応2年」12月18日　興禅書状　＊若狭国

出山城神護寺文書　刊『鎌』36-27662,『福井県史　資料編2』214頁,『史林』26-1・158頁
語春徳丸(船名ヵ)
地西津庄
備『福井県史』は某書状とする。春徳丸は船名か(『鎌』36-27663参照)。

元応2年12月23日　河上本庄領家地頭和与状案　＊丹後国

出東京大学文学部所蔵長福寺文書　刊『鎌』補4-2006,『長福寺文書の研究』143頁
語池河
地河上本庄

元応2年12月25日　相模円覚寺文書目録

出相模円覚寺文書　刊『鎌』36-27667,『鎌倉市史　史料編2』56頁
地前島村

元応2年27日　東福寺領肥前彼杵庄文書目録案　＊肥前国

出山城東福寺文書　刊『鎌』36-27673,『大日本古文書　東福寺文書3』30頁
地河棚浦、今村津田口浦,雪浦□□三島

元応3年1月23日　六波羅御教書案　＊播磨国

出大和福智院家文書　刊『鎌』36-27700,『福智院家古文書』102頁
語福泊島修築料升米,関務
地福泊島
綱播磨福泊島修築料升米徴収の関務は、院宣の旨に任せ、当島において行うべし

元応3年2月13日　六波羅御教書　＊伊予国

出尊経閣蔵武家手鑑　刊『鎌』36-27713
語伊予国海上警固,忽那島役人
地忽那島
綱伊予海上警固を元応2年より始む◆忽那島への海上警固の役につき、役人の注文等を遣わす◆賊徒を召捕えなば、交名を関東に注申すべし

元応年間　某請文案　＊播磨国

出東寺百合文書テ　刊『鎌』36-27740,『鎌倉遺文研究』8・80頁
地那波,佐方

元亨元年3月3日　肥後阿蘇社進納物注文　＊肥後国

出肥後阿蘇家文書　刊『鎌』36-27747,『大日本古文書　阿蘇文書2』312頁
語こうのうら(郡浦)につくおけ(桶)に、はまのふん(浜の分)
地こうのうら(郡浦)

元応3年3月13日　若狭金井山畠別帳　＊若狭国

出若狭秦文書　刊『鎌』36-27731,『小浜市史　諸家文書編3』37頁
語多烏浦分
地多烏浦

元応3年3月　上神殿迎祐申状　＊筑前国

出島津他家文書　刊『鎌』36-27730,『大日本古文書　島津家文書3』171頁
地博多

365

元亨元年

備博多炎上

元亨元年4月1日　後醍醐天皇綸旨案
　　　　　　　　　　　　　　　　＊摂津国

田壬生家文書　壬生家所領　刊『鎌』36-27756,『図書寮叢刊　壬生家文書1』107頁
地杭瀬庄
備『鎌』は文書名を「後宇多上皇院宣案」とする

元亨元年4月5日　宝蓮田地売券
　　　　　　　　　　　　　　　　＊紀伊国

田高野山文書又続宝簡集70　刊『鎌』36-27759,『大日本古文書　高野山文書6』316頁
地河南,安田島

元亨元年4月8日　源某譲状　＊摂津国

田福岡市立博物館蔵青柳資料　刊『鎌』36-27762
地大島庄

元亨元年)4月11日　後宇多上皇院宣
　　　　　　　　　　　　　　　　＊伊勢国

田元亨遷宮記裏書　刊『鎌』36-27764
地岸江御厨

元亨元年)5月11日　後醍醐天皇綸旨案
　　　　　　　　　　　　　　　　＊伊勢国

田元亨遷宮記裏書　刊『鎌』補4-2011
地塩屋御園

元亨元年5月18日　帰座諸荘神人支配状案
　　　　　　　　　　　　　　　　＊摂津国

田東大寺薬師院文書(薬-1-23)　刊『尼崎市史4』376頁
地長州庄,猪名庄

元亨元年5月26日　高社寄進料田坪付注文
　　　　　　　　　　　　　　　　＊紀伊国

田紀伊歓喜寺文書　刊『鎌』36-27796,『和歌山県史　中世史料2』30頁
地中島

元亨元年6月15日　弓削島庄網用途支配状
　　　　　　　　　　　　　　　　＊伊予国

田東寺百合文書マ・白河本東寺百合文書
刊『鎌』36-27805,『日本塩業大系　史料編古代・中世1』318頁,同『補遺』58頁,『愛媛県史　資料編古代・中世』489頁
語弓削島網〈元亨元年〉用途支配
地弓削島

元亨元年6月20日　関東下知状案
　　　　　　　　　　　　　　　　＊越後国

田越後河村文書　刊『鎌』36-27807
語海引網壱網,河瀬五箇所〈坪付見配分状〉
地荒河保
綱河村秀久,関東下知状により、亡父秀綱跡越後国荒河保内山一所・海引網一網・河瀬五箇所等の領地を認めらる
備同文で元亨元年8月7日付の文書が『鎌』にあり(36-27826)、『新潟県史』も同日の文書として掲載するが、ともに誤り。東大史料編纂所架蔵影写本では次の文書が元亨3年8月7日付なので、これと混同したか

元亨元年7月　薩摩天満宮国分寺所司神官等申状　＊筑前国,中国

田薩摩国分寺文書　刊『鎌』36-27819,『入来文書』240頁,『大宰府・太宰府天満宮史料10』84頁
語異国降伏,博多津石築地并警固役,蒙古凶

賊等,乗船,海底,賊船漂没

地博多津,蒙古

綱薩摩天満宮国分寺は博多津石築地并警固役を免ぜらる◆当社祈禱により、文永年中蒙古襲来の時、凶賊ら神戦に堪えず、乗船を捨て、或は海底に沈む◆弘安4年蒙古凶徒らの対治は神慮の征伐なり、同年7月1日神風荒吹、賊船漂没し、賊徒一時に滅亡す

元亨元年8月10日　官宣旨案

田書陵部所蔵八幡宮関係文書　刊『鎌』36-27831

語異国征罰之霊社,九州二島

元亨元年8月14日　若狭西津庄山宛行状
*若狭国

田若狭大音家文書　刊『鎌』36-27833,『福井県史　資料編8』806頁

地西津庄

元亨元年8月16日　伊予弓削島庄年貢塩等支配状
*伊予国

田東寺百合文書マ　刊『鎌』36-27835,『日本塩業大系　史料編古代・中世　補遺』59頁,『愛媛県史　資料編古代・中世』490頁

語弓削島〈元亨元年〉御年貢塩支配,引塩,代塩,関

地弓削島

綱伊予弓削島の年貢塩300俵のうち、関料・車力に29俵を引き、残りを十九口御分、三上人等に支配す

元亨元年8月17日　藤原重連田畠避状案
*豊前国

田豊前永弘文書　刊『鎌』36-27836,『大分県史料3』173頁,『増補訂正編年大友史料4』195頁

語塩浜,浜田作人

元亨元年9月6日　島津道義〈忠宗〉置文
*肥後国

田島津家文書　刊『鎌』36-27857,『大日本古文書　島津家文書1』92頁

地ひこの国ほんとのしま(肥後国本渡島)

元亨元年9月30日　後宇多上皇院宣案
*摂津国

田東京大学文学部蔵東大寺文書　刊『鎌』36-27870,『大日本古文書　東大寺文書別集1』227頁,『兵庫県史　史料編中世5』551頁,『尼崎市史4』121頁,『神戸市史　資料1』115頁

語兵庫関目銭半分,摂津国三ヶ所(神崎・渡辺・兵庫)目銭半分

地兵庫関

綱摂津国三ヶ所(神崎・渡辺・兵庫)目銭半分を東大寺東南院修造料に充つ

元亨元年10月9日　後宇多上皇院宣
*備前国

田白河本東寺文書48,東寺百合文書ヤ　刊『鎌』36-27875

語備前国上東郡豆田郷内荒沼一所〈…南限海〉

地豆田郷

元亨元年)10月15日　高宮仮殿用途分配状

田高宮仮殿遷宮記　刊『鎌』36-27879,『神宮遷宮記2』642頁

語御塩焼重主

備『鎌』は文書名を「後宇多上皇院宣」とする

元亨元～2年

元亨元年10月16日　刀禰職補任状案
*紀伊国

出 紀伊続風土記付録4 名草郡神宮下郷　刊『鎌』36-27879B,『紀伊続風土記3』附録83頁
語 下船尾郷刀禰職
地 船尾郷

元亨元年10月24日　東寺長者〈道煩〉御教書
*摂津国

出 高野山文書宝簡集2　刊『鎌』36-27884,『大日本古文書　高野山文書1』28頁
語 淀関所
地 淀

元応3年10月吉日　隠岐公文田所分日記

出 隠岐村上助九郎文書　刊『鎌』36-27738
地 トリイハマ

元亨元年11月5日　志賀貞泰譲状
*豊後国

出 肥後志賀文書　刊『鎌』36-27896,『熊本県史料2』454頁,『九州史料叢書1』64頁,『増補訂正編年大友史料4』197頁,『大野荘の研究』187頁
語 津留屋敷
地 津留

元亨元年11月19日　阿波三木村代官下知状
*阿波国

出 阿波三木家文書　刊『鎌』36-27903
語 とう山□河流,ひやうこおくり(兵庫送り),かいしやうろうろう(海上牢篭),御さかな
綱 海上牢篭の時、兵庫送りに番頭を召具すは先例なるも、無用の時は停止すべき旨、三木村代官下知す

元亨元年11月30日　伊予弓削島庄年貢塩等支配状
*伊予国

出 東寺百合文書マ　刊『鎌』36-27907,『日本塩業大系　史料編古代・中世　補遺』60頁,『愛媛県史　資料編古代・中世』490頁
語 弓削島〈元亨元年〉御年貢塩并雑物,代塩,荒和布,二十三俵,関々
綱 伊予弓削島年貢塩300俵の内、関料・車力料に48俵を引き、残りを十九口御分・三上人并公文分等として支配す
備『日本塩業大系　史料編古代・中世1』320頁に案文あり

元亨元年)12月8日　後宇多上皇院宣

出 元亨遷宮記裏書　刊『鎌』36-27914
語 刀禰職

元亨元年12月27日　若狭多烏浦預所方年貢納帳
*若狭国

出 若狭秦文書　刊『鎌』36-27931,『小浜市史　諸家文書編3』37頁
語 鯉桶,干鯛,蛤〈神祭〉,小和布十五丸,雑魚廿五喉
地 多烏浦

元亨2年)1月11日　後宇多上皇院宣
*伊勢国

出 元亨遷宮記裏書　刊『鎌』36-27942
地 塩屋御薗

元亨2年)2月14日　後宇多上皇院宣
*志摩国

出 元亨遷宮記裏書　刊『鎌』36-27957
語 志摩国築地御薗悪党円波法師以下輩狼藉
地 築地御薗

元亨2年2月29日　下総国東庄上代郷田畠在家注文案　　　　　＊下総国

出金沢文庫文書　刊『鎌』36-27963, 金沢文庫編『金沢文庫古文書7』86頁
語入海浦,〈フナキ〉五反
地フナキ, 江崎, 入海浦

元亨2年2月29日　平盛信渡状案

出金沢文庫文書　刊『鎌』36-27965, 金沢文庫編『金沢文庫古文書7』88頁
地江崎, 入海浦

元亨2年)3月6日　後宇多上皇院宣案
　　　　　　　　　　　　　　　＊相模国

出元亨三年遷宮記裏文書　刊『鎌』36-27970
地大庭御厨

元亨2年3月7日　越後白河庄上条役夫工米配分状案　　　　＊越後国

出越後大見安田文書　刊『鎌』36-27974
語浦分
地金津

元亨2年3月10日　長延書下　＊若狭国

出若狭大音家文書　刊『鎌』36-27978,『福井県史　資料編8』807頁,『編年差別史資料集成3』631頁
語とね(刀禰), 浦
地御かをの浦(御賀尾浦)
綱御賀尾浦の間人逃散跡の家は, 先例により刀禰が進退すべし

元亨2年3月13日　薩摩入来院清敷北方検田帳　　　　　　　＊薩摩国

出薩摩入来院家文書　刊『鎌』36-27983,『入来文書』27頁,『入来院文書』32頁

語津留新開分
地ふのとまり(泊), ふのとまりのふるかは(古川ヵ)

元亨2年3月13日　薩摩入来院清敷内南方水田検注帳　　　＊薩摩国

出薩摩入来院家文書　刊『鎌』36-27984,『入来文書』30頁,『入来院文書』34頁
地久木宇津

元亨2年3月15日　範行施行状

出山城離宮八幡宮文書　刊『鎌』36-27986,『兵庫県史　史料編中世8』239頁
語諸関所津料
綱大山崎神人等, 諸関所津料を免ぜられし八幡宮内殿御燈油料荏胡麻等を播磨国衙使ら押取るを訴う

元亨2年)4月1日　後宇多上皇院宣
　　　　　　　　　　　　　　　＊伊勢国

出元亨遷宮記裏文書　刊『鎌』36-27993B
地坂本御厨

元亨2年4月　隆舜申条案　＊摂津国

出山城醍醐寺文書　刊『鎌』36-28010,『大日本古文書　醍醐寺文書2』222頁
地西桑津庄

元亨2年5月1日　少弐貞経書下
　　　　　　　　　　　　　　　＊筑前国

出豊前到津文書　刊『鎌』36-28013
語異国警固

元亨2年5月2日　鎮西御教書　＊肥前国

出肥前山代文書　刊『鎌』36-28013B,『松浦党関係史料集2』83頁,『佐賀県史料集成15』34頁,『大宰府・太宰府天満宮史料10』97頁

元亨2年
地 津吉島

元亨2年5月5日　志摩国守護代親政書下案
　　　　　　　　　　　　　　＊志摩国

出 伊勢光明寺文書　刊『鎌』36-28018,『光明寺文書1』96頁
地 荒島

元亨2年5月8日　少弐貞経書下
　　　　　　　　　　　　　　＊筑前国

出 肥後森本氏所蔵文書　刊『鎌』36-28020,『熊本県史料4』247頁
語 異国警固構筑前国石築地

元亨2年5月22日　印円塩浜等譲状案
　　　　　　　　　　　　　　＊伊勢国

出 神宮文庫文書　刊『鎌』36-28028
語 塩浜
地 宇治郷鹿海村北岡御園塩浜

元亨2年5月23日　青方高継譲状案
　　　　　　　　　　　　　　＊肥前国

出 肥前青方文書　刊『鎌』36-28030,『青方文書1』180頁
地 こたうにしうらめあかた(五島西浦目青方),なま(那摩)

元亨2年)5月27日　後宇多上皇院宣案
　　　　　　　　　　　　　　＊相模国

出 元亨遷宮記裏書　刊『鎌』36-28031
地 相模国大庭御厨

元亨2年)5月27日　後宇多上皇院宣
　　　　　　　　　　　　　　＊相模国

出 元亨遷宮記裏書　刊『鎌』36-28032
地 相模国大庭御厨

元亨2年閏5月11日　志摩国守護代親政書下案
　　　　　　　　　　　　　　＊志摩国

出 伊勢光明寺文書　刊『鎌』36-28046,『光明寺文書1』97頁
語 悪志島蔵本
地 荒島,悪志島
綱 志摩国二見江寺住僧弁盛,荒島住人右衛門三郎等の悪島蔵本并舎兄道妙の住宅に打入り,強盗せしを訴う

元亨2年閏5月16日　関東事書案
　　　　　　　　　　　　　　＊播磨国

出 大和福智院家文書　刊『鎌』36-28047,『福智院家古文書』102頁
語 関所,福泊島升米
地 福泊島

元亨2年)閏5月26日　後醍醐天皇綸旨
　　　　　　　　　　　　　　＊若狭国

出 山城神護寺文書　刊『鎌』36-28052,『福井県史　資料編2』215頁,『史林』26-1・158頁
地 西津庄

元亨2年閏5月　藤原頼門〈入真〉重申状

出 肥前武雄神社文書　刊『鎌』36-28045,『佐賀県史料集成2』113頁
地 清□(水)山浦財部

元亨2年6月12日　鎮西御教書　＊薩摩国

出 薩摩比志島文書　刊『鎌』36-28059,『大宰府・太宰府天満宮史料10』102頁,『鹿児島県史料　旧記雑録前編1』484頁
地 比志島

元亨2年6月22日　青方高継譲状案
　　　　　　　　　　　　　　　＊肥前国

田肥前青方文書　刊『鎌』36-28066,『青方文書1』181頁
語しをや(塩屋),ふなき(船木),かいさうもつすなとり(海雑物漁)
地ふるかわ(古川)
綱山野・材木・船木・海雑物の漁は惣領の制の限りにあらず

元亨2年6月　青方高継譲状案　＊肥前国

田肥前青方文書　刊『鎌』36-28080,『青方文書1』182頁
語さんやかかい(山野河海)
地五たうにしうらめあふかた(五島西浦目青方),なま(那摩)

元亨2年6月　深堀時清申状　＊肥前国

田肥前深堀家文書　刊『鎌』36-28082,『佐賀県史料集成4』84頁,『九州荘園史料叢書7』52頁
地戸町浦
綱戸町浦は、承久合戦勲功賞の替として深堀氏が拝領す

元亨2年7月10日　青方高継・高直連署売券案　　　　　　　　　　　　　＊肥前国

田肥前青方文書　刊『鎌』36-28093,『青方文書1』184頁
語うミ(海),あミ一てう(網一帖)
地五たうないにしうらめあをかたのうちのあゆかわのうら(五島内西浦目青方内鮎河浦),あゆかわのさき(鮎河崎),たいのうら(鯛ノ浦),ありかわ(有河),うおのめ(魚目),うら(浦)

綱青方高継・高直、堺深に青方内鮎河津地頭職を沽却す◆深の網一帖は惣領の内にところをきらわず立てらるべし

元亨2年7月13日　紀伊高野山大塔料所文書御影堂奉納目録　　　＊摂津国

田高野山文書続宝簡集10　刊『鎌』36-28096,『大日本古文書　高野山文書2』330頁
語淀関所,津々関々
地淀

元亨2年7月27日　鎮西下知状　＊肥前国

田肥前河上神社文書　刊『鎌』36-28115,『佐賀県史料集成1』184頁,『大宰府・太宰府天満宮史料10』107頁
地河原村内粟小島

元亨2年7月　志賀貞泰申状案　＊豊後国

田肥後志賀文書　刊『鎌』36-28119,『熊本県史料2』456頁,『九州荘園史料叢書1』66頁,『増補訂正編年大友史料4』205頁,『大野荘の研究』188頁
語津留
地大窪津留

元亨2年7月　志賀貞泰申状案　＊豊後国

田肥後志賀文書　刊『鎌』36-28120,『熊本県史料2』457頁,『九州荘園史料叢書1』66頁,『増補訂正編年大友史料4』205頁,『大野荘の研究』188頁
語津留
地大窪津留

元亨2年)8月4日　後宇多上皇院宣
　　　　　　　　　　　　　　　＊伊勢国

田元亨遷宮記裏書　刊『鎌』36-28126

元亨2年

地 女河原塩浜

元亨2年8月16日　西園寺実兼処分状
　　　　　　　　　　　　　　　＊肥前国

出 雨森善四郎氏所蔵文書　刊『鎌』36-28140
地 宇野御厨

元亨2年8月16日　志摩泊浦政所文書紛
　　　失日記　　　　　　　　　＊志摩国

出 伊勢光明寺文書　刊『鎌』36-28141,『光明寺文書1』97頁
語 舩乃番食料
地 泊浦,麻生浦,伊豆賀島,悪志
綱 悪志島住人沙弥浄妙并僧弁盛の宿所に強盗打入り、泊浦・麻生浦諸証文等を盗み取らる

元亨2年8月20日　道覚・堂一連署書状
　　　　　　　　　　　　　　　＊伊予国

出 越前布施巻太郎所蔵文書　刊『鎌』36-28144
地 塩別府,三船か里

元亨2年8月21日　平政国書下写
　　　　　　　　　　　　　　　＊筑前国

出 肥前福田文書　刊『鎌』36-28145
語 筥崎社放生会

元亨2年8月21日　海北明円陳状案
　　　　　　　　　　　　　　　＊摂津国

出 金沢文庫文書　刊『鎌』36-28146,金沢文庫編『金沢文庫古文書7』91頁
地 兵庫
備 「兵庫」は地名ではなく官途の可能性あり

元亨2年9月17日　小弐貞経書下
　　　　　　　　　　　　　　　＊対馬国

出 対馬雄成一文書　刊『鎌』36-28174B

地 対馬島

元亨2年9月　播磨大部荘悪党交名注進
　　　案　　　　　　　　　　　＊播磨国

出 東大寺文書(1-12-142-4)　刊『鎌』36-28189,『兵庫県史　史料編中世5』181頁
語 海賊張本田那部入道行蓮

元亨2年9月　比志島義範申状　＊薩摩国

出 薩摩比志島文書　刊『鎌』36-28190,『大宰府・太宰府天満宮史料10』114頁,『鹿児島県史料　旧記雑録前編1』486頁
地 比志島

元亨2年10月17日　鎮西御教書　＊肥前国

出 肥前山代文書　刊『鎌』36-28203B,『佐賀県史料集成15』34頁,『大宰府・太宰府天満宮史料10』115頁,『松浦党関係史料集2』90頁
地 津吉島船木・長田

元亨2年10月　東大寺衆徒解状案

出 東大寺文書(1-12-142-1)　刊『鎌』36-28212,『兵庫県史　史料編中世5』182頁
語 海賊,海賊張本
綱 東大寺衆徒ら、播磨大部庄鹿野村地頭代の海賊張本らを相語らいて作稲を刈取を訴う

元亨2年11月11日　鎮西下知状　＊中国

出 肥前青方文書　刊『鎌』36-28225,『青方文書1』186頁,『大宰府・太宰府天満宮史料10』115頁,『九州荘園史料叢書2』67頁
語 異賊合戦,弘安四年蒙古合戦
地 蒙古

元亨2年11月11日　鎮西下知状案

出 大隅禰寝文書　刊『鎌』36-28226,『鹿児島

県史料　旧記雑録拾遺家わけ1』362頁,『大宰府・太宰府天満宮史料10』118頁,『九州史料叢書　禰寝文書1』126頁
[語]西限河原河,北限田代河流目河狩倉等、限大浦路
[地]田代河,大浦路,大浦大道

元亨2年11月18日　伊予弓削島庄年貢塩支配状　＊伊予国

[出]東寺百合文書マ　[刊]『鎌』36-28232,『日本塩業大系　史料編古代・中世　補遺』61頁,『愛媛県史　資料編古代・中世』491頁
[語]弓削島御年貢塩支配,関々下行,引塩,和布
[地]弓削島
[綱]伊予弓削島の年貢塩の内、関料・車力料に45俵を下し、残りを十九口御分、三上人并公文等に支配す

元亨2年11月20日　鎮西下知状案　＊肥前国

[出]肥前実相院文書　[刊]『鎌』36-28235,『佐賀県史料集成15』197頁
[地]大島

元亨2年11月26日　地頭代観円申状案　＊紀伊国

[出]高野山文書続宝簡集19　[刊]『鎌』36-28247,『大日本古文書　高野山文書2』424頁
[語]岸着
[綱]高野山蓮華乗院領南部庄年貢のうち910石を運送し、少々は已に着岸す

元亨2年12月23日　関東下知状案　＊越後国

[出]米沢市立図書館蔵色部文書　[刊]『鎌』36-28288,『越後国人領主色部氏史料集』168頁,『新潟県史　資料編4』482頁
[語]牛屋・粟島之名字
[地]粟島

元亨2年12月　国分友貞申状

[出]薩摩国分寺文書　[刊]『鎌』36-28296,『大宰府・太宰府天満宮史料10』124頁,『鹿児島県史料　旧記雑録前編1』489頁
[語]異賊警固番役覆勘状

元亨2年)　興福寺院家(?)上洛方事書案

[出]内閣文庫蔵大乗院文書雑々引付　[刊]『鎌』36-28268
[語]御所船御廉修理,木津御童子,□船御副船・御輿船,渡船,屋形雑船
[地]木津
[綱]御所船御簾修理に木津御童子を召す
[備]『鎌』では出典が「大乗院文書坪江郷雑々引付」となっている

□亨3年1月5日　何人百韻連歌懐紙

[出]薩摩新田神社文書　[刊]『鎌』36-28302,『鹿児島県史料3』46頁
[語]小河,浦,あま,なみ(波),河

元亨3年1月24日　思空譲状

[出]紀伊中南区有文書　[刊]『鎌』36-28312,『和歌山県史　中世史料2』783頁
[語]刀禰名

元亨3年

元亨3年) 2月10日　信証房書状　＊摂津国

　出東寺百合文書へ　刊『鎌』36-28326
　語淀関所
　地淀
　綱淀関所を召放たるれば、東寺作所用途不足し、僧止住し難し

元亨3年2月20日　入阿田地避状案
　　　　　　　　　　　　　　　　＊大隅国

　出大隅台明寺文書　刊『鎌』36-28333,『鹿児島県史料　旧記雑録前編1』492頁
　地中津町

元亨3年2月24日　通時守護料請取状案
　　　　　　　　　　　　　　　　＊肥前国

　出肥前青方文書　刊『鎌』36-28338,『青方文書1』187頁
　地こたうのしまのうちあをかた（五島島内青方）
　綱青方高継、守護のくにまいり用途として青方分96文（8反分）を納む

元亨3年2月　摂津杭瀬庄雑掌申状

　出大和水木直箭文書　刊『鎌』36-28344
　語江,海
　地杭瀬庄,長洲村字杭瀬浜,一入江,長渚江
　綱東大寺、杭瀬荘をもって猪名荘の内と濫訴を致す◆江を以て堺となすの条、東大寺と杭瀬荘両方の証文符合す

元亨3年2月　杭瀬荘雑掌申状　＊摂津国

　出水木箸夫氏所蔵文書　刊『兵庫県史　史料編中世5』49頁,『尼崎市史4』377頁
　地猪名庄

元亨3年3月6日　後醍醐天皇綸旨案
　　　　　　　　　　　　　　　　＊若狭国

　出昭和56年弘文庄待賈文書　刊『鎌』36-28351
　地西津庄

元亨3年3月30日　伊予弓削島庄年貢塩支配状　　　　　　　　　　　＊伊予国

　出東寺百合文書マ　刊『鎌』36-28366,『日本塩業大系　史料編古代・中世　補遺』62頁,『愛媛県史　資料編古代・中世』491頁
　語弓削島〈元亨二年〉御年貢塩并雑物,荒和布,関料
　地弓削島
　綱伊予弓削島年貢塩のうち、関料・車力に48俵を下行し、残りを御供物立用・十九口御分等に支配す

元亨3年4月16日　無動寺住僧等下知状案　　　　　　　　　　　　　＊近江国

　出近江葛川明王院文書　刊『鎌』36-28379,『葛川明王院史料』29頁
　語山女

元亨3年4月17日　大隅国守護代盛秀・税所敦胤連署渡状　＊大隅国

　出薩藩旧記13古本末吉士検見崎氏家蔵　刊『鎌』36-28380,『鹿児島県史料　旧記雑録前編1』494頁
　地内浦村

元亨3年5月3日　渋谷為重請文
　　　　　　　　　　　　　　　　＊薩摩国

　出薩摩山田文書　刊『鎌』37-28391,『鹿児島県史料5』21頁,『鹿児島県史料　旧記雑録前編1』493頁

地伊集院島

元亨3年5月7日　備前金岡東荘領家地頭分田帳　＊備前国

出大和額安寺文書　刊『鎌』37-28392
地塩屋里,海面里

元亨3年5月7日　備前金岡東荘領家地頭分田帳　＊備前国

出大和額安寺文書　刊『鎌』37-28393
地塩屋里,海面里

元亨3年5月7日　備前金岡東荘領家地頭分田帳　＊備前国

出大和額安寺文書　刊『鎌』37-28394
地塩屋里,海面里

元亨3年5月10日　鎮西下知状　＊肥前国

出肥前河上神社文書　刊『鎌』37-28398,『佐賀県史料集成1』185頁,『大宰府・太宰府天満宮史料10』124頁
語元応二年博多焼失之時
地博多

元亨3年5月12日　備前金岡東荘預所義幸・地頭代政綱和与状　＊備前国

出大和額安寺文書　刊『鎌』37-28400
語山野河浜,市津
綱山野河浜等及び市津の所務を領家方と地頭方とで折半す

元亨3年5月15日　きやふ太郎請取状案　＊肥前国

出肥前青方文書　刊『鎌』37-28401,『青方文書1』188頁
地なま(那摩)

元亨3年5月20日　詫磨犬太郎丸・尼妙観連署和与状　＊肥後国

出豊前詫磨文書　刊『鎌』37-28407,『大分県史料12』81頁,『熊本県史料5』489頁,『九州荘園史料叢書3』44頁,『増補訂正編年大友史料4』215頁
地長浦

元亨3年5月20日　詫磨犬太郎丸・尼妙観和与状　＊肥後国

出豊前詫磨文書　刊『鎌』37-28408,『大分県史料12』81頁,『熊本県史料5』490頁,『荘園史料叢書3』44頁,『増補訂正編年大友史料4』216頁
地長浦

元亨3年5月25日　鎮西下知状　＊肥前国

出肥前来島文書　刊『鎌』37-28414,『松浦党関係史料集2』93頁,『大宰府・太宰府天満宮史料10』137頁,『九州荘園史料叢書11』60頁
地長島庄

元亨3年6月4日　伊予弓削島荘網用途支配状　＊伊予国

出東寺百合文書マ　刊『鎌』37-28423,『日本塩業大系　史料編古代・中世　補遺』64頁,『愛媛県史　資料編古代・中世』492頁
語あミ(網)の用途
地弓削島

元亨3年6月25日　鎮西下知状　＊肥前国

出田中繁三所蔵文書　刊『鎌』37-28438
地河棚浦

元亨3年

元亨3年7月11日　薩摩守護狩人差符
＊薩摩国

田薩藩旧記13国分宮内社司沢某　刊『鎌』37-28453,『鹿児島県史料　旧記雑録前編1』500頁
地中津河湯原

元亨3年7月29日　鎮西御教書案
＊肥前国

田肥前青方文書　刊『鎌』37-28469,『青方文書1』188頁
地五島西浦青方村

元亨3年8月7日　河村秀久譲状案
＊越後国

田出羽河村文書　刊『鎌』37-28480
語さんやかかい(山野河海),をんなかわのむらのてんはく・さいけ・やまかわ,かわのせ一所〈うなきのせ〉いまのふたハやな‥り
地荒川保
綱河村秀久、山野河海を残らず嫡子に譲り与う◆かわのせ・海の引き網等は嫡子へ、一期ののちは嫡孫に譲り与う◆かわのせ一所(うなきのせ〈鰻の瀬〉)は、「いまのふたハやな」なり

元亨3年」8月14日　某書状
＊若狭国

田東京大学文学部所蔵長福寺文書　刊『鎌』補4-2028,『長福寺文書の研究』149頁
地西津庄

元亨3年8月　国分友貞陳状
＊薩摩国,中国

田薩摩国分寺文書　刊『鎌』37-28502,『大宰府・太宰府天満宮史料10』148頁,『鹿児島県史料　旧記雑録前編1』503頁

語蒙古合戦,異賊警固
地蒙古

元亨3年9月1日　鎮西御教書案
＊肥前国

田肥前青方文書　刊『鎌』37-28504,『青方文書1』189頁,『大宰府・太宰府天満宮史料10』153頁
地五島西浦青方

元亨3年9月14日　鎮西御教書案
＊肥前国

田肥前青方文書　刊『鎌』37-28516,『青方文書1』189頁,『大宰府・太宰府天満宮史料10』156頁
地五島西浦青方

元亨3年9月15日　悲母因縁

田金沢文庫所蔵　刊『鎌』37-28518,金沢文庫編『金沢文庫古文書11』274頁
地タウラ(田浦)

元亨3年9月27日　藤原幸世譲状

田肥前大川文書　刊『鎌』37-28536,『九州史料叢書　大川文書』91頁
語山やかかい(山野河海)

元亨3年10月　黒川章連訴状案　＊越後国

田越後三浦和田家文書　刊『鎌』37-28570
地奥山庄内草水□[（乗カ）　　　　]松浦

元亨3年10月　御賀尾浦年貢目録
＊若狭国

田若狭大音家文書　刊『福井県史　資料編8』807頁
語すしをけ(鮨桶),めうといを(夫婦魚)五十さし,わかめ(和布)三十てう(帖),わかめ

元亨3～4年

(和布)の□□あわひ(鮑)卅,しほ(塩)七石一斗二升,月へちのひたい(月別干鯛)二百四十,同かすのいを(員魚)千三百廿,せちれうのすしたい五こん(節料鮨鯛五喉),同しほのこたわら(塩小俵)三,同あらま□(荒巻)三,とひいを(飛魚)千百,月小ひたい(干鯛),同こしほから(小塩辛)五升,山てのしほ(山手塩),□すしをけ(鮨桶)一,同かすのいを(員魚),たてあミのとく分(建網得分)二人分

地御かをの□(御賀尾浦)

元亨3年11月19日　記録所廻文案
＊若狭国

出古田券　刊『鎌』37-28589
地西津庄

元亨3年11月22日　藤原致澄等連署契約状
＊肥前国

出肥前深堀家文書　刊『鎌』37-28593,『佐賀県史料集成4』86頁,『九州荘園史料叢書7』54頁
地たかはま(高浜)

元亨3年12月5日　鎮西下知状案
＊肥前国

出肥前大川文書　刊『鎌』37-28607,『大宰府・太宰府天満宮史料10』179頁,『同8』補37頁,『九州史料叢書　大川文書』94頁
地大豆津村

元亨3年12月　宝明寄進状
＊佐渡国

出佐渡長安寺文書　刊『鎌』37-28625,『新潟県史　資料編5』338頁
地しなの浦
備『新潟県史』は年号を「元□(享カ)」とする

元亨3年□月　比志島義範申状
＊薩摩国

出薩摩比志島文書　刊『鎌』37-28627,『大宰府・太宰府天満宮史料10』169頁,『鹿児島県史料　旧記雑録前編1』491頁
地比志島

元亨3年　若狭太良荘年貢進未進注文
＊近江国

出東寺文書百合外　刊『鎌』37-28629
地大津
綱嘉元3年分の年貢「後米」の一部を大津において点じ取る

元亨4年)1月14日　尊誉書状
＊伊予国,播磨国

出東寺百合文書シ　刊『鎌』37-28640,『日本塩業大系　史料編古代・中世1』329頁,『愛媛県史　資料編古代・中世』493頁
語塩俵,十二俵塩,百余艘船,御年貢米塩
地播磨なた(播磨灘)
綱播磨灘にて百余艘船大風に遭うも,尊誉の船1艘ばかりは子細なく,百余俵の塩を損せず◆尊誉の船安穏に上らば,一向三宝の御計らいたるにより,濡れたる12俵分は御免あるべし

元亨4年1月14日　若狭国西津荘壇供請取状
＊若狭国

出岡谷惣介氏所蔵文書　刊『福井県史　資料編2』639頁
地西津庄

元亨4年)1月20日　承誉書状

出東寺百合文書な　刊『鎌』37-28644,『日本塩業大系　史料編古代・中世1』322頁
語塩

元亨4年
備『鎌』37-28640参照

元亨4年1月24日　信尊田地売券
*摂津国

田山城大徳寺文書　刊『鎌』37-28645,『大日本古文書　大徳寺文書11』239頁
地小船江

元亨4年1月25日　大隅守護狩人夫支配状
*大隅国

田薩藩旧記14国分八幡宮社司沢氏家蔵　刊『鎌』37-28646,『鹿児島県史料　旧記雑録前編1』512頁
地中津河湯原

元亨4年1月28日　若狭国西津荘壇供請取状
*若狭国

田岡谷惣介氏所蔵文書　刊『福井県史　資料編2』639頁
地西津庄

元亨4年1月　承誉書状
*伊予国

田東寺百合文書ハ　刊『鎌』37-28650,『日本塩業大系　史料編古代・中世1』322頁,『愛媛県史　資料編古代・中世』494頁
語当島(弓削島)
地弓削島
綱正和年中、讃岐国悪党井上五郎左衛門尉以下の凶賊等弓削島へ打ち入る

元亨4年2月5日　後醍醐天皇綸旨案
*土佐国

田土佐国最御崎寺文書　刊『鎌』37-28658
地潮江保,室津一色

元亨4年)2月13日　祐実請文
*伊予国

田東寺百合文書な　刊『鎌』37-28666,『日本塩業大系　史料編古代・中世1』324頁,『愛媛県史　資料編古代・中世』495頁
地弓削島

元亨4年)2月16日　実心書状
*伊予国

田東寺百合文書お　刊『鎌』37-28673,『日本塩業大系　史料編古代・中世1』324頁,『愛媛県史　資料編古代・中世』495頁
語年貢塩,島
地弓削島

元亨4年)2月28日　承誉書状
*伊予国

田東寺百合文書ま　刊『鎌』37-28684,『日本塩業大系　史料編古代・中世1』325頁
語彼所務職(伊予国弓削島荘の所務職)

元亨4年3月9日　将軍守邦王袖判過書案
*筑前国,豊前国

田金剛三昧院文書　刊『鎌』37-28695,『高野山文書2』99頁
語運送船,過書,門司関
地門司関
綱幕府、高野山金剛三昧院雑掌の申請により、筑前国粥田荘の住人并に運送船の通過に煩なからしむ

元亨4年3月25日　鎮西下知状
*肥前国

田肥前河上神社文書　刊『鎌』37-28708,『佐賀県史料集成1』104頁,『大宰府・太宰府天満宮史料10』186頁
地西川原志岐津留

元亨4年3月　伊予弓削島荘沙汰人百姓等申状
*伊予国

田東寺百合文書な　刊『鎌』37-28712,『日本塩業大系　史料編古代・中世1』326頁,『愛媛県史　資料編古代・中世』496頁

元亨 4 年

語当島(弓削島)
地弓削島
綱弁房承誉、当国他国の数百人の大勢を語らい、弓削島に押し寄せて終日合戦す
備『鎌』37-28713参照

元亨 4 年 4 月 18 日　　大隅国守護狩夫支配状
　　　　　　　　　　　　　　　　＊大隅国

出薩藩旧記14国分宮内社人沢喜三太家蔵
刊『鎌』37-28727,『鹿児島県史料　旧記雑録前編 1』518頁
地中津川湯原

元亨 4 年 4 月 19 日　　備前鹿忍荘下司・豊原荘雑掌和与状案　　＊備前国

出安仁神社文書　刊『鎌』37-28728
語海上以下得分,水魚之思
地大山,千手,藤井,鵠浦,柳口煎田浜,宮浦
綱論所の海上以下の得分等においては、各々半分の沙汰を致すべく和与す

元亨 4 年) 4 月 19 日　　実心書状
　　　　　　　　　　　　＊伊予国,備後国

出東寺百合文書エ・無号　刊『鎌』37-28730,『日本塩業大系　史料編古代・中世 1』327頁,『愛媛県史　資料編古代・中世』497頁
語海賊
地尾道,弓削島
綱関東事書にて出さるる海賊以下の法令につき、請文を差出す◆海賊出入の所々を収公すべき旨の関東事書につき、名誉の海賊たる雑掌承誉を改替すべきや否や、寺家に伺い申さるべし
備『鎌』のみ出典を「東寺百合文書エ」とするが、誤り

元亨 4 年 4 月 27 日　　新田経家請文
　　　　　　　　　　　　　　＊阿波国

出紀伊小山秀太郎文書　刊『鎌』37-28734,『中世法制史料集 1』355頁
語阿波国海賊出入所所,船定紋〈唐梅〉,浦,船
地勝浦新庄,小松島浦
綱阿波国海賊出入の所々に関する関東・六波羅よりの命に応じ、勝浦新庄・小松島浦の船紋を唐梅に定む
備『鎌』36-28004 B 4 (年号は元亨 2 年に誤っている)と重複文書

元亨 4 年 5 月 2 日　　佐々木範綱請文案
　　　　　　　　　　　　　　＊近江国

出東大寺文書4-7(1-1-355)　刊『大日本古文書　東大寺文書12』82頁
語江州強盗并海賊出入所々城郭

元亨 4 年 6 月 13 日　　鎮西御教書案
　　　　　　　　　　　　　　＊肥前国

出肥前青方文書　刊『鎌』37-28765,『青方文書 1』190頁,『大宰府・太宰府天満宮史料10』191頁
語鮎河浦地頭職
地五島西浦目青方内鮎河浦

元亨 4 年 6 月 19 日　　留守家明譲状
　　　　　　　　　　　　　　＊陸奥国

出陸奥留守文書　刊『鎌』37-28769,『仙台市史　資料編 1』154頁,『宮城県史30』196頁,『編年差別史資料集成 3』631頁
語村岡村山塩竃神宮寺,塩竃別当,高崎塩竃神宮寺
地塩竃

元亨4年

元亨4年7月3日　尼真妙譲状　＊伊予国

出 伊予忽那家文書　刊『鎌』37-28778,『愛媛県史　資料編古代・中世』499頁
地 忽那島松吉

元亨4年8月10日　鎮西下知状　＊薩摩国

出 薩摩羽島文書　刊『鎌』37-28795,『大宰府・太宰府天満宮史料10』195頁,『鹿児島県史料　旧記雑録前編1』519頁
語 浦
地 成枝名羽島浦,薩摩郡羽島浦

元亨4年8月21日　地頭代道慶・雑掌憲俊連署和与状　＊薩摩国,筑前国

出 島津伊作家文書　刊『鎌』37-28801,『大日本古文書　島津家文書1』558頁,『日本の古文書　下』551頁,『大宰府・太宰府天満宮史料10』247頁,『九州荘園史料叢書5』91頁,『増補訂正編年大友史料4』234頁
語 入来名湊海,山野河海,堺河,用水漁,異国警固,筥崎石築地用途
地 伊与倉河,帆湊之海,河登苦田橋,筥崎
綱 島津荘内薩摩方地頭代道慶と雑掌憲俊、伊作荘と日置北郷を中分す◆伊作荘内伊与倉河は、伊作荘東堺山より西に荘内を流れ、同荘入来名の湊海に流入する河なり◆彼の河を堺として、以北を領家分、以南を地頭分とし、山野河海検断以下の所務を一円進止すべきなり◆堺の河における用水漁等は、相互に制止に及ばず◆頼渡分・河堰は双方ともに沙汰あるべからず◆日置北郷は、堺の北を領家分、南を地頭分とし、山野河海検断以下の所務を一円進止すべし

元亨4年8月25日　関東御教書　＊遠江国,下総国

出 金沢文庫文書　刊『鎌』37-28805,金沢文庫編『金沢文庫古文書7』99頁,『六浦瀬戸橋』(神奈川県立金沢文庫図録)53頁
語 橋
地 遠江国天竜川,下総国高野川
綱 幕府、遠江の天竜川・下総の高野川両所の橋を称名寺に付し、沙汰せしむ

元亨4年8月25日　六波羅御教書　＊山城国

出 和泉淡輪文書　刊『鎌』37-28806
語 鴨河堤

元亨4年9月15日　鎮西御教書案　＊肥前国

出 肥前青方文書　刊『鎌』37-28831,『青方文書1』190頁,『大宰府・太宰府天満宮史料10』198頁
地 五島西浦青方村

元亨4年9月　伊予弓削島荘百姓等申状　＊伊予国

出 東寺百合文書な　刊『鎌』37-28836,『日本塩業大系　史料編古代・中世1』328頁,『愛媛県史　資料編古代・中世』499頁
語 焼塩,年貢塩,船,御年貢船,京上之船,代塩,負債塩,船主,船賃
地 弓削島,道後
綱 伊予国弓削島荘百姓等、雑掌弁房承誉の非法を訴う◆承誉、両参年来納と号し、未進なき百姓より焼く所の塩を押し取る◆承誉、船を買い取りながら、更に年貢船を借るべく苛責を致すにより、百姓等備後・安芸よ

380

り借りつく◆借用の年貢船に積むべき塩は、来納と号してまた責め取らるるにより、積み出しに六七十日を要す◆通常三十余日、船賃三、四貫文にて往復のところ、借用船返送までに百余日を要するにより、船主方へ二、三倍の船賃を弁ず◆「負債塩」は、料物を下行せらるるののち、代塩を弁進する例なるを、承答一分の料物をも下行せず、塩のみを責め取るうえ、先例なき「新負債塩」を称し、さらに塩を責め取る◆承答、伊予国道後まで船を借り出し、安価なる塩を買い積むべく百姓を苛責す◆道後は、京上の道より遥かに難道の悪所なり

元亨4年9月　青方高継代高直申状案　＊肥前国

出 肥前青方文書　刊『鎌』37-28837,『青方文書1』192頁,『大宰府・太宰府天満宮史料10』198頁

語 塩屋

地 五島西浦目青方村

元亨4年9月　忍西申状　＊加賀国

出 加賀大野湊神社文書　刊『鎌』37-28839,『加能史料　鎌倉2』481頁

語 神田畠おほくはま(浜)なり

元亨4年9月　青方高継申状案　＊肥前国

出 肥前青方文書　刊『鎌』37-28838,『青方文書1』191頁

地 青方村

元亨4年10月18日　肥前深堀政綱着到状　＊肥前国

出 肥前深堀家文書　刊『鎌』37-28848,『佐賀県史料集成4』87頁,『大宰府・太宰府天満宮史料10』199頁,『九州荘園史料叢書7』55頁

地 戸町浦内高浜

元亨4年10月19日　肥前福田兼信着到状写

出 肥前福田文書　刊『鎌』37-28850

語 在津

元亨4年10月19日　豊後沙弥妙仏〈都甲惟遠〉着到状　＊筑前国

出 豊後都甲文書　刊『鎌』37-28851,『大分県史料9』321頁,『増補訂正編年大友史料4』238頁

語 在津

地 博多

元亨4年11月2日　若狭多烏浦預所年貢納状　＊若狭国

出 若狭秦文書　刊『鎌』37-28864,『小浜市史諸家文書編3』39頁

語 五斗納鯛桶代,五升納鯛桶代,干鯛代,神祭蛤代,雑魚廿五,小和布十五丸

地 多烏浦

元亨4年11月2日　若狭多烏浦預所方月別菜代用途納状　＊若狭国

出 若狭秦文書　刊『鎌』37-28865,『小浜市史諸家文書編3』39頁

地 多烏浦

元亨4年11月18日　筑前守護少弐貞経書下案　＊筑前国

出 肥前青方文書　刊『鎌』37-28882,『青方文書1』193頁,『大宰府・太宰府天満宮史料10』199頁

地 博多

元亨4年～正中2年

元亨4年11月21日　後醍醐天皇綸旨
＊摂津国

出 九条家文書　刊『鎌』37-28887,『図書寮叢刊　九条家文書2』82頁
地 輪田庄

元亨4年11月29日　鎮西下知状　＊薩摩国

出 薩摩山田文書　刊『鎌』37-28892,『大宰府・太宰府天満宮史料10』205頁,『鹿児島県史料5』23頁,『鹿児島県史料　旧記雑録前編1』524頁
地 向島北上鼻崎

元亨4年11月　青方高継代高直申状案
＊肥前国

出 肥前青方文書　刊『鎌』37-28895,『青方文書1』193頁
語 塩屋
地 五島西浦目青方村

元亨4年12月2日　薩摩日置荘雑掌〈承信〉・地頭代道慶連署和与状　＊筑前国

出 島津伊作家文書　刊『鎌』37-28896,『大日本古文書　島津家文書1』563頁,『大宰府・太宰府天満宮史料10』251頁,『九州荘園史料叢書5』96頁
語 異国警固,筥崎石築地用途
地 筥崎

正中元年12月　志摩大津国崎神戸所司神人等解　＊志摩国

出 国崎神戸古文書写　刊『鎌』37-28946
語 数艘船,海菜
地 大津国(崎脱ヵ)神戸,大吹島
綱 大吹島住人字大夫太郎等、国崎神戸往古以来旧領の海中に乱入せしめ、海菜を押し取る由、大津国崎神戸所司神人等訴う

正中元年12月　志摩国埼神戸四方堺定文
＊志摩国

出 国崎神戸古文書写　刊『鎌』37-28947
語 大海中,海,二所大神宮朝夕御饌,御鮑,御取玉貫漁進,御加津木,入漁
地 大津国崎神戸,奈久佐浜,鳥居一島,鎰比志
綱 国埼神戸は、御鮑・御取玉貫漁進の神領なり◆永く大吹左衛門頼光の狼藉を止め、毎年御加津木(潜き)以前に、甲乙人等鎰比志に入るべからず◆大津国埼神人、朝夕御饌の御取玉貫を懈怠なく勤仕せしむべし

元亨5年1月9日　筑前国守護少弐貞経書下案　＊筑前国

出 肥前青方文書　刊『鎌』37-28913,『青方文書1』194頁,『大宰府・太宰府天満宮史料10』210頁
地 博多

正中2年)1月24日　金沢貞顕書状　＊中国

出 金沢文庫文書　刊『鎌』38-29321,金沢文庫編『金沢文庫古文書1』46頁
語 唐物

元亨5年1月　藤原氏女申状案　＊筑前国

出 肥前青方文書　刊『鎌』37-28912,『青方文書1』195頁,『大宰府・太宰府天満宮史料10』210頁
地 博多

正中2年1月　近江淵荘雑掌申状
＊近江国

出 洞院部類記5　刊『鎌』37-28965
地 中津庄

正中2年2月3日　如性〈源勝〉譲状案
　　　　　　　　　　　　　　　＊肥前国

田 肥前伊万里家文書　刊『鎌』37-28985,『松浦党関係史料集2』102頁,『佐賀県史料集成27』35頁,『平戸松浦家資料』136頁
地 宇野御厨庄伊万里浦脇田村

正中2年2月7日　後醍醐天皇綸旨
　　　　　　　　　　　　　　　＊紀伊国

田 高野山文書宝簡集43　刊『鎌』37-28991,『大日本古文書　高野山文書1』550頁
語 紀伊河運送, 路次之津料
地 紀伊河
綱 金剛峯寺衆徒等の申請により、修理料木の紀伊河運送につき、路次の津料を止むべき由を命ず

正中2年2月8日　大見資家譲状
　　　　　　　　　　　　　　　＊越後国

田 越後大見安田文書　刊『鎌』37-28995,『新潟県史　資料編4』239頁
語 木津女房
地 下条山浦湯川

正中2年2月18日　源繁請文　＊壱岐国

田 壱岐吉永文書　刊『鎌』37-29003,『平戸松浦家資料』159頁
地 壱岐島

正中2年2月　下総国東荘上代郷内黒部村年貢網結解状　　＊下総国

田 金沢文庫文書　刊 金沢文庫編『金沢文庫古文書7』108頁
語 船賃

正中2年)3月3日　良樹書状　＊中国

田 金沢文庫蔵湛稿戒118裏文書　刊『鎌』37-29028, 金沢文庫編『金沢文庫古文書3』216頁
語 唐人霊山(道隠)長老
地 唐

正中2年3月4日　志佐祝書状案
　　　　　　　　　　　　　　　＊筑前国

田 肥前青方文書　刊『鎌』37-29029,『青方文書1』195頁
地 博多

正中2年3月5日　度会行文譲状案
　　　　　　　　　　　　　　　＊下総国

田 伊勢櫟木文書　刊『鎌』37-29031
地 葛西御厨

正中2年3月13日　青方高継請文案
　　　　　　　　　　　　　　　＊肥前国

田 肥前青方文書　刊『鎌』37-29044,『青方文書1』196頁
地 下浦部内□講浦

正中2年3月17日　平胤連打渡状案
　　　　　　　　　　　　　　　＊上総国

田 金沢文庫文書　刊『鎌』37-29049, 金沢文庫編『金沢文庫古文書7』109頁
地 畔蒜庄

正中2年3月25日　某宛行状　＊若狭国

田 若狭大音家文書　刊『鎌』37-29065,『福井県史　資料編8』808頁
地 西津庄

正中2年3月　度会行文譲状　＊遠江国

田 伊勢櫟木文書　刊『鎌』37-29032

正中2年

地鎌田御厨内仮屋崎郷

正中2年3月　最勝光院荘園目録案
　　　　　　　　＊肥前国,筑前(後)国,中国

出東寺百合文書ゆ　刊『鎌』37-29069,森克己『新訂日宋貿易の研究』434頁,『九州荘園史料叢書9』44頁
語ムクリケイコ(蒙古警固),蒙古人
地松浦庄,ムクリ(蒙古),蒙古
綱蒙古警固に事を寄せ,文永7年以来,肥前国松浦荘・筑後国三原荘の本年貢等は所済なし

正中2年)4月11日　後醍醐天皇綸旨案
　　　　　　　　＊伊勢国

出元亨遷宮記裏書　刊『鎌』補4-2046
地岸江御厨

正中2年5月8日　新見荘地頭方田地下地実検名寄帳　＊備中国

出東寺百合文書ク　刊『岡山県史20』475頁
語船人

元亨5年6月10日　白魚行覚譲状案
　　　　　　　　＊肥前国

出肥前青方文書　刊『鎌』37-28916,『青方文書1』199頁
地さを(佐保),しろいを(白魚)

正中2年7月11日　記録所廻文　＊若狭国

出古田券　刊『鎌』37-29150
地西津庄

正中2年7月18日　恵雲奉書　＊中国

出広瀬氏所蔵中村文書　刊『鎌』37-29155,『松浦党関係史料集2』106頁,『大分県史料13』352頁,『福岡県史資料10』260頁,『大宰府・太宰府天満宮史料10』230頁,『九州荘園史料叢書4』109頁,『増補訂正編年大友史料4』240頁
語建長寺造営料唐船警固
地唐
綱恵雲、中村栄永に対し、建長寺造営料唐船の警固を命ず

正中2年7月28日　安達貞泰大般若経寄進状　＊武蔵国

出慶珊寺所蔵文書　刊『鎌』37-29162,『神奈川県史　資料編2』746頁
地六浦庄
備『鎌』37-29161の奥書の続き

正中2年7月28日　安達貞泰大般若経寄進状　＊武蔵国

出慶珊寺所蔵文書　刊『鎌』37-29163
地六浦庄

正中2年7月28日　安達貞泰大般若経寄進状　＊武蔵国

出慶珊寺所蔵文書　刊『鎌』37-29164
地六浦庄

正中2年7月28日　安達貞泰大般若経寄進状　＊武蔵国

出慶珊寺所蔵文書　刊『鎌』37-29165
地六浦庄

正中2年7月28日　安達貞泰大般若経寄進状　＊武蔵国

出慶珊寺所蔵文書　刊『鎌』37-29166,『神奈川県史　資料編2』747頁
地六浦庄

正中2年)8月4日　後醍醐天皇綸旨案
　　　　　　　　　　　　　　＊伊勢国

田 元亨遷宮記裏書　刊 『鎌』補4-2053
地 女河原塩浜

正中2年8月27日　三隅兼員代明仁・尼良海代道正連署和与状　＊石見国

田 吉川家文書　刊 『大日本古文書　吉川家文書2』286頁
語 田畠山野河海悉折中
地 益田庄内寸津
綱 田畠山野河海悉く折中す

正中2年9月2日　六波羅下知状案
　　　　　　　　　　　　　　＊石見国

田 吉川家文書　刊 『鎌』37-29189,『大日本古文書　吉川家文書2』288頁
語 田畠山野河海悉折中
地 益田庄内寸津
綱 田畠山野河海悉く折中す

正中2年9月5日　造宇佐弥勒寺料米銭請取状　＊肥前国

田 肥前武雄神社文書　刊 『鎌』37-29192,『佐賀県史料集成2』120頁,『九州荘園史料叢書11』63頁
地 長島庄花島村

正中2年9月11日　安藤宗季譲状
　　　　　　　　　　　　　　＊陸奥国

田 陸奥新渡戸文書　刊 『鎌』37-29194,『岩手県中世文書　上』32頁
地 けんかしましりひきのかう(絹家島尻引郷),なかはま(仲浜),みなと(湊)

正中2年10月3日　雑掌宗弘書下案
　　　　　　　　　　　　　　＊筑前国

田 筑後鷹尾家文書　刊 『鎌』38-29216,『筑後鷹尾文書』83頁,『史淵』81・44頁
地 博多

正中2年10月7日　関東下知状
　　　　　　　　　　　＊薩摩国,筑前国

田 島津伊作家文書　刊 『鎌』38-29218,『大日本古文書　島津家文書1』566頁,『九州荘園史料叢書5』99頁
語 山野河海,伊予倉河,湊海,用水漁,異国警固,箱崎石築地用途,帆湊之海
地 箱崎(筥崎)
綱 島津庄薩摩方伊作庄・日置北郷下地田畠山野河海検断所務につき、一乗院雑掌左衛門尉憲俊と地頭大隅左京進宗久代道慶、和与す◆伊予倉河は、伊作庄東堺山より庄内を西へ流れ、入来名湊海に流入す◆伊作庄は、伊予倉河をもって中分し、河以北は領家分、河以南は地頭分とす◆堺河においては、用水漁など相互に制止するに及ばず。向後、頬渡分並びに河堰は両方その沙汰あるべからず

正中2年10月27日　関東下知状
　　　　　　　　　　　＊薩摩国,筑前国

田 島津伊作家文書　刊 『鎌』38-29237,『大日本古文書　島津家文書1』570頁,『九州荘園史料叢書5』102頁
語 異国警固并箱崎石築地用途
地 筥崎

正中2年～嘉暦元年

正中2年)11月7日　後宇多上皇院宣
　　　　　　　　　　　　　　＊相模国

　田元亨遷宮記裏書　刊『鎌』36-28222
　地大庭御厨

正中2年12月13日　**関東御教書**　＊肥前国

　田肥前大川文書　刊『鎌』38-29288,『大宰府・太宰府天満宮史料10』254頁,『九州史料叢書　大川文書』96頁
　地大豆津別符

正中2年)　安達貞泰大般若経寄進状
　　　　　　　　　　　　　　＊武蔵国

　田慶珊寺所蔵　刊『鎌』37-29162
　地六浦庄

正中3年3月7日　源勝譲状案　＊肥前国

　田肥前伊万里家文書　刊『鎌』38-29375,『松浦党関係史料集2』107頁,『佐賀県史料集成27』36頁,『平戸松浦家資料』136頁,『九州荘園史料叢書2』73頁
　語かまた(蒲田)の浦,あみ(網)壱帖,五島の海夫,おほひらつ(大平戸)の党,網,かいふ(海夫)
　地ふくしま(福島),五島,いまり(伊万里)の浦,はたつ(波多津)の浦,かまた(蒲田)の浦,うのゝ御くりや(宇野御厨)の庄

正中)3年)3月)18日)　大政官牒案
　　　　　　　　　　　　　　＊伊予国

　田壬生家文書　太政官牒　刊『鎌』38-29440,『図書寮叢刊　壬生家文書7』179頁
　地弓削島
　備寛永6年5月9日の写

正中3年4月11日　円如畠地売券

　田伊勢光明寺文書　刊『鎌』38-29463
　地字松木角塩河原

正中3年5月2日　ためとき和与状写
　　　　　　　　　　　　　　＊対馬国

　田宗家御判物写　葦見村百姓所持　刊『鎌』補4-2061,『長崎県史　史料編1』320頁
　地つしま(対馬)

嘉暦元年5月23日　近江大島大座修理田定置文　＊近江国

　田近江奥津島神社文書　刊『鎌』38-29509,『大嶋神社・奥津嶋神社文書』16頁
　語島分
　地大島,奥島御庄

嘉暦元年7月17日　沙弥円光書下
　　　　　　　　　　　　　　＊肥前国

　田肥前斑島文書　刊『鎌』38-29531,『松浦党関係史料集2』109頁,『改訂松浦党有浦文書』50頁
　地宇野御厨庄
　備『鎌』では文書名「沙弥円光書下」とする

嘉暦元年8月15日　大隅守護書下

　田薩藩旧記15宮内社司沢氏　刊『鎌』38-29583,『鹿児島県史料　旧記雑録前編1』548頁
　地中津川

嘉暦元年9月4日　薩摩守護代本性奉書
　　　　　　　　　　　　　　＊中国

　田薩摩比志島文書　刊『鎌』38-29599,『鹿児島県史料　旧記雑録前編1』548頁
　語唐船

地唐

嘉暦元年9月7日　関東御教書案
*加賀国

出菊大路家文書　**刊**『鎌』38-29602
語南白江合戦之由
地南白江

嘉暦元年9月16日　摂津長州厨領家寄進状
*摂津国

出摂津大覚寺文書　**刊**『鎌』38-29609,『兵庫県史　史料編中世1』208頁
語海賊与党
地長州御□（厨ヵ）
綱灯爐堂の住持少輔房浄瑜、海賊与党たるの由、聞えあり

嘉暦元年10月14日　後醍醐天皇綸旨案
*尾張国

出山城醍醐寺文書　**刊**『鎌』38-29633,『大日本古文書　醍醐寺文書2』213頁
地立石御厨

嘉暦元年)10月29日　六波羅御教書
*伊予国

出根岸文書　**刊**『鎌』38-29643B,『愛媛県史　資料編古代・中世』502頁
語当島（弓削島）公文
地弓削島

嘉暦元年11月17日　摂津昆陽寺鐘願文
*摂津国

出摂津名勝図絵大成　**刊**『鎌』38-29655
語船息二所,橋梁六所,堀河四所
備「嘉暦改元歳仲冬十七日」とある

正中3年)12月7日　後醍醐天皇綸旨案
*相模国

出元亨遷宮記裏書　**刊**『鎌』補4-2062
地大庭御厨

嘉暦元年12月10日　石見永安別符以下地頭職分文
*石見国

出吉川家文書　**刊**『大日本古文書　吉川家文書2』
語浦一所海上
地寸津,大寸津,中山寸津地,岡見中山,岡見湊,土田湊,大島

嘉暦元年12月20日　東盛義所領注進状
*上総国

出金沢文庫文書　**刊**『鎌』38-29694,金沢文庫編『金沢文庫古文書7』114頁
地小浜

嘉暦元年12月24日　関東御教書　*遠江国

出賀茂注進雑記　**刊**『鎌』38-29699
地浜松庄

嘉暦元年12月29日　関東御教書　*摂津国

出東福寺文書　**刊**『中世法制史料集1』350頁
語河手
地兵庫島
綱所々の関所等において関手・河手を停止すべし、と北条守時・北条維貞命ず

嘉暦元年12月　某陳状案

出肥前大川文書　**刊**『鎌』38-29704,『九州史料叢書　大川文書』98頁
地大豆津別符

嘉暦元年　為弘外五名連署饗料等請取状

田安芸小田文書　刊『鎌』38-29709,『広島県史　古代中世資料編4』54頁
語酒肴

嘉暦元年　光久外四名連署饗料等請取状

田安芸小田文書　刊『鎌』38-29710,『広島県史　古代中世資料編4』52頁
語酒肴

嘉暦元年　本府催延末酒肴請取状

田安芸小田文書　刊『鎌』38-29711,『広島県史　古代中世資料編4』55頁
語酒肴

嘉暦元年　守吉外十三名連署饗料等請取状

田安芸小田文書　刊『鎌』38-29712,『広島県史　古代中世資料編4』53頁
語酒肴

嘉暦元年）　御厨子所公人等重訴状写
　　　　　　　　　　　　　　＊河内国,丹波国

田山城大谷兵衛氏所蔵文書　刊『鎌』38-29523
語御厨子所被官,大江御厨供御人,宇津庄桂供御人飼場,御厨子所預,菓子供御人,都鄙供御人,大江御厨執行職,桂御厨鵜飼等,大江御厨惣官職,御厨子所別当,大江御厨番供立名,津江御厨供御人,六角供御人,鳥供御人,鯉鳥供御人,魚供御人,魚,六角町供御人,津江御厨立留供御人
地大江御厨,大江御厨阿倍村,宇津庄,津江御厨,桂御厨
綱御厨子所被官等,同所供御人に対する内蔵寮の沙汰等を排すべきを訴う

嘉暦元年）　久成外十一名連署饗料等請取状

田安芸小田文書　刊『鎌』38-29708,『広島県史　古代中世資料編4』54頁
語酒肴
備年月日は「嘉暦□□（元年）」となっている

正中年　弓削島庄文書包紙　　　＊伊予国

田東寺百合文書と　刊『日本塩業大系　史料編古代・中世　補遺』89頁,『愛媛県史　資料編古代・中世』502頁
地弓削島

嘉暦2年1月6日　東大寺衆徒等申状案
　　　　　　　　　　　　　　＊摂津国

田未成巻東大寺文書　刊『尼崎市史4』379頁
地猪名庄内長洲・大物・尼崎

嘉暦2年1月10日　□房・祐円連署書状
　　　　　　　　　　　　　　＊対馬国

田大山小田文書　刊『九州史学』132・98頁
語あみのようとう（網の用途）,あみーてう（網一帖）
綱少弐氏,大山伴田次郎に年々網の用途として2帖分20貫文を課すも,1帖は引かざるにより,10貫文を免除す

嘉暦2年）2月12日　後醍醐天皇綸旨案

田東京大学文学部蔵東大寺文書　刊『鎌』38-29746,『大日本古文書　東大寺文書別集1』227頁,『兵庫県史　史料編中世5』551頁,『神戸市史　資料1』115・147頁
語神崎・渡辺・兵庫三ヶ津商船目銭
地神崎・渡辺・兵庫
綱当年より東大寺大仏殿の払葺料所たるべ

きを関東に申し、神崎・渡辺・兵庫三ヶ津の商船月銭を延長せらるるも、東南院修造は寺中の要須たるにより、料所内四分一をもってその足に充つ
備『神戸市史』は、嘉暦3年3月12日とする

嘉暦2年2月25日　東大寺五師文書勘渡状
＊摂津国

出百巻本東大寺文書79巻(708)　刊『鎌』38-29752,『兵庫県史　史料編中世5』823頁
語関所(兵庫関)月宛用途

嘉暦2年2月29日　若狭西津荘山宛行状
＊若狭国

出若狭大音家文書　刊『鎌』38-29753,『福井県史　資料編8』809頁
地西津庄,長崎

嘉暦2年3月3日　藤原氏女・漆島並貫連署田畠寄進状
＊豊前国

出豊前辛島文書　刊『鎌』38-29759,『大分県史料2』116頁,『増補訂正編年大友史料4』259頁
地辛島

嘉暦2年3月4日　記録所廻文　＊若狭国

出古田券下　刊『鎌』38-29760
地西津庄

嘉暦2年3月5日　年預五師頼昭書状案
＊摂津国

出東大寺文書(1-20-10)　刊『兵庫県史　史料編中世5』51頁
地長洲,大物,尼崎,猪名庄

嘉暦2年3月7日　記録所廻文　＊若狭国

出輯古帖八某家蔵　刊『鎌』38-29764

地西津庄

嘉暦2年3月8日　阿波種野山在家年貢等注進状
＊阿波国

出阿波三木家文書　刊『鎌』38-29767
地大浦
備「但、此本者、貞和参年丁亥五月四日政所ヨリ、■預テ書写了」とあり

嘉暦2年3月30日　六波羅御教書案
＊播磨国,摂津国

出東大寺文書　刊『鎌』38-29790,『兵庫県史　史料編中世5』552頁,『神戸市史　資料1』146頁
語福泊,津料,関所,往反船
地福泊(福泊関所),兵庫島,山崎
綱東大寺衆徒、播磨国福泊雑掌良基等が摂津国兵庫島へ乱入し、津料の妨げを致すを訴う◆良基等は福泊関所にて沙汰致すべきの由、度々催促するも、山崎神人を語らいて往反船に乱乗し、兵庫島にて関務を致し、狼藉に及ぶ
備『兵庫県史』は、天理図書館蔵旧保井文庫とする

嘉暦2年3月30日　六波羅下知状案
＊摂津国,播磨国

出東大寺文書(1-5-17)　刊『鎌』38-29791,『兵庫県史　史料編中世5』553頁,『神戸市史　資料1』147頁
語当島,関務,福泊関所,往反船
地兵庫島,山崎,福泊
綱播磨国福泊雑掌良基等は福泊関所にて沙汰致すべきの由、度々催促するも、山崎神人を語らいて往反船に乱乗し、兵庫島にて関務を致し、狼藉に及ぶ

嘉暦2年
備『鎌』は文書名を「六波羅下知状」とするが改めた

嘉暦2年4月27日　後醍醐天皇綸旨
＊摂津国

出相模極楽寺文書　刊『鎌』38-29828,『神奈川県史　資料編2』806頁
語摂津国兵庫・渡辺・神崎三ヶ津商船目銭,船,関務
地兵庫・渡辺・神崎
綱摂津国神崎・渡辺・兵庫三ヶ津の商船目銭については、諸社神人・供祭人・供御人等船の自由の対押を停止し、東大寺大仏殿払葺料足として、今年より8年間関務を致し、修功を終えらるべし

嘉暦2年5月18日　尼聖禅譲状　＊駿河国

出諸家文書纂大万沢文書　刊『鎌』38-29847,『静岡県史　資料編5』1022頁
地あいさはの御くりや(藍沢御厨)

嘉暦2年5月22日　葛川住人与一書状
＊近江国

出近江葛川明王院文書　刊『鎌』38-29852,『葛川明王院史料』35頁
語あミ(網)の魚

嘉暦2年5月25日　六波羅御教書案
＊播磨国,摂津国

出東大寺文書(1-5-12(1))　刊『鎌』38-29855,『兵庫県史　史料編中世5』553頁,『尼崎市史4』122頁,『神戸市史　資料1』148頁
語津料,逃船,福泊升米,海上,関務,戸津,新浜,漏船
地兵庫島,福泊,渡辺,神崎,戸津新浜
綱東大寺衆徒、播磨国福泊雑掌良基・明円等が摂津国兵庫島へ乱入し、津料の妨げを致すを訴う◆明円等の訴えにより、福泊逃船の升米は福泊に糺返すべき旨沙汰せらる◆明円等は、逃船と称し、海上・渡辺・神崎のほか兵庫島にても関務を致す。その上、漏船の事は、戸津新浜升米の相論の時、関東より停止せらるるも、漏船と逃船は検別し難き旨、衆徒訴う◆福泊升米は、福泊にて厳密に関務の沙汰を致し、兵庫島にては狼藉すべからざる旨裁許せらる

嘉暦2年5月　青方覚性代高直申状案
＊肥前国

出肥前青方文書　刊『鎌』38-29858,『青方文書1』198頁,『大宰府・太宰府天満宮史料10』266頁
地西浦目責(青)方内浦々,白魚

嘉暦2年6月　青方覚性申状土代
＊肥前国

出肥前青方文書　刊『鎌』38-29879,『青方文書1』199頁,『大宰府・太宰府天満宮史料10』267頁
地下浦目内浦々

嘉暦2年6月　青方覚性申状案　＊肥前国

出肥前青方文書　刊『鎌』38-29880,『青方文書1』198頁,『大宰府・太宰府天満宮史料10』266頁
地貝俣島

嘉暦2年7月2日　六波羅御教書
＊伊予国

出伊予忽那家文書　刊『鎌』38-29883,『愛媛県史　資料編古代・中世』504頁

地忽那島

嘉暦2年7月4日　鎮西御教書案
＊肥前国

出肥前青方文書　刊『鎌』38-29885,『青方文書1』199頁,『大宰府・太宰府天満宮史料10』266頁

地貝俣島

嘉暦2年7月12日　関東御教書案
＊播磨国,摂津国

出東大寺文書(1-15-1(1)(2))　刊『鎌』38-29893,『兵庫県史　史料編中世5』554頁,『神戸市史　資料1』149頁

語福泊関雑掌,梶取,兵庫島,関所

地福泊,兵庫島

綱福泊関雑掌明円の訴えにより、福泊にて升米を納めず兵庫島に逃亡の商人梶取等については、兵庫島にて(升米を)相留め、福泊に糺返すべき旨、裁許せらる

備『兵庫県史』は、「六波羅御教書案」とする

嘉暦2年7月　藤原弥義代定末訴状
＊摂津国

出大隅志々目文書　刊『鎌』38-29910,『鹿児島県史料　旧記雑録拾遺家わけ6』242頁,『鹿大史学』14・9頁

地兵庫之島

嘉暦2年8月6日　年預五師某書状案(土代)
＊摂津国

出東大寺文書(1-20-2)　刊『兵庫県史　史料編中世5』52頁

地猪名庄内長州・大物・尼崎

嘉暦2年)8月7日　関東御教書案
＊播磨国

出大和福智院家文書　刊『鎌』38-29916,『福智院家古文書』99頁

語福泊島修築料升米

地福泊島

嘉暦2年8月15日　豊後八幡宮賀来社宮主職田畠地屋敷給免注文案

出豊後柞原八幡宮文書　刊『鎌』38-29923,『大分県史料9』112頁,『九州荘園史料叢書12』62頁,『増補訂正編年大友史料4』267頁

語一丁塩浜

嘉暦2年)8月15日　豊後八幡宮賀来社宮主職給免田畠地屋敷注文案

出豊後柞原八幡宮文書　刊『鎌』38-29924,『大分県史料9』115頁,『九州荘園史料叢書12』64頁

語塩浜

備年号は『鎌』38-29923を参考に推定

嘉暦2年8月17日　鎮西御教書案
＊肥前国

出肥前青方文書　刊『鎌』38-29925,『青方文書1』200頁

語貝俣島

地貝俣島

嘉暦2年8月22日　小串新右衛門尉遵行状
＊播磨国,摂津国

出東大寺文書(1-15-1(3))　刊『鎌』38-29934,『兵庫県史　史料編中世5』554頁,『神戸市史　資料1』149頁

語福泊関務,梶取

地福泊,兵庫島

嘉暦2年

嘉暦2年8月25日　摂津兵庫島西方地頭代行円請文　＊摂津国

出 山城離宮八幡宮文書　刊『鎌』38-29941,『兵庫県史　史料編中世8』240頁
語 関之煩, 関務
地 兵庫島
備『兵庫県史』は語彙の「関之煩」を「関々煩」とする

嘉暦2年8月27日　六波羅御教書　＊播磨国

出 大和福智院家文書　刊『鎌』38-29946,『福智院家古文書』100頁
語 福泊島修築料升米
地 福泊島

嘉暦2年8月　蔵人所供御人松王丸代久季申状案

出 伊勢光明寺文書　刊『鎌』38-29952,『光明寺文書1』139頁
地 三和島, 中島

嘉暦2年9月4日　小串貞雄書下　＊播磨国

出 大和福智院家文書　刊『鎌』38-29961,『福智院家古文書』100頁
語 福泊島修築料升米
地 福泊島

嘉暦2年9月　東大寺領支配注文　＊摂津国

出 東大寺文書(1-24-321)　刊『兵庫県史　史料編中世5』52頁
地 稲名庄(猪名庄)

嘉暦2年)閏9月7日　僧恵観書状

出 伊勢光明寺文書　刊『鎌』38-29990,『光明寺文書1』142頁
地 佐和島, 中島

嘉暦2年閏9月10日　紀伊和佐荘下村公文毎年得分并公事注文

出 紀伊歓喜寺文書　刊『鎌』38-29998
語 菜料魚三隻〈番頭壱人分〉, 網麻在家別参コキ宛, 酒肴

嘉暦2年)閏)9月)28日)　東大寺衆徒集会事書案

出 東大寺文書(1-25-329)　刊『兵庫県史　史料編中世5』555頁
語 島修固料, 島堂

嘉暦2年閏9月29日　白魚盛高和与状案　＊肥前国

出 肥前青方文書　刊『鎌』38-30027,『青方文書1』200頁
地 ひちさき(比知崎), うののみくりやのしやう五たうないにしうらめのうちしもうらめ(宇野御厨庄五島内西浦目内下浦目)

嘉暦2年10月10日　公禅契約状　＊若狭国

出 山城大徳寺文書　刊『鎌』38-30042,『大日本古文書　大徳寺文書1』100頁
語 河手, 河手用途
綱 若狭和多田村河手は、時により増減あるも、年間60貫ばかりなり

嘉暦2年10月16日　鎮西探題御教書案　＊肥前国

出 肥前大川文書　刊『鎌』38-30045,『大宰府・太宰府天満宮史料10』279頁,『九州史料叢書　大川文書』100頁
地 大豆津別符

嘉暦2年10月　蔵人所供御人松王丸代久季重申状案

- 出 伊勢光明寺文書　刊『鎌』38-30062,『光明寺文書1』146頁
- 地 佐和島

嘉暦2年11月10日　東大寺申状案
＊摂津国

- 出 東大寺文書(1-15-16)　刊『鎌』38-30070,『兵庫県史　史料編中世5』555頁,『神戸市史　資料1』150頁
- 語 兵庫関所
- 地 兵庫島
- 綱 兵庫島に守護代押寄す
- 備『鎌』『神戸市史』は「押寄」を「押関」と読む

嘉暦2年11月　恵観陳状

- 出 伊勢光明寺文書　刊『鎌』38-30083,『光明寺文書1』152頁
- 地 佐和島,中島

嘉暦2年11月　青方覚性申状案　＊肥前国

- 出 肥前青方文書　刊『鎌』38-30090,『青方文書1』201頁
- 地 貝俣島

嘉暦2年12月24日　左衛門尉秀銓書状
＊摂津国

- 出 東大寺文書(1-15-31)　刊『鎌』38-30109,『兵庫県史　史料編中世5』555頁,『神戸市史　資料1』151頁
- 語 関用途,兵庫供料用途,関雑掌,関得分
- 地 兵庫
- 備『兵庫県史』は「秀銓」を「秀清」と読む

嘉暦2年　山城禅定寺本社造営日記
＊山城国

- 出 山城禅定寺文書　刊『鎌』38-30115,『禅定寺文書』185頁
- 語 □(一ヵ)百文〈淀雑用〉,五十文〈河魚代肴料〉,百文〈鱸鮨代〉,五十文〈栗代肴料〉,四十文〈船賃〉,伍百八十七文〈淀ノオ(材)木買時雑用〉,酒肴

嘉暦2年)　後醍醐天皇綸旨案　＊摂津国

- 出 燈心文庫所蔵文書　刊『兵庫県史　史料編中世5』552頁
- 語 神崎・渡部・兵庫津商船目銭
- 地 神崎・渡部・兵庫津

嘉暦3年1月27日　東大寺八幡宮神人等解状案
＊播磨国,摂津国

- 出 東大寺文書(1-15-160)　刊『鎌』39-30128,『兵庫県史　史料編中世5』556頁,『神戸市史　資料1』152頁
- 語 東大寺八幡宮神人,関務沙汰,福泊升米
- 地 福泊,兵庫

嘉暦3年2月6日　平知重網地宛行状
＊若狭国

- 出 若狭秦文書　刊『鎌』39-30132,『小浜市史　諸家文書編3』39頁
- 語 あち(網地)
- 地 汲部,多烏,多及,須那浦,手井浜

嘉暦3年2月6日　平知重網地宛行状
＊若狭国

- 出 若狭秦文書　刊『鎌』39-30133,『小浜市史　諸家文書編3』40頁
- 語 小鰒,網地,前網戸
- 地 汲部,多烏,須那浦

嘉暦3年

嘉暦3年2月12日　後醍醐天皇綸旨写
＊摂津国

出 東京大学文学部蔵東大寺文書　刊『鎌』39-30138
語 三ヶ津商船目銭
地 神崎・渡辺・兵庫
備 『鎌』38-29746と重複文書, 38-29746は嘉暦2年と推定している

嘉暦3年2月27日　東大寺衆徒衆議状案
＊播磨国,摂津国

出 東大寺文書(1-15-140)　刊『鎌』39-30158,『兵庫県史　史料編中世5』556頁,『神戸市史　資料1』152頁
語 津料
地 福泊,兵庫島

嘉暦3年2月27日　近江福永御厨幸賀引檀那願文
＊近江国

出 紀伊九鬼宮文書　刊『鎌』39-30159
地 福なかの御くりや(福永御厨)

嘉暦3年2月　播磨国福泊関務雑掌明圓申状案
＊播磨国,摂津国

出 東大寺文書(1-15-72)　刊『鎌』39-30164,『兵庫県史　史料編中世5』557頁,『神戸市史　資料1』153頁
語 升米, 兵庫島関務雑掌, 関務, 築島修持, 築島, 逃舟, 漏舟
地 福泊, 兵庫島, 兵庫
綱 福泊関務雑掌明円,兵庫島関所雑掌讃岐国流人少納言五師の,福泊に糺返すべき升米を押し取るを訴う◆福泊は,使者(春日)神人明円を下され,興福寺量海上人と共に関務を致し,築島を営む◆升米糺返を催促の時,流人五師,兵庫島に逃亡・隠居し,多年を送り,関所雑掌に任ぜらる
備 『鎌』38-29856参照

嘉暦3年3月3日　後醍醐天皇綸旨
＊伊勢国

出 公卿勅使参宮日記　刊『鎌』39-30171
語 関
備 「関」とは伊勢関のこと

嘉暦3年3月11日　皇太神宮神主請文
＊伊勢国

出 公卿勅使参宮日記　刊『鎌』39-30181
語 関
備 「関」とは伊勢関のこと

嘉暦3年4月7日　美濃国茜部庄文書出納目録
＊摂津国

出 京都大学文学部所蔵狩野亨吉蒐集古文書　刊『尼崎市史4』380頁,『新修大垣市史　資料編2』1059頁
地 猪名庄

嘉暦3年6月5日　鎮西御教書　＊豊後国

出 早稲田大学所蔵文書　刊『鎌』39-30276
語 国東郷内来浦地頭職
地 来浦

嘉暦3年6月13日　紀伊調月荘沙汰人平行保請文案
＊紀伊国

出 高野山文書又続宝簡集132　刊『鎌』39-30281,『大日本古文書　高野山文書8』415頁
語 山河

嘉暦3年6月13日　紀伊調月荘沙汰人平良清請文案
＊紀伊国

出 高野山文書又続宝簡集132　刊『鎌』39-

30282,『大日本古文書　高野山文書8』416頁
語山河

嘉暦3年6月13日　紀伊調月荘沙汰人平行保請文案　＊紀伊国

出高野山文書又続宝簡集132　刊『鎌』39-30283,『大日本古文書　高野山文書8』416頁
語山河

嘉暦3年6月　宇佐宮神官池永重頼解状

出豊前野中文書　刊『鎌』39-30302,『大分県史料8』434頁,『増補訂正編年大友史料4』279頁
語梶取

嘉暦3年8月11日　東大寺別当〈聖尋〉仰詞書　＊摂津国

出東大寺文書(4-135)　刊『鎌』39-30336,『大日本古文書　東大寺文書11』138頁
語関,五月月充内被備下分
地関
備「関」は兵庫関のこと

嘉暦3年8月13日　六波羅下知状

出山城離宮八幡宮文書　刊『鎌』39-30338,『兵庫県史　史料編中世8』240頁
語内殿灯油荏胡麻関々煩

嘉暦3年)8月20日　後醍醐天皇綸旨　＊伊勢国

出公卿勅使参宮日記　刊『鎌』39-30349
地関宿

嘉暦3年8月21日　東大寺年預慶顕詞書

出東大寺文書(1-12-114)　刊『鎌』39-30351,『兵庫県史　史料編中世5』213頁
地二島

嘉暦3年8月24日　東大寺衆議事書　＊摂津国,播磨国

出東大寺文書(1-15-107)　刊『鎌』39-30353,『大日本古文書　東大寺文書11』142頁,『兵庫県史　史料編中世5』559頁,『神戸市史1』156頁
語兵庫関雑掌,福泊雑掌,関煩
地兵庫関,福泊
綱東大寺料所兵庫関雑掌、興福寺領福泊雑掌・春日神人の当関の煩をなすを訴う

嘉暦3年8月24日　東大寺衆議事書　＊摂津国

出東大寺文書(1-15-108)　刊『鎌』39-30354,『大日本古文書　東大寺文書11』143頁,『兵庫県史　史料編中世5』559頁,『神戸市史1』156頁
語兵庫関雑掌,関月宛,関要到借物(関用途借物),関東使者粮物
地兵庫関
綱関東使者粮物は、兵庫関月宛をもって2文の利にて借用す◆兵庫関雑掌も2文の利にて借下すべし◆関用途をもって借物のときは、毎度評定を加え、検校所に申すののち沙汰すべし

嘉暦3年8月25日　東大寺衆議事書　＊摂津国,播磨国

出東大寺文書(1-15-109)　刊『鎌』39-30356,『大日本古文書　東大寺文書11』143頁,『兵庫県史　史料編中世5』560頁,『神戸市史1』157頁
語兵庫関雑掌,福泊雑掌

嘉暦3〜4年
地 兵庫関
綱 東大寺料所兵庫関雑掌、興福寺領福泊雑掌・春日神人の当関の煩をなすを訴う

嘉暦3年9月25日　目代某請取状案
＊肥前国

出 肥前青方文書　刊『鎌』39-30400,『青方文書1』202頁
語 ふなさい(船材・船祭)
備「ふなさい」は船祭か船材か不明

嘉暦3年9月26日　平家盛願文　＊伊予国

出 伊予高田八幡神社文書　刊『鎌』39-30401,『愛媛県史　資料編古代・中世』507頁
地 津島三ヶ郷

嘉暦3年10月14日　東大寺年預慶顕衆議記録　＊摂津国

出 東大寺文書(7-25)　刊『鎌』39-30423
語 (兵庫)関所之供料

嘉暦3年10月　東大寺衆徒等申状土代
＊伊賀国

出 東大寺文書(1-1-29)　刊『鎌』39-30424,『大日本古文書　東大寺文書10』242頁
語 一々被配流遠島

嘉暦3年10月　東大寺年預所下知状案
＊伊賀国

出 東大寺文書(1-1-88)　刊『鎌』39-30435,『大日本古文書　東大寺文書10』247頁
語 遠島流刑之重科

嘉暦3年11月2日　鎮西御教書　＊壱岐国

出 筑前宗像氏諸文書　刊『鎌』39-30438,『宗像大社文書2』692頁,『福岡県史資料10』152頁,『宗像市史　史料編1』620頁

地 壱岐島
備『宗像大社文書』は「近藤清石写本宗像文書」より採る

嘉暦3年12月16日　鎮西御教書案
＊肥前国

出 肥前大川文書　刊『鎌』39-30475,『大宰府・太宰府天満宮史料10』282頁,『九州史料叢書　大川文書』105頁
地 大豆津別符

嘉暦4年1月30日　若狭国西津荘役請取状　＊若狭国

出 広島大学国史学教室所蔵文書　刊『福井県史　資料編2』898頁,『広島大学博物館研究報告』2・23頁
地 西津庄

嘉暦4年3月13日　備後大田荘雑掌了信書状　＊備後国

出 高野山文書宝簡集9　刊『鎌』39-30533,『大日本古文書　高野山文書1』142頁
語 大田・桑原春船分御年貢

嘉暦4年3月21日　後醍醐天皇綸旨
＊近江国

出 近江菅浦文書　刊『鎌』39-30538,『菅浦文書　上』122頁
語 菅浦惣官供御人
地 菅浦

嘉暦4年3月29日　後醍醐天皇綸旨案
＊近江国

出 近江菅浦文書　刊『鎌』39-30548,『菅浦文書　上』123頁
語 菅浦惣官供御人
地 菅浦

嘉暦4年3月30日　西園寺公宗御教書案
　　　　　　　　　　　　　　　＊近江国

出近江菅浦文書　刊『鎌』39-30549,『菅浦文書　上』56頁
語菅浦惣官供御人
地菅浦

嘉暦4年3月　信濃諏訪社大宮御造営目録写
　　　　　　　　　　　　　　　＊信濃国

出信濃諏訪上社文書　刊『鎌』39-30553
地大島,飯島,松島,馬島

嘉暦4年3月　奉行少納言五師某書下
　　　　　　　　　　　　　　　＊摂津国

出東大寺文書(1-25-226)　刊『兵庫県史　史料編中世5』560頁
語関(寺方関)
備関は兵庫関か

嘉暦4年4月7日　年預五師清寛書状案（土代）
　　　　　　　　　　　　　　　＊摂津国

出東大寺文書(1-25-365)　刊『兵庫県史　史料編中世5』53頁,『尼崎市史4』381頁
地長洲庄

嘉暦4年4月12日　東盛義上総国内知行分注進状案
　　　　　　　　　　　　　　　＊上総国

出金沢文庫文書　刊『鎌』39-30568,金沢文庫編『金沢文庫古文書7』175頁
地波多沢ノ浦

嘉暦4年4月24日　東大寺別当〈聖尋〉仰詞事書
　　　　　　　　　　　　　　　＊大和国

出東大寺文書(2-83)　刊『鎌』39-30594
語寺中五辛魚類等往反
綱寺中の五辛魚類等往反并びに牛馬放飼を停止すべし

嘉暦4年4月24日　東大寺別当〈聖尋〉仰詞事書
　　　　　　　　　　　　　　　＊大和国

出東大寺文書(2-84)　刊『鎌』39-30595
語寺中五辛魚類等往反
綱寺中の五辛魚類等往反并びに牛馬放飼停止の旨先年定めらるるも、寺僧等法に背くは然るべからず

嘉暦4年5月5日　六波羅下知状案
　　　　　　　　　　　　　　　＊近江国

出近江菅浦文書　刊『鎌』39-30601,『菅浦文書　上』56頁
語菅浦惣官供御人
地菅浦

嘉暦4年5月7日　摂津兵庫関方備物注文
　　　　　　　　　　　　　　　＊摂津国

出東大寺文書(1-15-147)　刊『鎌』39-30603,『兵庫県史　史料編中世5』560頁,『神戸市史　資料1』158頁
語関方備物,関月宛,関用途,質長洲用途
地長洲
備諸人への貸付高、質物を列記してある

嘉暦4年5月19日　平某田地寄進状
　　　　　　　　　　　　　　　＊紀伊国

出紀伊向井家文書　刊『鎌』39-30607,『和歌山県史　中世史料2』128頁
語薬師堂浜成免田
地賀太庄

嘉暦4年5月20日　鎮西御教書　＊肥前国

出肥前斑島文書　刊『鎌』39-30608,『松浦党関係史料集2』115頁,『改訂松浦党有浦文書』50頁,『大宰府・太宰府天満宮史料10』306頁

嘉暦4年～元徳元年
- 語 斑島請料用途,船水手用途
- 地 宇野御厨庄斑島
- 綱 斑島請料用途として毎年2貫文,船水手用途として毎年5百文を納む

嘉暦4年6月13日　熊野檀那名字状
＊備後国

- 出 紀伊潮崎綾威主文書　刊『鎌』39-30627
- 語 鞆浦檀那名字
- 地 鞆浦

嘉暦4年7月5日　鎮西下知状　＊薩摩国

- 出 島津伊作家文書　刊『鎌』39-30651,『大日本古文書　島津家文書1』572頁,『大宰府・太宰府天満宮史料10』310頁,『九州荘園史料叢書5』105頁
- 地 比志島名

嘉暦4年8月11日　西法請文　＊山城国

- 出 東京大学史料編纂所蔵長福寺文書　刊『鎌』39-30689,『長福寺文書の研究』157頁
- 語 淀関升
- 地 淀関

嘉暦4年9月20日　鎮西下知状　＊薩摩国

- 出 二階堂文書　刊『鎌』39-30704,『大宰府・太宰府天満宮史料10』314頁,『鹿児島県史料　旧記雑録前編1』564頁
- 語 異賊警固,異国警固

元徳元年9月21日　崇顕〈金沢貞顕〉書状
＊中国

- 出 金沢文庫文書　刊『鎌』39-30733,金沢文庫編『金沢文庫古文書1』130頁
- 語 唐船帰朝
- 地 唐

元徳元年9月25日　鎮西下知状案
＊肥前国

- 出 肥前青方文書　刊『鎌』39-30736,『青方文書2』252頁
- 語 浦々
- 地 五島内下浦目山野以下浦々,比知崎

元徳元年10月3日　某田地寄進状
＊紀伊国

- 出 紀伊向井家文書　刊『鎌』39-30745,『和歌山県史　中世史料2』128頁
- 地 賀太庄

元徳元年10月5日　鎮西下知状　＊薩摩国

- 出 島津伊作家文書　刊『鎌』39-30748,『大日本古文書　島津家文書1』573頁,『日本の古文書　下』121頁,『大宰府・太宰府天満宮史料10』318頁,『九州荘園史料叢書5』107頁
- 語 異国警固,博多津番役,異国警固番役,河海,帆湊海
- 地 博多津

元徳元年10月6日　東大寺黒田荘発向諸供料入実記録　＊伊賀国,摂津国

- 出 東大寺文書(1-1-308)　刊『鎌』39-30749,『大日本古文書　東大寺文書12』17頁,『兵庫県史　史料編中世5』562頁,『神戸市史　資料1』162頁
- 語 兵庫関方諸供料
- 地 兵庫関

元徳元年10月　弘円〈志岐景弘〉代覚心申状案　＊肥後国

- 出 肥後志岐文書　刊『鎌』39-30767,『熊本県史料4』88頁
- 語 宮路浦塩屋一宇,仏陀施入塩屋,塩屋,異

賊警固,当浦惣検使,来迎寺免塩屋一宇
地 本砥島内宮路浦,志岐六ヶ浦,志岐浦
綱 志岐弘円代覚心,弥次郎入道仏意知行の肥後国本砥島内宮路浦を惣領弘円に付さるべきを訴う◆本砥島は、先祖種有開発をなし、子孫相伝たりと仏意陳ず◆弘円別相伝の宮路浦内塩屋一宇を仏意抑留の由、覚心申す◆宮路浦塩屋は来迎寺仏性料にして、仏陀施入の塩屋なり◆志岐浦は得宗御内御領にして、弘円父祖以来同領御代官たり

元徳元年11月2日　六波羅御教書　＊阿波国

出 山城離宮八幡宮文書　刊『鎌』39-30768
語 新関,吉野河
地 吉野河
綱 八幡大山崎神人等、阿波国柿原四郎入道笑三郎・国衙雑掌以下の輩の、阿波国吉野河に新関を構え、内殿灯油料荏胡麻を押し取るを訴う

元徳元年11月7日　関東御教書案　＊肥前国

出 肥前大川文書　刊『鎌』39-30772,『大宰府・太宰府天満宮史料10』325頁,『九州史料叢書　大川文書』108頁
地 大豆津

元徳元年11月29日　鎮西下知状　＊肥前国

出 肥前河上神社文書　刊『鎌』39-30784,『佐賀県史料集成1』196頁,『大宰府・太宰府天満宮史料10』326頁
語 元応博多炎上之時
地 河原村内粟小島,志々岐津留,博多

元徳元年11月29日　鎮西下知状　＊肥前国

出 肥前河上神社文書　刊『鎌』39-30785,『佐賀県史料集成1』196頁,『大宰府・太宰府天満宮史料10』327頁
語 元応博多焼失之時
地 博多

元徳元年11月29日　鎮西下知状

出 島津家文書　刊『鎌』39-30786,『大宰府・太宰府天満宮史料10』840頁
語 塩宇浦網庭,塩宇土中浦乃合乃魚見加崎於限
地 塩宇,中浦,魚見(加)崎,長島,塩宇浦

元徳元年)12月3日　金沢貞顕書状　＊中国

出 金沢文庫文書　刊 金沢文庫編『金沢文庫古文書1』120頁
語 関東大仏造営料唐船,宋
地 唐,宋
綱 関東大仏造営料唐船、明春渡宋すべし
備 百瀬今朝雄『弘安書札礼の研究』269頁参照

元徳元年12月5日　鎮西御教書　＊肥後国

出 島津他家文書　刊『鎌』39-30794
地 天草島内山田野・鷲崎,上津浦

元徳元年12月9日　性忍魥売券　＊近江国

出 近江奥津島神社文書　刊『鎌』39-30800,『大嶋神社・奥津嶋神社文書』16頁
語 ゑり(魥),江り(魥)
地 をくのしま(奥島),あたなしらへのはくちき(字白部の白血)
綱 性忍、魥を2貫870文にて白部のとく二郎に売る

元徳元〜2年

元徳元年12月23日　佐志塩津留源光・佐志勤連署和与状案
　　　　　　　　　　　　　　　＊肥前国

田 肥前有浦文書　刊『鎌』39-30834,『改訂松浦党有浦文書』51頁
地 松浦佐志村,塩津留
備 文書名は『改訂松浦党有浦文書』を参考とした

元徳元年12月25日　鎮西下知状　＊筑前国

田 肥前河上神社文書　刊『鎌』39-30836,『佐賀県史料集成1』197頁,『大宰府・太宰府天満宮史料10』329頁
語 元応博多炎上之時
地 博多

元徳元年12月25日　鎮西御教書　＊肥後国

田 島津他家文書　刊『鎌』39-30837
地 天草島内山田野・鷲崎

元徳元年12月25日　鎮西下知状　＊薩摩国

田 二階堂文書　刊『鎌』39-30839,『大日本古文書　島津家文書3』19頁,『大宰府・太宰府天満宮史料10』330頁,『中世法制史料集1』339頁
語 異賊警固,異国警固,異賊番役

嘉暦4年）　東盛義知行分注文　＊下総国

田 金沢文庫文書　刊『鎌』39-30570,金沢文庫編『金沢文庫古文書7』181頁
地 真船渡

元徳元年　美濃小木曽荘検注雑物日記目安注文　＊美濃国

田 山城高山寺文書　刊『鎌』39-30857
語 魚二種代二百八十六文〈スイリ、ムシリ魚定〉,魚二種代二百四十六文〈スイリ、ムシリ魚加定〉,魚二代五十文,酒肴

元徳2年1月14日　肥後阿蘇社造営材木支配切符写　＊肥後国

田 肥後阿蘇家文書　刊『鎌』39-30870,『大日本古文書　阿蘇文書1』861頁
地 古宇津,隈崎,河口

元徳2年2月10日　豊前封戸郷司田部信道田畠等避状　＊豊前国

田 豊前永弘文書　刊『鎌』39-30900,『大分県史料3』188頁,『増補訂正編年大友史料4』295頁
語 田畠屋敷塩浜

元徳2年2月23日　肥後阿蘇社造営料材木注文写

田 肥後阿蘇家文書　刊『鎌』39-30925,『大日本古文書　阿蘇文書1』868頁
地 赤浜,古宇津,隈崎

元徳2年)3月4日　崇顕〈金沢貞顕〉書状　＊中国

田 金沢文庫文書　刊『鎌』40-30949,金沢文庫編『金沢文庫古文書1』141頁
語 唐僧（明極楚俊）
地 唐

元徳2年3月8日　鎮西御教書　＊肥前国

田 肥前河上神社文書　刊『鎌』40-30958,『佐賀県史料集成1』198頁,『大宰府・太宰府天満宮史料10』338頁
地 河原村内栗小島,志々岐津留

元徳2年3月11日　肥前守護規矩高政書下　＊肥後国

田 薩摩藤野文書・島津他家文書　刊『鎌』40-30964,『大日本古文書　島津家文書3』18

頁,『大宰府・太宰府天満宮史料10』338頁
地天草島
備『大日本古文書　島津家文書3』は「肥後守護規矩高政施行状案」とする

元徳2年3月14日　伊集院助久請文

出薩摩山田文書　刊『鎌』40-30971,『鹿児島県史料5』30頁,『大宰府・太宰府天満宮史料10』341頁,『鹿児島県史料　旧記雑録前編1』575頁
語在津
備語彙の「在津」は博多津での滞在と推測される

元徳2年3月17日　関東事書案　＊播磨国

出大和福智院家文書　刊『鎌』40-30976,『福智院家古文書』100頁
語福泊升米,修固之有無,関務
地福泊
綱福泊の修固の有無、関務の体を地頭に尋問し、注進すべく命ず

元徳2年3月18日　長快〈山内通資〉譲状
　　　　　　　　　　　　　　　＊摂津国

出山内首藤家文書　刊『鎌』40-30977,『大日本古文書　山内首藤家文書』19頁
地富島庄

元徳2年3月24日　崇顕〈金沢貞顕〉書状
　　　　　　　　　　　　　＊山城国,中国

出金沢文庫文書　刊『鎌』40-30984,金沢文庫編『金沢文庫古文書1』141頁
語唐僧,唐まてきこえ候し人
地唐
備唐僧は明極楚俊

元徳2年3月　東大寺衆徒等庭中申状土代

出東大寺文書(1-1-26)　刊『鎌』40-30995,『大日本古文書　東大寺文書10』254頁
語遠島
地遠島
備語彙「遠島」は「遠国」を抹消して書かれている

元徳2年3月　肥後宮地村地頭仏意陳状案
　　　　　　　　　　　　　　　＊肥後国

出肥後志岐文書　刊『鎌』40-30996,『熊本県史料4』96頁
語塩ست,宮跡(路)浦塩屋一宇,宮地浦内塩屋,仏意相承塩屋,仏陀施入塩屋,異賊警固,得宗御領志岐浦,当浦(志岐浦)惣検使
地得宗御領志岐浦,宮地浦,志岐六ヶ浦
綱肥後宮路村地頭仏意相伝の塩屋並びに宮路浦を兵藤弘円競望の由、仏意陳ず◆志岐浦は得宗御領たり

元徳2年4月16日　六波羅下文　＊伊予国

出伊予忽那家文書　刊『鎌』40-31000,『愛媛県史　資料編古代・中世』508頁
地忽那島

元徳2年4月23日　東大寺衆議事書
　　　　　　　　　　　　　　　＊摂津国

出東大寺文書(1-15-113)　刊『鎌』40-31014,『兵庫県史　史料編中世5』562頁,『神戸市史　資料1』163頁
語兵庫関沙汰
地兵庫関
綱兵庫関沙汰につき、関東下向使者、寺門の差定に背き故障を致す

元徳2年

元徳2年4月23日　建部助清和与状
　　　　　　　　　　　　　　＊大隅国

田 大隅禰寝文書　刊『鎌』40-31015,『鹿児島県史料　旧記雑録拾遺家わけ1』363頁,『九州史料叢書　禰寝文書1』150頁
地 中島崎

元徳2年4月25日　若狭国西津荘預所代官職宛行状案　　　　　　＊若狭国

田 京都大学博物館古文書室所蔵文書　刊『福井県史　資料編2』26頁
地 西津荘

元徳2年4月27日　憲朗・懐舜連署起請文　　　　　　　　　　　＊摂津国

田 京都大学所蔵東大寺文書　刊『鎌』40-31020,『兵庫県史　史料編中世5』563頁,『神戸市史　資料1』164頁
語 兵庫関沙汰
地 兵庫関

元徳2年5月1日　肥後守護代藤原秀種請文　　　　　　　　　＊肥後国

田 薩摩藤野文書　刊『鎌』40-31026,『大宰府・太宰府天満宮史料10』339頁,『鹿児島県史料　旧記雑録前編1』576頁
地 賀志多尾浦

元徳2年5月2日　東盛義代貞安所領打渡状案　　　　　　　　　　　　　　　　　　

田 金沢文庫文書　刊『鎌』40-31028,金沢文庫編『金沢文庫古文書7』178頁
語 占梵池堤并当村(下村)内海船一円不残之

元徳2年5月2日　武蔵称名寺雑掌光信所領請取状案　　　　　　＊上総国

田 金沢文庫文書　刊『鎌』40-31029,金沢文庫編『金沢文庫古文書7』179頁
語 海船

元徳2年5月4日　白魚盛高譲状案
　　　　　　　　　　　　　　＊肥前国

田 肥前青方文書　刊『鎌』40-31033,『青方文書1』203頁
語 うらうらしましま(浦々島々)
地 みくりやの御しやうのうちうらへのしましもうらへさを・しろいを(御厨御庄内浦部島下浦部佐保・白魚)

元徳2年5月8日　安蓮田屋敷沽却状案
　　　　　　　　　　　　　　＊肥前国

田 肥前青方文書　刊『鎌』40-31034,『青方書1』204頁,『九州荘園史料叢書7』73頁
地 はやきのうら(早岐浦)

元徳2年5月11日　年預五師顕寛書状案
　　　　　　　　　　　　　　＊摂津国

田 東大寺文書(1-20-4)　刊『兵庫県史　史料編中世5』54頁,『尼崎市史4』381頁
地 猪名庄

元徳2年6月11日　崇顕〈金沢貞顕〉書状
　　　　　　　　　　　　　　　＊中国

田 金沢文庫文書　刊『鎌』40-31063,金沢文庫編『金沢文庫古文書3』240頁
語 から物(唐物)
綱 唐物・茶のはやること、金沢貞顕書状に記す

元徳2年6月15日　後醍醐天皇綸旨案
　　　　　　　　　　　　　　＊摂津国

田 東大寺文書(3-1-26)　刊『鎌』40-31068,『兵庫県史　史料編中世5』564頁,『神戸市史　資料1』165頁

元徳2年

語諸関升米并兵庫島目銭
地兵庫島
綱後醍醐天皇、近日民間に飢饉の聞あるにより、東大寺別当御房をして、8月より諸関升米・兵庫島目銭を停めしむ

元徳2年6月24日　尼妙心畠地栗林取返状
　　　　　　　　　　　　　　　＊対馬国

田対馬初村文書　**刊**『鎌』40-31077
地対馬島

元徳2年6月　薩摩新田宮雑掌道海申状案
　　　　　　　　　　　　　　　＊薩摩国

田薩摩新田神社文書　**刊**『鎌』40-31083,『鹿児島県史料3』39頁
語当宮浜殿修理料

元徳2年閏6月2日　青方覚性譲状案
　　　　　　　　　　　　　　　＊肥前国

田肥前青方文書　**刊**『鎌』40-31092,『青方文書1』205頁
語あみ(網),あミ一てうか五ふん一(網一帖五分一),しま(島)
地うののみくりやのうち五たうにしうらめあおかたのむら(宇野御厨内五島西浦目青方村)
綱青方弥三郎知行分の海に立つる網の得分は惣領孫四郎と折半し、孫四郎領内の海に立つる網1帖の得分は、弥三郎が5分の1をとるべし◆弥三郎知行分に塩屋なき時は、惣領の塩釜に「きりこ」1人を入るるべし

元徳2年閏6月8日　良範鉦皷施入状
　　　　　　　　　　　　　　　＊遠江国

田三河古戸八幡神社蔵鉦皷銘　**刊**『鎌』補4-2122
地浜名

元徳2年閏6月24日　関東御教書案
　　　　　　　　　　　　　　　＊下総国

田金沢文庫文書　**刊**『鎌』40-31113,金沢文庫編『金沢文庫古文書7』132頁
語国分孫五郎泰朝分湖,潮

元徳2年閏6月　加賀八院衆徒等申状案

田金沢文庫文書　**刊**『鎌』40-31131,金沢文庫編『金沢文庫古文書7』133頁
語異国□(降)伏

元徳2年7月3日　若狭志積浦刀禰職補任状
　　　　　　　　　　　　　　　＊若狭国

田若狭安倍武雄氏文書　**刊**『鎌』40-31133,『福井県史　資料編9』7頁
語志積浦刀禰職,浦
地志積浦

元徳2年7月11日　寂性〈志賀貞泰〉譲状
　　　　　　　　　　　　　　　＊豊後国

田肥後志賀文書　**刊**『鎌』40-31142,『熊本県史料2』465頁,『九州荘園史料叢書1』74頁,『増補訂正編年大友史料4』303頁,『大野荘の研究』193頁
語津留屋敷
地津留

元徳2年7月11日　寂性〈志賀貞泰〉譲状案
　　　　　　　　　　　　　　　＊豊後国

田肥後志賀文書　**刊**『鎌』40-31143,『熊本県史料2』466頁,『九州荘園史料叢書1』75頁,『増補訂正編年大友史料4』304頁,『大野荘の研究』193頁
語上津留屋敷

元徳2年

地上津留

元徳2年7月12日　東大寺年衆議記録起請文　＊摂津国

出東大寺文書(3-3-200)　刊『鎌』40-31144,『兵庫県史　史料編中世5』564頁,『神戸市史　資料1』166頁

語(兵庫関)関方供料,関方勤

元徳2年)7月13日　後醍醐天皇綸旨　＊加賀国

出山城南禅寺文書　刊『鎌』40-31145,『加能史料　鎌倉2』581頁

語勝裁(載)以下所々津料・関米等

綱後醍醐天皇、南禅寺領加賀国得橋・笠間等よりの寺用運上につき、神門勝載以下の津料等の免除を気比社に命ず

元徳2年8月14日　近江無動寺集会事書　＊近江国

出近江竹生島文書　刊『鎌』40-31182

語竹生島蓮華会

地竹生島

元徳2年)8月　大隅鹿野院惣地頭代押領坪々在家等注文　＊大隅国

出薩藩旧記16鹿屋氏文書　刊『鎌』40-31196,『鹿児島県史料　旧記雑録前編1』580頁

語梶取

地中島

元徳2年)8月　花園上皇書状

出山城曼殊院所蔵文書　刊『鎌』40-31197

語魚食,毎日魚味

元徳2年9月13日　関東御教書　＊相模国

出鶴岡八幡宮文書　刊『鎌』40-31206,『神奈川県史　資料編2』937頁

語持魚鳥輩

綱幕府、魚鳥を持つ輩の鶴ヶ岡八幡宮社頭を往反するを禁制す

元徳2年9月22日　朽木顕盛譲状　＊相模国

出近江朽木文書　刊『鎌』40-31207,『朽木文書1』75頁

地かまくらあまなハ(鎌倉甘縄)魚町東頭(頬ヵ)地

元徳2年10月1日　常陸長勝寺鐘願文　＊常陸国

出常陸長勝寺鐘銘　刊『鎌』40-31229

語客船夜泊

元徳2年10月25日　後醍醐天皇綸旨案　＊加賀国

出山城天龍寺文書　刊『鎌』40-31247,『加能史料　鎌倉2』589頁

地富永御厨

元徳2年10月26日　年預五師顕寛書状案（土代）　＊摂津国

出東大寺文書(2-61)　刊『兵庫県史　史料編中世5』54頁

地猪名庄,長州,大物,尼崎

元徳2年10月28日　北条時直寄進状　＊長門国

出保阪潤治所蔵手鑑　刊『鎌』40-31262

語南浜在家〈限東海波打際〉

地粟野村符中南浜,壇河

元徳2年10月30日　熊鶴左近田地売券
　　　　　　　　　　　　　　＊摂津国

出山城大徳寺文書　刊『鎌』40-31264,『大日本古文書　大徳寺文書3』278頁
語海崎熊鶴左近
地海崎(尼崎)

元徳2年11月3日　定有家地売券
　　　　　　　　　　　　　　＊山城国

出東寺百合文書ヱ,白河本東寺文書　刊『鎌』40-31270,『鎌倉遺文研究』10・65頁
地唐橋

元徳2年11月　若狭西津庄地頭年貢目録
　　　　　　　　　　　　　　＊若狭国

出若狭大音家文書　刊『鎌』40-31266,『福井県史　資料編8』809頁
語伊奈網平結,塩浜,神浜,浜分,中塩屋分
地西津庄,堅海
備『鎌』は発給月を10月とするが、誤り

元徳2年12月4日　鎮西奉行連署奉書
　　　　　　　　　　　　　　＊肥前国

出肥前大河内家文書　刊『鎌』40-31298,『佐賀県史料集成27』56頁
地宇野御厨庄伊万里浦
備『鎌』40-31299・31300参照

元徳2年12月15日　某下知状　＊近江国

出近江菅浦文書　刊『鎌』40-31311,『菅浦文書　下』46頁
地すかのうら(菅浦)

元徳2年　若狭織田庄注進状　＊若狭国

出近江葛川明王院文書　刊『鎌』40-31334,『葛川明王院史料』350頁

語塩込不作

元徳2年)　東大寺惣寺結解状　＊摂津国

出東大寺文書(1-8-58)　刊『兵庫県史　史料編中世5』55頁
地長州庄

元徳2年)　東大寺衆徒等申状案　＊摂津国

出東南院文書　刊『兵庫県史　史料編中世5』61頁,『尼崎市史4』381頁,『大日本古文書　東大寺文書3』381頁
地猪名

元徳3年1月　摂津兵庫北関供料結解状
　　　　　　　　　　　　　　＊摂津国

出東大寺文書(1-15-73-15)　刊『鎌』40-31345,『兵庫県史　史料編中世5』565頁,『神戸市史　資料1』190頁
語関所(兵庫北関)用途,置石方

元徳3年2月4日　孫王契状　＊肥前国

出肥前橘中村家文書　刊『鎌』40-31346,『佐賀県史料集成18』22頁,『九州荘園史料叢書11』68頁
地なかしまのしやう(長島庄)

元徳3年2月8日　良範等連署寄進状
　　　　　　　　　　　　　　＊遠江国

出遠江大福寺文書　刊『鎌』40-31347,『静岡県史　資料編5』1037頁,『静岡県史料5』1024頁
地浜名神戸

元徳3年2月17日　志賀正玄〈貞朝〉去渡状
　　　　　　　　　　　　　　＊筑前国,中国

出肥後森本氏所蔵文書　刊『鎌』40-31353,『熊本県史料4』247頁

元徳3年
- 語 弘安四年蒙古合戦勲功賞
- 地 蒙古

元徳3年2月26日　後醍醐天皇綸旨
＊越前国

- 田 竹内文平文書　刊『鎌』40-31357
- 語 料所敦賀津升米
- 地 敦賀津
- 綱 気比社造営料所として、敦賀津升米・気比庄を充つ

元徳3年2月27日　加賀軽海郷算用状
＊加賀国

- 田 金沢文庫文書　刊『鎌』40-31360、金沢文庫編『金沢文庫古文書7』135頁
- 語 塩代
- 備『金沢文庫文書』では断簡で年月日を欠く

元徳3年3月4日　了詮沽券状　＊播磨国

- 田 播磨松原八幡神社文書　刊『鎌』40-31375,『兵庫県史　史料編中世2』667頁
- 地 三野南条目賀津

元徳3年3月5日　熊谷直勝譲状
＊武蔵国、安芸国

- 田 長門熊谷家文書　刊『鎌』40-31376,『大日本古文書　熊谷家文書』50頁
- 語 佐東倉敷、惣河之口、鵜舟、海山、山河譲与
- 綱 安芸国三入新庄分の河の口・鵜舟以下については、綺うべからざる由、泰継代に領掌す

元徳3年3月21日　了信施入状　＊備後国

- 田 備後浄土寺文書　刊『鎌』40-31391,『広島県史　古代中世資料編4』692頁
- 地 尾道浦

元徳3年3月21日　了信施入状　＊備後国

- 田 備後浄土寺文書　刊『鎌』40-31392,『広島県史　古代中世資料編4』693頁
- 地 尾道浦

元徳3年3月30日　兵庫北関供料結解状
＊摂津国

- 田 東大寺文書(1-15-73-1)　刊『鎌』40-31399,『兵庫県史　史料編中世5』566頁,『神戸市史　資料1』167頁
- 語 関所(兵庫)供料結解

元徳3年4月20日　六波羅御教書案
＊播磨国

- 田 大和福智院家文書　刊『鎌』40-31412,『福智院家古文書』101頁
- 語 福泊升米、関務之体、梶取弥六
- 地 福泊
- 綱 福泊の修固の有無、関務の体を、梶取弥六と共に検知し、注進すべく高橋新左衛門尉に命ず

元徳3年4月30日　兵庫北関供料結解状
＊摂津国

- 田 東大寺文書(1-15-73-2)　刊『鎌』40-31422,『兵庫県史　史料編中世5』567頁,『神戸市史　資料1』168頁
- 語 関所(兵庫北関)供料結解、島修固
- 綱 (兵庫)島修固のため、臨時に5貫文を下行す

元徳3年6月16日　深堀明蓮譲状案
＊肥前国

- 田 肥前深堀家文書　刊『鎌』40-31445,『佐賀県史料集成4』89頁,『九州荘園史料叢書7』74頁

地とまちうら(戸町浦)のうちあくりたかはま

元徳3年6月22日　肥後阿蘇社獅子高麗狗絵具料注文案　＊肥後国

田肥後阿蘇家文書　刊『鎌』40-31449,『大日本古文書　阿蘇文書1』845頁
語浜
地周防ノ小符ノ浜
綱周防国小符の浜にて、肥後阿蘇社の獅子高麗狗代の檜皮を御使に請取らしむ

元徳3年6月23日　関東下知状案

田失名之書　刊『鎌』40-31450
語沼一所

元徳3年6月23日　円慶利銭借状
　　　　　　　　　　　　　　　　＊摂津国

田東大寺文書(1-15-19(4))　刊『鎌』40-31452,『兵庫県史　史料編中世5』567頁,『神戸市史　資料1』197頁
語兵庫関月宛用途
地兵庫関
綱20貫文借銭の質物として、兵庫関月宛用途を充つ

元徳3年6月30日　摂津兵庫北関供料結解状　　　　　　　　　　　　　　＊摂津国

田東大寺文書(1-15-73-3)　刊『鎌』40-31455,『兵庫県史　史料編中世5』568頁,『神戸市史　資料1』170頁
語当月月宛島修固,関所(兵庫北関)用途結解

元徳3年6月　兵庫北関供料結解状
　　　　　　　　　　　　　　　　＊摂津国

田東大寺文書　刊『鎌』40-31516,『神戸市史　資料1』173頁
語島修固,置石方

元徳3年7月13日　日妙譲状
　　　　　　　　　　　　　＊筑前国,中国

田入来家臣武光文書　刊『鎌』40-31469,『入来文書』91頁
語蒙古合戦勲功賞
地蒙古

元徳3年7月20日　覚忍書状案　＊播磨国

田大和福智院家文書　刊『鎌』40-31473,『福智院家古文書』103頁
語福泊升米
地福泊

元徳3年)7月21日　潤恵書状案　＊肥前国

田東寺百合文書ホ,白河本東寺文書　刊『鎌』40-31474,『鎌倉遺文研究』10・68頁
地松浦庄

元徳3年」7月27日　中御門宣明書状案
　　　　　　　　　　　　　　　　＊肥前国

田東寺百合文書ホ,白河本東寺文書　刊『鎌』40-31480,『鎌倉遺文研究』10・68頁
地松浦庄

元徳3年7月　延暦寺衆徒申状　＊近江国

田牒状類聚　刊『鎌』40-31483
語運漕三津之浜
地木津庄
綱諸庄土貢は、東耕以後西収の時、速やかに三津の浜に運漕せしむるは不易の旧例なり

元徳3年8月9日　島津道鑑譲状案
　　　　　　　　　　　　　　　　＊薩摩国

田島津家文書　刊『鎌』40-31490,『大日本古

元徳3年

文書　島津家文書1』271頁,『信濃史料5』151頁
語 十二島のちとうしき(地頭職)
地 十二島

元徳3年8月15日　深堀時清(ヵ)和与状案
*肥前国

出 肥前深堀家文書　刊『鎌』40-31492,『佐賀県史料集成4』90頁,『九州荘園史料叢書7』75頁
語 さんやかかい(山野河海),しをや(塩屋),なかのあしろ(中網代),うミ(海),しよのうみ(自余の海ヵ),かしたち(櫂立)
地 とまちのうら(戸町浦)

元徳3年8月23日　下総東禅寺鐘願文
*下総国

出 下総東禅寺鐘銘　刊『鎌』40-31501
語 滄海,潮
備 東禅寺の位置・環境を語る

元徳3年8月　摂津兵庫北関供料結解状
*摂津国

出 東大寺文書(1-15-73-14)　刊『鎌』40-31505,『兵庫県史　史料編中世5』569頁,『神戸市史　資料1』192頁
語 関所(兵庫北関)用途

元弘元年9月11日　定円所領譲状案
*薩摩国

出 薩摩入来院文書　刊『鎌』40-31593,『入来文書』23頁,『入来院文書』44頁
語 川
地 小谷河,符宿河
備 『鎌』に「大野川」とあるは「大野田」の誤り

元徳3年9月　近江明王院所当並散在年貢注文
*近江国

出 近江葛川明王院文書　刊『鎌』補4-2137,『葛川明王院史料』420頁
地 小野津庄,高島田中郷

元弘元年10月3日　某袖判下知状
*若狭国

出 若狭大音家文書　刊『鎌』40-31600,『福井県史　資料編8』809頁
語 御賀尾浦ノ海山,常神浦,御賀尾浦ノ刀禰
地 御賀尾浦,常神浦
備 文言より近世の作と考えられる

元弘元年10月3日　若狭御賀尾浦代官職宛行状
*若狭国

出 若狭大音家文書　刊『鎌』40-31601,『福井県史　資料編8』809頁
地 倉見庄内見賀尾浦

元徳3年10月17日　薩摩紀俊正着到状案
*筑前国

出 薩摩新田神社文書　刊『鎌』40-31526,『鹿児島県史料3』50頁,『大宰府・太宰府天満宮史料10』379頁
語 在津
備 語彙の「在津」は博多津での滞在と推測される。『九州地方中世編年文書目録』は出典を権執印文書とする

元徳3年10月19日　薩摩河上導乗着到状
*筑前国

出 薩摩河上氏文書　刊『鎌』40-31528,『大宰府・太宰府天満宮史料10』380頁,『鹿児島県史料　旧記雑録前編1』594頁
語 在津

[地]博多

元徳３年10月19日　薩摩仲原尚友着到状　＊筑前国

[出]薩藩旧記16清水士上原喜八家蔵　[刊]『鎌』40-31529,『鹿児島県史料　旧記雑録前編１』595頁,『大宰府・太宰府天満宮史料10』380頁

[地]博多

元徳３年10月20日　大隅建部別当丸着到状　＊筑前国

[出]大隅池端文書　[刊]『鎌』40-31530,『鹿児島県史料　旧記雑録拾遺家わけ１』452頁,『大宰府・太宰府天満宮史料10』381頁

[語]在津

[地]博多

元徳３年10月20日　東大寺年預利銭借請状

[出]東大寺文書(7-84)　[刊]『鎌』40-31531,『兵庫県史　史料編中世５』569頁,『神戸市史　資料１』194頁

[語]関所月宛用途

[備]兵庫北関の用途と推測される

元徳３年10月23日　肥前斑島納着到状　＊肥前国

[出]肥前斑島文書　[刊]『鎌』40-31536,『松浦党関係史料集２』125頁,『改訂松浦党有浦文書』52頁,『大宰府・太宰府天満宮史料10』382頁

[地]松浦庄斑島

元徳３年10月29日　東大寺衆徒利銭借状案　＊摂津国

[出]東大寺文書(1-15-19(３))　[刊]『鎌』40-31539,『兵庫県史　史料編中世５』570頁,『神戸市史　資料１』196頁

[語]関所(兵庫)月宛用途

[綱]32貫文借銭の質物として、兵庫関所月宛用途を充つ

元弘元年11月８日　備後三津荘年貢塩代銭送文案　＊備後国

[出]東寺百合文書な,白河本東寺文書１　[刊]『鎌』40-31613,『鎌倉遺文研究』10・69頁

[語]御年貢塩代銭,御塩陸拾俵代銭拾陸貫文

[地]三津庄

[綱]備後国三津荘常光院御年貢60俵は、京定代銭16貫文にて進上せらる

元徳３年11月18日　南条大行〈時光〉譲状案　＊駿河国

[出]駿河大石寺文書　[刊]『鎌』40-31543

[地]蒲原園関島

元徳３年12月13日　某置文案　＊肥前国

[出]肥前青方文書　[刊]『鎌』40-31560,『青方文書１』207頁

[地]なま(那摩)

元徳３年12月20日　鰯浦馬二郎去状案　＊肥前国

[出]肥前青方文書　[刊]『鎌』40-31566,『青方文書１』208頁

[地]なま(那摩),いわしのうら(鰯浦)

元徳３年12月21日　大宰府使中村持書下案　＊肥前国

[出]肥前青方文書　[刊]『鎌』40-31567,『青方文書１』208頁,『大宰府・太宰府天満宮史料10』383頁

[地]五島,ナマ(那摩),鰯乃浦

元徳3年12月21日　参州代官西岡種幸書下案
　　　　　　　　　　　　　　　　＊肥前国

田肥前青方文書　刊『鎌』40-31568,『青方文書1』209頁,『大宰府・太宰府天満宮史料10』384頁
地五島, ナマ(那摩), 鰯乃浦

正慶元年1月11日　豊後由原宮年中行事次第
　　　　　　　　　　　　　　　　＊中国

田豊後柞原八幡宮文書　刊『鎌』41-31660,『大分県史料9』120頁,『九州荘園史料叢書12』68頁,『増補訂正編年大友史料4』315頁
語浜殿御行幸, 異国降伏, 異国征伐, 蒙古勲功之賞
地蒙古
備『鎌』41-31661参照

正慶元年1月20日　東大寺納所利銭借状
　　　　　　　　　　　　　　　　＊摂津国

田東大寺文書4-95　刊『鎌』41-31663
語兵庫島月宛用途
地兵庫島
綱20貫文借銭の質物として、兵庫島月充用途を充つ

元弘2年1月24日　東大寺年預利銭借請状案
　　　　　　　　　　　　　　　　＊摂津国

田東大寺文書(3-6-31)　刊『鎌』41-31666,『兵庫県史　史料編中世5』571頁,『神戸市史　資料1』200頁
語関所(兵庫関)月宛用途
綱20貫文借銭の返弁には伊賀国国衙年貢を充つるも、もし違乱あらば、兵庫関所月宛用途をもって沙汰すべし

元弘2年1月24日　明経随身文書目録
　　　　　　　　　　　　　　　　＊豊前国

田豊前益永家文書　刊『鎌』41-31667,『大分県史料29』64頁
語塩浜

元徳4年2月1日　妙恵〈少弐貞経〉御教書
　　　　　　　　　　　　　　　　＊筑前国

田中村令三郎氏所蔵文書　刊『鎌』41-31670,『松浦党関係史料集2』128頁,『福岡県史資料10』261頁,『大宰府・太宰府天満宮史料10』384頁
語異賊用心石築地

元弘2年2月3日　惟宗氏女名主職補任状
　　　　　　　　　　　　　　　　＊筑前国

田筑前宗像神社文書　刊『鎌』41-31674,『宗像大社文書1』230頁,『宗像市史　史料編1』628頁,『福岡県史資料10』157頁
語刀禰丸(名)
備刀禰丸は名の名称。『宗像大社文書1』は「法橋隆慶施行状」とする

元弘2年2月12日　備中吉備津宮政所年貢送文
　　　　　　　　　　　　　　　　＊備中国

田備中吉備津神社文書　刊『鎌』41-31679,『岡山県史19』677頁
語梶取

元徳4年2月12日　亮順写経願文
　　　　　　　　　　　　　　　　＊武蔵国

田金沢文庫蔵真言宗血脈　刊『鎌』41-31680, 金沢文庫編『金沢文庫古文書11』86頁
地武州六浦庄

元徳4年2月15日　日興化儀三十七条案
　　　　　　　　　　　　　　　　＊中国

田日向中原文書　刊『鎌』補4-2138,『宮崎県史　史料編中世1』767頁
語唐土
地唐土

正慶元年2月16日　金沢貞将書状
　　　　　　　　　　　　　　　　＊武蔵国

田金沢文庫文書　刊『鎌』41-31687,金沢文庫編『金沢文庫古文書7』151頁
地六浦庄

元弘2年2月20日　藤原〈水走〉康政処分状案

田河内水走家文書　刊『鎌』41-31695,『編年差別史資料集成3』642頁
地北浦

元徳4年2月28日　青方覚性・高直連署譲状案　　　　　　　　　　　　　　　　＊肥前国

田肥前青方文書　刊『鎌』41-31699,『青方文書1』209頁
地五とうにしうらめあうかたのうちなのはま（五島西浦目青方の内奈摩の浜）

元弘2年2月　某袖判下文　　＊筑前国

田伊勢皇学館所蔵文書　刊『鎌』41-31673
語刀禰丸(名)
備刀禰丸は名の名称

元弘2年2月　摂津兵庫北関所供料結解状　　　　　　　　　　　　　　　　＊摂津国

田東大寺文書(1-15-73-6)　刊『鎌』41-31732,『兵庫県史　史料編中世5』574頁,『神戸市史　資料1』176頁
語関所(兵庫北関)用途,置石方

備『鎌』は,本文書発給月を3月とするが,誤り

元弘2年3月5日　摂津兵庫北関所供料結解状　　　　　　　　　　　　　　　　＊摂津国

田東大寺文書(1-15-73-5)　刊『鎌』41-31703,『兵庫県史　史料編中世5』571頁
語関所供料
備関所は兵庫関のこと

元弘2年3月13日　東大寺年預五師頼昭利銭借請状　　　　　　　　　　　　　　　　＊摂津国

田東大寺文書(1-15-98)　刊『鎌』41-31711,『兵庫県史　史料編中世5』572頁,『神戸市史　資料1』201頁
地兵庫島
綱兵庫島下向使者小綱2人の料物料として借請る200文は,兵庫島月宛用途到来せば,立用すべし

正慶元年)3月21日　存清房書状＊摂津国

田東大寺文書(1-15-18)　刊『鎌』41-31716,『兵庫県史　史料編中世5』572頁,『神戸市史　資料1』204頁
語兵庫島修固用途,島修理
地兵庫島
備『兵庫県史』は文書名中「存律房」と読む

元弘2年3月　東大寺衆徒申状案
　　　　　　　　　　　　　　　　＊摂津国

田東大寺文書(1-15-161)　刊『鎌』41-31712,『兵庫県史　史料編中世5』573頁,『尼崎市史4』124頁,『神戸市史　資料1』202頁
語摂津国三箇津商船目銭,関務,新関
地摂津国三箇津

元徳4年～正慶元年

綱 正和年中、東塔修理料所として、摂津国三箇津商船目銭を東大寺に寄付せらる◆関東より文永以後の新関停止を沙汰出さるるも、大仏殿等修理料所として、嘉暦2年より8年の間年紀を延べらる◆関務3年を残すのところ、住吉社の競望により関務半分を分付すべき旨の院宣を下さるるも、これを召返さるべし

備 端裏に「元弘二 三 十五」とある。『鎌』41-31731参照

元徳4年3月　若狭西津荘畠目録写
＊若狭国

出 若狭大音家文書　刊『鎌』41-31727,『福井県史　資料編8』810頁

語 中塩屋分

地 西津庄

元徳4年4月2日　関東御教書

出 常陸吉田薬王院文書　刊『鎌』41-31729,『茨城県史料　中世編2』285頁

語 異国蜂起

元弘2年4月8日　東大寺衆議事書
＊摂津国

出 東大寺文書(1-15-179)　刊『鎌』41-31731,『兵庫県史　史料編中世5』575頁,『尼崎市史4』125頁,『神戸市史　資料1』205頁

語 三ヶ津目銭

地 三ヶ津

綱 摂津国三ヶ津目銭につき、住吉社に下されし院宣を召返さる

元徳4年4月9日　妙意〈少弐貞経〉書下
＊対馬国

出 対馬海神神社文書蔵古文書写　刊『鎌』41-31734

地 対馬島

備 『九州地方中世編年文書目録』は文書名を「妙意安堵状」、出典を「宗家御判物写」とする

元弘2年4月13日　東大寺衆徒利銭借用状案
＊摂津国

出 東大寺文書(1-15-134)　刊『鎌』41-31739,『兵庫県史　史料編中世5』576頁,『神戸市史　資料1』207頁

語 関所月宛用途

綱 32貫240文の借銭は、兵庫島関所月宛用途の内より返弁すべし

備 「兵庫関」は、端裏書

元徳4年5月11日　源巧書下　＊肥前国

出 肥前有浦文書　刊『鎌』41-31752,『改訂松浦党有浦文書』52頁

地 宇野御厨庄

正慶元年)5月20日　覚順書状

出 尊経閣蔵長谷勘奏弘紙背　刊『鎌』41-31753

語 杣河橋料所関、関務

綱 杣河橋料所関、関務3年に及ぶも、その後世間動乱により関務を止めらる

正慶元年5月20日　東大寺納所賢俊利銭借状
＊摂津国

出 東大寺文書4-95　刊『鎌』補4-2143

語 兵庫島月宛用途

地 兵庫島

元徳4年～正慶元年

元徳4年6月7日　宇佐宮前権大宮司宮成公一下文案
＊豊前国

出 豊前永弘文書　刊『鎌』41-31758,『大分県史料3』189頁,『増補訂正編年大友史料4』331頁
語 塩浜,塩屋神御節供田
地 封戸郷塩屋神御節供田,向野郷江島

正慶元年6月　豊前漆島並孝申状案
＊豊前国

出 豊前樋田系図所収文書　刊『鎌』41-31769
地 辛島,河島
備『九州地方中世編年文書目録』は出典を宇佐郡諸家古文書とする

正慶元年6月　山城臨川寺領目録
＊伊勢国,近江国,加賀国

出 山城天竜寺文書　刊『鎌』41-31771,『加能史料　鎌倉2』606頁,『滋賀県漁業史　上』489頁
地 富津御厨,粟津橋本御厨,富永御厨
備『加能史料』は案とする

正慶元年7月3日　東大寺惣寺借銭状案
＊摂津国

出 東大寺文書(3-6-20)　刊『兵庫県史　史料編中世5』576頁,『神戸市史　資料1』207頁
語 関所用途

正慶元年7月12日　紀伊荒河荘々官等請文

出 高野山文書又続宝簡集84　刊『鎌』41-31777,『大日本古文書　高野山文書7』131頁
語 海賊,殺生禁断〈殊重　鵜・鷹・狩猟・漁網等〉
綱 殺生禁断のうち、鵜・鷹・狩猟・魚網等は罪業殊に重し

正慶元年7月12日　紀伊調月荘沙汰人等連署起請文案

出 高野山文書又続宝簡集132　刊『鎌』41-31778,『大日本古文書　高野山文書8』416頁
語 海賊,殺生禁断〈殊重　鵜・鷹・狩猟・漁網等〉
綱 殺生禁断のうち、鵜・鷹・狩猟・魚網等は罪業殊に重し

正慶元年7月12日　紀伊三箇荘〈猿河・真国・神野〉荘官請文

出 紀伊金剛峯寺文書　刊『鎌』41-31779
語 殺生禁断〈殊重　鵜・鷹・狩猟・漁網等〉
綱 殺生禁断のうち、鵜・鷹・狩猟・魚網等は罪業殊に重し

正慶元年7月28日　摂津京都北関所供料結解状
＊摂津国

出 東大寺文書(1-15-73-7)　刊『鎌』41-31794,『兵庫県史　史料編中世5』577頁,『神戸市史　資料1』178頁
語 関用途,島修固

正慶元年8月9日　東大寺八幡宮神人等解状案
＊播磨国

出 東大寺文書(1-15-103)　刊『鎌』41-31804,『兵庫県史　史料編中世5』579頁,『尼崎市史4』126頁,『神戸市史　資料1』208頁
語 福泊関,彼泊(兵庫)升米,関所務,海上押買

正慶元年

地福泊,兵庫島

綱播磨国福泊関雑掌良基・明円、兵庫島にて福泊関升米を取り、海上押買等の悪業をなすにより、東西両地頭・預所・遊君に至るまで訴え申す

備日付は端裏書による

正慶元年8月15日　河村政秀譲状案
*越後国

出越後河村文書　刊『鎌』41-31812,『新潟県史　資料編4』277頁

語かわ(河),かわのせ一そ(河の瀬一所),くすきのせ

地おんなかわのむら(女川村)

正慶元年8月23日　東大寺利銭借用状
*摂津国

出東大寺文書(1-15-139)　刊『鎌』41-31827,『兵庫県史　史料編中世5』589頁,『神戸市史　資料1』211頁

語兵庫関月宛用途

地兵庫関

綱銭2貫文の質物として、兵庫関月宛用途を充つ

備『兵庫県史』は文書名「播磨得業借銭状」とする

正慶元年8月27日　摂津兵庫北関所供料結解状
*摂津国

出東大寺文書(1-15-73-8)　刊『鎌』41-31830,『兵庫県史　史料編中世5』578頁,『神戸市史　資料1』180頁

語関所(兵庫関)供料

正慶元年8月29日　賢栄田畠等注文

出金沢文庫文書　刊『鎌』41-31833,金沢文庫編『金沢文庫古文書7』156頁

地南船津,フナツ(船津ヵ)

正慶元年8月30日　東大寺年預・納所連署利銭借用状案
*摂津国

出東大寺文書(1-15-14)　刊『鎌』41-31834,『兵庫県史　史料編中世5』579頁,『神戸市史　資料1』212頁

語兵庫島月宛用途

地兵庫島

綱銭20貫60文の質物として、兵庫関月宛用途を充つ

備綱文の金額、『鎌』は「銭弐拾貫漆拾文」と読むが、「漆」は「陸」の誤り

正慶元年8月　東大寺八幡宮神人等申状案
*播磨国,摂津国

出東大寺文書(1-15-114,1-1-283-2)　刊『鎌』41-31836,『兵庫県史　史料編中世5』580頁,『神戸市史　資料1』210頁,(1-1-283-2)は『大日本古文書　東大寺文書11』297頁

語兵庫島関務,福泊関津料,当島(兵庫島),兵庫関,福泊関雑掌,逃船,漏船,西国往反之舟船,大小之船,往反船,本関違乱,津料

地福泊,兵庫島

綱播磨国福泊関雑掌良基・明円等、律明上人の代官と称し、兵庫島にて逃船・漏船の未進を勘糾せんがため、当国守護小串貞秀と語らい、西国往反の船に非分の濫妨を致す◆その煩を逃れんがため、大小の船等全く当島に入らず、損失に及ぶにより、東西地頭・領家・土民百姓以下遊君に至るまで武家へ訴え申す◆良基等、山崎神人と相語らい、往反の船に乱乗し、狼藉に及ぶにより、嘉暦2

年3月30日武家下知状を下され、兵庫島にて福泊関務を致すを停止せらる◆恩徳院長老覚妙房静心、律師上人の譲ありと称して院宣を掠賜り、兵庫島にて福泊関津料を勘取る。良基等の時の例に任せ、静心の無理濫訴を停止せらるべし

備 東大寺文書(1-15-114, 1-1-283-2)の接続(それぞれ前欠・後欠)

正慶元年8月　東大寺惣寺借銭状
＊摂津国

田 東大寺文書(7-36)　刊『兵庫県史　史料編中世5』578頁
地 兵庫島
備『鎌』41-31834と同文ヵ

正慶元年8月　渋谷重頼外四名連署紛失状
＊阿波国

田 薩摩岡元家文書　刊『鎌』41-31839,『入来文書』166頁,『鹿児島県史料　旧記雑録前編1』601頁
語 山海

正慶元年9月3日　摂津兵庫北関所供料結解状
＊摂津国

田 東大寺文書(1-15-73-9)　刊『鎌』41-31840,『兵庫県史　史料編中世5』582頁,『神戸市史　資料1』182頁
語 月宛関(兵庫北関)用途
地 兵庫

元弘2年)9月5日　中原章香請文案
＊摂津国

田 山城醍醐寺文書　刊『鎌』41-31841,『大日本古文書　醍醐寺文書1』395頁
語 兵庫島升米

正慶元年

地 兵庫島

元弘2年)9月5日　中院通冬添状案

田 山城醍醐寺文書　刊『鎌』41-31842,『大日本古文書　醍醐寺文書1』396頁
語 兵庫島升米
地 兵庫島

正慶元年9月6日　摂津兵庫北関所供料結解状
＊摂津国

田 東大寺文書(1-15-73-4)　刊『鎌』41-31846,『兵庫県史　史料編中世5』583頁,『神戸市史　資料1』174頁
語 月宛分

正慶元年10月1日　摂津兵庫北関所供料結解状
＊摂津国

田 東大寺文書(1-15-73-10)　刊『鎌』41-31856,『兵庫県史　史料編中世5』584頁,『神戸市史　資料1』183頁
綱 正慶元年6・7月分供料105貫文につき結解勘定を遂ぐ

正慶元年10月1日　土佐佐貴八幡鰐口寄進状
＊土佐国

田 土佐国古文叢3　刊『鎌』41-31857
地 佐貴浜庄

正慶元年10月3日　備後太田庄大田方雑掌良信起請文
＊備後国

田 高野山文書宝簡集10　刊『鎌』41-31860,『大日本古文書　高野山文書1』172頁,『編年差別史資料集成3』643頁
語 早米運送, 着岸, 春船
地 尾道
綱 備後国大田庄の早米は12月中に、春船は5月20日以前に着岸せしむべき旨、大田方

正慶元年〜元弘2年
雑掌良信請文を出す

正慶元年10月5日　鎮西下知状
田禰寝文書正統系図2　刊『鎌』41-31865,『鹿児島県史料　旧記雑録拾遺家わけ1』43頁,『大宰府・太宰府天満宮史料10』390頁,『九州史料叢書　禰寝文書1』156頁
語磯

元弘2年10月16日　日興置文　＊佐渡国
田佐渡妙宣寺文書　刊『鎌』41-31870,『新潟県史　資料編5』459頁
語聖人佐渡国流罪之時
備『新潟県史』に「軸装、筆跡等検討を要する」と注記あり

正慶元年10月30日　摂津兵庫北関所供料結解状　＊摂津国
田東大寺文書(1-15-73-11)　刊『鎌』41-31872,『兵庫県史　史料編中世5』584頁,『神戸市史　資料1』185頁
語関所(兵庫北関)月宛用途

正慶元年10月30日　摂津兵庫北関所供料結解状　＊摂津国
田東大寺文書(1-15-73-12)　刊『鎌』41-31873,『兵庫県史　史料編中世5』585頁,『神戸市史　資料1』187頁
語関所(兵庫北関)月宛用途

正慶元年10月30日　摂津兵庫北関所供料結解状　＊摂津国
田東大寺文書(1-15-73-13)　刊『鎌』41-31874,『兵庫県史　史料編中世5』586頁,『神戸市史　資料1』189頁
語関所月宛用□(途ヵ)

正慶元年10月　摂津勘定書状　＊摂津国
田東大寺文書(1-15-20)　刊『鎌』41-31875,『兵庫県史　史料編中世5』587頁,『神戸市史　資料1』213頁
語兵庫関所
地兵庫

正慶元年10月　銅鑼饒鉢施入状　＊伊予国
田伊予大三島東円坊所蔵銅饒鉢銘　刊『鎌』41-31876
語三島神社
地三島

元弘2年10月　肥前長島荘名主職補任状　＊肥前国
田肥前後藤文書　刊『鎌』41-31877,『佐賀県史料集成6』69頁,『九州荘園史料叢書11』68頁
地長島御庄

元弘2年10月　若狭汲部・多烏浦地頭方年貢銭諸公事代銭請文　＊若狭国
田若狭秦文書　刊『鎌』41-31878,『小浜市史　諸家文書編3』40頁
語山御年貢,両浦(多烏・汲部浦)
地大浦山,越船山,手石浜山,多烏,汲部
備山年貢は塩業への賦課

元弘2年10月　若狭汲部・多烏浦地頭方公文平知基請文案　＊若狭国
田若狭秦文書　刊『鎌』41-31879,『小浜市史　諸家文書編3』41頁
語浦分御年貢塩,夜網御年貢,鮨桶,和布弐拾壱帖,飛魚網地,山御年貢,両浦(多烏・汲部)
地汲部,多烏,大浦山,越船山,手石浜山

正慶元年12月8日　備後三津荘年貢塩代銭送文案　＊備後国

田東寺百合文書な,白河本東寺文書1　刊『鎌』41-31914,『鎌倉遺文研究』10・72頁
語御年貢塩代銭,御塩陸拾俵代銭拾陸貫文
地三津御庄
綱備後国三津御庄常光院御年貢塩60俵は、京定代銭16貫文にて進上せらる

備山年貢は塩業への賦課

正慶元年11月8日　東大寺衆徒評定事書案　＊摂津国

田燈心文庫所蔵文書　刊『兵庫県史　史料編中世5』588頁
語兵庫関升米
地兵庫関

正慶元年11月11日　東大寺年預連署利銭借用状案　＊摂津国

田東大寺文書(1-15-8)　刊『鎌』41-31886,『兵庫県史　史料編中世5』588頁,『神戸市史　資料1』215頁
語兵庫関
地兵庫関
綱銭40貫文の質物として、兵庫関月宛用途を充つ
備『鎌』は日付を11月5日とするが、誤り

正慶元年12月10日　鎮西下知状　＊筑前国

田薩摩山田文書　刊『鎌』41-31918,『鹿児島県史料　旧記雑録前編1』605頁,『大宰府・太宰府天満宮史料10』399頁,『鹿児島県史料5』35頁,『鎮西探題史料集　下』265頁
地博多

正慶元年12月17日　親忠奉書案　＊豊前国

田豊前永弘田部氏古書写　刊『鎌』41-31924
地江島別符

正慶元年11月13日　和泉春木荘唐国村刀禰申状案　＊和泉国

田和泉松尾寺文書　刊『鎌』41-31892
語刀禰,刀禰職

正慶元年)12月26日　光厳天皇綸旨案　＊摂津国

田燈心文庫所蔵文書　刊『兵庫県史　史料編中世5』589頁
語兵庫関務
地兵庫関

正慶元年11月29日　鎮西下知状　＊肥前国

田峯彭所蔵文書　刊『鎌』41-31901
地松浦相知村

正慶元年12月27日　経重奉書案　＊豊前国

田豊前永弘田部氏古書写　刊『鎌』41-31941
地宇佐宮領江島別符

正慶元年11月　阿波御衣御殿人契約状　＊阿波国

田阿波三木家文書　刊『鎌』41-31905
語海賊

正慶元年12月　摂津兵庫北関奉行所下知状　＊摂津国

田東大寺文書(1-15-61)　刊『鎌』41-31945,『兵庫県史　史料編中世5』589頁,『神戸市史　資料1』216頁

元弘2年11月　賢有畠寄進状土代　＊近江国

田近江長命寺文書　刊『鎌』41-31906
地船木御庄

正慶元～2年

語関所(兵庫北関)用途,当年島修固
綱兵庫島関所用途20貫文を正慶元年分兵庫島修固に充つ

正慶元年12月　伊勢二宮塩田租米支配状
＊伊勢国

出伊勢御塩殿文書　刊『鎌』41-31947
語二宮朝夕御饌御塩料田租米
地浜田

正慶2年2月11日　伊都岐島社殿棟札
＊安芸国

出安芸竹原市光海神社所蔵　刊『鎌』41-31985,『広島県史　古代中世資料編4』1149頁
語伊都岐島

元弘3年2月18日　慶全置文　＊日向国

出日向行縢神社文書　刊『鎌』41-31991,『宮崎県史　史料編中世1』453頁,『日向古文書集成』245頁
語熊野参詣,海路旅
綱慶全,日向行縢嶽より海路にて熊野参詣のため,帰国は不定なり

元弘)3年2月20日　某書下　＊伊予国

出伊予三島文書　刊『鎌』41-31994,『愛媛県史　資料編古代・中世』509頁
語三島祝大夫
地三島

正慶2年閏2月6日　相良頼広譲状
＊筑前国

出肥後相良家文書　刊『鎌』41-32042,『大日本古文書　相良家文書1』106頁
語津(博多),山野河
地津(博多)

正慶3年閏2月19日　深堀政綱所領譲状
＊肥前国

出肥前深堀文書　刊『鎌』41-32020,『佐賀県史料集成4』91頁,『九州荘園史料叢書7』76頁
地とまちうら(戸町浦),たかはまのむら(高浜村)
備年代は正慶3年とあるが,閏月より正慶2年の誤りと考えられる

正慶2年3月11日　伊東祐勝田畠屋敷譲状
＊日向国

出日向大光寺文書　刊『鎌』41-32054,『宮崎県史　史料編中世1』664頁,『日向古文書集成』34頁,『九州荘園史料叢書6』122頁
地上田島の庄

元弘3年3月13日　高吉檀那注文
＊土佐国

出紀伊潮崎綾威主文書　刊『鎌』41-32058
語土佐国津の殿ノ御一門

正慶2年3月　青方覚性申状案　＊肥前国

出肥前青方文書　刊『鎌』41-32071,『青方文書1』210頁
地五島,当島(浦部島)

正慶2年4月26日　東大寺惣寺借銭状案
＊摂津国,周防国

出東大寺文書(1-15-19(2))　刊『鎌』41-32108,『兵庫県史　史料編中世5』590頁
語目銭,兵庫関升米
地兵庫関
綱銭10貫文の質物に周防国年貢并に(津)目銭を宛つ◆質物に違乱子細あらば,兵庫関升米の用途をもって弁うべし

418

正慶2年5月10日　心慶土佐金剛福寺院
　主職譲状　　　　　　　　　＊土佐国

出土佐金剛福寺文書　刊『鎌』41-32153,『高
知県史　古代中世史料編』1014頁
地幡多庄蹉跎三崎
備『高知県史』は「土佐国古文叢」より採る

元弘3年5月10日　播磨太山寺衆徒等注
　進状　　　　　　　　　　　＊摂津国

出播磨太山寺文書　刊『尼崎市史4』128頁,
『神戸市史　資料1』216頁,『兵庫県史　史
料編中世2』37頁
地兵庫島,尼崎

元弘3年5月14日　五宮〈守良親王〉令旨
　　　　　　　　　　　　　　＊隠岐国

出近江多賀神社文書　刊『鎌』41-32160
語隠岐前司
地隠岐

元弘3年5月24日　内蔵寮領等目録
　　　　　　　　　＊山城国,摂津国,壱岐国,近江国

出小河家古文書　刊『香川県史8』214頁
語異国,鯉,六角町生魚供御人,姉小路町生
魚供御人,大魚
地六角町,姉小路町,河俣御厨,大江御厨,壱
岐島,菅浦

元弘3年5月27日　道秀譲状　＊安芸国

出安芸野坂文書　刊『鎌』41-32214,『広島県
史　古代中世資料編4』1244頁
地一身田御厨,厳島

元弘3年5月28日　他阿弥陀仏書状
　　　　　　　　　　　　　　＊相模国

出信濃金台寺所蔵文書　刊『鎌』41-32218,
『静岡県史　資料編5』1067頁

地まへはま(前浜)

元弘3年6月7日　越前三国湊悪党注進
　状案　　　　　　　　　　　＊越前国

出内閣文庫蔵大乗院文書雑々引付　刊『鎌』
41-32249
地三国湊,湊内森,河口庄
備『鎌』では出典が「大乗院文書坪江郷雑々
引付」となっている

元弘3年6月8日　東大寺惣寺借銭状案
　　　　　　　　　　　＊摂津国,周防国

出東大寺文書(1-15-7)　刊『兵庫県史　史
料編中世5』590頁,『神戸市史　資料1』218
頁
語関所
綱2貫100文の質物に周防の年貢最初の寺
納を宛つ◆質物に相違あらば,関所の最初
寺納用途をもって弁うべし

元弘3年6月14日　信濃後藤信明軍忠状

出東大資料編纂所所蔵文書　刊『鎌』41-
32268
地前浜一向堂

元弘3年6月15日　護良親王令旨案
　　　　　　　　　　　　　　＊山城国

出唐招提寺蔵八幡古文書　刊『鎌』41-32278
語淀関所
地淀関所
綱石清水八幡宮百座仁王講料として充行わ
るる淀関所を,近江国善原・河内国高柳両庄
に立替えらる

元弘3年6月19日　後醍醐天皇綸旨
　　　　　　　　　　　　　　＊若狭国

出山城神護寺文書　刊『鎌』41-32286,『福井

元弘3年

県史　資料編2』216頁,『史林』26-2・142頁
地西津庄

元弘3年6月26日　犬法師太郎和与状案
　　　　　　　　　　　　　　　　＊志摩国

田伊勢光明寺文書　刊『鎌』41-32300,『光明寺文書1』100頁
語泊浦小里住人紀内之船,悪止住人虎王次郎船,紀内之船入海,船頭
地泊浦,悪止,三河国高松をき(沖)
綱泊浦小里住人犬法師太郎,31貫文を同住人紀内の船に付して東国より上らしむ◆紀内船,三河国高松沖にて悪止住人虎王次郎船とはせ当て,入海せしむるにより,未だ用途を出さず

元弘3年6月　薩摩二階堂行久軍忠状
　　　　　　　　　　　　　　　　＊筑前国

田二階堂文書　刊『鎌』41-32317,『鹿児島県史料　旧記雑録前編1』612頁
語博多宿所
地博多

元弘3年7月1日　後醍醐天皇綸旨
　　　　　　　　　　　　　　　　＊下総国

田山城大徳寺文書　刊『鎌』41-32318,『大日本古文書　大徳寺文書1』21頁
地遠山方御厨

元弘3年7月2日　後醍醐天皇綸旨案
　　　　　　　　　　　　　　　　＊摂津国

田九条家文書　刊『鎌』41-32319,『図書寮叢刊　九条家文書2』83頁
地輪田庄

元弘3年7月5日　細川信氏書下状
　　　　　　　　　　　　　　　　＊遠江国

田遠江蒲神明宮文書　刊『鎌』41-32332,『静岡県史　資料編6』3頁,『静岡県史料5』831頁
語浦総検校
地蒲(御厨)

元弘3年7月5日　東大寺惣寺借銭状案
　　　　　　　　　　　　　　　　＊摂津国

田東大寺文書(1-15-19(7))　刊『兵庫県史　史料編中世5』591頁
語関供料
綱銭200文の質物に相違あらば,関供料をもって返弁すべし

元弘3年7月14日　中原国盛寄進状

田山城徳禅寺文書　刊『鎌』41-32362
地伊倉浦

元弘3年7月15日　後醍醐天皇綸旨
　　　　　　　　　　　　　　　　＊加賀国

田加賀大野湊神社文書　刊『鎌』41-32364
地富永御厨

元弘3年7月19日　後醍醐天皇綸旨
　　　　　　　　　　　　　　　　＊遠江国

田由良文書　刊『鎌』41-32371,『静岡県史　資料編6』4頁
地蒲御厨

元弘3年7月23日　後醍醐天皇綸旨
　　　　　　　　　　　　　　＊伊勢国,加賀国

田山城臨川寺文書　刊『鎌』41-32387,『加能史料　南北朝1』6頁
地富津御厨,富永御厨

元弘3年7月24日　妙恵〈小弐貞経〉書下案
＊肥前国

田 肥前青方文書　刊『鎌』41-32390,『青方文書1』211頁,『大宰府・太宰府天満宮史料10』430頁
地 西浦目

元弘3年7月28日　肥前深堀政綱着到状案
＊肥前国

田 肥前深堀家文書　刊『鎌』41-32418,『佐賀県史料集成4』93頁,『大日本史料6-1』18頁,『大宰府・太宰府天満宮史料10』431頁,『九州荘園史料叢書7』79頁,『増補訂正編年大友史料5』17頁
地 戸町浦

元弘3年7月　肥前福田兼信軍忠状写
＊筑前国

田 肥前安田文書　刊『鎌』41-32429
地 博多

元弘3年7月　肥前深堀政綱着到状
＊肥前国

田 肥前深堀家文書　刊『鎌』41-32431,『佐賀県史料集成4』7頁,『大日本史料6-1』18頁,『大宰府・太宰府天満宮史料10』431頁,『九州荘園史料叢書7』80頁,『増補訂正編年大友史料5』18頁
地 高浜

元弘3年7月　草部行房申状

田 日向高牟礼文書　刊『鎌』41-32438,『宮崎県史　史料編中世1』650頁
語 異国降伏

元弘3年8月4日　後醍醐天皇綸旨
＊美濃国

田 東大史料編纂所所蔵小笠原文書　刊『鎌』41-32445
地 中河御厨

元弘3年)8月6日　後醍醐天皇綸旨
＊下総国

田 山城大徳寺文書　刊『鎌』41-32452,『大日本古文書　大徳寺文書1』140頁
地 遠山形御厨

元弘3年8月10日　後醍醐天皇綸旨
＊下総国

田 山城大徳寺文書　刊『鎌』41-32461,『大日本古文書　大徳寺文書1』22頁
地 遠山方御厨

元弘3年8月10日　比志島義範文書目録
＊薩摩国

田 薩摩比志島文書　刊『鎌』41-32465,『鹿児島県史料　旧記雑録前編1』617頁
地 比志島

元弘3年8月17日　後醍醐天皇綸旨案
＊摂津国

田 九条家文書　刊『鎌』41-32474,『図書寮叢刊　九条家文書2』83頁
地 輪田庄

元弘3年8月28日　後醍醐天皇綸旨
＊筑前国

田 大友文書　刊『鎌』41-32504,『大日本史料6-1』195頁,『大宰府・太宰府天満宮史料10』456頁,『増補訂正編年大友史料5』31頁
地 博多息浜

元弘3年

元弘3年8月　豊前下総〈門司〉親胤申状
＊中国

田豊前門司文書　刊『鎌』41-32489,『門司市史』34頁,『門司郷土叢書1』2頁
語蒙古人警固忠
地蒙古

元弘3年8月　東大寺訴状土代　＊摂津国

田東大寺文書(8-6)　刊『鎌』41-32516,『兵庫県史　史料編中世5』591頁,『尼崎市史4』133頁
語兵庫島升米,停止諸関新関,津料,関米,転漕有煩,兵庫関,島泊,旅宿之知識,風波之難,三箇津(神崎・渡辺・兵庫)商船目銭
地兵庫島,兵庫関
綱東大寺、土民等の愁訴により兵庫島升米・置石の所務を召し放たるるを訴う◆これにつき、升米一年中の員数を勘申さば、代所を付すべき旨勅答あるも、遼遠の境たらば済収の煩あり、また田園の地たらば損失の愁あり◆元弘元年6月15日宣旨に、津料・関米と号し、率分・駄賃と称して租税多く責むるにより転漕煩あり、として新関を停止せらる◆かの宣旨は、古関を停止したるものにあらず◆兵庫関は、天平年中行基菩薩の建立を最初とし、貞観の賢和大徳・建久の重源和尚、此三上人当寺常住の勧進に補され、土木の功をなす◆延慶年中に及び、当時八幡宮十箇条勅願の料所として兵庫関所務を寄進せらる◆当関一年中の所出は3000余貫を過ぎざるも、毎月運送の期限を過ぎず、長時不退の寺用に叶う◆三箇津商船目銭は食堂・西塔等修造のため年紀を定めて寄附せらるるも、年紀未満・造功未修にして召放たるるは堪え難し◆これにつき、升米員数を勘じて代所を付すべき旨勅答あるも、庄園等の代所は有名無実たるにより、返付を訴う

元弘3年8月　安芸楽音寺院主良承申状
＊安芸国

田安芸蟇沼寺文書　刊『鎌』41-32526,『広島県史　古代中世資料編4』400頁
地浦郷〈渡瀬,田ノ浦〉,片島,船木郷,船木村

元弘3年8月　豊前下総親胤着到状
＊豊前国

田長門門司文書　刊『鎌』41-32527
語門司関
地門司関

元弘3年8月　豊前下総親胤着到状
＊豊前国

田長門門司文書　刊『鎌』41-32528
語門司関
地門司関

元弘3年8月　薩摩白浜道季申状
＊筑前国

田薩藩旧記17渋谷怒兵衛重増　刊『鎌』41-32534,『鹿児島県史料　旧記雑録前編1』618頁
地鎮西博多

元弘3年9月1日　後醍醐天皇綸旨案
＊摂津国

田九条家文書　刊『鎌』42-32539,『図書寮叢刊　九条家文書2』84頁
地輪田庄

元弘3年9月10日　祭主〈大中臣隆実〉下文案
＊伊勢国

- 出 伊勢御塩殿文書　刊『鎌』42-32554
- 語 朝夕御饌所二見御厨, 小浜政所, 釣魚, 自由押漁
- 地 二見御厨, 小浜, 阿五瀬, 小浜御厨
- 綱 伊勢神宮朝夕御饌所二見御厨所司神人等、阿五瀬釣魚并狼藉及び奪取物等につき、小浜御厨政所兄弟垣景四郎太郎・左衛門尉父子以下輩と訴論す◆小浜御厨、堺証状を帯びず、打擲刃傷・所持物奪取を致すにより、自由押漁を停止せられ、押取物を紀返せしめらる

元弘3年9月17日　石見国目代奉書案
＊石見国

- 出 吉川家文書, 吉川家什書10　刊『鎌』42-32566,『大日本古文書　吉川家文書2』295頁
- 地 寸津浦

元弘3年9月25日　左衛門少尉某奉書案
＊摂津国

- 出 摂津多田神社文書　刊『鎌』42-32576
- 語 山河殺生
- 綱 多田院本堂四方10町は、先例に任せて山河殺生を禁断す

元弘3年9月　三浦和田章連申状
＊越後国

- 出 中条家文書　刊『鎌』42-32585,『新潟県史　資料編4』455頁
- 地 江俣, 松浦
- 備 鈴木精英編『中条文書　越後国奥山庄史料』所収、原本の所在不明

元弘3年10月　陸奥大河戸隆行軍忠状
＊武蔵国, 相模国

- 出 朴沢文書　刊『鎌』42-32647,『仙台市史　資料編1』255頁
- 語 鎌倉前浜
- 地 分倍, 鎌倉前浜
- 綱 大河戸隆行、元弘3年5月18日鎌倉前浜にて合戦す

元弘3年10月　陸奥石川義光軍忠状
＊相模国

- 出 陸奥石川文書　刊『鎌』42-32648,『宮城県史　30』203頁
- 語 前浜
- 地 稲村崎, 前浜（鎌倉）
- 綱 石川義光、元弘3年5月18日鎌倉稲村崎にて合戦す◆同21日、前浜にて合戦の忠を致す

元弘3年)11月10日　後醍醐天皇綸旨
＊加賀国

- 出 山城臨川寺文書　刊『鎌』42-32681
- 語 御厨
- 地 富永御厨

元弘3年11月22日　道与年貢算用状

- 出 肥後阿蘇家文書　刊『鎌』42-32792,『大日本古文書　阿蘇文書1』145頁
- 語 津守分, しほたわら（塩俵）, ふな百こん（鮒百喉）ほしてひろきより弁
- 綱 鮒百喉、干してひろきより弁ず

元弘3年11月30日　後醍醐天皇綸旨
＊備後国

- 出 備後浄土寺文書　刊『鎌』42-32721,『広島県史　古代中世資料編4』581頁

元弘3年
語因島地頭職
地因島

元弘3年11月　紀伊大伝法院衆徒申状
　　　　　　　　　　　　　　＊紀伊国

　出東草集　刊『鎌』42-32723
　語南限南海〈熊野山領〉,大河,山河地水,吉野河
　地吉野河,阿弖河

元弘3年11月　紀伊大伝法院衆徒申状
　　　　　　　　　　　　　　＊紀伊国

　出東草集　刊『鎌』42-32724
　語大河
　地吉野河

元弘3年11月　青方高直申状案　＊肥前国

　出肥前青方文書　刊『鎌』42-32728,『青方文書1』213頁
　地五島西浦目青方村
　備同文の案文が『青方文書2』254頁にもう1点ある

元弘3年11月　阿波長者長村等連署契約状

　出阿波三木家文書　刊『鎌』42-32733
　語海賊

元弘3年11月　慈快紛失状　＊山城国

　出東寺百合文書エ・せ　刊『鎌』42-32736,『鎌倉遺文研究』10・73頁
　地唐橋,塩小路
　備『鎌倉遺文研究』に「『鎌倉遺文』は前欠文書として収録されているが,エ92ノ8により前欠部分を補った」と注記あり

元弘3年)12月18日　島津道鑑〈貞久〉書状案　　　　　＊薩摩国,筑前国

　出薩藩旧記17道鑑公御譜中　刊『鎌』補4-2168,『鹿児島県史料　旧記雑録前編1』620頁
　語博多・肥後・豊後合戦
　地宇波崎,塩屋,塩屋崎,瀬浦,賀志浦,里里多尾,尾島,博多,滝浦

元弘3年12月21日　東大寺惣寺借銭状案
　　　　　　　　　　　　　　＊摂津国

　出東大寺文書(3-6-19)　刊『兵庫県史　史料編中世5』596頁,『神戸市史　資料1』218頁
　語関替所

元弘3年12月　相馬長胤申状　＊下総国

　出相馬岡田雑文書　刊『鎌』42-32812,『相馬文書』110頁,『取手市史　古代中世史料編』181頁
　地相馬御厨
　備『相馬文書』は文書名を「相馬長胤申状案」とする

元弘3年12月　天野経顕軍忠状写

　出天野文書　刊『鎌』42-32813
　語前浜鳥居
　地片瀬原,稲村崎,稲瀬川并前浜鳥居脇
　綱天野経顕,元弘3年5月18日に鎌倉片瀬原に馳参じ,稲村崎の陣を懸破り,稲瀬川・前浜鳥居脇にて合戦す

元弘3年12月　青方高直申状案　＊肥前国

　出肥前青方文書　刊『鎌』42-32819,『青方文書1』214頁

地五島西浦目青方村

元弘3年12月　尼明泉申状　　＊越後国

　田中条家文書　刊『新潟県史　資料編4』347頁
　地高浜
　備高浜は現新発田市

元弘3年)　和泉和田助泰申状　　＊山城国

　田和田文書　刊『鎌』42-32828
　語鴨河堤用途

元弘4年1月　若狭太良荘百姓国正申状
　　　　　　　　　　　　　　　＊若狭国

　田東寺百合文書は　刊『鎌』42-32840
　語小浜住人
　地小浜

元弘4年1月　若狭太良荘百姓正守申状
　　　　　　　　　　　　　　　＊若狭国

　田東寺百合文書は　刊『鎌』42-32841
　語小浜住人
　地小浜

元弘4年2月　曽我光高申状案

　田陸奥遠野南部文書　刊『鎌』42-32856,『岩手県史中世文書　上』38頁
　地小鹿島并秋田城〈今湊〉

年未詳1月4日　僧覚□(覚生ヵ)書状
　　　　　　　　　　　　　　　＊摂津国,大和国

　田東大寺文書(1-20-1)　刊『兵庫県史　史料編中世5』62頁,『尼崎市史4』386頁
　語木津の船
　地猪名庄,木津

元弘3～4年

年未詳1月9日　鹿島神宮領田数注文案
　　　　　　　　　　　　　　　＊常陸国

　田常陸鹿島神宮文書　刊『鎌』5-3198,『茨城県史料　中世編1』158頁
　地那珂西大橋

年未詳1月12日　白蓮書状

　田駿河富士理境坊文書　刊『鎌』29-22470
　語かちめ五把
　備作成月は「其月」とあるが、本文より1月とした

年未詳1月14日　某書状案　　＊摂津国

　田東大寺文書(5-53)　刊『兵庫県史　史料編中世5』523頁
　地兵庫島
　綱防州年貢、兵庫島に着到す

年未詳1月15日　源頼貞書状
　　　　　　　　　　　　　　　＊若狭国,越前国

　田若狭安倍武雄氏文書　刊『鎌』19-14763,『福井県史　資料編9』8頁
　語若狭国志積浦廻船納物等,地頭領家公私御公事勤仕船,三国湊政所
　地志積浦,三国湊
　綱源頼貞、越前三国湊政所に対し、若狭国志積浦廻船納物の点定を止むべきを求む
　備『鎌』40-31134号と重複文書

年未詳1月15日　金沢貞顕書状

　田金沢文庫文書　刊金沢文庫編『金沢文庫古文書1』45頁
　語帰朝人々
　綱帰朝の人々はいつ頃参着するかと問う

年未詳

年未詳1月20日　道隆蘭渓書状
　　　　　　　　　　　　　　＊中国,筑前国

　田肥前三岳寺文書　刊『鎌』17-12809
　語宋,唐土
　地宋,博多,唐土

年未詳1月20日　年預五師実専書状
　　　　　　　　　　　　　＊摂津国,播磨国

　田東大寺文書(1-15-96)　刊『兵庫県史　史料編中世5』530頁
　語経島関所雑掌,播磨国営崎商人
　地経島,営崎

年未詳1月27日　金沢貞顕書状　＊中国

　田金沢文庫文書　刊『鎌』35-27127,金沢文庫編『金沢文庫古文書1』85頁
　語唐物

年未詳2月1日　宗清書状　＊相模国

　田金沢文庫蔵孝経正宗分聞書裏文書　刊『鎌』30-23361,金沢文庫編『金沢文庫古文書1』258頁
　語はま(浜)のさいもくうり(材木売),はま(浜)
　地さいもくさ(材木座)
　備焼亡した極楽寺再建の用材集めのためヵ

年未詳2月5日　伏見上皇院宣　＊伊予国

　田東寺百合文書こ　刊『鎌』30-23416,『日本塩業大系　史料編古代・中世1』238頁,『愛媛県史　資料編古代・中世』421頁
　語弓削島預所職
　地弓削島

年未詳2月8日　若狭多烏浦百姓申状案
　　　　　　　　　　　　　　＊若狭国

　田若狭秦文書　刊『鎌』10-7496,『小浜市史諸家文書編3』4頁
　地多烏

年未詳2月10日　興福寺別会五師忠憲書状　＊播磨国

　田東大寺文書(1-15-25)　刊『兵庫県史　史料編中世5』558頁
　語福泊関務
　地福泊

年未詳2月13日　静恵書状　＊紀伊国

　田金沢文庫蔵湛稿戒108裏文書　刊『鎌』30-22734,金沢文庫編『金沢文庫古文書2』275頁
　語熊野参詣,貴寺御管領分海道之過書
　綱静恵,本如上人湛誉に熊野参詣者のための海道過書発給を請う

年未詳2月21日　厳盛(?)挙状案
　　　　　　　　　　　　　　＊伊予国

　田東寺百合文書と　刊『鎌』22-16528,『日本塩業大系　史料編古代・中世1』169頁,『愛媛県史　資料編古代・中世』347頁
　地弓削島
　備『鎌』22-16527参照

年未詳2月25日　藤原茂範啓状　＊中国

　田金沢蠹余残篇坤　刊『鎌』22-17143
　語異朝,一年一船之風帆,唐,宋
　地唐,宋
　綱茂範、煙波路を隔て、1年1船の風帆を待つ
　備『鎌』11-7713と重複文書。文中の大王を

年未詳

7713は宗尊親王、17143は久明親王に比定する

年未詳2月27日　伊予弓削島荘雑掌法橋栄実書状　＊伊予国

出東寺百合文書な　刊『鎌』補4-1881、『日本塩業大系　史料編古代・中世1』242頁、『愛媛県史　資料編古代・中世』427頁
地岩木島、高向祢島

年未詳2月　証空書状　＊中国

出大和興善寺阿弥陀如来像胎内文書　刊『鎌』3-1454
語宋人
地宋

年未詳3月5日　定厳書状　＊伊予国

出東寺百合文書な　刊『鎌』24-18423、『日本塩業大系　史料編古代・中世1』226頁、『愛媛県史　資料編古代・中世』358頁
語年貢運上船、彼(淀)津沙汰人
地弓削島、淀津
綱伊予国弓削島年貢運上船、淀津において押止めらる
備『鎌』24-18422参照

年未詳3月6日　後醍醐天皇綸旨案　＊相模国

出元亨遷宮記裏書　刊『鎌』補4-2044
地大庭御厨

年未詳3月7日　西市正資高請文　＊武蔵国

出兼仲卿記建治2年秋巻裏文書　刊『鎌』16-12488、『埼玉県史　資料編5』104頁
地恩田(御厨)、七坂御厨

年未詳3月8日　金沢貞顕書状　＊伊勢国

出金沢文庫文書　刊『鎌』35-27134、金沢文庫編『金沢文庫古文書1』49頁
地中島

年未詳3月10日　定宴書状　＊伊予国

出東寺百合文書ヨ　刊『鎌』17-12918、『日本塩業大系　史料編古代・中世1』160頁、『愛媛県史　資料編古代・中世』331頁
地弓削島
備『鎌』注記に「建治頃ヵ」とあり

年未詳3月15日　某上皇院宣案　＊摂津国

出東大寺文書(1-15-33)　刊『兵庫県史　史料編中世5』530頁
語□庫島関所
地□(兵)庫島(兵庫島)

年未詳3月15日　光綱書状案　＊肥後国

出肥後大慈寺文書　刊『熊本県史料2』661頁、『曹洞宗古文書　下』393頁
地河尻村大渡

年未詳3月16日　順忍書状　＊武蔵国

出金沢文庫文書　刊金沢文庫編『金沢文庫古文書2』229頁、『六浦瀬戸橋』(神奈川県立金沢文庫図録)57頁
語橋柱

年未詳3月20日　法印円仲挙状案　＊伊予国

出東寺百合文書な　刊『鎌』補4-1966、『日本塩業大系　史料編古代・中世1』309頁、『愛媛県史　資料編古代・中世』464頁
地弓削島

年未詳

年未詳3月23日　範義書状

　出金沢文庫文書　刊『鎌』33-25324,金沢文庫編『金沢文庫古文書1』249頁
　地大津

年未詳3月23日　崇顕〈金沢貞顕〉書状
　　　　　　　　　　　　　　＊中国

　出金沢文庫文書　刊『鎌』39-30734,金沢文庫編『金沢文庫古文書1』146頁
　語唐船物
　地唐

年未詳3月23日　某書状　＊若狭国

　出尊経閣文庫所蔵文書　刊『福井県史　資料編2』702頁
　地西津庄

年未詳3月24日　定貞書状

　出輯古帖御裳濯和歌集裏文書　刊『鎌』28-21504
　語白魚一合

年未詳3月30日　藤原経藤書状　＊但馬国

　出実躬卿記永仁元年8月巻裏文書　刊『鎌』24-18325
　地赤崎庄

年未詳3月　安芸国衙領注進状　＊安芸国

　出安芸田所文書　刊『鎌』22-16863
　語梶取免,水守
　地迩保島,□(石)浦村
　備『鎌』22-16862参照

年未詳4月2日　尼妙蓮等重訴状
　　　　　　　　　　＊薩摩国,蝦夷

　出薩摩入来院家文書　刊『鎌』17-13076,『入来文書』89頁
　地湯黄島,夷島

年未詳4月4日　源頼朝書状　＊若狭国

　出山城神護寺文書　刊『鎌』2-1030,『史林』25-1・100頁
　地西津

年未詳4月6日　摂津長洲荘執行俊証書状　＊摂津国

　出金沢文庫所蔵金発揮抄第2裏文書　刊金沢文庫編『金沢文庫古文書2』259頁,『鎌』15-11289,『兵庫県史　史料編中世5』63頁,『尼崎市史4』383頁
　地長洲御庄

年未詳4月6日　仁和寺御室〈寛性法親王〉書状案　＊伊予国

　出東寺百合文書と　刊『鎌』35-27434,『日本塩業大系　史料編古代・中世1』316頁,『愛媛県史　資料編古代・中世』485頁
　地弓削島

年未詳4月8日　某書状土代
　　　　　　　　　　＊周防国,山城国

　出上司家文書　刊『鎌』17-12910
　語周防国淀津問職
　地淀津

年未詳4月14日　長井貞秀書状　＊中国

　出金沢文庫文書　刊『鎌』31-23503,金沢文庫編『金沢文庫古文書2』203頁
　語唐船
　地唐
　綱唐船無為に帰朝の由,六波羅より注進す

年未詳4月14日　某書状　＊若狭国

　出尊経閣文庫所蔵文書　刊『福井県史　資

年未詳

料編2』702頁
地 西津庄

年未詳4月15日　年預五師某書状案
　　　　　　　　　　　　＊摂津国, 播磨国

出 東大寺文書(1-15-148)　刊『兵庫県史　史料編中世5』530頁
語 兵庫島関所, 播磨国江井崎(営崎)商人
地 兵庫島, 江井崎(営崎)

年未詳4月15日　藤原成範等連署書状
　　　　　　　　　　　　＊安芸国, 備後国

出 安芸厳島文書　刊『広島県史　古代中世資料編3』93頁
語 海上, 浦島子之往情

年未詳4月16日　日蓮書状　　＊中国

出 世尊寺文書　刊『新潟県史　資料編5』439頁
語 中国, 蒙古国
地 中国, 蒙古国

年未詳4月20日　亀山上皇院宣　＊摂津国

出 兼仲卿記弘安6年11・12月巻裏文書　刊『鎌』18-14037
地 津守庄

年未詳4月21日　金沢貞顕書状　＊陸奥国

出 金沢文庫文書　刊『鎌』38-29402, 金沢文庫編『金沢文庫古文書1』96頁
語 和布一外居

年未詳4月22日　北条重時巻数返事
　　　　　　　　　　　　＊安芸国

出 安芸厳島神社御判物帖　刊『広島県史　古代中世資料編3』28頁
地 伊都伎島

年未詳4月24日　泰茂奉書

出 陸奥遠野南部文書　刊『鎌』10-7065,『岩手県中世文書　上』6頁
語 鱒二
備『岩手県中世文書』では年代を宝治年間ヵとする

年未詳4月28日　北条政顕書状　＊中国

出 金沢文庫文書　刊『鎌』30-23356, 金沢文庫編『金沢文庫古文書1』253頁
語 たうせん(唐船), ふね(船)
地 たう(唐)

年未詳4月28日　蓮願〈那須五郎入道〉請文案　　　　　　　　　　＊伊予国

出 東寺百合文書フ　刊『鎌』34-25998,『日本塩業大系　史料編古代・中世1』314頁,『愛媛県史　資料編古代・中世』474頁
地 弓削島

年未詳5月2日　北条義時書状

出 朽木文書　刊『鎌』5-2814,『朽木文書1』63頁
綱 播磨国在田荘去年所当米の内200石は、天王寺引米として漕ぎ遣わさる

年未詳5月3日　北条義時・大江広元連署書状　　　　　　　　　　＊相模国

出 吾妻鏡建保1.5.3条　刊『鎌』4-2004,『国史大系　吾妻鏡(普及版)2』685頁
語 海, 西海
綱 和田義盛の乱に際し、北条義時・大江広元、海より西海に落ち行く義盛の親類を討ち取るべく命ず

年未詳

年未詳5月3日　某書状

出 宮寺縁事抄　刊『鎌』7-4514
語 船

年未詳5月4日　沙弥某書状　＊備後国

出 厳島神社蔵反古経文書　刊『鎌』29-22630
語 御船, 船人

年未詳5月9日　天台座主〈良助〉令旨案
　　　　　　　　　　　　　　　　　＊若狭国

出 若狭大音家文書　刊『鎌』27-20496,『福井県史　資料編8』796頁
地 於河浦内辺津浜山
備『鎌』27-20495参照

年未詳5月9日　道意宇佐宮神馬送文案

出 豊前益永家文書　刊『鎌』37-28671
語 在津

年未詳5月11日　某書状　＊遠江国

出 兼仲卿記弘安7年7月・8月巻裏文書
刊『鎌』20-15232
語 御厨
地 祝田御厨

年未詳5月14日　源頼朝御教書案　＊中国

出 島津家文書　刊『鎌』1-566,『大日本古文書　島津家文書1』256頁,『九州史料叢書1　薩藩旧記雑録前編1』94頁,『大宰府・太宰府天満宮史料1』32頁
語 唐船着岸物

年未詳5月20日　覚順書状

出 尊経閣蔵長谷勘奏記裏文書　刊『鎌』34-25812
語 洪水, 杣河橋料所関, 造橋沙汰, 関務

年未詳5月22日　某書状

出 東大寺所蔵探玄記洞幽鈔　巻80裏文書
刊『愛媛県史　資料編古代・中世』429頁
語 梶取免

年未詳5月24日　金沢貞顕書状　＊中国

出 金沢文庫文書　刊『鎌』31-23504, 金沢文庫編『金沢文庫古文書1』18頁
語 唐船, 乗船
地 唐
綱 唐船, 無為に帰朝す◆俊如房の乗船, 已に下向す

年未詳5月26日　沙弥某書状　＊安芸国

出 厳島神社蔵反古経文書　刊『鎌』29-22631
語 持船
地 厳島
綱 厳島地頭領内住人孫五郎持船, 盗取られしが, 御領にて見出され, 戻さる

年未詳6月3日　葉室頼泰奉書案
　　　　　　　　　　　　　　　　　＊越前国

出 大和西大寺文書　刊『福井県史　資料編2』465頁
語 敦賀津升米
地 敦賀津

年未詳6月3日　二階堂行村書状
　　　　　　　　　　　　　　　　　＊伊予国

出 伊予忽那家文書　刊『愛媛県史　資料編古代・中世』223頁
地 忽那島

年未詳6月4日　加藤景経書状

出 蓬左文庫所蔵金沢文庫本斉民要術第9巻文書　刊『鎌』15-11580, 金沢文庫編『金沢文

庫古文書1』269頁
[語]海月一桶

年未詳6月6日　小槻有家申状土代
＊常陸国，近江国，加賀国，備後国

[出]壬生家文書　壬生家所領　[刊]『鎌』14-10419，『加能史料　鎌倉2』58頁，『図書寮叢刊　壬生家文書2』9頁
[地]石崎保，細江庄，北島保，神崎庄

年未詳6月7日　沙弥善蓮請文　＊摂津国

[出]東大寺文書(1-15-28)　[刊]『兵庫県史　史料編中世5』596頁
[語]関務

年未詳6月12日　法師某書状　＊摂津国

[出]富田仙助氏所蔵文書　[刊]『兵庫県史　史料編中世5』597頁
[語]兵庫関々務
[地]兵庫関

年未詳6月14日　年預五師実専下知状案
＊摂津国

[出]東大寺文書(1-15-5)　[刊]『兵庫県史　史料編中世5』529頁
[語]兵庫関雑掌職，島修固
[地]兵庫関

年未詳6月17日　金沢貞顕書状

[出]金沢文庫文書　[刊]『鎌』30-23286，金沢文庫編『金沢文庫古文書1』20頁
[語]船方八幡寄進田

年未詳6月19日　年預五師某書状案(土代)　＊摂津国

[出]東大寺文書(1-15-71)　[刊]『兵庫県史　史料編中世5』529頁
[語]兵庫経島津料，島浦両労之役
[地]兵庫経島

年未詳6月21日　金沢貞顕書状

[出]金沢文庫文書　[刊]『鎌』35-27032，金沢文庫編『金沢文庫古文書1』54頁
[語]橋

年未詳6月23日　仁和寺宮令旨　＊若狭国

[出]山城神護寺文書　[刊]『鎌』22-16671，『福井県史　資料編2』214頁，『史林』26-1・149頁
[地]西津庄

年未詳6月25日　基広書状

[出]蓬左文庫所蔵金沢文庫本斉民要術第10裏文書　[刊]『鎌』15-11585，金沢文庫編『金沢文庫古文書1』238頁
[語]□ちあハひ(鮑)
[備]『金沢文庫古文書』は文書名中の基広を具広とする

年未詳6月26日　伏見上皇院宣案
＊播磨国

[出]大和福智院家文書　[刊]『鎌』31-24062，『福智院家古文書』102頁
[語]福泊島修固
[地]福泊島
[備]『福智院家古文書』は文書名「後宇多院院宣案」とする

年未詳7月1日　紀伊守経朝請文案
＊紀伊国

[出]高野山文書又続宝簡集84　[刊]『鎌』16-12391，『大日本古文書　高野山文書7』124頁
[地]麻生津保

年未詳

年未詳7月3日　忠保巻数請取案

出 防長風土注進案8　吉田宰判山野井村
刊『鎌』23-17639,『防長風土注進案16』221頁
語 異国降伏御祈禱御巻数

年未詳7月5日　年預五師実専書状案
　　　　　　　　　　　　　＊摂津国

出 東大寺文書(1-15-90)　刊『兵庫県史　史料編中世5』530頁
語 関所,津料

年未詳7月9日　法橋政所書状　＊大和国

出 金沢文庫所蔵金発揮抄第二裏文書　刊『鎌』15-11292,金沢文庫編『金沢文庫古文書3』305頁
地 吉河庄

年未詳7月11日　信玄書状

出 東大寺図書館所蔵左金吾長吏等詩裏文書
刊『鎌』3-1271
語 麦船,梶取
綱 梶取助清、麦船を6月中に東大寺に進上す

年未詳7月11日　伊雑宮内人等申状
　　　　　　　　　　　　　＊志摩国

出 神宮文庫文書　刊『鎌』17-13212
語 津
地 伊浜御薗,埼家田津
綱 熊野凶徒等、伊浜御薗に乱入の由、伊雑宮内人等訴う

年未詳7月17日　弓削島庄雑掌快実申状
　　　　　　　　　　　　　＊伊予国

出 東寺百合文書　無号　刊『日本塩業大系　史料編古代・中世　補遺』49頁,『愛媛県史　資料編古代・中世』380頁
地 弓削島

年未詳7月18日　順忍書状　＊大和国

出 金沢文庫文書　刊『鎌』38-29561,金沢文庫編『金沢文庫古文書2』231頁
語 木津石地蔵
地 木津

年未詳7月26日　日蓮書状

出 日蓮聖人遺文　刊『鎌』15-11698,『昭和定本日蓮聖人遺文1』819頁,『静岡県史　資料編5』584頁
語 かわのり(川海苔)二帖
備『昭和定本日蓮聖人遺文』は文永11年とする

年未詳7月28日　日蓮書状
　　　　　　　　　　　＊中国,天竺,朝鮮

出 日蓮聖人遺文　刊『鎌』17-13134,『昭和定本日蓮聖人遺文2』1538頁
語 漢土,亀茲国,月氏,百済国,河々,海々,江河,大海
地 漢土,亀茲国,月氏,百済国

年未詳8月3日　頼教奉書　＊肥前国

出 尊経閣蔵古蹟文徴2　刊『鎌』35-27404
地 早岐浦
綱 彼杵荘内早岐浦は、前殿の時、大宰府天満宮に寄付せらる

年未詳8月3日　少弐資能書状　＊肥前国

出 肥前山代文書　刊『鎌』10-7232,『佐賀県史料集成15』12頁,『大宰府・太宰府天満宮史料8』42頁,『松浦党関係史料集1』117頁
地 田平浦

年未詳

備『松浦党関係史料集』は「施行状」とする

年未詳8月3日　前筑前守某奉書　＊近江国

出東京宮地直一蔵文書　刊『鎌』補4-1818
語当御厨供御人
地大江大萱

年未詳8月6日　為清書状　＊筑前国

出大隅禰寝文書　刊『鎌』25-18883,『鹿児島県史料　旧記雑録拾遺家わけ1』340頁
地今津

年未詳8月9日　年預五師頼昭書状案　＊播磨国,摂津国

出東大寺文書(1-15-132)　刊『兵庫県史　史料編中世5』581頁
語福泊雑掌,関務
地福泊,兵庫島

年未詳8月12日　弓削島庄雑掌快実申状　＊伊予国

出東寺百合文書　無号　刊『日本塩業大系　史料編古代・中世　補遺』44頁,『愛媛県史　資料編古代・中世』380頁
地弓削島

年未詳8月13日　年預五師慶算書状案　＊摂津国

出東大寺文書(1-15-93)　刊『兵庫県史　史料編中世5』539頁
語兵庫島関所
地兵庫島

年未詳8月15日　河野通直書下案　＊伊予国

出伊予長隆寺文書　刊『鎌』28-21126,『愛媛県史　資料編古代・中世』515頁

地逢之島,忽那島

年未詳8月25日　ちやうあん書状

出下総中山法華経寺所蔵天台肝要文21・22裏文書　刊『鎌』13-9258
語いかたながし(筏流し)

年未詳9月2日　東寺十八口供僧年行事行誉書状案　＊伊予国

出東寺百合文書ヨ　刊『日本塩業大系　史料編古代・中世1』175頁,『愛媛県史　資料編古代・中世』349頁
地弓削島

年未詳9月3日　某書状　＊若狭国

出京都大学博物館所蔵文書　刊『福井県史　資料編2』35頁
地西津庄

年未詳9月12日　山城泉木屋預等書状　＊山城国

出大和興福寺維摩会料不足米并餅等定案裏文書　刊『鎌』20-14818
語船,浮橋
地いもあらひ(一口),泉木津

年未詳9月12日　白蓮書状

出駿河小泉久遠寺文書　刊『鎌』34-26311
語御さかな(肴)

年未詳9月19日　菩提院了遍書状案　＊伊予国

出東寺百合文書ヨ　刊『日本塩業大系　史料編古代・中世　補遺』26頁,『愛媛県史　資料編古代・中世』282頁
地弓削島

年未詳

年未詳9月21日　金沢貞顕書状　＊近江国

出金沢文庫文書　刊金沢文庫編『金沢文庫古文書1』57頁
地柏木御厨

年未詳9月23日　後鳥羽上皇消息

出摂津水無瀬宮文書　刊『鎌』5-2775
語浦,浦入

年未詳9月27日　遍禅書状　＊伊予国

出東寺百合文書は　刊『鎌』30-23418,『日本塩業大系　史料編古代・中世1』237頁,『愛媛県史　資料編古代・中世』421頁
地弓削島

年未詳9月28日　金沢貞顕書状

出金沢文庫文書　刊『鎌』34-26187,金沢文庫編『金沢文庫古文書1』83頁
語津,着岸
綱金沢貞顕、材木の着岸につき問合す
備『鎌』は日付を18日とするが、誤り

年未詳9月29日　明忍〈劔阿〉書状　＊下総国

出金沢文庫所蔵釈摩訶衍論私見聞第九第十裏文書　刊『鎌』20-15337,金沢文庫編『金沢文庫古文書2』113頁
地下川

年未詳9月）　弓削島庄雑掌栄実書状封紙　＊伊予国

出東寺百合文書ム　刊『日本塩業大系　史料編古代・中世　補遺』46頁,『愛媛県史　資料編古代・中世』393頁
地弓削島

年未詳10月10日　親□書状　＊山城国

出大和興福寺所蔵覚遍本明本抄巻10裏文書
刊『鎌』4-1909
語乗船,船
地木津

年未詳10月19日　権律師某書下　＊阿波国

出山城離宮八幡宮文書　刊『鎌』38-29942
語当国吉野川関所,関所沙汰人
地吉野川関所

年未詳10月29日　祐賢書状　＊相模国

出金沢文庫文書　刊『鎌』40-31090,金沢文庫編『金沢文庫古文書3』168頁
地瀬崎

年未詳11月12日　笠置寺衆徒等申状　＊山城国

出東大寺所蔵探玄記第15巻抄第1裏文書
刊『鎌』4-1986
語木津宿所
地木津

年未詳11月13日　笠置寺衆徒等申状　＊山城国

出東大寺所蔵探玄記第17巻義決抄第1裏文書　刊『鎌』4-1987
語泉木津之宿所
地木津

年未詳11月13日　光忍書状　＊豊後国

出肥後志賀文書　刊『鎌』22-16552,『熊本県史料2』421頁,『九州荘園史料叢書1』33頁,『増補訂正編年大友史料3』68頁,『大野荘の研究』170頁
語ふなつ(船津),泊寺

年未詳

年未詳11月15日　定宴書状　＊伊予国

出 東寺百合文書と　刊『鎌』15-11827,『日本塩業大系　史料編古代・中世1』161頁,『愛媛県史　資料編古代・中世』332頁
語 大小塩俵,塩,引塩
地 弓削島
綱 三上人等衣服代・主殿日食は弓削島塩の残りを売り、その直を配分して充つべし
備『鎌』17-12917と重複文書

年未詳11月20日　厳盛書状　＊伊予国

出 東寺百合文書ヨ　刊『愛媛県史　資料編古代・中世』348頁
語 弓削船,船,津,海路

年未詳11月21日　日野資宣書状　＊武蔵国

出 兼仲卿記建治2年11・12月巻裏文書　刊『鎌』16-12633,『埼玉県史　資料編5』105頁
地 恩田御厨
備『埼玉県史』は11月1日付とする。原本未確認のため、便宜『鎌』の日付に随う

年未詳11月24日　成弁〈高弁〉書状

出 高山寺明恵上人行状別記　刊『鎌』3-1598,『漢文　明恵上人行状記』80頁
地 渡辺

年未詳12月5日　某書状　＊若狭国

出 尊経閣文庫所蔵文書　刊『福井県史　資料編2』703頁
地 西津庄

年未詳12月11日　祐賢書状

出 金沢文庫文書　刊『鎌』35-27369,金沢文庫編『金沢文庫古文書3』31頁
語 舟津

備『金沢文庫文書』は蔵禅書状とする

年未詳12月13日　後宇多天皇綸旨写　＊河内国

出 大乗院寺社雑事記紙背文書　刊『北の丸－国立公文書館報－』28・80頁
語 河上関
地 河上関

年未詳12月16日　長禅書状宗誉勘返状　＊伊予国

出 東寺百合文書な　刊『鎌』38-29624,『日本塩業大系　史料編古代・中世1』331頁,『愛媛県史　資料編古代・中世』503頁
語 弓削島雑掌
地 弓削島

年未詳12月19日　近木郷地頭代書状案　＊和泉国

出 東洋文庫所蔵弁官補任裏文書　刊『鎌』5-3031
語 くこ人(供御人)

年未詳12月29日　白蓮書状

出 駿河大石寺文書　刊『鎌』29-22469
語 とさかのり,みる(海松),あをのり(青海苔)

年月未詳8日　倉栖兼雄書状　＊備前国

出 金沢文庫文書　刊『鎌』34-26662,金沢文庫編『金沢文庫古文書1』189頁
語 物船便舟,海賊
地 牛□(牛窓)
備 金沢文庫編『金沢文庫古文書』は語彙を「西船便舟」とする

年月日未詳

年月日未詳　大江広元注進状　＊周防国

出 吾妻鏡文治4.12.12条　刊『鎌』1-355,『国史大系　吾妻鏡(普及版)1』315頁
語 島人
地 島末庄, 大島
綱 島末庄は周防国大島の最中にあり◆平氏謀反の時、平知盛、大島に城を構え、居住す◆これより以後、源頼朝の下知により、大島に地主職をおく

年月日未詳　文覚書状　＊近江国

出 神田孝平氏旧蔵文書　刊『鎌』1-455
語 津料, 江みなと(江湊)
地 大津, 近江の江みなと(江湊)
綱 文覚、大津津料に馬のくつ50足を、宇都やつはらにかかせ、肥後入道に遣す

年月日未詳　大仏仏餉免等不返納文書目録案　＊山城国

出 東大寺文書4-86　刊『鎌』1-518
地 木津

年月日未詳　豊後国図田帳　＊豊後国

出 豊前到津文書　刊『鎌』2-927,『大分県史料1』76頁
語 浦, 島, 海人之栖, 細(網ヵ)庭
地 姫島浦, 櫛来浦, 田伊太原浦
綱 姫島浦は、海中の島なり。海人の栖にして細(網ヵ)庭ばかりなり
備 語彙の細庭は網庭の誤りか

年月日未詳　宇治河鱣請陳状　＊山城国

出 勧修寺家本永昌記裏文書　刊『鎌』2-948,『編年差別史資料集成3』79頁
語 鱣請, 村君, 大魚, 小魚, 網代, 氷魚, 網代具
地 宇治河, 真木島
綱 鱣請等は宇治第一の重役□輩なり◆鱣請、橋の倒壊を防がんがため、橋脚に石を拾い置くの重役を奉巧す◆真木島住人等、橋下の石を船をもって拾い取る◆宇治河は日本第一の晴河なり◆請鱣は八九両月の所行なり。氷魚は十月よりの供祭なり◆鱣請は色々の公人にして一人の間人なし

年月日未詳　香取神宮遷宮用途注進状　＊下総国

出 下総香取旧大禰宜家文書　刊『鎌』2-960,『千葉県史料　中世編　香取文書』52頁
語 魚二隻, 塩二升, 白鳥羽一鳥
地 船橋御厨, 相馬御厨
備 本文書の抄を載せた『取手市史　古代中世史料編』は正中2年3月に推定する

年月日未詳　豊後都甲荘地頭次第注文　＊豊後国

出 豊後都甲家文書　刊『鎌』2-1091
地 都甲浦

年月日未詳　伊賀黒田荘前分米勘返注進状

出 東大寺図書館蔵倶舎論第89巻裏文書　刊『鎌』3-1270
語 筏師

年月日未詳　源空〈法念房〉書状

出 和語燈録　刊『鎌』3-1463
語 いかた(筏), 海, 船, 河海, 魚鳥, いを(魚)
綱 本願他力の船・筏に乗り、生死の海を渡ることを疑うなかれ◆西国へ下らん人に船をとらす◆本願の要船を苦海の波によりて彼岸につけし嬉しさなり◆魚鳥に七箇日の忌

年月日未詳

あり、臨終には、酒・魚・鳥などは忌まる
備仏法を海事に喩う

年月日未詳　源空〈法念房〉書状　＊中国

出西方指南抄　刊『鎌』3-1492,『定本親鸞上人全集5』197頁
地震旦

年月日未詳　興福寺衆徒発向条々
＊近江国

出大和興福寺所蔵有法差別裏文書　刊『鎌』4-2051
地大津,坂本,塩津

年月日未詳　海住山寺修正神名帳

出山城海住山寺文書　刊『鎌』4-2282
語梶取(かとり)大明神,貴船大明神

年月日未詳　某書状　＊壱岐国

出民経記寛喜3年10月巻裏文書　刊『鎌』4-2666,『大日本古記録　民経記4』166頁
地壱岐島

年月日未詳　官中便補地由緒注文案
＊常陸国,近江国,加賀国

出壬生家文書　刊『鎌』5-3039,『加能史料　鎌倉2』59頁,『図書寮叢刊　壬生家文書2』58頁
地石崎保,細江庄,北島保

年月日未詳　安芸都宇竹原并生口島荘官罪科注進状写　＊安芸国,筑前国

出小早川家文書　刊『鎌』5-3066,『大日本古文書　小早川家文書1』545頁
地都宇,生口島,竹原,毛字(門司)関

年月日未詳　摂津国在庁官人等解
＊摂津国

出民経記安貞2年10月巻裏文書　刊『鎌』5-3102,『大日本古記録　民経記2』44頁
地豊島

年月日未詳　和泉国在庁官人等解
＊和泉国

出民経記安貞2年10月巻裏文書　刊『鎌』5-3103,『大日本古記録　民経記2』50頁
語寄人,神人,供御人

年月日未詳　某陳状

出民経記安貞2年10月巻裏文書　刊『鎌』5-3104,『大日本古記録　民経記2』51頁
語供御人

年月日未詳　行慈書状礼紙書
＊紀伊国,摂津国

出山城神護寺文書　刊『鎌』5-3269,『史林』25-1・113頁
地わたのへ
綱紀伊国挂田荘早米10石を神護寺へ運上す
備「わたのへ」は紀伊国か摂津国渡辺津か

年月日未詳　宣陽門院〈覲子内親王〉所領目録
＊摂津国,越中国,伯耆国,肥前国,周防国,伊予国,伊勢国

出島田文書　刊『鎌』5-3274,『加能史料　鎌倉1』491頁
地生島庄(摂津国),新保御厨,久永御厨(伯耆国),松浦庄,秋穂・二島,弓削島,久岐今福御厨,高志御厨,黒部御厨

年月日未詳　行慈書状礼紙書

出山城神護寺文書　刊『鎌』5-3310,『史林』

年月日未詳

25-2・115頁

語船

綱神護寺宝塔造営材木を船にて積み出さんとす

年月日未詳　宗全書状　＊備中国

出山城神護寺文書　刊『鎌』5-3331,『史林』25-2・121頁

語福井運上物,足守庄船

綱足守荘の船着岸せば、彼荘の運上物をもって神護寺宝塔院造営用途に充つべし

年月日未詳　摂津大島荘相伝系図
＊摂津国

出伏見宮記録亨6　刊『鎌』6-3767

地大島庄

年月日未詳　日吉社神人等解　＊和泉国

出民経記貞永元年5月巻裏文書　刊『鎌』6-4317,『大日本古記録　民経記5』117頁,網野善彦『日本中世史料学の課題』150頁

語廻舩荷,津

地堺津

綱日吉社神人等、諸国七道に赴き、廻舩をもって荷を和泉国堺津に着く◆無道に廻舩荷を点定せる阿入の新儀惣官を停止せしむべき旨の院宣を下さる

年月日未詳　石清水八幡宮文書目録
＊河内国、摂津国、紀伊国、播磨国、讃岐国、壱岐島、筑前国、豊後国

出石清水文書石清水璽御筥事裏文書　刊『鎌』6-4430

語豊後国浦部十五ヶ所,通事船頭,弥勒寺領浦部十五ヶ所,淀関守

地大江御厨,塩田,淀,船曳庄,林津,壱岐島,筥崎,博多,木津

年月日未詳　東大寺東南院住侶等申状案
＊中国

出東大寺文書(10-22)　刊『鎌』7-4636

語月氏,震旦

地月氏,震旦

年月日未詳　宗性起請文

出東大寺文書　刊『鎌』7-4766

語魚類

綱魚類を食すべからざること起請に載す

備『鎌』7-4767参照

年月日未詳　紀伊日前国懸宮神領堺注文
＊紀伊国

出紀伊日前国懸神宮文書　刊『鎌』7-5307

語浜

地小島,甲崎河端,中島,福島,神木瀬

年月日未詳　将軍家〈頼経〉政所下文案
＊肥前国

出肥前小鹿島文書　刊『佐賀県史料集成27』257頁

地長島庄内大渡村

年月日未詳　徳璵書状案　＊中国

出山城東福寺文書　刊『鎌』8-5771,『大日本古文書　東福寺文書1』77頁,『静岡県史資料編5』496頁

語仏鑑(無準師範),大宋国天童山法属末比丘徳璵

地大宋国天童山

備『大日本古文書』は文書名を「徳璵尺牘案」とする

年月日未詳

年月日未詳　金剛峯寺衆徒陳状土代
　　　　　　　　　　　　　　　＊紀伊国
出 高野山文書又続宝簡集20　刊『鎌』8-5912,『大日本古文書　高野山文書4』247頁
語 河
地 水無河

年月日未詳　大和奈良坂非人陳状案
　　　　　　　　　　　　　　　＊山城国,
出 大和春日神社文書　刊『鎌』9-6316
語 河尻長吏
地 淀津相模辻,久奴島,河尻小浜宿

年月日未詳　草部助時申状
出 丹下文書　刊『鎌』10-7026
語 関渡□市津,諸国七道往反廻船
備 「真継文書」(『中世鋳物師史料』18頁)にもあり

年月日未詳　某書状
出 下総中山法華経寺所蔵秘書17裏文書　刊『鎌』10-7292,『中山法華経寺史料』162頁
語 水鳥二,鯉一□,鮒百

年月日未詳　関東御教書案　＊薩摩国
出 薩摩比志島文書　刊『鎌』10-7585
地 比志島

年月日未詳　金剛峰寺衆徒愁状案
　　　　　　　　　　　　　　　＊紀伊国
出 高野山文書又続宝簡集129　刊『鎌』11-8007,『大日本古文書　高野山文書8』389頁
地 阿弖川

年月日未詳　某書状
出 東大寺所蔵実弘筆華厳宗雑論議抄裏文書　刊『鎌』11-8050

語 二島送文
備 『鎌』注記に「本文書建長初年にかかる」とあり

年月日未詳　釈迦念仏結縁交名
出 大和唐招提寺礼堂釈迦如来像胎内文書
刊『鎌』11-8226
語 イホノルイ(魚の類)
備 『鎌』11-8216参照

年月日未詳　釈迦念仏結縁交名　＊中国
出 大和唐招提寺礼堂釈迦如来像胎内文書
刊『鎌』11-8243
語 唐法師
地 唐
備 『鎌』11-8216参照

年月日未詳　北条重時消息
出 大和天理図書館所蔵　刊『鎌』12-8731
語 魚

年月日未詳　関東評定事書　＊下総国
出 新編追加　刊『鎌』12-9039,『中世法制史料集1』368頁
地 萱田神役御厨,柏崎,小島庄

年月日未詳　日蓮書状　＊中国
出 日蓮聖人遺文　刊『鎌』12-9077,『昭和定本日蓮聖人遺文1』293頁
語 魚,漢土,唐
地 漢土,唐
網 世間の悪人は魚・鳥・鹿等を殺して世路を渡る◆魚・鳥・鹿等を売買し,善根を修することもあり
備 年代配置は『昭和定本日蓮聖人遺文1』による

439

年月日未詳

年月日未詳　下総香取社櫨殿遷宮用途注文　＊下総国
　出下総香取神宮文書　刊『鎌』13-9257,『千葉県史料　中世編　香取文書』8頁
　地神崎庄,幸島

年月日未詳　興福寺人夫召注文　＊摂津国,和泉国
　出内閣文庫蔵大乗院文書御参宮雑々　刊『鎌』13-9372
　地浜崎庄,河南庄,谷河庄,島庄

年月日未詳　肥前国検注帳目録（？）案　＊肥前国
　出肥前龍造寺家文書　刊『鎌』13-9548,『佐賀県史料集成3』197頁
　地山浦
　備『鎌』13-9548と『佐賀県史料集成3』197頁の史料は同一と思われるが、地名「山浦」は『鎌』にしか見えない

年月日未詳　某書状　＊越前国
　出内閣文庫所蔵大乗院文書三箇御願料所等指事　刊『鎌』13-9601
　地河口庄

年月日未詳　審海書状　＊武蔵国
　出金沢文庫所蔵首楞厳経大意裏文書　刊『鎌』13-9773,金沢文庫編『金沢文庫古文書2』319頁
　地六浦〈ムツラ〉

年月日未詳　東巌慧安願文案
　出山城正伝寺文書　刊『鎌』14-10558
　語大海,海水

年月日未詳　東巌慧安意見状　＊中国・天竺
　出山城正伝寺文書　刊『鎌』14-10559
　語蒙古国,唐土・天竺,入海,海上
　地蒙古,唐土,天竺

年月日未詳　異国御祈先例注進状案　＊朝鮮
　出壬生家文書　異国御祈文書　刊『鎌』14-10602,『図書寮叢刊　壬生家文書6』63頁
　語異国御祈,新羅兇醜,大宰府,新羅国高顕浄地
　地新羅国

年月日未詳　二階堂氏所領証文目録　＊相模国
　出二階堂文書　刊『鎌』14-11043
　地懐島殿原郷,吉田島

年月日未詳　出雲鰐淵寺衆徒申状案
　出出雲鰐淵寺文書　刊『鎌』15-11108,『新修島根県史　史料編1』336頁
　語異国之凶計

年月日未詳　若狭前河荘事書　＊若狭国
　出蓬左文庫蔵金沢文庫本斉民要術巻9・8裏文書　刊『鎌』15-11603,金沢文庫編『金沢文庫古文書　索引・追加』5頁,『福井県史　資料編2』640頁
　地前河庄

年月日未詳　日蓮書状　＊摂津国,中国,天竺
　出日蓮聖人遺文　刊『鎌』15-11657,『昭和定本日蓮聖人遺文1』820頁
　語海人,大海,魚鳥,船,漢土,唐,月氏,天竺
　地あかしのうら(明石浦),漢土,唐,月氏,天竺

年月日未詳　日蓮書状　　　＊中国,朝鮮

出 日蓮聖人遺文　刊『鎌』15-11658,『昭和定本日蓮聖人遺文１』827頁
語 大蒙古国の牒状,震旦,高麗
地 蒙古,震旦,高麗
備『昭和定本日蓮聖人遺文』は文永11年５・６月頃とする

年月日未詳　伊予弓削島荘百姓平延永申状　　　＊伊予国

出 東寺百合文書と　刊『鎌』15-11696,『日本塩業大系　史料編古代・中世１』125頁,『愛媛県史　資料編古代・中世』292頁
語 御年貢塩,友貞名塩釜,塩,塩屋,領家御塩
地 弓削島
綱 弓削島荘の百姓平延永,重国・友貞両名の年貢につき,免除を申請う◆塩の員数は,重国名の桑本,友貞名の塩釜の検注により定めらるるも,塩屋・桑本ともに荒廃す
備『鎌』15-11694・11695参照

年月日未詳　若狭太良荘末武名公事注文　　　＊若狭国

出 白河本東寺文書68　刊『鎌』15-11713
語 魚□,シホ(塩)

年月日未詳　日蓮書状
　　　＊伊豆国,隠岐国,佐渡国,中国,高麗

出 日蓮聖人遺文　刊『鎌』15-11837,『昭和定本日蓮聖人遺文１』877頁
語 (日本は)六十六国二島已上六十八ヶ国,漢土,舟,小舟,大舟,わかめ(一俵),かちめ(一俵),百済国,海中,いろくづ,船,八島

年月日未詳

地 漢土,伊豆の大島,隠岐,佐渡,百済国,佐渡のしま(島)
綱 水はよく船を助け,水はよく船をやぶる
備『昭和定本日蓮聖人遺文』は文永12年２月とする

年月日未詳　東寺供僧下知状案　＊伊予国

出 東寺文書百合外　刊『鎌』16-11874,『日本塩業大系　史料編古代・中世１』131頁,『愛媛県史　資料編古代・中世』306頁
語 網,領家方網
地 弓削島
綱 弓削島の網は,供僧中より年序を限り止めらるるも,元のごとく沙汰すべく仰せ下さる◆領家方網を地頭綺うべからず
備『鎌』16-12323と重複文書

年月日未詳　法印教親書状追而書案
　　　＊伊予国

出 東寺百合文書ヨ　刊『愛媛県史　資料編古代・中世』308頁
地 弓削島

年月日未詳　伊賀築瀬荘佃米算用状　　　＊伊賀国

出 法隆寺本倶舎卅講聴聞集30裏文書　刊『鎌』16-11885
地 築瀬御庄

年月日未詳　九条忠家遺誡草案　＊備前国

出 九条家文書　刊『鎌』16-11925,『図書寮叢刊　九条家文書１』98頁
地 小豆島

年月日未詳　某書状　　　＊伊予国

出 東寺文書百合外　刊『鎌』16-11965,『日本塩業大系　史料編古代・中世１』138頁,『愛

年月日未詳

媛県史　資料編古代・中世』307頁

語網

地弓削島

備『鎌』16-11694参照

年月日未詳　東寺供僧使者申詞土代
　　　　　　　　　　　　　　　＊伊予国

出東寺百合文書ヨ　**刊**『鎌』16-12020,『日本塩業大系　史料編古代・中世1』142頁,『愛媛県史　資料編古代・中世』313頁

語便船,倉納塩三十余俵,梶取

地弓削島

綱弓削島雑掌,去年分年貢運上の少なきは、便船をもって荷を指さんがためと弁明す◆弓削島雑掌、運上物の現象するは、梶取男の沙汰たるべきことを寺家に返答す

年月日未詳　播磨福井荘東保米散用状
　　　　　　　　　　　　　　　＊播磨国

出輯古帖3 高雄　**刊**『鎌』16-12191

地丹賀島

年月日未詳　某下文　　＊豊後国,筑前国

出豊後生桑寺蔵大般若経巻487表紙見返裏打文書　**刊**『鎌』16-12254,『大分県史料25』121頁

語可造船分　一艘　八坂新庄

地博多

年月日未詳　某下文　　　　　＊豊後国

出豊後生桑寺蔵大般若経巻319表紙見返裏打文書　**刊**『鎌』16-12255,『大分県史料25』121頁

語異賊用心兵船内豊後国分□(艘ヵ)

年月日未詳　某書下　　　　　＊筑前国

出豊後生桑寺所蔵大般若経巻174表紙見返裏打文書　**刊**『鎌』16-12462,『大分県史料25』114頁

語香椎前浜石築地

地香椎前浜

年月日未詳　某書下　　　　　＊筑前国

出豊後生桑寺所蔵大般若経巻174表紙見返裏打文書　**刊**『鎌』16-12463,『大分県史料25』114頁

語異賊防御

年月日未詳　某書下　　　　　＊筑前国

出豊後生桑寺所蔵大般若経巻365表紙見返裏打文書　**刊**『大分県史料25』123頁

語異賊用心兵船内

年月日未詳　日蓮書状　　　＊中国,天竺

出日蓮聖人遺文　**刊**『鎌』16-12618,『昭和定本日蓮聖人遺文2』1261頁

語ほふのり(海苔)ひとかこ(一籠),魚,漢土,天竺

地漢土,天竺

備『昭和定本日蓮聖人遺文』では建治2年とする

年月日未詳　日蓮書状　　　　　＊中国

出日蓮聖人遺文　**刊**『鎌』16-12620,『昭和定本日蓮聖人遺文2』1278頁

語江河,大海,船,漢土

地漢土

綱日蓮、念仏をもって生死をはなれんと思うは、大石を船に造り、大海を渡るごとし、と喩う

備『昭和定本日蓮聖人遺文』では建治2年とする

442

年月日未詳

年月日未詳　道隆蘭渓書状　＊中国,筑前国

出 肥前松浦家有蔵文書　刊『鎌』17-12810
語 宋,博多道聚
地 宋,博多
綱 道隆蘭渓、宋より日本に至る

年月日未詳　日蓮書状　＊天竺,中国,朝鮮

出 日蓮聖人遺文　刊『鎌』17-12829,『昭和定本日蓮聖人遺文2』1378頁
語 天竺,月氏,印度,百済国,漢土,後漢,中天竺,唐土
地 天竺,月氏,印度,百済国,漢土,後漢,中天竺,唐土
備『昭和定本日蓮聖人遺文』では建治3年とする。『鎌』17-12828参照

年月日未詳　日蓮書状
＊安房国,相模国,出羽国

出 日蓮聖人遺文　刊『鎌』17-12830,『昭和定本日蓮聖人遺文2』1364頁
語 ねすみいるか(鼠海豚),大魚,河水,沼水,死魚,海江,河
地 鎌倉
綱 安房国にて「ねすみいるか」と呼ぶ大魚(長さ17、8尋、或いは20尋)より、鎌倉の家々にて油を搾るに、その香堪えがたく臭し◆出羽国にて4月8日、河沼に死魚浮びて流れを塞ぎ、洪水となる。時に2匹の大蛇海江に流出し、多数の小蛇それに随うと扶桑記にあり
備『昭和定本日蓮聖人遺文』では建治3年頃とする。「吾妻鏡」貞応3年5月13日条参照

年月日未詳　佐波俊貞申状　＊周防国

出 上司家文書　刊『鎌』17-12913

地 島末,牟礼

年月日未詳　伊予弓削島荘年貢塩覚
＊伊予国

出 東寺百合文書う　刊『鎌』17-12923,『日本塩業大系　史料編古代・中世1』159頁,『愛媛県史　資料編古代・中世』331頁
語 大俵塩,中俵塩
地 弓削
備「建治三年到来分　京定」とあり、本文書は建治3年か4年のものと思われる。建治3年11月22日文書を参照

年月日未詳　日蓮書状　＊朝鮮,近江国

出 日蓮聖人遺文　刊『鎌』17-13066,『昭和定本日蓮聖人遺文2』1505頁
語 大船,あをみ(近江)の水海,百済国
地 百済国,よと河(淀河)
綱 日蓮、百済国より日本国に仏法の渡る時は大船にて渡し、また淀河より琵琶湖に着く物は車にて都へ運びし由を記す
備『昭和定本日蓮聖人遺文』では弘安元年5月頃とする。同じく『定本』では語彙「あをみの水海」を「あ[　]の潮路」とする

年月日未詳　渋谷為重〈重員〉陳状案
＊薩摩国

出 薩摩入来院家文書　刊『鎌』17-13075,『入来文書』88頁
語 海賊,海路往反
綱 関東と薩摩との海路往反は輙すからず、行程数ヵ月なり

年月日未詳　大井某処分状　＊武蔵国

出 大井文書　刊『鎌』17-13178
語 東海

年月日未詳
地 鳥羽川

年月日未詳　大神宮神事次第　＊伊勢国
　出 筑前岡崎円秀氏所蔵文書　刊『鎌』17-13188
　語 山野海河
　綱 祢宜・大内人等、人を率いて雑器・松明・薪を造り、処々山野海河に遣し、志摩国において交易種々味物を買い、供奉に備う

年月日未詳　地頭代伴頼広陳状案　＊美濃国
　出 内閣文庫所蔵美濃国茜部荘文書　刊『鎌』18-13317
　語 狩漁,供御并殿下御贄,取魚,簗,魚盃,漁味之輩
　綱 地頭代伴頼広、東大寺衆徒の訴状に対し、狩漁の事は新儀にあらざる旨、以下の主張を成す◆天智天皇の御時より当庄の河魚を取り、供御等に備進せしむ◆備進の後は、庄官百姓等、魚を取る◆薦生庄にて梁(簗)を打つ僧綱もあり、漁味を携うる輩より、魚盃を召す寺僧もあり

年月日未詳　院豪書状
　出 仏光国師語録巻9　刊『鎌』18-13536
　語 航海,入唐
　地 大宋径山,大唐
　綱 大宋径山の仏鑑禅師、淳祐甲辰年(寛元2年)、航海・梯山を志す

年月日未詳　伊勢牛庭御厨雑掌申状　＊伊勢国,遠江国
　出 兼仲卿記弘安7年10・11月巻裏文書　刊『鎌』18-13687
　地 牛庭御厨,浜名神戸

年月日未詳　山田政範和与状案　＊豊前国
　出 豊前末久文書　刊『鎌』18-13934
　地 大中島

年月日未詳　某書状　＊摂津国
　出 兼仲卿記弘安6年11・12月巻裏文書　刊『鎌』18-14038
　語 津守
　地 津守

年月日未詳　宇佐公有神代系譜祭文
　出 豊前到津文書　刊『鎌』19-14113,『大分県史料1』114頁
　語 あまのうき橋,かいてい(海底)

年月日未詳　肥前浦部島百姓等連署起請文案　＊肥前国
　出 肥前青方文書　刊『鎌』19-14189,『青方文書1』36頁
　地 うらへのしま(浦部島),たう□□□(しまの)うちしろいを(当島の内白魚),ひらと(平戸)
　備 『鎌』19-14186・14188参照

年月日未詳　東大寺異国祈禱転読衆請定
　出 東大寺文書(3-9-85)　刊『鎌』19-14263
　語 異国祈最勝王経衆請定,異国降伏

年月日未詳　僧某書状
　出 兼仲卿記弘安5年秋巻裏文書　刊『鎌』19-14371
　語 異国御祈

年月日未詳　異国祈僧勤否注文
　出 兼仲卿記弘安7.7.8巻裏文書　刊『鎌』19-14372

年月日未詳

|語| 異国御祈

年月日未詳　肥前班島地頭職等相伝系図
　　　　　　　　　　　　　　　＊肥前国

|出| 肥前有浦文書　|刊|『鎌』19-14406,『改訂松浦党有浦文書』54頁

|地| 班島, 志佐

年月日未詳　某書状

|出| 兼仲卿記弘安5年7・9月巻裏文書　|刊|『鎌』19-14460

|語| 異国征伐

年月日未詳　和泉隆池院鏡縁起
　　　　　　　　　　　　＊朝鮮, 肥前国, 淡路国

|出| 和泉久米田寺文書　|刊|『鎌』19-14718,『岸和田市史6』383頁

|語| 高麗, 海, 漁父, 海底, 船頭之者

|地| 高麗, 鐘崎, 淡路

|綱| 昔日九乳三口, 高麗より本朝に流れ, 肥前国鐘崎に於いて激浪に侵され, 忽ち入海す◆平清盛, 漁父数輩を海底に侵し, 鬼氏一口を波上に得て, 理隆船頭に仰せて, 華洛の縁辺に運び寄す

年月日未詳　若狭志積浦廻船人等重申状土代
　　　　　　　　　　　　　　＊若狭国, 越前国

|出| 若狭安倍武雄氏文書　|刊|『鎌』19-14762,『福井県史　資料編9』7頁

|語| 志積浦廻船人, 当浦船中点定, 当浦人等船中所持能米六石, 廻船之業

|地| 志積浦, 三国湊

|綱| 志積浦百姓等は, 段歩耕作の地無く, ただ廻船の業をもって身命を継ぐ◆越後房, 越前国三国湊にて, 同国阿須和神宮寺勧進聖と号し, 志積浦人等船中所持の能米六石を点定するは謂れなし

年月日未詳　安嘉門院〈邦子内親王〉五七日曼荼羅供沙汰注文
　　　　　　　　　　　　　　　　　＊遠江国

|出| 兼仲卿記弘安6.10.9条　|刊|『鎌』20-14973,『増補史料大成34』237頁

|地| 浜松庄, 稲津庄

年月日未詳　佐伯親盛造像願文　＊安芸国

|出| 安芸野坂文書　|刊|『鎌』20-14976

|語| 二浦之崖, 巨海之激灘, 山海之環冨, 万里之波涛

|地| 厳島

年月日未詳　某書状　＊筑前国

|出| 福岡市立博物館所蔵青柳資料　|刊|『鎌』20-15106

|語| 異国降伏, 弘安四年賊船, 漂倒

|綱| 建治元年, 異国降伏のため, 幕府, 御領を寄進するにより, 弘安4年賊船悉く漂倒す

年月日未詳　修理権大夫某下知状案
　　　　　　　　　　　　　　　　　＊遠江国

|出| 遠江大福寺文書　|刊|『鎌』20-15109,『静岡県史　資料編5』792頁,『静岡県史料5』1062頁

|地| 浜名神戸

|備|『静岡県史』は修理権大夫を北条時房とする

年月日未詳　□尾寺申状　＊伊勢国

|出| 兼仲卿記弘安7年4・閏4月巻裏文書　|刊|『鎌』20-15136

|語| 御厨

|地| 福永御厨

年月日未詳

年月日未詳　道隆筆北条時宗願文

出建長寺・田中光顕・益田孝氏所蔵　刊『鎌』20-15144

語福海等滄溟之広

年月日未詳　某申状　＊摂津国

出兼仲卿記弘安7年7月・8月巻裏文書
刊『鎌』20-15237

語魚類

綱広田社において鷹狩のことは一切なし。魚類ばかりを備う

年月日未詳　関東評定事書　＊筑前国

出近衛家本追加　刊『鎌』20-15365,『中世法制史料集1』269頁

語兵船,海上合戦,要海

地今津後浜

綱兵船による海上合戦は利あらず◆今津後浜等の警固は先度除くも、要海たるにより元の如く警固せしむ

備『鎌』20-18316と重複文書。『鎌』注記に「本事書十一条は、佐藤進一氏の弘安七年十一月より同八年十一月の間のものとの推定に従う(「中世法制史料集」第一巻四〇〇頁)」とあり

年月日未詳　興福寺維摩会不足米餅等定
　　　　　＊近江国,和泉国,摂津国

出大和興福寺文書　刊『鎌』20-15590

語和布二百束,荒和布二百束,塩二十石

地豊浦庄,谷川庄,星河庄,浜崎庄

備正治2年(1200)の作を弘安8年5月20日に書写したものと思われる

年月日未詳　越前兵庫郷分米注進状
　　　　　＊越前国

出大乗院文書　刊『鎌』21-15772

地(河口)本庄

備越前河口荘に関する注文

年月日未詳　某仮名消息　＊伊勢国

出兼仲卿記弘安9年秋巻裏文書　刊『鎌』21-15938

地いせのとほのみくりや(御厨)

年月日未詳　関東評定事書

出薩摩比志島文書　刊『鎌』21-15948

語異国警固

年月日未詳　伊予弓削島荘役夫工料支配状　＊伊予国

出東寺文書百合外　刊『鎌』21-16043,『日本塩業大系　史料編古代・中世1』167頁,『愛媛県史　資料編古代・中世』338頁

地弓削島

年月日未詳　大中臣隆直請文　＊志摩国

出兼仲卿記正応元年9月巻裏文書　刊『鎌』21-16050

地大河土御厨,桑名神戸

年月日未詳　某申状　＊遠江国

出兼仲卿記弘安9年12・閏12月巻裏文書
刊『鎌』21-16059

地鎌田御厨

年月日未詳　越前河口荘兵庫郷名寄帳
　　　　　＊越前国

出成簣堂文庫古文書　刊『鎌』21-16143

地河口庄,寺崎

年月日未詳

年月日未詳　小除目聞書　　　＊近江国

出 兼仲卿記弘安10.6.23条　刊『鎌』21-16281,『増補史料大成35』199頁
地 勢田橋

年月日未詳　豊受太神宮神主申状

出 兼仲卿記正応2年4・5月巻裏文書　刊『鎌』21-16503
語 御厨中番刀禰,大網上分及塩御贄
地 鹿土浦御厨,当浦（鹿土浦ヵ）

年月日未詳　相模早河荘内風祭郷訴論人系図　　　＊相模国

出 相模金子文書　刊『鎌』22-16605
地 早河庄

年月日未詳　蔵人所左方灯爐供御人兼東大寺鋳物師等重申状　＊播磨国,讃岐国

出 兼仲卿記永仁元年12月巻裏文書　刊『鎌』22-16682,網野善彦『日本中世史料学の課題』151頁
語 艘別津□（料）,諸国津料,善通寺修造料艘別銭,東郷津料,五畿七道市津関渡津料,福泊島築料,津料□□一艘〈三百□〉□〈二百□〉
地 福泊島
綱 蔵人所左方灯爐供御人,永万年中以降,五畿七道市津関渡津料等を停止し,売買交易を致し,恒例臨時御公事を勤仕せしむるは先例なりと主張す◆播磨国福泊島勧進行円上人との契約にまかせ,過分の沙汰を停止し,点定せし艘別津料を糺返すべきを重ねて言上す

年月日未詳　某請文　　　＊三河国

出 兼仲卿記正応元年7月巻裏文書　刊『鎌』22-16683
地 伊良胡御厨

年月日未詳　某申状

出 兼仲卿記正応元年7月巻裏文書　刊『鎌』22-16687
語 塩御贄
備『鎌』注記に「16724号と関連あるべし」とあり

年月日未詳　某御厨相伝系図

出 兼仲卿記正応元年10月巻裏文書　刊『鎌』22-16780
語 御厨

年月日未詳　蒙古合戦勲功賞配分状写　　　＊肥前国

出 肥前東妙寺文書　刊『鎌』22-16927,『佐賀県史料集成5』153頁
語 弘安四年蒙古合戦

年月日未詳　某書状

出 兼仲卿記正応2年9・10月巻裏文書　刊『鎌』22-17131
地 里海庄

年月日未詳　某申状

出 兼仲卿記正応4年10月巻裏文書　刊『鎌』22-17222
語 異賊退散,異国防御之御祈

年月日未詳　高実書状　　　＊阿波国

出 紀伊熊野新宮文書　刊『鎌』23-17402
地 小松島津
綱 小松島津において材木請取りたる由申すは存外の次第なり

447

年月日未詳　興正菩薩分衣表白　　＊中国

田興正菩薩行実年譜附録上　刊『鎌』23-17431,『西大寺叡尊伝記集成』225頁
語唐国
地唐国

年月日未詳　某寺修理用途支配注文
　　　　　　　　　　　　＊備後国,近江国

田近衛家文書　刊『鎌』23-17514
地吉津,野洲

年月日未詳　はさのひさすみ定文

田伊勢御巫家旧蔵文庫文書　刊『鎌』23-18086
語きふね(船),このしろきふね(船),うらはまてのかつをつるふね(浦浜手の鰹釣る船),さかな(魚)八十二,世かいは人たなふね

年月日未詳　九条忠教譲状　　＊越後国

田九条家文書　刊『鎌』23-18126,『九条家文書1』70頁
地白河庄

年月日未詳　島津忠宗覆勘状
　　　　　　　　　　　　＊筑前国,大隅国

田薩摩比志島文書　刊『鎌』23-18180
地筥崎,比志島

年月日未詳　某書状　　　＊摂津国

田兼仲卿記永仁元年12月巻裏文書　刊『鎌』23-18243
地富島庄

年月日未詳　中臣能親・同則氏問注記
　　　　　　　　　　　　　　＊常陸

田常陸鹿島大禰宜家文書　刊『鎌』24-18370,『茨城県史料　中世編1』226頁
語塩浜

年月日未詳　伊予弓削島荘年貢条々事書
　　　　　　　　　　　　　　＊伊予国

田東寺百合文書ヒ,白河本東寺百合文書71
刊『鎌』24-18424,『日本塩業大系　史料編古代・中世　補遺』43頁,『愛媛県史　資料編古代・中世』,『鎌倉遺文研究』3・50頁
語塩俵,魚市
綱伊予国弓削島よりの貢納塩減少す◆20俵の塩を荘にて売るは,然るべからず◆2俵の塩を魚市にて押取らる
備『鎌倉遺文研究』は東寺百合文書より採る

年月日未詳　武蔵称名寺寺用配分状
　　　　　　　　　　　　　　＊武蔵国

田金沢文庫文書　刊『鎌』24-18445,金沢文庫編『金沢文庫古文書7』161頁
地六浦

年月日未詳　足利氏所領奉行人交名
　　　　　　　　　　　　　　＊丹後国

田陸奥倉持文書　刊『鎌』24-18447
地宮津庄

年月日未詳　相馬胤村譲状案　＊陸奥国

田相馬文書　刊『鎌』24-18641,『相馬文書』5頁
地盤崎

年月日未詳　相馬一族闕所地置文案
　　　　　　　　　　　　　　＊陸奥国

田相馬文書　刊『鎌』24-18642,『相馬文書』50頁
地根崎村
備『相馬文書』は南北朝期の文書とする。

年月日未詳

年月日未詳　某書状案　　　　＊下野国

田輯古帖御裳濯和歌集裏文書　刊『鎌』24-18769
地さむ河の御厨（寒河御厨）

年月日未詳　若狭汲部浦某起請文案
　　　　　　　　　　　　　　　＊若狭国

田若狭秦文書　刊『鎌』24-18841,『小浜市史諸家文書編3』24頁
語塩
地汲部浦
綱弥五郎入道円性、若狭国汲部浦より逃散せし百姓の捨て置く塩木にて塩を焼かしむ
◆汲部浦沙汰人百姓等、逃散の時より月別公塩を弁えず
備『鎌』24-18840参照

年月日未詳　某譲状　　　　　＊志摩国

田神宮文庫磯部中氏文書　刊『鎌』25-19080
語御厨, 浦
地泊浦御厨, 泊浦大里

年月日未詳　伊予弓削島荘地頭非法条々事書案　　　　　　　　　＊伊予国

田白河本東寺文書3, 東寺百合文書ヨ　刊『鎌』25-19129,『日本塩業大系　史料編古代・中世1』192頁,『愛媛県史　資料編古代・中世』365頁,『鎌倉遺文研究』4・48頁
語山野河海半分
地弓削島

年月日未詳　伊勢長屋御厨沙汰人申状
　　　　　　　　　　　　　　＊伊勢国

田実躬卿記嘉元4年雑記裏文書　刊『鎌』25-19211
地長屋御厨, 国崎神戸

年月日未詳　某申状　　　　　＊伊勢国

田実躬卿記嘉元4年雑記裏文書　刊『鎌』25-19212
地長屋御厨, 国崎神戸

年月日未詳　弓削島庄地頭非法条々事書案　　　　　　　　　　＊伊予国

田東寺百合文書ヨ　刊『愛媛県史　資料編古代・中世』365頁
語山野河海半分
地弓削島

年月日未詳　某下知状案

田豊後生桑寺文書　刊『鎌』26-19471
語防禦異国

年月日未詳　道蓮（？）譲状案　＊肥前国

田肥前小鹿島文書　刊『鎌』26-19548,『佐賀県史料集成17』270頁
地しやうしま（庄島）, 花島, こ花島

年月日未詳　伏見天皇綸旨　　＊越前国

田西大寺田園目録　刊『鎌』26-19666
語異国静謐, 敦賀津升米
地敦賀津
備『鎌』では、26-19665との関連により本文書を永仁6年4月28日のものと推定している

年月日未詳　肥前国在庁（？）解案　＊朝鮮

田肥前青方文書　刊『鎌』26-19725,『青方文書1』68頁
語高麗国牒使, 日本国船壱艘
地高麗国
綱昨年9月の頃到着の高麗国牒使の牒状を見るに、去年2月23日、日本国船1艘、故な

449

年月日未詳
く高麗を襲い、年貢米・細布を奪い取るという

年月日未詳　紀国利等連署申状案

田豊後生桑寺文書　刊『鎌』26-19786,『大分県史料25』129頁
語入海
地伊予御崎
綱紀守忠、伊予御崎において不慮の難風に遭い、入海死去す

年月日未詳　紀国利等連署申状案

田豊後生桑寺文書　刊『鎌』26-19787,『大分県史料25』129頁
語入海
地伊予御□(崎)
綱紀守忠、伊予御崎において不慮の難風に遭い、入海死去す

年月日未詳　某証状

田豊後生桑寺文書　刊『鎌』26-19789
語渡海
備虫喰い等によりほとんど意味不明

年月日未詳　尾張熱田宮領注進状案
＊尾張国

田三河猿投神社蔵本朝文粋巻3裏文書　刊『鎌』26-19836
地乙河御厨, 八瀬郷

年月日未詳　尾張熱田宮領新別納郷等注文案　＊尾張国

田三河猿投神社蔵本朝文粋3裏文書　刊『鎌』26-19837
地水野上御厨, 泥津郷, 賀野西浦, 堀津北方郷

年月日未詳　肥後鹿子木荘文書目録

田東寺文書百合外　刊『鎌』26-19937
語津屋庁宣

年月日未詳　三十講米難渋分注文
＊摂津国

田東大寺文書(1-24-273)　刊『兵庫県史史料編中世5』39頁
地長洲庄

年月日未詳　長洲御厨雑掌行慶申状
＊摂津国

田醍醐寺所蔵「薄草子口決」巻10・4裏文書
刊『兵庫県史　史料編中世5』41頁
語海賊, 海賊人, 所々船
地長洲御厨

年月日未詳　買物日記　＊武蔵国, 相模国

田金沢文庫文書　刊『鎌』26-20104, 金沢文庫編『金沢文庫古文書7』24頁
地せかさき(瀬ヶ崎ヵ), みうら(三浦)

年月日未詳　播磨大部荘使者申状
＊播磨国

田東大寺文書(1-12-115)　刊『鎌』26-20155,『兵庫県史　史料編中世5』144頁
語海上風波之難

年月日未詳　山城国悪党交名案　＊山城国

田内閣文庫所蔵山城国古文書　刊『鎌』26-20210
地采島, 木津

年月日未詳　山城長福寺相伝系図
＊山城国

田山城長福寺文書　刊『鎌』27-20501,『長福寺文書の研究』155頁

年月日未詳

地梅津

年月日未詳　西念書状　　　＊三河国

出三河猿投神社蔵本朝文粋裏文書　刊『鎌』27-20735

地福島

年月日未詳　行然申状

出実躬卿記乾元元年12月巻裏文書　刊『鎌』28-21296

語艘別参□,浦,泊,津料,舟人

綱行然、行基草創五箇所の泊のうち、第五泊灯爐堂への油料として艘別3升(米)の認可を求む◆第二泊は、勅願により修造せられ、津料も莫大なり◆第五泊は、春宮御祈所として興行の条を認めらる

年月日未詳　頼重申状　　　＊伊勢国

出実躬卿記乾元元年12月巻裏文書　刊『鎌』28-21299

地焼出御厨

年月日未詳　室町院〈暉子内親王〉所領目録
　　　＊伊勢国,遠江国,大和国,越前国,河内国,尾張国,近江国,信濃国

出八代恒治氏所蔵文書　刊『鎌』28-21307

地村松御厨,奈波利御厨,蒲御厨,石川庄(大和),稲津庄,石川庄(河内国),板倉御厨,粟田島,塩津庄,小河庄,広瀬庄

年月日未詳　藤原房子〈久明親王生母〉挙状案　　　＊伊勢国

出東寺百合文書ヨ　刊『鎌』28-21340,『日本塩業大系　史料編古代・中世1』212頁,『愛媛県史　資料編古代・中世』390頁

地ゆけのしま

備『鎌』28-21338・21389参照

年月日未詳　伊予国内宮役夫工米未済注文　　　＊伊予国

出輯古帖9　刊『鎌』28-21365

地三島御領島々

年月日未詳　伊予弓削島荘相分差図
　　　＊伊予国

出東寺百合文書と　刊『鎌』28-21368,『日本塩業大系　史料編古代・中世1』286頁,『愛媛県史　資料編古代・中世』412頁

語網庭

地弓削島,島尻,釣浜,辺屋路

綱伊予国弓削島の知行につき、地頭・預所相分す◆辺屋路小島の網場は、地頭預所等分◆釣浜の網場は地頭分◆島尻の網庭は預所分◆大谷の新網場は預所分

備『鎌』28-21367参照

年月日未詳　豊後国阿南荘松富名半分新田畠実検帳　　　＊豊後国

出筑後大友文書　刊『鎌』28-21544

地わたセ,やまうら,なかしま,きたかわ,しもつる,つる

年月日未詳　東大寺衆徒等目安案
　　　＊摂津国

出水木箸夫氏所蔵文書　刊『兵庫県史　史料編中世5』50頁,『尼崎市史4』378頁

語着岸

地三ヶ浜(長洲・大物・杭瀬)

年月日未詳　六波羅御教書案

出豊後生桑寺文書　刊『鎌』28-21732,『大分県史料25』120頁

語異賊用心兵船

年月日未詳

年月日未詳　豊後国守護代施行状案
　　　　　　　　　　　　　　＊豊後国

　田豊後生桑寺文書　刊『鎌』28-21734,『大分県史料25』121頁
　語異賊用心兵船,津々泊々廻船,可造船分,一艘
　地博多,八坂新庄

年月日未詳　文屋光安申状案

　田摂津多田神社文書　刊『鎌』28-21763,『兵庫県史　史料編中世1』278頁
　語海賊

年月日未詳　武蔵称名寺寺用配分状
　　　　　　　　　　　　　　＊下総国

　田金沢文庫文書　刊『鎌』28-21805,金沢文庫編『金沢文庫古文書7』162頁
　地下川辺庄

年月日未詳　武蔵称名寺寺用配分置文
　　　　　　　　　　　　　　＊近江国

　田金沢文庫文書　刊『鎌』28-21807,金沢文庫編『金沢文庫古文書7』162頁
　地柏木御厨,下川辺庄

年月日未詳　武蔵称名寺寺領年貢米注文
　　　　　　　　　　　　　　＊近江国

　田金沢文庫文書　刊『鎌』28-21808,金沢文庫編『金沢文庫古文書7』182頁
　地柏木御厨

年月日未詳　鎮西御教書案　＊肥前国

　田肥前青方文書　刊『鎌』28-21924,『青方文書1』75頁
　地浦部島,佐保,白魚
　備『鎌』と『青方文書』とは若干文書に異同あり。『鎌』28-21923,29-21931参照

年月日未詳　峯貞陳状案　＊肥前国

　田肥前青方文書　刊『鎌』28-21925,『青方文書1』73頁
　地小値賀,浦部島,白魚浦

年月日未詳　白魚行覚申状案
　　　　　　　　　　　　＊肥前国,中国

　田肥前青方文書　刊『鎌』28-21926,『青方文書1』74頁
　語蒙古合戦,浦々
　地蒙古,浦部島,佐保,白魚浦々

年月日未詳　白魚行覚申状案　＊肥前国

　田肥前青方文書　刊『鎌』28-21927,『青方文書1』76頁
　地浦部島,佐保,白魚

年月日未詳　峯貞請文　＊肥前国

　田肥前青方文書　刊『鎌』29-21932,『青方文書1』78頁
　語在津
　地白魚浦

年月日未詳　肥前小値賀島浦部島地頭職相伝系図
　　　　　　　　　　　　　　＊肥前国

　田肥前青方文書　刊『鎌』29-21933,『青方文書1』78頁
　語浦部下沙汰職
　地小値賀島,浦部島,御厨庄

年月日未詳　白魚行覚申状案　＊肥前国

　田肥前青方文書　刊『鎌』29-22042,『青方文書1』90頁
　地佐保・白魚
　備『鎌』29-22040参照

年月日未詳

年月日未詳　摂津勝尾寺寄進米上日記
　　　　　　　　　　　　　＊摂津国

田 摂津勝尾寺文書　刊『鎌』29-22062,『箕面市史　史料編1』268頁
地 生島

年月日未詳　金沢貞顕書状
　　　　　　　　　　　＊武蔵国,下総国

田 金沢文庫文書　刊『鎌』29-22187, 金沢文庫編『金沢文庫古文書1』6頁
語 瀬戸橋
地 六浦,下川辺
綱 瀬戸橋は、六浦・下川辺の棟別銭を以て終功せらるべし

年月日未詳　備後長和庄領家地頭和与状
　　　　　　　　　　　　　＊備後国

田 長門田総家文書　刊『鎌』29-22236
語 山河海,山河海辺

年月日未詳　白魚行覚申状案　＊肥前国

田 肥前青方文書　刊『鎌』29-22260,『青方文書1』104頁
語 異賊合戦
地 佐保・白魚
備『鎌』29-22258・22259参照

年月日未詳　青方覚念陳状案　＊肥前国

田 肥前青方文書　刊『鎌』29-22619,『青方文書1』111頁
語 塩屋
地 浦部島,青方
綱 能高法師子息親類以下の輩、貞の所領青方住人宗次郎住宅ならびに塩屋等を焼払う
備『鎌』29-22614・22617・22618参照

年月日未詳　青方覚念陳状案
　　　　　　　　　　　＊肥前国,肥後国

田 肥前青方文書　刊『鎌』29-22620,『青方文書1』112頁
語 相模守護殿御梶取
地 宇久島,宇土庄,宿浦
綱 北条師時の梶取肥後国宇土庄住人宇衛門三郎重教、売買のため青方住人宗次郎の許に寄宿す

年月日未詳　青方覚念陳状案　＊肥前国

田 肥前青方文書　刊『鎌』29-22621,『青方文書1』114頁
語 宿浦住人
地 宿浦

年月日未詳　某書状　　　　＊備後国

田 厳島神社蔵反古経文書　刊『鎌』29-22637
語 ふかつのいち(深津市)
地 ふかつ(深津)
備『鎌』29-22629参照

年月日未詳　某書状　　　　＊摂津国

田 厳島神社蔵反古経文書　刊『鎌』29-22638
地 ひやうご(兵庫)

年月日未詳　某書状　　　　＊摂津国

田 厳島神社蔵反古経文書　刊『鎌』29-22639
地 尼崎

年月日未詳　静恵書状

田 金沢文庫文書　刊『鎌』30-22736, 金沢文庫編『金沢文庫古文書2』277頁
語 海道
綱 去年下向の時、海道十余日を要す

年月日未詳

年月日未詳　豊後都甲荘地頭職次第注進
案　　　　　　　　　　　　　　＊豊後国

出豊後都甲文書　刊『鎌』30-22919,『大分県
史料9』342頁
地都甲浦

年月日未詳　豊後都甲荘地頭職次第注進
案　　　　　　　　　　　　　　＊豊後国

出豊後都甲文書　刊『鎌』30-22920,『大分県
史料9』345頁
地都甲浦

年月日未詳　伊勢吉河薗条里注進案
　　　　　　　　　　　　　　　＊伊勢国

出伊勢光明寺文書　刊『鎌』30-22927
地船越里

年月日未詳　豊後都甲荘地頭職次第注進
案　　　　　　　　　　　　　　＊豊後国

出豊後都甲文書　刊『大分県史料9』343頁
地都甲浦

年月日未詳　大乗院家領若槻荘土帳
　　　　　　　　　　　　　　　＊大和国

出国立公文書館内閣文庫所蔵大乗院文書
刊『鎌』30-23054
地下北浦,壺北浦

年月日未詳　日澄書状　　　　＊佐渡国

出妙顕寺文書　刊『鎌』30-23137
地佐渡島

年月日未詳　某勘返某書状　　＊伊予国

出藤井孝昭氏所蔵東寺長者補任紙背文書
刊『鎌』30-23417,『日本塩業大系　史料編古
代・中世1』238頁
地弓削

年月日未詳　東寺十八口供僧年行事申状
案　　　　　　　　　　　　　　＊伊予国

出藤井孝昭氏所蔵東寺長者補任紙背文書
刊『鎌』30-23419,『愛媛県史　資料編古代・
中世』421頁
語東寺供僧領伊予国弓削島雑掌職
地弓削島

年月日未詳　金沢貞顕書状　＊相模国,中国

出金沢文庫文書　刊『鎌』31-23507,金沢文
庫編『金沢文庫古文書1』18頁
語前浜,唐物
地由比,前浜
綱俊如房、無為に帰朝す◆鎌倉中、唐物多々
あり

年月日未詳　某書状　　　　　　＊中国

出金沢文庫文書　刊『鎌』31-23508,金沢文
庫編『金沢文庫古文書4』185頁
語たう(唐)
地たう(唐)
綱俊如房、唐へ渡る

年月日未詳　青方覚念陳状案　＊肥前国

出肥前青方文書　刊『鎌』31-23737,『青方文
書1』121頁
語塩弐拾壱石
備『鎌』31-24089と重複文書。『鎌』31-23736
参照

年月日未詳　播磨矢野庄文書目録
　　　　　　　　　　　　　　　＊播磨国

出東寺文書百合外　刊『鎌』31-23753
語那波浦検注
地那波浦

年月日未詳　一条摂政〈実経〉家所領目録案
＊伊勢国, 伊豆国, 常陸国

田 九条家文書　刊『鎌』31-23803,『図書寮叢刊　九条家文書1』80頁,『静岡県史　資料編5』80頁

語 年貢魚貝海藻

地 富田御厨, 三津御厨, 小栗御厨

年月日未詳　青方覚念申状案　＊肥前国

田 肥前青方文書　刊『鎌』31-24089

語 塩弐拾壱石

年月日未詳　忍性菩薩略伝頌　＊中国

田 摂津多田神社文書　刊『鎌』31-24099,『兵庫県史　史料編中世1』260頁

語 唐船帰朝, 鹿島, 異国降伏院宣下

地 唐

年月日未詳　東大寺公文頼尊申状案
＊摂津国

田 東大寺文書(5-51-背)　刊『鎌』31-24172,『兵庫県史　史料編中世5』523頁

地 兵庫島

綱 大勧進円瑜被管の輩、所々の悪党等と相語らい、兵庫島に到着せし防州年貢を奪い取らんとす

備 『兵庫県史』は「頼尊」を「頼専」、「於兵庫島」を「于兵庫島」、「被管(ママ)」を「懸命」と読む

年月日未詳　親忠事書　＊三河国

田 広義門院御産記　刊『鎌』31-24198

語 大墓御厨, 長井御厨, 湊畠

地 大墓御厨, 長井御厨

年月日未詳　武蔵金沢瀬戸橋内海殺生禁断事書　＊武蔵国

田 金沢文庫文書　刊『鎌』31-24261, 金沢文庫編『金沢文庫古文書7』64頁,『六浦瀬戸橋』(神奈川県立金沢文庫図録)56頁

語 金沢瀬戸橋内海殺生禁断, 内海

地 金沢瀬戸橋内海

綱 金沢瀬戸橋内海において、固く殺生を禁断す

年月日未詳　鎮西御教書案　＊肥前国

田 肥前青方文書　刊『鎌』32-24367,『青方文書1』123頁

地 狩俣島以下浦々

備 『鎌』32-24365参照

年月日未詳　伊予弓削島荘田畠所当塩等名寄帳　＊伊予国

田 東寺百合文書ヨ　刊『鎌』32-24387,『日本塩業大系　史料編古代・中世　補遺』64頁,『愛媛県史　資料編古代・中世』294頁

語 塩俵, 大俵塩, 小古塩, 二季神祭魚代塩. カキ桶, 中俵塩, 荒和布, 塩浜, 舩, 網, 魚, 小舩, 草手塩, 大舩, 畠浜

地 弓削島

備 『鎌』32-24384・24385・24386参照

年月日未詳　伊予弓削島荘年貢并雑々済物注文　＊伊予国

田 東寺百合文書ヨ　刊『鎌』32-24388,『日本塩業大系　史料編古代・中世　補遺』56頁,『愛媛県史　資料編古代・中世』458頁

語 大俵塩, 荒和布, 魚二侯, 網分

地 弓削島, 島尻, 辺屋路島

年月日未詳

年月日未詳　鎮西（？）下知状案　＊肥前国

出肥前青方文書　刊『鎌』32-24713
地青方浦
備『鎌』32-24712参照

年月日未詳　肥前松浦本主系図　＊肥前国

出肥前有浦文書　刊『鎌』32-24839,『改訂松浦党有浦文書』282頁
地松浦

年月日未詳　播磨矢野荘文書目録
　　　　　　　　　　　　　　　　＊播磨国

出東寺文書百合外　刊『鎌』32-24874
地那波浦

年月日未詳　播磨矢野荘例名文書目録
　　　　　　　　　　　　　　　　＊播磨国

出東寺文書百合外　刊『鎌』32-24875
地佐方浦,那波浦

年月日未詳　年預五師某書状案　＊摂津国

出東大寺文書(1-20-16)　刊『兵庫県史　史料編中世5』47頁
語海賊
地長洲庄

年月日未詳　某起請文　　　　　＊摂津国

出筒井寛秀氏所蔵文書　刊『兵庫県史　史料編中世5』532頁
語兵庫関所
地兵庫

年月日未詳　某起請文　　　　　＊摂津国

出東大寺文書(1-15-26)　刊『兵庫県史　史料編中世5』532頁
語兵庫関
地兵庫

年月日未詳　鎮西下知状案　＊肥前国

出肥前青方文書　刊『鎌』33-25529,『青方文書1』154頁
語兵船
地小値賀浦部島内佐保・白魚両浦
綱鎮西探題、峯貞代官浄蓮の、多人勢を遣し、白魚行覚の兵船を漕取らんとせしこと等を裁許す
備『鎌』33-25527・25528参照

年月日未詳　白魚行覚申状　＊肥前国

出肥前青方文書　刊『鎌』33-25530
地浦部島内下浦部佐保・白魚浦々
備『青方文書1』では中間欠の文保元年11月文書としている

年月日未詳　東大寺衆徒等申状案
　　　　　　　　　　　　　　　　＊摂津国

出東大寺文書(1-15-66)　刊『兵庫県史　史料編中世5』539頁
語兵庫島関所
地兵庫島

年月日未詳　東大寺衆徒等申状案
　　　　　　　　　　　　　　　　＊摂津国

出東大寺文書(1-15-67)　刊『兵庫県史　史料編中世5』540頁
語兵庫島関所
地兵庫島

年月日未詳　某書状　　　　　　＊摂津国

出東大寺文書(1-15-141)　刊『兵庫県史　史料編中世5』540頁
語兵庫島津料
地兵庫島

年月日未詳　摂津尼崎兵庫渡辺関事書案
　　　　　　　　　　　　　　　＊摂津国

出東大寺文書（1-15-69（2））　刊『鎌』33-25616,『兵庫県史　史料編中世5』536頁,『尼崎市史4』114頁,『神戸市史　資料1』130頁

語東大寺神輿造替料船別百文,新関,関務,上下船,下船

地尼崎,兵庫島

綱尼崎において、東大寺神輿造替として船別百文をとる事、新関たるにより停止すべし◆兵庫島において、東大寺八幡宮修造料として石別1升・雑物200文をとる事、雑物200文においては、関務の仁に尋ね、所見の状なければ停止すべし。また、同社神輿造替料として石別1升・雑物200文をとる事、新関ならば停止すべし◆兵庫島修固料として、上下船45文とる事商人ら申すに、前々は下船に限り1升とらしむるところ、近年上下船宛責取る。東大寺関務の仁らに尋ね、注し申すべし

年月日未詳　良衛奉書案　　　＊越前国

出内閣文庫蔵大乗院文書雑々引付3　刊『鎌』34-25867

語国司津料

地当郷（坪江郷）

備『鎌』34-25859・25860・25863・25864・25866・25895・25907・25908・25909・25934・25937・25947参照

年月日未詳　伊予国内宮役夫工米未済注文　　　　　　　　　　　　　　＊伊予国

出輯古帖御藻濯川和歌集裏文書　刊『鎌』34-25911,『愛媛県史　資料編古代・中世』479頁

語三島御領島々

地三島御領島々

年月日未詳　某書状

出輯古帖御裳濯和歌集裏文書　刊『鎌』34-25913

語富来御厨

地富来御厨

綱貞応2年、富来御厨太神宮領となる

年月日未詳　某書状案　　　＊伊予国

出東寺百合文書エ　刊『鎌』34-26001,『日本塩業大系　史料編古代・中世1』315頁,『兵庫県史　史料編中世6』110頁,『愛媛県史　資料編古代・中世』480頁

語海賊人

地弓削島

綱海賊人、弓削島に贓物を隠置く

年月日未詳　乙王女申状案　　＊若狭国

出若狭大音家文書　刊『鎌』34-26037,『福井県史　資料編8』803頁

語当浦刀禰

地御賀尾浦

備『鎌』24-26036参照

年月日未詳　金沢貞顕書状　　＊佐渡国

出金沢文庫文書　刊『鎌』34-26139,金沢文庫編『金沢文庫古文書1』98頁

語佐渡苔一合

年月日未詳　金沢貞顕書状

出金沢文庫文書　刊『鎌』34-26189,金沢文庫編『金沢文庫古文書1』97頁

年月日未詳

語流失材木

年月日未詳　金沢貞顕書状　　　＊紀伊国

田金沢文庫文書　刊『鎌』34-26190,金沢文庫編『金沢文庫古文書1』97頁

語桧皮着岸

地熊野

綱葺替の桧皮、熊野より到来の由は披露あるべからざる旨、金沢貞顕記す

年月日未詳　金沢貞顕書状

田金沢文庫文書　刊『鎌』34-26191,金沢文庫編『金沢文庫古文書1』71頁

語材木反二百丁着岸

年月日未詳　剣阿書状　　　＊武蔵国

田金沢文庫文書　刊『鎌』34-26195,金沢文庫編『金沢文庫古文書2』121頁

語着岸

綱称名寺金堂の柱6、7本未だ着岸せず

年月日未詳　剣阿書状　　　＊武蔵国

田金沢文庫文書　刊『鎌』34-26198,金沢文庫編『金沢文庫古文書2』109頁

地野島

綱野島に付くる桧皮を八幡宮前にて取上げ、金堂を葺くべし

年月日未詳　某寺使者申状

田京都国立博物館蔵伏見天皇懐紙裏文書
刊『鎌』34-26358

語関所

年月日未詳　尾張立石厨田畠注進状案
　　　　　　　　　　　　　　＊尾張国

田山城醍醐寺文書　刊『鎌』34-26688,『大日本古文書　醍醐寺文書2』212頁

地立石御厨

年月日未詳　近江葛川住人陳状案
　　　　　　　　　　　　　　＊近江国

田京都大学蔵明王院文書　刊『鎌』35-26922

語漁舟

年月日未詳　某書状案　　　＊伊予国

田東寺百合文書は　刊『鎌』35-26937,『日本塩業大系　史料編古代・中世1』309頁,『愛媛県史　資料編古代・中世』496頁

地弓削□(島ヵ)

備『鎌』37-28685・同補4-1965と重複

年月日未詳　延暦寺衆徒一揆衆議事書案
　　　　　　　　　　　　　　＊近江国

田山城禅定寺文書　刊『鎌』35-27002,『禅定寺文書』128頁

語浦

地大津東浦

綱大津東浦は山門一円の進止にして山王垂跡の霊地なり

年月日未詳　金沢貞顕書状

田金沢文庫文書　刊『鎌』35-27016,金沢文庫編『金沢文庫古文書1』42頁

地浦郷

年月日未詳　金沢貞顕書状　　　＊武蔵国

田金沢文庫文書　刊『鎌』35-27017,金沢文庫編『金沢文庫古文書1』100頁,『六浦瀬戸橋』(神奈川県立金沢文庫図録)57頁

語瀬戸橋

年月日未詳　金沢貞顕書状　　　＊武蔵国

田金沢文庫文書　刊『鎌』35-27033,金沢文庫編『金沢文庫古文書1』41頁

語 瀬戸橋

年月日未詳　落書　　　　　　＊山城国

出 山城禅定寺文書　刊『鎌』35-27039,『禅定寺文書』126頁
語 ふね(船),うちのなかのり(宇治の中乗り)
地 宇治

年月日未詳　青方高継代深注進状案
　　　　　　　　　　　　　　　＊肥前国

出 肥前青方文書　刊『鎌』35-27292,『青方文書1』169頁
語 宇久島住人
地 宇久島
備『鎌』35-27291参照

年月日未詳　越前坪江上郷公私納物注文
　　　　　　　　　　　　　　　＊越前国

出 内閣文庫蔵大乗院文書　刊『鎌』35-27355
地 坪江上郷,坪江郷,椿津,金津

年月日未詳　越前坪江下郷三国湊年貢夫役等注文
　　　　　　　　　　　　　　　＊越前国

出 内閣文庫蔵大乗院文書　刊『鎌』35-27356,『加能史料　鎌倉2』445頁
語 越中網鮭一艘別三尺,能登鯖一艘別卅巻,鵜飼鮎鮨八百喉,鵜飼在家役,鱒網一艘別三十尺,三国湊番頭給,御検注時迎料水津夫伝馬,節季鯉,アキノスシ代(鮎の鮨代),塩船津料一艘別二貫文定,北河口津料,津料槫二百余尺,刀禰銭,苔,和布廿五帖,鮨桶三口,鮑ヒシヲ三升,鯉代〈旧在家鯉十四喉〉,塩三十俵,冠鮨桶九,鮒百五十喉,巻網鮭五尺,節季鴨五羽,鰶〈コノシロ〉網一艘別一石五斗,飛魚千五百喉,巻網鮭人別一尺・鮑ヒシキ,

年月日未詳

敷枝鮨九桶代
地 金津,三保浦,三国湊,阿古江,三ヶ浦〈梶浦・三保浦・前浦〉,羽室津,金津宿,梶浦,前浦,浜坂

年月日未詳　青方高光申状案　＊肥前国

出 肥前青方文書　刊『鎌』36-27560,『青方文書1』173頁
地 宇久島
備『鎌』36-27559参照

年月日未詳　某申状案　　　　＊備中国

出 壬生家文書　刊『鎌』37-28633,『図書寮叢刊　壬生家文書1』95頁
地 隼島保

年月日未詳　伊予弓削島荘百姓申詞・空誉問注記録　　　　　　　＊伊予国,山城国

出 東寺百合文書ヨ　刊『鎌』37-28713,『日本塩業大系　史料編古代・中世1』302頁
語 運送年貢,船,六百俵ヲ可積御船,年貢塩,タレ塩,大䭾,大俵塩,少䭾,中俵,膳所䭾,代官䭾,島,カキ塩
地 塩少路
綱 弓削島荘百姓等,預所承誉の非法を訴え,その改替を要求す◆承誉,百姓等に対して年貢塩600俵を積むべき船の用意を下知するも,百姓等従わざる旨を主張す◆百姓等,船の用意に及ばざる理由につき,年貢塩は5俵10俵ずつ出すに随いて承誉売り仕るにより,積むべき年貢なき故なりと主張す
備『鎌』37-28713は本文書の一部で,東寺百合文書なの部に収められている

年月日未詳　某申状　　　　　＊下総国,中国

出 金沢文庫文書　刊『鎌』37-28945,金沢文

年月日未詳
庫編『金沢文庫古文書3』294頁
語唐瓶子一具
地大島

年月日未詳　度会行文処分状写
＊遠江国,伊勢国,三河国,尾張国,下総国,摂津国,近江国

出鏑矢伊勢方記　刊『鎌』37-29033
語御贄,魚貝,河々船賃,塩壱石,二乃島赤菜祈料鮎〈両方二荷〉,御贄底鯛,船賃之銭,塩五斗,御贄口入料,贄篭,石橋御贄鮨鮎一口
地鎌田御厨中島新開御薗,鎌田御厨内仮屋崎郷,美園御厨,村松御厨,古河御薗,波弓御厨,饗庭御厨,伊良古御厨,一楊御厨,渡辺御厨,相馬御厨,中村御厨,建松山村御厨,福永御厨
綱遠江国鎌田御厨内假屋崎郷よりの御贄底鯛は,近年代銭をもって済す

年月日未詳　某書状　＊武蔵国
出金沢文庫所蔵起信疏文義拾遺2裏文書
刊『鎌』37-29057,金沢文庫編『金沢文庫古文書6』248頁
語瀬崎船
地瀬崎

年月日未詳　豊後夷山所領坪付　＊豊後国
出豊後余瀬文書　刊『鎌』37-29074,『大分県史料25』22頁
語船かさこ
備『鎌』38-29868と重複文書

年月日未詳　金沢貞顕書状
出金沢文庫蔵呪法経裏文書　刊『鎌』38-29273,金沢文庫編『金沢文庫古文書6』57頁
語生苔

年月日未詳　金沢貞顕書状　＊中国
出金沢文庫文書　刊『鎌』38-29430,金沢文庫編『金沢文庫古文書1』161頁
語舟,〔紙背〕たうせん(唐船)
地たう(唐)
綱金沢貞顕,道妙房乗船のため,せん光寺(善光寺)よりの唐船渡海の時期を問う

年月日未詳　相模極楽寺長老順忍四十九日回向文
出金沢文庫文書　刊『鎌』38-29615,金沢文庫編『金沢文庫古文書8』259頁
語五濁苦海之船師,苦海済度之船師,橋流船海

年月日未詳　某書状　＊伊予国
出東寺百合文書ヌ　刊『鎌』38-29625,『愛媛県史　資料編古代・中世』503頁
語海□領家職
地弓削島

年月日未詳　福泊関雑掌明円陳状　＊播磨国,摂津国
出東大寺文書　刊『鎌』38-29856
語福泊関務,関所,築島,海上
地福泊,兵庫島
備『鎌』39-30164と同文にて後欠

年月日未詳　豊後六郷山夷山所料坪付　＊豊後国
出豊後余瀬文書　刊『鎌』38-29868,『大分県史料25』22頁
語船かさこ
備『鎌』37-29074と重複

460

年月日未詳

年月日未詳　春日社末季頭衆衆議申状案
　　　　　　　　　　　　　　　＊播磨国

出東大寺文書(1-15-74)　刊『兵庫県史　史料編中世5』558頁
語福泊関務雑掌
地福泊

年月日未詳　恵観陳状土代

出伊勢光明寺文書　刊『鎌』38-30085,『光明寺文書1』159頁
地佐和島

年月日未詳　長洲庄文書目録　＊摂津国

出京都大学博物館所蔵東大寺法華堂文書
刊『兵庫県史　史料編中世5』53頁,『尼崎市史4』382頁
地長州

年月日未詳　崇顕〈金沢貞顕〉書状

出金沢文庫文書　刊『鎌』40-30950,金沢文庫編『金沢文庫古文書1』143頁
語白土器
備『金沢文庫文書』の前号文書は語彙を「京土器」とする

年月日未詳　肥前大河内村相伝系図
　　　　　　　　　　　　　　　＊肥前国

出肥前大河内家文書　刊『鎌』40-31299
地相神浦河上□□
備『鎌』40-31298参照

年月日未詳　肥前大河内村相伝系図
　　　　　　　　　　　　　＊肥前国,中国

出肥前大河内家文書　刊『鎌』40-31300
語弘安四年蒙古合戦賞
地蒙古

年月日未詳　某処分目録　　＊紀伊国

出高野山正智院文書　刊『鎌』40-31310
語塩屋

年月日未詳　東大寺評定記録案　＊摂津国

出東大寺文書(1-20-5)　刊『兵庫県史　史料編中世5』63頁
地長洲庄

年月日未詳　年預五師某書状案　＊摂津国

出東大寺文書(1-22-5)　刊『兵庫県史　史料編中世5』64頁
地長洲庄

年月日未詳　兵庫北関供料結解状
　　　　　　　　　　　　　　　＊摂津国

出東大寺文書　刊『鎌』40-31517,『神戸市史資料1』173頁
語置石方

年月日未詳　豊後由原宮年中行事次第
　　　　　　　　　　　　　　　＊中国

出豊後柞原八幡宮文書　刊『鎌』41-31661,『大分県史料9』130頁,『九州荘園史料叢書12』78頁,『増補訂正編年大友史料4』325頁
語浜殿御行幸,異国降伏,異国征伐,蒙古勲功之賞
地蒙古
備『鎌』41-31660参照

年月日未詳　阿忍書状　　＊武蔵国

出金沢文庫蔵求聞持一印口伝・求聞持口伝等裏文書　刊『鎌』41-32029,金沢文庫編『金沢文庫古文書2』4頁
語むつら(六浦)のうりかい(売買)
地むつら(六浦)

461

年月日未詳

年月日未詳　年預五師某書状案　＊摂津国

出東大寺文書(1-15-1)　刊『兵庫県史　史料編中世5』597頁
語兵庫関雑船
地兵庫関

年月日未詳　東大寺満寺評定事書案
　　　　　　　　　　　　　　＊摂津国

出東大寺文書(1-15-2)　刊『兵庫県史　史料編中世5』597頁
語兵庫関
地兵庫関

年月日未詳　某書状　＊摂津国

出東大寺文書(1-15-3)　刊『兵庫県史　史料編中世5』598頁
語関所用途

年月日未詳　某書状　＊摂津国

出東大寺文書(1-15-6)　刊『兵庫県史　史料編中世5』598頁
語関所雑掌職

年月日未詳　兵庫関所前預所某申状
　　　　　　　　　　　　　　＊摂津国

出東大寺文書(1-15-30)　刊『兵庫県史　史料編中世5』599頁,『尼崎市史4』384頁
語所々入船,関務,関所
地長洲
備『尼崎市史』は「東大寺衆徒申状案」とする

年月日未詳　豊前小山田社司大神貞世祖師分知行坪付　＊豊前国

出豊前小山田文書　刊『鎌』42-32589,『大分県史料7』87頁,『増補訂正編年大友史料5』37頁

地ハセウツノ入江,カラシマ(島),南河

年月日未詳　伊勢大神宮御領注文

出新校群書類従本「神鳳抄」　刊『鎌』42-32866,『新校群書類従1』247頁
語御厨,御贄,白塩,塩雑用,三石塩,塩六荷,魚具(魚具ヵ),鮑,上分鮭百五十尺,同(上分鮭)児一桶,鮭三十隻,同(鮭)児一桶,鮭,魚,御塩焼新田
地〈摂津国〉中村御厨,〈伊賀国〉喰代御厨,穴太御厨,比志岐御厨,阿波御厨,長田御厨,本御厨,〈伊勢国〉二見郷,大淀御厨,大方御厨,塩合御厨,高羽江御厨,永野御厨,泊浦御厨,伊介御厨,松下御厨,同土御厨,坂手御厨,久津賀御厨,久具御厨,長屋御厨,小俣御厨,牛庭御厨,生鮎御薗,二見御厨,志貴御厨,失(矢)田御厨,四繭生御厨,朝束御厨,富墓御厨,治田御厨(飯野郡),若菜御厨,八田御厨,匂御厨,深長御厨,英太御厨,井村御厨,茅原田御厨,深田御厨,岸江御厨,光用御厨,蒀御厨,有失(矢)御厨,若松御厨,南黒田御厨(飯高郡),芝井御厨,真弓御厨,坂奈井御厨,松山御厨,滝野御厨,岩蔵御厨,平生御厨,会田御厨,横北御厨,福木御厨,永方御厨,臼井御厨,苽生御薗(厨),蘇原御厨,波互(弖)御厨,永用御厨,生田御厨,小社御厨,大阿射賀御厨,小阿射賀御厨,北黒野御厨,中村拝野御厨,同東御厨,都御厨,南北黒野御厨,野田御厨,焼出御厨,徳友御厨,河方御厨,島抜御厨,垂水御厨,藤方御厨,宮野御厨,本(木)平御厨,北高橋御厨,八大(太)御厨(一志郡),西薗御厨,西浜御厨,吉清御厨(一志郡),牛目野御厨,小森御厨,安濃津御厨,別保御厨(安東郡),開田御厨(安西郡),河智御厨,大

年月日未詳

谷御厨, 野田御厨, 長岡御厨, 塩浜御厨, 長野御厨, 部田御厨(安西郡), 佐々礼石御厨, 大口御厨, 辰口御厨, 小稲羽御厨, 切田御厨, 小野平御厨, 建部御厨, 五百野御厨, 松崎御厨, 別保御厨(安西郡), 一身田御厨(安西郡), 岩田御厨, 岩崎御厨, 豊石野御厨, 宿奈部御厨, 宅所御厨, 窪田御厨, 大古曽御厨, 豊野(久野)御厨, 上野御厨, 石丸御厨, 林御厨, 吉清御厨(奄芸郡), 越知(智)御厨, 得田御厨, 昼生御厨, 林前御厨, 片淵御厨, 為光御厨, 小林御厨(奄芸郡), 南黒田御厨(奄芸郡), 北黒田御厨, 部田御厨(奄芸郡), 一身田御厨(奄芸郡), 江島御厨(奄芸郡), 社御厨, 尾崎御厨, 高成御厨(奄芸郡), 豊田御厨, 末弘御厨, 黒田御厨, 鷲岡御厨, 東開御厨, 安乃田御厨, 高和里(田)御厨, 立貝御厨, 吉沢(清)御厨, 安楽御厨, 蓁若御厨, 原御厨, 河内御厨, 井後御厨, 深溝御厨, 須可崎御厨(鈴鹿郡), 八野御厨, 某若御厨, 土師御厨, 非鼓御厨, 成高御厨, 山部御厨, 永藤御厨, 箕田安冨御厨, 長藤御厨, 深馬路御厨, 野日御厨, 長沢御厨, 若松南御厨, 玉垣御厨, 同御厨内野辺村, 斛光御厨, 須可崎御厨(河曲郡), 箕田御厨, 多賀宇田御厨, 柳(楊)御厨, 河南河北御厨, 高富御厨, 若松御厨, 南黒野御厨(河曲郡), 黒野御厨, 江島御厨(河曲郡), 山辺新御厨, 畔光御厨, 井戸御厨, 永男御厨, 高成御厨(河曲郡), 山鳥御厨, 松永御厨, 稲光御厨, 高苫御厨, 宮永西林御厨, 苦木御厨, 富津御厨, 奥村御厨, 八太御厨(桑名郡), 末永御厨, 束(東)富津御厨, 梅田御厨, 若江御厨, 原御厨, 智積御厨, 治田御厨(三重郡), 潤田御厨, 大強原御厨, 栗原御厨, 吉沢御厨(三重郡), 須久野御厨, 豊岡御厨, 多米御薗(厨), 今河御厨, 遠保御厨, 田長御厨, 稲田御厨, 飽良河御厨, 松本御厨, 高角御厨, 小泉御厨(三重郡), 豊久御厨, 桜御厨, 采女御厨, 長松御厨, 南山田御厨, 曽井御厨(三重郡), 長沢御厨, 長尾御厨, 池庭御厨, 小山御厨(三重郡), 小古曽御厨, 北山御厨, 小松御厨, 新開御厨, 坂部御厨(三重郡), 庭田御厨, 飯倉御厨, 高柳御厨(三重郡), 良河御厨, 高岡御厨, 衣比原御厨, 垂見御厨, 寛丸御厨, 志賀摩御厨, 深町御厨, 小林御厨(三重郡), 薦野御厨, 泉御厨, 小島御厨(朝明郡), 長井御厨, 山村御厨, 衣平御厨, 保々御厨, 鶴沢御厨(朝明郡), 鶴野御厨, 島田御厨, 田口御厨, 徳光御厨, 長松御厨, 石田御厨, 福永御厨, 山田御厨(朝明郡), 弘永御厨, 坂部御厨(朝明郡), 金綱御厨, 大失(矢)智御厨, 長橋御厨, 富田御厨, 鵤御厨, 本能登御厨, 吉沢御厨(朝明郡), 開田御厨(朝明郡), 高野御厨, 坂本御厨, 大谷御厨, 和泉御厨, 同御厨太郎丸名, 留米御厨, 治田御厨(員弁郡), 丹生河御厨, 大井御厨, 高日御厨, 鶴沢御厨(員弁郡), 梅津御厨, 志礼石御厨, 饗庭御厨, 宇治野御厨, 萩原御厨, 麻生田御厨, 大泉御厨, 穴大御厨(員弁郡), 大墓御厨, 曽原御厨, 石榑御厨, 佐々御厨, 小島御厨(員弁郡), 深瀬御厨, 片火(比)御厨, 仁大御厨, 笠田御厨, 中河御厨, 長深御厨, 志竈御厨, 川島御厨, 宇賀御厨, 阿下喜御厨, 島田御厨, 小田中御厨, 倉垣御厨, 富津御厨, 島富御厨, 松尾御厨, 東富津御厨, 小山田御厨(員弁郡), 平田御厨, 曽井御厨(員弁郡), 石河御厨, 梅戸御厨, 高柳御厨(員弁郡), 山田御厨(員弁郡), 岡田御厨, 小中上御厨, 田中御厨, 星河御厨, 小泉御厨(員弁郡), 多度御厨, 茂永御厨, 阿奈宇御厨, 匂庄太墓御厨, 東禅寺

年月日未詳

御厨,〈志摩国〉神島,須賀島,名切,和具,越賀,相佐賀(須),泊浦御厨,越浜,伊介,坂手御厨,篠島,大津,国崎,土具,立神御厨,伊雑神戸,的屋御厨,鵜方御厨,竈子御厨,大久田御厨,小久田御厨,比志加御厨,大屋島,南浜御厨,長瀬御厨,畔蛸御厨,相可御厨,片田御厨,奈波利御厨,中津浜御厨,中井須山御厨,伊奈瀬御厨,小路御厨,上津長御厨,切原御厨,南船越御厨,贄島,佐々良御厨,猿田御厨,東船越御厨,中浜御厨,坂崎御厨,錦御厨,木本御厨,阿曽御厨,丹島御厨,須賀利御厨,中島御厨,坂倉御厨,伊志賀御厨,舞江伊熊御厨,多和奈志,道後,焼野御厨,村島,□司御厨,□御厨,入江御厨,船木原御厨,〈近江国〉国丸御厨,浅井御厨,福永御厨,岸下御厨,佐々木御厨,坂田御厨,柏木御厨,同(柏木)新御厨,〈美濃国〉中河御厨,小泉御厨,池田御厨,下有智御厨,止岐多良御厨,津布良開発御厨,〈尾張国〉笑生御厨,一楊御厨,上搗栗御厨,下搗栗御厨,野田御厨,立石御厨,楊橋御厨,御母板倉御厨,奥村御厨,伊福部御厨,同花正御厨,瀬辺御厨,高屋御厨,酒見御厨,千丸垣内御厨,詫美御厨,新溝御厨,前野御厨,羽禰田御厨,上生栗御厨,新生栗御厨,清河御厨,生栗御厨,玉江御厨,陸田御厨,佐平原御厨,下津御厨,末御厨,竹河御厨,田代喬島楊津御厨,治開田御厨,清納御厨,清須御厨,草部御厨,〈参河国〉大津神戸,橋良御厨,神谷御厨,饗庭御厨,伊良胡御厨,蘇美御厨,角平御厨,吉胡御厨,野依御厨,上谷御厨,赤坂御厨,〈遠江国〉小高御厨,尾奈御厨薗,郡(都)田御厨,蒲御厨,鎌田御厨,刑部御厨,祝田御厨,美園御厨,豊永御厨,大墓御厨,池田御厨,小牧御厨,宇治乃御厨,小松御厨,山口御厨,方田御厨,土田御厨,〈駿河国〉大津御厨,同(大津)新御厨,大沼鮎沢厨,方上御厨,高部御厨,小枌御厨,岡部厨,〈伊豆国〉蒲屋御厨,塚本御厨,〈相模国〉大庭御厨,〈武蔵国〉飯倉御厨,大河土御厨,榛谷御厨,七坂(板)御厨,〈上野国〉薗田厨,須永御厨,青柳御厨,邑楽御厨,高山厨,玉村御厨,細井御厨,広沢御厨,寮永厨,〈安房国〉東条御厨,白浜御厨,〈上総国〉武射御厨,〈下総国〉相馬御厨,夏見御厨,遠山形御厨,葛西猿俣御厨,萱田神保御厨,〈下野国〉簗田御厨,寒河御厨,〈常陸国〉小栗厨,〈甲斐国〉石禾御厨,〈飛騨国〉穴野御厨,〈信濃国〉麻続御厨,会田御厨,長田御厨,仁科御厨,矢原御厨,藤長御厨,同内布施御厨,同富部御厨,村上御厨,〈越前国〉足羽御厨,山本御厨,泉北御厨,安屋御厨,〈越中国〉弘田御厨,鵜坂御厨,伊水御厨,〈越後国〉色鳥御厨,〈能登国〉櫛比御厨,能登島御厨,富来御厨,〈加賀国〉富永御厨,〈伯耆国〉三野厨,久永御厨,〈丹波国〉漢部御厨,〈丹後国〉岡田御厨,大垣御厨,太多御厨,〈但馬国〉田公御厨,〈若狭国〉白(向)笠御厨,〈播磨国〉国分寺御厨,〈備前国〉永治御厨,〈備中国〉神野部御厨,〈長門国〉三隅御厨,〈伊予国〉玉御厨,千富御厨,〈讃岐国〉笠居御厨,〈阿波国〉桑乃御厨

年月日未詳　安芸伊都岐島社一切経会并引声堂荘厳具等注進状　＊中国,朝鮮

田安芸野坂文書　刊『鎌』補2-841
語唐錦,高麗縁

年月日未詳　伊豆走湯山所領目録
　　　　　　　　　　　　　　　＊土佐国

出 山城醍醐寺文書　刊『鎌』補2-912
地 蛭島〈ヒルカシマ〉

年月日未詳　伊豆走湯山所領目録
　　　　　　　　　　　　　　　＊土佐国

出 山城醍醐寺文書　刊『鎌』補2-913
地 島蛭
備 島蛭は蛭島の誤記か

年月日未詳　日吉社聖真子神人兼灯爐供御人并殿下御細工等解
　　　　　　　　　　　　　　　＊和泉国

出 民経記貞永元年5月巻紙背文書　刊『鎌』補2-1061
語 廻船,廻船荷
地 堺津
綱 日吉社聖真子兼灯爐供御人・殿下御細工等、和泉国堺津に廻船を着くるの処、無道に廻船の荷を点定せられし由を訴う

年月日未詳　尾張親継申状案　＊尾張国

出 美濃粟田厳穂氏所蔵文書　刊『鎌』補2-1172
地 小船津里

年月日未詳　安芸伊都岐島社造営材木注進案
　　　　　　　　　　　　　　　＊安芸国

出 安芸野坂文書　刊『鎌』補2-1252,『広島県史　古代中世資料編2』1365頁
語 唐垣

年月日未詳　山城禅定寺寄人等重陳状
　　　　　　　　　　　　　　　＊山城国

出 山城禅定寺文書　刊『鎌』補3-1344,『禅定寺文書』28頁
語 河上船,船津之習,船

年月日未詳　草部助時解写

出 真継家文書　刊『鎌』補3-1360,『中世鋳物師史料』18頁
語 関渡□(泊)市津,諸国七道往反廻船

年月日未詳　叡尊誓願文写

出 興正菩薩行実年譜上　刊『鎌』補3-1369,『西大寺叡尊伝記集成』126頁
語 海辺,鉤網
綱 人間作業の輩、或は居を海辺にトし、鉤網を業となし、或は屋を山野に結び、ただ猟を事となす

年月日未詳　覚能書状案

出 神宮文庫蔵永仁五年仮殿記裏文書　刊『鎌』補3-1427
語 青苔,塩浜
地 塩浜

年月日未詳　覚能書状案

出 神宮文庫蔵永仁五年仮殿記裏文書　刊『鎌』補3-1428
語 塩浜
地 塩浜

年月日未詳　覚能書状案

出 神宮文庫蔵永仁五年仮殿記裏文書　刊『鎌』補3-1430
語 塩浜
地 塩浜

年月日未詳　覚能書状案

出 神宮文庫蔵永仁五年仮殿記裏文書　刊『鎌』補3-1431
語 しをはま(塩浜)
地 しをはま(塩浜)

年月日未詳

年月日未詳　覚能書状案

田 神宮文庫蔵永仁五年仮殿記裏文書　刊
『鎌』補3-1435
語 しをはま(塩浜)
地 しをはま(塩浜)

年月日未詳　覚能書状案

田 神宮文庫蔵永仁五年仮殿記裏文書　刊
『鎌』補3-1437
語 あをのり(青苔)

年月日未詳　覚能書状案

田 神宮文庫蔵永仁五年仮殿記裏文書　刊
『鎌』補3-1438
語 塩浜
地 塩浜

年月日未詳　東寺条々事書案　＊伊予国

田 東寺百合文書を　刊『鎌』補3-1502,『愛媛県史　資料編古代・中世』493頁
地 弓削島

年月日未詳　伊勢釈尊寺別当次第并内瀬等相承次第

田 神宮文庫蔵永仁五年仮殿記裏文書　刊
『鎌』補3-1506
語 塩浜
地 塩浜

年月日未詳　伊勢釈尊寺別当隆俊解案

田 神宮文庫蔵永仁五年仮殿記裏文書　刊
『鎌』補3-1520
語 塩浜
地 塩浜

年月日未詳　伊勢釈尊寺別当隆俊重解案

田 神宮文庫蔵永仁五年仮殿記裏文書　刊
『鎌』補3-1521
語 塩浜
地 塩浜

年月日未詳　伊勢釈尊寺別当隆俊解案

田 神宮文庫蔵永仁五年仮殿記裏文書　刊
『鎌』補3-1522
語 塩浜
地 塩浜

年月日未詳　伊勢釈尊寺別当隆俊解案

田 神宮文庫蔵永仁五年仮殿記裏文書　刊
『鎌』補3-1523
語 塩浜
地 塩浜

年月日未詳　伊勢釈尊寺別当隆俊重解案

田 神宮文庫蔵永仁五年仮殿記裏文書　刊
『鎌』補3-1524
語 塩浜
地 塩浜

年月日未詳　伊勢釈尊寺所司等解案

田 神宮文庫蔵永仁五年仮殿記裏文書　刊
『鎌』補3-1525
語 塩浜
地 塩浜

年月日未詳　伊勢釈尊寺別当隆俊重解案

田 神宮文庫蔵永仁五年仮殿記裏文書　刊
『鎌』補3-1533
語 塩浜
地 塩浜

年月日未詳　石清水八幡宮護国寺祠官等解

　田柳原家本長徳二年大間書裏文書　刊『鎌』補3-1580
　語四海

年月日未詳　某訴状

　田東京大学文学部所蔵長福寺文書　刊『鎌』補4-2017,『長福寺文書の研究』145頁
　語河,川,池河

年月日未詳　造香取造営所役注文　＊下総国

　田下総香取神宮文書　刊『鎌』補4-2117
　地幸島

年月日未詳　鹿野院荘田地在家薗山野注文　＊大隅国

　田大隅野辺文書　刊『鎌』補4-2126
　語梶取殿
　地卅中島

年月日未詳　伊勢国牛庭御厨雑掌重申状　＊伊勢国

　田勘仲記弘安7年10・11月巻裏文書　刊『静岡県史　資料編5』796頁
　地牛庭御厨

年月日未詳　若狭国名田荘内田村守延名年貢公事注文案　＊若狭国

　田真珠庵文書　刊『福井県史　資料編2』221頁
　語めしのうほ(魚),あゆ(鮎)

年月日未詳　賀茂御祖社諸国荘園御厨所目録　＊若狭国

　田賀茂社古代荘園御厨　刊『福井県史　資料編2』4頁
　地丹生浦

年月日未詳　秦守高多烏浦立始次第注進状写　＊若狭国

　田若狭秦文書　刊『小浜市史　諸家文書編3』13頁
　語若狭国二十二所の浦
　地耳のさいかう(耳西郷)の浦ひるか(日向),ひるか(日向)の浦,すの浦(須那浦),多烏,西津,つるへ(汲部)
　綱越中国とたい野広神あさへまちいの庄御米を積みて着岸するをもって,多烏を西津の片荘となす

年月日未詳　某申状案　＊若狭国

　田若狭秦文書　刊『小浜市史　諸家文書編3』43頁
　地すな浦(須那浦),つるへ(汲部),たからす(多烏)

年月日未詳　東寺条々事書案　＊伊予国

　田東寺百合文書ル　刊『愛媛県史　資料編古代・中世』229頁
　地弓削島

年月日未詳　菩提院置文等文書目録　＊伊予国

　田東寺百合文書リ　刊『愛媛県史　資料編古代・中世』263頁
　地弓削島

年月日未詳　弓削島庄文書目録　＊伊予国

　田東寺百合文書ル　刊『日本塩業大系　史料編古代・中世　補遺』32頁,『愛媛県史　資料編古代・中世』286頁
　語大中俵塩,塩手百姓,年貢塩俵

年月日未詳
地弓削島

年月日未詳　某書状
出東大寺所蔵梵網戒本疏日珠鈔巻21裏文書
刊『愛媛県史　資料編古代・中世』328頁
地□(今カ)治津,三島

年月日未詳　東寺領諸所文書目録
＊伊予国
出東寺百合文書リ　刊『愛媛県史　資料編古代・中世』337頁
語塩俵
地弓削島

年月日未詳　東寺某方評定披露条目注文
＊伊予国
出東寺百合文書ル　刊『愛媛県史　資料編古代・中世』410頁
語網場用途
地弓削島

年月日未詳　忽那氏文書目録　＊伊予国
出長隆寺文書　刊『愛媛県史　資料編古代・中世』515頁
地忽那島

年月日未詳　尼良円(永安兼祐後家)申状案　＊石見国
出吉川家文書　刊『大日本古文書　吉川家文書2』284頁
地寸津浦

年月日未詳　多烏浦領家方年貢注文
＊若狭国
出若狭秦文書　刊『小浜市史　諸家文書編3』42頁
語和布,あますし(甘鮨),ほしたい(干鯛),鮑,雑魚,小和布
地多烏浦
備『小浜市史』は中世前期のものかと推定している

年月日未詳　多烏浦領家方年貢注文
＊若狭国
出若狭秦文書　刊『小浜市史　諸家文書編3』42頁
語あますし(甘鮨),伍斗納鮨桶,ほしたい(干鯛),神察(祭)鮑,雑ノ魚,小和布,塩参斗
地多烏浦
備『小浜市史』は中世前期のものかと推定している

年月日未詳　氏名未詳書状　＊武蔵国
出金沢文庫文書　刊金沢文庫編『金沢文庫古文書4』220頁,『六浦瀬戸橋』(神奈川県立金沢文庫図録)55頁
語橋

年月日未詳　氏名未詳書状　＊武蔵国
出金沢文庫文書　刊金沢文庫編『金沢文庫古文書4』230頁,『六浦瀬戸橋』(神奈川県立金沢文庫図録)55頁
語橋勧進

年月日未詳　氏名未詳書状　＊武蔵国
出金沢文庫文書　刊金沢文庫編『金沢文庫古文書4』121頁,『六浦瀬戸橋』(神奈川県立金沢文庫図録)56頁
語せとのはしはしら(瀬戸の橋柱)
綱六浦瀬戸橋造営にあたり人柱を立つ

年月日未詳　氏名未詳書状　＊武蔵国
出金沢文庫文書　刊金沢文庫編『金沢文庫

古文書4』261頁,『六浦瀬戸橋』(神奈川県立金沢文庫図録)57頁
語便船,船人,橋下,小船
地六浦
綱称妙寺修造の材木,六浦の橋下より小船に積み替え,運送すべき旨を記す

年月日未詳　弓削島荘所当米并塩注文案
　　　　　　　　　　　　　　＊伊予国

出東寺百合文書と　刊『日本塩業大系　史料編古代・中世1』332頁
語大俵塩五斗俵,中俵塩三斗俵,ここの塩

年月日未詳　東寺十八口供僧方評定引付
　　　　　　　　　　　　　　＊伊予国

出東寺百合文書ヌ　刊『日本塩業大系　史料編古代・中世　補遺』36頁
地弓削島

年月日未詳　六波羅御教書包紙　＊伊予国

出東寺百合文書ヤ　刊『日本塩業大系　史料編古代・中世　補遺』89頁,『愛媛県史　資料編古代・中世』308頁
地弓削島

年月日未詳　僧剣阿金沢貞顕贈答書状
　　　　　　　　　　　　　　＊武蔵国

出金沢文庫文書　刊金沢文庫編『金沢文庫古文書2』121頁
語野島之磯海苔
地野島

年月日未詳　金沢貞顕書状

出金沢文庫文書　刊金沢文庫編『金沢文庫古文書1』40頁
語着岸

年月日未詳

年月日未詳　小槻有家重申状案　＊加賀国

出壬生家文書　刊『加能史料　鎌倉2』61頁,『図書寮叢刊　壬生家文書2』53頁
地北島保

年月日未詳　某書状　　　　　＊尾張国

出『年代記』紙背文書　刊『鎌倉遺文研究』5・18頁
地萱津

あとがき──本書編集の経緯から

　中世海事史料研究会（はじめは海事史研究会と称した）は、横井成行の発案により1986年に活動を開始した会で、まもなく大学院生・学部生を中心に数名の仲間をもつ会となった。当初は水界に関わる史料集の刊行を目指し、関係史料の拾い出し（目録作成）を始めたものの、まもなくその作業の膨大なことに気づき、当面目録集を発刊することに目標を変更した。会では、時折研究発表を織り込みながら、交代で刊本の検索、綱文の作成を行い、毎月1回から3ヶ月に1回程度のペースで例会を開いてそれらの検討を重ねてきた。最終的な編集のまとめには関周一・苅米一志・白水智があたったが、基礎作業は横井成行・菅豊・小栗浩・車淳泰・國原美佐子・錦昭江・窪田涼子・盛本昌広の諸氏も含めた共同で行ったものである。

　作業は『鎌倉遺文』からの検索を、担当者を入れ替えて3回ずつ行い、それがほぼ終わりかけた1991年からは綱文の作成・検討にとりかかった。1994年まで続けたこの作業と並行して、他の史料集（県史レベルの自治体史や著名な古文書集など）からの検索も進め、また、新たに刊行される史料集があると、そこからの検索を随時実施した。

　2000年9月に東京堂出版に最初の原稿を入稿したあと、語彙のルビ振り作業や地名区切りの作業を行い、初校、2校まで駆け足で終えた。しかし翌年8月に至り、監修の網野先生より各種の内容上の不備・誤り（とくに『鎌倉遺文』の誤りを引き継いでいる部分が多い）を指摘されるところとなり、再び補訂の作業を続けることとなった。そこではとくに地名を中心にデータの追加、研究書からの補訂や備考の追加、『鎌倉遺文』以外の他刊本調査等を念入りに実施し、2002年9月末に再度データを入稿した。ここから出てきたゲラを3校ゲラとし、以後の作業を進め、刊行に至ったものである。

　それにしても、水界に関わる史料がこれほど多数にのぼるとは想像しておらず、当初は数年の作業で刊行できるものと考えていた。しかし案に相違して実際には足かけ18年もの長期にわたる仕事となった。しかも、未だ編者としては完全なものができたとは考えていない。脱漏や錯誤もあるはずである。た

だ、このまま刊行を引き延ばしても、短期間のうちに完璧なものを作り上げるのは困難をともない、かつまたその利便性を徒に先延ばしすることになると考えた。編者としては、いったん公の場に晒し、活用していただくとともに、将来に亘る補訂を期したいと考えている。

中世海事史料研究会

語彙索引

(1)あいうえお順に配列した。
(2)頻出する語彙または語彙冒頭に表示されず検索しにくい水界用語は太字で示し、その後に太字語彙を含む語句を、一字下げて示し、あいうえお順に配列した。

あ

合物 …………………………………356
あい物(四十物) ……………………300
青苔 …………………………………10,465
あをのり(青海苔) …………………435,466
青苔御贄 ……………………………10
あか …………………………………159
商船 ⇒ **商船**(しょうせん)
　安芸国海辺知行之地頭御家人 ………162
　秋船 ………………………………312
商人 ⇒ **商人**(しょうにん)
　悪志島蔵本 ………………………370
　悪止住人虎王次郎船 ……………420
　足羽升米 …………………………291
　鯵空閑 ……………………………39
　足守庄船 …………………………438
あしろ(網代) ………………………288
網代 ……………………16,193,337,340,436
網代具 ………………………………436
網代数ヶ所 …………………………202
網代村君 ……………………………16
網代用途 ……………………………339
網代寄庭弐所〈一所九町余　一所五町
　余〉 ………………………………105
あち(網地) …………………………393
姉小路町生魚供御人 ………………419

安濃津所司定使等 …………………24
安濃政所 ……………………………87
あま …………………………………373
あまくさの四かうら(天草の四ヶ浦)
　……………………………………348
あましをのたい百こん(甘塩の鯛百喉)…78
あますし(甘鮨) ……………………468
甘鮨桶五口 …………………………29
あまのうき橋 ………………………444
あまのり ……………………………350
あまのり(海苔)のかみふくろ二 ……154
あまのり(海苔)一ふくろ ……………153
網
　網分 ………………………………330
　あしろ(網代) ……………………288
　網代 ………………16,193,337,340,436
　網代具 …………………………436
　網代数ヶ所 ………………………202
　網代村君 …………………………16
　網代用途 …………………………339
　網代寄庭弐所〈一所九町余　一所五
　　町余〉 …………………………105
　あち(網地) ………………………393
　あみ(網) …………………183,403
　あミ(網) …………………………147
　網 …………110,129,153,154,158,259,261,
　　　　　291,297,310,386,441,442,455

あみ

網麻在家別参コキ宛	392
網以下所出物	290
あみ一てう(網一帖)	354
あみ(網)壱帖	386
あみいちてう(網一帖)	188
あミ一てう(網一帖)	371
あミ一てうか五ふん一(網一帖五分一)	403
あミうと(網人)	229
網人	127, 154
網人給	84
網口	295
網罟	218
網銭	331
網地	295, 393
網戸	297
網廿拽	321
あみ(網)二帖	78
あミ(網)の魚	390
あミ(網)の用途	375
細(網ヵ)庭	436
あみは(網場)	87, 352
網庭	127, 291, 307, 309, 451
網場	158, 259
網庭浦日根鮎川	41
網場三箇所	290
網庭年貢	307, 309
網場年貢	333
網場用途	468
網船	109
網分	330, 455
和泉国内膳網曳御厨供御人	250
伊奈網平結	405
魚を取る網	184
宇治河網代	202
海引網壱網	366
越中網鮭一艘別三尺	459
大網上分及塩御贄	447
大網むらきミ(村君)職	179
鉤網	88, 465
蒲田網片手	35
かまたのあは(蒲田網場)	132
かまたのあみはのかたて(蒲田の網場の片手)	87
漁翁之密網	108
漁網	81, 112, 113, 162, 343
魚網	113, 290, 343
漁網地	295
切破網	297
供祭料網代	78
湖水余流網代	340
鯯〈コノシロ〉網一艘別一石五斗	459
塩宇浦網庭	399
志美網	296
諸国浦浦引網垂釣之所職	124
殺生禁断〈殊重 鵜・鷹・狩猟・漁網等〉	239, 240, 413
殺生禁断之網場	158
立網	66, 103, 258, 295, 296, 297
たてあミのとく分(建網得分)二人分	377
旅網	185
手石はま(浜)のふくらき(鱶)あミのまへあと(前網堵)	352
飛魚網地	416
飛魚網地壱所〈在所由留木〉	171

なかのあしろ(中網代)……………408	鮎河浦地頭職……………………379
縄網………………………258, 296	鮎塩代………………………………195
破損網…………………………310	鮎鮨弐桶〈各一升納〉……………6
はまちあミ(網)………………147	鮎雑物…………………………213
ハマチ(魬)網…………………185	アキノスシ代(鮎の鮨代)………459
鰒網地壱所〈在所須那浦〉………171	石橋御贄鮨鮎一口………………460
鰒網地御菜………………………171	鵜飼鮎鮎八百喉…………………459
引網……………65, 66, 103, 297	押鮎………………………27, 54
引網取魚不法……………………129	狩鮎川人夫………………………26
引網壱細(網ヵ)…………………220	狩鮎河人夫………………………33
一松之網堵………………………242	少鮎………………………………322
一松のあみ(網)…………………242	鮨鮎・押鮎各千隻………………27
鰤網………………………………114	絶間川鮎上分……………………200
前網戸……………………………393	絶間河鮎上分……………………200
巻網鮭五尺………………………459	贄鮨鮎五桶………………………246
巻網鮭人別一尺・鮑ヒシキ……459	二乃島赤菜祈料鮎〈両方二荷〉……460
鱒網一艘別三十尺………………459	荒沢流……………………………243
弓削島網〈元亨元年〉用途支配………366	あらま□(荒巻)…………………377
ゆるきあちむらきミ(由留木網地村	あらまき(荒巻)…………………181
君)……………………………179	あらまき(荒巻)一巻……………301
由留木大網………………………179	荒巻弐巻〈大めしろ,小さは(鯖)〉………138
夜網御年貢………………………416	**荒布** ⇒ **荒和布**(あらめ)も参照
夜網………………………258, 296	荒布…………160, 169, 184, 220, 236, 251
羅網………………………………163	あらめ(荒布)………………78, 257
領家方網…………………………441	荒布七十把………………………241
アメ流……………………………105	荒布弐百把………………………174
アメノ魚取………………………105	雀部柏業荒布百束………………256
綾御船……………………………187	**荒和布** ⇒ **荒布**(あらめ)も参照
鮎	荒和布………127, 134, 172, 317, 330, 348,
網庭浦日根鮎川…………………41	368, 374, 455
あゆ(鮎)…………………………467	荒和布二百束……………………446
鮎……………………………11, 76	荒和布百把…………………………82
鮎江………………………………213	有浦大鳥居……………………83, 277

あわしまお

粟島御年貢鮑事、合仟佰貝者〈加預所得
　分定〉‥‥‥‥‥‥‥‥‥‥‥‥‥310
粟島地頭職‥‥‥‥‥‥‥‥‥‥137, 139
あわしまのちとうしき(粟島の地頭職)
　‥‥‥‥‥‥‥‥‥‥‥‥‥‥‥341
粟津供御人‥‥‥‥‥‥‥‥‥‥‥246
粟津商人‥‥‥‥‥‥‥‥‥‥‥‥347
粟津橋‥‥‥‥‥‥‥‥‥‥‥‥‥345
粟津橋本并都鄙供御人‥‥‥‥‥‥345
阿波国海賊出入所所‥‥‥‥‥‥‥379
阿波国小勢津商人‥‥‥‥‥‥‥‥324
鮑　⇒　蚫(あわび)も参照
　粟島御年貢鮑事、合仟佰貝者〈加預所
　　得分定〉‥‥‥‥‥‥‥‥‥‥310
　鮑ヒシキ‥‥‥‥‥‥‥‥‥‥‥459
　うすら焼鮑‥‥‥‥‥‥‥‥‥‥101
　さしあひ(刺鮑)‥‥‥‥‥‥‥‥101
　蘇宜部徳満鮑百貝‥‥‥‥‥‥‥256
　干鮑夏五連秋五連〈これハ一艘の公
　　事也〉‥‥‥‥‥‥‥‥‥‥‥101
蚫　⇒　鮑(あわび)も参照
　蚫‥‥‥‥‥‥‥‥‥‥‥‥‥‥468
　蚫鰹各八斤‥‥‥‥‥‥‥‥‥‥77
　蚫ヒシヲ三升‥‥‥‥‥‥‥‥‥459
　魚蚫‥‥‥‥‥‥‥‥‥‥‥‥‥8
　御蚫‥‥‥‥‥‥‥‥‥‥‥‥‥382
　長蚫‥‥‥‥‥‥‥‥‥‥‥‥‥462
　黒蚫‥‥‥‥‥‥‥‥‥‥‥‥‥25
　神察(祭)蚫‥‥‥‥‥‥‥‥‥‥468
　汁雉羹〈居加生蚫〉‥‥‥‥‥‥54
　□ちあハひ(蚫)‥‥‥‥‥‥‥‥431
　長蚫‥‥‥‥‥‥‥‥‥‥‥‥‥11
　荷前御蚫‥‥‥‥‥‥‥‥‥‥‥22

円蚫‥‥‥‥‥‥‥‥‥‥‥‥‥‥25
丸蚫三百貝‥‥‥‥‥‥‥‥‥‥‥29
蒸蚫‥‥‥‥‥‥‥‥‥‥‥‥‥‥54
例進長蚫千百五十帖‥‥‥‥‥‥‥12
わかめ(和布)の□□あわひ(蚫)卅
　‥‥‥‥‥‥‥‥‥‥‥‥‥‥‥377
鰒　⇒　鯎(はまち)
あをさきかいふ(海夫)‥‥‥‥‥‥132

い

異域異賊之降伏法‥‥‥‥‥‥‥‥206
異域凶俗‥‥‥‥‥‥‥‥‥‥‥‥248
異域之凶賊‥‥‥‥‥‥‥‥‥‥‥291
以浦(江浦)‥‥‥‥‥‥‥‥‥‥162
井江‥‥‥‥‥‥‥‥‥‥‥‥‥‥143
筏
　いかた(筏)‥‥‥‥‥‥‥‥‥‥436
　筏‥‥‥‥‥‥‥‥‥‥‥‥‥‥20
　筏師‥‥‥‥‥‥‥‥‥‥28, 32, 436
　筏目‥‥‥‥‥‥‥‥‥‥‥‥‥363
　異国征筏(伐)之霊神‥‥‥‥‥‥232
　異敵征筏(伐)‥‥‥‥‥‥‥‥‥232
　船筏‥‥‥‥‥‥‥‥‥‥‥‥‥276
　保津筏師‥‥‥‥‥‥‥‥‥100, 320
　末法之船筏‥‥‥‥‥‥‥‥‥‥265
碇公事‥‥‥‥‥‥‥‥‥‥‥‥‥43
碇役‥‥‥‥‥‥‥‥‥‥44, 45, 47, 48, 50
生魚
　姉小路町生魚供御人‥‥‥‥‥‥419
　生魚‥‥‥‥‥‥‥‥‥‥‥187, 345
　生魚供御人‥‥‥‥‥‥‥‥‥‥345
　生魚交易‥‥‥‥‥‥‥‥‥‥‥210
　生魚座‥‥‥‥‥‥‥‥‥‥‥‥294

いこく

| 生魚并諸雑物等売買業……………345
| 生魚売買之業………………………186
| 生魚売買業…………………………186
| 供祭生魚類…………………………203
| 蔵人所生魚供御沙汰人……………281
| 蔵人所生魚供御奉行職………………32
| 放生魚………………………………89,90
| 放生魚買……………………………321
| 放生魚貝六十三万隻…………………56
| 備進毎日生魚供御……………………32
| 六角町生魚供御人…………………419
壱岐島合戦……………………………197
生江端長堅莫十連……………………256
池
| 池……………………………………143
| 池河……………………………365,467
| 池山殺生……………………………147
| 禁断殺生〈河池魚鱗等〉……………240
| 沢江河池………………………………23
| 占梵池堤并当村(下村)内海船一円不
　残之………………………………402
| 遠江堀池………………………………24
| 深池……………………………………29
生贄之供………………………………349
異国
| 異国……128,147,162,176,199,202,246,
　　　　　248,249,251,336,419
| 異国悪賊……………………………198
| 異国異賊之凶悪……………………193
| 異国祈最勝王経請定……226,234,238,
　　　　　242
| 異国祈最勝王経衆請定……………444
| 異国御祈……128,135,136,159,160,189,

192,235,440,444,445
異国合戦之忠…………………………286
異国祈禱………………………………242
異国警固……144,164,173,198,212,213,
　　　217,223,224,226,253,254,273,298,
　　　299,317,357,369,380,382,385,398,
　　　400,446
いこくけいこ(異国警固)……………320
異国警固今津番役………………213,239
異国警固構筑前国石築地……………370
異国警固并箱崎石築地用途…………385
異国警固の番役………………………172
異国警固博多番役……170,187,188,255,
　　　259
異国警固筥崎番役……………………190
異国警固番役……200,201,240,243,249,
　　　288,398
異国降人………………………………194
異国降伏…35,59,66,128,159,160,190,
　　　199,202,203,206,226,229,247,252,
　　　257,265,266,269,280,291,293,315,
　　　317,366,410,421,444,445,461
異国□(降)伏…………………………403
異(国脱ヵ)降伏………………………203
異国降伏御祈……190,191,201,202,223,
　　　230,234,235,237,238,240,244,245,
　　　246,247,248,249,252,287,315,319
(異)国降伏御祈………………………246
異国降伏御祈請定……………………238
異国降伏御祈御読経…………………230
異国降伏御祈巻数……………………238
異国降伏御祈供養法事………………230
異国降伏御祈賞………………………257

いこく

異国降伏御巻数	239
異国降伏御祈禱	195, 223, 232, 233, 238, 279, 283
異国降伏御祈禱巻数	321, 323
異国降伏祈禱御巻数	432
異国降伏巻数	161, 199
異国降伏祈請	222
異国降伏祈禱	235
異国降伏祈禱勤行	251
異国降伏御料	248
異国降伏院宣	455
異国降伏之秘法	197
異国降伏之霊験	251
異国降伏霊験	208
異国止賊	230
異国襲来	191, 205
異国襲来之浮説	235
異国襲来浮説	235
異国征伐	164, 165, 206, 238, 267, 410, 445, 461
異国征罸	256
異国征伐御祈	152
異国征罸之軍神	344
異国征罰之霊社	367
異国征筏(伐)之霊神	232
異国静謐	449
異国船	134
異国賊船	247
異国賊徒	289
異国大般若経転読	189
異国牒状	248
異国調伏御祈	205, 245
異国敵賊之警固	190
異国之凶計	440
異国の軍兵	191
異国之降伏	235
異国之大将	145
異国の人襲来	143
異国之防禦	141
異国発向	163
異国兵賊	230
異国蜂起	344, 412
異国防禦	166, 295
異国訪(防)御	166
異国防禁御祈	225
異国防御之御祈	447
異国要害	279
異国用心	164, 166, 168, 189, 216, 251, 302
弘安四年異国合戦	232
降伏異国之威験	211
従他国始来入異国人等	194
防禦異国	449
伊雑神戸刀禰	20
石津所司殿	253
石火宮供菜	28
夷城	17
泉木津之宿所	434
和泉国内膳網曳御厨供御人	250
居関	72
伊勢国拾五箇所塩浜〈出羽太郎入道聖願跡〉	303
伊勢国十五所塩浜地頭	351

磯

磯	416
礒(磯)	153

いつくしま

| 野島之磯海苔……………469

異賊
| 異域異賊之降伏法…………206
| 異国異賊之凶悪……………193
| 異賊……162, 163, 192, 203, 222, 230, 314, 315
| 異賊合戦……191, 279, 298, 299, 372, 453
| 異賊合戦勲功……………245, 246, 302
| 異賊合戦賞………………297
| 異賊合戦之恩賞…………338
| 異賊勧賞…………………298
| 異賊去年襲来……………158
| 異賊警固……215, 231, 245, 291, 308, 376, 398, 399, 400, 401
| 異賊警固以下面々所役………288
| 異賊警固筥崎番役…………235
| 異賊警固番……………294, 298
| 異賊警固番役……274, 282, 304, 329
| 異賊警固番役覆勘状…………373
| 異賊警固兵船………………295
| 異賊警固要害構舟簱釘以下所役……228
| 異賊警固要害所々………228
| 異賊降伏…………195, 207, 233, 260, 264
| 異賊降伏御祈……184, 201, 223, 244, 247
| 異賊降伏御祈禱………………315
| 異賊襲来……………156, 197, 226, 260
| 異賊征伐………………317
| 異賊退散………………267, 447
| 異賊之防禦………………294
| 異賊番役………………400
| 異賊防御………………442
| 異賊防禦……215, 216, 286, 294, 300
| 異賊防禦御祈禱………294, 295, 298

| 異賊防禁………………279
| 異賊要害構石築地…………289
| 異賊用心………………302
| 異賊用心石築地……………410
| 異賊用心兵船……………451, 452
| 異賊用心兵船内豊後国分□（艘ヵ）…………442
| 異賊用心兵船内………442
| 弘安四年異賊合戦…………260
| 弘安四年異賊合戦勲功賞………357
| 降伏異賊之祈請……………197
| 蒙古異賊……………189, 298
| 蒙古異賊近来襲来………216
一々被配流遠島………………396
一孤島………………307
市津………………213, 375
市津関渡海泊山河津料煩……………31
市津関伯（泊）路次往反…………132
市津関料山手渡海煩…………29
市津関渡………………345
市津関渡津料………………91
市津関渡津料例物…………73
市津関渡山手地頭守護等煩…………116
市津并関渡………………345
市津料………………94, 345
市津路次………………240
市津路辻海上………………298
市手津料之煩………………31
一洲関雑掌………………341
イチノツレウ（市の津料）………299
一宮奉免船………………100
異朝………………17
伊都岐島社………………104

いつくしま
- 厳島大明神……………………327
- いつくしま(厳島)の上分米……258
- 壱間塩屋………………………263
- 一艘……………………………452
- 壱艘者〈宇坂東丸〉………………5
- 一丁塩浜………………………391
- 一斗　海上上分………………308
- □(一ヵ)百文〈淀雑用〉…………393
- 異敵……………………………156
- 異敵襲国………………………287
- 異敵征罰………………………317
- 異敵征筏(伐)…………………232
- 異島流罪………………………194
- 伊奈網平結……………………405
- 猪名庄八十島役………………17
- 猪使茂友海老五升……………256
- 猪乃塩付………………………299
- 今津後浜警固…………………204
- 今津後浜警固番………………263
- 今津後浜警固番役…253,255,260,274,285
- いまとみたう(今富党)…………87
- 今富党…………………………132
- 今福御綱曳神人………………230
- 今宮神浜………………………334
- 伊予国海上警固………………365
- 伊予国忽那島一分地頭………317
- 伊予国忽那島〈付松吉名〉地頭職…100
- 入海……………69, 97, 284, 333, 440, 450
- 入海浦…………………………369
- 入海破損………………………293
- 入海浮浪………………………3
- 入海物…………………………261
- 入来名湊海……………………380

- 入船……………………………462
- 入舟……………………………9

海豚
- ｜ねすみいるか(鼠海豚)………443
- いろくづ………………………441
- 岩海……………………………114
- いわし(鰯)……………………186
- 石清水放生会以前殺生禁断……183, 186
- いを(魚)………………33, 168, 436
- 印度……………………………443
- 院内塔原領家方御米船…………176
- 因島地頭職……………………424
- 忌部米童丸伊予子十貝…………256

う

魚
- 姉小路町生魚供御人……………419
- あミ(網)の魚…………………390
- アメノ魚取……………………105
- 生魚……………………187, 345
- 生魚供御人……………………345
- 生魚交易………………………210
- 生魚座…………………………294
- 生魚并諸雑物等売買業…………345
- 生魚売買之業…………………186
- 生魚売買業……………………186
- イホノルイ(魚の類)……………439
- いを(魚)………………33, 168, 436
- いを(魚)の御年貢……………33
- 魚…59, 68, 72, 79, 91, 129, 143, 146, 147, 150, 157, 159, 163, 168, 169, 176, 177, 182, 186, 188, 292, 295, 305, 330, 347, 388, 439, 442, 455, 462

うお

魚鮑	8
魚一こん	258
魚□	441
魚市	357, 448
魚市下司職	357
魚一(疋)	152
魚入之便水	65
魚鹿	175
魚直米	56
築魚住島全島舟泊	231
魚住泊	231
魚千侯	116
魚七ゝ(疋)	152
魚二侯	455
魚二種代二百八十六文〈スイリ、ムシリ魚定〉	400
魚二種代二百四十六文〈スイリ、ムシリ魚加定〉	400
魚二隻	436
魚二代五十文	400
魚簗	202
魚四十隻	299
魚六百五十侯	82
魚を取る網	184
鵜縄魚	250
大魚	157, 165, 181, 419, 436, 443
御さかな(魚)二寸	122
尾道浦津料魚貝	139
停止河海釣魚	246
河海之魚鱗	65
懸魚	68
かすのいを(員魚)	377
かすのいを(員魚)千三百廿	377
数之魚之富魚	181
員魚六十	341
堅魚鰒各三斤	17, 82, 179
堅魚鰒各二斤	17, 82
堅魚蝮(鰒ヵ)各二斤	178
河魚	305, 393
河魚漁	250
ききいを(魚)一	302
魚貝	11, 54, 106, 178, 218, 460
魚貝海藻	219
魚貝鳥類	27
魚貝之神田	178
魚具(魚貝ヵ)	462
魚蒐	249
魚食	84, 404
魚鳥	8, 70, 114, 118, 133, 143, 184, 199, 201, 209, 265, 330, 436, 440
魚鳥会	113
魚鳥供御人	68, 388
魚鳥交易	79
持魚鳥輩	404
魚肉之祭祀	202
魚肉之膾(膾)	102
魚盃	444
魚鼈之類	112, 113
魚網	113, 290, 343
魚猟	65
漁魚鱗	150
魚鱗	150, 316
魚鱗海藻	109
魚類	84, 170, 183, 225, 302, 438, 446
禁断殺生〈河池魚鱗等〉	240
供祭生魚類	203

うお

厨魚	276
蔵人所生魚供御沙汰人	281
蔵人所生魚供御奉行職	32
鯨魚	364
懸魚	68
現魚	276
小魚	436
江河の魚	111
神祭魚代塩春一俵	338
御菜三内〈魚一　汁一〉	285
菜料魚三隻〈番頭壱人分〉	392
さかな(魚)八十二	448
雑魚	468
雑魚・海老等一斗	292
雑魚・海老等一斗五升	292
サコシ(青箭魚)	185
雑魚廿五	381
雑魚廿五喉	368
さこ(雑魚)廿四桶〈不知数〉	302
さつこ(雑魚)と申小魚	193
雑ノ魚	468
三度御祭魚貝御贄	11
死魚	443
塩魚座	294
塩宇土中浦乃合乃魚見加崎於限	399
鹿猿熊鳥兎魚等殺生	354
四季之魚貝	149
寺中五辛魚類等往反	397
地頭漁河魚	76
白魚一合	428
白干魚	79
水魚之思	291, 379
鮨切魚	199
所漁魚類	302
節料紙魚等	278
殺生禁断〈殊重　鵜・鷹・狩獵・魚網等〉	239, 240
せんさしの魚	101
大魚	157, 165, 181, 419, 436, 443
大小魚五千五百隻内二尺五寸鯉四十隻	292
大小魚四千六百二隻	292
釣魚	117, 423
同料(四月晦日神祭料)船面魚	278
流毒草取魚	105
飛魚網地	416
飛魚網地壱所〈在所由留木〉	171
飛魚御年貢	363
飛魚千五百喉	459
とひいを(飛魚)千百	377
飛魚年貢	347
取魚	444
贄魚	76
二季神祭魚代塩	330, 455
年貢魚貝海藻	455
干魚折	347
氷魚	436
氷魚供祭	16
引網取魚不法	129
日次御供魚貝	70
日次供祭魚	76
日次供菜魚貝等	73
ひほく(比目)と申魚	154
分魚	276
放生魚	89, 90
放生魚貝	321, 322

放生魚貝六十三万隻	56
捕魚之課役	124
捕魚之輩	124
備進毎日生魚供御	32
毎日魚味	404
御厨子所魚鳥供御人	68
水にある魚	154
御贄魚	79, 319
めうといを(夫婦魚)五十さし	376
妙戸魚卅さし	181
めしのうほ(魚)	467
山川之猪鹿魚類	34
山川の猪鹿魚類を盗むもの	53
淀魚市庭	307
よとのうをの(淀魚)市次郎兵衛尉	325
漁魚	118
六角町生魚供御人	419
六角町魚鳥供御	69

鵜飼

鵜飼	76
鵜飼鮎鮓八百喉	459
鵜飼河内三郎給	254
鵜飼在家役	459
鵜飼役	6
桂御厨鵜飼等	388
巨勢鵜飼銅千斤	256

浮門	47, 50
浮島かはら	153
浮釣者之篇舟	108
浮橋	433
浮船	357
宇久島住人	360, 459

筌

うけ(筌)	292
筌蹄	249
宇治鱣取	16
宇自可綾童丸蟹十貝	256
宇治河網代	202
宇治河合戦	39
宇治野飼場	207
うちのなかのり(宇治の中乗り)	459
牛屋・粟島之名字	373
うすら焼鮑	101
歌島在家人	305
歌島領家御方得分物	308
内海	68, 114, 323, 332, 334, 455
内殿灯油荏胡麻関々煩	395
内御方御厨子所供御人	281
宇津庄桂供御人飼場	388
うなき(鰻)	170
鱣請	436
鱣流	216
鵜縄魚	250
宇野御厨荷	62
宇野御厨司	60
鵜船	223
鵜舟	406
鵜船壱艘	119

海

安芸国海辺知行之地頭御家人	162
阿波国海賊出入所	379
あをさきかいふ(海夫)	132
市津関渡海泊山河津料煩	31
市津関料山手渡海煩	29
市津路辻海上	298

うみ

猪使茂友海老五升……………256
伊予国海上警固………………365
入海………69, 97, 146, 284, 333, 440, 450
入海浦……………………………369
入海破損…………………………293
入海浮浪……………………………3
入海物……………………………261
入来名湊海………………………380
岩海………………………………114
内海………68, 114, 323, 332, 334, 455
海………5, 13, 18, 23, 25, 26, 29, 34, 62, 63,
　　　68, 75, 83, 89, 92, 98, 106, 110,
　　　114, 123, 128, 136, 147, 150, 154, 164,
　　　175, 182, 184, 187, 189, 191, 224, 258,
　　　275, 289, 340, 352, 357, 364, 367, 374,
　　　382, 385, 398, 408, 420, 429, 436, 445,
　　　453, 460
うみ(海)………………287, 340, 364, 408
うミ(海)……117, 144, 226, 287, 354, 364,
　　　371, 408
海々………………………………432
海浦…………………………65, 369
海江………………………………443
海懸………………………………334
海加志立…………………………13
海きは(海際)……………………153
海頭………………………………13
海河のすなとり(漁)……………297
海際…………………………………52
海畔………………………………102
海棹立……………………………358
海堺…………………………………8
海崎熊鶴左近……………………405

海渚………………………………244
海西(西海ヵ)………………………3
海入船………………………………60
うミのかいりうわう(海の海竜王)
　　　…………………………250
海のしほ(塩)……………………182
海のならい………………………120
海浜………………34, 98, 107, 286, 322
海浜已為町段限…………………34
うミはま(海浜)…………………200
海浜之漁者………………………135
海浜之漁夫………………………307
海者櫓械之届程…………………275
海引網壱網………………………366
海船………………………………402
海辺………88, 142, 157, 162, 177, 179, 206,
　　　225, 453, 465
海山………………………77, 406, 408
うみやま(海山)…………………304
海漁………………………322, 326, 359
浦一所海上………………………387
海漁………………………………326
海口領家職………………………460
江海…………………………………65
江海居屋敷………………………97
往反諸国市津関料山手渡海煩……39
往反渡海……………………………15
あをみ(近江)の水海……………443
近江水海辺………………………302
大海…………………………………22
海王………………………………146
海業…………………………………11
海菜………………………………382

うみ

海上……8, 22, 24, 159, 168, 191, 194, 203, 288, 302, 387, 390, 429, 460	海賊張本…………………372
海上以下得分…………………379	海賊張本田那部入道行蓮……372
海上押買…………………413	海賊入海之難…………………249
海上水手…………………179	海賊人…………336, 358, 450, 457
海上水手食物…………………178	海賊人犯用物…………………357
海上合戦…………………446	海賊扶持…………………363
海上漁船…………………295	海賊与党…………………387
海上警固…………327, 362, 363	海中…………23, 54, 181, 203, 441
海上上分…………………308	海中堺…………………23
海上風波之難…………………450	海中簀…………………150
かいしやうろうろう（海上牢篭）……368	海中得分物…………328, 332, 334
海神…………………89, 147	海中の小島…………………177
海人……9, 14, 54, 62, 71, 98, 144, 177, 302, 347, 440	海中之島…………………307
海人漁船…………………194	海中霊崛…………………203
海人之栖…………………436	海塚之寺…………………53
海水…………………134, 440	海底………15, 157, 162, 163, 291, 367, 445
海西之賊難…………………251	かいてい（海底）…………………444
海戦…………………66	海底之貝藻…………………218
海草…………………84, 297	海頭…………………95
海藻…………………150, 218	海道…………………82, 426, 453
海藻八斤…………………77	海頭方…………………95
かいさうもつすなとり（海雑物漁）…………………371	海内安穏…………………291
海賊……18, 22, 43, 65, 81, 84, 93, 97, 108, 113, 114, 123, 144, 162, 177, 188, 191, 204, 239, 240, 284, 290, 292, 324, 333, 343, 350, 352, 372, 379, 413, 417, 424, 435, 443, 450, 452, 456	海本（カイノモト）…………………33
	海夫…………………35, 101, 132
	かいふ（海夫）…………………87, 386
	海夫本司…………………60, 62
	海夫等本司職…………………53
	海辺……88, 142, 157, 162, 177, 179, 206, 225, 453, 465
海賊入海…………………260	海辺州県島嶼居民…………………56
海賊警固…………………357	海辺知行之地頭御家人…………………162
海賊船…………………198	海面…………………105
	海洋…………………145

うみ

海陸	116, 167, 243
海陸盗賊	9, 64
海陸之行	64
海陸之珍	9
海路	20, 90, 120, 198, 218, 222, 301, 302, 303, 331, 338, 435
海路往反	198
海路往反船	63
海路口	150
海路往反	443
海路之恐	255
海路旅	418
海路のならい	143
海路之難	245
海路之便宜	307
海路々次之煩	92
河海	81, 112, 143, 213, 257, 277, 299, 398, 436
河海夫等本司職	137
かゝい(河海)	145
停止河海釣魚	246
河海之魚鱗	65
金沢瀬戸内海殺生禁断	323
金沢瀬戸橋内海殺生禁断	323, 455
彼国(駿河国)の浮島かはらの海きは	153
放亀海	106
川流江河諸水之中海為第一	189
貴寺御管領分海道之過書	426
紀州湯浅海中之島	307
紀内之船入海	420
教道之恩徳海	29
魚貝海藻	219
巨海之激灘	445
巨唐万里之海	357
魚鱗海藻	109
苦海	89
苦海済度之船師	460
供御人等領海	32
供御領海分	32
求法渡海	23
海月一桶	431
江海	105, 109, 113, 118, 160, 249
航海	90, 128, 444
航海〈フナワタシ〉	128
江州強盗并海賊出入所々城郭	379
業障之海	5
荒野佰余町〈林野江海也　溝淵河等也〉	105
五濁苦海之船師	460
五島の海夫	386
こも(海藻)のかみふくろ一	154
西海	3, 25, 55, 89, 184, 187, 429
西海道関々渡沙汰人	192
西海道関渡沙汰人	89, 236, 350
西海道之路次津々関々等	43
西海道路次関々泊々	43
西海之波浪	309, 320
西国海賊	264
西国并熊野浦々海賊	308, 311
西海并熊野浦之海賊	316
西国名誉海賊	363
雑海藻二斤	17
雑海藻二斗	82, 178
雑海藻二斗五升	17, 82, 179
山海	89, 111, 118, 144, 150, 158, 181,

うみ

	307, 354, 415
山海所出	110, 259, 261
山海之環冨	445
山人海人	139
三千百億中印辺海	37
三千里の海	182
山中海辺	157
山野河	444
さんやかかい(山野河海)	158, 371, 376, 408
山野河海	52, 63, 84, 187, 248, 345, 349, 380, 385
山やかかい(山野河海)	376
□(山ヵ)野河海	360
山野河海半分	449
山野江海煩	109
山陽海路	192
塩海	277
塩海浜	277
塩海船賃	29
四海	154, 158, 187, 467
四海静謐	267
四海泰平之御願	211, 212
四海之静謐	287
四海のつわもの	159
四海万邦	17
慈山乳海	17
しよのうみ(自余の海ヵ)	408
諸市津関渡海泊山河津料	31, 41
諸市津関渡海泊山河津料煩	31
諸市津関渡海泊山河津料煩	31
諸市津関渡山河海泊津料関料市手山手率分	67

諸国市津関渡海泊	29
諸国市津関渡海泊煩	30
諸国市津関料山手渡海煩	41
諸国市津関渡山河率分山手海煩	29
諸国往反市津関渡山河率分山手海煩	30
世戸堤内入海殺生	146
世戸堤内入海殺生禁断	146
占梵池堤并当村(下村)内海船一円不残之	402
蒼海	188, 192
滄海	408
蒼海万里之波浪	35
大海	79, 105, 110, 114, 129, 134, 142, 146, 157, 165, 168, 169, 177, 181, 183, 184, 186, 188, 190, 305, 432, 440, 442
大海〈サヲタチ〉	79
大海江河	73
大海神御前〈御本地不分明〉	32
大海中	382
大海の波	187
大海の船	177
大海の水	118
大宋渡海	335
鷹狩海漁以下悪行	322, 326
中海	89
筑紫・鎮西の海中	181
田畠山野海一曲	83
田畠山野河海	248
田畠山野河海悉折中	385
当浦田畠在家山海三分一	354
当浦山海之風流	307
東海	89, 443
東南海上	302

うみ

渡海	23, 43, 131, 335, 450
渡海安穏	83
渡海求法之先賢	158
内海	68, 114, 323, 332, 334, 455
仲家領内海	332, 334
長門国吉永庄若海買領	112
南海	18, 89, 184, 355, 424
なん海	115
南海紀州	307
南海のいろくづ	183
南海之南	307
南海之民稼	67
日本国北海の島のえびす	186
年貢魚貝海藻	455
橋流船海	460
はまうみ(浜海)	4
汎海	86
万里之海	98
浮海	29, 191
浮海神人	29
福海等滄溟之広	446
北海	89, 186, 188
北海の島	156, 186
帆湊海	398
帆湊之海	385
松原河海	299
御賀尾浦ノ海山	408
水海船賃	29
湊海	385
湊海人等	302
南浜在家〈限東海波打際〉	404
海松	181, 256
みる(海松)	435
山海	89, 111, 118, 144, 150, 158, 181, 307, 354, 415
山海四至	62
山海狩猟	326
山河海	224, 453
山海得分	178, 179
山狩海漁	322
山河海得分半分	178
山河海辺	453
要海	446
陸地海路往返	82
六万艘兵船浮海	191

浦

あまくさの四かうら(天草の四ヶ浦)	348
網庭浦日根鮎川	41
鮎河浦地頭職	379
有浦大鳥居	83, 277
以浦(江浦)	162
入海浦	369
浦部下沙汰	297
海浦	65
浦	8, 14, 15, 18, 25, 28, 29, 30, 32, 33, 35, 44, 52, 54, 67, 69, 70, 71, 76, 77, 78, 80, 83, 85, 93, 97, 98, 106, 122, 130, 134, 136, 142, 143, 145, 147, 149, 151, 155, 168, 170, 208, 210, 211, 224, 225, 232, 236, 258, 260, 264, 265, 268, 279, 288, 289, 297, 355, 369, 373, 379, 380, 403, 434, 436, 449, 451, 458
うら(浦)	131, 200, 226, 293
浦一所海上	387
浦入	434

うら

浦々	30, 155, 352, 398, 452
うらうらしましま(浦々島々)	402
浦々島々破損船充満	194
浦々所々	204, 363
浦々関々	310
浦々関泊交易往反之煩	281
浦々刀禰給	122
浦々泊々の船	191
浦々習	297
浦々のもののふ	181
浦浦之領主并土民	32
浦々傍例	297
浦御菜	62
浦在家	363
浦肴	331
浦島	329
浦島子之往情	429
浦総検校	420
浦津	48
浦得分	168
浦刀禰	14, 70
浦内寺社	285
浦年貢	339
浦浜	274, 334
うらはまてのかつをつるふね(浦浜手の鰹釣る船)	448
浦人	14, 76, 326, 328, 359
浦百姓	347
浦分	369
浦分地頭職	214
浦分御年貢塩	363, 416
浦分下沙汰	297
浦部下沙汰職	299, 452
浦部島下沙汰	340
浦部島地頭職	340
浦部拾伍箇庄	4
うらへのちとうしき(浦部の地頭職)	340
以浦(江浦)	162
江浦	163
大浦田	146
大浦路	373
大鳥社供祭浦	25
大野浦地頭職	216
於河浦職	244
小値賀・浦部地頭	315
小値賀島内浦部島地頭職	144
尾道浦馬次郎〈今者死去〉船下向	279
尾道浦桑原方公文	279
尾道浦寺社	285
尾道浦津料魚貝	139
堅田浦雑掌	140
狩俣島以下□(浦ヵ)々	320
自関東給七ヶ所浦其一	70
近国并西国浦々関々	310
忽那島内西浦惣追捕使職	223
忽那島名田并西浦惣追捕使職	314
国東郷内年来浦地頭職	394
こうのうら(郡浦)につくおけ(桶)に	365
郷分浦	355
こうらたう(小浦党)	87
小浦党	132
此浦	90
西国并熊野浦々海賊	308, 311
西海并熊野浦之海賊	316

うら

三ヶ浦預所代……………………344
三ヶ浦地頭職……………………119
三ヶ浦分御公事…………………289
塩宇浦網庭………………………399
志積浦廻船人……………………445
志積浦刀禰………………………298
志積浦刀禰職……………………403
島浦両労之役……………………431
島々浦々船党……………………266
下津浦堂免………………………269
十二所乃浦………………………143
宿浦住人…………………………453
諸国浦浦引網垂釣之所職………124
神領三ヶ浦………………………120
菅浦供御人………53, 152, 239, 261, 265,
　　　266, 269, 270, 271, 272, 273, 276, 277,
　　　　　　　278, 280, 281, 282, 283
菅浦供御人等……………………268
菅浦公文…………………………256
菅浦惣官供御人…………396, 397
菅浦惣追捕使……………………267
菅浦惣追捕使職…………………132
菅浦日次供御人…………………271
菅浦御厨所供御人………………322
菅浦御厨子所供御人……………359
関々浦々………………………89, 350
惣領浦々…………………………332
惣領進止浦々…………………328, 334
多烏浦沙汰人百姓等……………171
多烏浦住人………………………237
田烏浦天満天神宮………………253
多烏浦刀禰……………………95, 254
多烏浦刀禰職…………………106, 214

田烏浦刀禰職……………………104
多烏浦分…………………………365
千綿浦年貢………………………339
津浦………………………………50
津津浦浦…………………………15
津々浦々…………………………47
津々浦々地頭所…………………146
汲部・多烏以下八ヶ所浦沙汰人百姓
　　　等…………………………149
汲部多烏両浦一年中万雑公事を代か
　　　へ候銭……………………322
汲部多烏両浦御年貢銭…………322
汲部多烏両浦当年御年貢銭……322
手浦塩釜…………………………353
手浦刀禰………………………290, 359
手浦刀禰職……………………284, 285, 289
手浦刀禰丸………………………289
たううら(当浦＝羽島浦)………360
当浦………………………………340
当浦(御賀尾浦)…………………335
当浦(羽島浦)……………………360
当浦[　]開発……………………236
同浦(尾道浦)公文………………285
当浦肴………………………………185
当浦船中点定……………………445
当浦惣検使………………………399
当浦(志岐浦)惣検使……………401
当浦檀那…………………………307
当浦鎮守天満大自在天神………255
当浦田畠在家山海三分一………354
当浦刀禰………………………349, 457
当浦刀禰職………………………237
当浦之沙汰人刀禰職……………70

うんちん

当浦人等船中所持能米六石	445
当浦名誉悪党	363
当浦山壱所	341
当浦山海之風流	307
得宗御領志岐浦	401
戸［　　］（八浦）地頭	201
戸八浦地頭職	103, 127
戸八浦住人	103
戸八郷内四箇所浦々	132
戸町浦地頭	127
戸町の浦の地頭職	130
泊浦小里住人紀内之船	420
鞆浦檀那名字	398
内膳浦	85
那波浦検注	454
二浦之崖	445
西浦地頭	288
西浦惣追捕使職	224
西浦若法師丸	182
能登浦狩厨	264, 354
羽島浦一曲	87
鰒網地壱所〈在所須那浦〉	171
東浦地頭	288
ふかへのうらのちとうしき（深江浦の地頭職）	101
豊後津々浦々船	284
豊後国浦部十五ヶ所	438
松浦党	155
御面浦刀禰	338
御賀尾浦刀禰	344
御賀尾浦刀禰百姓	341
御賀尾浦ノ海山	408
御賀尾浦ノ刀禰	408
三かの浦御公事	284
参河浦刀禰職	111, 170
宮跡（路）浦塩屋一宇	401
宮路浦塩屋一宇	398
宮地浦内塩屋	401
弥勒寺領浦部十五ヶ所	438
むつら（六浦）のうりかい（売買）	461
矢代浦狩仕供祭人	70
矢代浦戸（刀）禰職	239
山預浦	70
呼子浦遊君	335
両浦（多烏・汲部浦）	416
両浦沙汰人	134, 147
両浦とね（刀禰）	322
両浦刀禰所	206
りょううらのとね（両浦の刀禰）	322
両浦之百姓	237
例名内浦分地頭職	214
六ヶ浦	29
若狭国志積浦廻船納物等	425
若狭国二十二所の浦	467
鱗族	305
鱗類之肉	102
運上銭	347
運上之年貢	58
運漕	231, 407
運漕舟船	350
運送船	89, 236, 241, 294, 306, 350, 378
運漕調物	218
運送年貢	459
運送之船津	307
運漕三津之浜	407
運賃	48

え

え

江

- 鮎江 …………………………………213
- 以浦（江浦）…………………………162
- 井江 …………………………………143
- 生江端長堅莫十連 …………………256
- 海江 …………………………………443
- 江 …………………23, 68, 140, 258, 374
- 江井崎商人 …………………………429
- 江井崎船 ………………………326, 350
- 江海 ………65, 105, 109, 113, 118, 160, 249
- 江海居屋敷 ……………………………97
- 江浦 …………………………………163
- 江川 …………………………………265
- 江河 ……62, 73, 84, 89, 118, 129, 432, 442
- 江口在家 ……………………………286
- 江成 …………………………………201
- 江ハた（江端）…………………258, 269
- 江毘酢（エヒス）………………………33
- 江比洲御前〈御本地毘沙門〉…………32
- 江鮒 …………………………………322
- 江みなと（江湊）……………………436
- 江り（鮞）……………………………399
- 江利（鮞）………………………………81
- 江入 …………………………………116
- 大江御厨供御人 ……………………388
- 大江御厨執行職 ……………………388
- 大江御厨惣官職 ……………………388
- 大江御厨番供立名 …………………388
- 川流江河諸水 ………………………189
- 供祭之江入（鮞）……………………270
- 江河の魚 ……………………………118
- 江海 …65, 73, 105, 109, 113, 118, 160, 249
- 江湖のいろくつ ………………………53
- 江湖之鱗 ………………………………34
- 江州強盗并海賊出入所々城郭 ………379
- 江潭 ……………………………………29
- 荒野佰余町〈林野江海也　溝淵河等也〉……………………………………105
- 沢江河池 ………………………………23
- 山野江河狩倉 …………………………84
- 山野江海煩 …………………………109
- 新江利 …………………………………81
- 大海江河 ………………………………73
- 津江御厨供御人 ……………………388
- 津江御厨立留供御人 ………………388
- 当社供祭江入（鮞）…………………266
- 遠江堀池 ………………………………24
- 土民等私江利（鮞）…………………270
- 南白江合戦之由 ……………………387
- 播磨国江井崎（営崎）商人 …………429
- ふかへのうらのちとうしき（深江浦の地頭職）………………………………101
- 堀江 ……………………………………68
- 湊江分 …………………………………81
- 山川江河 ………………………………89
- 良近江海松八百帖 …………………256
- □（和）賀江関所沙汰人 ……………309
- 和賀江津材木 …………………………99

- 枝船 …………………………43, 45, 47, 48, 50
- ゑた船（枝船）…………………………44
- 越中網鮭一艘別三尺 ………………459
- ゑのきとの河流 ……………………140

海老

- 猪使茂友海老五升 …………………256

おおつさほ

| 海老……322
| えひ(海老)……169
| ゑひ(海老)三斗七升〈不知数〉……302
| 雑魚・海老等一斗……292
| 雑魚・海老等一斗五升……292
| 上リエヒ(蝦・海老)……185
江昆酢(エヒス)……33
江比洲御前〈御本地毘沙門〉……32
夷島……183
夷城……17
江利 ⇒ 魞(えり)も参照
| 江利(魞)……81
| 新江利……81
| 土民等私江利(魞)……270
魞 ⇒ 江利(えり)も参照
| 江り(魞)……399
| 江利(魞)……81
| ゑり(魞)……399
| 供祭之江入(魞)……270
| 当社供祭江入(魞)……266
| 土民等私江利(魞)……270
怨賊……152
塩田……239
円爾……83, 86, 93, 114, 115

お

御鮑……382
往還之船……62
往反諸国市津関料山手渡海煩……39
往反諸国市津関渡津料例物山河率分山
　手煩……41
往反渡海……15
往反之船……198

往反船……389, 414
あをみ(近江)の水海……443
近江水海辺……302
大網上分及塩御贄……447
大網むらきミ(村君)職……179
大魚……157, 165, 181, 419, 436, 443
大海……22
大浦田……146
大江御厨供御人……388
大江御厨執行職……388
大江御厨惣官職……388
大江御厨番供立名……388
大風大波……43
大かま……363
大川……68
大河流……264
大河曳夫……28
大鯉一侯……95
大塩……252
大塩一表……337
大島社供祭……270
大介津守宿禰……116
大鮨桶……29
大田・桑原春船分御年貢……396
大田庄梶取丸……14
大俵……169, 174, 348
大俵塩……127, 132, 134, 135, 148, 151, 160,
　162, 172, 173, 220, 330, 333, 338, 443,
　455, 459
大俵しを(塩)……257
大俵塩五斗俵……469
大津神戸司職……91
大津左方神人……106

おおつさゆ

大津左右方神人………………21
大津車力………………………29
大津関所………………………67
大津関米………………………291
大津問…………………………79
大津問丸………………………304
大津本銭………………………350
大泊……………………………183
大伴遠茂和布二百束…………256
大鳥社供祭浦…………………25
大鳥社神人……………………25
大鯰………………………321,322
大野浦地頭職…………………216
大墓御厨………………………455
大林河青苔……………………10
おほひらつ(大平戸)の党……386
おおひらとたう(大平戸党)…87
大鮒……………………………322

大船
　大船………54,158,188,203,363,443
　大船一艘……………………344
　大船師…………………89,357
　乙王女分大船一艘〈名フクマサリ〉
　　……………………………349
大舟………………………89,441
大堀……………………………265
大山口橋………………………62
大山崎神人………………42,60,325
大渡橋……………………177,215
大渡橋辺………………………206
おか新羅(尾頭)………………181
御加津木………………………382
御唐衣…………………………212

小川……………………………295
小河………………128,190,271,373
於河浦職………………………244
小河曳夫………………………28

沖
　沖…………………45,47,48,50
　沖州…………………………75
　沖走…………………………44
　かたのをき(潟の沖)………123
　をきつ(沖津ヵ)……………171

置石
　置石方………405,407,411,461
　経島升米・置石……………320
　経島升米・置石等…………319
　下船置石……………………313
　兵庫島置石…………………341

隠岐国船所……………………91
隠岐前司………………………419
御倉敷…………………………141

桶
　甘鮨桶五口…………………29
　鮎鮨弐桶〈各一升納〉………6
　大鮨桶………………………29
　かうまつりのをけ一(神祭桶一)……289
　蠣桶十六口…………………82
　カキ桶………………………455
　かきをけ(蠣桶)八…………78
　鰓桶…………………………368
　冠鮨桶九……………………459
　海月一桶……………………431
　こうのうら(郡浦)につくおけ(桶)に
　　……………………………365
　五斗納鰓桶代………………381

おのみちふ

伍斗納鮨桶	468
さこ(雑魚)廿四桶〈不知数〉	302
塩辛桶	363
敷枝鮨九桶代	459
すしをけ(鮨桶)	376
鮨桶	354, 416
□すしをけ(鮨桶)一	377
鮨桶壱口	338
鮨桶三口	459
鮨桶代	363
同(鮭)児一桶	462
鳥部細茂鰯十桶	256
同(上分鮭)児一桶	462
伴林烏丸水雲十五桶	256
贄鮨鮎五桶	246
罷部阿古主鮨十桶	256
私守頼心太十五桶	256
をこ(おこ)	176
御肴	92, 98
御さかな	368, 433
御さかな(魚)二寸	122
御酒塩	326
押鮨	27, 54
御塩	68
御塩所司	233
御塩殿	20
小塩保御問	38
御塩焼	68, 80
御塩焼新田	462
御塩焼重主	367
御塩焼内人	27
御塩湯	63, 64
御塩湯内人	17
御塩陸拾俵代銭拾陸貫文	417
押鮨百五十隻	246
押取船	324
押取船二艘	278
押船	47, 48, 50
御雑事塩	331
小値賀・浦部地頭	315
小値賀島地頭職	110
小値賀島住人	87
小値賀島内浦部島地頭職	144
御手代綺丸鮭百伎(隻)	256
乙王女分大船一艘〈名フクマサリ〉	349
御綱曳神人	230
おとからふね	9
御取玉貫漁進	382
同しほのこたわら(塩小俵)三	377
御年貢運上船	140
御年貢大塩	258
御年貢大俵塩	111, 124, 241
御年貢大俵塩弐百弐拾俵	317
御年貢塩	195, 220, 241, 249, 251, 252, 337, 441
御年貢塩大俵	169
御年貢塩代銭	409, 417
御年貢船	380
御年貢之塩	82
御年貢之船	301
御年貢米塩	377
尾道浦馬次郎〈今者死去〉船下向	279
尾道浦桑原方公文	279
尾道浦寺社	285
尾道浦津料魚貝	139
尾道船津	13

おはまとこ

御浜床子……………………4
小浜住人……………………425
小浜宿………………………84
小浜八幡……………………322
小浜政所……………………423
御ヒキテ物塩二十石運上……103
御船差………………………68
御船…………………………8, 338, 430
御船祭………………………107
御迎船用途…………………278
御裳濯河堤役………………13
御私船………………………68
御供
　由原宮御供塩□(浜ヵ)参段……55
　塩屋神御供塩屋加地子……296
　日次御供魚貝……………70
遠国島………………………143
遠国の島……………………183
遠戎襲来……………………202
遠島…………………………55, 363, 396, 401
遠島流刑之重科……………396
をんなかわのむらのてんはく・さいけ・
　やまかわ…………………376
遠流…………………………120

か

貝
　粟島御年貢鮑事、合仟佰貝者〈加預所
　　得分定〉…………………310
　忌部米童丸夘子十貝………256
　宇自可綾童丸蟹十貝………256
　尾道浦津料魚貝……………139
　貝……………………………150

海底之貝藻…………………218
魚貝…………………………11, 54, 106, 178, 218, 460
魚貝海藻……………………219
魚貝鳥類……………………27
魚貝之神田…………………178
魚貝(魚貝ヵ)………………462
三度御祭魚貝御贄…………11
四季之魚貝…………………149
すすめ貝……………………322
蘇宜部徳満鮑百貝…………256
著貝…………………………54
年貢魚貝海藻………………455
ひかい(干貝？)八十九……302
日次御供魚貝………………70
日次供菜魚貝等……………73
放生　魚貝…………………321, 322
放生魚貝六十三万隻………56
螺貝…………………………102
丸鮑三百貝…………………29
海王…………………………146
海業…………………………11
海菜…………………………382
カキ塩………………………338, 459
海上
　市津路辻海上………………298
　伊予国海上警固……………365
　浦一所海上…………………387
　海上…………8, 22, 24, 159, 168, 191, 194, 203,
　　288, 302, 387, 390, 429, 440, 460
　海上以下得分………………379
　海上押買……………………413
　海上水手……………………179
　海上水手食物………………178

かいちゅう

| 海上合戦 | 446 |

| 海上漁船 | 295 |

| 海上警固 | 327, 362, 363 |

| 海上上分 | 308 |

| 海上風波之難 | 450 |

| かいしやうろうろう（海上牢篭） | 368 |

| 東南海上 | 302 |

海神 89, 147

海人 9, 14, 54, 62, 71, 98, 144, 177, 302, 347, 440

| 海人漁船 | 194 |

| 海人之栖 | 436 |

| 海水 | 134, 440 |

| 鎮伏海西之賊難 | 251 |

廻船

| 廻船 | 45, 47, 48, 50, 73, 425, 465 |

| 廻船下向之鋳物師并土鋳物師 | 124 |

| 廻船交易 | 116 |

| 廻船交易往反 | 91 |

| 廻船商人 | 25 |

| 廻船商人等着岸 | 218 |

| 廻船荷 | 438, 465 |

| 廻船人 | 93 |

| 廻船之業 | 445 |

| 志積浦廻船人 | 445 |

| 諸国七道往反廻船 | 439, 465 |

| 津々泊々廻船 | 452 |

| 若狭国志積浦廻船納物等 | 425 |

| 海船 | 402 |

| 海戦 | 66 |

| 回船 | 112 |

| 海草 | 84, 297 |

海藻

| 海藻 | 109, 150, 218 |

| 海藻八斤 | 77 |

| 魚貝海藻 | 219, 455 |

| 魚鱗海藻 | 109 |

| 雑海藻二斤 | 17 |

| 雑海藻二斗 | 82, 178 |

| 雑海藻二斗五升 | 17, 82, 179 |

かいさうもつすなとり（海雑物漁） 371

海賊

| 阿波国海賊出入所々 | 379 |

| 海賊 | 18, 22, 43, 65, 81, 84, 93, 97, 108, 113, 114, 123, 144, 162, 177, 188, 191, 204, 239, 240, 284, 290, 292, 324, 333, 343, 350, 352, 372, 379, 413, 417, 424, 435, 443, 450, 452, 456 |

| 海賊入海 | 260 |

| 海賊入海之難 | 249 |

| 海賊警固 | 357 |

| 海賊船 | 198 |

| 海賊張本 | 372 |

| 海賊張本田那部入道行蓮 | 372 |

| 海賊人 | 336, 358, 450, 457 |

| 海賊人犯用物 | 357 |

| 海賊扶持 | 363 |

| 海賊与党 | 387 |

| 江州強盗并海賊出入所々城郭 | 379 |

| 西海并熊野浦之海賊 | 316 |

| 西国海賊 | 264 |

| 西国并熊野浦々海賊 | 308, 311 |

| 西国名誉海賊 | 363 |

| 海中 | 23, 54, 203, 441 |

| 海中堺 | 23 |

| 海中簀 | 150 |

かいちゅう

海中得分物 …………328, 332, 334
海中の小島 …………………177
海中の島 ……………………307
海中霊崛 ……………………203
海塚之寺 ……………………53
海底 ……15, 157, 162, 163, 291, 367, 445
かいてい(海底) ……………444
海底之貝藻 …………………218
海頭 …………………………95
回唐 …………………………130
海道 ………………82, 426, 453
海頭方 ………………………95
海内安穏 ……………………291
海本(カイノモト) ……………33
海浜 ……………34, 98, 107, 286, 322

海夫
  あをさきかいふ(海夫) ……132
  海夫 ………………35, 101, 132
  かいふ(海夫) ………………87, 386
  海夫本司 ……………………60, 62
  海夫等本司職 ………………53
  河海夫等本司職 ……………137
  五島の海夫 …………………386
海辺 …88, 142, 157, 162, 177, 179, 206, 225, 465
海辺州県島嶼居民 …………56
海面 …………………………105
海洋 …………………………145
解纜 …………………3, 99, 247
海陸 ……………116, 167, 243
海陸盗賊 ……………………9, 64
海陸之行 ……………………64
海陸之珍 ……………………9

海路……20, 90, 120, 192, 198, 218, 222, 301, 302, 303, 331, 338, 435
海路往反 ……………………198, 443
海路往反船 …………………63
海路口 ………………………150
海路之恐 ……………………255
海路旅 ………………………418
海路のならい ………………143
海路之難 ……………………245
海路之便宜 …………………307
海路々次之煩 ………………92
かうまつりのをけ一(神祭桶一) ………289
河海 ………81, 112, 143, 213, 257, 277, 299, 398, 436
かゝい(河海) ………………145
河海夫等本司職 ……………137
停止河海釣魚 ………………246
河海之魚鱗 …………………65
掛船 …………………………43
懸船 …………………………47

蠣
  カキ桶 ………………………455
  蠣桶十六口 …………………82
  かきをけ(蠣桶)八 …………78
  かきかうまつり(蠣神祭)代中俵塩 ……………………………135
  蠣代 …………………………330

鈎
  鈎(鈎) ………268, 269, 271, 272, 273
  鈎網 …………………………88, 465
  鈎漁 …………………………190
  漁鈎 …………………………326
柿流 …………………………343

かちがつる

隠鋳物師……………………124
水手
　海上水手……………………179
　海上水手食物………………178
　水手……22, 44, 45, 75, 78, 113, 162, 163,
　　　　　178, 206, 221, 260, 268, 276, 299
　水手十三人粮料……………107, 161
　水手八人粮料………………169
　水手米…………230, 288, 292, 337
　水手糧米人別四斗、六石…131
　水手粮料……………………128, 137
　雑免水手米…………………285
　負駄水手代…………………230
　船水手用途…………………398
　廻水手………………………187
水主……………………43, 48, 50, 78
加子……………………………50
篭
　小古のしを(塩)七百三十篭………78
　小篭塩并御神祭等…………112
　小篭塩………………………330
　小篭代大俵…………………103
　代塩三百七十三篭……………7
　生和布一こ(篭)……………194
　生和布一篭…………………196
　贄篭…………………………460
河口……………………………224
風上成船………………………45
風上なる船……………………48
風下の船………………………48
笠神船路造通…………………309
笠神龍頭上下瀬………………309
笠原庄一宮社領内南浦………355

河岸……………………………72
檝………………………………15
かじ(梶)……………………115
香椎前浜石築地……………295, 442
菓子供御人…………………388
加志立………………………13
かしたち(櫂立)……………408
梶取 ⇒ 梶取(かんどり)
梶柱…………………………45
楫柱………………………43, 50
鹿島立原買…………………112
鹿島祭………………………32
過書…………………………378
梶櫓…………………………47
数之魚之富魚………………181
員魚六十……………………341
かすのいを(員魚)…………377
かすのいを(員魚)千三百廿…377
潟
　潟…………………………358
　かたのをき(潟の沖)……123
　かたはた(潟端)…………123
　潟はたの分………………258
　潟浜………………………23
　広潟浩浩…………………15
　干潟………………………358
　旱潟…………………225, 242
堅田浦雑掌…………………140
交野御綱曳…………………230
賀太庄等地頭職……………109
加多・比美塩浜……………358
賀太山塩木…………………334
勝津留当年弁済使…………111

499

かちかつる

かちかつるのへんさししき(勝津留弁
　済使職)……………………111
かちめ………………………………350
かちめ(一俵)………………………441
かちめ五把……………………206, 425

鰹
　鮑鰹各八斤……………………77
　うらはまてのかつをつるふね(浦浜
　　手の鰹釣る船)……………448
　鰹五十連………………………123
　松崎下宮鰹船二艘……………28
堅魚鰒各三斤………………17, 82, 179
堅魚鰒各二斤……………………17, 82
堅魚蝮(鰒ヵ)各二斤……………178
加津木………………………………382
かつら網……………………………50
かつら綱…………………………47, 48, 50
桂上下供御人………………………207
桂御厨鵜飼等………………………388
桂女在家七宇………………………349
金沢瀬戸内海殺生禁断……………323
金沢瀬戸橋内海殺生禁断……323, 455
金津神宮護国寺……………………340
金津神宮護国□(寺ヵ)……………341
金屋鋳物師…………………………31

蟹
　宇自可綾童丸蟹十貝…………256
　かに(蟹)類……………………107
　布留春光蟹螺蛤各少々………256

釜
　このもとのにしかま(木本西釜)……343
　塩釜………………………54, 208, 334
　しほかま(塩釜)………………360

　塩釜一面〈広四尺厚二寸〉………9
　つもとのかま(津元の釜?)……246
　手浦塩釜………………………353
　友貞名塩釜……………………441
　ひきものうちのかま(釜)……246
　分塩九石三斗〈除釜年貢定〉…249
鎌倉前浜……………………………423
鎌倉屋形……………………………201
鮒桶…………………………………368
蒲田網片手…………………………35
かまたのあは(蒲田網場)…………132
かまたのあみはのかたて(蒲田の網場
　の片手)………………………87
かまた(蒲田)の浦…………………386
竃戸関………………………………312
竃戸関地頭代………………………325
上津路………………………………73
上津留屋敷…………………………403
神浜…………………………………405

亀
　亀………………………176, 181
　かめ(亀)二……………………302
　放亀海…………………………106
　亀茲国…………………………432
　盲亀……………………………184
放亀海………………………………106
鴨河河防用途………………………117
鴨河堤…………………275, 313, 350, 380
鴨河堤用途…………………………425
鴨河防………………………………275
鴨河防役……………………………275
鴨社供祭人…………………………210

唐

からぶね

御唐衣一領……………………212
回唐…………………………130
唐綾………………………27, 64
唐梅…………………………379
唐織物………………………117
唐垣…………………………465
唐紙…………………………72
唐絹…………………………64
から国(唐国)………………182
唐紅…………………………72
唐墨八十五廷…………………26
唐錦…………………………464
唐橋……………………33, 75, 86
唐筆七十五支…………………26
唐物………43, 44, 45, 47, 48, 50, 117, 382,
426, 454
から物(唐物)………………402
款冬唐綾……………………27
関東大仏造営料唐船…………399
巨唐万里之海………………357
建長寺造営料唐船警固………384
遣唐使………………………23
高祖大師渡唐………………318
高祖大師入唐帰朝之昔…………5
御分唐船……………………118
白唐綾………………………27
大師御入唐…………………98
大師入唐帰朝………………59
大唐………………35, 104, 359
大唐高麗舞師………………236
唐……………………………37, 128
たう(唐)……………………454
唐高祖………………………33

とう人のみろ□(くゎ)そうりう(唐
人の弥勒造立)……………171
唐人霊山(道隠)長老…………383
唐船……25, 101, 118, 158, 218, 266, 384,
386, 399, 428, 430
たうせん(唐船)…………429, 460
唐船帰朝………………315, 398, 455
唐船着岸物……………………5, 430
唐船点定銭……………………235
唐船漂倒……………………267
唐船物………………………428
唐僧(明極楚俊)…………400, 401
唐大宗………………………22
唐土……23, 95, 98, 162, 163, 193, 411, 440
唐土寺式……………………57
唐瓶子一具…………………460
唐本一切経……………26, 35, 37
唐本大般若……………………81
唐本霊像……………………64
唐まてきこえ候し人…………401
渡唐………………………34, 318
渡唐本一切経…………………34
入唐………5, 24, 43, 59, 83, 98, 99, 165,
198, 444
入唐求学……………………198
入李唐………………………99
船定紋〈唐梅〉………………379
紅唐綾………………………27
紫唐綾………………………27
李唐…………………………99
款冬唐綾……………………27

唐船

| 関東大仏造営料唐船……………………399

からぶね
　建長寺造営料唐船警固……………………384
　御分唐船………………………………118
　唐船……25, 101, 158, 218, 266, 386, 428, 430
　たうせん(唐船)……………………429, 460
　唐船帰朝………………………315, 398, 455
　唐船着岸物……………………………5, 430
　唐船点定銭……………………………235
　唐船漂倒………………………………267
　唐船物…………………………………428
狩鮎川人夫………………………………26
狩鮎河人夫………………………………33
借船……………………43, 44, 45, 47, 48, 50, 338
廻船………………………………………45
狩俣島以下□(浦ヵ)々…………………320
狩漁
　山野カリスナトリ(狩漁)……………352
　狩漁……122, 133, 199, 215, 216, 267, 444
川
　網庭浦日根鮎川…………………………41
　江川……………………………………265
　大川……………………………………68
　小川……………………………………295
　狩鮎川人夫……………………………26
　川………………………74, 115, 212, 467
　かハ(川)…………………………171, 173
　川下……………………………………120
　川関御問………………………………38
　川賃……………………………………28
　かわなかし(川流し)…………………118
　川流江河諸水之中海為第一…………189
　かハのなかれ(川の流れ)……………174
　かわのり(川海苔)五条………………172

　かわのり(川海苔)二帖………………432
　川鱚……………………………………79
　川船……………………………………50
　川原在家………………………………8
　川原村在家……………………………8
　木津川船………………………………8
　紀伊川賃………………………………28
　鯖川・富田両所関……………………323
　絶間川鮎上分…………………………200
　鳥羽川流………………………………23
　ふる川(古川)…………………………94
　ほりかハのしりかハ(堀川の尻川)……66
　やいかり(焼狩)ならひにくるみ(胡桃)のかわなかし(川流し)……118
　山川江河………………………………89
　山川狩猟………………………………346
　山川得分………………………………69
　山川之猪鹿魚類………………………34
　山川の猪鹿魚類を盗むもの…………53
　吉野川関所……………………………434
河
　鮎河浦地頭職…………………………379
　池河………………………………365, 467
　市津関渡海泊山河津料煩……………31
　鵜飼河内三郎給………………………254
　宇治河網代……………………………202
　宇治河合戦……………………………39
　海河のすなとり(漁)…………………297
　江河……………………62, 118, 129, 432, 442
　江河の魚………………………………118
　ゑのきとの河流………………………140
　往反諸国市津関渡津料例物山河率分
　山手煩…………………………………41

大河流	264
大河曳夫	28
大林河青苔	10
小河	128, 190, 217, 271, 373
於河浦職	244
小河曳夫	28
御裳濯河堤役	13
河海	81, 112, 143, 213, 257, 277, 299, 398, 436
河海夫等本司職	137
かゝい（河海）	145
停止河海釣魚	246
河海之魚鱗	65
河岸	72
彼国（駿河国）の浮島かはらの海きは	153
鴨河河防用途	117
鴨河堤	275, 313, 350, 380
鴨河堤用途	425
鴨河防	275
鴨河防役	275
狩鮎河人夫	33
河	7, 14, 23, 71, 78, 79, 80, 81, 84, 89, 105, 114, 119, 153, 177, 240, 242, 243, 273, 295, 297, 332, 360, 373, 439, 443, 444, 467
かわ（河）	414
河池魚鱗等	240
河魚	76, 305, 393
河魚漁	250
河神	89
河上	65
河上宮	123
河上関	435
河上率分	34
河上船	465
河々	432
河々船賃	460
河梶取給	84
河口	224
河口公文	283
河口下司	341
河口傍例	346
河司	63
河尻	65, 325, 363
河尻一洲	15
河尻大渡橋功人	308
河尻長吏	439
河尻辺在家	15
河関	10
河堰	93
河堰米	185
河瀬五箇所〈坪付見配分状〉	366
河瀬三ヶ所	221
河率分	33
河手	33, 115, 156, 177, 190, 204, 205, 223, 228, 237, 239, 392
河手用途	392
河流	65
川流江河諸水之中海為第一	189
河之口	406
かわのせ一そ（河の瀬一所）	414
かわのせ一所〈うなきのせ〉	376
河のり（海苔）	164
河のり（海苔）五てふ（帖）	157
河苔八帖	350

かわ

河のり(海苔)ひとかみふくろ………163
河橋……………………………202
河船……………………………22, 48
河分……………………………84
河辺船人………………………5
河間……………………………86
河水……………………………305, 443
河原…………8, 70, 201, 268, 275, 345
河原河…………………………373
河原居住家人市場……………357
河原関所………………………345
河原関料………………………345
河漁……………………………65, 217
北河口津料……………………459
紀伊河運送……………………383
西国新関河手…………………156
堺河……………………………380
佐東河手………………………223
里河……………………………351
沢江河池………………………23
山野海河………………………444
山野江河狩倉…………………84
さんやかかい(山野河海)………158, 371, 376, 408
山野河海………52, 63, 84, 187, 248, 345, 349, 380, 385
山やかかい(山野河海)…………376
□(山ヵ)野河海…………………360
山野河海半分…………………449
山野河□………………………40
山野河……………………274, 317, 418
山野河浜………………………375
山林河沢………………………3

四宮河原関守…………………345
清水橋并鴨河河防用途………117
禁河……………………………62
狩猟并賀茂郷小河漁…………217
狩猟并賀茂郷河漁……………217
諸市津関渡海泊山河津料……31, 41
諸市津関渡山河海泊津料関市手山手率分……………………67
諸市津関渡山河率分津料……31, 41
諸国市津関渡山河率分山手海煩……29
諸国往反市津関渡山河率分山手海煩……30
周防国三箇所河手……………206
殺生禁断山河境………………316
惣河之口………………………406
杣河橋料所関…………………412, 430
大河…………94, 128, 177, 179, 193, 276, 424
大海江河………………………73
絶間河鮎上分…………………200
滝河……………………………305
滝河流毒………………………305
田代河流目河狩倉等…………373
多田院山河殺生………………189
谷河……………………………37
中央河…………………………89
津料河手………………………190
東方河…………………………89
とう山□河流…………………368
長河……………………………29
苔河……………………………10
橋河……………………………332
橋河堰…………………………93
一河充…………………………258
防鴨河使………66, 75, 100, 104, 117, 231,

504

かんどり

	267
防鴨河判官……………………	200, 212
堀河四所………………………	387
松原河海………………………	299
参河浦刀禰職…………………	111, 170
三国湊津料河手………………	237, 339
溝淵河…………………………	105
御贄漁進宮河之流……………	10
山河………63, 177, 189, 276, 316, 394, 395
山河海…………………………	224, 453
山・河海得分…………………	179
山河所出物……………………	272
山河海得分半分………………	178
山河海辺………………………	453
山川江河………………………	89
山河荒野………………………	353
山河譲与………………………	406
山河殺生………………	305, 351, 423
山河殺生禁断…………………	193
山河地水………………………	424
山河之狩猟……………………	211
山河半分………………………	52
山河半分之率法………………	76
吉野河新関……………………	324
淀河・尼崎・兵庫島・渡辺等関所………	342
淀河所々関々…………………	67
淀・河尻・神崎・渡辺・兵庫以下諸関津	
料 …………………………	336
淀河東西市場…………………	357
淀河尻…………………………	242
両河水面………………………	200

河手
河手………33, 115, 177, 204, 205, 228, 392

河手用途………………………	392
西国新関河手…………………	156
佐東河手………………………	223
周防国三箇所河手……………	206
津料河手………………………	190
三国湊津料河手………………	237, 339
かわら…………………………	44
瓦板物…………………………	83
勘過料…………………………	41, 285
勘過料物………………………	218
神崎関所………………………	342
神崎・渡部・兵庫津商船目銭 …294, 390, 393
神崎・渡辺・兵庫三ヶ津商船目銭……… 388
神崎・渡部両関…………………	362

漢土
漢土……131, 142, 146, 152, 154, 157, 158,
165, 168, 172, 177, 181, 182, 186, 187,
188, 189, 190, 192, 197, 432, 439, 440,
441, 442, 443
漢土・高麗の王………………	172

関東御祈祷所肥前国東妙寺造営材木勝	
載船壱艘……………………	320
関東御免津軽船二十艘之内随一………	344
関東使者粮物…………………	395
関東大仏造営料唐船…………	399
自関東給七ヶ所浦………………	70

梶取
大田庄梶取丸…………………	14
河梶取給………………………	84
梶取……12, 13, 14, 21, 22, 29, 30, 70, 71,
75, 78, 86, 90, 107, 111, 113, 121, 123,
124, 125, 126, 128, 131, 132, 134, 137,
138, 140, 149, 151, 160, 161, 162, 163,

かんどり　169, 172, 173, 198, 215, 218, 220, 225, 228, 234, 236, 241, 246, 251, 299, 306, 310, 312, 317, 323, 330, 333, 356, 391, 395, 404, 410, 432, 442
梶取請預……………………149
かんとり(梶取)うけとるしを(塩)
　……………………257
梶取薗麦地……………………329
梶取給……………………149
梶取給畠……………………311
梶取兼百姓……………………333
梶取酒手……………………308
梶取職……………………279
梶取船……………………307, 310
梶取(かとり)大明神……………………437
梶取長……………………110
梶取田……………………329
梶取問丸……………………140
梶取殿……………………467
梶取丸……………………14, 140, 248
梶取名……………………305
梶取免……………………428, 430
梶取弥六……………………406
国府梶取……………………77
相模守殿御梶取……………………300, 315
相模守護殿御梶取……………………453
走湯山灯油料船梶取……………………145
観音補陀洛之孤岸……………………307
蒲御厨検校……………………91, 144, 209
神戸船……………………22
冠鮨桶九……………………459
岸着……………………373
款冬唐綾……………………27

き

紀伊河運送……………………383
紀伊川賃……………………28
ききいを(魚)一……………………302
貴国往来人……………………128
貴国商船……………………244
岸
　廻船商人等着岸……………………218
　河岸……………………72
　観音補陀洛之孤岸……………………307
　岸……………………222
　岸着……………………373
　小岸……………………149
　材木反二百丁着岸……………………458
　着岸……………………358, 415, 434, 451, 458, 469
　着岸運船……………………266, 269
　唐船着岸物……………………5, 430
　浜岸……………………15
　檜皮着岸……………………458
　防州今度到岸済物……………………322
　六斎日并二季彼岸殺生……………………113
　六斎日二季彼岸殺生禁断……………………306
亀茲国……………………432
紀州湯浅海中之島……………………307
北河口津料……………………459
臘
　雑臘一斗……………………17, 82, 178
　雑臘二斗五升……………………17, 82, 179
　雑臘八斤……………………77
北南船数……………………185
帰朝……………………198
帰朝人々……………………425

ぎょりょう

木津	18
木津石地蔵	432
木津御童子	373
木津川船	8
木津木屋	121
木津木守	121
木津宿所	434
木津問丸	321, 326
木津女房	383
木津の船	425
紀内之船入海	420
吉備津宮	314
きふね(船)	448
貴船大明神	437
客船	336
客船夜泊	404
久干一櫃〈員二百隻〉	6
九州二島	367
漁 ⇒ 漁(りょう)	
魚 ⇒ 魚(うお)	
経島升米	313, 318
経島升米・置石	319, 320
経島関所雑掌	426
行基菩薩建泊之曙始	231
行舟風波之難	61
京上船	331
京上之船	380
京上料之屋形船一艘	26
橋柱	427
教道之恩徳海	29
橋梁	265
橋梁六所	387
漁翁之密網	108

魚貝	11, 54, 106, 178, 218, 460
魚貝海藻	219
魚貝鳥類	27
魚貝之神田	178
巨海之激灘	445
魚鼈之類	112, 113
魚具(魚貝ヵ)	462
巨舟	88
漁舟	458
魚蒐	249
魚食	84, 404
漁進	65
漁船	122
漁釣	202
魚鳥	8, 70, 114, 118, 133, 143, 184, 199, 201, 209, 265, 330, 404, 436, 440
魚鳥会	113
魚鳥供御人	68, 388
魚鳥交易	79
巨唐万里之海	357
漁得	29
魚肉之祭祀	202
漁人	204
魚肉之腕(膾)	102
魚盃	444
漁父	106, 184, 445
漁捕	66, 218
漁捕之業	98
漁味之輩	444
漁網	81, 112, 113, 162, 343
魚網	113, 290, 343
漁網地	295
漁狩	176

ぎょりょう

漁猟……………………61, 64, 97, 100, 202, 223
魚猟………………………………………65
漁猟鷹鵜之制……………………………9, 183
漁猟殺生之業……………………………98
漁猟之営…………………………………274
漁猟之業………………………………203, 305
漁猟之制…………………………………29
漁猟等之悪行……………………………240
魚鱗……………………………………150, 316
魚類…………84, 170, 183, 225, 302, 438, 446

斤
　鮑鰹各八斤……………………………77
　海藻八斤………………………………77
　堅魚鰒各三斤………………………17, 82, 179
　堅魚鰒各二斤………………………17, 82
　堅魚腹(鰒ヵ)各二斤……………………178
　巨勢鵜飼銅千斤………………………256
　鮭五斤…………………………………77
　雑海藻二斤……………………………17
　雑腊八斤………………………………77

禁河………………………………………62
近国并西国浦々関々……………………310
禁制寺領四至内殺生伐木………………251
禁断殺生……………………16, 62, 289, 290, 296
禁断殺生〈河池魚鱗等〉…………………240

く

空閑塩屋…………………………………21
苦海
　苦海……………………………………89
　苦海済度之船師………………………460
　五濁苦海之船師………………………460
供御

姉小路町生魚供御人……………………419
粟津供御人………………………………246
粟津橋本并都鄙供御人…………………345
生魚供御人………………………………345
和泉国内膳網曳御厨供御人……………250
内御方御厨子所供御人…………………281
宇津庄桂供御人飼場……………………388
大江御厨供御人…………………………388
菓子供御人………………………………388
桂上下供御人……………………………207
魚鳥供御人……………………………68, 388
供御并殿下御贄…………………………444
供御人………………………260, 262, 263, 437
くこ人(供御人)………………………278, 435
供御人等領海……………………………32
供御百姓…………………………………299
供御領海分………………………………32
蔵人所生魚供御沙汰人…………………281
蔵人所生魚供御奉行職…………………32
近木荘内膳供御人………………………251
鯉鳥供御人………………………………388
菅浦供御人………53, 152, 239, 261, 265,
　　266, 268, 269, 270, 271, 272, 273, 276,
　　277, 278, 280, 281, 282, 283
菅浦惣官供御人………………………396, 397
菅浦日次供御人…………………………271
菅浦御厨所供御人………………………322
菅浦御厨子所供御人……………………359
内裏蔵人所灯爐供御人…………………31
津江御厨供御人…………………………388
津江御厨立留供御人……………………388
都鄙供御人………………………………388
当御厨供御人……………………………433

鳥供御人……………………388
　日次供御……………185, 250, 265, 345
　備進毎日生魚供御……………32
　三国湊内侍所日次供御料交易上分
　　………………………………346
　御厨子所魚鳥供御人…………68
　御厨子所鯉鳥供御人…………68
　御厨子所供御人………………326
　六角供御人……………………388
　六角町生魚供御人……………419
　六角町供御人……………254, 388
　六角町魚鳥供御………………69
供御人
　姉小路町生魚供御人…………419
　粟津供御人……………………246
　粟津橋本并都鄙供御人………345
　生魚供御人……………………345
　和泉国内膳網曳御厨供御人…250
　内御方御厨子所供御人………281
　宇津庄桂供御人飼場…………388
　大江御厨供御人………………388
　菓子供御人……………………388
　桂上下供御人…………………207
　魚鳥供御人………………68, 388
　供御人……………260, 262, 263, 437
　くこ人(供御人)…………278, 435
　供御人等領海…………………32
　近木荘内膳供御人……………251
　鯉鳥供御人……………………388
　菅浦供御人………53, 152, 239, 261, 265,
　　266, 268, 269, 270, 271, 272, 273, 276,
　　277, 278, 280, 281, 282, 283
　菅浦惣官供御人…………396, 397

　菅浦日次供御人………………271
　菅浦御厨所供御人……………322
　菅浦御厨所供御人……………359
　内裏蔵人所灯爐供御人………31
　津江御厨供御人………………388
　津江御厨立留供御人…………388
　都鄙供御人……………………388
　当御厨供御人…………………433
　鳥供御人………………………388
　御厨子所魚鳥供御人…………68
　御厨子所鯉鳥供御人…………68
　御厨子所供御人………………326
　六角供御人……………………388
　六角町生魚供御人……………419
　六角町供御人……………254, 388
供菜……………………………………73
供祭
　大島社供祭……………………270
　大鳥社供祭浦…………………25
　鴨社供祭人……………………210
　供祭………………………11, 57, 204
　供祭生魚類……………………203
　供祭上分………………………10
　供祭人…………………………310
　供祭江入(觔)…………………266
　供祭之江入(觔)………………270
　くさいのありのさた(供祭の觔の沙
　　汰)……………………………293
　供祭船………………………22, 72
　供祭料網代……………………78
　長州供祭人……………………27
　浜崎庄供祭神人………………186
　氷魚供祭………………………16

ぐさい

| 日次供祭魚‥‥‥‥‥‥‥‥‥‥‥76
| 矢代浦狩仕供祭人‥‥‥‥‥‥‥70
供菜人‥‥‥‥‥‥‥‥‥‥‥‥‥‥65
貢菜人‥‥‥‥‥‥‥‥‥‥‥‥‥‥10
草手塩‥‥‥‥‥‥‥‥‥‥‥330, 455
久島百姓‥‥‥‥‥‥‥‥‥‥‥‥327
くぢら（鯨）‥‥‥‥‥‥‥‥‥‥186
鯨魚‥‥‥‥‥‥‥‥‥‥‥‥‥‥364
くすきのせ‥‥‥‥‥‥‥‥‥‥414
百済‥‥‥‥‥‥‥‥132, 154, 157, 165
百済国‥‥‥‥93, 128, 176, 181, 183, 432, 441,
443
| 下り船‥‥‥‥‥‥‥‥‥‥‥47, 48
| 下り舟‥‥‥‥‥‥‥‥‥‥‥‥50
| 下船‥‥‥‥‥‥‥‥‥‥‥‥‥457
| 下船置石‥‥‥‥‥‥‥‥‥‥‥313
| くちのふなつさいけ（船津在家）‥‥229
忽那島地頭職‥‥‥‥‥‥‥‥‥‥67
忽那島内西浦惣追捕使職‥‥‥‥‥223
忽那島名田并西浦惣追捕使職‥‥314
忽那島役人‥‥‥‥‥‥‥‥‥‥365
国々津々‥‥‥‥‥‥‥‥‥‥‥‥58
国々津泊関々‥‥‥‥‥‥‥‥‥143
国々津泊等‥‥‥‥‥‥‥‥‥‥219
国々津料関市升米‥‥‥‥‥‥‥290
国々泊津‥‥‥‥‥‥‥‥‥‥‥218
国東郷内来浦地頭職‥‥‥‥‥‥394
国末船二艘‥‥‥‥‥‥‥‥‥‥277
国津‥‥‥‥‥‥‥‥‥‥‥‥‥‥41
国津定‥‥‥‥‥‥‥‥‥‥124, 141
国津出船‥‥‥‥‥‥‥‥‥‥‥149
求法渡海‥‥‥‥‥‥‥‥‥‥‥‥23
熊野参詣‥‥‥‥‥‥‥‥‥418, 426

組船‥‥‥‥‥‥‥‥‥‥‥‥‥192
倉納塩三十余俵‥‥‥‥‥‥‥‥442
海月一桶‥‥‥‥‥‥‥‥‥‥‥431
倉敷
| 御倉敷‥‥‥‥‥‥‥‥‥‥‥141
| 倉敷‥‥‥‥‥‥‥‥‥‥64, 223
| 佐東倉敷‥‥‥‥‥‥‥‥‥‥406
厨‥‥‥‥‥‥‥‥‥‥‥‥‥‥170
厨魚‥‥‥‥‥‥‥‥‥‥‥‥‥276
厨者‥‥‥‥‥‥‥‥‥‥‥‥‥157
胡桃流‥‥‥‥‥‥‥‥‥‥‥‥343
黒鮑‥‥‥‥‥‥‥‥‥‥‥‥‥‥25
蔵人灯爐御作手鋳物師‥‥‥‥‥‥30
蔵人所生魚供御沙汰人‥‥‥‥‥281
蔵人所生魚供御奉行職‥‥‥‥‥‥32
蔵人所右方灯爐御作手‥‥‥‥‥‥41
蔵人所灯爐御作手‥‥‥‥‥‥‥‥41
軍勢五百余艘‥‥‥‥‥‥‥‥‥191

け

懸魚‥‥‥‥‥‥‥‥‥‥‥‥‥‥68
鯨魚‥‥‥‥‥‥‥‥‥‥‥‥‥364
警固番役‥‥‥‥‥‥‥202, 218, 220, 306
径山座下（無準師範）‥‥‥‥‥‥93
鶏首船‥‥‥‥‥‥‥‥‥‥‥‥‥39
桂旦国‥‥‥‥‥‥‥‥‥‥‥‥‥76
経波‥‥‥‥‥‥‥‥‥‥‥‥‥257
鯨波険阻‥‥‥‥‥‥‥‥‥‥‥179
下向船‥‥‥‥‥‥‥‥‥‥‥‥231
月支‥‥‥‥‥‥‥‥‥‥‥‥‥163
月氏‥‥‥‥‥165, 174, 189, 197, 432, 438, 440,
443
月氏国‥‥‥‥‥‥‥‥‥‥‥‥181

気比升米	291
現魚	276
建長寺造営料唐船警固	384
遣唐使	23
元応二年博多焼失之時	375
元応博多焼失之時	399
元応博多炎上之時	399, 400
源録職	30

こ

少鮎	322
こゐ(鯉)	186

鯉

大鯉一侯	95
こゐ(鯉)	186
鯉	54, 321, 322, 419
鯉一□	439
鯉一隻	9
鯉五十隻	27
鯉代〈旧在家鯉十四喉〉	459
こい(鯉)大小廿八	302
鯉鮒各百隻	256
節季鯉	459
大小魚五千五百隻内二尺五寸鯉四十隻	292
二尺五寸鯉四十二隻	292
御厨子所鯉鳥供御人	68
鯉鳥供御人	388

合

肴二合	364
酒塩壱升伍合	19
酒塩弐升伍合	19
酒塩陸升伍合	19

佐渡苔一合	457
塩五合	19
塩三石〈八合升定〉	308
塩弐升伍合	19
白魚一合	428
苔五合	29
日吉新関米〈石別一升三合定〉	353
日吉新関米石別一升三合	343, 349
若和布五合	29
弘安合戦	252
弘安四年異国合戦	232
弘安四年異賊合戦	260
弘安四年異賊合戦勲功賞	357
弘安四年賊船	445
弘安四年蒙古合戦	226, 227, 228, 372, 447
[　　　]（弘安四年蒙古）合戦	224
□(弘)安四年蒙古合戦	227
弘安四年蒙古合戦勲功賞	194, 224, 225, 227, 228, 236, 310, 406
弘安四年蒙古合戦賞	461
江河の魚	118
江海	109, 113, 118, 160, 249
航海	90, 444
航海〈フナワタシ〉	128
高国符勝津□(留ヵ)	102
江湖之鱗	34
公私之船	15
江州強盗并海賊出入所々城郭	379
業障之海	5
貢神鮭七十五尺	29
洪水	123, 430
広潟浩浩	15

こうそだい

高祖大師渡唐……………………318
高祖大師入唐帰朝之昔………………5
江潭………………………………29
こうのうら(郡浦)につくおけ(桶)に
　………………………………365
降伏異国之威験…………………211
降伏異賊之祈請…………………197
降伏異朝悪賊……………………189
郷分浦……………………………355
神察(祭)鮑………………………468
神祭魚代塩春一俵………………338
神祭大俵…………………………103
神祭蛤代…………………………381
神祭漁……………………………310
高野運上船…………………………86
高野山金剛三昧院領上下諸人勝載船
　………………………………192
高野山大塔修営料所淀関升米半分……321
荒野佰余町〈林野江海也　溝淵河等也〉
　………………………………105

高麗

　漢土・高麗の王………………172
　かうらい(高麗)………………164
　高麗……128,139,141,164,177,191,299,
　　　　　　　　　　　441,445
　高麗王等状……………………245
　高麗国…………………………135
　高麗国王之礼…………………245
　高麗国使人……………………134
　高麗国牒使……………………449
　高麗人…………………………131
　高麗征伐………………………165
　高麗船……………………………58

高麗牒……………………………131
高麗等状…………………………245
高麗縁……………………………464
小文高麗十一帖…………………73
小文高麗三端……………………73
征伐高麗…………………………193
西蕃(高麗)之使介………………141
大唐高麗舞師……………………236
大文高麗七帖……………………73
大文高麗二端……………………73
蒙古高麗使………………………131
こうらたう(小浦党)………………87
鴻臚………………………………37
綱使……………………………88,92
綱師…………………………………89
小篭塩……………………………330
小篭塩幷御神祭等………………112
小篭代大俵………………………103
小かま……………………………363
空閑塩屋……………………………21
小岸………………………………149
五畿七道市津関渡津料…………447
五畿七道六十六箇国二の島……187
御祈禱御巻数……………………200
漕取兵船…………………………340
近木荘内膳供御人………………251
国衙木津……………………………18
国衙之津……………………………18
国衙船所書生………………………22
国司津料…………………346,347,457
国府梶取……………………………77
国分孫五郎泰朝分湖……………403
石別壱升米………………………266

こう

石別壱升雑物百分壱……………348	五島の海夫………………………386
石別一升津料……………………231	五斗納鯉桶代……………………381
石別一升米………………………269	伍斗納鮨桶………………………468
伍斛之塩…………………………353	小鯰…………………………321,322
小古塩……………………………455	此浦…………………………………90
ここの塩…………………………469	鰶〈コノシロ〉網一艘別一石五斗……459
小古のしを(塩)七百三十篭………78	このしろきふね(船)………………448
心太………………………………241	このもとのにしかま(木本西釜)…343
心ふと(心太)八升………………181	小浜宿………………………………84
	小鰒………………………………393
伍百八十七文〈淀ノオ(材)木買時雑用〉
……………………………………393

御菜
- 浦御菜……………………………62
- 御菜五種…………………………92
- 御菜三内〈魚一 汁一〉…………285
- 鰒網地御菜………………………171
- 贄殿御菜…………………………204
- 便宜御菜…………………………82
- 御薗塩浜内先人御菜分…………171

小魚………………………………436	こふ(昆布)………………………176
小さは(鯖)………………………138	小鮒…………………………321,322

小船
- 小船………………………54,158,469
- 小船壱艘…………………………338
- 大小船〈呂数〉……………………163
- 船参艘内小船弐艘………………243

小塩一俵〈但四俵成〉……………112	小舟………………………………441
小塩一表…………………………337	御分唐船…………………………118
小塩保御問………………………38	御米船……………………………350
甑下島郡司職……………………100	狛国助鯉鮒各百隻………………256
小島…………………15,79,110,181,183	こも(海蓴)のかみふくろ一……154
御所船御簾修理…………………373	小文高麗十一帖……………………73
こしほから(小塩辛)五升………377	小弓塩……………………………330
湖水余流網代……………………340	御籾船……………………………100
巨勢鵜飼銅千斤…………………256	小和布……………………………468
護送之船…………………………135	小和布十五丸………………368,381

候 ⇒ 喉(こん)も参照
- 魚千侯……………………………116
- 魚二侯……………………………455
- 魚六百五十侯……………………82

五濁苦海之船師…………………460	
小俵………………………………195	
古津越……………………………338	
孤島……………………………61,62	

513

こう

|大鯉一侯‥‥‥‥‥‥‥‥‥‥‥‥‥‥95

喉 ⇒ 候(こん)も参照
　|あましをのたい百こん(甘塩の鯛百
　　喉)‥‥‥‥‥‥‥‥‥‥‥‥‥‥78
　|鵜飼鮎鮎八百喉‥‥‥‥‥‥‥‥‥459
　|鯉代〈旧在家鯉十四喉〉‥‥‥‥‥‥459
　|雑魚廿五喉‥‥‥‥‥‥‥‥‥‥‥368
　|白干のたい百こん(鯛百喉)‥‥‥‥78
　|せちれうのすしたい五こん(節料鮨
　　鯛五喉)‥‥‥‥‥‥‥‥‥‥‥377
　|たい三こん(鯛三喉)‥‥‥‥‥‥‥181
　|タイノヒホシ(鯛の日干し)五コム
　　(喉)半‥‥‥‥‥‥‥‥‥‥‥‥172
　|飛魚千五百喉‥‥‥‥‥‥‥‥‥‥459
　|干鯛拾喉‥‥‥‥‥‥‥‥‥‥‥‥129
　|鮒百五十喉‥‥‥‥‥‥‥‥‥‥‥459
　|ふな百こん(鮒百喉)ほしてひろきよ
　　り弁‥‥‥‥‥‥‥‥‥‥‥‥‥423
　|六人部苔滋蚘十喉‥‥‥‥‥‥‥‥256

昆布
　|こふ(昆布)‥‥‥‥‥‥‥‥‥‥‥176
　|昆布五把‥‥‥‥‥‥‥‥‥‥‥‥29
　|服部則茂昆布十巻‥‥‥‥‥‥‥‥256

さ

座
　|生魚座‥‥‥‥‥‥‥‥‥‥‥‥‥294
　|塩魚座‥‥‥‥‥‥‥‥‥‥‥‥‥294
　|塩座‥‥‥‥‥‥‥‥‥‥‥‥‥‥294
　|鮮売座‥‥‥‥‥‥‥‥‥‥‥‥‥294
　|和布座‥‥‥‥‥‥‥‥‥‥‥‥‥294
西海‥‥‥‥‥‥‥3,25,55,89,184,187,429
西海道関々渡沙汰人‥‥‥‥‥‥‥‥192

西海道関渡沙汰人‥‥‥‥‥‥89,236,350
西海道之路次津々関々等‥‥‥‥‥‥43
西海道路次関々泊々‥‥‥‥‥‥‥‥43
西海并熊野浦之海賊‥‥‥‥‥‥‥‥316
西海之波浪‥‥‥‥‥‥‥‥‥309,320
西国往反之舟船‥‥‥‥‥‥‥‥‥‥414
西国往反之船‥‥‥‥‥‥‥‥‥‥‥313
西国海賊‥‥‥‥‥‥‥‥‥‥‥‥‥264
西国新関河手‥‥‥‥‥‥‥‥‥‥‥156
西国并熊野浦々海賊‥‥‥‥‥‥308,311
西国船‥‥‥‥‥‥‥‥‥‥‥‥‥45,47
西国之船‥‥‥‥‥‥‥‥‥‥‥‥43,44
西国の船‥‥‥‥‥‥‥‥‥‥‥48,50,44
西国名誉海賊‥‥‥‥‥‥‥‥‥‥‥363
在津‥‥‥‥‥306,317,329,331,332,333,381,
　　　　　　401,408,409,430,452
在津(博多津)‥‥‥‥‥‥‥‥‥‥‥253
在津人‥‥‥‥‥‥‥‥‥‥‥‥‥‥266
さいつようと(在津用途)‥‥‥‥‥‥333
宰府遊君‥‥‥‥‥‥‥‥‥‥‥‥‥182

材木
　|関東御祈禱所肥前国東妙寺造営材木
　　勝載船壱艘‥‥‥‥‥‥‥‥‥‥320
　|材木運送船‥‥‥‥‥‥‥‥‥‥‥221
　|材木率分‥‥‥‥‥‥‥‥‥‥‥‥157
　|材木反二百丁着岸‥‥‥‥‥‥‥‥458
　|材木津下‥‥‥‥‥‥‥‥‥‥‥‥111
　|材木津出‥‥‥‥‥‥‥‥‥‥‥‥152
　|周防国運上年貢材木‥‥‥‥‥‥‥318
　|周防国運上年貢・材木并駅家田所当
　　米‥‥‥‥‥‥‥‥‥‥‥‥‥‥318
　|転漕之材木‥‥‥‥‥‥‥‥‥‥‥216
　|東妙寺造営材木勝載船壱艘‥‥‥‥320

ざこ

| 八幡丈八愛染王堂造営材木津料‥‥‥337
| はま(浜)のさいもくうり(材木売)
| ‥‥‥‥‥‥‥‥‥‥‥‥‥‥‥426
| 流失材木‥‥‥‥‥‥‥‥‥‥‥458
| 和賀江津材木‥‥‥‥‥‥‥‥‥‥99
菜料魚三隻〈番頭壱人分〉‥‥‥‥‥392
サエ‥‥‥‥‥‥‥‥‥‥‥‥‥‥‥343
堺河‥‥‥‥‥‥‥‥‥‥‥‥‥‥‥380
肴
| 浦肴‥‥‥‥‥‥‥‥‥‥‥‥‥‥331
| 御肴‥‥‥‥‥‥‥‥‥‥‥‥‥92,98
| 御さかな(肴)‥‥‥‥‥‥‥‥‥‥433
| 五十文〈河魚代肴料〉‥‥‥‥‥‥‥393
| 五十文〈栗代肴料〉‥‥‥‥‥‥‥‥393
| 濁酒〈肴可随取得〉‥‥‥‥‥‥‥‥319
| 肴二折櫃‥‥‥‥‥‥‥‥‥‥‥‥‥98
| 肴二合‥‥‥‥‥‥‥‥‥‥‥‥‥364
| 肴物‥‥‥‥‥‥‥‥‥‥‥‥‥‥‥54
| サケサカナ(酒肴)‥‥‥‥‥‥‥‥172
| 酒肴‥‥‥‥37,56,64,80,95,98,258,313,
| 329,364,388,392,393,400
| 酒肴代‥‥‥‥‥‥‥‥‥‥‥‥‥283
| 酒肴料‥‥‥‥‥‥‥‥‥‥‥55,275
| 当浦肴‥‥‥‥‥‥‥‥‥‥‥‥‥185
| 本船付肴之代‥‥‥‥‥‥‥‥‥‥347
濁酒〈肴可随取得〉‥‥‥‥‥‥‥‥‥319
魚 ⇒ 魚(うお)
肴二合‥‥‥‥‥‥‥‥‥‥‥‥‥‥364
さかな(魚)八十二‥‥‥‥‥‥‥‥‥448
肴物‥‥‥‥‥‥‥‥‥‥‥‥‥‥‥‥54
逆船‥‥‥‥‥‥‥‥‥‥‥‥‥‥‥‥47
相模守殿御梶取‥‥‥‥‥‥‥‥300,315
相模守護殿御梶取‥‥‥‥‥‥‥‥‥453

| 相模国愛甲船子屋敷‥‥‥‥‥‥‥343
| 坂本升米‥‥‥‥‥‥‥‥‥‥‥‥291
鮭
| 越中網鮭一艘別三尺‥‥‥‥‥‥‥459
| 貢神鮭七十五尺‥‥‥‥‥‥‥‥‥‥29
| 鮭‥‥‥‥‥‥‥‥‥‥76,219,344
| 鮭五斤‥‥‥‥‥‥‥‥‥‥‥‥‥‥77
| 鮭五隻‥‥‥‥‥‥‥‥‥‥‥‥‥218
| 鮭三十隻‥‥‥‥‥‥‥‥‥‥11,462
| 上分鮭百五十尺‥‥‥‥‥‥‥‥‥462
| 節季塩引鮭九尺‥‥‥‥‥‥‥‥‥302
| 同(鮭)児一桶‥‥‥‥‥‥‥‥‥‥462
| 同(上分鮭)児一桶‥‥‥‥‥‥‥‥462
| 生鮭五十隻‥‥‥‥‥‥‥‥‥‥‥‥11
| 人料鮭‥‥‥‥‥‥‥‥‥‥‥‥‥‥29
| 人料鮭〈随漁得〉‥‥‥‥‥‥‥‥‥‥29
| 平割鮭十五尺‥‥‥‥‥‥‥‥‥‥‥29
| 巻網鮭五尺‥‥‥‥‥‥‥‥‥‥‥459
| 巻網鮭人別一尺・鮑ヒシキ‥‥‥‥459
| 御贄鮭百‥‥‥‥‥‥‥‥‥‥‥‥‥11
| 若帯孫部熊尾丸鮭一尺‥‥‥‥‥‥256
サケサカナ(酒肴)‥‥‥‥‥‥‥‥‥172
鮭‥‥‥‥‥‥‥‥‥‥‥‥‥‥‥‥462
酒塩壱升伍合‥‥‥‥‥‥‥‥‥‥‥‥19
酒塩弐升‥‥‥‥‥‥‥‥‥‥‥‥‥‥19
酒塩二升‥‥‥‥‥‥‥‥‥‥‥‥‥‥40
酒塩弐升伍合‥‥‥‥‥‥‥‥‥‥‥‥19
酒塩捌升‥‥‥‥‥‥‥‥‥‥‥‥‥‥19
酒塩肆升‥‥‥‥‥‥‥‥‥‥‥‥‥‥19
酒塩陸升伍合‥‥‥‥‥‥‥‥‥‥‥‥19
酒塩陸斗‥‥‥‥‥‥‥‥‥‥‥‥‥‥19
雑魚
| 雑魚‥‥‥‥‥‥‥‥‥‥‥‥‥‥468

ざこ

雑魚・海老等一斗 ……	292
雑魚・海老等一斗五升 ……	292
雑魚廿五 ……	381
雑魚廿五喉 ……	368
さこ（雑魚）廿四桶〈不知数〉 ……	302
さつこ（雑魚）と申小魚 ……	193
サコシ（青箭魚） ……	185
雀部柏業荒布百束 ……	256
佐々良島刀禰 ……	211
さしあひ（刺鮑） ……	101
差荷 ……	234

沙汰人
- 彼（淀）津沙汰人 …… 427
- 蔵人所生魚供御沙汰人 …… 281
- 西海道関々渡沙汰人 …… 192
- 西海道関渡沙汰人 …… 89, 236, 350
- 島戸関沙汰人百姓等 …… 100
- 関所沙汰人 …… 434
- 関々泊々津々沙汰人 …… 145
- 多烏浦沙汰人百姓等 …… 171
- 汲部・多烏以下八ヶ所浦沙汰人百姓等 …… 149
- 当浦之沙汰人刀禰職 …… 70
- 長洲御厨沙汰人 …… 234
- 幡田津沙汰人 …… 121
- 東三箇口沙汰人 …… 345
- 船木庄沙汰人 …… 323
- 弓削島沙汰人 …… 336
- 両浦沙汰人 …… 134, 147
- □（和）賀江関所沙汰人 …… 309

蹉跎御崎金剛福寺造営 …… 318
蹉跎御崎造営用途 …… 314, 318
雑船 …… 192, 313

雑船当 ……	88
雑海藻二斗 ……	82, 178
雑海藻二斗五升 ……	17, 82, 179
薩摩国高城郡甑下島郡司職 ……	100
雑ノ魚 ……	468
雑腊一斗 ……	17, 178
雑腊二斗五升 ……	17, 179
佐東河手 ……	223
佐東倉敷 ……	406
里河 ……	351
佐渡の島 ……	165
佐渡苔一合 ……	457
鯖 ……	138
さは（鯖） ……	181
鯖川・富田両所関 ……	323

沢
- 荒沢流 …… 243
- 金沢瀬戸内海殺生禁断 …… 323
- 金沢瀬戸橋内海殺生禁断 …… 323, 455
- 沢江河池 …… 23
- 山林河沢 …… 3
- 沼沢 …… 18

サハラ（鰆） ……	185
山海 …… 111, 118, 144, 150, 158, 181,	415
山海狩猟 ……	326
山海所出 …… 110, 259,	261
山海之環冨 ……	445
三ヶ浦預所代 ……	344
三ヶ浦地頭職 ……	119
三ヶ浦分御公事 ……	289
三ヶ津 …… 341,	356
三箇津（神崎・渡辺・兵庫）商船目銭 ……	422
三ヶ津商船目銭 ……	394

しお

三箇津〈兵庫・一洲・渡辺〉関所 …………341
三ヶ津目銭 ………………………355, 412
三韓征伐 …………………………………13
三石塩 ………………………………462
山人海人 …………………………139
山水之漁撈 ………………………………15
三千百億中印辺海 ………………………37
三千里の海 ………………………………182
山中海辺 …………………………………157
三度御祭魚貝御贄 ………………………11
山野海河 …………………………………444
山野江河狩倉 ……………………………84
さんやかかい（山野河海）……158, 371, 376, 408
山野河海 ……52, 63, 84, 187, 345, 349, 380, 385
山やかかい（山野河海）…………………376
□（山ヵ）野河海 …………………………360
山野河海半分 ……………………………449
山野河□ …………………………………40
山野カリスナトリ（狩漁）………………352
山野河 ………………………274, 317, 418
山野河浜 …………………………………375
山野江海煩 ………………………………109
山野殺生禁断 …………………………296, 301
山陽海路 …………………………………192
山林河沢 …………………………………3

し

四至内漁猟 ………………………………100
死魚 ………………………………………443
塩

あましをのたい百こん（甘塩の鯛百喉）……………………………………78
鮎塩代 ……………………………………195
膳所塩 ……………………………………330
伊勢国拾五箇所塩浜〈出羽太郎入道聖願跡〉……………………………303
伊勢国十五所塩浜地頭 …………………351
壱間塩屋 …………………………………263
一丁塩浜 …………………………………391
猪乃塩付 …………………………………299
海のしほ（塩）……………………………182
浦分御年貢塩 …………………………363, 416
塩田 ………………………………………239
大塩 ………………………………………252
大塩一表 …………………………………337
大俵塩 ………127, 132, 134, 135, 148, 151, 160, 162, 172, 173, 220, 330, 333, 338, 443, 455, 459
大俵しを（塩）……………………………257
大俵塩五斗俵 ……………………………469
御酒塩 ……………………………………326
御塩 …………………………………………68
御塩所司 …………………………………233
御塩殿 ……………………………………20
小塩保御問 ………………………………38
御塩焼 ………………………………68, 80
御塩焼新田 ………………………………462
御塩焼重主 ………………………………367
御塩焼内人 ………………………………27
御塩湯 ………………………………63, 64
御塩湯内人 ………………………………17
御塩陸拾俵代銭拾陸貫文 ………………417
御年貢大塩 ………………………………258

しお

御年貢大俵塩……………………111, 124, 241
御年貢大俵塩弐百弐拾俵……………317
御年貢塩……195, 220, 241, 249, 251, 252,
　　　337, 342, 363, 367, 368, 373, 374, 416,
　　　441
御年貢塩大俵…………………………169
御年貢塩代銭……………………409, 417
御年貢之塩………………………………82
御年貢米塩……………………………377
御ヒキテ物塩二十石運上……………103
御雑事塩………………………………331
カキ塩……………………………338, 459
かきかうまつり(蠣神祭)代中俵塩
　　　………………………………………135
加多・比美塩浜………………………358
賀太山塩木……………………………334
かんとり(梶取)うけとるしを(塩)
　　　………………………………………257
草手塩……………………………330, 455
倉納塩三十余俵………………………442
神祭魚代塩春一俵……………………338
伍斛之塩………………………………353
小古塩…………………………………455
ここの塩………………………………469
小古のしを(塩)七百三十篭……………78
小塩一俵〈但四俵成〉…………………112
小塩一表………………………………337
こしほから(小塩辛)五升……………377
小弓塩…………………………………330
小篭塩并御神祭等……………………112
小篭塩……………………………112, 330
空閑塩屋…………………………………21
酒塩壱升伍合……………………………19

酒塩弐升…………………………………19
酒塩二升…………………………………40
酒塩弐升伍合……………………………19
酒塩捌升…………………………………19
酒塩肆升…………………………………19
酒塩陸升伍合……………………………19
酒塩陸斗…………………………………19
三石塩…………………………………462
塩………7, 22, 74, 110, 113, 133, 134, 143,
　　　147, 160, 169, 172, 173, 179, 193, 248,
　　　249, 252, 254, 258, 259, 261, 285, 301,
　　　326, 333, 353, 354, 377, 435, 441, 449,
　　　462
しお(塩)………………………………134
しほ(塩)………………………………350
しを(塩)…………………………………78
新お(塩)………………………………181
シホ(塩)………………………………441
塩穴……………………………………325
塩一駄……………………………177, 193
しを(塩)いちた(一駄)………………166
塩壱石…………………………………460
塩一石…………………………………299
しお(塩)一石……………………………78
塩一石四斗代…………………………347
塩一升………………………………17, 19
塩入壱町………………………………225
塩入堤…………………………………123
塩宇浦網庭……………………………399
塩魚座…………………………………294
塩宇土中浦乃合乃見加崎於限………399
塩海……………………………………277
塩海浜…………………………………277

しお

塩海船賃	29
しをうりこ二らう(塩売小二郎)	191
塩釜	54, 208, 334
しほかま(塩釜)	360
塩釜一面〈広四尺厚二寸〉	9
塩竈神宮寺	253, 255
塩竈別当	379
塩竈別当五郎〈在市合船壱艘平太〉	278
塩辛桶	363
塩木	22, 334
塩伍升	19
塩五升	19
塩五合	19
塩五斗	19, 460
塩込不作	405
塩座	294
塩三石〈八合升定〉	308
塩三十二石	300
塩三十俵	459
塩参斗	468
塩三斗	104
しほ三へう(塩三俵)	362
塩地子	253
塩十五石	300
塩銭	337
塩曽	326
塩雑用	462
塩代	406
塩田肆段	59
塩俵	174
しほたわら(塩俵)	423
塩俵	377, 448, 455, 468
塩俵三十俵	307
塩津地頭	269, 270
塩手	103, 134, 261
塩手百姓	467
塩手米	133
塩手麦	148
しほ(塩)七石一斗二升	377
塩弐拾壱石	454, 455
塩二十石	446
塩弐拾俵〈大俵〉	112
塩二升	9, 40, 82, 178, 179, 436
しお(塩)二升	284, 289
塩弐升伍合	19
塩二斗	17, 77
塩入道	56
しほのちし(塩の地子)	253
しほのこたわら(塩小俵)三	377
塩八十八俵	82
塩浜	13, 18, 55, 57, 65, 91, 92, 96, 97, 143, 225, 233, 236, 259, 272, 273, 275, 290, 291, 300, 303, 308, 325, 330, 331, 334, 351, 358, 359, 367, 370, 391, 400, 405, 410, 413, 448, 455, 465, 466
しをはま(塩浜)	465, 466
塩浜穴	325
塩浜旧跡	331
塩浜在家	171
塩浜地子	52, 351
塩浜年貢	361
塩浜習	331
塩浜役	57
しほ一たわら(塩一俵)	182
塩船津料一艘別二貫文定	459

しお

塩御贄	447
塩屋	21, 23, 104, 173, 197, 244, 261, 263, 296, 299, 300, 321, 362, 381, 382, 398, 399, 401, 405, 412, 441, 453, 461
しほや(塩屋)	360
しをや(塩屋)	371, 408
塩屋壱宇	351
塩屋神御供塩屋加地子	296
塩屋神御節供田	413
塩屋神田	214
塩屋入道	309
塩山	79, 209, 222
しおやま(塩山)	276
塩山三百丁	209
塩山二百五十町〈在所十二処〉	9
塩山年貢塩八斗五升	338
塩䑺	337
塩屋御園	233, 253
塩料	200
塩陸拾石	300
塩六荷	462
塩六百俵〈大俵淀津定〉	348
七条坊門塩屋商人	244
地頭分塩十俵	261
十二俵塩	377
寺用塩	284
正塩	169
定塩百卅三俵	258
白塩	462
白塩一俵	195
酢塩	54
膳所塩	330
節季塩引鮭九尺	302
代塩三百七十三篭	7
代塩	342, 367, 368, 380
大小塩俵	435
大中俵塩	467
中表塩	330
大䑺塩	338
高崎塩竈神宮寺	278, 379
高塩	236
手浦塩釜	353
垂塩	337
タレ塩	338, 459
乳塩	190
千見塩浜	358
中俵塩	127, 132, 134, 172, 330, 443, 455
中俵塩三斗俵	469
田畠屋敷塩浜	400
土塩	74
友貞名塩釜	441
中塩屋分	405, 412
二季神祭魚代塩	330, 445
二宮朝夕御饌御塩料田租米	418
年(貢脱ヵ)大俵塩	236
年貢塩	261, 333, 338, 378, 380, 459
年貢塩俵	246, 467
苔副塩浜在家并荒野等	308
畠塩浜	334
八俵塩	331
引塩	113, 195, 252, 342, 367, 373, 435
引塩廿俵	258
引塩事人別一俵	107
引出物塩	148
負債塩	380

しかい

仏意相承塩屋	401
仏陀施入塩屋	398, 401
分塩九石三斗〈除釜年貢定〉	249
本年貢御塩	331
秣塩	330
松崎塩屋	321
丸塩百三十果	29
味噌塩	73
御薗塩浜内先人御菜分	171
宮跡(路)浦塩屋一宇	401
宮路浦塩屋一宇	398
宮地浦内塩屋	401
名別塩	259
名別八俵塩	259, 261
無塩鯛十隻	104
麦塩	330, 334
麦代塩	134, 148, 330
麦代中俵塩	160, 169
村岡村山塩竈神宮寺	379
焼塩	380
山塩	143
山手塩	70, 270, 341, 363
山手塩代米	206
山てのしほ(山手塩)	377
山得分塩	341
山之年供塩二斗	33
弓削島御年貢大俵塩	312, 317
弓削島御年貢塩	342
弓削島御年貢塩支配	373
弓削島〈元亨元年〉御年貢塩支配	367
弓削島〈元亨元年〉御年貢塩并雑物	368
弓削島〈元亨二年〉御年貢塩并雑物	374
弓削島塩	310
弓削島御庄領家御方年貢大俵塩	103
由原宮御供塩□(浜ヵ)参段	55
来迎寺免塩屋一宇	399
領家御塩	441
領家分塩十俵	261
潮	403, 408

塩屋

壱間塩屋	263
空閑塩屋	21
塩屋	23, 104, 173, 197, 261, 296, 299, 300, 362, 381, 382, 398, 401, 441, 453, 461
しほや(塩屋)	360
しをや(塩屋)	371, 408
塩屋壱宇	351
塩屋神御供塩屋加地子	296
塩屋神御節供田	413
塩屋神田	214
塩屋入道	309
塩屋御園	233, 253
七条坊門塩屋商人	244
中塩屋分	405, 412
仏意相承塩屋	401
仏陀施入塩屋	398, 401
松崎塩屋	321
宮跡(路)浦塩屋一宇	401
宮路浦塩屋一宇	398
宮地浦内塩屋	401
来迎寺免塩屋一宇	399

四海 154, 158, 187, 467

しかいせい

四海静謐 …………………………267
四海泰平之御願…………………211, 212
四海之静謐 ………………………287
四海のつわもの …………………159
四海万邦 …………………………17
鹿猿熊鳥兎魚等殺生 ……………354
敷枝鮨九桶代 ……………………459
四季之魚貝 ………………………149
茂是我鹿菜一石 …………………256
慈山乳海 …………………………17
下中橋 ……………………………175
七条坊門塩屋商人 ………………244
寺中五辛魚類等往反 ……………397
志積浦廻船人 ……………………445
志積浦刀禰 ………………………298
志積浦刀禰職 ……………………403
地頭分塩十俵 ……………………261
地頭領家公私御公事勤仕船 ……425

神人
　今福御綱曳神人 ………………230
　大津左方神人 …………………106
　大津左右方神人 ………………21
　大鳥社神人 ……………………25
　大山崎神人 ………………42, 60, 325
　御綱曳神人 ……………………230
　神人 …………………………325, 437
　諸国七道市津関渡泊地頭守護人神人
　　先達等 ………………………32
　関所使者神人 …………………324
　津田島神人 ……………………61
　東大寺八幡宮神人 ……………393
　八幡宮大山崎神人 ……………325
　浜崎神人 ……………185, 210, 331
　浜崎庄供祭神人 ………………186
　兵庫島下向神人公人 …………318
　平浜別宮神人 …………………25
　浮海神人 ………………………29
　山崎神人 ………………………60
　淀御綱曳神人 …………………230
　淀関所御綱引神人 ……………267
　淀津水垂神人 …………………210
四宮河原関守 ……………………345
しよのうみ(自余の海ヵ) ………408
シヒコ(鮨) ………………………185
治部尚書 …………………………37
地船 ………………………………326

島
　粟島御年貢鮑事、合仟佰貝者〈加預所
　　得分定〉 ……………………310
　悪志島蔵本 ……………………370
　粟島地頭職 …………………137, 139
　あわしまのちとうしき(粟島の地頭
　　職) ……………………………341
　壱岐島合戦 ……………………197
　一孤島 …………………………307
　伊都岐島社 ……………………104
　厳島大明神 ……………………327
　いつくしま(厳島)の上分米 …258
　異島流罪 ………………………194
　猪名庄八十島役 ………………17
　伊予国忽那島一分地頭 ………317
　伊予国忽那島〈付松吉名〉地頭職 ……100
　因島地頭職 ……………………424
　魚住島全島舟泊 ………………231
　宇久島住人 …………………360, 459
　浮島かはらの海きは ……………153

しま

牛屋・粟島之名字 …………373	経島升米・置石 …………319, 320
歌島在家人 …………305	経島関所雑掌 …………426
歌島領家御方得分物 …………308	久島百姓 …………327
うらうらしましま(浦々島々) ………402	忽那島地頭職 …………67
浦々島々破損船充満 …………194	忽那島内西浦惣追捕使職 …………223
浦島 …………329	忽那島名田并西浦惣追捕使職 ………314
浦島子之往情 …………429	忽那島役人 …………365
浦部島下沙汰 …………340	五畿七道六十六箇国二の島 …………187
浦部島地頭職 …………340	小島 …………15, 79, 110, 181, 183
夷島 …………183	孤島 …………61, 62
大島社供祭 …………270	五島 …………268
小値賀島地頭職 …………110, 142	此島(佐渡島) …………143
小値賀島住人 …………87	五島の海夫 …………386
小値賀島内浦部島地頭職 …………144	佐々良島刀禰 …………211
遠国島 …………143	薩摩国高城郡甑下島郡司職 …………100
遠国の島 …………183	佐渡の島 …………165
遠島 …………55, 363, 396, 401	島……11, 58, 64, 82, 94, 98, 140, 147, 150,
遠島流刑之重科 …………396	151, 191, 195, 201, 221, 223, 259, 260,
海中の小島 …………177	315, 378, 436, 459
海夫(五島太平戸党・今富党・小浦党)	島(佐渡) …………143
…………132	しま(島) ………66, 120, 226, 293, 296, 403
海夫〈五島党々〉 …………35	島浦両労之役 …………431
海辺州県島嶼居民 …………56	島下向使粮物 …………342
鹿島立原買 …………112	島々 …………80, 140
鹿島祭 …………32	しましま(島々) …………304
彼国(駿河国)の浮島かはらの海きは	しまゝゝ(島々) …………213
…………153	島々浦々船党 …………266
彼所務職(伊予国弓削島荘の所務職)	島々在所 …………251
…………378	島々のえひす …………181
狩俣島以下□(浦ヵ)々 …………320	島修固 ………313, 319, 320, 406, 407, 413,
紀州湯浅海中之島 …………307	418, 431
九州二島 …………367	島修固料 …………392
経島升米 …………313, 318	島修理 …………411

しま

島修理分 …………………………323
島堂 ………………………………392
島戸主明神 ………………………7
島戸関沙汰人百姓等 ……………100
島泊 ………………………………422
島抜御厨貢御人 …………………10
島之修固 …………………………324
島人 ………………………………436
島分 ………………………………386
島屋 ………………………………325
十二島地頭職 ……………………57
十二島のちとうしき(地頭職) ………408
諸関升米并兵庫島目銭 …………403
□きかしま(関島) ………………344
鷹島合戦 …………………195, 196
値賀五島公文所 …………………59
築島 ………………………………460
築島修持 …………………………394
ちくふしまのれいちやう(竹生島の
　霊場) …………………………278
竹生島別当 ………………………132
竹生島蓮華会 ……………………404
築島 ………………………………394
対馬人 ……………………………56
つしまのしま(対馬島) …………317
津田島神人 ………………………61
たううら(当浦=羽島浦) ………360
当浦(羽島浦) ……………………360
当月月宛島修固 …………………407
東寺供僧領伊予国弓削島雑掌職 ……454
当島 ………………110, 218, 219, 389
当島(弓削島) ……………378, 379
当島(兵庫島) ……………………414

当島(壱岐島) ……………………38
当島(弓削島)公文 ………………387
当島所務 …………………………333
当島年貢運送 ……………………333
当島年粮米 ………………………218
当島之神祇料 ……………………331
当島習 ……………………………331
島内船太郎屋敷 …………………59
当年島修固 ………………………418
豊島牧司 …………………………61
魚住島全島舟泊 …………………231
成洲〈又号生出島六丈島〉堺 ……355
二島 ……………………………30, 64
二島送文 …………………………439
二乃島赤菜祈料鮎〈両方二荷〉 ……460
日本国北海の島のえびす …………186
日本国六十六箇国島二の大地 ……133
日本六十六箇国島二 ……………197
野島之磯海苔 ……………………469
八幡厳島護法 ……………………274
比志島石築地裏加佐并破損 ……304
肥前国平戸・河内・野崎・南黒島・小値
　賀島地頭職 ……………………142
肥前国要害所姪浜石築地一尺壱寸
　〈五島白魚田地弐町分〉 ……268
兵庫経島升米 ……………………313
兵庫経島津料 ……………324, 431
兵庫島 ……………324, 342, 391
兵庫島一艘別銭 …………………318
兵庫島鋳物師辻子 ………………324
兵庫島置石 ………………………341
兵庫島下向神人公人 ……………318
兵庫島修固用途 …………………411

しもふなお

兵庫島修固料関所雑掌	324
兵庫島升米	350, 415, 422
兵庫島関雑掌	341
兵庫島関所	361, 429, 433, 456
□庫島関所	427
兵庫島関所三箇所目銭半分	342
兵庫島関米	345
兵庫島関務	334, 414
兵庫島関務雑掌	394
兵庫島月宛用途	410, 412, 414
兵庫島津料	324, 355, 456
福泊島修築料升米	392
福泊島修固	431
福泊島修固料神崎・渡辺両関雑掌	341
福泊島修築料升米	365, 391, 392
福泊島升米	370
福泊島築料	447
懐島与萩曽禰堺	140
懐島与柳島堺	140
へひす(夷)の島	196
辺土の小島	118, 143
北海の島	156
斑島請料用途	398
三島大祝	270, 277, 281, 286, 327
三島宮	7, 104
三島御領島々	457
三島神社	416
三島別宮	104
三島祝大夫	418
三島舞童	307
八島	441
八島之浪上	16
八十島□	10
山田二島□(御)年貢運送	132
弓削島・新勅旨両所之預所職	137
弓削島預所職	426
弓削島網〈元亨元年〉用途支配	366
弓削島御年貢大俵塩	312, 317
弓削島御年貢塩	342
弓削島御年貢塩支配	373
弓削島〈元亨元年〉御年貢塩支配	367
弓削島〈元亨元年〉御年貢塩并雑物	368
弓削島〈元亨二年〉御年貢塩并雑物	374
弓削島沙汰人	336
弓削島雑掌	228, 245, 435
弓削島塩	310
弓削島問丸	244
弓削島年行事分	313
弓削島年々運上物	82
弓削島御庄領家御方年貢大俵塩	103
吉成北島	19
淀河・尼崎・兵庫島・渡辺等関所	342
四島	194, 299
(日本は)六十六国二島已上六十八ヶ国	441
志摩国築地御園悪党円波法師以下輩狼藉	368
志美網	296
清水橋并鴨河河防用途	117
下総国神崎関手	145
下津浦堂免	269
下津五日市地頭代	336
下津路	73
下船尾郷刀禰職	368

しゃこうし

謝綱使(謝国明)………………88
謝綱師(謝国明)………………89
謝国明………………83, 92, 98
種
　魚二種代二百八十六文〈スイリ、ムシ
　　リ魚定〉………………400
　魚二種代二百四十六文〈スイリ、ムシ
　　リ魚加定〉………………400
　御菜五種………………92
舟航………………114
修固………………401
舟船………………15, 247
十二島地頭職………………57
十二島のちとうしき(地頭職)………408
十二所乃浦………………143
十二俵塩………………377
自由押漁………………423
十余艘船………………334
十余□□(艘船)………………332
宿………………47, 48
宿浦住人………………453
酒肴……37, 56, 64, 80, 95, 98, 258, 313, 329,
　　　　364, 388, 392, 393, 400
酒肴代………………283
酒肴料………………55, 275
狩漁
　山野カリスナトリ(狩漁)………352
　狩漁……122, 133, 199, 215, 216, 267, 444
狩猟殺生以下………………195
狩猟并賀茂郷小河漁………217
狩猟并賀茂郷河漁………217
俊傑禅伯………………179
春光院僧都京上料御屋形船一艘………292

春徳丸(船名ヵ)………………365
諸市津関渡海泊山河津料………31, 41
諸市津関渡海泊山河津料煩………31
諸市津関渡山河海泊津料関市手山手
　率分………………67
諸市津関渡山河率分津料………31, 41
升
　足羽升米………………291
　鮎鮨弐桶〈各一升納〉………6
　鮑ヒシヲ三升………………459
　猪使茂友海老五升………256
　ゑひ(海老)三斗七升〈不知数〉………302
　経島升米………………313, 318
　経島升米・置石………………319, 320
　国々津料関市升米………290
　気比升米………………291
　高野山大塔修営料所淀関升米半分
　　………………321
　石別壱升米………………266
　石別壱升雑物百分壱………348
　石別一升津料………………231
　石別一升米………………269
　心ふと(心太)八升………181
　こしほから(小塩辛)五升………377
　坂本升米………………291
　酒塩壱升伍合………………19
　酒塩弐升………………19
　酒塩二升………………40
　酒塩弐升伍合………………19
　酒塩捌升………………19
　酒塩肆升………………19
　酒塩陸升伍合………………19
　雑魚・海老等一斗五升………292

しょうさい

| 雑海藻二斗五升……………………82
| 塩一升……………………………17, 19
| 塩伍升………………………………19
| 塩五升………………………………19
| 塩三石〈八合升定〉……………308
| しほ(塩)七石一斗二升…………377
| 塩二升………9, 40, 82, 178, 179, 436
| しお(塩)二升………………284, 289
| 塩弐升伍合…………………………19
| 塩山年貢塩八斗五升……………338
| 升米……………………………68, 394
| 諸関升米并兵庫島目銭…………403
| 雑海藻二斗五升……………17, 179
| 雑臘二斗五升……………17, 82, 179
| 敦賀津升米………314, 315, 316, 333, 341,
| 348, 430, 449
| 敦賀津升米祇園方分……………269
| 上船石別升米……………………313
| 日吉新関米〈石別一升三合定〉…………353
| 日吉新関米石別一升三合…343, 349
| 兵庫経島升米……………………313
| 兵庫升米…………………………343
| 彼泊(兵庫)升米…………………413
| 兵庫島升米……………350, 415, 422
| 兵庫関升米……………………417, 418
| 福泊島修築料升米………365, 391, 392
| 福泊島升米………………………370
| 福泊升米……320, 390, 393, 401, 406, 407
| 淀升米……………………314, 316, 355
| 淀関升………………………………398
| 淀津升米…………………………313
| 淀津升米〈達磨寺分〉……………312
| 淀津之升米………………………197

| 料所敦賀津升米…………………406
条
| かわのり(川海苔)五条…………172
| 和布四条…………………………181
帖
| あみ一てう(網一帖)……………354
| あみ(網)壱帖……………………386
| あみいちてう(網一帖)…………188
| あミ一てう(網一帖)……………371
| あミ一てうか五ふん一(網一帖五分
| 一)………………………………403
| あみ(網)二帖……………………78
| 河のり(海苔)五てふ(帖)………157
| かわのり(川海苔)二帖…………432
| 河苔八帖…………………………350
| 小文高麗十一帖……………………73
| 大文高麗七帖………………………73
| 良近江海松八百帖………………256
| 例進長鮑千百五十帖………………12
| わかめ(和布)三十てう(帖)……376
| わかめ(和布)十てう(帖)………154
| 和布十帖代………………………347
| 和布七十帖…………………………29
| 和布弐拾壱帖……………………416
| 和布廿五帖………………………459
| 若布二帖…………………………144
| 寺用塩……………………………284
| 性海寺四至内漁猟并樵夫往反……107
| 生鮭五十隻…………………………11
| 上下船……………………………457
勝載
| 関東御祈禱所肥前国東妙寺造営材木
| 勝載船壱艘……………………320

しょうさい

高野山金剛三昧院領上下諸人勝載船……192	
勝裁(載)以下所々津料・関米等……404	
勝載船……325	
勝載船具……203	
勝載薪……22	
勝載物……22, 140	
勝載料……218, 219	
敦賀津勝載……66	
東妙寺造営材木勝載船壱艘……320

樵採漁猟之輩……61
正塩……169
定塩百卅三俵……258
庄々運上米……54

商船
　神崎・渡部・兵庫津商船目銭……294, 393
　神崎・渡辺・兵庫三ヶ津商船目銭……388
　貴国商船……244
　三箇津(神崎・渡辺・兵庫)商船目銭……422
　三ヶ津商船目銭……394
　摂津国三箇津商船目銭……411
　摂津国兵庫・渡辺・神崎三ヶ津商船目銭……390

乗船……110, 163, 196, 367, 430, 434
乗船饗……56
沼沢……18

商人
　粟津商人……347
　阿波国小勢津商人……324
　廻船商人……25
　廻船商人等着岸……218
　七条坊門塩屋商人……244

周防国合物売商人等長職……356
播磨国江井崎(営崎)商人……429
播磨国営崎商人……426
升米……68, 394
小蒙古人……191
小文高麗三端……73
上分鮭百五十尺……462
小䑩……338, 455
少䑩……330, 459
上洛船一艘……114
濁世之橋梁……265
諸郷刀禰……211
諸国市津関渡海泊……29
諸国市津関渡海泊煩……30
諸国市津関料山手渡海煩……41
諸国市津関渡山河率分山手海煩……29
諸国浦浦引網垂釣之所職……124
諸国往反市津関渡山河率分山手海煩……30
諸国七道市津関渡津料例物……32
諸国七道市津関渡泊……41
諸国七道市津関渡泊地頭守護人神人先達等……32
諸国七道市津関渡料例物……41
諸国七道往反廻船……439, 465
諸国津料……447
諸国渡地頭等所……30
所々入船……462
所々船……450
諸関升米并兵庫島目銭……403
諸関所津料……337, 369
諸関新関……422
如渡得船……114
諸御厨……296

すがのうら

諸役諸関渡市手山手率分	67
白魚一合	428
新羅	116, 154, 157
新羅兇醜	440
新羅国	148, 165, 188, 189, 440
新羅国高顕浄地	440
新羅宮	250
白鳥鵜主鯛鱸各百伎(隻)	256
白浪船師	307
白浜	15, 25

白干
- 白干 ……… 79
- 白干魚 ……… 79
- 白干のたい百こん(鯛百喉) ……… 78

寺領内殺生禁断	267
私領船	5
白唐綾	27
白塩	462
白塩一俵	195
白土器	461
白鳥羽一鳥	436
汁雉羹〈居加生蚫〉	54
新江利	81
神社仏寺権門勢家荘園寄人等居住要津	111, 112
新関	342, 345, 399, 411, 457
震旦	116, 119, 128, 139, 140, 146, 163, 187, 197, 199, 441
震旦国	192
新堤	112
神田畠おほくはま(浜)なり	381
神人 ⇒ 神人(じにん)	
新浜	390

神宝船	147
神輿御船	120
神領三ヶ浦	120

す

洲
- 一洲関雑掌 ……… 341
- 江比洲御前〈御本地毘沙門〉 ……… 32
- 河尻一洲 ……… 15
- 三箇津〈兵庫・一洲・渡辺〉関所 ……… 341
- 質長洲用途 ……… 397
- 長洲御厨沙汰人 ……… 234
- 長洲御厨司番頭 ……… 335
- 成洲〈又号生出島六丈島〉堺 ……… 355

寿(簀ヵ)	84
水魚之思	291, 379
水津夫	459
水夫	48, 50
隋高祖	22
数艘船	382
数百艘漁舟	133
数百艘船	122
周防国合物売商人等長職	356
周防国運上年貢材木	318
周防国運上年貢・材木并駅家田所当米	318
周防国三箇所河手	206
周防国関所	234
周防国淀津問職	428
菅浦	301
菅浦供御人	53, 152, 239, 261, 265, 266, 269, 270, 271, 272, 273, 276, 277, 278, 280, 281, 282, 283
菅浦供御人等	268

529

すがのうら

菅浦公文……………………256
菅浦惣官供御人…………396,397
菅浦惣追捕使………………267
菅浦惣追捕使職……………132
菅浦日次供御人……………271
菅浦御厨所供御人…………322
菅浦御厨子所供御人………359

鮨
　あますし(甘鮨)……………468
　甘鮨桶五口…………………29
　鮎鮨弐桶〈各一升納〉………6
　アキノスシ代(鮎の鮨代)…459
　石橋御贄鮨鮎一口…………460
　大鮨桶………………………29
　押鮨百五十隻………………246
　冠鮨桶九……………………459
　伍斗納鮨桶…………………468
　敷枝鮨九桶代………………459
　す新(鮨)……………………181
　鮨鮎・押鮎各千隻……………27
　すしをけ(鮨桶)……………376
　鮨桶……………………354,416
　□すしをけ(鮨桶)一………377
　鮨桶壱口……………………338
　鮨桶三口……………………459
　鮨桶代………………………363
　鮨切魚………………………199
　すし(鮨)一折敷……………104
　せちれうのすしたい五こん(節料鮨
　　鯛五喉)……………………377
　贄鮨鮎五桶…………………246
　百文〈鱸鮨代〉………………393
　罷部阿古主鮨十桶…………256

酢塩……………………………54
筋子拾弐……………………302
鱸………………………………54
すすめ貝……………………322
簀得分………………………150
鰒網地御菜…………………171
漁⇒漁(りょう)
簀和布運賃……………………29
簀北手………………………150
住吉神領船…………………324
楚割……………………………54
諏訪本社御贄運送人夫役…347
寸
　御さかな(魚)二寸…………122
　大小魚五千五百隻内二尺五寸鯉四十
　　隻……………………………292
　二尺五寸鯉四十二隻………292

せ

瀬
　笠神龍頭上下瀬……………309
　金沢瀬戸内海殺生禁断……323
　金沢瀬戸橋内海殺生禁断…323,455
　河瀬五箇所〈坪付見配分状〉…366
　河瀬三ヶ所…………………221
　かわのせ一そ(河の瀬一所)…414
　杭瀬河………………………265
　瀬崎船………………………460
　せと(瀬戸)…………………226
　せとのはしはしら(瀬戸の橋柱)……468
　瀬戸橋……………303,453,458,459
　瀬戸橋新造…………………356
　□(瀬)戸橋造営棟別銭……………300

せき

高瀬賃卅石	131
高瀬舟駄賃	241
播磨瀬赤尾橋	130
西戎大蒙古国簡牒	129
西戎大蒙古国牒状	129
西戎之人	129
征伐高麗	193
西蕃(高麗)之使介	141
西方河	89
世かいは人たなふね	448

関
- 居関……72
- 市津関渡海泊山河津料煩……31
- 市津関伯(泊)次路往反……132
- 市津関料山手渡海煩……29
- 市津関渡……345
- 市津関渡津料……91
- 市津関渡津料例物……73
- 市津関渡山手地頭守護等煩……116
- 市津并関渡……345
- 一洲関雑掌……341
- 内殿灯油荏胡麻関々煩……395
- 浦々関泊交易往反之煩……281
- 往反諸国市津関料山手渡海煩……39
- 往反諸国市津関渡津料例物山河率分山手煩……41
- 大津関所……67
- 大津関米……291
- 竈戸関……312
- 竈戸関地頭代……325
- 河上関……435
- 河関……10
- 川関御問……38

- 河原関所……345
- 河原関料……345
- 神崎関所……342
- 神崎・渡部両関……362
- 経島関所雑掌……426
- 近国并西国浦々関々……310
- 国々津泊関々……143
- 国々津料関市升米……290
- 高野山大塔修営料所淀関升米半分……321
- 五畿七道市津関渡津料……447
- 西海道関々渡沙汰人……192
- 西海道関渡沙汰人……89, 236, 350
- 西海道之路次津々関々等……43
- 西海道路次関々泊々……43
- 西国新関河手……156
- 鯖川・富田両所関……323
- 三箇津〈兵庫・一洲・渡辺〉関所……341
- 四宮河原関守……345
- 島戸関沙汰人百姓等……100
- 下総国神崎関手……145
- 諸市津関渡海泊山河津料……31, 41
- 諸市津関渡山河海泊津料関料市手山手率分……67
- 諸市津関渡山河率分津料……31, 41
- 勝裁(載)以下所々津料・関米等……404
- 諸国市津関渡海泊……29
- 諸国市津関渡海泊煩……30
- 諸国市津関料山手渡海煩……41
- 諸国市津関渡山河率分山手海煩……29
- 諸国往反市津関渡山河率分山手海煩……30
- 諸国七道市津関渡津料例物……32
- 諸国七道市津関渡泊……41

せき

諸国七道市津関渡泊地頭守護人神人
　先達等‥‥‥‥‥‥‥‥‥‥‥‥32
諸国七道市津関渡料例物‥‥‥‥‥41
諸関升米并兵庫島目銭‥‥‥‥‥‥403
諸関所津料‥‥‥‥‥‥‥‥337, 369
諸関新関‥‥‥‥‥‥‥‥‥‥‥422
諸役諸関渡市手山手率分‥‥‥‥‥67
新関‥‥‥‥‥342, 345, 399, 411, 457
周防国関所‥‥‥‥‥‥‥‥‥‥234
関‥‥‥‥41, 71, 136, 145, 355, 367, 394, 395
関(寺方関)‥‥‥‥‥‥‥‥‥‥397
関替所‥‥‥‥‥‥‥‥‥‥‥‥424
□きかしま(関島)‥‥‥‥‥‥‥344
(兵庫)関方供料‥‥‥‥‥‥‥‥404
関方備物‥‥‥‥‥‥‥‥‥‥‥397
関方勤‥‥‥‥‥‥‥‥‥‥‥‥404
関供料‥‥‥‥‥‥‥‥‥‥‥‥420
関雑掌‥‥‥‥‥‥‥‥‥‥‥‥393
関所‥‥‥‥157, 324, 327, 333, 362, 370, 389,
　　　　391, 419, 432, 458, 460, 462
関所供料‥‥‥‥‥‥‥‥‥‥‥411
関所(兵庫関)供料‥‥‥‥‥‥‥414
関所(兵庫北関)供料結解‥‥‥‥406
関所(兵庫)供料結解‥‥‥‥‥‥406
関所検断‥‥‥‥‥‥‥‥‥‥‥330
関所沙汰人‥‥‥‥‥‥‥‥‥‥434
関所雑掌職‥‥‥‥‥‥‥‥‥‥462
関所直人‥‥‥‥‥‥‥‥‥‥‥41
関所使者神人‥‥‥‥‥‥‥‥‥324
関所月宛用途‥‥‥‥‥‥‥409, 412
関所月宛用□(途ヵ)‥‥‥‥‥‥416
関所(兵庫北関)月宛用途‥‥‥‥416
関所(兵庫関)月宛用途‥‥389, 409, 410
関所務‥‥‥‥‥‥‥‥‥‥‥‥413
(兵庫)関所之供料‥‥‥‥‥‥‥396
関所用途‥‥‥‥‥‥‥‥413, 462
関所(兵庫北関)用途‥‥405, 408, 411,
　　　　　　　　　　418
関所(兵庫北関)用途結解‥‥‥‥407
関々‥‥‥‥‥‥‥‥‥‥342, 368
関々浦々‥‥‥‥‥‥‥‥‥89, 350
関々国々津々‥‥‥‥‥‥‥‥‥106
関々下行‥‥‥‥‥‥‥‥‥‥‥373
関々津々‥‥‥‥‥‥‥192, 236, 356
関々津々泊々‥‥‥‥‥‥‥‥‥85
関々泊々津々沙汰人‥‥‥‥‥‥145
関月宛‥‥‥‥‥‥‥‥‥395, 397
関津并国々津々‥‥‥‥‥‥55, 56
関手‥‥‥‥‥‥‥‥‥‥‥‥‥159
関得分‥‥‥‥‥‥‥‥‥‥‥‥393
関泊交易‥‥‥‥‥‥‥‥‥‥‥185
関并津々‥‥‥‥‥‥‥‥‥‥‥234
関要到借物(関用途借物)‥‥‥‥395
関之煩‥‥‥‥‥‥‥‥‥‥‥‥392
関米‥‥‥‥‥‥‥‥122, 138, 140, 422
関務‥‥‥‥318, 357, 365, 389, 390, 392, 394,
　　　401, 411, 412, 430, 431, 433, 457, 462
関務沙汰‥‥‥‥‥‥‥‥‥‥‥393
関務之体‥‥‥‥‥‥‥‥‥‥‥406
関守‥‥‥‥‥‥‥‥‥‥‥‥‥438
関役船拾弐艘‥‥‥‥‥‥‥‥‥196
関用途‥‥‥‥‥‥‥‥393, 397, 413
関料‥‥‥‥‥‥‥‥‥‥‥333, 374
関煩‥‥‥‥‥‥‥‥‥‥‥‥‥395
関渡‥‥‥‥‥‥‥‥‥7, 29, 84, 355
関渡□(泊)市津‥‥‥‥‥‥‥‥465

せき

関渡□市津	439
関渡地頭	29
摂津国兵庫以下関所	340
杣河橋料所関	412, 430
月宛関(兵庫北関)用途	415
津々関々	56, 371
津々関泊	320
当関(兵庫関ヵ)	339
長門国赤間関阿弥陀寺免田	186
日吉新関	353
日吉新関米〈石別一升三合定〉	353
□(日)吉新関米	348
日吉新関米石別一升三合	343, 349
兵庫以下諸関津料	325
兵庫以下関所	341, 342
兵庫島修固料関所雑掌	324
兵庫関	314, 321, 327, 335, 339, 345, 414, 417, 422, 456, 462
兵庫関方諸供料	398
兵庫関具書等一結	322
兵庫関沙汰	401, 402
兵庫関雑掌	395
兵庫関雑掌職	431
兵庫関雑船	462
兵庫関所	324, 326, 335, 343, 356, 393, 416, 456
兵庫関升米	417, 418
兵庫関々務	431
兵庫関腕用途	407, 414
兵庫関米	343
兵庫関務	417
兵庫関目銭半分	367
兵庫島関雑掌	341
兵庫島関所	361, 429, 433, 456
□庫島関所	427
兵庫島関所三箇所目銭半分	342
兵庫島関米	345
兵庫島関務	334, 414
兵庫島関務雑掌	394
福泊島修固料神崎・渡辺両関雑掌	341
福泊関雑掌	391, 414
福泊関所	389
福泊関津料	414
福泊関務	391, 426, 460
福泊関務雑掌	461
福泊関	413
本関違乱	414
道々関	73
室泊・尼崎・渡部三ヶ所関	231
門司関	294, 378, 422
もし(門司)[　　]関	174
吉野河新関	324
吉野川関所	434
淀河・尼崎・兵庫島・渡辺等関所	342
淀河所々関々	67
淀・河尻・神崎・渡辺・兵庫以下諸関津料	336
ヨト(淀)・カンサキ(神崎)ノ関米	258
淀関所	368, 371, 374, 419
淀関所御綱引神人	267
淀関米	198, 202, 206, 215, 220, 312, 362
淀関米雑掌職	312
淀関升	398
淀関務	315
淀関守	438
淀津関米	326

せき
- 両国幷淀津関料……………208
- 両関公用分………………357
- 路次所々関米……………260
- □(和)賀江関所沙汰人………309
- 渡辺関雑掌………………341

隻
- 魚二隻……………………436
- 魚四十隻…………………299
- 押鮨百五十隻……………246
- 御手代綺丸鮭百伎(隻)……256
- 久干一櫃〈員二百隻〉………6
- 鯉一隻………………………9
- 鯉五十隻……………………27
- 狛国助鯉鮒各百隻…………256
- 菜料魚三隻〈番頭壱人分〉…392
- 鮭五隻……………………218
- 鮭三十隻………………11,462
- 生鮭五十隻…………………11
- 白鳥鵜主鯛鱸各百伎(隻)…256
- 鮨鮎・押鮎各千隻…………27
- 大小魚五千五百隻内二尺五寸鯉四十
  隻………………………292
- 大小魚四千六百二隻………292
- 生鯛・干鯛各百隻…………27
- 名吉三隻…………………296
- 名吉十三隻………………295
- 二尺五寸鯉四十二隻………292
- 無塩鯛十隻………………104
- 鮒五十隻……………………27
- 放生魚貝六十三万隻………56
- 鱒十五隻…………………104
- 間人鶴丸鯵鯖各百伎(隻)…256
- 瀬崎船……………………460

- 膳所塩……………………330
- 膳所犹…………………338,459
- 勢多橋役……………………3,6
- 節料紙魚等………………278
- せちれうのすしたい五こん(節料鮨鯛
  五喉)……………………377
- 節季鴨五羽………………459
- 節季塩引鮭九尺…………302
- 節季鯉……………………459

殺生
- 池山殺生…………………147
- 石清水放生会以前殺生禁断……183,186
- 金沢瀬戸内海殺生禁断……323
- 金沢瀬戸橋内海殺生禁断…323,455
- 禁断漁猟殺生之業…………98
- 禁制寺領四至内殺生伐木…251
- 禁断殺生 …………16,62,289,290,296
- 禁断殺生〈河池魚鱗等〉……240
- 山野殺生禁断…………296,301
- 鹿猿熊鳥兎魚等殺生………354
- 狩猟殺生以下……………195
- 寺領内殺生禁断…………267
- 殺生……………………346
- 殺生禁断………8,89,113,160,162,176,
  195,204,265,290
- 殺生禁断〈殊重　鵜・鷹・狩猟・漁網
  等〉………………239,240,413
- 殺生禁断之網場…………158
- 殺生禁断山河境…………316
- 殺生之業……………259,261
- 殺生之漁猟………………294
- 世戸堤内入海殺生………146
- 世戸堤内入海殺生禁断…146

534

多田院山河殺生…………………189	三ヶ津商船目銭……………………394
山河殺生……………………305, 351, 423	三ヶ津目銭………………………355, 412
山河殺生禁断……………………193	塩銭………………………………337
六斎日殺生………………………29	諸関升米并兵庫島目銭……………403
六斎日并二季彼岸殺生……………113	摂津国三ヶ所(神崎・渡辺・兵庫)目銭
六斎日二季彼岸殺生禁断…………306	半分……………………………367
摂津国三ヶ所(神崎・渡辺・兵庫)目銭半	摂津国三箇津商船目銭……………411
分………………………………367	摂津国兵庫・渡辺・神崎三ヶ津船目
摂津国三箇津商船目銭……………411	銭………………………………390
摂津国兵庫以下関所………………340	□(瀬)戸橋造営棟別銭……………300
摂津国兵庫・渡辺・神崎三ヶ津商船目銭	善通寺修造料一艘別銭……………318
…………………………………390	善通寺修造料艘別銭………………447

瀬戸

金沢瀬戸内海殺生禁断……………323	宋朝銭貨…………………………12
金沢瀬戸橋内海殺生禁断……323, 455	艘別銭貨…………………………262
セと(瀬戸)………………………226	津料乃銭一貫……………………299
せとのはしはしら(瀬戸の橋柱)……468	汲部多烏両浦一年中万雑公事を代か
瀬戸橋………………303, 453, 458, 459	へ候銭…………………………322
瀬戸橋新造………………………356	汲部多烏両浦御年貢銭……………322
□(瀬)戸橋造営棟別銭……………300	汲部多烏両浦当年御年貢銭………322
世戸堤内入海殺生…………………146	唐船点定銭………………………235
世戸堤内入海殺生禁断……………146	東大寺方三箇津目銭………………340

銭

網銭………………………………331	塔婆造営料所三ヶ津目銭…………350
運上銭……………………………347	刀禰銭……………………………459
御塩陸拾俵代銭拾陸貫文…………417	兵庫島一艘別銭…………………318
御年貢塩代銭…………………409, 417	兵庫関目銭半分…………………367
神崎・渡部・兵庫津商船目銭……294, 393	兵庫島関所三箇所目銭半分………342
神崎・渡辺・兵庫三ヶ津商船目銭…388	船賃之銭…………………………460
郷勢王・北方等御年貢内大津本銭返	目銭………………………………418
銭………………………………350	和布准銭…………………………338
三箇津(神崎・渡辺・兵庫)商船目銭	鮮売座……………………………294
…………………………………422	船貨………………………………161
	船具………………………………83
	せんさしの魚……………………101

せんしむじ

先師(無準師範)……………………101
船主交名……………………………284
善通寺修造料一艘別銭……………318
善通寺修造料艘別銭………………447
筌蹄…………………………………249

船頭
　船頭……43, 44, 45, 47, 48, 50, 98, 158, 420
　船頭之者…………………………445
　通事船頭…………………………438
　平戸蘇船頭………………………58
占梵池堤幷当村(下村)内海船一円不残
　之……………………………………402

そ

宋
　宋……………………37, 116, 426, 443
　宋国…………………………………88
　宋氏〈九娘〉………………………65
　宋人………………14, 25, 34, 36, 58, 427
　宋人和卿………………………12, 16, 25
　宋朝…………………………………93
　宋朝西蜀人…………………………88
　宋朝銭貨……………………………12
　宋朝之風俗…………………………94
　宋朝名勝……………………………179
　宋本大般若経………………………107
　大宋……………………………87, 182
　大宋径山住持円照老僧師範………85
　大宋国………………………82, 86, 104, 141
　大宋伝来律宗台教…………………37
　大宋渡海……………………………335
　大宋臨安府径山興聖万寿禅寺住持老
　　僧師範……………………………92

渡宋…………………………………102
渡宋本………………………………74
入宋沙門覚心………………………242
入宋伝法比丘俊芿…………………57

艘
異賊用心兵船内豊後国分□(艘ヵ)
　………………………………………442
一艘…………………………………452
壱艘者〈字坂東丸〉…………………5
鵜船壱艘……………………………119
越中網鮭一艘別三尺………………459
大船一艘……………………………344
押取船二艘…………………………278
乙王女分大船一艘〈名フクマサリ〉
　………………………………………349
関東御祈禱所肥前国東妙寺造営材木
　勝載船壱艘………………………320
関東御免津軽船二十艘……………344
京上料之屋形船一艘………………26
国末船二艘…………………………277
軍勢五百余艘………………………191
鰶〈コノシロ〉網一艘別一石五斗…459
小船壱艘……………………………338
塩竃別当五郎〈在市合船壱艘平太〉
　………………………………………278
塩船津料一艘別二貫文定……………459
十余艘船……………………………334
十余□(艘船)………………………332
春光院僧都京上料御屋形船一艘……292
上洛船一艘…………………………114
数艘船………………………………382
数百艘漁舟…………………………133
数百艘船……………………………122

関役船拾弐艘	196	蒼海	188, 192
善通寺修造料一艘別銭	318	滄海	408
善通寺修造料艘別銭	447	雑海藻二斗	82, 178
走湯山五堂灯油料船五拾艘内意鏡房船	145	雑海藻二斗五升	17, 82, 179
艘別参□	451	蒼海万里之波浪	35
艘別銭貨	262	惣河之口	406
艘別津□(料)	447	雑腊一斗	17, 82, 178
たかせのしき七そう(艘)	276	雑腊二斗五升	17, 82, 179
田にし(田螺)船九艘分〈二石七斗〉	302	雑腊八斤	77
可造船分 一艘 八坂新庄	442	造住吉社段米	338
津料□□一艘〈三百□〉□〈二百□〉	447	雑船	192, 313
		造船	122
東妙寺造営材木勝載船壱艘	320	雑船当	88
灯油船拾弐艘	196, 259	造船売買	362
灯油料船拾弐艘	275, 285	走湯山五堂灯油料船五拾艘内意鏡房船	145
日本国船壱艘	449	走湯山灯油料船梶取	145
能登鯖一艘別卅巻	459	造橋沙汰	430
百余艘船	377	雑免水手米	285
兵庫島一艘別銭	318	雑物津料	266, 269
船壱艘	41, 247	惣領浦々	332
船一艘	54, 70, 93, 100	惣領進止浦々	328, 334
ふね壱そう(船壱艘)	208	蘇宜部徳満鮑百貝	256
船参艘内小船弐艘	243	賊	
船七艘	266	阿波国海賊出入所所	379
干鮑夏五連秋五連〈これハ一艘の公事也〉	101	異域異賊之降伏法	206
		異域之凶賊	291
鱒網一艘別三十尺	459	異国悪賊	198
松崎下宮鰹船二艘	28	異国異賊之凶悪	193
蒙古人之賊船数千余艘	195	異国止賊	230
蒙古賊船三艘	203	異国賊船	247
六万艘兵船浮海	191	異国賊徒	289
		異国敵賊之警固	190

ぞく

異国兵賊 ……………………………230
異賊……162, 163, 192, 203, 222, 230, 314, 315
異賊合戦 …… 191, 279, 298, 299, 372, 453
異賊合戦勲功………………245, 246, 302
異賊合戦賞…………………………297
異賊合戦之恩賞……………………338
異賊勧賞……………………………298
異賊去年襲来………………………158
異賊警固……215, 231, 245, 291, 308, 376, 398, 399, 400, 401
異賊警固以下面々所役……………288
異賊警固筥崎番役…………………235
異賊警固番…………………294, 298
異賊警固番役………274, 282, 304, 329
異賊警固番役覆勘状………………373
異賊警固兵船………………………295
異賊警固要害所々…………………228
異賊警固要害構舟簇釘以下所役……228
異賊降伏 ………… 195, 207, 233, 260, 264
異賊降伏御祈……… 184, 201, 223, 244, 247
異賊降伏御祈禱……………………315
異賊襲来………………156, 197, 226, 260
異賊征伐……………………………317
異賊退散……………………267, 447
異賊之防禦…………………………294
異賊番役……………………………400
異賊防御……………………………442
異賊防禦 …………215, 216, 286, 294, 300
異賊防禦御祈禱………………294, 295, 298
異賊防禁……………………………279
異賊要害構石築地…………………289
異賊用心……………………………302

異賊用心石築地……………………410
異賊用心兵船…………………451, 452
異賊用心兵船内豊後国分□(艘ヵ)
　………………………………442
異賊用心兵船内……………………442
怨賊…………………………………152
鎮伏海西之賊難……………………251
海賊……18, 22, 43, 65, 81, 84, 93, 97, 108, 113, 114, 123, 144, 162, 177, 188, 191, 204, 239, 240, 284, 290, 292, 324, 333, 343, 350, 352, 372, 379, 413, 417, 424, 435, 443, 450, 452, 456
海賊入海……………………………260
海賊船………………………………198
海賊張本……………………………372
海賊張本田那部入道行蓮…………372
海賊入海之難………………………249
海賊人………………336, 358, 450, 457
海賊人犯用物………………………357
海賊扶持……………………………363
海賊与党……………………………387
海陸盗賊…………………………9, 64
弘安四年異賊合戦…………………260
弘安四年異賊合戦勲功賞…………357
弘安四年賊船………………………445
江州強盗并海賊出入所々城郭………379
降伏賊難之祈請……………………197
降伏異朝悪賊………………………189
西国海賊……………………………264
西国并熊野浦々海賊……………308, 311
西海并熊野浦之海賊………………316
西国名誉海賊………………………363

賊船	
…44, 45, 48, 50, 192, 194, 202, 260, 291	
賊船漂没……………………………367	
賊船乱入……………………………192	
賊徒船………………………………198	
賊徒伏誅……………………………294	
敵船賊船……………………………194	
御使虎尾丸烏賊十枚………………256	
蒙古異賊………………………189, 298	
蒙古異賊近来襲来…………………216	
蒙古怨賊……………………………134	
蒙古凶賊………………………162, 163	
蒙古凶賊等…………………………367	
蒙古人之賊船数千余艘……………195	
蒙古賊船……………………………247	
蒙古賊船三艘………………………203	
蒙古之凶賊……………………228, 235	

率分
- 往反諸国市津関渡津料例物山河率分
山手煩……………………………41
- 河上率分……………………………34
- 河率分………………………………33
- 材木率分……………………………157
- 諸市津関渡山河海泊津料関市手山
手率分……………………………67
- 諸市津関渡山河率分津料………31, 41
- 諸国市津関渡山河率分山手煩………29
- 諸国往反市津関渡山河率分山手海煩…30
- 諸役諸関渡市手山率分………………67

杣河橋料所関……………………412, 430
村民漁子……………………………202

た

駄
- 塩一駄…………………………177, 193
- しを(塩)いちた(一駄)……………166
- 高瀬舟駄賃…………………………241
- 津下駄賃用途………………………278
- 負駄水手代…………………………230

鯛
- あましをのたい百こん(甘塩の鯛百
喉)………………………………78
- 白鳥鵜主鯛鱸各百伎(隻)…………256
- 白干のたい百こん(鯛百喉)…………78
- せちれうのすしたい五こん(節料鮨
鯛五喉)…………………………377
- 鯛……………………………………54
- たい三こん(鯛三喉)………………181
- タイノヒホシ(鯛の日干し)五コム
(喉)半…………………………172
- 月小ひたい(干鯛)…………………377
- 月へちのひたい(月別干鯛)二百四十
…………………………………377
- 生鯛・干鯛各百隻……………………27
- ほしたい(干鯛)……………………468
- 干鯛……………………27, 132, 368
- 干鯛拾………………………………341
- 干鯛拾喉……………………………129
- 干鯛代………………………………381
- 干鯛一折敷…………………………104
- 無塩鯛十隻…………………………104
- 御贄底鯛……………………………460

代塩……………………342, 367, 368, 380
代塩三百七十三篭……………………7
大河………94, 128, 177, 179, 193, 276, 424
大海………22, 105, 110, 114, 129, 134, 142,

たいかいさ

　　　146, 157, 165, 168, 169, 177, 181, 183,
　　　184, 186, 188, 190, 305, 432, 440, 442
大海〈サヲタチ〉……………………………79
大海江河…………………………………73
大海神御前〈御本地不分明〉………………32
大海中……………………………………382
大海の波…………………………………187
大海の船…………………………………177
大海の水…………………………………118
代官虭……………………………………459
大魚………………157, 165, 181, 419, 436, 443
大師御入唐…………………………………98
大師入唐帰朝………………………………59
大小魚五千五百隻内二尺五寸鯉四十隻
　　………………………………………292
大小魚四千六百二隻……………………292
大小塩俵…………………………………435
大小之船…………………………………414
大小船〈呂数〉……………………………163
大船………………54, 158, 188, 203, 363, 443
大船師………………………………89, 357
大宋…………………………………87, 182
大宋径山住持円照老僧師範………………85
大宋国………………………82, 86, 104, 141
大宋伝来律宗台教…………………………37
大宋渡海…………………………………335
大宋臨安府径山興聖万寿禅寺住持老僧
　　師範……………………………………92
大中俵塩…………………………………467
大唐……………………………35, 104, 359
大唐高麗舞師……………………………236
大日本国…………………………………191
大蒙古……………………………………172

大蒙古国………128, 133, 141, 152, 153, 156,
　　　　　　　　　　　　　　165, 184, 188
大蒙古国簡牒……………………………130
大蒙古国皇帝……………………………130
大蒙古国皇帝日本国王上書……………129
大蒙古国国書……………………………128
大蒙古国牒状……………………………129
大蒙古国の牒状…………………………441
大蒙古の責………………………………193
大物・尼崎両浜開発地主………………124
大文高麗七帖………………………………73
大文高麗二端………………………………73
大虭…………………………330, 338, 455, 459
大虭五十八俵……………………………103
大虭塩……………………………………338
大虭用途…………………………………111
大洋…………………………………………37
内裏蔵人所灯爐供御人……………………31
絶間川鮎上分……………………………200
絶間河鮎上分……………………………200
鷹狩………………………………………326
鷹狩海漁以下悪行…………………322, 326
高崎塩竃神宮寺……………………278, 379
高塩………………………………………236
鷹島合戦……………………………195, 196
高瀬賃卅石………………………………131
たかせのしき七そう（艘）………………276
高瀬舟駄賃………………………………241
高田庄之船津……………………………147
高浜…………………………………353, 354
多烏浦沙汰人百姓等……………………171
多烏浦住人………………………………237
田烏浦天満天神宮………………………253

540

たわら

多烏浦刀禰	95, 254
多烏浦刀禰職	106, 214
田烏浦刀禰職	104
多烏浦分	365
滝河	305
滝河流毒	305
蛸	330
たこ(蛸)ひとかしら	154
たこく(他国)	250
他国	176
従他国始来入異国人等	194
大宰府	440
大宰府崇福爾長老	82
他庄舟	234
助船ノ者	142
多田院山河殺生	189
立網	66, 103, 258, 295, 296, 297
たてあミのとく分(建網得分)二人分	377
多度津毘沙門堂	302
谷河	37
田にし(田螺)船九艘分〈二石七斗〉	302
手浦塩釜	353
手浦刀禰	290, 359
手浦刀禰職	284, 285, 289
手浦刀禰丸	289
旅網	185
たら(鱈)	350
垂塩	337
タレ塩	338, 459
垂釣	347
俵	
｜大俵	169, 174, 348

大俵塩	127, 132, 134, 135, 148, 151, 160, 162, 172, 173, 220, 330, 333, 338, 443, 455, 459
大俵しを(塩)	257
大俵塩五斗俵	469
御塩陸拾俵代銭拾陸貫文	417
御年貢大俵塩	111, 124, 241
御年貢大俵塩弐百弐拾俵	317
御年貢塩大俵	169
かきかうまつり(蠣神祭)代中俵塩	135
かちめ〈一俵〉	441
倉納塩三十余俵	442
神祭魚代塩春一俵	338
神祭大俵	103
小塩一俵〈但四俵成〉	112
小俵	195
小篭代大俵	103
塩三十俵	459
しほ三へう(塩三俵)	362
塩俵	174, 377, 448, 455, 468
しほたわら(塩俵)	423
塩俵三十俵	307
塩弐拾俵〈大俵〉	112
ほのこたわら(塩小俵)三	377
塩八十八俵	82
しほ一たわら(塩一俵)	182
塩六百俵〈大俵淀津定〉	348
地頭分塩十俵	261
十二俵塩	377
定塩百卅三俵	258
白塩一俵	195
大小塩俵	435

たわら

大中俵塩	467
大䑺五十八俵	103
中俵	174, 338, 459
中俵塩	127, 132, 134, 172, 330, 443, 455
中表塩	330
中俵塩三斗俵	469
中二俵	169
二十三俵	368
年(貢脱ヵ)大俵塩	236
年貢塩俵	246, 467
八俵塩	331
引塩廿俵	258
引塩事人別一俵	107
名別八俵塩	259, 261
麦代中俵塩	160, 169
弓削島御年貢大俵塩	312, 317
弓削島御庄領家御方年貢大俵塩	103
領家分塩十俵	261
六百俵ヲ可積御船	459
わかめ(一俵)	441

ち

□ちあハひ(鮑)	431
値賀五島公文所	59
築島	460
築島修持	394
ちくふしまのれいちやう(竹生島の霊場)	278
竹生島別当	132
竹生島蓮華会	404
乳塩	190
千見塩浜	358

着岸

廻船商人等着岸	218
材木反二百丁着岸	458
着岸	358, 415, 434, 451, 458, 469
着岸運船	266, 269
唐船着岸物	5, 430
檜皮着岸	458
中央河	89
中海	89
中国	429
中俵	174, 338, 459
中俵塩	127, 132, 134, 172, 330, 443, 455
中俵塩三斗俵	469
中二俵	169
釣魚	117, 423
釣漁之営	26
牒使	131
朝夕御饌所二見御厨	423
ちやうのうち(張氏)	37
著貝	54
勅裁御厨并本所進止御厨	295
千綿浦年貢	339
鎮西往廻惣官代職	124

つ

津

安濃津所司定使等	24
粟津供御人	246
粟津商人	347
粟津橋	345
粟津橋本并都鄙供御人	345
阿波国小勢津商人	324
異国警固今津番役	213, 239

石津所司殿 …………………………253	大津関米 …………………………291
泉木津之宿所 ……………………434	大津問 ………………………………79
市津 …………………………213, 375	大津問丸 …………………………304
市津関渡海泊山河津料煩 …………31	御加津木 …………………………382
市津関伯(泊)路次往反 …………132	をきつ(沖津ヵ) …………………171
市津関料山手渡海煩 ………………29	御検注時迎料水津夫伝馬 ………459
市津関渡 …………………………345	尾道浦津料魚貝 …………………139
市津関渡津料 ………………………91	尾道船津 ……………………………13
市津関渡津料例物 …………………73	勝津留当年弁済使 ………………111
市津関渡山手地頭守護等煩 ……116	かちかつるのへんさししき(勝津留
市津并関渡 ………………………345	弁済使職) ……………………111
市津料 …………………………94, 345	金津神宮護国寺 …………………340
市津路次 …………………………240	金津神宮護国□(寺ヵ) …………341
市津路辻海上 ……………………298	彼(淀)津沙汰人 …………………427
市手津料之煩 ………………………31	上津路 ………………………………73
イチノツレウ(市の津料) ………299	上津留屋敷 ………………………403
今津後浜警固 ……………………204	神崎・渡部・兵庫津商船目銭 ……294, 393
今津後浜警固番 …………………263	神崎・渡辺・兵庫三ヶ津商船目銭 ……388
今津後浜警固番役	関東御免津軽船二十艘之内随一 ……344
………………253, 255, 260, 274, 285	北河口津料 ………………………459
宇津庄桂供御人飼場 ……………388	木津 …………………………………18
浦津 …………………………………48	木津石地蔵 ………………………432
運送之船津 ………………………307	木津御童子 ………………………373
運漕三津之浜 ……………………407	木津川船 ……………………………8
往反諸国市津関料山手渡海煩 ……39	木津木屋 …………………………121
往反諸国市津関渡津料例物山河率分	木津木守 …………………………121
山手煩 ……………………………41	木津宿所 …………………………434
大介津守宿禰 ……………………116	木津問丸 ……………………321, 326
大津神戸司職 ………………………91	木津女房 …………………………383
大津左方神人 ……………………106	木津の船 …………………………425
大津左右方神人 ……………………21	吉備津宮 …………………………314
大津車力 ……………………………29	くちのふなつさいけ(船津在家) ……229
大津関所 ……………………………67	国々津々 ……………………………58

つ

つ

国々津泊関々	143
国々津泊等	219
国々津料関市升米	290
国々泊津	218
国津	41
国津定	124, 141
国津出船	149
高国符勝津□(留ヵ)	102
郷勢王・北方等御年貢内大津本銭返銭	350
五畿七道市津関渡津料	447
国衙木津	18
国衙之津	18
国司津料	346, 347, 457
石別一升津料	231
西海道之路次津々関々等	43
在津	306, 317, 329, 331, 332, 333, 381, 401, 408, 409, 430, 452
在津(博多津)	253
在津人	266
さいつようと(在津用途)	333
材木津下	111
材木津出	152
三ヶ津	341, 356
三箇津(神崎・渡辺・兵庫)商船目銭	422
三ヶ津商船目銭	394
三箇津〈兵庫・一洲・渡辺〉関所	341
三ヶ津目銭	355, 412
塩津地頭	269, 270
塩船津料一艘別二貫文定	459
塩六百俵〈大俵淀津定〉	348
下津浦堂免	269
下津五日市地頭代	336
下津路	73
諸市津関渡海泊山河津料	31, 41
諸市津関渡海泊山河津料煩	31
諸市津関渡山河海泊津料関市手山手率分	67
諸市津関渡山河率分津料	31, 41
勝裁(載)以下所々津料・関米等	404
諸国市津関渡海泊	29
諸国市津関渡海泊煩	30
諸国市津関料山手渡海煩	41
諸国市津関渡山河率分山手海煩	29
諸国往反市津関渡山河率分山手海煩	30
諸国七道市津関渡津料例物	32
諸国七道市津関渡泊	41
諸国七道市津関渡泊地頭守護人神人先達等	32
諸国七道市津関渡料例物	41
諸国津料	447
諸関所津料	337, 369
神社仏寺権門勢家荘園寄人等居住要津	111, 112
周防国淀津問職	428
関々国々津々	106
関々津々	192, 236, 356
関々津々泊々	85
関々泊々津々沙汰人	145
関津并国々津々	55, 56
関并津々	234
関渡□(泊)市津	439, 465
関渡□市津	439
摂津国三ヶ所(神崎・渡辺・兵庫)目銭半分	367

544

つ

摂津国三箇津商船目銭……………411
摂津国兵庫以下関所……………340
摂津国兵庫・渡辺・神崎三ヶ津商船目
　銭………………………………390
艘別津□(料)……………………447
雑物津料……………………266, 269
高田庄之船津……………………147
多度津毘沙門堂…………………302
津………21, 32, 39, 41, 51, 54, 66, 86, 114,
　　115, 116, 120, 121, 142, 161, 163, 164,
　　　167, 305, 432, 434, 435, 438
津(博多)…………………………418
つ(津)………………………165, 208
津浦…………………………………50
津江御厨供御人…………………388
津江御厨立留供御人……………388
津軽船………………………344, 348
津口………………………………150
津下駄賃用途……………………278
津田島神人…………………………61
津津浦浦……………………………15
津々浦々……………………………47
津々浦々地頭所…………………146
津々関々………………………56, 371
津々関泊…………………………320
津々泊々廻船……………………452
津津破損船瓦………………………15
津頭…………………………………14
津頭御庄家…………………………14
津泊市津料……………………204, 205
津泊往来船………………………194
津納…………………………………21
津宿直……………………………238

津分………………………………219
津宮………………………………279
つもとのかま(津元の釜?)………246
津守…………………………249, 444
津守雑掌…………………………187
津守宿禰…………………………116
津守分……………………………423
津屋庁宣…………………………450
津断(料)……………………………64
津料……20, 51, 55, 81, 150, 223, 342, 346,
　　347, 355, 389, 390, 394, 414, 422, 432,
　　　　436, 447, 451
津科(料ヵ)………………………216
つれう(津料)……………………127
津料□□一艘〈三百□〉□〈二百□〉
　…………………………………447
津料河手…………………………190
津料榑二百余尺…………………459
津料乃銭一貫……………………299
津留………………………………371
敦賀津石別斗………………………32
敦賀津勝載…………………………66
敦賀津升米………314, 315, 316, 333, 341,
　　　　　　　348, 430, 449
敦賀津升米祇園方分……………269
津留新開分………………………369
津留屋敷……………………368, 403
東郷津料…………………………447
同(太良)庄大津間………………306
当所津料…………………………346
東大寺方三箇津目銭……………340
当津(博多)………………………279
当津(安濃津)御厨三番別当職……24

つ

塔婆造営料所三ヶ津目銭…………350
土佐国津の殿ノ御一門…………418
戸津…………390
西津ノかた庄…………143
博多在津番役…………308
博多津石築地并警固役…………366
博多津番役…………144, 253, 398
幡田津沙汰人…………121
八幡丈八愛染王堂造営材木津料……337
浜津…………242
兵庫以下諸国津料…………325
兵庫経島津料…………324, 431
兵庫島津料…………324, 355, 456
ふかつのいち(深津市)…………453
福泊関津料…………414
船木津料…………327
船津………18, 28, 132, 178, 179, 220, 225, 363
ふなつ(船津)…………87, 434
舟津…………435
船津之習…………465
古津越…………338
豊後津々浦々船…………284
辺津浜山守職…………111
辺津浜山山守職…………110
保津筏師…………100, 320
三国湊津料河手…………237, 339
三津…………43
美濃国津布郎庄堤…………260
室津一色…………304
淀・河尻・神崎・渡辺・兵庫以下諸関津
　料…………336
(淀)津沙汰人…………427

淀津升米…………313
淀津升米〈達磨寺分〉…………312
淀津関米…………326
淀津之升米…………197
淀津之損…………309
淀津米…………326
淀津水垂神人…………210
寄人等居住要津…………249
両国并淀津関料…………208
料所敦賀津升米…………406
路次之津料…………383
和賀江津材木…………99

通事船頭…………438
月宛関(兵庫北関)用途…………415
月宛分…………415
月小ひたい(干鯛)…………377
築島…………394
月へちのひたい(月別干鯛)二百四十
　…………377
筑紫・鎮西の海中…………181
可造船分…………442, 452
対馬島人…………56
つしまのしま(対馬島)…………317
つしま(対馬)のニゐのこをりのわたつ
　ミ大ミやう神…………357

堤

御裳濯河堤役…………13
鴨河堤…………275, 313, 350, 380
鴨河堤用途…………425
塩入堤…………123
新堤…………112
世戸堤内入海殺生…………146
世戸堤内入海殺生禁断…………146

つりょう

|占梵池堤幷当村(下村)内海船一円不
　残之……………………………………402
堤防………………………………………107
美濃国津布郎庄堤……………………260
綱
|今福御綱曳神人………………………230
綱碇………………………………………45
御綱曳神人……………………………230
交野御綱曳……………………………230
かつら綱………………………47, 48, 50
わら綱……………………………………50
綱碇…………………………………44, 47
淀御綱曳神人…………………………230
淀関所御綱引神人……………………267
藁綱………………………………………48
わら綱……………………………………47
繋船……………………………45, 48, 50
繋き船……………………………………47
つのりめんてん………………………263
積日記……………………43, 45, 47, 48, 50
釣
|浮釣者之篇舟…………………………108
うらはまてのかつをつるふね(浦浜
　手の鰹釣る船)……………………448
停止河海釣魚…………………………246
漁釣……………………………………202
諸国浦浦引網垂釣之所職……………124
垂釣……………………………………347
釣………………………………65, 163, 316
つりうと(釣人)………………………229
釣魚………………………………117, 423
釣漁之営…………………………………26
|つりふね(釣船)………………………154

|釣船……………………………………185
津料
市津関渡海泊山河津料煩………………31
市津関渡津料……………………………91
市津関渡津料例物………………………73
市津料……………………………94, 345
市手津料之煩……………………………31
イチノツレウ(市の津料)……………299
往反諸国市津関渡津料例物山河率分
　山手煩…………………………………41
尾道浦津料魚貝………………………139
北河口津料……………………………459
国々津料関市升米……………………290
五畿七道市津関渡津料………………447
国司津料………………………346, 347, 457
石別一升津料…………………………231
塩船津料一艘別二貫文定……………459
諸市津関渡海泊山河津料…………31, 41
諸市津関渡海泊山河津料煩……………31
諸市津関渡山河海泊津料関料市手山
　手率分…………………………………67
諸市津関渡山河率分津料…………31, 41
勝裁(載)以下所々津料・関米等………404
諸国七道市津関渡津料例物……………32
諸国津料………………………………447
諸関所津料………………………337, 369
雑物津料…………………………266, 269
津泊市津料………………………204, 205
津断(料)…………………………………64
津料……20, 51, 55, 81, 150, 223, 342, 346,
　347, 355, 389, 390, 394, 414, 422, 432,
　　　　　　　　　　　　436, 447, 451
つれう(津料)…………………………127

つりょう

津科(料ヵ)……………………216
津料□□一艘〈三百□〉□〈二百□〉
　…………………………………447
津料河手…………………………190
津料榑二百余尺…………………459
津料乃銭一貫……………………299
東郷津料…………………………447
当所津料…………………………346
八幡丈八愛染王堂造営材木津料……337
兵庫以下諸国津料………………325
兵庫経島津料………………324, 431
兵庫島津料…………324, 355, 456
福泊関津料………………………414
船木津料…………………………327
三国湊津料河手……………237, 339
淀・河尻・神崎・渡辺・兵庫以下諸関津
　料………………………………336
路次之津料………………………383
敦賀津石別斗………………………32
敦賀津勝載…………………………66
敦賀津升米……314, 315, 316, 333, 341, 348,
　　　　　　　　430, 449
敦賀津升米祇園方分……………269
津留新開分………………………369
汲部・多鳥以下八ヶ所浦沙汰人百姓等…149
汲部多鳥両浦一年中万雑公事を代かへ
　候銭……………………………322
汲部多鳥両浦御年貢銭…………322
汲部多鳥両浦当年御年貢銭……322
つるへのふなしろ(汲部の船代)…300

て

堤防………………………………107

敵船………………………………203
敵船賊船…………………………194
敵の船……………………………191
手石はま(浜)のふくらき(艘)かミのま
　へあミ(前網)…………………352
出船…………………………………43
天竺
　五天竺………………………189
　天竺………20, 94, 116, 119, 128, 131, 139,
　　　141, 142, 143, 144, 154, 157, 159, 163,
　　　165, 168, 172, 174, 176, 177, 181, 182,
　　　183, 185, 186, 187, 188, 189, 193, 194,
　　　197, 222, 226, 230, 269, 440, 442, 443
　中天竺……………………187, 443
　南天竺……………………98, 187
点定船……………………248, 321
転漕有煩…………………………422
転漕之材木………………………216
天童嗣祖比丘了恵………………101
田畠山野海一曲……………………83
田畠山野河海……………………248
田畠山野河海悉折中……………385
田畠屋敷塩浜……………………400

と

斗
　一斗　御船祭……………………107
　一斗　海上上分…………………308
　ゑひ(海老)三斗七升〈不知数〉………302
　大俵塩五斗俵……………………469
　水手糧米人別四斗、六石………131
　五斗納鯉桶代……………………381
　伍斗納鮨桶………………………468

とううらと

鰶〈コノシロ〉網一艘別一石五斗 ……459
酒塩陸斗……………………………19
雑魚海老等一斗 …………………292
雑魚・海老等一斗五升……………292
雑海藻二斗…………………82,178
雑海藻二斗五升………17,82,179
三石九斗　水手十三人粮料………107
三斗　梶取酒手……………………308
塩一石四斗代………………………347
塩五斗………………………19,460
塩参斗………………………………468
塩三斗………………………………104
しほ(塩)七石一斗二升……………377
塩二斗…………………………17,77
塩山年貢塩八斗五升………………338
雑腊一斗……………………17,82,178
雑腊二斗五升………17,82,179
田にし(田螺)船九艘分〈二石七斗〉
　………………………………………302
中俵塩三斗俵………………………469
敦賀津石別斗………………………32
二斗　船出上分……………………308
分塩九石三斗〈除釜年貢定〉……249
山之年供塩二斗……………………33

問
　大津問………………………………79
　大津問丸…………………………304
　小塩保御問…………………………38
　川関御問……………………………38
　梶取問丸…………………………140
　木津問丸………………………321,326
　周防国淀津問職…………………428
　問………………………………38,48

問丸 ……………………45,306,324
問料 ………………………………306
年貢運送のとい(問)……………224
湊問料 ……………………………241
湊問料三石 ………………………131
山問料十二石 ……………………131
弓削島問丸 ………………………244
淀問丸 ……………………………327
都鄙供御人 ………………………388
土居浜 ……………………………334
問丸
　大津問丸…………………………304
　梶取問丸…………………………140
　木津問丸………………………321,326
　問丸……………………45,306,324
　弓削島問丸 ……………………244
　淀問丸 …………………………327
門屋 …………………………………47
唐⇒唐(から)
たううら(当浦＝羽島浦) ………360
当浦 ………………………………340
当浦(御賀尾浦) …………………335
当浦(羽島浦) ……………………360
当浦[　]開発 ……………………237
同浦(尾道浦)公文 ………………285
当浦肴 ……………………………185
当浦船中点定 ……………………445
当浦惣検使 ………………………399
当浦(志岐浦)惣検使 ……………401
当浦檀那 …………………………307
当浦鎮守天満大自在天神 ………255
当浦田畠在家山海三分一 ………354
当浦刀禰…………………349,457

とううらと

当浦刀禰職 …………………………237
当浦之沙汰人刀禰職 ………………70
当浦人等船中所持能米六石 ………445
当浦名誉悪党 ………………………363
当浦山壱所 …………………………341
当浦山海之風流 ……………………307
東海 …………………………89, 443
筒切 …………………………317, 348
当宮浜殿修理料 ……………………403
当月月宛島修固 ……………………407
東郷津料 ……………………………447
当国吉野川関所 ……………………434
同(鮭)児一桶 ………………………462
東寺供僧領伊予国弓削島雑掌職 ……454
当島 …………………110, 218, 219, 389
当島(弓削島) …………………378, 379
当島(兵庫島) ………………………414
当島(壱岐島) …………………………38
当島(弓削島)公文 …………………387
当島所務 ……………………………333
当島年貢運送 ………………………333
当島年粮米 …………………………218
当島之神祇料 ………………………331
当島習 ………………………………331
当社供祭江入(魞) …………………266
同(蒙古人)従人 ……………………131
当庄網代 ……………………………340
同(太良)庄大津間 …………………306
島嶼居民 ………………………………56
当所津料 ……………………………346
島人 …………………………………436
とう人のみろ□(くヵ)そうりう(唐人
　の弥勒造立) ……………………171

唐人霊山(道隠)長老 ………………383
当関(兵庫関ヵ) ……………………339
唐船 ⇒ **唐船**(からぶね)
唐僧 …………………………………401
唐僧(明極楚俊) ……………………400
東大寺方三箇津目銭 ………………340
東大寺神輿造替料船別百文 ………457
東大寺八幡宮神人 …………………393
当津(博多) …………………………279
当津(安濃津)御厨三番別当職 ………24
唐土 ………23, 95, 98, 162, 163, 193, 411, 440
唐土寺式 ………………………………57
島内船太郎屋敷 ………………………59
東南海上 ……………………………302
当年島修固 …………………………418
塔婆造営料所三ヶ津目銭 …………350
当浜(豊田荘浜) ………………………21
東福寺円爾 ……………………………86
東福寺頭大和尚(円爾) ……………115
唐瓶子一具 …………………………460
東方河 …………………………………89
唐本一切経 ………………………26, 35, 37
唐本大般若 ……………………………81
唐本霊像 ………………………………64
唐まてきこえ候し人 ………………401
当御厨供御人 ………………………433
当宮浜殿 ………………………………4
東妙寺造営材木勝載船壱艘 ………320
とう山□河流 ………………………368
灯油船拾弐艘 ………………………196
(蘭渓)道隆 ………………95, 102, 115
灯油船拾弐艘 ………………………259
灯油料船拾弐艘 ………………275, 285

550

盗漁	122
同料(四月晦日神祭料)船面魚	278
灯爐御作手鋳物師	31
土塩	74
遠江堀池	24

渡海

市津関渡海泊山河津料煩	31
市津関料山手渡海煩	29
往反諸国市津関料山手渡海煩	39
往反渡海	15
求法渡海	23
諸市津関渡海泊山河津料	31, 41
諸市津関渡海泊山河津料煩	31
諸国市津関渡海泊	29
諸国市津関渡海泊煩	30
諸国市津関料山手渡海煩	41
大宋渡海	335
渡海	23, 43, 131, 335, 450
渡海安穏	83
渡海求法之先賢	158
富来御厨	457
徳敷日本承天堂和尚尊属禅師(円爾)	89
得宗御領志岐浦	401
流毒草取魚	105
毒薬	305
鰤 ⇒ 鰒(はまち)	
とさかのり	435
土佐国津の殿ノ御一門	418
豊島牧司	61
渡宋	102
渡宋本	74
戸津	390
渡唐本一切経	34

刀禰

伊雑神戸刀禰	20
浦々刀禰給	122
浦刀禰	14, 70
佐々良島刀禰	211
志積浦刀禰	298
志積浦刀禰職	403
下船尾郷刀禰職	368
諸郷刀禰	211
多烏浦刀禰	95, 254
多烏浦刀禰職	106, 214
田烏浦刀禰職	104
手浦刀禰	290, 359
手浦刀禰職	284, 285, 289
手浦刀禰丸	289
当浦刀禰	349, 457
当浦刀禰職	237
当浦之沙汰人刀禰職	70
刀禰	12, 15, 109, 114, 130, 150, 151, 218, 258, 270, 315, 327, 328, 347, 417
とね(刀禰)	131, 145, 369
刀禰給	114, 253, 334
刀禰給田	29
刀禰公文職	331
刀禰職	62, 80, 88, 96, 122, 196, 210, 237, 341, 368, 417
とねしき(刀禰職)	241
とね(刀禰)職	306
刀禰十郎権守	344
刀禰銭	459
刀禰分	242
刀禰丸	179, 284, 341
刀禰丸(名)	410, 411

とね

- 刀禰名 …………………………373
- 御面浦刀禰 ……………………338
- 御賀尾浦刀禰 …………………344
- 御賀尾浦刀禰百姓 ……………341
- 御賀尾浦ノ刀禰 ………………408
- 御賀尾刀禰百姓等 ……………353
- 参河浦刀禰職 ……………111, 170
- 御厨中番刀禰 …………………447
- 両浦とね(刀禰) ………………322
- 両浦刀禰所 ……………………206
- りょううらのとね(両浦の刀禰) ……322

戸 [　　](八浦)地頭 ……………201
戸八浦地頭職 ……………103, 127
戸八浦住人 ………………………103
戸八郷内四箇所浦々 ……………132
鳥羽川流 ……………………………23
鳥羽車力 …………………………333
飛魚網地 …………………………416
飛魚網地壱所〈在所由留木〉……171
飛魚御年貢 ………………………363
飛魚千五百喉 ……………………459
とひいを(飛魚)千百 …………377
飛魚年貢 …………………………347
戸町浦地頭 ………………………127
戸町の浦の地頭職 ………………130

泊
- 市津関渡海泊山河津料煩 ………31
- 市津関伯(泊)路次往反 ………132
- 魚住島全島舟泊 ………………231
- 魚住泊 …………………………231
- 浦々関泊交易往反之煩 ………281
- 浦々泊々の船 …………………191
- 大泊 ……………………………183
- 彼泊(兵庫)升米 ………………413
- 客船夜泊 ………………………404
- 行基菩薩建泊之疇始 …………231
- 国々津泊関々 …………………143
- 国々津泊等 ……………………219
- 国々泊津 ………………………218
- 西海道路次関々泊々 ……………43
- 島泊 ……………………………422
- 諸市津関渡海泊山河津料 …31, 41
- 諸市津関渡海泊山河津料煩 ……31
- 諸市津関渡山河海泊津料関市手山手率分 ……………………………67
- 諸国市津関渡海泊 ………………29
- 諸国市津関渡海泊煩 ……………30
- 諸国七道市津関渡泊 ……………41
- 諸国七道市津関渡泊地頭守護人神人先達等 ……………………………32
- 関々津々泊々 ……………………85
- 関々泊々津々沙汰人 …………145
- 関泊交易 ………………………185
- 関渡□(泊)市津 ………………465
- 津々関泊 ………………………320
- 津々泊々廻船 …………………452
- 津泊市津料 ………………204, 205
- 津泊往来船 ……………………194
- 泊 ……………………15, 21, 451
- 泊浦小里住人紀内之船 ………420
- 泊住人 ……………………………15
- 泊寺 ……………………………434
- とまりとまり(泊々) …………144
- 魚住島全島舟泊 ………………231
- 魚住泊 …………………………231
- 福泊島修築料升米 ……………392

なます

| 福泊……………………………389
| 福泊雑掌………………395, 433
| 福泊島修固………………431
| 福泊島修固料神崎・渡辺両関雑掌……341
| 福泊島修築料升米…………365, 391, 392
| 福泊島升米………………370
| 福泊島築料………………447
| 福泊升米……320, 390, 393, 401, 406, 407
| 福泊関雑掌………………391, 414
| 福泊関所…………………389
| 福泊関津料………………414
| 福泊関務…………391, 426, 460
| 福泊関務雑掌……………461
| 福泊関……………………413
| 室泊・尼崎・渡部三ヶ所関………231
土民等私江利(魞)……………270
艫………………………………15
友貞名塩釜……………………441
纜
| 解纜…………………3, 99, 247
| 乗船解纜…………………3
鞆浦檀那名字…………………398
伴林烏丸水雲十五桶…………256
ともまわりふね………………9
取魚……………………………444
鳥供御人………………………388
鳥部細茂鰯十桶………………256

な

内海……………68, 114, 323, 332, 334, 455
内膳浦…………………………85
内膳狩取………………………207
内膳貢御所……………………85

内膳御厨寄人…………………41
長鮑…………………………11, 458
仲家領内海……………332, 334
長井御厨………………………455
中海……………………………89
長河……………………………29
中塩屋分………………405, 412
流毒⇒流毒（りゅうどく）
長州供祭人……………………27
長洲用途………………………397
長洲御厨沙汰人………………234
長洲御厨司番頭………………335
長門警固………………………156
長門国赤間関阿弥陀寺免田……186
長門国警固……………………156
長門国吉永庄若海買領………112
なかのあしろ(中網代)………408
中道舟…………………………161
流船
| 流船…………………43, 44, 45, 50
| 流れ船……………………47, 48
| 橋流船海…………………460
流堀……………………………265
七湊……………………………43
那波浦検注……………………454
生鮑……………………………54
生魚 ⇒ 生魚（いきうお）
生鮭五十隻……………………11
海鼠
| 生海鼠一鉢………………104
| 布勢柳枝海鼠十荷………256
膾
| 魚肉之膾(膾)……………102

なます
| 膾厨 …………………………………305
| 冷汁膾 …………………………………54
生鯛・干鯛各百隻 ………………………27
膾厨 …………………………………………305
鯰
| 大鯰 ……………………………321, 322
| 小鯰 ……………………………321, 322
| なまつ（鯰）………………………………91
| 鯰 ………………………………321, 322
生苔 ………………………………………460
なまひしき ………………………………173
生物 …………………………………………54
生和布一こ（篭）………………………194
生和布一篭 ………………………………196
波
| 大風大波 …………………………………43
| 海上風波之難 …………………………450
| 行舟風波之難 ……………………………61
| 経波 ……………………………………257
| 鯨波険阻 ………………………………179
| 西海之波浪 ……………………309, 320
| 蒼海万里之波浪 …………………………35
| 大海の波 ………………………………187
| 波 ………………………………5, 184, 218
| なみ（波）………………………………373
| なみうちきハ（波打際）………………309
| 波涛 ……………………………………291
| 万里之波涛 ………………………102, 445
| 風波之難 ………………………………422
| 風波之煩 …………………………………62
| 南浜在家〈限東海波打際〉……………404
浪
| 西海之波浪 ……………………309, 320

| 白浪船師 ………………………………307
| 蒼海万里之波浪 …………………………35
| 浪跡 ……………………………………102
| 浪風 ……………………………………326
| 入海浮浪 …………………………………3
| 八島之浪上 ………………………………16
南白江合戦之由 …………………………387
名吉三隻 …………………………………296
名吉十三隻 ………………………………295
成洲〈又号生出島六丈島〉堺 …………355
縄網 ………………………………258, 296
縄碇 …………………………………………44
南海 …………………………18, 89, 184, 355
なん海 ……………………………………115
南海紀州 …………………………………307
南海のいろくづ …………………………183
南海之南 …………………………………307
南海之民稼 ………………………………67
南蛮之境 …………………………………230
南方河 ……………………………………89

に

二浦之崖 …………………………………445
贄
| 青苔御贄 …………………………………10
| 生贄之供 ………………………………349
| 石橋御贄鮨鮎一口 ……………………460
| 大網上分及塩御贄 ……………………447
| 供御并殿下御贄 ………………………444
| 三度御祭魚貝御贄 ………………………11
| 塩御贄 …………………………………447
| 諏訪本社御贄運送人夫役 ……………347
| 贄 ………………………………………300

贄魚	76
贄篭	460
贄鮨鮎五桶	246
贄殿御菜	204
御贄	11, 65, 341, 460, 462
御贄魚	79, 319
御贄狩	347
御贄口入料	460
御贄漁進宮河之流	10
御贄鮭百	11
御贄底鯛	460
御贄屋	347

二季神祭魚代塩	330, 455
逃船	390, 414
逃舟	394
西浦地頭	288
西浦惣追捕使職	224
西浦若法師丸	182
西津ノかた庄	143
西鰭	93
二尺五寸鯉四十二隻	292
二十三俵	368
二所大神宮朝夕御饌	382
入宋沙門覚心	242
入宋伝法比丘俊芿	57
入唐	24, 43, 83, 99, 165, 444
入唐求学	198
二島	30, 64
二島送文	439
二斗　船出上分	308
二乃島赤菜祈料鮎〈両方二荷〉	460
二宮朝夕御饌御塩料田租米	418
日本綱使大檀越(謝国明)台座	92

日本国船壱艘	449
日本国北海の島のえびす	186
日本国六十六箇国島二の大地	133
日本承天堂頭長老(円爾)	88
日本東福堂頭爾長老	85
日本六十六箇国島二	197
荷前御鮑	22
入李唐	99
入漁	382
人料鮭	29
人料鮭〈随漁得〉	29

ぬ

沼	
沼沢	18
沼一所	407
沼水	443
備前国上東郡豆田郷内荒沼一所〈南限海〉	367
濡物	45

ね

ねすみいるか(鼠海豚)	443
年貢	
粟島御年貢鮑事、合仟佰貝者〈加預所得分定〉	310
網庭年貢	307, 309
網場年貢	333
いをの御年貢	33
浦分御年貢塩	363, 416
運上之年貢	58
運送年貢	459
大田・桑原春船分御年貢	396

ねんぐ

| 御年貢運上船……………………140
| 御年貢大塩………………………258
| 御年貢大俵塩………………111, 124, 241
| 御年貢大俵塩弐百弐拾俵…………317
| 御年貢塩……195, 220, 241, 249, 251, 252, 337, 441
| 御年貢塩大俵……………………169
| 御年貢塩代銭………………409, 417
| 御年貢船…………………………380
| 御年貢之塩…………………………82
| 御年貢之船………………………301
| 御年貢米塩………………………377
| 郷勢王・北方等御年貢内大津本銭返銭…………………………350
| 塩浜年貢…………………………361
| 塩山年貢塩八斗五升………………338
| 周防国運上年貢材木………………318
| 周防国運上年貢・材木并駅家田所当米…………………………318
| 千綿浦年貢………………………339
| 汲部多烏両浦御年貢銭……………322
| 汲部多烏両浦当年御年貢銭…………322
| 当島年貢運送……………………333
| 飛魚御年貢………………………363
| 飛魚年貢…………………………347
| 年貢運上船………………………427
| 年貢運送…………………………307
| 年貢運送のとい(問)………………224
| 年(貢脱ヵ)大俵塩…………………236
| 年貢魚貝海藻……………………455
| 年貢塩………261, 333, 338, 378, 380, 459
| 年貢塩俵……………………246, 467
| 年貢所当運上船………………106, 234

| 年貢船……………………………307
| 分塩九石三斗〈除釜年貢定〉…………249
| 防州年貢船………………………319
| 本年貢御塩………………………331
| 山御年貢…………………………416
| 山田二島□(御)年貢運送…………132
| 山年貢……………………………361
| 弓削島御年貢大俵塩…………312, 317
| 弓削島御年貢塩…………………342
| 弓削島御年貢塩支配………………373
| 弓削島〈元亨元年〉御年貢塩支配……367
| 弓削島〈元亨元年〉御年貢塩并雑物…………………………368
| 弓削島〈元亨二年〉御年貢塩并雑物…………………………374
| 弓削島御庄領家御方年貢大俵塩……103
| 夜網御年貢………………………416

の

| 野島之磯海苔………………………469
| 能登鯖一艘別卅巻…………………459
| 能登浦狩厨……………………264, 354
| 上リエヒ(蝦・海老)………………185
| 登り船………………………………47
| のほりふね(上り船)………………174
| 上り船………………………………48
| 上り舟………………………………50
| 上船石別升米……………………313
| **海苔**
| 　あをのり(青海苔)………………435
| 　あまのり(海苔)のかみふくろ二……154
| 　あまのり(海苔)一ふくろ…………153
| 　河のり(海苔)……………………164

| 河のり(海苔)五てふ(帖)‥‥‥‥157
| かわのり(川海苔)五条‥‥‥‥172
| かわのり(川海苔)二帖‥‥‥‥432
| 河のり(海苔)ひとかみふくろ‥‥‥163
| 野島之磯海苔‥‥‥‥‥‥‥‥469
| のり(海苔)‥‥‥‥‥‥‥176,186
| ほふのり(海苔)ひとかこ(一篭)‥‥442

苔
| 青苔‥‥‥‥‥‥‥‥‥‥‥‥465
| あをのり(青海苔)‥‥‥‥‥‥435
| あをのり(青苔)‥‥‥‥‥‥‥466
| 青苔御贄‥‥‥‥‥‥‥‥‥‥‥10
| あまのり(海苔)のかみふくろ二‥‥154
| あまのり(海苔)一ふくろ‥‥‥‥153
| 大林河青苔‥‥‥‥‥‥‥‥‥‥10
| 河のり(海苔)‥‥‥‥‥‥‥‥164
| 河のり(海苔)五てふ(帖)‥‥‥‥157
| かわのり(川海苔)五条‥‥‥‥172
| かわのり(川海苔)二帖‥‥‥‥432
| 河苔八帖‥‥‥‥‥‥‥‥‥‥350
| 河のり(海苔)ひとかみふくろ‥‥‥163
| 佐渡苔一合‥‥‥‥‥‥‥‥‥457
| 生苔‥‥‥‥‥‥‥‥‥‥‥‥460
| 野島之磯海苔‥‥‥‥‥‥‥‥469
| 苔‥‥‥‥‥‥‥‥‥‥‥‥‥459
| のり(海苔)‥‥‥‥‥‥‥176,186
| 苔河‥‥‥‥‥‥‥‥‥‥‥‥‥10
| 苔五合‥‥‥‥‥‥‥‥‥‥‥‥29
| 苔副塩浜在家并荒野等‥‥‥‥308
| 苔二巻‥‥‥‥‥‥‥‥‥‥‥144
| ほふのり(海苔)ひとかこ(一籠)‥‥442
| 六人部苔滋蚸十喉‥‥‥‥‥‥256
乗船‥‥‥‥‥‥‥‥‥25,108,270

はし
のりふね(乗船)‥‥‥‥‥‥‥340
乗船解纜‥‥‥‥‥‥‥‥‥‥‥3

は
博多交易‥‥‥‥‥‥‥‥‥‥‥13
博多在津番役‥‥‥‥‥‥‥‥308
博多宿所‥‥‥‥‥‥‥‥‥‥420
博多代官‥‥‥‥‥‥‥‥‥‥351
博多津石築地并警固役‥‥‥‥366
博多津番役‥‥‥‥‥‥144,253,398
博多道聚‥‥‥‥‥‥‥‥‥‥443
博多・肥後・豊後合戦‥‥‥‥424
博多前浜石築地破損‥‥‥‥‥344
博多御教書‥‥‥‥‥‥‥‥‥315
筥崎石築地‥‥‥‥‥‥‥‥‥248
筥崎石築地用途‥‥‥‥‥380,382
箱崎石築地用途‥‥‥‥‥‥‥385
筥崎宮‥‥‥‥‥‥‥‥‥‥35,84
筥崎警固番役‥‥‥‥‥208,249,250
筥崎社放生会‥‥‥‥‥‥‥‥372
はこさきのさつまのくにのけちはん
　(筥崎の薩摩国の結番)‥‥‥‥185
筥崎番役‥‥‥‥‥‥‥‥‥‥210
筥崎役所‥‥‥‥‥‥‥‥‥‥298

橋
| あまのうき橋‥‥‥‥‥‥‥‥444
| 粟津橋‥‥‥‥‥‥‥‥‥‥‥345
| 粟津橋本并都鄙供御人‥‥‥‥345
| 石橋御贄鮨鮎一口‥‥‥‥‥‥460
| 浮橋‥‥‥‥‥‥‥‥‥‥‥‥433
| 大山口橋‥‥‥‥‥‥‥‥‥‥‥62
| 大渡橋‥‥‥‥‥‥‥‥‥177,215
| 大渡橋辺‥‥‥‥‥‥‥‥‥‥206

はし

金沢瀬戸橋内海殺生禁断 ………	323, 455
唐橋 ……………………………	33, 75, 86
河尻大渡橋功人 ……………	308
河橋 ……………………………	202
橋柱 ……………………………	427
橋梁六所 ………………………	387
下中橋 …………………………	175
清水橋并鴨河河防用途 ………	117
濁世之橋梁 ……………………	265
勢多橋役 ………………………	3, 6
せとのはしはしら(瀬戸の橋柱) ……	468
瀬戸橋 …………………	303, 453, 458, 459
瀬戸橋新造 ……………………	356
□(瀬)戸橋造営棟別銭 ………	300
造橋沙汰 ………………………	430
杣河橋料所関 ………………	412, 430
橋 ………… 29, 122, 202, 357, 380, 431, 468
橋河 ……………………………	332
橋河堰 …………………………	93
橋勧進 …………………………	468
橋勧進尹長者 …………………	206
橋下 ……………………………	469
橋流船海 ………………………	460
橋舟 ……………………………	44
橋船 ……………………………	109
橋渡用途 ………………………	270
播磨瀬赤尾橋 …………………	130
堀橋 ……………………………	265
はしかみなかし(椒流し) ………	118
薑流 ……………………………	343
走る船 …………………………	48
羽島浦一曲 ……………………	87
走船 ……………………………	43, 50

楫柱 ……………………………	48
馳船 ……………………………	50
颿船 ……………………………	47
破損網 …………………………	310
破損之船 ………………………	65
はたいたふね …………………	9
畠塩浜 …………………………	334
幡田津沙汰人 …………………	121
畠浜 ………………………	330, 455
八幡厳島護法 …………………	274
八幡宮大山崎神人 ……………	325
八幡宮御浜出 …………………	90
八幡丈八愛染王堂造営材木津料 ……	337
八幡筥崎宮浜殿御前 …………	84
服部則茂昆布十巻 ……………	256
八俵塩 …………………………	331
波涛 ……………………………	291

浜

伊勢国拾五箇所塩浜〈出羽太郎入道	
聖願跡〉 ……………………	303
伊勢国十五所塩浜地頭 ………	351
一丁塩浜 ………………………	391
今津後浜警固 …………………	204
今津後浜警固番 ………………	263
今津後浜警固番役	
……………… 253, 255, 260, 274, 285
今宮神浜 ………………………	334
海浜 ……………… 34, 98, 107, 286, 322
海浜已為町段限 ………………	34
うみはま(海浜) ………………	200
海浜之漁者 ……………………	135
海浜之漁夫 ……………………	307
浦浜 ………………………	274, 334

558

はま

うらはまてのかつをつるふね(浦浜手の鰹釣る船)	448
運漕三津之浜	407
小浜住人	425
御浜床子	4
小浜八幡	322
小浜政所	423
香椎前浜石築地	295, 442
潟浜	23
加多・比美塩浜	358
鎌倉前浜	423
神浜	405
小浜宿	84
山野河浜	375
塩海浜	277
塩浜	13, 18, 55, 57, 65, 91, 92, 96, 97, 143, 225, 233, 236, 259, 272, 273, 275, 290, 291, 300, 325, 330, 331, 359, 367, 370, 391, 405, 410, 413, 448, 455, 465, 466
しをはま(塩浜)	465, 466
塩浜穴	325
塩浜旧跡	331
塩浜在家	171
塩浜地子	52, 351
塩浜年貢	361
塩浜習	331
塩浜役	57
白浜	15, 25
神田畠おほくはま(浜)なり	381
新浜	390
大物・尼崎両浜開発地主	124
高浜	353, 354
千見塩浜	358
手石はま(浜)のふくらき(鰒)あミのまへあと(前網堵)	352
田畠屋敷塩浜	400
土居浜	334
当宮浜殿修理料	403
当浜(豊田荘浜)	21
当宮浜殿	4
苔副塩浜在家并荒野等	308
博多前浜石築地破損	344
畠塩浜	334
畠浜	330, 455
八幡宮御浜出	90
八幡筥崎宮浜殿御前	84
浜	17, 20, 21, 28, 32, 62, 77, 98, 123, 130, 225, 277, 407, 438
はま(浜)	131, 166, 200, 226, 426
浜上	105
はまうみ(浜海)	4
浜岸	15
浜際	66
浜倉	123
浜在家	307
浜堺	243
浜崎神人	185, 210, 331
浜崎庄供祭神人	186
浜十禅師田	98
浜田	10
はま田(浜田)	265
浜田作人	367
浜田四段	110
浜地	81
浜津	242

はま

浜梯除僧坊……………………………39
浜梯除庁屋……………………………39
浜殿…………………………………299
浜殿御行幸……………………410, 461
浜殿借屋……………………………217
浜戸宮………………………………325
浜途明神………………………………7
浜名神戸香主殿……………………195
浜成…………………………253, 334, 348
浜弐段………………………………351
はま(浜)のさいもくうり(材木売)
　……………………………………426
浜の堺………………………………252
はまのふん(浜の分)………………365
浜分…………………………………405
浜辺…………………………………225
はまみち(浜道)……………………358
浜宮…………………………………170
浜由布…………………………………27
浜寄物支配…………………………351
浜立券文………………………………28
肥前国要害所姪浜石築地一尺壱寸
　〈五島白魚田地弐町分〉……268
平浜八幡宮…………………………108
平浜別宮………………………………55
平浜別宮神人…………………………25
辺津浜山守職………………………111
辺津浜山山守職……………………110
前浜…………………………423, 454
前浜鳥居……………………………424
御薗塩浜内先人御菜分……………171
南浜…………………………………225
南浜在家〈限東海波打際〉………404

姪浜警固番役……204, 205, 210, 217, 223,
　　　225, 229, 239, 240, 242, 243, 250
薬師堂浜成免田……………………397
由比浜之潮変面……………………314
由原宮御供塩□(浜ヵ)参段………55
蛤……………………………………322
蛤〈神祭〉…………………………368
鰒(あわび・とこぶし・ふぐ・ふくらぎと
　も読む)
　堅魚鰒各三斤……………17, 82, 179
　堅魚鰒各二斤…………………17, 82
　堅魚蝮(鰒ヵ)各二斤……………178
　小鰒………………………………393
　鰒網地御菜………………………171
　手石はま(浜)のふくらき(鰒)あミの
　　まへあと(前網堵)……………352
　鰒網地壱所〈在所須那浦〉……171
はまちあミ(網)……………………147
ハマチ(鯏)網………………………185
早船…………………………………284
早米運上……………………………136
早米運送……………………………415
ハラ(腹)白…………………………185
播磨瀬赤尾橋………………………130
播磨国江井崎(営崎)商人…………429
播磨国営崎商人……………………426
春船…………………………279, 358, 396, 415
汎海……………………………………86
万里之海………………………………98
万里之波涛……………………102, 445
伴林烏丸水雲十五桶………………256

ひ

干魚
　｜白干魚…………………………79
　｜干魚折………………………347
氷魚………………………………436
氷魚供祭…………………………16
日吉新関………………………353
日吉新関米〈石別一升三合定〉……353
□(日)吉新関米………………348
日吉新関米石別一升三合…343,349
ひかい(干貝？)八十九…………302
東浦地頭………………………288
東三箇口沙汰人………………345
東鱚………………………………93
干潟……………………………358
旱潟………………………225,242
引網
　｜海引網壱網…………………366
　｜諸国浦浦引網垂釣之所職……124
　｜引網……………65,66,103,297
　｜引網取魚不法………………129
　｜引網壱細(網ヵ)……………220
引塩………113,195,252,342,367,373,435
引塩廿俵………………………258
引塩事人別一俵………………107
引出物塩………………………148
ヒキテ物塩二十石……………103
ひきものうハちのかま(釜)……246
ひしき……………………173,350
比志島石築地裏加佐并破損……304
備前国上東郡豆田郷内荒沼一所〈南限
　海〉……………………………367
肥前国平戸・河内・野崎・南黒島・小値賀
　島地頭職………………………142

ひょうごの

肥前国要害所石築地乱杭切立……262
肥前国要害所姪浜石築地一尺壱寸〈五
　島白魚田地弐町分〉…………268
干鯛……………………………368
干鯛拾…………………………341
干鯛拾喉………………………129
干鯛代…………………………381
一河充…………………………258
一松之網堵……………………242
一松のあみ(網)………………242
日次御供魚貝……………………70
日次供御……………185,250,265,345
日次供祭魚………………………76
日次供菜魚貝等…………………73
日御崎検校職……………………97
日三崎検校職…………………120
ひほく(比目)と申魚…………154
干物………………………………54
百済……………………………132
百済国……………………176,432,443
百文〈鱠鮨代〉…………………393
百余艘船………………………377
冷汁膾……………………………54
俵⇒俵(たわら)
兵庫以下関所……………………341,342
ひやうこおくり(兵庫送り)……368
兵庫経島升米…………………313
兵庫経島津料……………324,431
兵庫供料用途…………………393
兵庫島……………………324,391
兵庫島一艘別銭………………318
兵庫島鋳物師辻子……………324
兵庫島置石……………………341

ひょうごし

兵庫島下向神人公人……………318
兵庫島修固用途………………411
兵庫島修固料関所雑掌………324
兵庫島升米………………350, 415, 422
兵庫島関雑掌…………………341
兵庫島関所………361, 429, 433, 456
□庫島関所……………………427
兵庫島関所三箇所目銭半分…342
兵庫島関米……………………345
兵庫島関務………………334, 414
兵庫島関務雑掌………………394
兵庫島月宛用途………410, 412, 414
兵庫島津料………………324, 355, 456
兵庫升米………………………343
兵庫関……314, 321, 327, 335, 339, 345, 414, 417, 422, 456, 462
兵庫関方諸供料………………398
兵庫関具書等一結……………322
兵庫関沙汰………………401, 402
兵庫関雑掌……………………395
兵庫関雑掌職…………………431
兵庫関雑船……………………462
兵庫関所………324, 326, 335, 343, 356, 393, 416, 456
兵庫関升米………………417, 418
兵庫関々務……………………431
兵庫関月宛用途…………407, 414
兵庫関務………………………417
兵庫関米………………………343
兵庫関目銭半分………………367
彼泊(兵庫)升米……………413
兵船(ヒヤウス)………………33
兵船………………154, 252, 352, 446, 456

ひやうせん(兵船)……………340
漂倒………………………63, 202, 445
漂倒船…………………………344
漂涛之難…………………………62
漂涛之寄物………………………62
漂没……………………………192
平江………………………………89
平戸蘇船頭………………………58
平浜八幡宮……………………108
平浜別宮…………………………55
平浜別宮神人……………………25
平割鮭十五尺……………………29
鰭
　｜川鰭……………………………79
　｜西鰭……………………………93
　｜東鰭……………………………93
檜皮着岸………………………458
ひるひしき……………………173
便宜御菜…………………………82
便船………………54, 90, 442, 469

ふ

風波之難………………………422
風波之煩…………………………62
無塩鯛十隻……………………104
浮海………………………………29
深池………………………………29
浮海神人…………………………29
ふかへのうらのちとうしき(深江浦の地頭職)……………………101
ふかつのいち(深津市)………453
福井運上物……………………438
福海等滄溟之広………………446

ふね

福泊島修築料升米……………392	狛国助鯉鮒各百隻…………256
福泊……………………………389	ふな(鮒)………………183, 186
福泊雑掌………………395, 433	鮒…………………………321, 322
福泊島修固…………………431	ふな(鮒)一…………………302
福泊島修固料神崎・渡辺両関雑掌……341	鮒五十隻………………………27
福泊島修築料升米………365, 391, 392	鮒百…………………………439
福泊島升米…………………370	鮒百五十喉…………………459
福泊島築料…………………447	ふな百こん(鮒百喉)ほしてひろきよ
福泊升米………320, 390, 393, 401, 406, 407	り弁…………………………423
福泊関雑掌……………391, 414	船賃
福泊関所……………………389	河々船賃……………………460
福泊関津料…………………414	塩海船賃………………………29
福泊関務………………391, 426, 460	船賃………21, 32, 44, 48, 50, 56, 107, 113,
福泊関務雑掌………………461	128, 137, 169, 253, 254, 277, 278, 306,
福泊関…………………………413	380, 383
ふくろ	船賃之銭……………………460
あまのり(海苔)のかみふくろ二……154	船賃四石……………………131
あまのり(海苔)一ふくろ……153	水海船賃………………………29
河のり(海苔)ひとかみふくろ……163	四十文〈船賃〉………………393
こも(海蓴)のかみふくろ一……154	船
負債塩…………………………380	秋船…………………………312
布勢柳枝海鼠十荷……………256	悪止住人虎王次郎船…………420
負駄水手代……………………230	足守庄船……………………438
仏意相承塩屋…………………401	網船…………………………109
仏鑑(無準師範)………………89	綾御船………………………187
仏陀施入塩屋……………398, 401	異国船………………………134
懐島与萩曽禰堺………………140	異国賊船……………………247
懐島与柳島堺…………………140	異賊警固兵船………………295
フナキ………………………369	異賊用心兵船……………451, 452
鮒	異賊用心兵船内豊後国分□(艘ヵ)
江鮒…………………………322	…………………………442
大鮒…………………………322	異賊用心兵船内………………442
小鮒……………………321, 322	一宮奉免船…………………100

ふね

一斗　御船祭	107
院内塔原領家方御米船	176
浮船	357
鵜船	223
鵜船壱艘	119
海入船	60
浦々島々破損船充満	194
浦々泊々の船	191
うらはまてのかつをつるふね（浦浜手の鰹釣る船）	448
運漕舟船	350
運送船	89, 236, 241, 294, 306, 350, 378
運送之船津	307
江井崎船	326, 350
枝船	43, 45, 47, 48, 50
ゑた船（枝船）	44
往還之船	62
往反之船	198
往反船	389, 414
大田・桑原春船分御年貢	396
大船	54, 188, 203, 363, 443
大船一艘	344
大船師	357
隠岐国船所	91
押取船	324
押取船二艘	278
押船	47, 48, 50
乙王女分大船一艘〈名フクマサリ〉	349
御年貢運上船	140
御年貢船	380
御年貢之船	301
尾道浦馬次郎〈今者死去〉船下向	279
尾道船津	13
御船差	68
御船祭	107
御船	8, 338, 430
御迎船用途	278
御私船	68
海上漁船	295
海人漁船	194
廻船	45, 47, 48, 50, 73, 465
海船	402
回船	112
廻船下向之鋳物師并土鋳物師	124
廻船交易	116
廻船交易往反	91
廻船商人	25
廻船商人等着岸	218
廻船荷	465
廻船人	93
廻船之業	445
海賊船	198
海路往反船	63
掛船	43
懸船	47
笠神船路造通	309
風上成船	45
風上なる船	48
風下の船	48
借船	43, 44, 45, 47, 50, 338
河上船	465
河々船賃	460
皮船	56
川船	50
河船	22, 48

ふね

河辺船人…………………………5	建長寺造営料唐船警固……………384
神崎・渡部・兵庫津商船目銭……294, 393	弘安四年賊船…………………………445
神崎・渡辺・兵庫三ヶ津商船目銭……388	公私之船………………………………15
関東御祈禱所肥前国東妙寺造営材木	高野運上船……………………………86
勝載船壱艘……………………320	高野山金剛三昧院領上下諸人勝載船
関東御免津軽船二十艘之内随一……344	……………………………192
関東大仏造営料唐船………………399	高麗船…………………………………58
梶取船……………………………307, 310	漕取兵船……………………………340
神戸船…………………………………22	国衙船所書生………………………22
貴国商船……………………………244	御所船御廉修理……………………373
北南船数……………………………185	護送之船……………………………135
木津川船………………………………8	五濁苦海之船師……………………460
木津の船……………………………425	このしろきふね(船)………………448
紀内之船入海………………………420	小船…………………………54, 158, 469
きふね(船)…………………………448	小船壱艘……………………………338
貴船大明神…………………………437	御分唐船……………………………118
客船…………………………………336	御米船………………………………350
客船夜泊……………………………404	御籾船………………………………100
京上船………………………………331	西国往反之舟船……………………414
京上之船……………………………380	西国往反之船………………………313
京上料之屋形船一艘…………………26	西国之船…………………………43, 44
漁船…………………………………122	西国の船…………………………48, 50
苦海済度之船師……………………460	西国船……………………………45, 47
供祭船……………………………22, 72	材木運送船…………………………221
下り船……………………………47, 48	逆船……………………………………47
下船…………………………………457	相模国愛甲船子屋敷………………343
下船置石……………………………313	三箇津(神崎・渡辺・兵庫)商船目銭
くちのふなつさいけ(船津在家)……229	……………………………422
国末船二艘…………………………277	三ヶ津商船目銭……………………394
国津出船……………………………149	塩海船賃………………………………29
組船…………………………………192	塩竈別当五郎〈在市合船壱艘平太〉
鶏首船…………………………………39	……………………………278
下向船………………………………231	塩船津料一艘別二貫文定……………459

565

ふね

四石　船賃	107
志積浦廻船人	445
地頭領家公私御公事勤仕船	425
地船	326
島々浦々船党	266
下船尾郷刀禰職	368
舟船	15, 247
十余艘船	334
十余□□(艘船)	332
春光院僧都京上料御屋形船一艘	292
春徳丸(船名ヵ)	365
上下船	457
勝載船	325
勝載船具	203
乗船	110, 163, 196, 367, 430, 434
乗船饗	56
上洛船一艘	114
諸国七道往反廻船	439, 465
所々入船	462
所々船	450
如渡得船	114
白浪船師	307
私領船	5
神宝船	147
神輿御船	120
数艘船	382
数百艘船	122
住吉神領船	324
関役船拾弐艘	196
瀬崎船	460
摂津国三箇津商船目銭	411
摂津国兵庫・渡辺・神崎三ヶ津商船目銭	390
船貨	161
船具	83
船主交名	284
船頭	43, 44, 45, 47, 48, 50, 98, 158, 420
船頭之者	445
占梵池堤并当村(下村)内海船一円不残之	402
雑船	192, 313
造船	122
雑船当	88
造船売買	362
走湯山五堂灯油料船五拾艘内意鏡房船	145
走湯山灯油料船梶取	145
賊船	44, 45, 48, 50, 192, 194, 202, 260, 291
賊船漂没	367
賊船乱入	192
賊徒船	198
大海の船	177
大小之船	414
大小船〈呂数〉	163
大船	158
大船師	89
高田庄之船津	147
助船ノ者	142
田にし(田螺)船九艘分〈二石七斗〉	302
着岸運船	266, 269
通事船頭	438
津軽船	344, 348
可造船分	452
可造船分　一艘　八坂新庄	442

566

ふね

津々泊々廻船 …… 452	年貢運上船 …… 427
津津破損船瓦 …… 15	年貢所当運上船 …… 106, 234
津泊往来船 …… 194	年貢船 …… 307
繋船 …… 45, 48, 50	登り船 …… 47
繋き船 …… 47	上り船 …… 48
釣船 …… 185	のほりふね(上り船) …… 174
つるへのふなしろ(汲部の船代) …… 300	上船石別升米 …… 313
敵船 …… 203	乗船 …… 25, 108, 270
敵船賊船 …… 194	のりふね(乗船) …… 340
敵の船 …… 191	乗船解纜 …… 3
出船 …… 43	橋流船海 …… 460
点定船 …… 248, 321	橋船 …… 109
当浦船中点定 …… 445	走船 …… 43, 50
当浦人等船中所持能米六石 …… 445	走る船 …… 48
唐船 …… 25, 101, 158, 218, 266, 386, 428, 430	䑸船 …… 47
	馳船 …… 50
たうせん(唐船) …… 429, 460	破損之船 …… 65
唐船帰朝 …… 315, 398, 455	早船 …… 284
唐船着岸物 …… 5, 430	春船 …… 279, 358, 415
唐船点定銭 …… 235	百余艘船 …… 377
唐船漂倒 …… 267	兵庫関雑船 …… 462
唐船物 …… 428	兵船(ヒヤウス) …… 33
東大寺神輿造替料船別百文 …… 457	兵船 …… 154, 252, 352, 446, 456
島内船太郎屋敷 …… 59	ひやうせん(兵船) …… 340
東妙寺造営材木勝載船壱艘 …… 320	漂倒船 …… 344
灯油船拾弐艘 …… 196, 259	平戸蘇船頭 …… 58
灯油料船拾弐艘 …… 275, 285	便船 …… 54, 90, 442, 469
同料(四月晦日神祭料)船面魚 …… 278	船筏 …… 276
泊浦小里住人紀内之船 …… 420	船息二所 …… 387
流船 …… 43, 44, 45, 50, 390, 414	ふなうと(船人ヵ) …… 317
流れ船 …… 47, 48	船カクシ(隠) …… 114
二斗　船出上分 …… 308	船水手用途 …… 398
日本国船壱艘 …… 449	船方八幡寄進田 …… 431

567

ふね

船門	99
船瓦	15
ふなき(船木)	371
船木津料	327
船木庄沙汰人	323
船木山	182
船公事	278
船子	48
船子屋敷	343
ふなさい(船材・船祭)	396
船差	68
船沙汰	44
船師	357
船衆	44
船代	223, 338
船代祭	167
船中	44
船賃	21, 32, 44, 48, 50, 56, 107, 113, 128, 137, 169, 253, 254, 277, 278, 306, 380, 383, 393
船賃四石	131
船賃之銭	460
船津	13, 18, 28, 132, 178, 179, 220, 225, 363
ふなつ(船津)	87, 434
船付	44
船津之習	465
船出浮口	75
船戸(フナト)	33
船党	332, 334
船床	43, 44, 47, 48, 184
船所	91
船所沙汰	178, 179, 220
船所職	154
船所惣税所職得分	225
船戸田	255
船主	44, 45, 47, 48, 50, 107, 284, 380
船引	83
船人	205, 384, 430, 469
船人給	141
船人糧米	241
船法	44
船祭	113, 128, 131, 137, 161, 169, 241
ふなめんかしら(船免頭)	258
船元	47
船守	114
船寄	121
フナヨせ(船寄)	195
舡(船)	88
船	5, 21, 22, 24, 25, 27, 30, 41, 43, 44, 47, 50, 54, 56, 58, 61, 68, 69, 75, 84, 109, 114, 120, 131, 143, 148, 155, 159, 162, 177, 181, 182, 187, 197, 205, 231, 253, 254, 264, 270, 284, 293, 299, 302, 303, 319, 321, 324, 338, 346, 347, 379, 380, 390, 430, 433, 434, 435, 436, 438, 440, 441, 442, 459, 465
ふね(船)	87, 127, 164, 189, 288, 429, 459
船壱艘	41, 247
船一艘	54, 70, 93, 100
ふね壱そう(船壱艘)	208
□船御副船・御輿船	373
船かさこ	460
船借米	321
船門田	92

ふね

船参艘内小船弐艘………………243	四十文〈船賃〉…………………393
船将軍大宮大明神………………261	りきなかのふね（船）……………64
船定紋〈唐梅〉……………………379	竜頭船……………………………39
船つく湊…………………………140	類船………………………………45
船造………………………………83	六万艘兵船浮海…………………191
船七艘……………………………266	六百俵ヲ可積御船………………459
船二分賃〈二十四石〉……………258	若狭国志積浦廻船納物等………425
船之用意…………………………338	渡船………………………………373

舟

船櫨棹……………………………85	異賊警固要害構舟簇釘以下所役……228
豊後津々浦々船…………………284	入舟………………………………9
防州年貢船………………………319	鵜舟………………………………406
防州之船…………………………349	運漕舟船…………………………350
北国之船………………………43,44	大舟…………………………89,441
北国の船……………45,47,48,50	借舟………………………………48
松崎下宮鰹船二艘…………………28	行舟風波之難……………………61
末法之船筏………………………265	巨舟………………………………88
水海船賃……………………………29	漁舟………………………………458
三船宮……………………………211	下り舟……………………………50
御幸渡船料…………………………22	小舟………………………………441
麦船………………………………432	西国往反之舟船…………………414
蒙古人之賊船数千余艘……………195	舟航………………………………114
蒙古賊船…………………………247	舟船…………………………15,247
蒙古賊船三艘……………………203	数百艘漁舟………………………133
持船………………………………430	高瀬舟駄賃………………………241
元船…………………………………47	他庄舟……………………………234
本船……………………43,44,48,50	中道舟……………………………161
本船付肴之代……………………347	魚住島全島舟泊…………………231
物船便舟…………………………435	逃舟………………………………394
漏船…………………………390,414	上り舟……………………………50
屋形雑船…………………………373	橋舟………………………………44
山船所出物………………………126	舟石………………………………17
弓削船……………………………435	舟楫………………………………249
寄船………………43,44,45,47,48,50,63,331	

ふね

舟口	50
舟子	47, 50
浮釣者之篇舟	108
舟賃	241
舟津	435
舟人	451
舟	17, 44, 88, 114, 115, 133, 149, 153, 177, 187, 234, 441, 460
舟〈号東国〉	10
舟の影	48
扁舟	167, 231
物船便舟	435
要害構舟簇釘	231
漏舟	394

鰤 …… 114
鰤網 …… 114
ふる川（古川） …… 94
古津越 …… 338
布留春光蟹螺蛤各少々 …… 256
分魚 …… 276
文永十一年蒙古合戦賞 …… 177
豊後津々浦々船 …… 284
豊後国浦部十五ヶ所 …… 438
分塩九石三斗〈除釜年貢定〉 …… 249

へ

兵船 …… 340
辺津浜山守職 …… 111
辺津浜山山守職 …… 110
舳艫 …… 15
紅唐綾 …… 27
へひす（夷）の島 …… 196
扁舟 …… 167, 231

辺土の小島 …… 118, 143

ほ

帆

□帆□□	214
帆柱	44
帆別	44, 45, 48, 50
帆前	43, 47
帆湊海	398
帆湊之海	385
落帆棄檝	15

防鴨河使 …… 66, 75, 100, 104, 117, 231, 267
防鴨河判官 …… 200, 212
防禦異国 …… 449
防州今度到岸済物 …… 322
防州年貢船 …… 319
防州之船 …… 349
放生 …… 292
放生魚 …… 89, 90
放生魚買 …… 321
放生会 …… 113, 117, 183
放生　魚貝 …… 321, 322
放生魚貝六十三万隻 …… 56
ほふのり（海苔）ひとかこ（一籠） …… 442
放洋 …… 266
捕魚之課役 …… 124
捕魚之輩 …… 124
北狄（蒙古）之陰謀 …… 141
干鮑夏五連秋五連〈これハ一艘の公事也〉 …… 101

干魚

| 白干魚 | 79 |
| 干魚折 | 347 |

570

干鯛……………………………27, 132
ほしたい(干鯛)………………468
干鯛一折敷……………………104
保津筏師………………100, 320
北海………………89, 186, 188
北海の島………………………156
北国之船…………………43, 44
北国の船………………45, 47, 48, 50
北方河……………………………89
帆柱………………………………44
帆別………………44, 45, 48, 50
帆前…………………………43, 47
帆湊海……………………………398
帆湊之海…………………………385
螺貝………………………………102
堀江………………………………68
ほりかハのしりかハ(堀川の尻川)………66
堀河四所…………………………387
堀橋………………………………265
本関違乱…………………………414
本年貢御塩………………………331

ま

備進毎日生魚供御………………32
毎日魚味…………………………404
前網戸……………………………393
前浜………………………423, 454
前浜鳥居…………………………424
罷部阿古主鮨十桶………………256
巻網鮭五尺………………………459
巻網鮭人別一尺…………………459
秣塩………………………………330
鱒網一艘別三十尺………………459

鱒十五隻…………………………104
鱒二………………………………429
斑島請料用途……………………398
松崎下宮鰹船二艘…………………28
松崎塩屋…………………………321
松原河海…………………………299
末法之船筏………………………265
松浦党……………………………155

丸
　壱艘者〈宇坂東丸〉………………5
　大田庄梶取丸……………………14
　御手代綺丸鮭百伎(隻)………256
　梶取丸……………………140, 248
　小和布十五丸…………368, 381
　春徳丸(船名ヵ)…………………365
　手浦刀禰丸……………………289
　刀禰丸…………179, 284, 341
　刀禰丸(名)………………410, 411
　丸鮑三百貝………………………29
　丸塩百三十果……………………29
　め五まる(布〈和布〉五丸)……289
　め五まる(若布五丸)…………284
　若帯孫部熊尾丸鮭一尺………256
円鮑………………………………25
廻水手……………………………187

み

御面浦刀禰………………………338
御賀尾浦刀禰……………………344
御賀尾浦刀禰百姓………………341
御賀尾浦ノ海山…………………408
御賀尾浦ノ刀禰…………………408
御賀尾刀禰百姓等………………353

みかのうら

三かの浦御公事……………………284
参河浦刀禰職………………111, 170
三国湊…………………………346
三国湊交易上分……………339, 347
三国湊雑掌……………………346
三国湊津料河手……………237, 339
三国湊内侍所日次供御料交易上分……346
三国湊番頭給…………………459
三国湊政所……………………425

御厨
　和泉国内膳網曳御厨供御人………250
　内御方御厨子所供御人……………281
　宇野御厨裔……………………62
　宇野御厨司……………………60
　大江御厨供御人………………388
　大江御厨執行職………………388
　大江御厨惣官職………………388
　大江御厨番供立名……………388
　桂御厨鵜飼等…………………388
　蒲御厨検校…………91, 144, 209
　島抜御厨貢御人………………10
　諸御厨………………………296
　菅浦御厨所供御人……………322
　菅浦御厨子所供御人…………359
　朝夕御饌所二見御厨…………423
　勅裁御厨并本所進止御厨……295
　津江御厨供御人………………388
　津江御厨立留供御人…………388
　当津(安濃津)御厨三番別当職……24
　当御厨供御人…………………433
　内膳御厨寄人…………………41
　長洲御厨沙汰人………………234
　長洲御厨司番頭………………335

御厨……4, 13, 96, 107, 215, 280, 281, 295,
　　　　305, 423, 430, 445, 447, 449, 462
御くりや(御厨)………………149
御厨預所………………………193
御厨雑務…………………………91
御厨司……………………………72
御厨執行………………………354
御厨子所魚鳥供御人……………68
御厨子所鯉鳥供御人……………68
御厨中番刀禰…………………447
御厨子所預……………………388
御厨子所供御人………………326
御厨子所被官…………………388
御厨子所別当…………………388
三崎検校………………………335
三島大祝………270, 277, 281, 286, 327
三島宮……………………7, 104
三島御領島々…………………457
三島神社………………………416
三島別宮………………………104
三島祝大夫……………………418
三島舞童………………………307
湖………………………277, 289, 403

水海
　あをみ(近江)の水海…………443
　近江水海辺……………………302
　水海船賃………………………29
水鳥二…………………………439
水鳥二ゝ………………………104
水にある魚……………………154
水間寺…………………………53
水守……………………………428
ミそきり………………………101

むぎしお

味噌塩……………………………73
御薗塩浜内先人御菜分………171
溝淵河……………………………105
道々関……………………………73
三津………………………………43
御使虎尾丸烏賊十枚…………256
港…………………………………50
みなと……………………………77
湊
　入来名湊海……………………380
　江みなと(江湊)………………436
　七湊……………………………43
　船つく湊………………………140
　帆湊海…………………………398
　帆湊之海………………………385
　三国湊…………………………346
　三国湊交易上分…………339, 347
　三国湊雑掌……………………346
　三国湊津料河手………237, 339
　三国湊内侍所日次供御料交易上分
　　…………………………………346
　三国湊番頭給…………………459
　三国湊政所……………………425
　みなと(湊)………………77, 265
　湊………43, 44, 45, 47, 48, 50, 85, 302, 359
　湊海……………………………385
　湊江分…………………………81
　湊海人等………………………302
　湊堺……………………………123
　湊雑掌…………………………339
　湊地頭職………………………78
　湊田……………………………101
　湊問料…………………………241

　湊問料三石……………………131
　湊畠……………………………455
南天竺……………………………98
南浜………………………………225
南浜在家〈限東海波打際〉………404
南限南海〈熊野山領〉……………424
御贄………………11, 65, 341, 460, 462
御贄魚……………………………79, 319
御贄狩……………………………347
御贄漁進宮河之流………………10
御贄口入料………………………460
御贄鮭百…………………………11
御贄底鯛…………………………460
御贄屋……………………………347
美濃国津布郎庄堤………………260
三船宮……………………………211
宮跡(路)浦塩屋一宇……………401
宮路浦塩屋一宇…………………398
宮地浦内塩屋……………………401
御幸渡船料………………………22
めうといを(夫婦魚)五十さし…376
妙戸魚卅さし……………………181
名別塩……………………………259
名別八俵塩…………………259, 261
海松
　海松……………………………181
　みる(海松)……………………435
　良近江海松八百帖……………256
弥勒寺領浦部十五ヶ所…………438

む

無塩鯛十隻………………………104
麦塩…………………………330, 334

むぎだいし

| 麦代塩……………………134, 148, 330
| 麦代中俵塩………………………160, 169
| 麦船……………………………………432
| 蒙古 ⇒ 蒙古(もうこ)
| ムクリケイコ(蒙古警固)……………384
| むくり(蒙古)国……………………166
| むこ(蒙古)……………………………163
| むこ人(蒙古人)………………………159
| むこ(蒙古)人…………………………168
| むこり(蒙古)国………………………168
| 蒸鮑………………………………………54
| むつら(六浦)のうりかい(売買)……461
| 六人部苔滋蚫十喉………………………256
| 宗像前大宮司氏重亡母張氏……………131
| 村岡村山塩竃神宮寺……………………379
| 村君
| 　網代村君…………………………16
| 　大網むらきミ(村君)職……………179
| 　村君……………………………436
| 　ゆるきあちむらきミ(由留木網地村
| 　　君)……………………………179
| 紫唐綾……………………………………27
| 室津一色………………………………304
| 室泊・尼崎・渡部三ヶ所関……………231

め

| 姪浜石築地………………………………268
| 姪浜警固番役………204, 205, 210, 217, 223,
| 　　　　225, 229, 239, 240, 242, 243, 250
| め五まる(布〈和布〉五丸)………………289
| め五まる(若布五丸)……………………284
| めしのうほ(魚)………………………467
| 目銭

神崎・渡部・兵庫津商船目銭……294, 393
神崎・渡辺・兵庫三ヶ津商船目銭……388
三箇津(神崎・渡辺・兵庫)商船目銭
　……………………………………422
三ヶ津商船目銭…………………………394
三ヶ津目銭…………………………355, 412
諸関升米并兵庫島目銭…………………403
摂津国三ヶ所(神崎・渡辺・兵庫)目銭
　半分………………………………367
摂津国三箇津商船目銭…………………411
摂津国兵庫・渡辺・神崎三ヶ津商船目
　銭……………………………………390
東大寺方三箇津目銭……………………340
塔婆造営料所三ヶ津目銭………………350
兵庫関目銭半分…………………………367
兵庫島関所三箇所目銭半分……………342
目銭………………………………………418

も

藻
| 海藻…………………………………150, 218
| 海藻八斤……………………………………77
| 海底之貝藻………………………………218
| 魚貝海藻……………………………109, 219
| 雑海藻二斤……………………17, 82, 178
| 雑海藻二斗五升………………17, 82, 179
| 年貢魚貝海藻……………………………455
盲亀………………………………………184
蒙古
| 弘安四年蒙古合戦……226, 227, 228, 372,
| 　　　　　　　　　　　　　　447
| [　　　](弘安四年蒙古)合戦…224
| □(弘)安四年蒙古合戦……………227

もうこ

弘安四年蒙古合戦勲功賞………194, 224,
　　　225, 227, 228, 236, 310, 406
弘安四年蒙古合戦賞………………461
今年六月八日蒙古合戦……………194
小蒙古人……………………………191
西戎大蒙古国簡牒…………………129
西戎大蒙古国牒状…………………129
大蒙古………………………………172
大蒙古国……128, 133, 141, 152, 153, 156,
　　　　　　　　　　　165, 184, 188
大蒙古国簡牒………………………130
大蒙古国皇帝………………………130
大蒙古国皇帝日本国王上書………129
大蒙古国国書………………………128
大蒙古国牒状………………………129
大蒙古国の牒状……………………441
大蒙古の責…………………………193
同(蒙古人)従人……………………131
文永十一年蒙古合戦賞……………177
北狄(蒙古)之陰謀…………………141
ムクリケイコ(蒙古警固)…………384
むくり(蒙古)国……………………166
むこ(蒙古)…………………………163
むこ人(蒙古人)……………………159
むこ(蒙古)人………………………168
むこり(蒙古)国……………………168
蒙古……134, 136, 139, 153, 157, 162, 191,
　　　　　　　　　214, 230, 247, 328
もうこ(蒙古)………………………164
蒙古いくさのくむこう(蒙古戦の勲
　功)……………………………301
蒙古異賊…………………………189, 298
蒙古異賊近来襲来…………………216

蒙古怨賊……………………………134
蒙古合戦……145, 152, 171, 172, 173, 197,
　　　198, 207, 212, 213, 215, 299, 376, 452
もうこかせん(蒙古合戦)…………263
蒙古合戦勲功賞………161, 301, 335, 407
もうこかせんのくんこうのち(蒙古
　合戦の勲功の地)……………291
蒙古凶賊…………………………162, 163
蒙古凶賊等…………………………367
蒙古凶徒……………………………212
蒙古軍功証人………………………205
蒙古勲功之賞……………………410, 461
蒙古警固……………………………151
蒙古警固結番………………………153
蒙古高麗使…………………………131
蒙古国………129, 141, 151, 155, 157, 158,
　　　165, 167, 168, 183, 186, 190, 197, 225,
　　　　　　　　　　　　429, 440
蒙古国簡牒………………………129, 130
蒙古国退治大将……………………129
蒙古国大将軍………………………191
蒙古国大兵…………………………129
蒙古国牒……………………………134
蒙古国牒状…………………………129
蒙古国調伏…………………………130
蒙古国調伏秘法……………………129
蒙古国の朝使………………………173
蒙古使者……………………………191
蒙古襲来……………161, 190, 192, 193
蒙古人………128, 129, 141, 151, 152, 153,
　　　　　　　　　　　　　384
蒙古人合戦………………………152, 161
蒙古人官人…………………………131

もうこ

蒙古人警固…………………159, 163	元船………………………………47
蒙古人警固忠……………………422	本船………………43, 44, 45, 48, 50
蒙古人降伏………………………162	本船付肴之代……………………347
蒙古人征伐………………………162	物船便舟………………………435
蒙古人治罰御祈禱………………168	漏船…………………………390, 414
蒙古人之賊船数千余艘…………195	漏舟………………………………394
蒙古人叛逆………………………162	
蒙古人用心………………………166	や
蒙古人用心番……………………155	やいかり(焼狩)ならひにくるみ(胡桃)
蒙古人等合戦……………………182	のかわなかし(川流し)………118
蒙古賊船…………………………247	屋形船……………………………26
蒙古賊船三艘……………………203	屋形雑船…………………………373
蒙古退治…………………………161	焼塩………………………………380
蒙古中書省之啇…………………135	薬師堂浜成免田…………………397
蒙古牒……………………………131	八島………………………………441
蒙古牒使…………………………156	八島之浪上………………………16
蒙古牒使願文……………………136	矢代浦狩仕供祭人………………70
蒙古牒状…………………………192	矢代浦戸(刀)禰職………………239
蒙古調伏…………………………175	八十島□…………………………10
蒙古の勘文………………………139	梁(簗)……………………………84
蒙古之凶賊…………………228, 235	簗…………………………………444
蒙古の責…………………………193	やな(簗)……………………292, 322
蒙古のせめ………………………162	ヤナ(簗)…………………………343
蒙古の大王………………………194	山預浦……………………………70
蒙古の使…………………………162	山海………………………………89
蒙古之蜂起………………………157	山海四至…………………………62
蒙古類……………………………174	山海狩猟…………………………326
間人鶴丸鯵鯖各百伎(隻)………256	山御年貢…………………………416
もさき……………………………118	山河海…………………………224, 453
門司関…………………294, 378, 422	山・河海得分……………………179
もし(門司)[　　]関………………174	山狩海漁…………………………322
水雲十五桶………………………256	山河………………………63, 177, 276, 394, 395
持船………………………………430	山河所出物………………………272

ゆるきあち

山河海得分半分	178
山河海辺	453
山川江河	89
山河荒野	353
山川狩猟	346
山河譲与	406
山河殺生	305, 351, 423
山河殺生禁断	193
山河地水	424
山川得分	69
山川之猪鹿魚類	34
山川の猪鹿魚類を盗むもの	53
山河之狩猟	211
山河半分	52
山河半分之率法	76
山崎神人	60
山塩	143
山田二島□（御）年貢運送	132
山手	177
山手塩	70, 270, 341, 363
山手塩代米	206
山てのしほ（山手塩）	377
山問料十二石	131
山得分塩	341
山年貢	361
山之年供塩二斗	33
款冬唐綾	27
山船所出物	126
山女	374

ゆ

由比浜之潮変面	314
由原宮御供塩□（浜ヵ）参段	55

䑺

塩䑺	337
小䑺	338, 455
少䑺	330, 459
膳所䑺	338, 459
代官䑺	459
大䑺	330, 338, 455, 459
大䑺五十八俵	103
大䑺塩	338
大䑺用途	111
䑺	338, 455
弓削雑掌	250
弓削到来之物	250
弓削島・新勅旨両所之預所職	137
弓削島預所職	426
弓削島網〈元亨元年〉用途支配	366
弓削島御年貢大俵塩	312, 317
弓削島御年貢塩	342
弓削島御年貢塩支配	373
弓削島〈元亨元年〉御年貢塩支配	367
弓削島〈元亨元年〉御年貢塩并雑物	368
弓削島〈元亨二年〉御年貢塩并雑物	374
弓削島沙汰人	336
弓削島雑掌	228, 245, 435
弓削島塩	310
弓削島問丸	244
弓削島年行事分	313
弓削島年々運上物	82
弓削島御庄領家御方年貢大俵塩	103
弓削之物	250
弓削船	435
ゆるきあちむらきミ（由留木網地村君）	179

ゆるきおお

由留木大網…………………………179

よ

夜網………………………258, 296
夜網御年貢…………………………416
要海…………………………………446
要害構舟簇釘………………………231
要害警固番役………………………236
要害警固役…………………………233
用水漁…………………………380, 385
良近江海松八百帖…………………256
吉成北島……………………………19
吉野河新関…………………………324
淀御綱曳神人………………………230
淀河・尼崎・兵庫島・渡辺等関所……342
淀河所々関々…………………………67
淀・河尻・神崎・渡辺・兵庫以下諸関津料
　………………………………………336
淀河東西市場………………………357
ヨト(淀)・カンサキ(神崎)ノ関米………258
淀関米……………202, 206, 215, 220
淀魚市庭……………………………307
よとのうをの(淀魚)市次郎兵衛尉……325
淀河尻………………………………242
淀ノオ(材)木…………………………393
淀升米…………………314, 316, 355
淀関所……………368, 371, 374, 419
淀関所御綱引神人…………………267
淀関米……………………198, 312, 362
淀関米雑掌職………………………312
淀関升………………………………398
淀関務………………………………315
淀関守………………………………438

(淀)津沙汰人………………………427
淀津升米……………………………313
淀津升米〈達摩寺分〉………………312
淀津関米……………………………326
淀津之升米…………………………197
淀津之損……………………………309
淀津米………………………………326
淀津水垂神人………………………210
淀問丸………………………………327
淀分…………………………………292
淀路……………………………………30
呼子浦遊君…………………………335
寄人…………………………………437
寄船…………43, 44, 45, 47, 48, 50, 63, 331
寄物……………………………257, 351
寄物
　浜寄物支配………………………351
　漂涛之寄物…………………………62
　寄物……………………………257, 351
　より物(寄物)……………………246
寄人等居住要津……………………249
四十文〈船賃〉………………………393
四島……………………………194, 299

ら

来迎寺免塩屋一宇…………………399
落帆棄檣……………………………15
羅網…………………………………163
蘭渓道隆………………95, 102, 115

り

りきなかのふね(船)…………………64
陸地海路往返…………………………82

りょう

鯉鳥供御人……………………388
率分 ⇒ 率分（そつぶん）
筥 ⇒ 筥（かご）
竜王………………………………89
流失材木………………………458
竜頭船……………………………39
流毒
　滝河流毒………………………305
　流毒…………………………6, 9
　流毒草取魚……………………105
　流毒焼狩之制…………………117
漁
　海河のすなとり（漁）…………297
　海浜之漁者……………………135
　海浜之漁夫……………………307
　海漁……………………326, 359
　御取玉貫漁進…………………382
　海上漁船………………………295
　海人漁船………………………194
　かいさうもつすなとり（海雑物漁）
　　………………………………371
　鈎漁……………………………190
　河魚漁…………………………250
　河漁………………………65, 217
　漁翁之密網……………………108
　漁鈎……………………………326
　漁客数百人……………………202
　漁舟……………………………458
　漁進………………………………65
　漁船……………………………122
　漁釣……………………………202
　漁得………………………………29
　漁人…………………81, 183, 204

漁父…………………………184, 445
令漁父往還之巷…………………106
漁捕………………………………66, 218
漁捕之業……………………………98
漁味之輩……………………………444
漁網……………………81, 112, 113, 162, 343
漁網地………………………………295
漁狩…………………………………176
漁猟鷹鵜之制……………………9, 183
漁猟之営……………………………274
誠漁猟之業…………………………203
漁獵之業……………………………305
漁猟等之悪行………………………240
漁魚鱗………………………………150
漁猟………………61, 64, 97, 100, 202, 223
禁断漁猟殺生之業……………………98
漁猟之制……………………………29
神祭漁………………………………310
山水之漁撈…………………………15
山野カリスナトリ（狩漁）…………352
四至内漁猟…………………………100
地頭漁河魚…………………………76
自由押漁……………………………423
狩漁……122, 133, 199, 215, 216, 267, 444
狩猟并賀茂郷小河漁………………217
狩猟并賀茂郷河漁…………………217
性海寺四至内漁猟并樵夫往反………107
樵採漁猟之輩………………………61
数百艘漁舟…………………………133
所漁魚類……………………………302
殺生禁断〈殊重　鵜・鷹・狩猟・漁網
　等〉…………………………………413
殺生之漁猟…………………………294

579

りょう

村民漁子	202
鷹狩海漁以下悪行	322, 326
釣漁之営	26
盗漁	122
入漁	382
人料鮭〈随漁得〉	29
御贄漁進宮河之流	10
山狩海漁	322
用水漁	380, 385
漁	9, 61, 63, 148, 178, 207, 265, 266, 297
漁魚	118
漁田	191
漁人	81, 183
漁簗	65
漁遊	305
例漁猟	9

両浦(多烏・汲部浦) 416
両浦沙汰人 134, 147
両浦とね(刀禰) 322
両浦刀禰所 206
りゃううらのとね(両浦の刀禰) 322
両浦之百姓 237
了恵 112
両河水面 200

領海
　供御人等領海 32
　供御領海分 32
領家御塩 441
領家方網 441
領家分塩十俵 261
両国并淀津関料 208
料所敦賀津升米 406
両関公用分 357

両度牒使 136
旅宿之知識 422
臨安府 104
鱗介虫類 305
鱗族 305
鱗類之肉 102

る

類船 45

流毒 ⇒ 流毒(りゅうどく)

れ

例進長鮑千百五十帖 12
例漁猟 9
例名内浦分地頭職 214

連
　生江端長竪莫十連 256
　鰹五十連 123
　干鮑夏五連秋五連〈これハ一艘の公事也〉 101
　和布一連 163

ろ

櫓
　海者櫓械之届程 275
　梶櫓 47
　櫓三張 301
老手(円爾) 101
六斎日殺生 29
六斎日并二季彼岸殺生 113
六斎日二季彼岸殺生禁断 306
(日本は)六十六国二島已上六十八ヶ国 441

六万艘兵船浮海	191
路次所々関米	260
路次之津料	383
六ヶ浦	29
六角供御人	388
六角町生魚供御人	419
六角町供御人	254, 388
六角町魚鳥供御	69
六百俵ヲ可積御船	459
櫓三張	301

わ

若海	112
□(和)賀江関所沙汰人	309
和賀江津材木	99
若帯孫部熊尾丸鮭一尺	256
若狭国志積浦廻船納物等	425
若狭国二十二所の浦	467

若布 ⇒ 和布(わかめ)も参照
 め五まる(若布五丸) …………284
 若布二帖 …………………………144

和布 ⇒ 若布(わかめ)も参照
 荒和布 ………127, 134, 172, 317, 330,
        368, 374, 455
 荒和布二百束 ……………………446
 荒和布百把 ………………………82
 大伴遠茂和布二百束 ……………256
 小和布 ……………………………468
 小和布十五丸 ……………368, 381
 簀和布運賃 ………………………29
 生和布一こ(篭) …………………194
 生和布一篭 ………………………196
 め五まる(布〈和布〉五丸) ………289

わかめ(和布)	175, 186, 196
わかめ(和布)〈一俵〉	441
和布	29, 101, 154, 163, 181, 241, 256,
	297, 338, 347, 354, 357, 363, 373, 376,
	416, 429, 446, 459, 468
和布荒(ママ)	124
和布一外居	429
和布一連	163
若和布五合	29
和布座	294
わかめ(和布)三十てう(帖)	376
わかめ(和布)十てう(帖)	154
和布十帖代	347
和布准銭	338
和布代	363
和布七十帖	29
和布弐拾壱帖	416
和布廿五帖	459
和布二百束	256, 446
わかめ(和布)の□□あわひ(鮑)卅	
	377
和布四条	181
若和布五合	29
渡	357
渡田	66
渡船	373
私守頼心太十五桶	256
渡辺	325
渡辺関雑掌	341
藁綱	48
わら綱	47, 50
をこ(おこ)	176

地名索引

(1)ひらがな表記、カタカナ表記、漢字表記に分けて、あいうえお順に配列した。また、読み不明のものは末尾に掲げた。
(2)漢字表記は、JISコードに基づいて配列した。JISコードに含まれていない文字は、音読みで該当箇所に配置した。
(3)JISコードは、第一に想起される読みに基づいて、あいうえお順に配列したもので、音読みを原則とするが、訓読みで配列している場合もある。検索にあたっては、まず音読みで探していただき、もし見つからない場合は訓読みで探していただきたい。

(1)仮名表記

あいさはの御くりや(藍沢御厨)………390
あうかた(青方)……………………354
あかゝは(川)………………………171
あかゝハ……………………………174
あかさき(赤崎)……………………259
あかしのうら(明石浦)……………440
あかはま(浜)………………………175
あくね(英禰)十二たうのしま(島)……120
あしうら(葦浦)……………………131
あたなしらへのはくちき(字白部の白血)………………………………399
あたみ(熱海)………………………206
あとかは………………………………28
あのふうら(阿納尾浦)……………131
あはしま(粟島)……………………349
あはちのくに(淡路国)かしう(賀集)・ふくら(福良)・にしや(西山)……73
あはちの国内せんの保(淡路国内膳保)………………………………301
あまくさ六かうら(天草六ヶ浦)…293
あゆかわ(鮎河)………………191, 354
あゆかわのさき(鮎河崎)…………371

あらかハ(荒川)……………………174
ありかわ(有河)……………………371
あをかた(青方)………………215, 361
あをかたのうらへのしま(青方の浦部島)…………………………………226
あをさき(青崎)…………………87, 132
あをしま(粟島ヵ)…………………128
あハしま(粟島)……………………207
いきしま………………………………21
いきのまつばら(生松原)…………250
いしゝ(石志)のむらとものうら……274
いしかきのかわミなミ(石垣の河南)………………………………298
いしはし(石橋)……………………142
いしハし(石橋)……………………175
いしハしかはのむら…………………304
いせのとほのみくりや(御厨)……446
いそたけ(五十猛)……………………52
いそへのやすうら(浦)………………88
いちかは(市河)……………………153
いちゐのかわ(川)…………………138
いつくしま(厳島)………………78, 258
いなふら(稲村)……………………164
いぬくまの(犬熊野)………………131

582

かつらしま

いはをが島(硫黄島)……………146
いまつ(今津?)…………………153
いまり(伊万里)の浦……………386
いまりのうら(伊万里浦)………87
いもあらい(一口)………………88
いもあらひ(一口)………………433
いよのくつな(伊予の忽那)……73
いわうの島(硫黄島)……………186
いわさき…………………………264
いわしのうら(鰯浦)……………409
いゑしま(家島)…………………297
うおのめ(魚目)…………………371
うち河……………………………71
うつらさき………………………311
うなせ(宇奈瀬)…………………207
うの〻御くりや(宇野御厨)……87, 132
うの〻御くりや(宇野御厨)の庄………386
うののみくりやのうち五たうにしうらめあおかたのむら(宇野御厨内五島西浦目青方村)………………403
うののみくりやのしやう五たうないにしうらめのうちしもうらめ(宇野御厨庄五島内西浦目内下浦目)………392
うのの御□(く)りやのしやう(宇野御厨庄)さんたうへのしまのうちやまてのうら………………309
うのの御くりやの御しやう(宇野御厨御所)……………340
うふしま(島)……………………66
うら(浦)…………………………371
□□□□(うらへしゃ)まのうちあをかたのうら(青方浦)………188
うらへのしま(浦部島)………188, 340, 444

うらめのしま(浦目島＝浦部島)………220
えからしま………………………76
えそ(蝦夷)………………………157, 163
えそかしま(蝦夷島)……………173
えそぬま(沼)……………………28
えのきつ(榎津?)………………125
おきつしま(奥津島)……………293
おきとものうら(沖友浦)………293
おくのしま(奥島)………………269
おくる川…………………………94
おさき……………………………264
おさきのしま(島)………………284
おしのうみ………………………282
おちかのしま(小値賀島)………37, 340
おちかのしまのうちうらへのしま(小値賀島内浦部島)………340
おほさき(大崎ヵ)………………264
おほしま(大島)…………………293
おんなかわのむら(女川村)……414
かいまたのしま(貝俣島)………226
かうししま………………………263
かうしてんの小浦………………58
かうちのうら(浦)………………66
かうらい(高麗)…………………154, 158, 164
かうらい(高麗)のと……………215
かくらまのはま(浜)……………200
かけハし(橋)……………………144
かしはさき(柏崎)………………165
かしはしま(柏島)………………94
かしま(賀島)……………………157, 178
かたうみ(片海)…………………153
かちかつる(勝津留)……………111
かつらしま………………………213

583

かつ人のセ

かつ人のセと(瀬戸)……………226
かまくらあまなハ(鎌倉甘縄)魚町東頭
　(頬ヵ)地……………………404
かまくらゆいのはま(鎌倉由比ヶ浜)
　……………………………166
かまた(蒲田)……………87, 132
かまた(蒲田)の浦………………386
かみいきしま……………………21
かも御しやうのうちめはまの御くりや
　……………………………352
からはし…………………………196
から国(唐国)……………………182
かんさき(神崎)…………………123
かんさきのしやう(神崎庄)……291
かハしハしま……………………94
かミこしきつ(上甑津)…………100
きかいかしま(喜界島)…………304
きせ川(黄瀬川)…………………10
きたかわ…………………………451
きたまくろさき(北真黒岐)……131
くきさき…………………………263
くち五島(口五島)………………304
くち置島…………………………304
くろかハ…………………………174
くろかハ(黒川)……………171, 174
くろたに(黒谷)…………………327
くわのうら(浦)…………………117
くわのゑ(鍬江)…………………174
けたかさき………………………213
けんかしましりひきのかう(絹家島尻
　引郷)………………………385
こいつみのしやうのうちあわしま(小
　泉庄内粟島)………………341

こうのうら(郡浦)………………365
こしこへ(腰越)…………………164
こせと(小瀬戸)…………………213
こたう(五島)……………………87
こたうにしうらめあをかた(五島西浦
　目青方)……………………370
こたうのしまのうちあをかた(五島島
　内青方)……………………374
こつるかわ(小鶴河)……………278
このもと(木本)…………………343
こふづ(国府津)…………………178
こみなと(小湊)…………………153
こ花島……………………………449
さいつのうら……………………294
さいもくさ(材木座)……………426
さかわ(酒匂)……………………164
さしま(佐島)……………………131
さつまのこほりはしまのうら(薩摩郡
　羽島浦)……………………200
さむ河の御厨(寒河御厨)………449
さを・しろいをのりやううら(佐保・白
　魚の両浦)…………………340
さを(佐保)………………………384
さをさき(佐保崎)………………215
さをのさき(佐尾崎)……………213
しうつ(塩津)……………………171
しおのこうち……………………67
しき四かうら……………………294
しさ(志佐)………………………70
しつま(静間)の御れう…………52
しつミうら(志積浦)……………131
しなの浦…………………………377
しはさき…………………………117

しほかまのつ(塩竈の津)…………208
しほたかた………………………308
しほつる(塩津留)………………21
しほのこうち(塩小路)……21, 114, 176, 292
しほや(塩屋)かミのりやうない………253
しほや(塩屋ヵ)…………………308
しまさき…………………………250
しもつる…………………………451
しやうしま(庄島)………………449
しやう島かり……………………175
しやしまかり……………………175
しら川……………………………171
しろいを(白魚)……………364, 384
しろしま…………………………21
しをのこうち……………………43
しをのこうち(塩小路)……………22, 27
しをはま(塩浜)……………465, 466
しをや(塩屋ヵ)…………………326
しんら(新羅)……………………154
しハゝし(柴橋)…………………171
すい津……………………………363
すかのうら(菅浦)………102, 278, 405
すきのうら(杉浦)………………108
すつ(寸津)………………………265
すな浦(須那浦)……………143, 467
すの浦(須那浦)…………………467
すんつの浦(寸津浦)……………85
せかさき(瀬ヶ崎ヵ)……………450
その津(伊豆伊東)………………114
た□(う)しまのうちをうくし(当島の内大串)………………188
たいのうら(鯛之浦)………354, 371
たいのかハ………………………171
たいのかハ(胎内川)……………174
たう□□□(しまの)うちしろいを(当島の内白魚)…………………444
たうさき(動岐)…………………131
たうしま(当島＝対馬島)………353
たかうらのせと(瀬戸)…………226
たかしま…………………………94
たかしま(高島)…………………244
たかしま(鷹島)…………………251
たかせ……………………………283
たかつ(高津)……………………52
たかはま(高浜)……………287, 377
たかはまのむら(高浜村)………418
たかまつ(高松)…………………87
たからす(多鳥)……131, 144, 145, 275, 337, 467
たからすのうら(多鳥浦)………80, 241
たからす浦(多鳥浦)……………352
たかハま(浜)……………………66
たくの(宅野)……………………52
たこのしま(田古島)……………287
たたみうら(畳浦)………………131
たなうら(手浦)…………………328
たねかしま(種子島)……………196
たひらのうら(田平浦)…………87
ちゝりのしま……………………34
ちかふ津之島……………………17
ちかをのうら(浦)………………95
ちくふしま(竹生島)……………278
つき(津木)………………………70
つしま(対馬)………152, 154, 158, 159, 164, 357, 386
つしまのしま(対馬島)…………317

つちたのミ

つちたのミなと(土田湊)……………265
つちはし………………………………264
つの(都濃)ゝ郷………………………52
つる……………………………………451
つるか(敦賀)…………………………276
つるしま………………………………101
つるへ(汲部)……131, 143, 144, 145, 275, 300, 337, 467
つるへの浦(汲部浦)…………………362
てらしま………………………………308
とくのしま(徳之島)…………………304
とまちうら(戸町浦)…………………418
とまちうら(戸町浦)のうちあくりたかはま……………………………407
とまちのうら(戸町浦)………287, 288, 408
とまちのうら(戸町浦)のうちたかハまのむら(高浜村)………………229
とらくのセと……………………215, 364
なかうらへしろいを(中浦部白魚)……213
なかさきかり…………………………175
なかさき北里…………………………175
なかしま………………………………451
なかしま(中島)………………………200
なかしまのしやう(長島庄)……311, 405
なかしまのしやう(長島庄)の内花島村……………………………264
なかしまのよりたけのうら…………213
なかぬま………………………………28
なかはま(仲浜)………………………385
なかハし………………………………174
なかハし(長橋)………………………171
なか島(中島)…………………………123
なハのうら……………………………137

なま(那摩)………362, 364, 370, 371, 375, 409
にしつ(西津)の庄……………………101
にしつのみさう(西津御庄)…………91
にしつ御しやう(西津御庄)…………131
にしのしま(西島)……………………303
にしのしま(島)………………………222
にのしま…………………………308, 311
はうれいひん(彭蠡浜)………………168
はかた(博多)……………………288, 364
はくさい(百済)………………………154
はこさき(筥崎)………………………185
はしまのうら(羽島浦)………………360
はたつ(波多津)の浦…………………386
はなしま………………………………175
はね(波祢)の志やう…………………52
はまのうら(浜ノ浦)…………………226
はやきのうら(早岐浦)………………402
ひきの(比季野)………………………135
ひこの国ほんとのしま(肥後国本渡島)……………………………367
ひしゝま(比志島)……………………274
ひちさき(比知崎)………………213, 392
ひやうこ(兵庫)………………………453
ひやのこしま…………………………213
ひらうら(浦)…………………………66
ひらと(平戸)……………………188, 444
ひるかの浦(日向浦)……………143, 467
ふかつ(深津)…………………………453
ふかへのうら(深江浦)………………101
ふか浦(深浦)…………………………363
ふくしま(福島)……………………87, 386
ふなたうら(浦ヵ)……………………326
ふなとのしま(島)……………………94

586

ふなめんかしら(船免頭)…………258
ふのとまり(泊)………………369
ふのとまりのふるかは(古川ヵ)………369
ふるかわ(古川)…………364, 371
ほりかハ(堀川)………………66
ほんしやう(本庄)………………87
ほんとのしま(本砥島)…………66
まうらといふうつ(まうら津)………165
ますかハ(鱒河)………………171
またらしま(斑島)………………70
まつのうら(浦)………………174
まな鶴(真鶴)の海………………10
まへしま(前島)………………76
まへはま(前浜)………………419
まんところしま(政所島)…………21
みうら(三浦)…………………450
みくりやのしやう(御厨庄)………340
みくりやのみしやう(御厨御庄)おちかのしま(小値賀島)のうちうらへ(浦部)………………76
みさこさき………………364
みそかわ…………………284
みなと(湊)………………77, 385
みのうら(箕浦)………………123
みやさき(宮崎)………………311
むかうら…………………213
むかへのかは(川)………………362
むくしま(向島)………………70
むくり国(蒙古国)…………157, 166
むこ(蒙古)…………………163, 168
むこり(蒙古)国………………168
むつら(六浦)………………461
もうこ(蒙古)…………151, 164, 291

もし(門司)………………174
もろこし(唐土)………………165
やくのしま(屋久島)……………304
やしろうら(矢代浦)……………131
やまうら…………………451
ゆいのはま(由比ヶ浜)………157, 164
ゆき(壱岐)……152, 154, 158, 159, 163, 164
ゆけ(弓削)………………337
ゆけのしま(弓削島)…………257, 451
ゆはをのしま(硫黄島)…………173
よしかわ…………………236
よしかわのむら…………………236
よしなのうら(吉名浦)……………327
よと河(淀河)………………443
よびつぎの浦………………76
りりのこしま…………287, 334
わさのしま………………304
わたのへ…………………437
わたセ…………………451
ゑのきとの河流………………140
ゑはた(江端)………………171
ゑはま(衛浜)………………131
ゑらふのしま(永良部島)…………304
ヱハた(江端)………………174
ゑ河……………………21
ゑ川……………………21
をうらのしやう(大浦庄)…………302
をかのしま………………77
をかみのみなと(岡見湊)…………265
をくのしま(奥島)……………399

(2)片仮名表記

アラカハ(荒川)…………128, 175

イカノ浦

イカノ浦	151
イサノ庄	279
イソサキ	102
イマ木ノ江	67
イワシ田	211
オキツシマ(奥津島)	117
カラシマ(島)	462
カンサキ(神崎)	258
クサウツ(草宇津)	149
クソハマ(浜)	325
サイ河	270
サケ取小島	244
サワ(曽宇)川	114
シミツウラ(志積浦)	143
セクミ(世久見)	258
タヽ河	264
タウラ(田浦)	376
ツリハマ(釣浜)	7, 325
トリイハマ	368
ナヽミノ浦	236
ナマ(那摩)	409, 410
ハうのつ(坊津)	304
ハせウツノ入江	462
ハセ河村	184
ハマ(浜)	325
ヒやうこ(兵庫)	356
フナキ	369
フナツ(船津ヵ)	414
フナツサキ(船津崎ヵ)	325
フナヨせ(船寄)	195
フルエ(古江ヵ)	325
マイノ川(舞川)	212

ミくりやの御しやうのうちうらへのし

ましもうらへさを・しろいを(御厨御庄内浦部島下浦部佐保・白魚)	402
ミなせの津	115
ミなセの津	116
ミヤウフサコノ浦	225
ヤカタカ浦	224
ヤナセ	252
ユウサキ	217
ヨト(淀)	258
ヲサキ	292
ヲハマ	7

(3)漢字表記

〔あ行〕

阿下喜御厨	463
阿賀川	105
阿久多宇	344
阿久津	184
阿古江	267, 459
阿五瀬	423
阿射賀御厨	8, 11
阿曽御厨	464
阿曽良	114, 115
阿帝河	36
阿奈宇御厨	463
阿那尾崎	14
阿納浦	122
阿納津	70
阿納尾浦	130, 131
阿波御厨	462
阿部村	388
阿万庄	52
阿里河	277

イ（伊豆の大島）

阿弓河	35, 424
阿弓川	35, 439
藍沢御厨	390
悪志	372
悪志島	370
悪止	420
葦浦	130, 131
葦屋津新宮浜	62
葦南浜	23
鯵空閑	40
鮎河庄	100
鮎川	237
鮎河	191, 354
鮎河浦	371, 379
鮎河崎	371
粟川	86
粟津	58, 246, 345, 347
粟津橋本	345
粟津橋本御厨	413
粟津勢多御厨	32
粟田島	451
粟島	57, 103, 128, 137, 139, 207, 225, 310, 341, 349, 373
粟野村符中南浜	404
安屋御厨	464
安加河	37
安楽御厨	463
安岐郷内大朝来野浦	57
安志庄	67
安田島	138, 366
安曇河御厨	4, 65
安乃田御厨	463
安濃	87, 219
安濃散在	201
安濃神戸	211
安濃津	24, 43
安濃津御厨	15, 80, 462
安濃田御厨	11
安平庄	52
安房国のあまつ（天津）	165
安摩御庄伊都岐島	81
安摩御庄衣多島厳島	78
安摩御庄波多見島	78
菴田島	18, 40
菴田島摩木尾前	79
菴→「掩」も参照	
伊賀地関所	157
伊介	464
伊介御厨	462
伊合浦	211
伊佐江津	319
伊佐早庄長野村内浦	142
伊佐敷	302
伊雑神戸	20, 80, 464
伊志賀御厨	464
伊志賀島	372
伊集院島	375
伊吹島	105
伊水御厨	464
伊勢御厨小栗保	306
伊倉浦	420
伊都伎島	429
伊都岐島	29, 61, 69, 82, 86
伊豆伊東	114
伊豆の伊東かわな（川奈）	114
伊豆の大島	177, 441

イ（伊豆穂）

伊豆穂	208
伊奈浦	134
伊豆大島	71, 292, 294
伊奈瀬御厨	464
伊浜御薗	432
伊福	34
伊福部御厨	11, 464
伊保戸河	230
伊万里浦	23, 35, 53, 87, 132, 209, 293, 299, 328, 334, 383, 405
伊予御□（崎）	450
伊予御崎	450
伊予国ニイノ庄	279
伊与倉河	380
伊良古御厨	460
伊良胡御厨	11, 17, 242, 447, 464
夷島	70, 428
為元御厨	11
為光御厨	463
衣多島	75, 78
衣田島	81, 82
衣比原御厨	463
衣比須島	248
衣平御厨	463
井戸御厨	463
井後御厨	463
井口河	230
井瀬	72
井村御厨	462
井田庄	23, 94
井島	305
井波御厨	242
怡土庄	197
怡土庄今津	324
一口	88, 433
一志駅	64
一志駅家	64
一洲	341
一身田御厨	419, 463
一渡瀬	285
一入江	374
一楊御厨	11, 17, 219, 460, 464
壱岐	151, 152, 154, 155, 158, 159, 163, 164, 165, 192
壱岐島	33, 38, 85, 195, 196, 197, 218, 222, 224, 251, 264, 332, 383, 396, 419, 437, 438
壱岐島小牧	316
壱岐島瀬戸浦	197
壱志神戸	11
壱比浦	310
鎰比志	382
稲光御厨	463
稲佐浦	8
稲崎	243
稲瀬川并前浜鳥居脇	424
稲村	164
稲村崎	423, 424
稲津庄	445, 451
稲田御厨	463
稲名庄（猪名庄）	392
稲本村	131
芋河庄	3
鰯乃浦	409, 410
印度	24, 94, 443
因島	10, 42, 424

ウ (浦在部)

因島中庄……………………………53, 168
因島内三津庄………………………284
隠岐……77, 88, 157, 177, 188, 190, 419, 441
隠岐島………………………………8
右淵瀬(石淵瀬)……………………351, 352
宇河庄………………………………3
宇賀御厨……………………………463
宇久島…………315, 328, 360, 363, 453, 459
宇佐宮領江島別符…………………417
宇治…………………………………459
宇治河…………………28, 39, 70, 202, 436
宇治橋………………………………202
宇治郷鹿海村北岡御園塩浜………370
宇治三室津…………………………39
宇治川………………………………172
宇治乃御厨…………………………464
宇治野御厨…………………………463
宇治野飼場…………………………207
宇陀神戸……………………………11
宇出村………………………………39
宇出津………………………………114, 115
宇多宇之崎…………………………92
宇知丹生河…………………………36
宇知丹生川…………………………35
宇津…………………………………43
宇津庄………………………………388
宇土庄…………………………300, 315, 453
宇奈瀬………………………………207
宇波崎………………………………424
(宇野)御厨…………………………199
宇野御厨………11, 15, 23, 26, 53, 58, 60, 62,
　　　87, 93, 107, 132, 243, 297, 309, 340, 372,
　　　392, 403

宇野御厨御庄………………………340, 386
宇野御厨山代浦……………………109
宇野御厨庄……………………26, 386, 412
宇野御厨庄伊万里浦………………334, 405
宇野御厨庄伊万里浦脇田村………383
宇野御厨庄斑島……………………398
宇野御厨内五島……………………77
宇野御厨内小値賀島………………110
宇野御厨内大島……………………137
宇野御厨内保々木…………………150
宇野御厨内保々木・紐差・池浦………76, 146
宇野御厨内保々木・紐差・池浦・大島……53
宇料浦………………………………364
宇良川………………………………16
烏河…………………………………305
羽咋正院……………………………39
羽室津………………………………459
羽島…………………………………254
羽島浦………6, 52, 62, 83, 87, 198, 200, 360,
　　　362, 380
羽禰田御厨…………………………464
鵜か川………………………………114
鵜坂御厨……………………………464
鵜飼御庄……………………………33
鵜飼庄………………………………59
鵜飼西庄……………………………276
鵜川村………………………………39
鵜方御厨……………………………464
臼井御厨……………………………462
浦……………………………………371
浦郷…………………………………422, 458
浦戸……………………………44, 47, 48, 50
浦在部………………………………370

ウ（浦新庄）

浦新庄 …………………………………167
浦之前 …………………………149, 156
浦部 ……26, 27, 76, 110, 203, 298, 300, 303,
　　　　　304, 305, 306, 315, 340
浦部拾伍箇庄 …………………………4
浦部青方村 …………………………356
浦部島……144, 148, 150, 188, 192, 215, 220,
　　　254, 277, 278, 297, 299, 317, 340, 402,
　　　　　418, 444, 452, 453, 456
浦部島内下浦部佐保 …………………352
浦部島内下浦部佐保・白魚浦々 ………456
浦部島内佐保・白魚 …………………296
浦部島内狩俣島并同島以下浦々 ………325
浦部内白魚 …………………………297
浦部内白魚浦 ………………………299
営崎 ……………………………426, 429
影呂宇島 …………………………353, 354
永浦 ……………………………………25
永崎 …………………………………109
永治御厨 ……………………………464
永男御厨 ……………………………463
永藤御厨 …………………………11, 463
永方御厨 ……………………………462
永野河 ………………………………118
永野御厨 ……………………………462
永用御厨 ………………………11, 173, 462
永良部島 ……………………………304
英太御厨 ……………………………462
英禰十二島 …………………………120
衛浜 ……………………………130, 131
益田庄内寸津 ………………………385
越賀 …………………………………464
越船山 ………………………………416

越知(智)御厨 ………………………463
越知御厨 ………………………………11
越浜 …………………………………464
榎津 …………………………………125
奄田島 ………………20, 148, 149, 203, 300
掩田島 ………………………………175
掩→「奄」も参照
猿小河 ………………………………184
猿川庄 ………………………………243
猿田御厨 ……………………………464
園田御厨 ……………………………249
薗田御厨 …………………………11, 464
遠江国天竜川 ………………………380
遠山形御厨 ……………………421, 464
遠山方御厨 ……………………420, 421
遠島 …………………………………401
遠敷河 ………………………………329
遠保御厨 ……………………………463
塩宇 …………………………………399
塩宇浦 ………………………………399
塩屋 ………………253, 308, 326, 424
塩屋御園 ………………………233, 366
塩屋御薗 ……………………………368
塩屋江葦原地 …………………21, 23
塩屋崎 ………………………………424
塩屋東 ………………………………299
塩屋里 ………………………………375
塩河牧 …………………………………3
塩会 ……………………………………28
塩会村 ………………………………111
塩橋 ……………………………184, 306
塩穴 …………………………………124
塩江里 ………………………………197

カ（下河原）

塩合 …… 28, 55	奥島 …… 138, 267, 269, 354, 399
塩合御厨 …… 462	奥島御庄 …… 81, 149, 195, 386
塩崎庄 …… 300	奥島庄 …… 78
塩小路 …… 17, 20, 21, 22, 27, 30, 52, 53, 56, 67, 113, 114, 119, 137, 153, 176, 191, 195, 234, 242, 257, 277, 292, 294	横山浦 …… 320, 326
	横川村 …… 266
	横田浦 …… 313
塩小路(せのこうち) …… 27	横浜 …… 154
塩少路 …… 28, 65, 321, 338, 459	横北御厨 …… 462
塩谷 …… 53	黄河 …… 176
塩谷口 …… 311	黄瀬川 …… 10
塩津 …… 171, 218, 233, 265, 266, 268, 269, 270, 271, 437	岡見中山 …… 387
	岡見湊 …… 85, 265, 387
塩津庄 …… 268, 269, 270, 271, 451	岡崎 …… 233
塩津庄海 …… 75	岡津郷 …… 139
塩津留 …… 21, 123, 173, 182, 364, 400	岡田御厨 …… 11, 221, 463, 464
塩田 …… 438	岡部御厨 …… 464
塩田庄 …… 52, 274, 305	屋久島 …… 304
塩道 …… 357, 361	屋代庄 …… 23
塩片倉村 …… 283	屋武 …… 35
塩浜 …… 72, 75, 91, 92, 96, 97, 465, 466	乙河御厨 …… 450
塩浜御厨 …… 463	乙津 …… 146, 147
塩浜村 …… 52	乙部御厨 …… 38, 59, 280, 281
塩別府 …… 372	恩田(御厨) …… 427
塩飽庄 …… 100	恩田御厨 …… 435
塩竈 …… 253, 255, 278, 379	温科川 …… 17
塩竈津 …… 208	温瀬 …… 190
於河浦 …… 244	温田浦 …… 16
於河浦内辺々津浜山 …… 279	〔か行〕
於河浦内辺津浜山 …… 430	下浦部 …… 402
奥山庄内草水□(条ヵ) …… 376	下浦部内□講浦 …… 383
奥州の東のえそ(蝦夷) …… 177	下浦目 …… 392, 398
奥津島 …… 117, 293	下浦目内浦々 …… 390
奥村御厨 …… 11, 463, 464	下河原 …… 224

593

カ（下河口）

下河口	231
下河津留	217, 241
下河辺	305
下河辺庄	251
下橋口	241
下原	323
下高津	208, 265
下黒崎村	219
下柴橋	256
下条山浦	292
下条山浦湯川	383
下水	264
下川	20, 21, 434
下川辺	300, 453
下川辺庄	452
下前河	84
下総国高野川	380
下中橋	175
下中瀬	182
下中島	3
下町野庄	39
下津浦	269
下津五日市	336
下津御厨	464
下津名張	170
下津留	147
下渡瀬	300
下北浦	310, 454
下有地御厨	11
下有智御厨	14, 464
下搗栗御厨	464
加々良島	215
加賀島庄	64, 169

加垣湊	5
加持羅	344
加津万浦	58
加島	4
加並	115
加連伊河	116
夏井	208
夏浦江	29
夏見御厨	11, 464
家浦庄	100
家島	297, 327
歌島	8, 305, 308
河□崎	290
河曲神戸	11
河窪	226
河原	224
河原崎	343
河原村内粟小島	371, 399
河原村内粟小島	400
河口	283, 341, 346, 400
河口御庄	144, 145, 148, 159, 327
河口庄	38, 40, 42, 43, 72, 110, 124, 167, 199, 201, 221, 300, 340, 419, 440, 446
河口庄内南金津	344
河口庄本庄郷	221
河向	290, 308
河崎	122
河崎（郷）	183
河崎郷	197, 263
河崎等郷	231
河上	103, 118, 461
河上関	435
河上本庄	365

カ（海東三箇庄）

河尻	15, 51, 93, 325, 336
河尻郷	206
河尻小浜宿	439
河尻村大渡	427
河尻大渡	216, 217, 250
河尻大渡橋	308
河尻内大渡橋〈号大慈橋〉	198
河惣	51
河棚浦	365, 375
河智御厨	462
河津庄	94
河登苦田橋	380
河島	117, 413
河島郷	297
河島村	271
河東	150, 237
河内	142, 340
河内御厨	463
河内国禁野内渚院	318
河内国禁野渚院	262
河内崎	108, 290
河南	138, 237, 243, 300, 366
河南・河北御厨	463
河南御厨	11
河南庄	440
河匂庄	305
河部	69
河副庄三分一方米津土居外早潟	225
河辺	136, 237
河方御厨	462
河北	73, 103, 237
河俣	96
河俣御厨	419

河矢□島	106
花正御厨	464
花島	449
花島村	264, 273, 385
華亭	88
蝦夷	157, 163, 177, 230
蝦夷島	173
賀古川	11
賀志浦	424
賀志多尾浦	402
賀集	73
賀集庄	21
賀太	237, 334, 343
賀太御庄	282
賀太庄	41, 100, 104, 109, 292, 294, 328, 351, 397, 398
賀太惣庄	331
賀太之庄	293
賀島	51, 157, 178, 343
賀島庄	133
賀尾浦	119, 122
賀茂河	3
賀茂庄内布浜御厨	329
賀野西浦	450
会田御厨	462, 464
懐島	30, 79, 140, 264
懐島殿原郷	440
海郷	291
海崎（尼崎）	405
海上里	267
海町	6
海東三ヶ庄	63
海東三箇庄	61

カ（海東中庄）

海東中庄	95
海之沖州	75
海部	136
海部庄	209
海俣	266
海面里	375
海擔子洲	75
蟹川	55
開田御厨	462, 463
貝俣島	226, 390, 391, 393
外旱潟	225
角平御厨	464
笠居御厨	94, 464
笠師保	39
笠神龍頭上下瀬	309
笠田御厨	463
梶浦	459
梶取田異名黒井崎	329
葛島	278
葛川	122
葛西猿俣御厨	464
葛西御厨	38, 156, 383
滑崎	14
蒲（御厨）	420
蒲屋御厨	464
蒲原園関島	409
蒲原庄	55
蒲御厨	16, 57, 60, 91, 100, 119, 144, 205, 209, 216, 289, 293, 420, 451, 464
蒲生浦	29
蒲生御厨	38
蒲田	87, 132
蒲田浦	386
蒲屋御厨	11
蒲御厨	11, 17
蒲牟田	29
鎌倉	201, 443
鎌倉甘縄魚町束頭（頬ヵ）地	404
鎌倉御厨	11
鎌倉前浜	423
鎌倉中橋	148
鎌倉由比	166, 252
鎌田御厨	11, 67, 446, 464
鎌田御厨中島新開御薗	460
鎌田御厨内仮屋崎郷	384, 460
竈戸	91, 116
竈戸関	5, 312, 325
竈子御厨	464
鴨河	4, 100, 104, 117, 147, 200, 212, 231, 267, 275, 313, 350
鴨津庄	300
茅原田御厨	462
萱津宿	3, 92
萱田神保御厨	464
萱田神役御厨	439
萱島庄	63
萱島庄北島	230
柄積	208
仮屋崎郷	384, 460
寒河御厨	11, 61, 449, 464
寒河江	100
寛丸御厨	463
干見塩浜	358
干飯浦	29
漢土	131, 142, 146, 152, 154, 157, 158, 165, 168, 172, 177, 181, 182, 186, 187,

キ (久具御厨)

	188, 190, 192, 197, 432, 439, 440, 441, 442, 443
漢部御厨	11, 14, 464
甘田亀石富島	28
管島	41
関	395
関宿	395
関浜	75
韓	231
丸子河	61, 93
岸下御厨	11, 464
岸江御厨	209, 366, 384, 462
岩井河	9
岩井川	7
岩崎	273, 290
岩崎御厨	463
岩崎村	211, 301
岩瀬	43
岩蔵河	149
岩蔵御厨	462
岩田御厨	463
岩木島	427
寄田浦	225
岐部浦	210
気山津	218
気比	291
気比庄	29, 94
紀伊河	383
紀伊川	28, 105
紀伊湊	14, 179
紀州ゆあさ (湯浅)	145
紀州海部郡賀太庄	328
紀州海部郡賀太惣庄	331
喜界島	304
貴賀島	6, 10
鬼池	29
亀頭	363
亀茲国	432
亀頸	363
吉浦	58
吉河庄	3, 202, 432
吉河上庄	199, 208, 209
吉胡御厨	464
吉江	115
吉成北島	19
吉清御厨	11, 462, 463
吉沢 (清) 御厨	463
吉沢御厨	463
吉津	184, 448
吉津御厨	59, 336
吉津庄	286
吉田御庄	12
吉田島	123, 126, 440
吉浜	12
吉名浦	112, 327
吉野河	14, 22, 23, 35, 94, 275, 399, 424
吉野川関所	434
橘島庄	305
橘島保	320
杵島南郷	243
杵島北郷	123, 243, 297
久□ (島) 郷	364
久永御厨	10, 437, 464
久岐	111, 249
久岐今福御厨	437
久具御厨	462

597

キ(久見和太)

久見和太……………………5,10
久津(久浦)…………………70
久津賀御厨…………………462
久奴島………………………84,439
久島…………………………327
久島郷………………………364
久濃島………………………51
久木宇津……………………369
久木崎………………………300
久目河宿……………………142
宮浦…………………………168,379
宮永西林御厨………………463
宮河…………………………10
宮河庄………67,69,70,115,116,138,327
宮河新保……………………70
宮河保………………………69,122
宮崎…………………………139,290,311
宮瀬…………………………221
宮川庄………………………116,137
宮川新保……………………70
宮川保内矢代浦……………344
宮地浦………………………346,401
宮津庄………………………10,448
宮野河………………………14
宮野御厨……………………462
宮路浦………………………399
弓花島………………………337,338
弓削………147,154,167,174,246,250,337,443,454
弓削□(島ヵ)………………458
弓削御庄……………………6,7,21
弓削庄………………………10,134
弓削島………78,82,103,107,108,111,112,113,115,120,124,127,132,134,135,137,145,148,149,151,153,154,155,156,157,158,159,162,163,166,167,168,169,172,173,174,195,207,214,218,220,221,226,228,233,234,236,241,244,245,247,248,251,252,255,257,258,259,261,267,268,290,291,293,303,307,308,309,310,312,313,317,330,331,332,333,336,337,338,342,348,352,361,366,367,373,374,375,378,379,380,386,387,388,426,427,428,429,432,433,434,435,437,441,442,446,449,451,454,455,457,460,466,467,468,469
弓削島御庄………21,103,111,160,169,330
弓削島庄………78,110,207,260,290,325
朽飯山浦……………………74
汲部………131,143,144,145,149,253,270,275,296,300,315,322,337,393,416,467
汲部・多烏両浦……………147,321
汲部浦………62,70,130,143,249,254,258,295,320,362,449
汲部多烏両浦………………322
牛□(牛窓)…………………435
□(牛ヵ)窓…………………276
牛まと(牛窓)………………276
牛庭御厨………76,219,444,462,467
牛島…………………………285
牛島庄………………………243
牛島村………………………297,312
牛目野御厨…………………462
炬口庄………………………52

ク（栗崎）

魚見(加)崎	399
魚崎	229
魚住	231
魚住島	231
魚住泊	15, 21, 231
魚目	354, 371
京都六角町	345
境	124
境津	43
橋津	109
橋良御厨	11, 464
狭山河	117
興津郷内小河内并島	59
興島	167
饗庭御厨	11, 460, 463, 464
玉浦	363
玉河浦	29
玉垣御厨	11, 463, 464
玉江御厨	464
玉手島	206
玉村御厨	11, 464
玉津島	86, 204
玉名長渚浜	360
錦御厨	464
錦島御厨	59, 336
近江の江みなと(江湊)	436
近木浦	85
近木庄	253
金海府	56, 244
金綱御厨	463
金州	25
金沢瀬戸橋内海	323, 455
金沢瀬戸内海	323
金津	327, 369, 459
金津宿	459
金津庄	67, 277, 279
金津八日市	341
金柄崎	108, 190
禁野内渚院	318
禁野渚院	262
九条河原	94
苦木御厨	463
喰代御厨	11, 178
櫛代御厨	11
櫛比御厨	15, 464
櫛比庄	39
櫛木浦	210
櫛来浦	210, 436
沓浦	29
忽那	73
忽那島	10, 24, 26, 40, 65, 67, 99, 101, 224, 255, 288, 314, 317, 349, 352, 355, 357, 365, 391, 401, 430, 433, 468
忽那島松吉	380
忽那島内西浦	105, 223
苗生御厨	11
苗生御薗(厨)	462
窪津川	108
窪田御厨	463
窪田庄	164
熊野	311, 458
熊野浦	308, 316
熊野浦々	308
隈崎	400
栗原御厨	463
栗崎	35

ク（桑小川）

桑小川	13
桑津留	224
桑名神戸	11, 160, 220, 446
鍬江	174
君田河	242
郡（都）田御厨	464
郡浦	305, 365
刑部御厨	11, 78, 464
径山	141, 444
慶元	88
慶野庄	52
桂	90
桂御厨	388
桂川	74
桂旦国預山	76
経島	77, 313, 318, 319, 320, 323, 426
荊津	261
荊津村	261
軽河	297
穴水	107
穴水保	39
穴太御厨	462
穴大御厨（員弁郡）	463
欠野御厨	464
結崎	217, 270
月支	163
月氏	165, 174, 189, 197, 432, 438, 440, 443
月氏国	181
堅海	405
堅海村	122
堅田浦	118, 140
建松山村御厨	460
建部御厨	463
犬熊野	130, 131
犬熊野浦	14
見賀尾浦（御賀尾浦）	408
絹家島尻引郷	385
原御厨	11, 60, 269, 463
厳島	75, 78, 98, 258, 273, 277, 295, 304, 419, 430, 445
古宇津	400
古河	104, 237
古河御蘭	460
古河庄	102, 136, 209, 230, 255
古君	114, 115
古君之内海	114
古川	74, 75, 77, 364, 371
古江	325
古津	146, 338, 354
古津庄	9
古津浜	172
古布島	275
呼子浦	335
呼続の浦	76
呼続之浦	76
戸町のうら（浦）	288
戸町の浦	130
戸町浦	107, 108, 109, 110, 113, 127, 229, 232, 287, 288, 328, 334, 353, 354, 371, 407, 408, 418, 421
戸町浦内高浜	229, 381
戸町浦内切杭高浜	354
戸町浦内野母浦	332
戸町内杉浦	108, 110, 354
戸町内椙浦	109

コ（御竈島）

戸津	74
戸津新浜	390
戸八	132
戸［　］（八浦）	201
戸八浦	103, 106, 127
戸八浦内河矢□島	106
戸八浦内切杭高浜	197
五たうないにしうらめあをかたのうちのあゆかわのうら（五島内西浦目青方内鮎河浦）	371
五たうにしうらへあをかた（五島西浦部青方）	364
五たうにしうらめあふかた（五島西浦目青方）	371
五たうにしうらめあふかたのむら（五島西浦部青方村）	364
五とうにしうらめあうかたのうちなまのはま（五島西浦目青方の内奈摩の浜）	411
五まかりの御厨	94
五十猛	52
五十鈴河	80, 85, 106, 181
五十鈴乃河上	80
五真加利御厨	94
五島	77, 87, 93, 268, 285, 289, 354, 370, 386, 409, 410, 418
五島浦	355
五島西浦	239
五島西浦青方	376
五島西浦青方村	376, 380
五島西浦部	285
五島西浦部青方村	364
五島西浦目青方村	381, 382, 424, 425
五島西浦目青方内鮎河浦	379
五島青方浦	332, 334
五島青方西浦部	329
五島太平戸	132
五島中浦部島	299
五島内下浦目山野以下浦々	398
五島白魚	268
五百野御厨	264, 463
吾河	8
御かをの□（御賀尾浦）	377
御かをの浦（御賀尾浦）	369
御くりやの御しやう（御厨御庄）	226
御くりやの御しやうのうちうらへのしま（御厨御庄内浦部島）	215
御賀□□（尾浦）	335
御賀尾浦	210, 258, 306, 319, 341, 344, 349, 353, 354, 361, 362, 408, 457
御庄（弓削島）	148
御裳濯河	13
御厨	193
御厨（御厨庄）	354
御厨（大江御厨）	96
御厨御庄	76, 77, 101, 102, 402
御厨御庄志佐浦	101
御厨子崎	203
御厨庄	220, 299, 340, 354, 452
御厨庄内大島	295
御調河	41
御津村	261
御母板倉御厨	11, 464
御面浦	264, 338, 347
御霊島	200
御竈島	18

コ（光用御厨）

光用御厨 …………………………462	江河 ………………………………62
勾金庄 ……………………160, 161	江海 ………………………………97
向津奥庄 …………………………4	江崎 ……………………………369
向島 ………………………………70	江川 …………………………265, 330
向島北上鼻崎 …………………382	江川村 …………………………264
向野郷河島 ……………………271	江端 ……………………………171, 174
向野郷江島 ……………………413	江島 …………5, 39, 60, 96, 97, 136, 177, 261
向類河 ……………………………68	江島御厨 …………………11, 167, 463
幸島 ………………………83, 440, 467	江島村 ……………………………40
広見池 ……………………96, 241	江島竹田津 ……………………352
広瀬 ………………………150, 210, 311	江島津 …………………………352
広瀬郷 …………………………185	江島別符 …………39, 42, 84, 255, 264, 417
広瀬村 …………………………210	江泊 ………………………………92
広瀬名 …………………………169	江俣 ……………………………423
広沢御厨 ………………………464	江立瀬 …………………………221
広由良御庄 ………………………5	光浦 ………………………………95
弘永御厨 ………………………463	甲崎河端 ………………………438
弘瀬（郷）………………………115	綱島 ………………………………27
弘瀬郷 ……………………177, 198	荒河 ……………………………137, 168
弘瀬村 …………………………115	荒河庄 …………………………305
弘瀬津 …………………………120	荒河新保 ………………………243
弘田御厨 …………………8, 11, 464	荒河保 ………………104, 220, 236, 243, 366
恒神浦 …………………………306	荒川 ……………118, 128, 170, 174, 175, 178
恒貞浦 …………………………122	荒川保 …………………………376
杭州 ……………………………106	荒津 ……………………………136
杭瀬 ……………………………111, 249	荒島 ……………………………370
杭瀬河 …………………………265	香焼杉□（浦）…………………201
杭瀬庄 ……………209, 251, 255, 366, 374	香焼鳥 …………………………353, 354
杭瀬村 …………………………178	香椎前浜 ………………………295, 442
口五島 …………………………304	高ハマ（高浜）…………………325
江 ………………………………285	高羽江御厨 ……………………462
江□（海）………………………96	高浦 ……………………………232
江井崎（営崎）…………………429	高岡御厨 ………………………463

コ（黒田浦）

高屋浦	39
高屋御厨	11, 464
高角御厨	463
高橋河	34
高苦御厨	463
高向祢島	427
高国符勝津□（留ヵ）	102
高砂	229
高崎	253, 255, 278
高崎浦	82
高山御厨	11, 14, 311, 464
高志御厨	437
高洲社（庄）	286
高松	87
高松船津	132
高瀬	51
高瀬庄	305
高成御厨	463
高石正里浦白浜	25
高足御厨	11
高津	52, 261
高田保	39
高島	105, 244, 300
高島の本庄	296
高島田中郷	408
高島本庄	251
高日御厨	463
高浜	184, 287, 288, 307, 377, 381, 421, 425
高浜郷	106
高浜村	229, 418
高浜田	306
高富御厨	463
高部御厨	11, 464
高野御厨	463
高野政所河南方菴田島	76
高柳御厨	463
高麗	124, 127, 128, 131, 134, 139, 141, 154, 157, 158, 164, 165, 172, 177, 191, 193, 215, 245, 441, 445
高麗国	25, 56, 135, 449
高連島	4
高和里（田）御厨	463
溝部在河	16
鵠御厨	463
合賀	213
合賀・木本御厨	201, 219
合賀・木本両島	201, 219
合賀（島）木本御厨	213
国丸御厨	464
国崎	464
国崎神戸	22, 449
国府津	178
国分寺御厨	464
鵠浦	379
黒井崎	329
黒河	176
黒河橋	258
黒河保	253
黒海庄	166
黒岐海	147
黒谷	327
黒崎	70, 219, 310
黒瀬村	226
黒川	171, 174
黒田浦	313

コ(黒田河)

黒田河	38
黒田御厨	11, 463
黒島	22, 168
黒部御厨	437
黒野御厨	463
斛光御厨	463
腰越	164
甑下島	100
甑村	262, 327
甑島	16, 248, 301, 351
此(比)季野浜	148
此浦	90
今河御厨	463
今宮浦	322
□(今ヵ)治津	468
今切のうちの江	140
今村	34
今村津田口浦	365
今町	43
今津	42, 120, 153, 178, 203, 213, 226, 239, 246, 323, 324, 327, 433
今津後浜	204, 253, 256, 260, 263, 274, 280, 285, 446
今津庄	78
今津東船江	243
今津浜	76, 169
今島	332
今樋外島	68
今福	111, 249
今湊	425
今里西浦	270
根崎	250
根崎村	448

〔さ行〕

佐々浦	335
佐々田御厨	463
佐々木河	32
佐々木御厨	11, 464
佐々良御厨	464
佐々良島	211
佐々礼石御厨	463
佐伊津沢張池	29
佐賀関	210
佐貴浜庄	415
佐幾良	344
佐久山御厨	281, 291
佐古島	8
佐志村	182, 238, 239, 400
佐渡	143, 147, 177, 441
佐渡のしま(島)	441
佐渡の島	155, 158, 165, 183, 188
佐渡ノ島	155
佐渡国	197
佐渡島	143, 153, 156, 184, 454
佐土島	198, 270
佐島	130
佐東河	223
佐平原御厨	464
佐保	296, 297, 298, 299, 302, 306, 340, 384, 452
佐保・白魚	402, 452, 453
佐保・白魚浦	297, 340, 456
佐保河	13
佐保河辺	71
佐保崎	215
佐方浦	170, 306, 330, 456

サ(三津浜)

佐木島	232
佐弥川	91
佐和島	392, 393, 461
佐尾崎	213
蹉跎御崎	222, 229, 246, 282, 314, 318
蹉跎三崎	419
最御崎	80
細井御厨	464
細河庄	248
細河板井瀬	311
細江	96, 241
細江庄	274, 431, 437
細川庄	275, 305
細呂宜郷	339
細呂宜庄	40
采女御厨	463
采島	450
在浦	276
在河	327
在田川	98
在幣島	66
材木座	426
坂崎御厨	464
坂手御厨	462, 464
坂倉御厨	464
坂田御厨	464
坂東浦	258
坂奈井御厨	462
坂部御厨	463
坂本	291, 437
坂本御厨	369, 463
堺	262
堺津	438, 465
埼家田津	432
桜御厨	463
薩摩郡羽島浦	380
雑賀庄海	75
鯖川	323
三かの浦	284
三ヶ浦	97, 119, 120, 267
三ヶ浦〈梶浦・三保浦・前浦〉	459
三ヶ津	412
三ヶ津(渡辺・神崎・兵庫)	356
三ヶ浜(長洲・大物・杭瀬)	451
三河浦	33, 111, 149
三河国高松をき(沖)	420
三箇浦	29
三賀尾浦(御賀尾浦)	258
三韓	13
三久浦	52
三隅御厨	11, 464
三国	43
三国湊	237, 267, 339, 340, 344, 346, 347, 359, 419, 425, 445, 459
三崎	105, 247, 335
三崎御庄	59
三崎庄	3, 23, 94, 100, 300
三崎村	229
三室村	39
三川浦	71
三船か里	372
三津御庄	417
三津御厨	23, 94, 455
三津庄	142, 168, 243, 409
三津村	215
三津浜	27

サ（三島）

三島……72, 82, 252, 270, 277, 281, 307, 327,
　　　　329, 349, 416, 418, 468
三島御領島々………………………451, 457
三島庄……………9, 10, 41, 212, 270, 300, 305
三尾………………………………………91, 116
三尾津…………………………………………270
三保浦…………………………………………459
三方浦…………………………………………122
三野河…………………………………………119
三野久永御（厨）………………………………11
三野御厨………………………………………464
三野南条目賀津………………………………406
三立崎……………………………………………52
三和島…………………………………………392
参河浦……………………………………111, 170
山浦……………………………………………440
山河………………………………………………70
山口御厨……………………………………11, 464
山口田尻江……………………………………122
山崎……………………60, 92, 225, 247, 262, 389
山崎西…………………………………………225
山上加礼川……………………………………327
山村御厨………………………………………463
山代浦………………………………11, 109, 210
山鳥御厨………………………………………463
山田・弘瀬両郷………………………………198
山田御厨…………………………………356, 463
山田村…………………………………………314
山田二島………………………………………132
山田保……………………………………………52
山田野……………………………………399, 400
山部御厨………………………………………463
山辺新御厨……………………………………463

山本………………………………………………96
山本御厨………………………………………464
卅中島…………………………………………467
四繭生御厨……………………………………462
姉小路町………………………………………419
姉津………………………………………………43
市河……………………………………154, 334
市比乃浦…………………………………………83
師河……………………………………256, 261, 289
志々岐津留………………………………399, 400
志賀浦……………………………………………54
志賀島……………………………………………10
志賀摩御厨……………………………………463
志岐浦…………………………………………399
志岐津留………………………………………378
志岐六ヶ浦………………………………301, 399, 401
志貴御厨………………………………………462
志佐…………………………………………70, 101, 445
志佐浦………………………………56, 101, 354, 357, 359
志崎……………………………………………184
志積……………………………………………122
志積浦……9, 28, 70, 122, 130, 131, 143, 150,
　　　　151, 181, 295, 298, 403, 425, 445
志積御崎…………………………………………14
志筑庄……………………………………………52
志津良庄…………………………………………39
志布江…………………………………………264
志布江里………………………………………175
志布志津………………………………………349
志木浦……………………………………………29
志礼石御厨…………………………………8, 463
志竈御厨………………………………………463
止岐多良御厨………………………………11, 464

シ（酒見御厨）

斯那	94
嶋黄島	71
児島	42, 119
児島宮	217
寺とまりのつ（寺泊津）	165
寺崎	446
寺津	16
寺島	23, 305
寺泊	142
寺泊津	142
治開田御厨	464
治田御厨	462, 463
耳のさいかう（耳西郷）の浦ひるか（日向）	467
鹿海庄	28
鹿海北岡	28
鹿児島	248, 351, 356
鹿土浦	447
鹿土浦御厨	447
鹿島	274
鹿並	114
色鳥御厨	464
宍咋庄	89
七見崎	104
七坂（板）御厨	464
七坂御厨	427
七松御厨	11
七島	304
失（矢）田御厨	462
室	231
室御厨	4
室生戸崎	343
室津	304
室津一色	247, 287, 378
室津崎	80
室津保	52
室泊	231
篠崎	290
篠島	464
柴崎	26
柴橋	171
柴島	270
柴島庄	130
芝井御厨	462
射水御厨	11
社御厨	463
若海	112, 115
若栗御厨	19
若江	24, 73, 95
若江御厨	463
若菜御厨	247, 462
若松御厨	11, 109, 462, 463
若松南御厨	11, 463
若島	75
鵲島	51
守江浦	210
手井浜	393
手浦	29, 284, 285, 289, 290, 328, 353, 359
手石浜	130, 363
手石浜山	416
狩津庄	305
狩俣島	320, 325
狩俣島以下浦	324, 326
狩俣島以下浦々	455
珠々正院	39
酒見御厨	11, 262, 464

シ（酒見村）

酒見村	39
酒匂	164
酒島	184
酒部浦	265
種子島	196
周津浦	85
周防ノ小符ノ浜	407
周防国竃戸関	325
周防二島	10
宗河梁	84
州渚	224
洲崎	214
秋津庄	130
秋田	43
秋島庄	209
秋穂・二島	437
秋穂二島庄	120, 287
秋野河	180
舟（丹）賀島	257
舟賀島（丹賀島）	271
舟原	122
舟江条	219
舟崎	62
集楽尾浜	89
十五鳴津里	68
十三の湊	43
十二島	57, 408
渋河	73
渋江庄	301, 305
渋川	95
重井浦	168
宿浦	315, 453
宿奈部御厨	463
宿祢宜	208
宿祢宜内強清水・深浦	208
祝田御厨	430, 464
出雲国王尾津（三尾津ヵ）	270
潤田御厨	463
諸河	298, 299, 317
諸橋保	39
渚院	305
女河	213
女河原塩浜	372, 385
女川村	414
勝浦山	176, 219, 252, 261
勝浦新庄	379
勝津留	111
勝津留〈号高国府〉	53
勝福寺同浦	85
小阿射賀御厨	462
小井河	92
小井河庄	305
小稲羽御厨	463
小浦	132, 151
小浦薗	236
小塩保御問	38
小河	108
小河堺	284
小河庄	3, 272, 451
小河神戸	74
小久田御厨	464
小栗御厨	11, 23, 94, 455
小刑御厨	179
小古曽御厨	463
小荒河川	252
小高下御厨	93

シ（庄島里）

小高御厨 …………………11, 15, 464
小崎 ……………………………14
小崎郷 …………………………208
小山田御厨 ……………………463
小鹿島 …………………………62
小鹿島内滝河磯分大島 …………76
小鹿島并秋田城〈今湊〉…………425
小社御厨 ………………………462
小舟江村 ………………………60
小松 ……………………………51
小松御厨 …………………463, 464
小松島浦 ………………………379
小松島津 ………………………447
小湊 ……………………………153
小森御厨 ………………………462
小杉御厨 …………………………3
小勢津 …………………………324
小瀬戸 …………………………213
小泉御厨 ………8, 11, 15, 58, 75, 463, 464
小泉庄内粟島 …………………341
小船江 ……………………255, 378
小船津里 ………………………465
小船木御庄 ……………………205
小谷河 …………………………408
小値賀 ………304, 305, 306, 315, 452
小値賀・浦部 …………………303
小値賀・浦部両島 ……………297
小値賀浦部 ……………………300
小値賀浦部島内佐保・白魚両浦 ……456
小値賀島 ………15, 23, 26, 27, 36, 37, 38, 58,
　　　76, 87, 110, 142, 192, 297, 298, 299,
　　　340, 452
小値賀島（抹消）………………317

小値賀島内浦部 ……………203, 340
小値賀島内浦部島 …………144, 148
小中上御厨 ……………………463
小中島 ……………35, 71, 83, 92, 142
小津久見 ………………………289
小津東郷 ………………………243
小鶴河 …………………………278
小田中御厨 ……………………463
小島 ………………………79, 263, 438
小島御厨 ………………………463
小島庄 ………………………30, 42, 439
小豆□（小豆島）………………120
小豆島 ……21, 94, 121, 159, 247, 305, 311,
　　　441
小豆島庄 ………………………317
小奈御厨 ………………………23
小符ノ浜 ………………………407
小浜 …………122, 168, 322, 387, 423, 425
小浜御厨 ………………………423
小浜宿 ……………………84, 439
小浜村 ……………………102, 103
小牧御厨 ………………………464
小俣河 …………………………57
小俣御厨 ………………………462
小野河 …………………………69
小野津庄 ………………………408
小野平御厨 ……………………463
小林御厨 ………………………463
小呂島 ……………………96, 98
小路御厨 ………………………464
小枌御厨 ………………………464
庄島 ……………………264, 449
庄島里 …………………………175

シ（庄野御厨）

庄野御厨 …………………………………11	上甑津 ………………………………100
笑生御厨 ……………………………464	上洲河 ………………………………275
松浦 …………………175, 176, 182, 423, 456	上水 …………………………………264
松浦御庄 ………………………………59	上生栗御厨 …………………………464
松浦佐志村 ……………………239, 400	上谷御厨 ……………………………464
松浦庄 ………10, 42, 77, 206, 211, 212, 215, 384, 437	上中島 …………………………………3
	上津浦 ………………………………399
松浦庄東島〈元東尾〉村 ……………335	上津小木東大道 ………………………71
松浦庄斑島 …………………………409	上津町 ………………………………229
松浦西郷 …………………………123, 243	上津長御厨 …………………………464
松浦西郷庄内佐志村 ………………182	上津島 ………………13, 29, 86, 90, 124
松浦相知村 …………………………417	上津留 ………………………………404
松浦東郷 ……………………………243	上田島の庄 …………………………418
松永御厨 ……………………………463	上得地庄 ……………………………319
松下御厨 ……………………………462	上比(北)浦 …………………………310
松江 ……………………………………23	上毛の大中島 ………………………185
松崎 …………………………28, 116, 321	上野御厨 …………………………11, 463
松崎御厨 ……………………………463	上搗栗御厨 …………………………464
松山御厨 ……………………6, 254, 262, 462	城崎庄 ………………………………211
松島 …………………………13, 274, 397	城崎西郷 ……………………………243
松尾御厨 ……………………………463	城崎東郷 ……………………………243
松本御厨 ……………………………463	常神浦 ……………………………349, 408
松木角塩河原 ………………………386	常陸国鹿島 …………………………274
沼川 ……………………………………90	畳浦 ………………………………130, 131
沼谷川 …………………………………90	織田庄 …………………………………30, 42
沼田河 ………………………………123	織田庄同浦三所 ………………………30
沼島 ……………………………………52	喰代御厨 ……………………………462
焼出御厨 …………………………451, 462	尻高浦 …………………………………27
焼野御厨 ……………………………464	新井黒川保 …………………………211
裳懸庄 ………………………………300	新屋津 …………………………………18
鐘御崎 …………………………………61	新開御厨 ……………………………463
上河原 ………………………………201	新関 ……………………………………8
上黒崎 ………………………………233	新宮津 ………………………………256

610

新居庄	145
新居大島	305
新溝御厨	11, 464
新崎	175
新神戸	11, 17
新生栗御厨	464
新赤崎	211
新保御厨	10, 437
新羅	116, 154, 157
新羅国	148, 165, 188, 189, 440
榛谷御厨	11, 464
榛名御厨	212
深浦	54, 95, 208, 363
深浦村	94
深河	29
深見	95, 107
深江浦	89, 101
深溝御厨	463
深瀬御厨	463
深町御厨	463
深長御厨	462
深津	453
深田御厨	462
深馬路御厨	11, 463
真鶴の海	10
真弓御厨	462
真黒岐	130
真船渡	400
真鍋庄	300
真木島	436
真脇村	39
神屋東浦	74
神河	25, 125
神宮寺・柴崎両浦	26
神御崎	209
神崎	111, 123, 145, 173, 182, 202, 209, 249, 255, 256, 258, 275, 294, 295, 306, 325, 336, 342, 362, 364, 390
神崎・渡部・兵庫津	393
神崎・渡辺・兵庫	388, 394
神崎御庄	29
神崎庄	117, 243, 252, 259, 262, 291, 431, 440
神崎庄内小崎郷	208
神崎渡	357
神崎里	227
神谷御厨	11, 464
神湊	60
神代野部御厨	464
神島	464
神木瀬	438
辛島	5, 27, 60, 301, 389, 413
辛島郷	263, 264
晨旦	20, 437
震旦	18, 23, 24, 33, 74, 94, 116, 119, 128, 139, 140, 141, 146, 163, 187, 197, 199, 438, 441
震旦国	192
仁科御厨	3, 11, 464
仁科庄	28
仁多津東	71
仁大御厨	463
須永御厨	11, 464
須可崎御厨	11, 463
須賀島	464
須賀利御厨	464

ス（須久野御厨）

須久野御厨 …………………463
須恵浦 ………………………228
須恵村 ………………………131
須志浦 …………………………29
須津庄 ………………………133
須那浦 ……82, 130, 143, 171, 295, 297, 393, 467
須並浦 ………………………232
吹田御厨 …………………111, 112
吹田等御厨 ………………112, 249
垂見御厨 ……………………463
垂水河 ………………………102
垂水御厨 ……………………462
水屋河 ……………………125, 126
水屋河（水谷河）……………125
水屋川（水谷川）……………176
水無河 ………………81, 94, 99, 439
水無瀬庄 ……………238, 242, 272
水無川 ………………………271
水野上御厨 …………………450
杉浦 …………108, 110, 127, 353, 354
椙浦 …………………………109
菅浦 ……12, 53, 97, 102, 132, 152, 170, 185, 196, 216, 226, 239, 256, 257, 260, 261, 262, 263, 265, 266, 267, 268, 269, 270, 271, 272, 273, 276, 277, 278, 280, 281, 282, 283, 284, 289, 301, 303, 316, 317, 322, 326, 359, 396, 397, 405, 419
菅浦村 ………………………298
菅浦内日指 …………………298
菅生浦 …………………………73
菅島 ……………………………8
菅浜浦 ………………………122

菅淵 …………………………122
寸津 ……………265, 313, 385, 387
寸津浦 ……………85, 87, 423, 468
世久見 ……………………258, 343
世戸堤 ………………………146
瀬浦 …………………………424
瀬戸 …………………………323
瀬戸浦 ………………………215
瀬戸橋 ……………300, 303, 323, 455
瀬ヶ崎 ………………………450
瀬高下庄 ………………………64
瀬高庄 …………………………69
瀬崎 ………………………434, 460
瀬多 ……………………………9
瀬辺御厨 …………………11, 464
是貞内中島 ………………99, 100
勢多 …………………………172
勢多・一志両駅 ………………64
勢多橋 ………………………3, 6
勢多宿 …………………………64
勢田橋 ………………………447
成海庄 …………………………33
成高御厨 …………………11, 463
成枝名羽島浦 ………………380
静間御領 ………………………52
星河郷 ………………………295
星河御厨 ……………………463
星河庄 ………………………446
星鹿 …………………………212
星川 ……………………………25
清□（水）山浦財部 …………370
清河御厨 ……………………464
清松船津 ………………………95

セ（青方村）

清須御厨 …………………………464
清水河 ……………………………275
清川 ………………………………28
清納御厨 …………………………464
生鮎御薗 …………………………462
生栗御厨 …………………………464
生月島 ……………………………355
生口島 ………………………43, 437
生出島 ……………………………355
生松原 ………………………250, 275
生石浜 ………………………293, 299
生津 ………………………………237
生津庄 ………………………100, 300
生田御厨 …………………………462
生島 …………………10, 247, 298, 453
生島庄 ………38, 94, 125, 229, 230, 231, 232,
　　　233, 234, 235, 238, 239, 243, 437
生穂庄 ……………………………52
西浦 ………101, 182, 224, 226, 239, 255, 269,
　　　288, 314, 357, 376, 380
西浦部 ………………………285, 329, 364
西浦目 ……370, 371, 379, 381, 382, 392, 403,
　　　411, 421, 424, 425
西浦目責（青）方内浦々 ………………390
西薗御厨 …………………………462
西塩田 ……………………………115
西加礼川 ……………………262, 327
西河 …………………………35, 63, 283
西海 …………………………3, 316
西海津領 …………………………289
西宮 ………………………………51
西桑津庄 …………………………369
西桑津新庄 ………………………58

西黒河 ……………………………122
西山 ………………………………73
西柴津庄 …………………………243
西石河 ……………………………59
西川 ……………………………20, 21, 116
西川原志岐津留 …………………378
西津 …………………56, 119, 136, 143, 428, 467
西津御庄 ……………………91, 130, 131
西津庄 ………6, 30, 40, 42, 56, 70, 101, 122,
　　　138, 143, 223, 249, 280, 344, 353, 365,
　　　367, 370, 374, 376, 377, 378, 383, 384,
　　　389, 396, 402, 405, 412, 420, 428, 429,
　　　431, 433, 435
西津保 ……………………………95
西田島 ……………………………178
西島 …………………………75, 303
西浜 …………………………55, 77
西浜御厨 …………………………462
西保 ………………………………39
西俣 ………………………………340
西淀庄 ……………………………357
政所島 ……………………………21
成洲〈又号生出島・六丈島〉 ……………355
青海庄 ……………………………142
青崎 …………………………87, 132
青山崎 ……………………………168
青島 ………………………………10
青方 ………215, 239, 329, 354, 361, 364, 370,
　　　371, 374, 376, 379, 390, 411, 453
青方浦 ………188, 332, 333, 334, 335, 456
青方浦部島 ………………………226
青方村 ……355, 358, 359, 360, 364, 376, 380,
　　　381, 392, 403, 424, 425

セ（青木横浜）

青木横浜	280	赤崎浜	289
青柳御厨	11, 464	赤洲村	124
檉生泊	231, 464	赤畝島	327
石浦上竹仁	75	赤浜	400
石浦村	18, 428	切原御厨	464
石淵瀬	351, 352	切杭・高浦両浦	232
石屋保	52	切杭高浜	126, 197, 351, 354
石垣の河南	298	切田御厨	463
石垣ノ庄河北	73	摂津国三箇津	411
石河	252, 306	雪浦□□三島	365
石河御厨	257, 258, 463	絶間河	200
石河庄	3, 120, 142	絶間川	200
石丸御厨	463	千丸垣内御厨	464
石橋	142, 175	千見（干見）塩浜	358
石黒庄	115	千崎息（沖）	260
石崎保	431, 437	千手	379
石志	26, 151, 274	千富御厨	464
石川	21	千綿浦	339
石川庄	451	川関御問	38
石川庄川尻郷	113	川尻郷	113
石船	179	川津郷	209
石津	124, 253	川島御厨	463
石津江	116, 118	泉浦	130
石田御厨	463	泉御厨	463
石禾御厨	464	泉北御厨	464
石梻御厨	463	泉木津	32, 121, 252, 433
赤間	5, 91, 116, 159	泉木津御新庄	209
赤間関	74, 75, 80, 186, 196, 219, 259, 275, 285, 286, 296, 301	浅井御厨	464
		船カクシ（隠）ノ森	114
赤間関江口	286	船井	118
赤坂御厨	464	船井庄	113
赤崎	259, 265	船曳	262
赤崎庄	211, 428	船曳庄	438

ソ（早河庄）

船越村 …… 194, 226, 304, 337	前河 …… 9
船越里 …… 454	前河庄 …… 122, 440
船岡 …… 137, 148, 205, 256	前島 …… 76, 221
船寄 …… 195	前島村 …… 115, 365
船橋 …… 120	前浜 …… 419, 454
船橋御厨 …… 3, 436	前浜（鎌倉） …… 423
船戸田 …… 255	前浜一向堂 …… 419
船江しやう（船江庄） …… 164	前野御厨 …… 464
船江庄 …… 16, 100	曽井御厨 …… 463
船江村 …… 55, 106	曽字川 …… 114
船山 …… 212	曽原御厨 …… 52, 463
船子 …… 306	曽根崎 …… 214, 227
船津 …… 13, 17, 95, 168, 262, 414	曽根崎里 …… 214
船津崎 …… 325	曽禰乃崎 …… 364
船津村 …… 95	曽良 …… 114
船尾郷 …… 368	蘇原御厨 …… 11, 462
船免頭 …… 258	蘇美御厨 …… 11, 464
船木浦 …… 260, 262	倉垣御厨 …… 463
船木郷 …… 422	倉橋庄 …… 300
船木原御厨 …… 464	倉見庄 …… 258
船木御庄 …… 117, 201, 287, 339, 417	倉見庄御賀尾浦 …… 319
船木口 …… 226	倉見庄御面浦 …… 347
船木庄 …… 160, 182, 301, 319, 323	倉見庄内見賀尾浦 …… 408
船木村 …… 422	倉見庄内御賀尾浦 …… 341, 354, 361
船木津 …… 327	倉見庄内御面浦 …… 264
船木田 …… 247	倉敷 …… 241
船木北浜 …… 65	倉敷尾道浦 …… 363
船門 …… 99	宋 …… 37, 57, 58, 74, 94, 102, 107, 116, 399, 426, 443
船岫 …… 85	
薦浦 …… 246	宋国 …… 88
薦江 …… 7	宋朝 …… 74, 179
薦野御厨 …… 463	早河 …… 10, 177, 184
前浦 …… 459	早河庄 …… 109, 127, 136, 207, 255, 447

ソ（早岐浦）

早岐浦 …………………………402, 432
早崎 ………………………………12
早瀬 ………………………………92
巣原浦 ……………………………98
巣原之浜 …………………………98
相可御厨 …………………………464
相賀河南 …………………………275
相佐賀（須）………………………464
相佐須庄 …………………………22
相神浦河上□□ …………………461
相生浦 ……………………………9
相馬御厨 ……3, 11, 17, 57, 59, 66, 178, 219,
　　　　　　226, 277, 424, 436, 460, 464
草井 ………………………………327
草宇津 …………………………149, 170
草水□（条ヵ）……………………376
草津庄 ……………………………243
草津新庄 …………………………243
草津里 ……………………………197
草部御厨 …………………………464
桑乃御厨 …………………………464
笯穂庄 ……………………………52
樅柄神戸 …………………………211
束（東）富津御厨 …………………463
束浦 ………………………………214
足羽 ………………………………291
足羽御厨 ……………………11, 94, 305, 464
足小河 …………………………61, 93
村松御厨 …………………85, 451, 460
村上御厨 …………………………464
村島 ………………………………464
〔た行〕
多々良潟 …………………………217

多烏 ………91, 122, 131, 144, 145, 149, 275,
　　　　　296, 315, 322, 337, 393, 416, 426, 467
多烏浦 ……30, 62, 70, 80, 95, 96, 97, 106,
　　　　　130, 136, 143, 147, 171, 214, 237, 241,
　　　　　249, 254, 258, 295, 297, 321, 322, 352,
　　　　　363, 365, 368, 381, 468
多賀宇田御厨 ……………………463
多気志 ……………………………54
多及 …………………………295, 393
多汲浦 ……………………………296
多度御厨 …………………………463
多度庄 ……………………………305
多度津 ……………………………302
多禰島 ……………………16, 40, 168
多米御薗（厨）……………………463
多和奈志 …………………………464
太海 ……………………………63, 115
太神宮領上野国園田御厨 ………249
太多御厨 ……………………11, 464
太平河 ……………………………242
太平戸 ……………………………132
太輪田泊 …………………………15
対馬 ………88, 151, 152, 154, 155, 158, 159, 163,
　　　　　164, 165, 192, 357, 386
対馬島 ……10, 13, 25, 57, 175, 191, 218, 219,
　　　　　223, 245, 260, 263, 317, 353, 360, 372,
　　　　　403, 412
対馬島伊奈浦 ……………………134
対馬島豊岐浦 ……………………131
鯛之浦 …………………………354, 371
胎之河 …………………………171, 174
大□国崎神戸 ……………………131
大うら（浦）………………………131

616

タ（大宋臨安府）

大うらのしやう（大浦庄）……………278
大しま（大島）………………………304
大とまりの津（大泊津）…………304, 305
大阿射賀御厨……………………………462
大井田御厨………………………15, 463
大浦………29, 70, 128, 147, 152, 289, 303, 363, 389
大浦のかう（大浦郷）…………………130
大浦御庄…………………………………185
大浦山……………………………………416
大浦庄……170, 256, 257, 260, 262, 263, 276, 277, 278, 280, 281, 283, 284, 298, 301, 302
大浦大道…………………………………373
大浦路……………………………………373
大屋庄内穴水保…………………………39
大屋庄内西保……………………………39
大屋庄内東保……………………………39
大屋庄内鳳至院…………………………107
大屋庄内鳳至院〈光浦〉………………95
大屋島……………………………………464
大家郷内西浜……………………………55
大河………34, 92, 150, 198, 242, 276, 329
大河土御厨……………11, 220, 284, 446, 464
大賀島……………………………………282
大垣御厨……………………………11, 211, 464
大角豆島…………………………………23
大間浦……………………………………29
大岩瀬梁…………………………………84
大久田御厨………………………………464
大橋………………………………………425
大強原御厨………………………………463
大串………………………………………188

大窪郷内塩片倉村………………………283
大窪津留…………………………………371
大古曽御厨…………………………11, 463
大戸神崎…………………………………3
大口御厨…………………………………463
大江…………………………………112, 249
大江御厨……96, 111, 112, 241, 388, 419, 438
大江御厨阿倍村…………………………388
大江庄……………………………………94
大江大萱…………………………………433
大江島庄…………………………………262
大坂………………………………………47
大崎………………………………226, 233, 264
大崎村……………………………………285
大崎海……………………………………75
大山………………………………………379
大山口橋…………………………………62
大山崎…………………………………42, 60
大慈橋……………………………………198
大失（矢）智御厨………………………463
大手島……………………………………58
大沼鮎沢御厨………………………11, 464
大深河……………………………………275
大吹島……………………………………382
大寸津……………………………………387
大川…………………………………86, 363
大泉御厨…………………………………463
大宋……………………………12, 37, 85, 87, 335
大宋径山…………………………………444
大宋国……………………………82, 86, 104, 141
大宋国平江府……………………………65
大宋西蜀涪州……………………………182
大宋臨安府………………………………92

タ（大袋庄東放）

大袋庄東放生津 …………………344
大谷浦 ……………………………29
大谷御厨 …………………………463
大谷大崎 …………………………210
大谷矢代浦 ………………………69
大値賀上下村 ……………………363
大中島 ……………83, 175, 193, 444
大中島垣 …………………………52
大鳥浦 ……………………………15, 26
大鳥郷浦 …………………………15
大津………21, 25, 29, 67, 70, 79, 80, 85, 106,
　　　109, 175, 184, 218, 291, 304, 306, 327,
　　　342, 343, 350, 357, 377, 428, 436, 437,
　　　464
大津浦 ……………………292, 303
大津久見 …………………………289
大津御厨 …………………7, 11, 464
大津国（崎脱ヵ）神戸 …………382
大津国埼神戸 ……………………382
大津庄 ……………………………40
大津神戸 …………………17, 91, 464
大津新御厨 ………………………464
大津村 ……………………39, 177
大津東浦 …………………52, 356, 458
大津東浦松本 ……………………359
大津畠 ……………………………53
大津保 ……………………………11
大庭御厨……11, 369, 370, 386, 387, 427, 464
大庭御野内烏島（カラスガサキ）……71
大田原浦 …………………………210
大渡 ………167, 200, 216, 217, 244, 250, 427
大渡橋 ……………177, 198, 215, 308
大渡水路 …………………………198

大渡津 ……………………………217
大唐 ………………………94, 105, 359
大唐国 ……………………………62
大島………53, 60, 62, 76, 116, 117, 137, 189,
　　　237, 251, 253, 293, 295, 373, 386, 387,
　　　397, 436, 460
大島三箇庄 ………………………11
大島庄 ……………100, 300, 366, 438
大豆津 ……………………237, 399
大豆津村 …………………………377
大豆津別符 ………386, 387, 392, 396
大泊浦 ……………………………108
大尾岸 ……………………………41
大浜庄 ……………………………211
大物 ………………51, 328, 389, 404
大物・尼崎両浜 …………………124
大物沙汰（大物浜ヵ） …………102
大物浜 ……………………3, 31, 107
大墓御厨 …………………455, 463, 464
大方御厨 …………………………462
大湊平潟浜 ………………………23
大蒙古 ……………………………172
大蒙古国………124, 128, 129, 130, 133, 141,
　　　152, 153, 156, 165, 183, 184, 188
大野浦 ……………………97, 216
大淀浦 ……………………………108
大淀御厨 …………………………462
大林河 ……………………………10
大和田泊 …………………………15
大鞆中浜 …………………………123
鷹島 ………………195, 196, 212, 251, 260
滝浦 ………………………………424
滝河磯分 …………………………76

チ（中島）

滝河橋 …………………………277
滝瀬 ……………………………290
滝野御厨 ………………………462
宅所御厨 ………………………463
宅野 ……………………………52
椋浦 ………………………353, 354
但馬島 …………………………211
辰口御厨 ………………………463
谷河庄 …………………………440
谷川庄 …………………………446
丹賀島 ……235, 242, 257, 262, 271, 442
丹生浦 …………………122, 258, 467
丹生河御厨 ……………………463
丹島御厨 …………………183, 464
淡路 ……………………………445
淡路庄 …………………………359
耽羅 ……………………………244
壇河 ……………………………404
値賀五島 ………………………59
値賀村 …………………………332
知宇地 …………………………299
知岐礼島 ………………………23
智積御厨 …………………109, 153, 463
池浦 ……………53, 60, 62, 76, 146, 150
池庭御厨 ………………………463
池田御厨 ……………………11, 464
築地御園 ………………………368
竹河御厨 ………………………464
竹原 …………………………43, 437
竹生島 ……12, 206, 207, 208, 216, 220, 268,
　　　　　　　　　270, 278, 329, 404
竹生島之内菅浦 ………………132
竹田津 …………………210, 262, 359

竹田津浦 ………………………210
中井須山御厨 …………………464
中浦 ……………………………399
中浦部 …………………………289
中浦部島 ………………………299
中浦部白魚 ……………………213
中河 ……………………………61
中河原 ………………………32, 201
中河御厨 …………11, 15, 421, 463, 464
中九郎島 ………………………169
中国 ……………………………429
中山寸津地 ……………………387
中州 ……………………………75
中洲 …………………………77, 226
中庄 ……………………………270
中川 ……………………………86
中川原 …………………………38
中村御厨 …………………460, 462
中村拝野御厨 …………………462
中池辺里 ………………………197
中津河 ……6, 17, 20, 21, 24, 28, 33, 36, 37,
　　　　　　　　103, 107, 212, 327
中津河湯原 …………………376, 378
中津御厨 ………………………305
中津庄 …………………………382
中津川 ……………35, 36, 40, 105, 386
中津川郷 ………………………40
中津川湯原 ……………………379
中津町 …………………………229, 374
中津浜御厨 ……………………464
中島 ……12, 34, 69, 86, 87, 94, 105, 123, 147,
　　　200, 224, 332, 353, 354, 356, 366, 392,
　　　393, 404, 427, 438

チ(中島御厨)

中島御厨	464
中島崎	402
中島庄	209
中尾崎	106
中浜御厨	173, 464
仲津河	55, 56
仲浜	385
昼生御厨	11, 463
柱島	5
厨河	8
猪名	405
猪名御庄	10
猪名庄	17, 32, 39, 77, 80, 268, 271, 272, 275, 328, 366, 374, 389, 394, 402, 404, 425
猪名庄内長州・大物・尼崎	391
猪名庄内長洲・大物・尼崎	388
朝束御厨	462
朝来野浦	210
潮江庄	32, 94
潮江保	378
長井御厨	455, 463
長浦	54, 360, 375
長浦村	25, 99
長岡御厨	179, 180, 181, 215, 463
長屋御厨	449, 462
長屋御厨内塩屋御園	233
長海新庄	142
長海本庄	142
長橋	171, 176
長橋御厨	463
長崎	389
長州	404, 461
長州(洲)浜	31
長州御□(厨ヵ)	387
長州庄	55, 271, 272, 275, 366, 405
長洲	27, 37, 51, 107, 388, 389, 391, 397, 462
長洲・大物・尼崎三箇御厨	328
長洲御庄	428
長洲御厨	34, 234, 328, 335, 342, 450
長洲庄	36, 37, 77, 80, 124, 127, 272, 314, 328, 332, 334, 335, 339, 341, 397, 450, 456, 461
長洲村字杭瀬浜	374
長洲等浜	32
長洲白浜	251
長渚	34
長渚江	374
長松御厨	84, 463
長深御厨	463
長瀬郷	256, 305
長瀬御厨	464
長瀬村	217, 218
長川庄	125
長前	54
長太河	193
長沢御厨	463
長谷河	193
長田御厨	11, 462, 464
長島	7, 213, 399
長島御庄	28, 273, 416
長島庄	76, 88, 99, 110, 119, 124, 196, 230, 236, 243, 244, 274, 283, 307, 311, 330, 375, 405
長島庄花島村	264, 385

ツ（坪江上郷）

長島庄内大崎村	285
長島里	175
長藤御厨	463
長尾御厨	463
長浜	4, 60
長浜郷内赤洲村	124
長福寺北浦見	80
長門国イサノ庄	279
長野御厨	463
鳥羽川	23, 444
鳥居一島	382
鳥飼庄	52
鳥飼浜	152
鳥州（鳥洲）	203
鳥石一島	22
鳥浜	125
直河庄	305
直海	115
直海郷	214
直江	43
直川島	13
直川保	12
直島	100
鎮西博多	422
津	102
津（博多津）	238, 253, 306, 317, 329, 331, 332, 333, 418
津井伊賀利庄	52
津吉島	23, 370
津吉島船木・長田	372
津久々浦	25
津久見浦	93
津宮の大橋	183
津軽十三の湊	43
津口	150
津江御厨	388
津守	187, 444
津守庄	210, 429
津村	219, 262
津田	117, 184, 267, 293, 354
津田西江	23
津田島	22, 23, 24, 41, 53, 61
津田南庄	233
津田北海	22
津島郷	118, 139, 226
津島三ヶ郷	396
津島村	197
津布良開発御厨	248, 464
津辺里	241
津木	70
津留	349, 368, 403
津和地	8
塚本御厨	464
椿津	459
坪江下郷	341, 343
坪江下郷金津八日市	341
坪江下郷内三国湊	340
坪江郷	237, 302, 346, 347, 362, 457, 459
坪江郷佐幾良・加持羅・阿久多宇三ヶ浦	344
坪江郷三国湊	346
坪江郷内三国湊	346
坪江郷内北金津八日市	344
坪江郷北金津	344
坪江郷北金津・南金津	348
坪江上郷	341, 343, 459

ツ（壺北浦）

壺北浦	454
釣洲浜	105
釣浜	7, 325, 451
釣浜浦	290, 291
鶴沢御厨	463
鶴野御厨	463
庭田御厨	463
泥津郷	450
的屋御厨	464
天王寺今宮浦	322
天竺	20, 94, 116, 119, 128, 131, 139, 141, 142, 143, 144, 154, 157, 159, 163, 165, 168, 172, 174, 176, 177, 181, 182, 183, 185, 186, 187, 188, 189, 193, 194, 197, 222, 226, 230, 269, 440, 442, 443
天草	348
天草島	401
天草島内山田野・鷲崎	399, 400
天草六ヶ浦	293
天童	122
填崎庄	209
田伊太原浦	436
田井浦	122
田井船津出井	28
田浦	376
田烏	143
田烏浦	104, 253
田宮島	41
田窪林南北浦	96
田古島	287
田公御厨	11, 211
田口浦	120, 207
田口御厨	463
田公御厨	464
田上	90
田代河	283, 373
田代喬島楊津御厨	464
田池浦	145
田中御厨	463
田長御厨	463
田殿ノ庄河北	73
田島	6, 41, 225
田ノ浦	422
田平	35
田平のうら（浦）	132
田平浦	87, 432
田野津	18
田野木津	18
渡瀬	119, 131, 275, 306, 422
渡部	69, 231, 294, 362, 388, 393, 394
渡部間	333
渡辺	310, 325, 336, 341, 342, 388, 390, 394, 435
渡辺御厨	460
都宇	43, 437
都浦	16
都賀河	343
都御厨	462
都甲浦	436, 454
都志郷	52
都田御厨	11
都濃郷	52
度会郡継橋郷塩浜	143
土具	464
土穴・稲本・須恵三箇村	131
土御厨	462

ト（到津）

土師浦	16
土師御厨	463
土田御厨	464
土田湊	85, 265, 387
土毛浦	42
怒和島	327
鷲岡御厨	463
唐	5, 25, 35, 37, 59, 83, 89, 98, 99, 128, 130, 198, 401
唐奇(崎)浜	303
唐橋	33, 40, 75, 86, 147, 196
唐橋堀川	37, 62
唐国	182
唐崎	339
唐土	10, 23, 57, 98, 159, 163, 165, 183, 193, 426, 440
唐土之平州	97
塔麻河	68
島	74, 117, 170, 267, 293
島(佐渡)	143, 147
島の前七島	305
島トマリ	151
島越	13
島廻	307
島戸	41, 91, 116
島戸関	100
島庄	440
島尻	290, 291, 325, 330, 451, 455
島前	184, 252, 306
島町	120
島津	237
島津御庄	349
島田御厨	463
島抜御厨	10, 261, 462
島備後国田(因ヵ)島	331
島蛭	465
島富御厨	463
島並	306
島末	253, 443
島末庄	63, 64, 436
島墻	310
東浦	101, 226, 255, 288
東浦田	276
東河	329
東開御厨	463
東御厨	462
東小島	75
東条御厨	11, 464
東船越御厨	464
東禅寺御厨	464
東大寺河上中津河	63
東島	335
東湯浦村	39
東浜	55, 212
東浜田	215
東富津御厨	463
東保	39
東放生津	344, 362
湯黄島	428
湯屋島	247
湯河口	69
湯橋	8, 57
湯浅	145
湯浅ノ庄西海	73
答志島	8
到津	160, 161

ト（藤さわ川）

藤さわ川	94
藤井	379
藤長御厨	11, 464
藤津庄	112, 286
藤島	25
藤島庄	30
藤並	114
藤方御厨	462
豆々	226
豆田郷	367
擣栗御厨	11
動岐	130, 131
堂釜	208
堂谷河	16
堂崎	307
堂島庄	274
堂北浦	310
洞田御厨	8
道後	380, 464
得宗御領志岐浦	401
得田御厨	11, 463
徳光御厨	463
徳之島	304
徳友御厨	462
鞆浦	66, 398
敦賀西庄	327
敦賀津	32, 66, 218, 276, 314, 315, 316, 333, 341, 348, 406, 430, 449
敦賀津内野坂庄	266, 270

〔な行〕

奈久佐浜	22, 382
奈古浦	29
奈波利御厨	451, 464
奈馬	299
奈摩浜	411
奈留	363
那珂西大橋	425
那波浦	95, 96, 306, 330, 454, 456
那摩	362, 364, 370, 371, 375, 409, 410
那良島	16
内浦	22, 95, 107, 150
内浦村	254, 374
内海	323, 455
内山浦四ヶ条	199, 296
内山浦四箇条	219
内瀬	75
内膳保	301
内堂崎	290
鯰空閑	261
南浦	25, 355
南河	41, 462
南海	16
南金津	344, 348
南黒田御厨	3, 4, 11, 462, 463
南黒島	142
南山田御厨	463
南助任保	41
南小河	13
南小崎	256
南川	116, 259
南船越御厨	464
南船津	414
南丹崎	63
南天竺	98
南田崎	228
南湯浦保	39

ハ(馬島)

南白江	387	日根鮎川	41
南品川郷	52	日三崎	120
南浜	226	日出津島	210
南浜御厨	464	日置庄	355
南北黒野御厨	462	日本河	35
楠江	34	日本国北海の島	186
楠泊	35	入海浦	369
二橋	147	入江御厨	464
二見浦	80	入江御保	149
二見郷	27, 28, 462	禰寝院鳥浜	311
二見郷字浜浦	339	熱海	206
二見郷内三津村	215	乃身河	297
二見御厨	20, 423, 462	乃生浦	305
二島	147, 395, 437	能登浦	264, 354
二島庄	198, 275	能登浦(乃登浦)	122
二郎夺浦	26	能登河	9
二郎別当浦	26	能登島御厨	464
尾崎	124, 231, 311, 322, 328, 331, 342, 343, 388, 389, 391, 404, 419, 453, 457	能登島庄	39

〔は行〕

匂御厨	462	播磨なた(播磨灘)	377
匂庄太墓御厨	463	播磨瀬赤尾橋	130
迩浦島	226, 428	波互(弓)御厨	462
贄島	464	波瀬	190
日あ津	131	波多見浦	82
日ナタ川	212	波多沢ノ浦	397
日見浦	56	波多津浦	386
日御崎	97	波禰庄	52
日御碕	364	波並	114
日向	467	波木井河	177, 184
日向浦	122, 143, 353, 467	波弓御厨	460
日向方島津御庄志布志津	349	袙浜	289
日指	298	馬渡	290, 306
日那浦	339	馬島	3, 114, 115, 397

ハ（馬背竹浪浦）

馬背竹浪浦	77
馬背片波	122
鯖淵浦	74
涪州	182
梅戸御厨	463
梅津	22, 208, 237, 451
梅津下庄	270
梅津御庄	279
梅津御厨	463
梅津庄	153
梅田御厨	463
萩原御厨	463
博多	4, 13, 14, 43, 88, 162, 170, 187, 188, 205, 207, 210, 226, 241, 255, 256, 259, 277, 279, 288, 302, 308, 315, 325, 350, 351, 353, 364, 365, 375, 381, 382, 383, 385, 399, 400, 409, 417, 420, 421, 422, 424, 426, 438, 442, 443, 452
博多庄浜	213
博多前浜	291, 344
博多息浜	421
博多津	144, 161, 163, 164, 238, 253, 306, 317, 329, 331, 332, 333, 367, 398, 418
博多之津	43
博多百堂地	14
博多北船今寺	352
柏崎	117, 165, 439
柏崎村	223
柏島	94, 108
柏木御厨	11, 434, 452, 464
柏木新御厨	464
泊浦	329, 372, 420
泊浦御厨	449, 462, 464
泊浦大里	449
白河	167, 198, 274
白河□	105
白河のうら（浦）	201
白河庄	3, 144, 247, 292, 311, 448
白河庄下条山浦	292
白河庄内山浦四ヶ条	199, 296
白河庄内山浦四箇条	219
白河津	160, 222
白魚	213, 268, 296, 297, 298, 299, 302, 306, 340, 364, 384, 390, 402, 452, 453, 456
白魚浦	297, 306, 340, 452, 456
白魚浦々	352, 452
白（向）笠御厨	464
白川庄	105
白浜	15, 17
白浜御厨	464
白部の白血	399
箱崎（筥崎）	385
筥崎	34, 36, 170, 185, 190, 204, 208, 210, 214, 215, 228, 235, 248, 249, 250, 267, 298, 380, 382, 385, 438, 448
幡多庄蹉跎三崎	419
幡田津	121
八海	289
八坂・渡部関	333
八坂新庄	452
八十島	10
八世井浦	79, 99
八瀬郷	450
八太御厨	11, 463
八大（太）御厨	462

ヒ（百済）

八津里 … 197	比志島名 … 350, 398
八田御厨 … 462	比知崎 … 213, 392, 398
八島 … 16, 61	比津村 … 142
八島郷 … 276	比美塩浜 … 358
八東河 … 6	肥前国小値賀島内浦部島 … 192
八野御厨 … 463	非鼓御厨 … 463
抜河橋 … 262	飛驒瀬庄 … 305
隼島保 … 459	樋島 … 266
斑島 … 70, 101, 102, 398, 409, 445	尾崎御厨 … 463
板崎 … 303	尾張本新両神戸 … 211
板崎郷 … 303	尾島 … 424
板倉御厨 … 289, 451	尾道 … 13, 241, 279, 331, 358, 379, 415
畔光御厨 … 463	尾道浦 … 139, 278, 279, 285, 288, 292, 363, 364, 406
畔蛸御厨 … 464	
畔蒜庄 … 256, 383	尾道浦堂崎 … 307
飯高神戸 … 211	尾道船津 … 13
飯沼瀬 … 221	尾奈御厨 … 11, 105
飯倉御厨 … 463, 464	尾奈御厨薗 … 464
飯島 … 397	美園御厨 … 11, 15, 198, 460, 464
飯島の津 … 122	美薗御厨 … 305
盤崎 … 448	美作古崎 … 364
盤崎村 … 277	美豆野浜 … 200
彼杵庄内戸町浦 … 107	美濃河 … 275
彼杵内戸町浦 … 109	稗田御厨 … 291
彼出御厨 … 11	稗田・佐久山両御厨 … 281
比季野 … 135	菱川 … 237
比季野浜 … 110, 259, 330	蟇浦庄 … 52
比志加御厨 … 464	姫江庄 … 105, 305
比志岐御厨 … 462	姫島 … 4, 210, 262, 327
比志島 … 67, 73, 84, 86, 88, 89, 90, 98, 106, 154, 155, 170, 204, 206, 273, 274, 304, 340, 350, 370, 372, 377, 421, 439, 448	姫島浦 … 210, 436
	紐差 … 53, 60, 62, 76, 146, 150
	紐差浦 … 11
比志島西俣以下村々 … 238	百済 … 132, 154, 157, 165

ヒ（百済国）

百済国 …… 93, 128, 176, 181, 183, 432, 441, 443
氷野河 …… 96, 241
蛭島〈ヒルカシマ〉 …… 465
浜浦 …… 27, 28, 226, 339
浜坂 …… 459
浜崎 …… 111, 210, 249, 331
浜崎庄 …… 118, 186, 187, 202, 210, 359, 360, 440, 446
浜松庄 …… 150, 270, 290, 301, 305, 387, 445
浜仲庄 …… 233
浜田 …… 125, 265, 418
浜田郷 …… 26
浜田庄 …… 105
浜田村 …… 125
浜田動郷 …… 307
浜名 …… 403
浜名神戸 …… 141, 171, 194, 195, 210, 211, 225, 256, 278, 405, 444, 445
富永御厨 …… 11, 404, 413, 420, 423, 464
富海保 …… 253
富吉庄 …… 355
富士河 …… 129, 153, 169, 177, 184
富士清水浜 …… 77
富津御厨 …… 11, 305, 413, 420, 463
富田 …… 53
富田御厨 …… 23, 94, 455, 463
富田東庄 …… 41
富部御厨 …… 3
富島 …… 8
富島庄 …… 94, 255, 305, 401, 448
富島本庄 …… 91
富墓御厨 …… 462

富部御厨 …… 464
富来院 …… 39
富来御厨 …… 457, 464
布施御厨 …… 3, 464
布都尾崎 …… 62, 63
府中北浜 …… 17
布浜御厨 …… 329
符宿河 …… 408
武州六浦庄 …… 410
武射御厨 …… 464
舞江伊熊御厨 …… 464
舞川 …… 212
部田御厨 …… 11, 463
封戸郷塩屋神御節供田 …… 413
蕗浦 …… 52
福なかの御くりや（福永御厨） …… 394
福永御厨 …… 11, 445, 460, 463, 464
福田河 …… 117
福島 …… 32, 35, 36, 87, 386, 438, 451
福島庄 …… 305
福島并伊万里のうら（浦） …… 132
福泊 …… 320, 389, 390, 391, 393, 394, 395, 401, 406, 407, 414, 426, 433, 460, 461
福泊島 …… 341, 365, 370, 391, 392, 431, 447
福木御厨 …… 462
福良 …… 73
福良庄 …… 52
淵河 …… 12
仏師島 …… 23
物部庄 …… 52
分倍 …… 423
兵庫 …… 44, 47, 48, 50, 105, 199, 289, 322, 324, 325, 336, 340, 341, 342, 343, 346,

ホ(飽海本神戸)

349, 356, 372, 388, 393, 394, 415, 416, 456
兵庫・渡辺・神崎 …………………390
兵庫下御庄 …………………………42
兵庫関……314, 321, 324, 326, 327, 335, 339, 342, 367, 395, 396, 398, 401, 402, 407, 414, 417, 418, 422, 431, 462
兵庫関所 ……………………322, 335
兵庫経島 …………………………431
兵庫庄 ……………………………20, 305
兵庫津 ……………………………294, 393
兵庫島……214, 231, 318, 321, 324, 326, 334, 341, 342, 345, 355, 361, 389, 390, 391, 392, 393, 394, 403, 410, 411, 412, 414, 415, 419, 422, 425, 427, 429, 433, 453, 455, 456, 457, 460
兵庫之島 …………………………391
平戸 ………58, 122, 142, 188, 299, 444
平江府 ……………………………65
平生御厨 …………………………462
平津 ………………………………273
平津庄 ……………………………10
平田御厨 …………………………463
平島里 ……………………………197
平浜 ……………25, 56, 108, 142, 184
柄積内田浦 ………………………208
碧海庄 ……………………………256
別保御厨(安西郡) ……………462, 463
片火(比)御厨 ……………………463
片海 ………………………………153
片瀬 ………………………………141
片瀬原 ……………………………424
片田御厨 …………………………464

片島 …………………………210, 422
片淵御厨 ………………11, 167, 463
片梁田御厨 ………………………11
辺屋路 …………………………291, 451
辺屋路島 ……………290, 330, 455
辺津浜山 ……………110, 111, 244
保々御厨 …………………………463
保々木 ………………53, 60, 62, 76, 146
保科御厨 …………………………3
保志賀 ……………………………226
保津 ………………………………100, 320
保津新庄 …………………………195
保田ノ庄河南 ……………………73
放生津 ……………………………346, 347
方上 ………………………………176
方上御厨 ……………………11, 464
方田御厨 …………………………464
法海 ………………………………77
豊浦御庄 …………………………167
豊浦庄 ……………………………446
豊永御厨 ……………………11, 464
豊岡御厨 …………………………463
豊岐浦 ……………………………131
豊久御厨 …………………………463
豊石野御厨 ………………………463
豊田御厨 ……………………10, 11, 463
豊島 ……………………61, 77, 93, 437
豊島市 ……………………………51
豊島北条 ………123, 125, 150, 261, 297, 303
豊島北条西桑津新庄 ……………58
豊野(久野)御厨 …………………463
飽海神戸 …………………………211
飽海本神戸 ………………………17

ホ（飽田郷大渡）

飽田郷大渡津‥‥‥‥‥‥‥‥‥217
飽良河御厨‥‥‥‥‥‥‥‥‥‥463
鳳至院‥‥‥‥‥‥‥‥‥‥39, 107
逢之島‥‥‥‥‥‥‥‥‥‥‥‥433
坊の津‥‥‥‥‥‥‥‥‥‥‥‥48
坊ノ津‥‥‥‥‥‥‥‥‥‥‥‥50
坊津‥‥‥‥‥‥‥‥‥‥‥44, 304
坊野津‥‥‥‥‥‥‥‥‥‥‥‥47
房野津‥‥‥‥‥‥‥‥‥‥‥‥43
某若御厨‥‥‥‥‥‥‥‥‥‥‥463
彭蠡浜‥‥‥‥‥‥‥‥‥‥‥‥168
北ノ川‥‥‥‥‥‥‥‥‥‥‥‥114
北浦‥‥‥‥‥‥‥‥‥246, 270, 411
北浦見‥‥‥‥‥‥‥‥‥‥‥‥80
北浦部‥‥‥‥‥‥‥‥‥‥‥‥286
北岡御園塩浜田畠荒野‥‥‥‥‥185
北海‥‥‥‥‥‥‥‥‥‥‥‥‥23
北海の島‥‥‥‥‥‥‥‥‥‥‥186
北橋端‥‥‥‥‥‥‥‥‥‥‥‥244
北金津‥‥‥‥‥‥‥‥‥344, 348
北金津八日市‥‥‥‥‥‥‥‥‥344
北高橋御厨‥‥‥‥‥‥‥‥‥‥462
北黒田御厨‥‥‥‥‥‥‥‥‥‥463
北黒野御厨‥‥‥‥‥‥‥‥‥‥462
北山田御厨‥‥‥‥‥‥‥‥‥‥463
北小河‥‥‥‥‥‥‥‥‥‥‥‥13
北上畠崎‥‥‥‥‥‥‥‥‥‥‥382
北条河‥‥‥‥‥‥‥‥‥‥‥‥109
北真黒岐‥‥‥‥‥‥‥‥‥‥‥131
北津田‥‥‥‥‥‥‥‥‥‥‥‥267
北島‥‥‥‥‥‥‥‥‥‥‥93, 230
北島保‥‥‥‥‥‥‥132, 175, 431, 437, 469
北南浦‥‥‥‥‥‥‥‥‥‥‥‥96

北馬島‥‥‥‥‥‥‥‥‥‥‥‥236
北白部鼻‥‥‥‥‥‥‥‥‥‥‥81
北尾崎‥‥‥‥‥‥‥‥‥‥‥‥106
北浜‥‥‥‥‥‥‥‥‥‥‥‥‥226
北浜崎‥‥‥‥‥‥‥‥‥‥‥‥23
堀河‥‥‥‥‥‥‥‥‥‥‥18, 19
堀川‥‥‥‥‥‥‥‥‥‥‥‥‥66
堀津北方郷‥‥‥‥‥‥‥‥‥‥450
本（木）平御厨‥‥‥‥‥‥‥‥462
本吉‥‥‥‥‥‥‥‥‥‥‥‥‥43
本御厨‥‥‥‥‥‥‥‥‥‥‥‥462
本庄‥‥‥‥‥‥‥‥‥‥‥‥‥87
本庄郷‥‥‥‥‥‥‥‥‥‥‥‥221
本神戸‥‥‥‥‥‥‥‥‥‥‥‥11
本砥島‥‥‥‥‥‥‥‥‥‥‥‥66
本砥島内宮路浦‥‥‥‥‥‥‥‥399
本渡島‥‥‥‥‥‥‥‥‥‥‥‥367
本能登御厨‥‥‥‥‥‥‥‥‥‥463

〔ま行〕

摩伽陀国‥‥‥‥‥‥‥‥‥‥‥91
摩生津庄‥‥‥‥‥‥‥‥‥‥‥323
麻□（生）浦‥‥‥‥‥‥‥‥‥224
麻浦御厨‥‥‥‥‥‥‥‥‥‥‥219
麻生浦‥‥‥‥‥‥‥‥‥‥22, 372
麻生御厨‥‥‥‥‥‥‥‥‥‥‥100
麻生津‥‥‥‥‥‥‥‥‥‥86, 88
麻生津御庄‥‥‥‥‥‥‥‥‥‥111
麻生津庄‥‥‥‥‥‥‥184, 196, 262
麻生津村‥‥‥‥‥‥‥‥‥‥‥42
麻生津保‥‥‥‥‥‥‥‥‥‥‥431
麻生田御厨‥‥‥‥‥‥‥‥‥‥463
麻績御厨‥‥‥‥‥‥‥‥‥‥‥11
麻続御厨‥‥‥‥‥‥‥‥3, 254, 464

モ（木本合賀島）

米津土居	325
鱒河	171, 176
末永御厨	463
末御厨	464
末広御厨	11
末弘御厨	463
末島	353, 354
抹浜	72
満家院内比志島名	352
箕浦	123, 169
箕浦山方庄	76
箕浦庄	63, 301, 305
箕田安冨御厨	463
箕田御厨	11, 463
湊	77, 78, 168, 247, 385
湊村	52
湊田	101
湊内森	419
湊保	39
妙楽谷川	187, 283
牟天川	13
牟木浦	52, 62
牟礼	443
椋野浦	56
名賀崎	240
名賀崎条	243
名切	464
名切島	30
明石浦	323
明島	16
鳴尾	51
姪浜	204, 205, 210, 217, 218, 220, 223, 225, 229, 239, 240, 242, 243, 250, 268
茂永御厨	463
毛字（門司）関	437
毛島	22
網曳御厨	85, 250
網干渡	5
網代庄	248
網庭浦	41
蒙古	128, 131, 134, 135, 136, 139, 141, 145, 151, 152, 153, 154, 155, 156, 157, 158, 159, 161, 162, 163, 164, 166, 168, 171, 172, 174, 175, 183, 189, 190, 191, 192, 193, 194, 197, 198, 203, 207, 224, 225, 226, 230, 235, 236, 247, 291, 300, 328, 335, 372, 422, 440, 441
蒙古国	129, 130, 141, 151, 154, 155, 158, 165, 166, 167, 168, 173, 183, 186, 190, 191, 197, 225, 429
蒙国	151
木浦内宿祢宜・柄積・伊豆穂・堂釜	208
木津	5, 6, 16, 30, 31, 33, 37, 71, 94, 121, 183, 218, 237, 241, 252, 287, 312, 321, 326, 373, 425, 432, 434, 436, 438, 450
木津河	72
木津御島	142
木津庄	146, 407
木津川	8
木津島	100
木田島	175
木島庄	53
木本	343
木本御厨	13, 61, 64, 116, 201, 213, 464
木本合賀御厨	219
木本合賀島	219

モ（木本島）

木本島	60, 203	簗瀬御庄	170, 254, 257, 284, 304, 441
目賀津	278	簗瀬庄	275, 310
門崎	295	簗瀬保	225
門司	5, 91, 116, 159, 174	簗田御厨	464
門司関	145, 192, 378, 422, 437	柳(楊)御厨	463
門島	51	柳橋	284

〔や行〕

野伊川	13	柳口煎田浜	379
野依御厨	464	柳津河尻	305
野干島	12	柳津河尻庄	119
野間内海	305	柳津庄	259, 262
野間内海庄	10	柳島	140
野崎	142	藪河	20
野洲	448	友次浦	122
野川	105	有浦	80, 83, 277
野田御厨	462, 463, 464	有間河内六町	17
野島	458, 469	有河	371
野日御厨	11, 463	有失(矢)御厨	462
野母浦	322	由井か浜	197
矢原御厨	464	由比	454
矢神浦	136	由比浜	157, 164, 314
矢蔵河	62	由留木	179, 295
矢代浦	67, 68, 70, 74, 130, 131, 239, 344	由良庄	52, 361
□(矢ヵ)原御厨	218	邑楽御厨	11, 111, 464
矢田御厨	462	夕崎	252
矢島	5	優填国	91
矢並村	39	与見河	18, 110
矢野浦	78, 82	楊津御厨	464
矢野例名内那波浦	330	楊橋御厨	464
矢野庄例名那波浦	95, 96	楊御厨	11
矢野庄例名内那波浦	96	楊津庄	78
簗瀬	150, 242	蒻津御厨	11
簗瀬郷	274, 305	淀	89, 100, 202, 206, 215, 220, 258, 292, 307, 313, 314, 315, 316, 321, 325, 327,

ワ（和具）

	336, 343, 355, 362, 368, 371, 374, 438
淀河	67, 242, 342, 443
淀関	198, 312, 398
淀関所	267, 419
淀魚市	357
淀庄	230
淀川	7
淀大渡北橋端	244
淀津	15, 61, 66, 114, 197, 208, 210, 247, 309, 312, 326, 348, 427, 428
淀津相模辻	439
淀路	30

〔ら行〕

螺鈿浦	59, 196, 330
来浦	394
来海	305
来島庄	142
来馬庄	52
利川	13
李唐	99
里(黒)野御厨	11
里海	237
里海庄	300, 447
里里多尾	424
陸奥国松島〈白河〉	274
陸田御厨	464
率都波岸	93
立貝御厨	463
立神御厨	464
立石御厨	11, 387, 458, 464
流(硫)黄島	120
留田御厨	76
留米御厨	463

硫黄島	120, 146, 173, 181, 186, 356
寮永御厨	464
良河御厨	463
緑河	167
林御厨	11, 14, 463
林崎	225
林崎御厨	4
林前御厨	38, 463
林津	438
臨安府	92
輪田	231
輪田庄	23, 382, 420, 421, 422
輪島	43
鈴江	23
鈴鹿神戸	11
櫟庄高橋河	34
狼野津波牟礼	357, 361
六ヶ浦	29
六浦	122, 206, 314, 448, 453, 461, 469
六浦〈ムツラ〉	440
六浦庄	283, 300, 356, 384, 386, 410, 411
六浦庄世戸堤	146
六箇島	204
六角町	419
六十谷紀伊浜	233
六条河原	268
六丈島	355
六瀬	237

〔わ行〕

和賀江	95, 309
和賀江津	99
和間浜	309
和具	300, 464

ワ（和泉御厨）

和泉御厨 ……………………………463
和泉木津 ……………………………72
脇田村 ………………………………383
鷲崎 …………………………399, 400
鰐淵 …………………………………190
詫美御厨 ……………………………464
藁江庄 ………………………………66

〔音不明〕

萊若御厨 ……………………………463
薑御厨 ………………………………462
□御厨 ………………………………464
□司御厨 ……………………………464

鎌倉時代水界史料目録

2003年7月20日　初版印刷
2003年7月30日　初版発行

監修者　網野善彦
編　者　Ⓒ中世海事史料研究会
発行者　今泉弘勝
発行所　株式会社東京堂出版
　　　　東京都千代田区神田神保町1-17　〒101-0051
　　　　電話03-3233-3741　振替00130-7-270
印刷・製本　図書印刷株式会社

ISBN4-490-20434-5　C3021　　printed in Japan

書名	編著者	判型・頁数・本体価格
日本荘園大辞典	阿部・佐藤 編	菊・958 P／本体18000円
相剋の中世	刊行委員会 編	A5・348 P／本体7500円
木簡・木札が語る中世	水藤　真 著	A5・250 P／本体4500円
中世成立期の政治文化	十世紀研究会 編	A5・406 P／本体8500円
東寺文書にみる中世社会	東寺文書研究会 編	A5・618 P／本体8500円
中世の史実と伝承	樋口州男 著	A5・240 P／本体3689円
鎌倉時代の政治と経済	鎌倉遺文研究会 編	A5・442 P／本体9000円
鎌倉時代の社会と文化	鎌倉遺文研究会 編	A5・438 P／本体9000円
鎌倉期社会と史料論	鎌倉遺文研究会 編	A5・532 P／本体9800円

〈定価は本体＋税となります〉